KB270946

웹 애플리케이션 개발을 위한

자바
스크립트와
jQuery
기초 가이드

웹 애플리케이션 개발을 위한

자바
스크립트와
jQuery
기초 가이드

초판 인쇄일 2016년 2월 4일
초판 발행일 2016년 2월 11일

지은이 김성태, 임재봉
발행인 박정모
등록번호 제9-295호
발행처 도서출판 혜지원
주소 (10881) 경기도 파주시 회동길 445-4(문발동 638) 302호
전화 031) 955-9221~5 팩스 031) 955-9220
홈페이지 www.hyejiwon.co.kr

기획 · 진행 엄진영
디자인 김희진
영업마케팅 김남권, 황대일, 서지영
ISBN 978-89-8379-882-4
정가 28,000원

이 도서의 국립중앙도서관 출판시도서목록(CIP)은 서지정보유통지원시스템 홈페이지(http://seoji.nl.go.kr)와 국가
자료공동목록시스템(http://www.nl.go.kr/kolisnet)에서 이용하실 수 있습니다.(CIP제어번호 : CIP2016000172)

웹 애플리케이션 개발을 위한

자바 스크립트와 jQuery 기초 가이드

혜지원

자바스크립트 언어가 나온지 거의 20년정도의 시간이 지났습니다. 초창기에 자바스크립트는 개발 언어로써 각광을 받지 못했었습니다. 초기에는 홈페이지에 UI 효과를 주기 위한 용도로 주로 사용이 되었기 때문에 개발자들의 인식에는 UI를 위한 간단한 언어 정도로 생각이 된 것 같습니다.

솔직히 필자 개인적으로도 자바스크립트가 개발 언어로는 오래지 않아 현업에서 자취를 감추겠구나라는 생각도 했었습니다. 하지만 자바스크립트를 활용하는 범위가 꾸준히 넓어지면서 어느 순간부터 웹페이지 개발에 있어서 꼭 필요한 언어가 되더니, 요즘에는 자바스크립트가 가장 핫한 언어로 뜨기 시작했습니다.

"Language Trends on GitHub" 사이트에 따르면 2015년에 git hub 프로젝트에서 가장 많이 사용되는 언어가 자바스크립트라고 되어 있습니다. node.js, AngularJS, jQuery, MEAN Stack 등은 개발자라면 많이 들어봤을 단어들입니다. 모두 자바스크립트를 이용해 개발할 수 있는 오픈 소스(프레임워크)들입니다.

이러한 오픈 소스들의 출현으로 인해 자바스크립트만으로 Front End단의 웹 페이지부터 Back End단의 서버까지 개발을 할 수 있게 되어 자바스크립트가 각광을 받고 있는 것 같습니다.

또 최근에는 처음 시작하는 개발 언어로 자바스크립트를 선택하는 사람들이 많아지고 있는 것 같아 초보 개발자들이 자바스크립트와 jQuery에 입문하는데 있어서 조금이라도 도움이 되었으면 하는 마음에 이 책을 만들게 되었습니다.

필자는 개발자로서 10여년 동안 IT 회사에서 일하면서 다양한 언어를 실무에 활용 해왔습니다. 처음 자바스크립트를 경험하게 된 것은 자바스크립트를 해석하고 동작하게 하

는 웹 브라우저 엔진 중 하나인 DOM(Document Ojbect Model) 모듈 개발 프로젝트였습니다.

웹 브라우저를 개발하면서 HTML, CSS, 자바스크립트 등 스크립트 언어가 어떻게 동작하는지 원리를 알 수 있는 기회를 가질 수 있었고, 그걸 시작으로 자바스크립트를 이용한 프로젝트를 다수 수행하게 되었습니다.

프로젝트를 수행하면서 자바스크립트를 처음 공부할 때 필요로 했던 게 무엇이었는지, 어떤 정보들이 필요 했었는지를 고민하여 초보 개발자들에게 도움이 될 수 있도록 최대한 쉽게 설명하려고 노력했습니다.

물론, 최근에는 자바스크립트와 jQuery를 활용한 프레임워크 및 기술들이 많이 나오고 있으며 현업에서도 많이 사용되는 프레임워크들도 다양하게 있습니다. 하지만, 본 책에서는 그러한 최신 기법을 다루기보다는 순수 자바스크립트와 jQuery에 대한 개념을 잡는 부분에 초점을 맞추는데 노력을 하였습니다.

앞으로 최신 기술들과 프레임워크는 꾸준히 업데이트될 것이라 생각을 하기 때문에 우선 자바스크립트와 jQuery에 대한 개념을 이해하는 것이 더 중요하다고 생각되어 책의 방향을 기초 위주로 잡게 되었습니다.

SW 개발을 처음 시작하는 사람들에게 우리의 지식이 조금이라도 도움이 되기를 바라며 마지막으로, 책을 만드는데 조언을 아끼지 않은 회사 동료들에게 큰 감사의 말을 전합니다.

김성태, 임재봉

Part 2. jQuery

Chapter **11**

jQuery와 Ajax

Part 3. 실전 예제 프로젝트

Part 1

자바스크립트 (JavaScript)

이번 파트에서는 자바스크립트에 대하여 다룰 예정이다. 먼저 자바스크립트의 역사 및 개념에 대해 알아볼 예정이다. 그리고 기본 문법을 설명하고, 문법에 대한 예제를 통해 어떻게 사용하는지 알아볼 것이다. 마지막으로 이벤트 처리 및 객체지향 프로그래밍 등을 배워 볼 것이다.

이번 파트는 이 책에서 가장 기본이 되는 중요한 부분이니 자바스크립트의 개념 및 기본 문법을 잘 알고 넘어가길 바란다.

Javascript

자바스크립트(JavaScript) 개요

요즘은 태어난 지 얼마 안 되는 아이들도 스마트폰을 사용하여 유투브의 동영상을 보고, 모르는 게 있으면 바로 구글이나 네이버 등의 검색을 통해 손쉽게 해답을 찾고 있다. 이렇게 우리의 생활 속에서 스마트폰과 컴퓨터로 접하고 있는 대부분의 웹 서비스가 자바스크립트(JavaScript)를 통해 만들어졌다. 그만큼 자바스크립트는 중요한 언어가 되어가고 있다.

지금이라도 자바스크립트를 배우려고 결심한 사람이 있다면 정말 올바른 선택을 한 것이다. 물론 다른 언어도 중요하지만 자바스크립트만큼 웹 개발에서 중요한 언어는 없다고 단언할 수 있다.

자바스크립트를 배우기에 앞서 자바스크립트라는 스크립트 언어의 정의와 함께 어떻게 이 세상에 태어나게 됐는지 그 배경에 대해 간단하게 알아보겠다. 언어가 태어난 배경을 알아야 장단점과 한계를 이해할 수 있기 때문이다. 그리고 자바스크립트를 통해 할 수 있는 게 무엇인지, 개발 환경에 무엇이 있는지 알아보고 개발 환경 구성을 위해 무엇을 준비하고, 어떻게 설치해야 하는지 알아보겠다.

마지막으로 언제나 그렇듯 새로운 언어를 배우기 시작했으니 자바스크립트 언어와 인사를 해보는 시간을 가져보겠다. 예상하고 있겠지만 Hello World를 출력해 보는 것을 시작으로 자바스크립트 세계에 한걸음을 내딛고 본격적으로 배워보도록 하겠다.

이 장에서 이해가 안 되는 부분은 그냥 그린 게 있구니 하고 넘어기기 비란다. 나중에 자세히 설명하는 부분도 있을 것이고 다 배우고 나서 스스로 깨우치는 부분도 있으니 처음부터 조급해 할 필요는 없다.

계속 관심을 가지고 배우고 연습해 보면 분명 좋은 결과가 있을 것이니 차근차근 기본을 잘 배워가면 좋을 것 같다. 그럼 이제 시작해 보자.

1 자바스크립트란 무엇인가요?

1.1 자바스크립트란?

자바스크립트는 선마이크로시스템즈와 넷스케이프 사가 개발한 웹 브라우저용 스크립트 언어이다. 처음 자바스크립트를 만들었을 때 이 언어를 다음과 같이 정의했다.

> 자바스크립트는 객체 기반의 클라이언트측 스크립트 언어로 웹 페이지를 동적으로 만드는 데 사용하는 언어이다.

정의에서 중요한 단어들을 하나씩 풀이해 봄으로써 자바스크립트의 특징과 한계에 대해서 알아보겠다.

• 객체 기반

자바스크립트에서 객체는 자바스크립트 그 자체를 의미한다라고 할 수 있을 정도로 매우 중요한 개념이다. 그 이유는 자바스크립트 자체가 객체 기반으로 돌아가는 스크립트 언어이기 때문이다. 그럼 객체의 의미는 무엇일까? 객체란 데이터와 그 데이터에 관련되는 동작을 모두 포함하고 있는 것을 말한다. 간단하게 말하면 객체는 자신의 정보를 가지고 있는 독립적인 주체라고 할 수 있다. 예를 들면 컴퓨터, TV, 사람들이 모두 자신만의 특성을 가진 객체라고 할 수 있다. 좀 더 자세한 내용은 뒤에 나오는 객체 장에서 자세히 알아보자. 여기서는 자바스크립트는 객체로 이루어졌다고만 알고 넘어가자.

• Client Side

Client Side의 의미는 자바스크립트로 개발한 소스가 현재 사용하고 있는 컴퓨터로 다운로드되어 웹브라우저(Chrome, IE, Safari 등)를 통해 해석되고 동작한다는 뜻이다. 예를 들면 우리가 네이버에 접속하면 네이버 화면을 구성하기 위해서 개발된 자바스크립트, HTML, CSS 파일들이 컴퓨터에 다운로드되고, 이를 웹브라우저가 해석하여 화면을 그려주는 것을 의미한다. 검색 창에 검색 조건을 입력하고, 마우스로 조회 버튼을 클릭하면 웹브라우저가 다운로드 받은 자바스크립트를 이용하여 서버에 검색을 요청을 하고,

응답을 받아 화면에 보여준다.

하지만 최근에는 common.js라는 Spec이 나오고 Node.js라는 웹 서비스 프레임워크가 나오면서 Client Side에서 Sever Side까지 자바스크립트를 통해 개발할 수 있도록 그 활용 범위가 확장되었다. 이 말은 Front End에서 Back End까지 Full Stack을 자바스크립트 하나로 모두 개발이 가능하다는 의미이다. 조금이라도 어렵다고 느껴지면 그냥 넘어가도 된다. 당장은 몰라도 되는 내용이다.

• 스크립트 언어

스크립트 언어는 C/C++와 자바처럼 컴파일을 해야 동작하는 언어가 아니다. 컴파일을 한다는 것은 우리가 이해할 수 있는 언어를 기계가 이해할 수 있는 언어로 번역한다고 생각하면 된다. 예를 들자면 외국어를 우리가 이해하기 위해서 한글로 번역하는 것과 같은 의미이다. 번역을 위해서는 번역기가 필요하듯이 컴파일을 하기 위해서 컴파일러가 필요하다. 그런데 자바스크립트는 스크립트 언어이기 때문에 컴파일 작업이 필요 없다. 그래서 별도 컴파일러도 필요 없다. 그냥 에디터로 개발하고 웹 브라우저로 열면 끝이다. 다시 말하면, 개발자가 사용하기 편한 편집기(Text Editor)로 개발해서 저장한 후 컴퓨터에 설치되 있는 웹 브라우저를 이용하여 열어보면 바로 개발한 자바스크립트 소스의 동작을 확인할 수 있다. 그게 가능한 이유는 웹 브라우저에 탑재되어 있는 JavaScript Interpreter Engine이 해석해서 보여주기 때문이다. 그래서 중간에 컴파일 과정이 필요 없기 때문에 개발 생산성이 높다고 할 수 있다.

• 웹 페이지를 동적으로

90년대까지만 해도 HTML으로만 만들어진 웹 페이지는 매우 정적이었다. 다시 말하면 웹 개발자가 한 번 만들어 놓으면 다시 변경할 때까지 사진처럼 항상 똑같은 모습만 보여줘야 하는 재미없는 웹 페이지만 개발이 가능했다. 하지만 자바스크립트가 나오면서 사용자가 발생시키는 이벤트에 따라 HTML/CSS의 스타일을 동적으로 변경시키면서 재미있고, Interactive한 화면을 만들 수 있게 되었다.

지금까지의 내용을 정리하면 자바스크립트는 HTML만으로 만들어진 정적인 웹 페이지를 좀 더 화려한 UI와 사용자와 상호작용할 수 있는 재미있는 웹 페이지를 만들기 주기 위해서 개발된 스크립트 언어라고 이해하면 된다.

그럼 자바스크립트가 우리에게 어떤 기능들을 제공해 주는지 알아보자.

1.2 자바스크립트의 기능들

자바스크립트는 웹 브라우저에서 동작하기 위해 태어난 스크립트 언어라는 배경에서 알 수 있듯이 다른 일반 언어(C/C++, 자바)와 달리 웹 페이지를 조작하기 위해 필요한 기능들을 많이 가지고 있다.
그 중 대표적인 몇 가지를 알아보겠다.

❶ HTML 페이지 변경 및 HTML 엘리먼트와 콘텐츠의 추가나 삭제(DOM)

❷ HTML과 CSS 엘리먼트의 Style 변경(DOM)

❸ 사용자가 발생하는 이벤트를 받아 상호작용(이벤트)

❹ Form의 유효성 검증

❺ 웹 브라우저의 Cookie 조회 및 제어

❻ AJAX라는 기술을 통해 서버와 비동기화 방식으로 통신

참고

Ajax는 Asynchronous JavaScript and XML의 약자이다. 해석하면 비동기 JavaScript 와 XML이다.
좀 더 자세히 말하면 XMLHttpRequest라는 API를 이용하여 서버와 브라우저간에 비동기적으로 데이터를 주고 받는 방식을 말한다. 서버와는 JSON, XML, 일반 텍스트 등 다양한 형식의 정보를 주고 받을 수 있게 해준다. 이런 특징으로 인해 페이지 전체를 리플레시 하지 않고 변경이 필요한 부분만 업데이트 할 수 있게 해준다.

자바스크립트는 웹 브라우저에서 동작하는 스크립트 언어라는 태생적 한계가 존재한다. 웹 브라우저를 통해 개발해 놓은 스크립트 소스를 누구든지 손쉽게 확인이 가능하기 때문에 보안상 문제가 있다. 그리고 OS(윈도우, 리눅스 등)에 직접 접근하지 못하기 때문에 파일 접근과 같은 기능을 하지 못한다. 하지만 이러한 한계를 극복하기 위해 다양한 도구 및 기법들이 나왔다. Uglyfy, Minify 기법을 통해 소스를 사람이 이해하기 힘들도록 변경하고 있다. 그 이외에도 다양한 플러그인과 툴이 존재하고 있으며 지속적으로 개발되고 있으니 필요할 때 찾아서 사용하면 된다.

- Minify 기법 : 불필요한 줄 바꿈, 공백 및 들여쓰기, 짧게 쓸 수 있는 긴 구문 축약, 스코프 내 사용하지 않는 변수, 주석 삭제, 무의미한 메소드 호출 및 루프 제거 등을 통해 코드를 압축하는 기법을 말한다.

- Uglyfy 기법 : 자바스크립트 코드 자체를 분석하기 어렵게 난독화하는 것을 말한다. 예를 들면, 변수명, 함수명을 다른 명칭으로 치환하거나, 일부 루틴을 문자열로 바꿔 변수에 담아 뒤섞거나 하는 방법들을 말한다. 난독화의 단계를 높일수록 루틴을 알아보기 어렵게 만들 수 있다.
변수명, 함수명 치환 정도는 해석 및 실행 속도에서 성능 저하가 거의 없지만 난독화 단계를 높일수록 코드를 해석하고 실행하는 속도가 느려질 수 있다.

자바스크립트는 가장 인기 있는 언어 중에 하나이며 웹 개발자 및 웹 디자이너가 되려는 사람이라면 반드시 알아야 하는 필수 언어이다. 다음은 매년 조사되고 있는 언어 인기 순위이다. 자바스크립트가 2014년도에 이어 2015년도에도 9위를 차지하고 있다. 앞으로 그 순위는 더 올라갈 것이다.

Jun 2015	Jun 2014	Change	Programming Language	Ratings	Change
1	2	^	Java	17.822%	+1.71%
2	1	v	C	16.788%	+0.60%
3	4	^	C++	7.756%	+1.33%
4	5	^	C#	5.056%	+1.11%
5	3	v	Objective-C	4.339%	-6.60%
6	8	^	Python	3.999%	+1.29%
7	10	^	Visual Basic .NET	3.168%	+1.25%
8	7	v	PHP	2.868%	+0.02%
9	9		JavaScript	2.295%	+0.30%
10	17	⌃⌃	Delphi/Object Pascal	1.869%	+1.04%
11	-	⌃⌃	Visual Basic	1.839%	+1.84%
12	12		Perl	1.759%	+0.28%
13	23	⌃⌃	R	1.524%	+0.85%
14	-	⌃⌃	Swift	1.440%	+1.44%
15	19	⌃⌃	MATLAB	1.436%	+0.66%
16	13	v	Ruby	1.359%	-0.03%
17	26	⌃⌃	PL/SQL	1.229%	+0.74%
18	31	⌃⌃	COBOL	0.948%	+0.54%
19	34	⌃⌃	ABAP	0.849%	+0.49%
20	18	v	Pascal	0.846%	+0.04%

그림 1-1. 개발 언어 인기 순위

〈출처: http://www.tiobe.com/index.php/content/paperinfo/tpci/index.html 〉

1.3 자바스크립트의 역사

1990년대 초에 웹 페이지는 HTML만으로 구성되어서 정적이었다. 즉, 그냥 그림 같았다.

인터넷 사용자에게 높은 관심과 흥미를 끌기에는 부족한 부분이 많았다. 그래서 좀 더 화려하고 사용자들과 상호작용을 할 수 있는 기능을 제공해 주는 새로운 언어의 필요성이 높아졌다.

당시에는 지금의 모질라(Mozilla), 파이어폭스(Firefox)의 전신이라 할 수 있는 넷스케이프(Netscape)와 인터넷 익스플로러(Internet Explorer)가 서로 경쟁하면서 시장을 주도하고 있던 시기였다. 넷스케이프 사에서 모카(Moca)라는 이름의 스크립트 언어를 먼저 만들었다. 그때가 1995년 5월이었다. 그 해 9월에 라이브스크립트(LiveScript)라는 명칭으로 변경되었다가 다시 자바를 개발한 선 마이크로시스템즈와 함께 손을 잡으면서 자바스크립트라는 명칭을 공식적으로 사용하여 넷스케이프 2.0 베타 버전에 정식으로 탑재하여 발표하였다.

이후 인터넷 익스플로러 진영에서도 VBScript(Visual Basic Script)와 Jscript라는 언어를 발표하면서 또 다시 경쟁이 시작되었다. 언제나 그렇듯 경쟁의 결과는 좋은 것과 나쁜 것이 동반하게 된다.

일단 좋은 점은 기술을 선도하기 위해 많은 투자를 하게 되어 눈부신 기술적 발전을 했다. 반면 그에 따른 부작용도 발생했는데 웹 브라우저를 개발하는 각 회사마다 별도의 스크립트 언어 개발 경쟁이 심해지면서 브라우저마다 지원하는 언어와 해석하는 방법이 다양해지면서 개발자들이 웹 페이지를 개발하는데 어려움이 커졌다.

그러면서 표준화에 대한 필요성이 높아지기 시작했고, 1996년 11월에 넷스케이프 사에서 스크립트 언어 표준화를 위해 ECMA에 자바스크립트를 제출하여 1997년에 처음으로 ECMA-262라는 명칭으로 표준이 승인되었다. 그리고 2015년 6월에 ECMA-262 6th Edition이 발표되었다. 현재는 거의 모든 브라우저에서 자바스크립트를 공식적으로 지원하고 있기 때문에 표준에 맞게 개발만하면 모든 브라우저에서 오류 없이 의도한대로 동작할 것이다.

ECMA(European Computer Manufacturers Association, 유럽 컴퓨터 제조 공업회) : 프로그램 언어나 입출력 코드를 포함한 컴퓨터 작동의 형식을 표준화하는 것을 목적으로 1961년에 설립된 단체이다.

2 자바스크립트의 활용

그럼 자바스크립트를 가지고 어떤 분야에서 사용할 수 있는 알아보자. 최근에는 자바스크립트를 통해 할 수 있는 분야가 무궁무진하다. 사용자들이 접하는 Front End단의 웹페이지 개발부터 시작해서 Back End단의 서버 개발 그리고 별도의 애플리케이션 설치 없이 웹 브라우저만 있으면 동작할 수 있는 웹 애플리케이션 등 프로그래밍 언어로 개발할 수 있는 거의 모든 것을 개발할 수 있다. 대표적인 사례들을 지금부터 알아보고 본격적으로 자바스크립트를 배워보도록 하겠다.

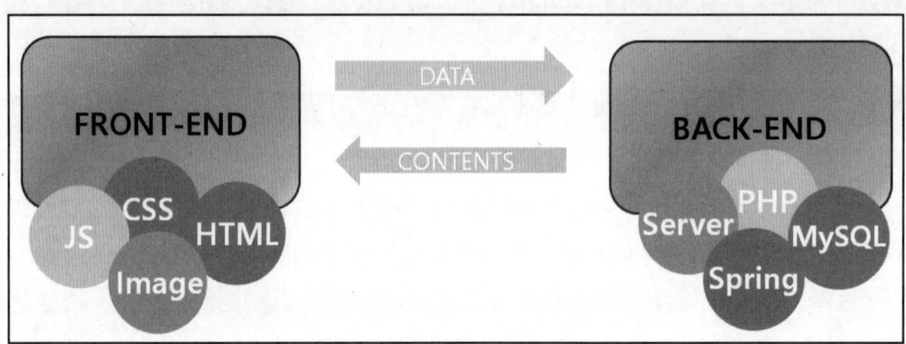

그림 1-2. Front-End vs Back-End

2.1 웹 페이지 개발

그림 1-3. 네이버 포탈 화면

그림 1-3은 우리가 매일 보는 네이버 메인 화면이다. 더 이상 설명이 필요 없는 대한민국 대표 웹사이트이다. 자바스크립트를 사용하여 우리들에게 다양한 화면과 서비스를 제공해 주고 있다. 마우스를 클릭하면 이벤트를 발생시켜 다른 페이지로 이동하거나 검색을 하는 등의 해당 기능에 맞는 다양한 동작을 하도록 개발되어 있다. 웹 화면에서 마우스 오른쪽 버튼을 눌러 팝업 메뉴에 나오는 '소스보기'를 하면 바로 확인이 가능하다. 소스가 너무 방대해서 이해하는 건 어려우니 그냥 확인만 하기 바란다.

2.2 서버 개발

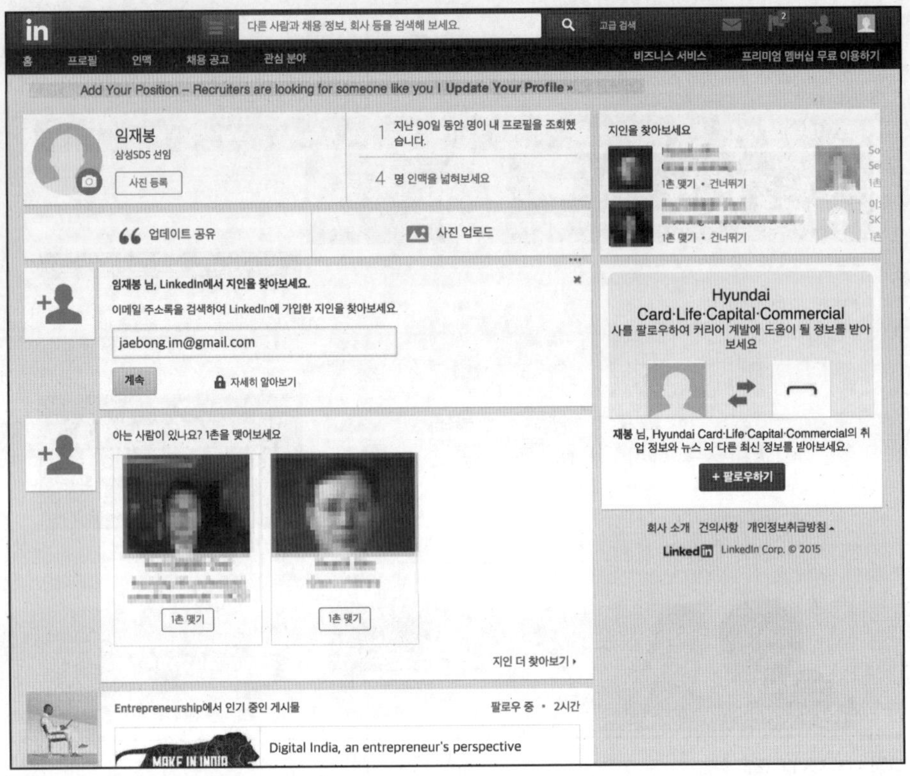

그림 1-4. Node.js 를 활용하여 개발한 LinkedIn

Node.js는 common.js 스펙을 따르는 웹 서비스 프레임워크다. 자바스크립트로 개발한 웹 서비스를 동작할 수 있게 해준다. LinkedIn은 이 Node.js를 기반으로 자바스크립트로 서버를 개발하여 글로벌 서비스를 아무런 문제 없이 제공해 주고 있다. 스크립트 언어의 성능 및 기능 제약으로 고객들에게 운영되는 엔터프라이즈급 서비스에서 자바스크립트로 서버를 개발하는데 한계가 있었지만 최근 몇 년 사이에 Node.js와 같은 성능 좋은 프레임워크와 하드웨어의 발전으로 자바스크립트를 통해 충분히 서비스를 제공할 수 있게 되었다. 웹 브라우저 및 IT 기술들이 꾸준히 발전하면서 자바스크립트의 활용 범위가 점점 넓어지고 있는 추세이다.

- **Node.js** : 아래 그림과 같이 서버사이드에서 자바스크립트로 개발된 소스를 동작시키는 기술이다. 기존에는 PHP, JAVA 등으로만 개발되었지만 Chrome V8 자바스크립트 엔진이 탑재된 Node.js가 세상에 나오면서 자바스크립트로도 서버사이드 개발이 가능해졌다. 자세한 설명은 이 책 마지막에서 MEAN Stack을 배우면서 자세히 하겠다. 여기서는 아래 그림만 알면 충분하다.

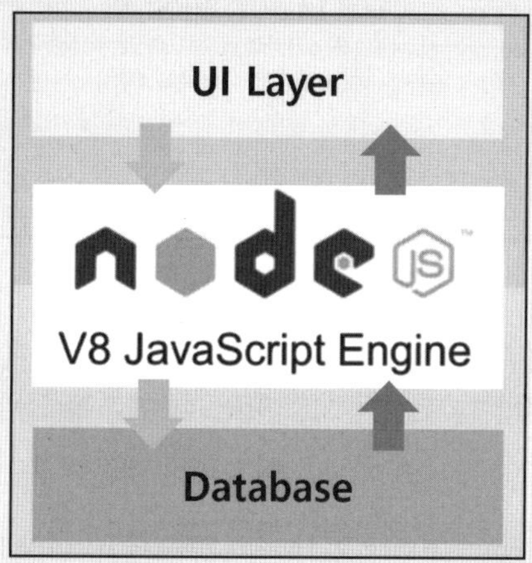

그림 1-5. Node.js

- **CommonJS** : 자바스크립트를 브라우저에서뿐만 아니라 서버사이드 애플리케이션이나 데스크톱 애플리케이션에서도 사용하려고 조직한 자발적 워킹 그룹이다. 관련 자세한 내용인 알고 싶으면 공식 홈페이지인 http://www.commonjs.org에 확인해보길 바란다.

2.3 애플리케이션 개발

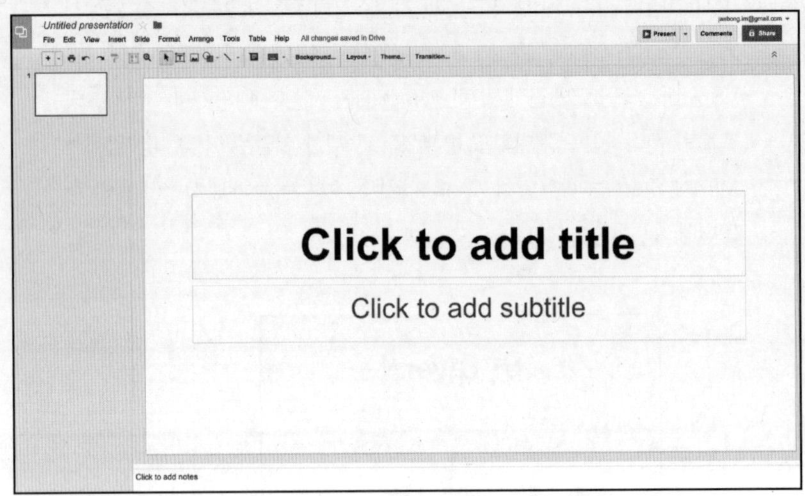

그림 1-6. Google 웹 오피스

학교나 회사에서 문서 작업을 위해서 MS Office나 아래 한글과 같은 오피스 프로그램을 많이 사용할 것이다. 이 오피스 기능을 동일하게 제공해 주는 웹 오피스를 구글에서 Google Doc이라는 서비스로 제공해 주고 있다. 웹 브라우저로 접속하여 온라인으로 바로 사용할 수 있다. Google Doc은 자바스크립트를 통해 개발된 웹 애플리케이션이다. 아직 사용해보지 않았다면 한 번 사용해 보길 바란다. 라이선스가 Free이고 인터넷만 되면 어디서든 사용이 가능하다. 지금 이 책도 Google Doc을 통해 작성되고 있다.

3 개발 환경 세팅하기

그럼 지금부터 자바스크립트를 통해 개발하기 위한 개발 환경을 구성하겠다. 앞에서 설명했지만 자바스크립트는 웹 브라우저에서 동작하는 스크립트 언어이다. 컴퓨터에 웹 브라우저가 설치되어 있다면 준비는 끝났다.

하지만 우리는 도구를 사용하는 사람인 호모 파베르(Home Faber)이기 때문에 개발 및 디버깅(debugging)을 좀 더 쉽게 할 수 있는 도구를 사용하여 공부를 하겠다.

먼저 개발 툴(Tool)은 Sublime Text를 사용하겠다. 가볍고 빠르며 확장성도 좋아서 개발자들 사이에서 많이 사용되고 있는 편집 툴이다. 그리고 웹 브라우저마다 개발자 도구를 지원하고 있다. 우리는 구글 크롬을 메인 웹 브라우저로 사용할 것이기 때문에 크롬 개발자 도구를 사용하겠다. 그럼 각 툴을 어떻게 설치하고 사용해야 하는지 간단히 알아보자.

3.1 Sublime Text 설치

Sublime Text 2를 설치해보자. 현재 Sublime Text 3도 배포하고 있지만 아직 베타 버전이라 나중에 정식 버전이 배포되면 그때 사용해보는 걸로 하자. 버전이 다를 뿐 설치 방법은 동일하다. 대부분의 개발자 컴퓨터는 맥 또는 윈도우이기 때문에 두 OS에 대해서만 설치를 해볼 예정이다. 설치 파일은 Sublime Text 홈페이지에서 다운로드 받으면 된다.

- 다운로드 URL : http://www.sublimetext.com/2

3.1.1 Mac에 설치

Download Page에서 Mac용 설치 파일을 다운로드받는다.

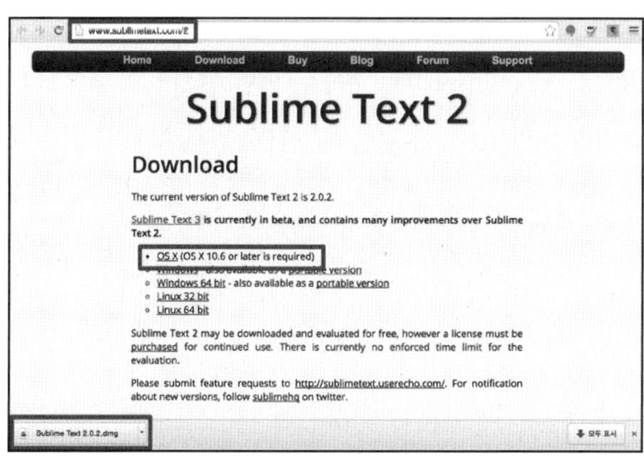

그림 1-7. 맥용 Sublime Text2 다운로드 화면

Sublime Text 2 다운로드 화면에서 OS X라는 텍스트를 마우스로 더블 클릭하면 설치 파일인 Sublime Text x.x.x.dmg 파일이 다운로드된다. 다운로드 시점에 따라 버전이 달라지기 때문에 파일명도 약간이 바뀔 수 있으니 신경 쓰지 않아도 된다.

다운로드된 dmg 파일을 마우스로 더블클릭하면 자동으로 설치된다. 설치가 완료되면 아래 폴더와 같이 설치 내역이 화면에 보이게 된다. 여기서 Sublime Text 2라고 쓰여있는 아이콘을 실행시켜서 편집 창이 나오면 정상적으로 설치된 것이다.

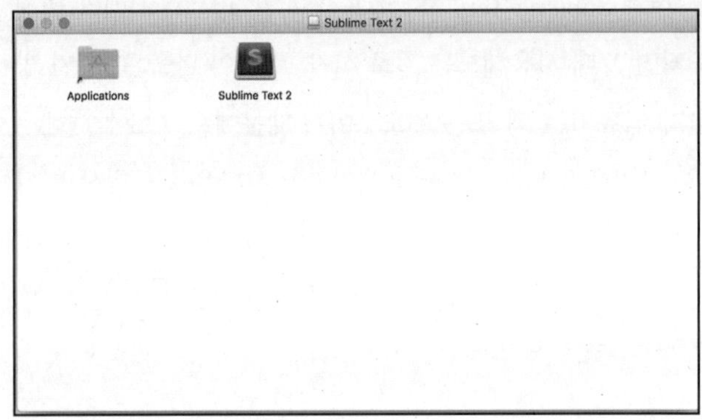

그림 1-8. 맥 OS 에 설치 완료된 화면

3.1.2 윈도우에 설치

다운로드 페이지에서 개인 컴퓨터에 설치된 Windows bit(32/64bit)에 맞는 걸로 다운로드 받아야 한다. 32bit 윈도우가 설치된 컴퓨터에 64bit용 프로그램을 설치하면 정상적으로 동작하지 않을 수 있으니 꼭 확인하기 바란다. 확인하는 방법은 다음과 같이 시스템 정보에서 확인하면 된다.

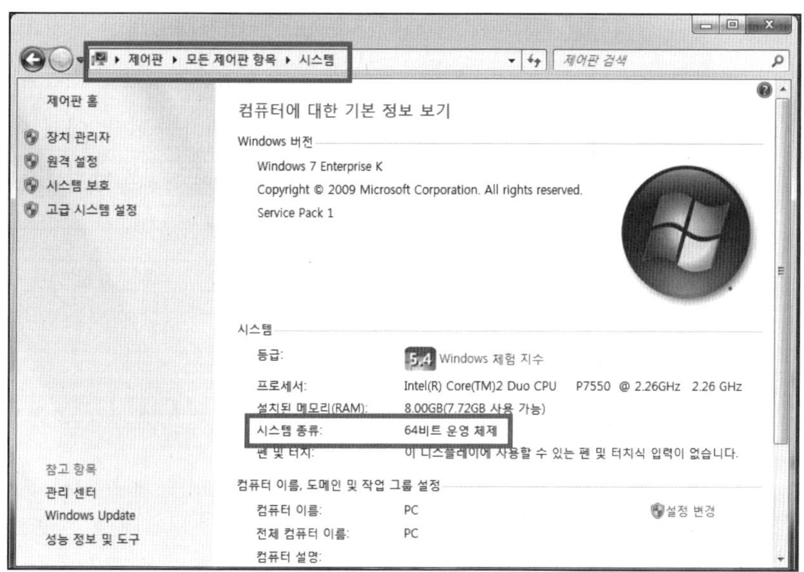

그림 1-9. 윈도우 시스템 정보 확인

본인의 컴퓨터 환경을 알았다면 sublime 사이트에 가서 윈도우 버전의 설치 파일을 다운
로드 받는다.

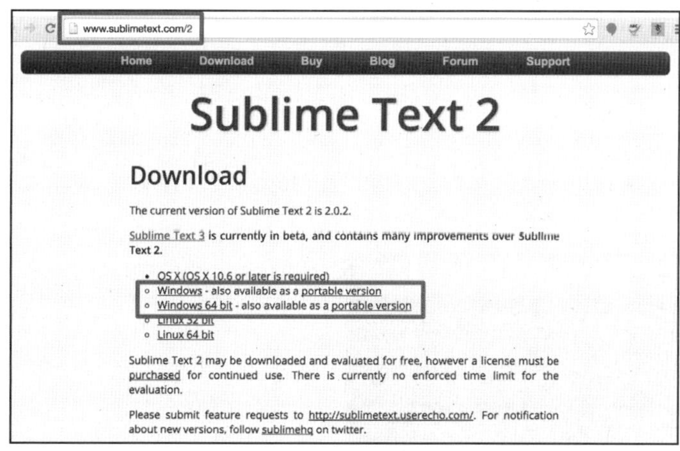

그림 1-10. 윈도우용 Sublime Text2 다운로드 화면

다운로드된 실행 파일을 실행하면 설치 완료가 된다. Sublime Text 자체도 좋은 편집 도구이지만 더 막강한 기능들은 플러그인을 추가해야 한다. 관련 내용은 Sublime Text 사이트나 기타 검색을 통해서 각자에게 필요한 플러그인을 찾아서 설치하면 된다. 이제 자바스크립트를 배우기 위해 필요한 모든 환경이 구성이 되었다. 지금부터 하나씩 배워보자.

Package Plugin을 설치하기 위한 단축키는 아래와 같다.

- Ctrl + shift + p > Package Control : Install Package > Enter

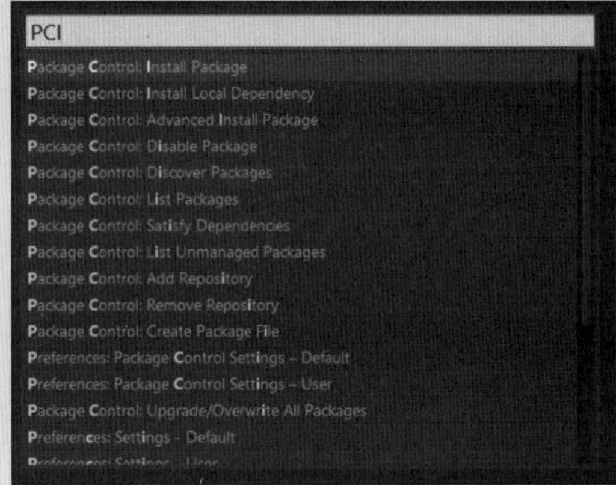

그림 1-11. Package Control: Install Package 설치 실행

조금 기다리면 아래와 같이 Package List가 나오는데 이때 설치하려는 Package를 검색하여 선택하면 된다. 아래와 같이 Input Box에서 설치하려는 Package명을 입력하면 된다.

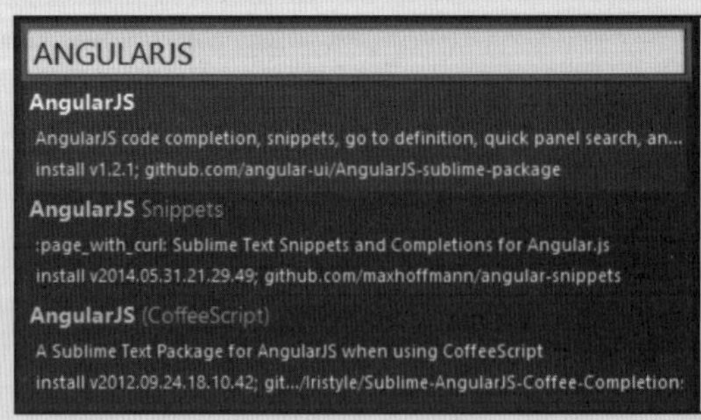

그림 1-12. Package 검색

3.2   유용한 Sublime Text 플러그인

- AngularJS : AnglarJS 관련 지시어나 서비스들이 팝업되면서 코딩하는데 도움을 준다.
- Sublime CodeIntel : 웹 개발에 쓰이는 대부분의 언어를 지원하고, 개발 시에 코드에서 변수명을 alt+Click, Ctrl+F3으로 누르면 변수가 지정된 파일로 자동 이동 등 다양한 기능들을 제공한다.
- DocBlockr : /**을 입력하고 Enter를 치면 자동으로 주석을 달아준다.
- Git : Sublime에서 작성한 소스를 Github를 통해 공유할 수 있도록 지원해준다.
- Prefixr : CSS cross browser 지원을 위한 플러그인이다. 하나의 CSS를 작성하면 자동으로 cross browser에 맞게 css를 생성해 준다.
- Bracket Highlighter : { }, [ ], 〈 〉, " ", ' ', ( )와 같이 열리고 닫히는 기호가 쌍으로 존재해야 하는 코드를 하이라이트 처리해주는 확장 기능이다.

이외에도 다양한 플러그인이 존재한다. 자신에게 맞는 것을 찾아서 사용해보기 바란다.

4   자바스크립트와 인사하기

4.1   기본 페이지 템플릿의 준비

먼저 에디터에 다음 코드를 작성하고 index.html로 저장한다. 아직은 왜 이렇게 해야 하는지 이유는 몰라도 된다. 나중에 자세히 설명하도록 하겠다. 이번에는 그냥 자바스크립트와 인사만 해보자.

그럼 먼저 Sublime Text를 실행하자.

그림 1-13. Sublime Text 실행 화면

그리고 Ctrl+N 단축키를 누르거나 메뉴의 File-New File을 선택해서 소스를 입력할 수 있는 신규 파일을 생성한다.

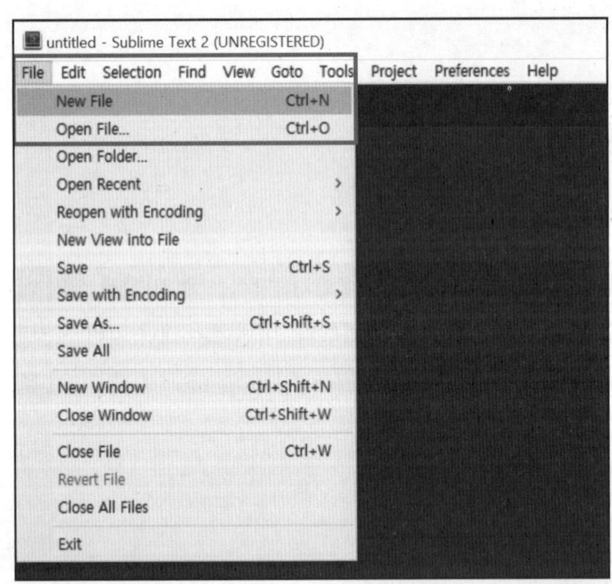

그림 1-14. 신규 파일 생성

위와 같이 신규 파일이 생성되면 다음의 예제 소스를 입력한다.

```html
<!DOCTYPE html>
<html>
<head>
    <meta charset="utf-8"/>
</head>
<body>
<script>
    // 화면에 Hello world JavaScrip를 나타내는 alert 생성
    alert('Hello world JavaScrip');
</script>
</body>
</html>
```

그리고 crtl+S 또는 File-Save를 선택한 후 index.html로 저장한다.

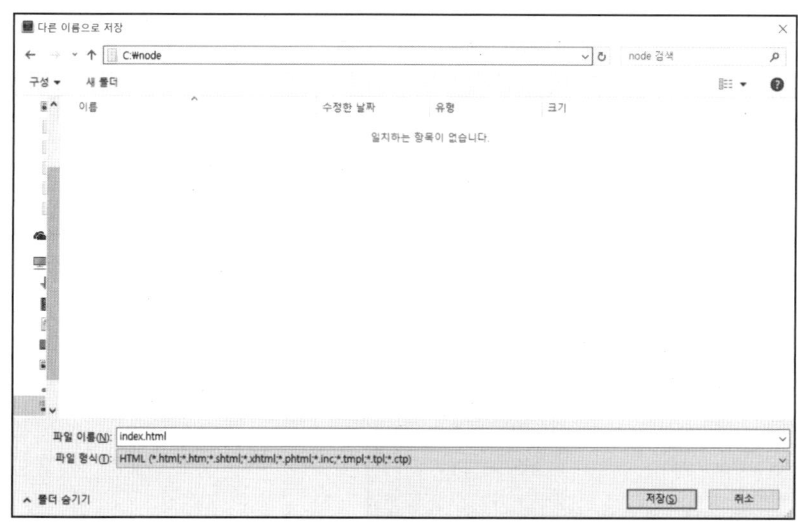

그림 1-15. 예제 소스 저장

저장된 예제 파일은 웹 브라우저 또는 Sublime Text에서 열어 보자.

Sublime Text에서는 마우스 오른쪽 버튼을 눌러 Open In Browser를 선택해서 열거나

또는 저장한 html 파일을 더블클릭하거나 마우스 오른쪽 버튼을 눌러 연결 프로그램으

로 웹 브라우저를 선택한 후 실행하면 된다.

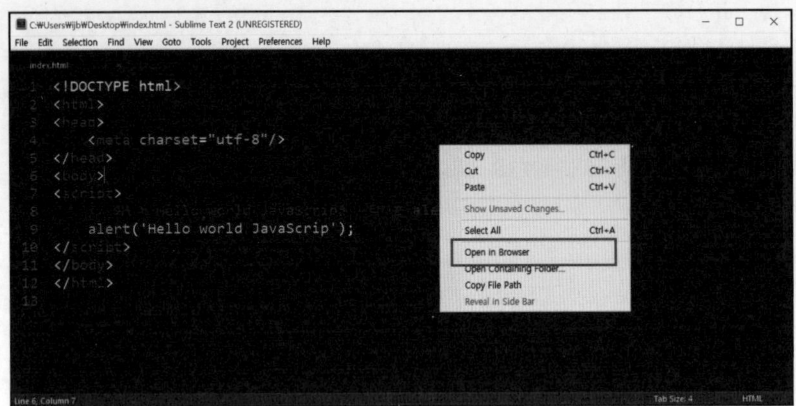

그림 1-16. Sublime Text에서 파일 열기

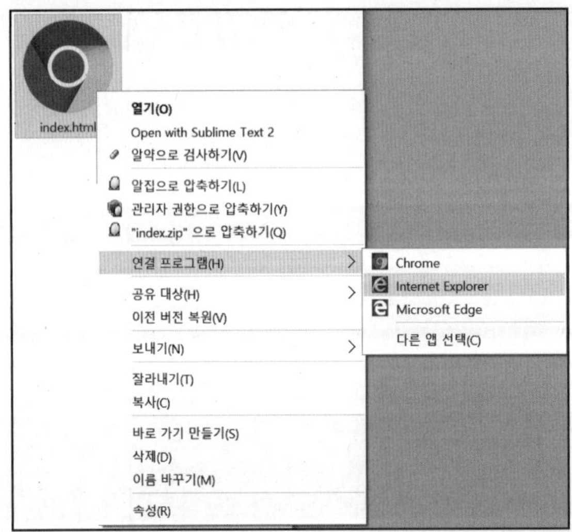

그림 1-17. 웹 브라우저로 파일 열기

방금 저장한 파일을 웹 브라우저를 통해 열어보자. 그럼 그림 1-18과 같이 "Hello world JavaScript"라는 메시지를 가진 alert 창이 나타날 것이다. 실행하는 브라우저와 OS마다 약간식 다른 형태로 나타날 수 있으니 신경쓰지 않아도 된다. 참고로 필자는 맥 OS에서 크롬 브라우저를 통해서 테스트를 하고 있다.

그림 1-18. Hello world JavaScript

참고

- **Alert 창** : 가장 심플한 메시지 창이며 주로 사용자에게 경고 메시지를 보여줄 때 사용
- **Confirm 창** : 확인과 취소 버튼을 가진 창으로 확인을 누르게 되면 리턴 값으로 TRUE를, 취소를 누르게 되면 FALSE가 리턴된다.
- **Prompt 창** : 이 대화상자는 입력 값을 받아서 처리할 때 사용한다. 대화상자에 input 박스가 있어 값을 넣고 확인을 누르게 되면 값이 전달된다.

4.2 HTML 페이지에 자바스크립트 사용 방법

HTML과 자바스크립트는 서로 다른 언어이다. 그렇기 때문에 자바스크립트를 실행하기 위해서는 몇 가지 방법을 사용해야 한다. 그 방법은 다음과 같이 3가지 방법이 있다. 하나씩 알아보겠다. 어렵지 않으니 차근차근 배워보도록 하자. 다음 예제를 1-2.html과 1-2.js, 1-3.js 파일로 저장 후 테스트 해보자.

```html
<!DOCTYPE html>
<html>
<head>
    <meta charset="utf-8"/>
<!--
1) Head Tag 안에서 외부 자바스크립트 파일 Loading 방식
-->
<script type="text/javascript" src="./1-2.js"></script>

</head>

<body>

<!--
2) HTML Tag 안에 Inline 방식
-->
<input type="button" onclick="alert('hello world JavaScript from HTML')" value="Hello world" />

<!--
3) script Tag 안에 삽입 방식
-->
<script type="text/javascript">
alert('Hello world JavaScript from HTML');
</script>

<!--
4) Body Tag 안에서 외부 자바스크립트 파일 Loading 방식
-->
<script type="text/javascript" src="./1-3.js"></script>

</body>
</html>
```

1) Head Tag 안에서 외부 자바스크립트 파일 로딩 방식은 현재 HTML이 브라우저에서 해석되기 전에 별도로 저장한 자바스크립트 파일을 먼저 읽어서 해석하는 것을 말한다.

2) HTML Tag 안에 Inline 방식은 Tag 안에 자바스크립트 코드가 들어가는 방식이다.

3) script Tag 안에 삽입 방식은 HTML 안에 자바스크립트 Tag를 넣어 그 안에 자바스크립트 코드가 들어가는 방식이다.

4) Body Tag 안에서 외부 자바스크립트 파일 로딩 방식은 HTML이 해석되는 중간에 별도로 저장한 자바스크립트 파일을 읽어서 해석하는 것을 말한다.

코드 1-3. 1-2.js와 1-3.js

```
// 화면에 Hello world JavaScript from JS file을 나타내는 alert 생성
alert ('Hello world JavaScript from JS file');
```

위 예제 실행은 HelloWorld 예제를 실행했던 방법과 동일한 방법으로 하면 된다. 1-2. html을 더블클릭하거나 Sublime Text에서 실행하면 된다. 실행 결과는 다음과 같다. 먼저 JS 파일을 통해 자바스크립트를 호출할 경우에는 다음과 같은 메시지가 화면에 출력된다.

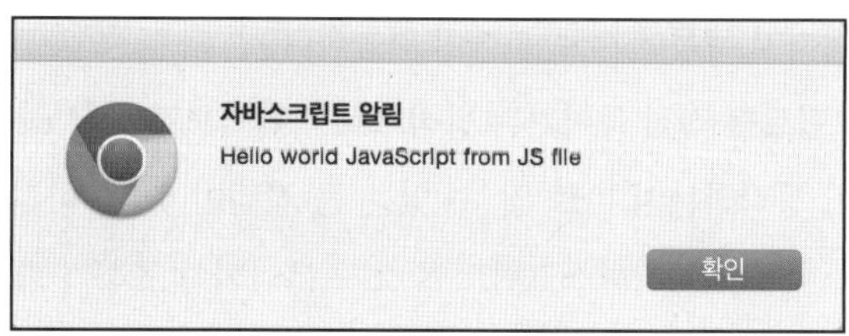

그림 1-19. 외부 JS 파일에서 생성한 alert( ) 화면

그리고 html에 직접 작성한 자바스크립트가 호출된 경우 다음과 같은 메시지가 화면에 나타날 것이다. HelloWorld 버튼을 눌러도 동일한 화면이 출력된다.

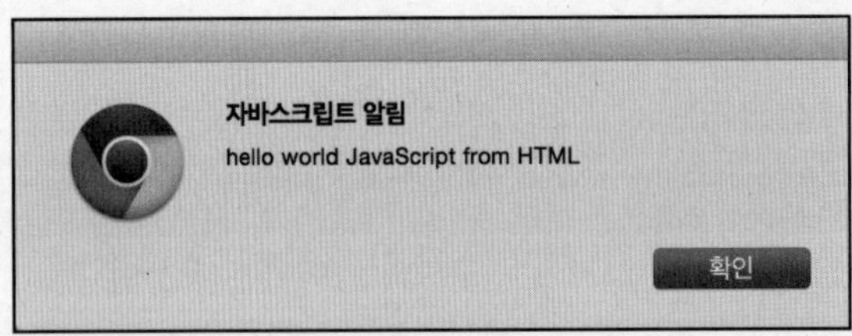

그림 1-20. Inline 방식으로 생성한 alert( ) 화면

그럼 각 방식에 대해서 알아보자.

• HTML Tag 안에 Inline 방식

```
<input type="button" onclick="alert('hello world JavaScript from
HTML')" value="Hello world" />
```

HTML tag에는 각각의 이벤트가 있다. 네이버에서 조회 조건을 입력하고 조회 버튼을 클릭하면 해당 HTML tag에 click 이벤트가 발생하게 된다. 그럼 그 이벤트에 연결되어 있는 자바스크립트가 동작하게 된다. 보통 이런 구현은 JavaScript Function을 만들어 이벤트에 연결한다. 유지보수성은 좋지만 해당 기능이 뭔지 바로 알 수 없기 때문에 해당 Function을 찾아서 분석을 해야 한다. 반면에 Inline 방식을 사용할 경우에는 해당 이벤트에 자바스크립트 코드가 직접 들어가기 때문에 바로 분석이 가능하다.

이벤트를 처리하기 위해서 자바스크립트를 직접 들어가는 방식으로 직관적으로 해당 tag에서 어떤 자바스크립트가 적용되어 동작하는지 바로 알 수 있는 큰 장점이 있다. 하지만 화면을 표현하는 HTML 소스와 제어하는 자바스크립트 소스가 분리되지 못하기 때문에 서로 의존관계가 높아져서 향후 유지보수성이 안좋을 수 있다. 그래서 보통 이런 inline 방식은 anti-pattern이라고 한다. 즉, 개발 시 피해야 하는 개발 방법이니 참고로 알아두기 바란다.

• **Script Tag** 안에 삽입 방식

```
<script type="text/javascript">alert('Hello world JavaScript from
HTML');
</script>
```

html 소스 안에 script tag를 사용하여 tag 안에 자바스크립트 소스를 직접 작성하는 방식
으로 이것 또한 inline 방식과 동일한 이유로 anti-pattern이다.

• 외부의 자바스크립트 파일 로딩(**Loading**) 방식

```
<head>
<!-- Head Tag 안에서 외부 자바스크립트 파일 Loading 방식-->
<script type="text/javascript" src="./1-2.js"></script>
</head>

<body>
<!-- Body Tag 안에서 외부 자바스크립트 파일 Loading 방식-->
<script type="text/javascript" src="./1-2.js"></script>
</body>
```

html 파일과 별도로 개발한 자바스크립트 소스를 저장한 js 파일을 로딩하여 사용하는
방식으로 html 소스와 자바스크립트 소스를 파일로 엄격하게 분리한 방식이다.
이 방법은 개발한 자바스크립트 소스를 다른 html에서 필요한 경우 파일 경로만 알면 호
출하여 재사용할 수 있기 때문에 중복코드 개발을 줄일 수 있다. 그리고 웹 브라우저의
캐쉬 기능을 통해 속도 향상 효과 및 리소스 사용을 최소화할 수 있는 장점도 있다.
외부 js 파일을 로딩하는 시점에 따라 자바스크립트 오류 및 html을 렌더링하는데 영향
을 미칠 수 있다. 많은 자바스크립트 전문가들이 body Tag의 가장 하단에서 js 파일을 로

딩하라고 조언하고 있으니 참고하기 바란다.

자바스크립트 소스가 head에 있을 경우 해당 자바스크립트가 메모리에 로딩될 때까지 사용자는 웹 페이지의 어떤 구조도, 이미지도 볼 수가 없다. 그 이유는 웹 브라우저가 html을 위에서부터 아래로 하나씩 해석해서 렌더링하기 때문이다. 웹사이트의 성능 향상을 위해서는 가능하면 body의 가장 밑에서 로드하도록 권장한다.

HTML5의 표준으로 정의되어 있는 async 또는 defer 속성을 이용하면 렌더링을 저하시키는 문제를 해결할 수 있다. 사용 방법은 아래와 같다.

```
<script async src="async.js" onload="init( )"></script>
<script defer src="defer.js" onload="init( )"></script>
```

async와 defer의 차이는 스크립트 실행 시점이다. async script는 window의 onload event가 발생하기 전에 js 파일이 내려 받아지는 즉시 실행되지만 defer는 html의 parsing 작업이 모두 끝난 후 DOMContentLoaded 이벤트가 발생하기 전에 js 파일을 실행하게 된다.

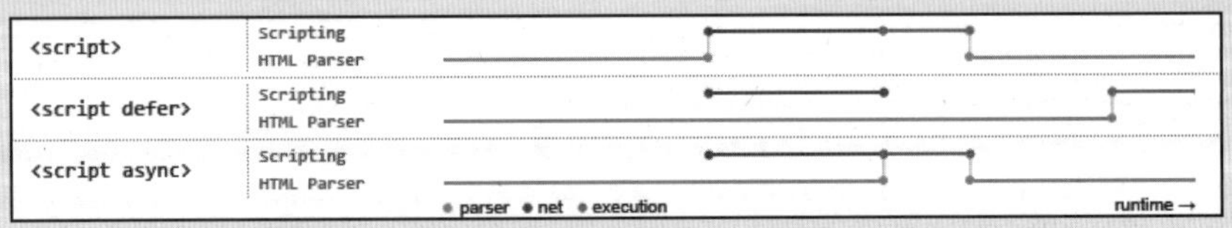

그림 1-21. Script 로딩 성능 테스트
〈출처: http://peter.sh/experiments/asynchronous-and-deferred-javascript-execution-explained/〉

지금 단계에서는 이해하기 힘들 수도 있다. 어느 정도 자바스크립트를 이해했을때 다시 보기 바란다. 그리고 좀 더 정확히 이해하기 위해서는 브라우저의 동작원리를 이해하고 있으면 좋다. 다음 사이트를 참조해서 브라우저의 동작원리를 이해하기 바란다.

http://www.html5rocks.com/en/tutorials/internals/howbrowserswork/ - 영문 사이트
http://d2.naver.com/helloworld/59361 – 번역 사이트

4.3 자바스크립트 소스 설명을 기술하는 주석

개발 코드에 대한 유지 보수를 위해 보통 소스를 설명하는 주석을 작성한다. 자바스크립트도 주석을 작성하는 방법을 제공하고 있다.

4.3.1 한 줄 주석

한 줄 주석은 //를 사용하여 만든다.

```
// Comment
var greet = " Hello Everyone!"         //한 줄 주석
```

4.3.2 여러 줄 주석(블록 주석)

여러 줄을 한 번에 주석 처리하고 싶을 때는 /*와 */로 둘러쌓아서 만들면 된다.

```
/*
 Comment
*/

var greet = " Hello Everyone!" ;
alert(greet);
```

```
/*
이 안에 여러 줄의 주석을 입력할 수 있습니다.

하지만 이 안에 또 다른 주석이 들어 올 경우 에러가 발생하니 중복하면 안됩니다.

*/
```

블록 주석 구문을 사용할 때 주의가 필요하다.
블록 주석 구문 안에 정규 표현식이 있을 경우에 구문 오류가 발생할 수 있다.

```
/*
 var matchChat = /cat*/.match(5);
*/
```

위 예시처럼 정규 표현식을 나타낼 때 */가 블록 주석에 들어가면 중간에 주석 처리를 멈추게 해서 구문 오류를 발생하게 되니 주의해야 한다.

Javascript

자바스크립트 기본 문법

본격적으로 자바스크립트를 배우도록 하자. 모든 언어에는 나름의 어휘와 문법이 있다. 영어도 영어 단어와 영어 문법이 있듯이 자바스크립트도 고유의 용어와 문법을 가지고 있다. 이 부분은 자바스크립트를 배우는데 가장 기본이 되는 개념이니 잘 이해하고 넘어가야 한다. 기본 개념을 충분히 이해한 후에 실습을 반드시 해보기 바란다.

10년동안 개발자로서 다양한 언어를 공부한 필자의 경험에 비추어보면 문법책을 100번 읽어보는 것도 좋지만 실제로 한줄한줄 코딩을 직접 해보고 그 결과를 눈으로 보는 게 더 쉽고 빠르게 이해할 수 있었던 같다. 그럼 시작해보자.

1 자료형(data type)

자료형(data type)은 프로그래밍 언어로 조작할 수 있는 값의 유형을 말한다. 대부분의 프로그래밍 언어는 정확한 데이터 타입으로 변수를 선언해야 한다. 하지만 자바스크립트는 느슨한 데이터 타입의 언어이다. 이 의미는 자바스크립트 언어는 자동으로 데이터 타입을 변환해 주기 때문에 자료형을 정확하게 선언하지 않고 변수를 사용할 수 있다는 뜻이다. 그래서 변수를 선언할 때 사용하는 키워드는 var 뿐이다.

여기서 잠깐 다른 언어랑 비교해보자.

자료형	자바스크립트	자바
Integer 타입	`var foo = 42;`	`int foo=42;`
String 타입	`var foo ="string"`	`String foo ="string"`
Boolean 타입	`var foo = true`	`boolean foo = true;`

표 2-1. 자바스크립트와 자바의 자료형 비교

변수 선언을 자료형을 구분하지 않는다고 해서 자료형이 전혀 없는 것은 아니다. 자바스크립트는 기본 자료형과 복합 자료형을 지원하고 하고 있다. 이 장에서는 기본 자료형에 대해서 알아보겠다.

자바스크립트 표준(ECMAScript)에서는 다음과 같은 6가지의 기본 자료형(Primitive values)을 정의하고 있다.

자료형 타입	설명
String	문자열
Number	숫자, 정수, 실수
Boolean	논리형
null	값이 없음을 명시
undefined	미정의 값
Symbol	유일하고 변경 불가능한 기본값 * ECMAScript 6에 추가된 Spec

표 2-2. 자바스크립트 기본 자료형

1.1 String 타입

자바스크립트의 String 타입은 텍스트를 표현하는데 사용한다. 문자열은 큰따옴표 쌍(" ")또는 작은 따옴표 쌍(' ')으로 묶어 표현한다. 그리고 String은 내부적으로 유니고드(16비트 부호 없는 정수)로 구성돼 있다.

자바스크립트 문자열을 예제를 통해 확인해보자.

코드 2-1. String 타입 예제

```
<!DOCTYPE html>
<html>
<head>
```

```html
        <meta charset="utf-8"/>
</head>
<body>
<script>
        //str1 변수에 문자열을 할당
        var str1 = "My Name is ";
        //str2 변수에 문자열을 할당
        var str2 = 'JavaScript';

        // 원시 문자열 생성
        var str3 = String("My Name is ");

        // String 객체를 이용하여 문자열 생성
        var str4 = new String("JavaScript");

        // valueOf 메소드를 이용해 String 객체를 그에 상응하는 원시 문자열로 변환
        var str5 = str2.valueOf();

        //변수에 할당된 값 출력
        console.log(str1);
        console.log(str2);
        console.log(str3);
        console.log(str4);
        console.log(str5);

        //변수에 할당된 타입 출력
        console.log(typeof str1);
        console.log(typeof str2);
        console.log(typeof str3);
        console.log(typeof str4);
        console.log(typeof str5);
</script>
</body>
</html>
```

예제 실행 결과는 아래와 같이 console에 출력이 된다.

```
My Name is
JavaScript
My Name is
String {0: "J", 1: "a", 2: "v", 3: "a", 4: "S", 5: "c", 6: "r", 7: "i", 8: "p", 9: "t", length: 10, [[PrimitiveValue]]: "JavaScript"}
JavaScript
string
string
string
object
string
```

그림 2-1. String 타입 예제 실행 결과

<참고>

〈브라우저 실습 시 오류 메시지 및 console log 확인하는 방법〉

- 크롬 : Ctrl+Shift+J (윈도우)

  Command +Alt+J (OSX)

- 파이어폭스 : Ctrl+Shift+K(윈도우)

- IE : F12를 누른 후에 개발자 도구에서 콘솔 탭 클릭

<참고>

<console.log( )>

자바스크립트를 디버깅할 때 사용하는 객체이다. 이전까지는 alert( )를 이용했지만 일일이 확인 버튼을 눌러야 하는 번거로움이 있기 때문에 이를 대신할 객체이다.

console 객체는 ie8 이상 및 크롬, 사파리 등의 최신 브라우저에서만 지원한다.

자세한 내용은 아래 사이트를 참조하기 바란다.

http://www.w3schools.com/js/js_output.asp

다음은 코드 2-1을 수정하여 좀 더 간단하게 만든 예제이다.

```html
<!DOCTYPE html>
<html>
<head>
    <meta charset="utf-8"/>
</head>
<body>
<script>
        //string1, string2 변수에 문자열을 할당
        var string1 = "My Name is ';
        var string2 = 'JavaScript"';
        //string1과 string2 문자열을 합쳐서 출력
        console.log(string1+string2);
</script>
</body>
</html>
```

위 예제를 실행하면 어떤 결과가 나올 거라 예상했겠지만 빨간 글씨로 아래와 같은 에러 메시지가 나올 것이다.

```
⊗ Uncaught SyntaxError: Unexpected token ILLEGAL
>
```

그림 2-2. 문법 오류 String 타입 예제 실행 결과

그 이유는 문자열 선언을 잘못 했기 때문이다.

```
var string1 = "My Name is ';        // 동일한 따옴표를 사용하지 않음
var string2 = 'JavaScript"';        // 작은 따옴표 안에 큰 따옴표 사용
```

문자열을 선언할 때는 반드시 동일한 따옴표 기호를 사용해야 하며 문자열 안에 다른 따옴표가 기호를 표현하기 위해서는 이스케이프 문자를 사용해야 한다.

이스케이프 문자	설명	예
\n	커서를 다음 줄로 이동	var str1 = "first line \n second line \n "; // 개행문자
\t	커서를 탭 키를 누른만큼 이동	var str2 = "\t"; // 탭
\b	커서를 앞으로 한 칸 이동	var str3 = "\b"; // 백스페이스
\f	커서를 다음 페이지로 이동	var str4 = "\f"; // 폼 피드
\r	커서를 그 줄의 처음으로 이동	var str5 = "\r"; // 캐리지 리턴
\\	\ 문자를 표시	var str6 = "c:\\test"; // 백슬래시 문자(\)
\'	' 문자를 표시	var str7 = "\'"; // 작은 따옴표
\"	" 문자를 표시	var str8 = "\""; // 큰 따옴표 표시

표 2-3. 자바스크립트 이스케이프 문자

코드 2-3. 이스케이프 문자 예제

```
<!DOCTYPE html>
<html>
<head>
    <meta charset="utf-8"/>
</head>
<body>
<script>
var str1 = "str1 : first\nsecond\n ";        // 개행문자
var str2 = "str2 : first\tsecond";            // 탭
var str3 = "str3 : first\bsecond";            // 백스페이스
var str4 = "str4 : first\fsecond";            // 폼 피드
```

```javascript
var str5 = "str5 : first\rsecond";          // 캐리지 리턴
var str6 = "str6 : c:\\test";                // 백슬래시 문자 (\)
var str7 = "str7 : \'";                      // 작은 따옴표
var str8 = "str8 : \"";                      // 큰 따옴표 표시
console.log(str1);
console.log(str2);
console.log(str3);
console.log(str4);
console.log(str5);
console.log(str6);
console.log(str7);
console.log(str8);
</script>
</body>
</html>
```

위의 예제 실행 결과는 console 창에 아래와 같이 출력된다.

```
str1 : first                                          2-3.html:16
second

str2 : first    second                                2-3.html:17
str3 : firstsecond                                    2-3.html:18
str4 : firstsecond                                    2-3.html:19
str5 : firstsecond                                    2-3.html:20
str6 : c:\test                                        2-3.html:21
str7 : '                                              2-3.html:22
str8 : "                                              2-3.html:23
```

그림 2-3. 이스케이프 문자 예제 실행 결과

마지막으로 문자열 비교를 알아보자. 자바스크립트에서 문자열 비교는 사전식으로 한다. 다음 예제를 확인을 해보자.

```
<!DOCTYPE html>
<html>
<head>
    <meta charset="utf-8"/>
</head>
<body>
<script>

//문자열 비교
console.log("B">"A");              // true, B값이 A값보다 큼
console.log("My">"Mi");            // true, y값이 i값보다 큼
console.log("ABC">"AB");           //true, 비교 문자가 없으면 우선순위에 밀림
console.log("a">"B");              //true, 소문자 > 대문자
console.log("3">"18");             //true, 문자열 비교이기 때문에 "3">"1"
console.log(3>18);                 //false, 숫자 비교이기 때문에 3<18
console.log(3>"18");
//false, 피연산자가 문자열이 아니면 두 피연산자가 숫자로 변환하여 비교
</script>
</body>
</html>
```

위의 예제 실행 결과는 아래와 같다.

그림 2-4. 문자열 비교 예제 실행 결과

1.2 숫자 타입(Number Type)

자바스크립트의 숫자는 정수와 유리수가 있지만 모두 Number 타입이다. 자바스크립트의 모든 숫자는 내부적으로 부동 소수점 수로 표현되며, 자바스크립트에서는 IEEE 754 규격에 정의된 64비트 부동 소수점($-(2^{53}-1)$과 $2^{53}-1$ 사이의 숫자 값) 형태로 숫자를 표현한다.

코드 2-5. 숫자 타입 예제 ~~~~~~~~~~~~~~~~~~~~~~~~~~~~~~~~~~~

```html
<!DOCTYPE html>
<html>
<head>
    <meta charset="utf-8"/>
</head>
<body>
<script>
//변수에 숫자 할당
var number1 = 116;

var number2 = 23;

var number3 = 0xaf;

var number4 = 010;

var number5 = 3e6;          //  과학적 표기법

var number6 = 3E-6;         //  과학적 표기법


//변수 타입 출력
console.log(typeof number1);        //number type

console.log(typeof number2);        //number type

console.log(typeof number3);        //number type

console.log(typeof number4);        //number type

console.log(typeof number5);        //number type

console.log(typeof number6);        //number type


console.log(number1);               //number type

console.log(number2);               //number type
```

```javascript
console.log(number3);                    //number type
console.log(number4);                    //number type
console.log(number5);                    //number type
console.log(number6);                    //number type

//더하기 연산
console.log("number1 + number2 = "+ (number1 + number2));
// 116과 23을 더하면 139

//빼기 연산
console.log("number1 + number2 = "+ (number1 - number2));
//116에서 23을 빼면 93

//곱하기 연산
console.log("number1 + number2 = "+ (number1 * number2));
// 116에 23을 곱하면 2668

//나누기 연산
console.log("number1 + number2 = "+ (number1 / number2));
// 116을 23으로 나누면 5.043478260869565

//나머지 연산
console.log("number1 + number2 = "+ (number1 % number2));
// 116을 23으로 나누고 나서 남는 나머지가 1
</script>
</body>
</html>
```

위 예제를 실행하면 모두 Number 타입이며 사칙연산 결과를 확인할 수 있다.

```
number
number
number
number
number
number
116
23
175
8
3000000
0.000003
number1 + number2 = 139
number1 + number2 = 93
number1 + number2 = 2668
number1 + number2 = 5.043478260869565
number1 + number2 = 1
```

그림 2-5. 숫자 타입 예제 결과

숫자 중에 유한수로 표현하지 못한 수를 무한수라고 한다. 자바스크립트에서는
Infinity로 표현한다. isFinite( ) 함수를 통해 확인 가능하다. 그리고 숫자가 아닌 값을
NaN(Not-A-Number)로 나타내기도 한다.

코드 2-6. NaN과 infinite 예제

```
<!DOCTYPE html>
<html>
<head>
    <meta charset="utf-8"/>
</head>
<body>
<script>
//변수에 숫자 할당
var number1 = 1/0;                      // Infinity
var number2 = -1/0;                     // -Infinity
var number3 = 1;
```

```javascript
var number4 = "1";
var number5 = 0/0;

//유한수인지 검사
console.log(isFinite(number1));        // 1/0은 무한수이기 때문에 false
console.log(isFinite(number2));        // -1/0은 무한수이기 때문에 false
console.log(isFinite(number3));        // 1은 유한수이기 때문에 true
console.log(isFinite(number4));        // 문자열1은 유한수이기 때문에 true

//NaN인지 검사
console.log(isNaN(number4));           // 문자열 "1"은 숫자 형태이기 때문에 false
console.log(isNaN(number5));           // true, 0/0은 NaN이다.
console.log(isNaN(NaN));               // NaN는 NaN이기 때문에 true

</script>
</body>
</html>
```

위 예제 결과는 다음과 같다.

```
false
false
true
true
false
true
true
```

그림 2-6. NaN과 infinite 예제 실행 결과

1.3 Boolean 타입

자바스크립트에서 boolean 타입은 true와 false라는 값만 가진다. 보통 Boolean 값은 비교의 결과에 해당하며 자바스크립트의 제어 구조에 사용된다.

코드 2-7. Boolean 타입 예제

```
<!DOCTYPE html>
<html>
<head>
    <meta charset="utf-8"/>
</head>
<body>
<script>
//변수에 boolean 할당
var boolean1 = true;                //true
var boolean2 = false;               //false
var boolean3 = 1;                   //1
var boolean4 = 0;                   //0
var boolean5 = NaN;                 //NaN
var boolean6 = "aa";                //string
var boolean7 = "";                  //빈 문자열
var boolean8 = null;                //null
var boolean9;                       //undefined

console.log(boolean1);       // true, boolean1값이 true
console.log(boolean2);       // false, boolean2값이 false
console.log(!!boolean3);     // true, 1은 true이기 때문에 true에 !!는 true임
console.log(!!boolean4);     // false, 0이거나 NaN이 아니면 참으로 변환
console.log(!!boolean5);     // false, 0이거나 NaN이 아니면 참으로 변환
console.log(!!boolean6);     // true, 빈 문자열을 제외하고 참으로 변환
console.log(!!boolean7);     // false, 빈 문자열을 제외하고 참으로 변환
console.log(!!boolean8);     // false, null, undefined는 거짓으로 변환
console.log(!!boolean9);     // false, null, undefined는 거짓으로 변환
</script>
```

```
</body>
</html>
```

~~~~~~

예제를 실행하면 아래와 같은 결과가 나온다.

```
true
false
true
false
false
true
false
false
false
```

그림 2-7. Boolean 타입 예제 실행 결과

1.4 null과 undefined 타입

undefined는 변수가 정의되지 않았거나, 선언은 되었지만 값이 정의되지 않은 경우를 말한다. null은 명시적으로 값이 없음을 표현할 때 사용한다. 쉽게 설명하면 null은 사용자가 고의로 값을 할당하여 값이 없다는 것을 명확하게 한 것이고, undefined는 사용자가 아닌 프로그램이 실행을 하면서 값이 할당되지 않은 비어있는 변수를 호출하여 발생하는 오류를 나타낼 경우를 말한다.

코드 2-8. null과 undefined 타입 예제 ~~~~~~

```
<!DOCTYPE html>
<html>
<head>
    <meta charset="utf-8"/>
</head>
<body>
```
~~~~~~

```
<script>

console.log(typeof null);            // null의 타입은 object임
console.log(!!null);                 // false, null은 false로 변환됨
console.log(1+null);                 // 1, 숫자와 연산 시 null은 0으로 변환됨
console.log(""+null);
// "null", 문자열과 연산을 하면 null은 문자열 "null"로 변환됨
console.log(typeof undefined);       // undefined 타입은 undefined임
console.log(!!undefined);            // false, undefined는 false로 변환됨
console.log(1+undefined);
// NaN, 숫자와 연산 시 undefined는 NaN 변환됨
console.log(""+undefined);
// "undefined", 문자열과 연산을 하면 문자열 "undefined" 변환됨

</script>
</body>
</html>
```

위 예제의 실행 결과는 아래와 같다.

```
object
false
1
null
undefined
false
NaN
undefined
```

그림 2-8. null과 undefined 타입 예제 실행 결과

1.5 자료형 검사

자바스크립트에서 데이터 타입을 확인할 수 있는 방법을 제공하고 있다. 위에서 예제를 작성했다면 눈치챘겠지만 typeof라는 연산자이다. typeof 연산자는 데이터 타입 정보를 문자열로 반환한다. 그 종류는 "Number", "String", "Boolean", "Object", "Function", "undefined"와 같이 총 6가지 형식을 반환해 준다. 사용방법은 아래와 같이 두 가지 방법이 있다.

```
typeof operand
typeof (operand)
```

코드 2-9. 자료형 검사 예제

```
<!DOCTYPE html>
<html>
<head>
    <meta charset="utf-8"/>
</head>
<body>
<script>
//변수 선언
var variable1 = "JavaScript";
var variable2 = 1;
var variable3 = true;
var variable4 = null;
var variable5 = undefined;

console.log("variable1 = "+ typeof variable1);
// string, "JavaScript"는 문자열 타입
console.log("variable2 = "+ typeof variable2);
// number, 1은 숫자 타입
console.log("variable3 = "+ typeof variable3);
```

```javascript
// boolean, true는 boolean 타입
console.log("variable4 = "+ typeof variable4);
// object, null은 object 타입
console.log("variable5 = "+ typeof variable5);
// undefined, undefined는 타입이 없기 때문에 undefined임


</script>
</body>
</html>
```

위 예제를 실행하면 각 변수에 할당된 값에 대한 자료형을 출력해준다.

```
variable1 = string
variable2 = number
variable3 = boolean
variable4 = object
variable5 = undefined
```

그림 2-9. 자료형 검사 예제 실행 결과

1.6 숫자와 문자열 자료형 변환

자바스크립트에서는 별도의 형 변환 함수 없이 자료형 변환이 가능하다. 자바스크립트는 자동으로 데이터의 타입 변환을 시도한다. 즉 우리가 특별히 String, Number라고 해주지 않아도 자바스크립트가 알아서 알맞은 타입으로 형 변환을 한다.

코드 2-10. 자료형 자동 변환 예제

```html
<!DOCTYPE html>
<html>
<head>
```

```html
<meta charset="utf-8"/>
</head>
<body>
<script>
console.log(1+3);              // 4, 숫자 1+3은 4
console.log(1+"1");            // 11, 숫자+문자열일 경우 숫자를 문자열로 변환하여 연결
console.log("1"+1);            // 11, 숫자+문자열일 경우 숫자를 문자열로 변환하여 연결
console.log(false+1);
// 1, boolean형 false는 수치 연산 시 0로 변환하여 처리
console.log(true+1);           // 2, boolean형 true는 수치 연산 시 1로 변환하여 처리

console.log(typeof (1+3));     // number, 숫자 1+3의 결과는 4인 number 타입
console.log(typeof (1+"1"));
//11, 숫자+문자열일 경우 숫자를 문자열로 변환하여 처리하기 때문에 string 타입
console.log(typeof ("1"+1));
//11, 숫자+문자열일 경우 숫자를 문자열로 변환하여 처리하기 때문에 string 타입
console.log(typeof (false+1));
// 1, boolean의 false는 수치 연산 시 0로 변환하여 처리하기 때문에 number 타입
console.log(typeof (true+1));
// 2, boolean의 true는 수치 연산시 1로 변환하여 처리하기 때문에 number 타입

</script>
</body>
</html>
```

위 예제를 실행 결과는 다음과 같다. 데이터형이 어떻게 변경되는지 잘 확인하길 바란다.

4
11
11
1
2
number
string
string
number
number

그림 2-10. 자료형 자동 변환 예제 실행 결과

자바스크립트의 자동 형 변환을 사용할 경우 의도와 다르게 형 변환이 될 수 있다. 위의 예제에서 개발자는 1+"1"의 결과는 2가 되기를 원하고 개발했지만 자바스크립트에서는 문자로 형 변환을 해서 11이라는 결과를 보여 준 경우일 수도 있다. 이런 의도하지 않는 결과가 나오지 않도록 명시적으로 원하는 데이터 타입으로 형 변환을 할 수 있다. 명시적인 형 변환을 하기 위해서는 함수 Boolean, String, Number를 이용하면 된다.

코드 2-11. 명시적 형 변환 예제

```
<!DOCTYPE html>
<html>
<head>
    <meta charset="utf-8"/>
</head>
<body>
<script>
console.log(String(1)+String(3));            // 13
console.log(1+Number("1"));                  // 2
console.log(Number("1")+1);                  // 2
console.log(Boolean(1));                     // true
console.log(Boolean(0));                     // false


console.log(typeof (String(1)+String(3)));   // string
```

```javascript
console.log(typeof (1+Number("1")));          // number
console.log(typeof (Number("1")+1));          // number
console.log(typeof (String(1)));              // string
console.log(typeof (Number("1")));            // number
console.log(typeof (Boolean(1)));             // boolean
console.log(typeof (Boolean(0)));             // boolean

</script>
</body>
</html>
```

위 예제 실행 결과는 다음과 같다.

```
13
2
2
true
false
string
number
number
string
number
boolean
boolean
```

그림 2-11. 명시적 형 변환 예제 실행 결과

2 변수

2.1 변수란

변수(Variable)의 뜻은 자꾸 변하는 자료의 내용을 그때그때 받아들이는 수를 말하는데
이 변하는 값을 저장하기 위해 컨테이너(저장소)의 식별자를 반드시 붙여 줘야 한다. 다
시 말하면 한 순간에 하나의 데이터 값을 저장하고 이 값을 다른 곳에서 쓸 수 있도록 이
름을 붙여 놓은 것을 변수라고 한다. 그래서 변수에 저장되어 있는 값은 언제든 변경할
수 있다. 변수에는 문자, 숫자뿐만 아니라 자바스크립트에서 사용하는 모든 자료형 및
객체를 저장할 수 있다.

2.2 예약어

자바스크립트가 만들어질 때 특별한 목적으로 사용하기 위해 예약해 놓은 단어가 있다.
이 단어는 변수명, label명이나 함수명으로 사용하지 못한다. 다음 표 2-4에 자바스크립
트에서 미리 예약해 놓은 단어를 나열해 놓았으니 알아 두기 바란다. 당장 암기해야 할
필요는 없다. 이 책을 통해 자바스크립트를 공부하다 보면 자연스럽게 알게 된다.

abstract	arguments	boolean	break	byte
case	catch	char	class	const
continue	debugger	default	delete	do
double	else	enum	eval	export
extends	false	final	finally	float
for	function	goto	if	implements
import	in	instanceof	int	interface
let	long	native	new	null
package	private	protected	public	return
short	static	super*	switch	synchronized
this	throw	throws	transient	true
try	typeof	var	void	volatile
while	with	yield		

표 2-4. 자바스크립트 예약어

2.3 변수 선언

자바스크립트에서 변수를 선언할 때 var를 이용한다. var를 생략하고 선언할 수도 있지만 유효 범위라는 것에 영향을 받기 때문에 신중해야 한다. 함수를 배울 때 scope라는 개념을 공부할 때 자세히 설명하겠다. 항상 var를 이용하여 변수를 선언하는 습관을 들이기 바란다.

```
var 변수명 = 값;
```

```html
<!DOCTYPE html>
<html>
<head>
    <meta charset="utf-8"/>
</head>
<body>
<script>

var variable1  = 1;                 //variable1 변수에  1을 할당
var _variable1  = 1;                 //_variable1 변수에  1을 할당


var 1variable  = 1;                 //error,  숫자가 첫 글자로 사용되어 에러 발생
var @var = 1;                       //error,  특수 문자가 첫 글자로 사용되어 에러 발생


</script>
</body>
</html>
```

변수명은 문자 또는 _로만 시작할 수 있다. 다른 특수 문자나 숫자로 변수를 시작할 수 없으니 꼭 알아 두기 바란다.

그리고 변수명은 가능하면 의미 있는 단어를 사용하는걸 권장한다. 몇 주만 지나도 본인이 개발한 코드를 못 알아보기 때문에 나중에 수정할 때 어려움이 발생한 경우가 많다. 개발할 때 귀찮을지 모르겠지만 유지보수성을 위해서 의미 있는 단어의 조합으로 만들기 권장한다.

이 책에서 작명규칙은 카멜(camel) 표기법을 따라서 작성할 것이다.

〈카멜 표기법(Camel Notation)〉

- 첫 알파벳은 소문자로 표기하며, 두 번째 단어부터는 대문자로 표기

- 띄어쓰기 대신 대문자로 단어를 구분

- 작성된 결과가 마치 낙타의 등처럼 보인다고 해서 Camel 표기법이라 함

```
예) getName() : get + name
    backgroundSound : background + sound
```

3 배열

배열(array)이란 연관된 데이터를 모아서 하나로 관리하기 위해서 사용하는 데이터 타입이다.

자바스크립트 배열은 값의 순차 컬렉션을 나타내며 각 값에 접근하기 위한 인덱스 값은 0부터 시작한다. 배열에는 자바스크립트에서 사용되는 모든 타입을 담을 수 있으며 반드시 같은 타입만 담을 필요는 없다. 자바스크립트는 명시적인 타입이 없는(untyped) 언어이므로 다양한 타입의 데이터를 하나의 배열 안에 담을 수 있다.

3.1 배열 생성

배열을 생성하는 방식은 크게 두 가지 방법이 있는데 배열 리터럴을 이용한 방법과 배열 객체를 이용하는 방법이 그것이다.

배열 리터럴	var 배열명 = [원소1, 원소2, ...배열n] ; 위와 같이 대괄호 안에 콤마(,)로 구분하여 값을 정의한 리스트를 배열 리터럴 이라고 한다.
배열 객체	var 배열명 = new Array( )　　　　// 배열의 개수 미지정 var 배열명 = new Array(배열 개수)　// 배열의 개수 지정 var 배열명 = new Array(원소1, 원소2......배열n) // 배열 요소를 모두 열거

표 2-5. 배열 생성 방법

배열 생성에 대한 예제를 통해 정확히 이해를 해보자.

코드 2-14. 배열 생성 예제 ～～～～～～～～～～～～～～～～～～～～～～～～～～～～～～

```html
<!DOCTYPE html>
<html>
<head>
    <meta charset="utf-8"/>
</head>
<body>
<script>

var array1 = ["JJ",1,true];    //배열 리터럴을 이용한 배열 생성


var array2 = new Array( );    //Array( ) 생성자를 이용한 배열 생성
array2[0] = "JJ";
array2[1] = 1;
array2[2] = true;


var array3 = new Array(3);    //Array( ) 생성자를 이용한 배열 생성
array3[0] = "JJ";
array3[1] = 1;
array3[2] = true;
```

```javascript
//Array( ) 생성자에 원소를 전달해 배열 생성
var array4 = new Array("JJ",1,true);

console.log("array1 = "+array1);        //array1 = JJ,James,Tim, array1 출력
console.log("array2 = "+array2);        //array2 = JJ,James,Tim, array2 출력
console.log("array3 = "+array3);        //array3 = JJ,James,Tim, array3 출력
console.log("array4 = "+array4);        //array4 = JJ,James,Tim, array4 출력

//array 요소 타입을 출력
console.log("array1[0] = "+typeof(array1[0])+", array1[1] = "+typeof(array1[1])+", array1[2] = "+typeof(array1[2]));

console.log("array2[0] = "+typeof(array2[0])+", array2[1] = "+typeof(array2[1])+", array2[2] = "+typeof(array2[2]));

console.log("array3[0] = "+typeof(array3[0])+", array3[1] = "+typeof(array3[1])+", array3[2] = "+typeof(array3[2]));

console.log("array4[0] = "+typeof(array4[0])+", array4[1] = "+typeof(array4[1])+", array4[2] = "+typeof(array4[2]));

</script>
</body>

</html>
```

~~~~~~

위 예제는 Arrary를 생성하는 4가지 방법에 대한 내용이다. 배열 리터럴과 배열 객체 방식을 사용하여 생성한 배열에 동일한 값을 할당하고 동일한 방법으로 그 값을 추출하여 모두 동일한 배열이라는 것을 보여주는 예제 소스이다.

위 예제 실행 결과는 다음과 같다.
~~~~~~

```
array1 = JJ,1,true
array2 = JJ,1,true
array3 = JJ,1,true
array4 = JJ,1,true
array1[0] = string, array1[1] = number, array1[2] = boolean
array2[0] = string, array2[1] = number, array2[2] = boolean
array3[0] = string, array3[1] = number, array3[2] = boolean
array4[0] = string, array4[1] = number, array4[2] = boolean
```

그림 2-12. 배열 생성 예제 결과

3.2 배열의 property와 method

Array 객체에는 다음과 같은 property와 method를 제공하고 있다.

property	length	배열의 길이 정보를 반환 정확하게 말하면 마지막 인덱스에 1을 더한 값을 반환
method	concat(array)	두 개의 배열을 하나의 배열로 만들어 반환
	push(add_item)	배열의 끝에 원소를 추가한 후 배열의 길이를 반환
	pop( )	배열의 마지막 항목을 제거하고 그것을 반환
	shift( )	배열의 첫 번째 항목을 제거하고 그것을 반환
	unshift(add_item)	배열의 맨 앞에 원소를 추가한 후, 배열의 길이를 반환
	join(구분자)	지정된 구분자를 이용하여 배열을 문자열로 변환하여 반환
	splice(start_index, deleteCount[, item1, ..., itemN])	start_index에서 시작해서 deleteCount만큼의 원소를 제거하고 다른 원소로 대체(item1, ..., itemN을 전달하여 대체 가능)
	slice(start_index[, end_index])	start_index부터 end_index 사이의 원소를 배열로 반환
	reverse( )	배열의 원소 순서를 거꾸로 변경
	sort( )	배열의 원소를 모두 문자열로 변환한 후 사전식으로 정렬

표 2-6. 배열의 속성 및 메소드

위 Array 객체에서 제공하는 property와 method를 이용하여 예제를 작성하면서 익혀보자.

3.2.1 length 속성

length 속성은 배열의 길이 정보를 반환한다. 보통 length 속성은 배열에 있는 값을 추출할 때 사용하는 반복문의 종료 조건으로 사용한다.

코드 2-15. 배열 객체의 length 속성 예제

```
<!DOCTYPE html>
<html>
<head>
    <meta charset="utf-8"/>
```

```
</head>
<body>
<script>

var array1 = ["JJ",1,true];                              //배열 리터럴을 이용한 배열 생성
console.log("array1 length = "+array1.length);
//3, 3개 원소가 있는 array1의 배열 길이를 반환


var array2 = new Array( );                                //Array( ) 생성자를 이용한 배열 생성
console.log("create array2 length = "+array2.length);
//0, 배열의 크기를 미지정한(0) array2의 배열 길이를 반환
array2[0] = "JJ";
console.log("First add item array2 length = "+array2.length);
//1, arrary2에 1개의 원소를 추가된 array2의 배열 길이를 반환
array2[1] = 1;
console.log("Second add item array2 length = "+array2.length);
//2, arrary2에 2개의 원소를 추가된 array2의 배열 길이를 반환
array2[2] = true;
console.log("Third add item array2 length = "+array2.length);
//3, arrary2에 3개의 원소를 추가된 array2의 배열 길이를 반환


var array3 = new Array(3);
//Array() 생성자에 배열 생성 크기를 전달하여 배열 생성
console.log("create array3 length = "+array3.length);
//3, 배열 생성자에 전달된 크기만큼의 생성한 array3 배열 길이 반환
array3[0] = "JJ";
console.log("first add item array3 length = "+array3.length);
//3, array3의 0 인덱스에 값을 할당 후 array3의 배열 길이 반환
array3[1] = 1;
console.log("second add item array3 length = "+array3.length);
//3, array3의 1 인덱스에 값을 할당 후 array3의 배열 길이 반환
array3[2] = true;
console.log("second add item array3 length = "+array3.length);
//3, array3의 2 인덱스에 값을 할당 후 array3의 배열 길이 반환
```

```
var array4 = new Array("JJ",1,true);
//Array( ) 생성자에 원소를 전달해 배열 생성
console.log("array4 length = "+array4.length);
//3, 생성된 array4의 배열 크기 반환


</script>
</body>
</html>
```

위 예제 결과는 다음과 같다.

```
array1 length = 3
create array2 length = 0
First add item array2 length = 1
Second add item array2 length = 2
Third add item array2 length = 3
create array3 length = 3
first add item array3 length = 3
second add item array3 length = 3
second add item array3 length = 3
array4 length = 3
```

그림 2-13. 배열 객체의 length 속성 예제 실행 결과

3.2.2 concat( ) 메소드

두 개의 배열을 하나의 배열로 만들 때 사용하는 메소드로 문법은 아래와 같다.

```
array1.concat(array2, array3,..., arrayX)
```

그리고 보통은 아래와 같이 문자열을 서로 연결할 때 사용한다.

```
var arr1 = ["Cecilie", "Lone"];
var arr2 = ["Emil", "Tobias", "Linus"];
var arr3 = arr1.concat(arr2);          // arr1 배열 뒤에 arr2를 붙여서 arr3에 할당
➜ Cecilie,Lone,Emil,Tobias,Linus
```

코드 2-16. concat( ) 메소드 예제

```
<!DOCTYPE html>
<html>
<head>
    <meta charset="utf-8"/>
</head>
<body>
<script>

var array1 = ["JJ",1,true];
//배열 리터럴을 이용한 배열 생성
console.log("array1 length = "+array1.length);
//3, 3개 원소가 있는 array1의 배열 길이를 반환
console.log("array1 = "+array1);
//JJ, 1, true, 3개의 array1 원소 반환

var array2 = new Array();
//Array( ) 생성자를 이용한 배열 생성
array2[0] = "Tim";
array2[1] = 2;
array2[2] = false;
console.log("array2 length = "+array2.length);
//3, arrary2에 3개의 원소를 추가된 array2의 배열 길이를 반환
console.log("array2 = "+array2);
```

```
//Tim, 2, false, 3개의 array1 원소 반환

var array3 = array1.concat(array2);
//concat( ) 함수를 통해 array1과 array2을 합쳐 array3에 반환
console.log("array3 length = "+array3.length);
//6, array1과 arrary2가 합쳐진 6개를 가진 array3의 배열 길이를 반환
console.log("array3 = "+array3);
//JJ, 1, true, Tim, 2, false, 6개의 array3 원소 반환

</script>
</body>
</html>
```

위 예제의 실행 결과는 아래와 같다.

```
array1 length = 3
array1 = JJ,1,true
array2 length = 3
array2 = Tim,2,false
array3 length = 6
array3 = JJ,1,true,Tim,2,false
```

그림 2-14. concat( ) 메소드 예제 실행 결과

3.2.3 push( ), pop( )

push( )와 pop( ) 메소드는 배열에 원소를 추가하거나 삭제를 할 때 사용하는데 개발자가
직접 배열의 원소를 추가/삭제하는 것과 다른 점은 없다. 장점이라면 주어진 배열의 범
위 내에서만 동작하기 때문에 예외처리나 에러 발생 확률이 낮다. 참고로 필자는 잘 사
용하지 않는다.

push( ) 메소드는 배열의 끝에 원소를 추가할 때 사용하는 메소드로 문법은 아래와 같다.

```
array.push(item1, item2, ..., itemX)
```

그리고 pop( ) 메소드는 배열의 마지막 항목을 제거할 때 사용하는 메소드로 문법은 아래와 같다.

```
array.pop( )
```

관련 예를 보면 다음과 같다.

```
var fruits = ["Banana", "Orange", "Apple", "Mango"];
fruits.push("Kiwi");   // 배열 끝에 Kiwi 추가
➜ Banana,Orange,Apple,Mango,Kiwi
// 배열의 마지막에 Kiwi가 추가되어 있음

fruits.pop( );          // 배열 마지막에 원소를 삭제
➜ Banana,Orange,Apple,Mango
// 배열의 마지막에 Kiwi가 삭제된 Banana, Orange, Apple, Mango가 남아 있음
```

코드 2-17. push( ), pop( ) 메소드 예제

```
<!DOCTYPE html>
<html>
<head>
    <meta charset="utf-8"/>
</head>
<body>
<script>
```

```javascript
var array1 = ["JJ",1,true];
//배열 리터럴을 이용한 배열 생성
console.log("array1 length = "+array1.length);
//3, 3개 원소가 있는 array1의 배열 길이를 반환
console.log("array1 = "+array1);
//JJ, 1, true, 3개의 array1 원소 반환
console.log("array1.pop() = "+array1.pop());
//true, pop( )을 통해 배열에서 마지막 원소 삭제 후 그 원소 반환
console.log("array1 length = "+array1.length);          //2
console.log("array1 = "+array1);                        //JJ, 1
console.log("array1.pop() = "+array1.pop());
//1, pop( )을 통해 배열에서 마지막 원소 삭제 후 그 원소 반환
console.log("array1 length = "+array1.length);          //1
console.log("array1 = "+array1);                        //JJ
console.log("array1.pop() = "+array1.pop());
//JJ, pop( )을 통해 배열에서 마지막 원소 삭제 후 그 원소 반환
console.log("array1 length = "+array1.length);          //0
console.log("array1 = "+array1);                        //빈 문자열
console.log("array1.pop() = "+array1.pop( ));
//undefined, 배열에 남아있는 원소가 없기 때문에 undefined 반환
console.log("array1 length = "+array1.length);          //0
console.log("array1 = "+array1);                        //빈 문자열
console.log("array1.push('Tim') = "+array1.push('Tim'));
//1, push( )을 통해 배열에 원소 하나를 추가한 후 배열 길이 반환
console.log("array1 length = "+array1.length);
//1, 1개 원소가 있는 array1의 배열 길이를 반환
console.log("array1 = "+array1);                        //Tim

</script>
</body>
</html>
```

위 예제 실행 결과는 다음과 같다.

```
array1 length = 3
array1 = JJ,1,true
array1.pop() = true
array1 length = 2
array1 = JJ,1
array1.pop() = 1
array1 length = 1
array1 = JJ
array1.pop() = JJ
array1 length = 0
array1 =
array1.pop() = undefined
array1 length = 0
array1 =
array1.push('Tim') = 1
array1 length = 1
array1 = Tim
```

그림 2-15. push( ), pop( ) 메소드 예제 결과

3.2.4 shift( ), unshift( ) 메소드

shift( ) 메소드는 배열의 첫 번째 항목을 제거하고 그것을 반환하는데 문법은 아래와 같다.

```
array.shift()
```

unshift( ) 메소드는 배열의 맨 앞에 원소를 추가한 후, 배열의 길이를 반환하는데 문법은 아래와 같다.

```
array.unshift(item1,item2, ..., itemX)
```

관련 예를 보면 다음과 같다.

~~~~~~

```
var fruits = ["Banana", "Orange", "Apple", "Mango"];
fruits.shift( );                                  // 첫 번째 원소 "Banana"를 제거한다.
➜ Orange, Apple, Mango                            //배열에는 3개의 과일이 남아 있음


fruits.unshift("Lemon","Pineapple");
//첫 번째 원소로 "Lemon","Pineapple"를 추가한다.
➜ Lemon, Pineapple, Orange, Apple, Mango          //배열에는 5개의 과일이 남아 있음
```

~~~~~~

위의 두 함수는 배열의 첫 번째 원소에 대한 제어를 할 때 사용하는 것으로 첫 번째 원소
가 추가/삭제되면 기존에 있던 원소들의 인덱스가 자동으로 변경된다.

코드 2-18. shift( ), unshift( ) 메소드 예제 ~~~~~~

```
<!DOCTYPE html>
<html>
<head>
    <meta charset="utf-8"/>
</head>
<body>
<script>

var array1 = ["JJ",1,true];
//배열 리터럴을 이용한 배열 생성
console.log("array1 length = "+array1.length);
//3, 3개 원소가 있는 array1의 배열 길이를 반환
console.log("array1 = "+array1);
//JJ, 1, true, 3개의 array1 원소 반환
console.log("array1.shift() = "+array1.shift());
//JJ, shift( )을 통해 배열에서 첫 번째 원소 삭제 후 그 원소 반환
console.log("array1 length = "+array1.length);       //2
console.log("array1 = "+array1);                     //1, true
console.log("array1.shift() = "+array1.shift());
```

```javascript
//1, shift( )을 통해 배열에서 첫 번째 원소 삭제 후 그 원소 반환
console.log("array1 length = "+array1.length);        //1
console.log("array1 = "+array1);                      //true
console.log("array1.shift() = "+array1.shift());
//true, shift( )을 통해 배열에서 첫 번째 원소 삭제 후 그 원소 반환
console.log("array1 length = "+array1.length);        //0
console.log("array1 = "+array1);                      //빈 문자열
console.log("array1.shift() = "+array1.shift());
//undefined, 배열에 남아있는 원소가 없기 때문에 undefined 반환
console.log("array1 length = "+array1.length);        //0
console.log("array1 = "+array1);                      //빈 문자열
console.log("array1.unshift('Tim') = "+array1.unshift('Tim'));
//1, unshift( )을 통해 배열에 원소 하나를 추가한 후 배열 길이 반환
console.log("array1 length = "+array1.length);
//1, 1개 원소가 있는 array1의 배열 길이를 반환
console.log("array1 = "+array1);                      //Tim
console.log("array1.unshift('Tim') = "+array1.unshift(2));
//2, unshift( )을 통해 배열에 원소 하나를 추가한 후 배열 길이 반환
console.log("array1 length = "+array1.length);
//2, 1개 원소가 있는 array1의 배열 길이를 반환
console.log("array1 = "+array1);                      //2, Tim

</script>
</body>
</html>
```

~~~~~~

위 예제 실행 결과는 다음과 같다.
~~~~~~

```
array1 length = 3
array1 = JJ,1,true
array1.shift() = JJ
array1 length = 2
array1 = 1,true
array1.shift() = 1
array1 length = 1
array1 = true
array1.shift() = true
array1 length = 0
array1 =
array1.shift() = undefined
array1 length = 0
array1 =
array1.unshift('Tim') = 1
array1 length = 1
array1 = Tim
array1.unshift(2) = 2
array1 length = 2
array1 = 2,Tim
```

그림 2-16. shift( ), unshift( ) 메소드 결과

3.2.5 join( ) 예제

joins( ) 메소드는 인자로 입력된 구분자를 이용하여 배열을 문자열로 변환하는 메소드로 문법은 아래와 같다.

```
array.join(separator)
```

이 메소드는 보통 배열에 있는 원소를 모두 문자열로 변경해서 출력할 때 사용하며 예를 보면 다음과 같다.

```
var fruits = ["Banana", "Orange", "Apple", "Mango"];
var energy = fruits.join(" and ");
// 배열의 과일 이름으로  and로 연결해서 하나의 문자열로 변환
➜ Banana and Orange and Apple and Mango
// 원소가  and로 연결되어 반환됨
```

코드 2-19. join( ) 메소드 예제

```
<!DOCTYPE html>
<html>
<head>
    <meta charset="utf-8"/>
</head>
<body>
<script>

var array1 = ["JJ",1,true];                    //배열 리터럴을 이용한 배열 생성
console.log("array1 = "+array1.join(", "));
//"JJ, 1, true"  구분자  ,를 이용하여 배열의 원소를 문자열을 생성하여 반환
console.log("array1 = "+array1.join(":"));
//"JJ:1:true"  구분자  :를 이용하여 배열의 원소를 문자열을 생성하여 반환


</script>
</body>
</html>
```

위 예제 결과는 다음과 같다.

```
array1 = JJ, 1, true
array1 = JJ:1:true
```

그림 2-17. join( ) 메소드 예제 결과

3.2.6 splice( ) 메소드

splice( ) 메소드는 start_index에서 시작해서 deleteCount만큼의 원소를 제거하고 다른
원소로 대체하는 메소드로 문법은 아래와 같다.

```
array.splice(start_index, deleteCount[, item1, ..., itemN]))
```

간단한 사용 방법은 아래와 같다.

```
var fruits = ["Banana", "Orange", "Apple", "Mango"];
fruits.splice(2, 0, "Lemon", "Kiwi");
//fruits 배열의 index 2에서 0개을 제외하고 "Lemon", "Kiwi"를 추가
Banana,Orange,Lemon,Kiwi,Apple,Mango
// index 2에 "Lemon", "Kiwi" 두 원소가 추가됨
```

코드 2-20. splice( ) 메소드 예제

```
<!DOCTYPE html>
<html>
<head>
    <meta charset="utf-8"/>
</head>
<body>
<script>
```

```javascript
var array1 = ["JJ",1,true];                      //배열 리터럴을 이용한 배열 생성
console.log("array1.splice(1,1) = "+array1.splice(1,1));
//1, 1 index에서 시작해서 한 개의 원소를 제거한 후 해당 원소 반환
console.log("array1 = "+ array1);                // Java, true


var array2 = ["JJ",1,true];
console.log("array1.splice(0,2,'Tim') = "+array2.splice(0,2,'Tim'));
//JJ, 1, 0 index에서 시작해서 두 개의 원소를 제거한 후 Tim 원소를 하나
//추가한 후 삭제된 원소 반환
console.log("array2 = "+ array2);                // Tim, true


var array3 = ["JJ",1,true];
array3.splice(0,0,'Tim',2);
//배열에 원소를 집어 넣기 위해서는 delete_count을 0으로 입력하면 된다.
console.log("First splice array3 = " + array3);       // Tim,2,JJ,1,true
array3.splice(2,0,false);
//start_index를 입력하면 해당 인덱스부터 입력 시작
console.log("Second splice array3 = " +array3);
// Tim,2,false,JJ,1,true
var array4 = ["JJ",1,true];
array4.splice(-1,0,"Tim");
// start_index가 음수이면 배열 뒤에서부터 시작, deleteCount가 0이면 추가
console.log("First splice array4 = " + array4);
// JJ, 1, Tim, true
array4.splice(-2,2,"false");
// 배열 끝 2번째부터 시작해서 2개를 삭제하고 "false" 원소를 추가
console.log("Second splice array4 = " +array4);
// JJ, 1, false
</script>
</body>
</html>
```

위 예제 실행 결과는 다음과 같다.

```
array1.splice(1,1) = 1
array1 = JJ,true
array1.splice(0,2,'Tim') = JJ,1
array2 = Tim,true
First splice array3 = Tim,2,JJ,1,true
Second splice array3 = Tim,2,false,JJ,1,true
First splice array4 = JJ,1,Tim,true
Second splice array4 = JJ,1,false
```

그림 2-18. splice( ) 메소드 예제 결과

3.2.7 slice( ) 메소드

slice( ) 메소드는 배열의 특정 범위에 있는 원소를 가져올 때 사용한다. 문법은 범위를 나타내는 시작과 끝 index가 입력되며 아래와 같다.

```
array.slice(start_index[, end_index])
```

사용 예는 다음과 같다.

```
var fruits = ["Banana", "Orange", "Lemon", "Apple", "Mango"];
var citrus = fruits.slice(1, 3);     // index 1에서 index 3전까지의 원소를 반환
→ Orange,Lemon // index 1~2까지의 원소가 반환됨
```

코드 2-21. slice( ) 메소드

```
<!DOCTYPE html>
<html>
<head>
    <meta charset="utf-8"/>
</head>
```

```
<body>
<script>

var array1 = ["JJ",1,true];                           //배열 리터럴을 이용한 배열 생성
console.log("array1.slice(1,1) = "+array1.slice(1,2));
//1, start_index 1부터 end_index 2 사이의 원소를 배열로 반환
console.log("array1.slice(1) = "+array1.slice(1));
//1, true, end_index가 없으면 start_index부터 배열 끝 원소까지 배열로 반환
console.log("array1.slice(4) = "+array1.slice(4));
//빈 배열, start_index가 배열 크기보다 크면 빈 배열 반환
console.log("array1.slice(0,4) = "+array1.slice(0,4));
//JJ, 1, true, end_index가 배열 크기보다 클 경우 배열의 마지막 인덱스로
//인식하여 원소 배열 반환
console.log("array1 = "+ array1);
// Java, 1, true, slice( )를 배열을 변경하지 않음

</script>
</body>
</html>
```

～～～～～～～～～～～～～～～～～～～～～～～～～～～～～～～～～～

위 예제 결과는 다음과 같다.

```
array1.slice(1,1) = 1
array1.slice(1) = 1,true
array1.slice(4) =
array1.slice(0,4) = JJ,1,true
array1 = JJ,1,true
```

그림 2-19. slice( ) 메소드 예제

3.2.8 reverse( ) 메소드

reverse( ) 메소드는 배열의 원소 순서를 거꾸로 변경할 때 사용한다. 문법은 아래와 같다.

```
array.reverse( )
```

reserve( ) 메소드 사용은 아래와 같이 한다.

```
var fruits = ["Banana", "Orange", "Apple", "Mango"];
fruits.reverse();                // fruits 배열의 원소 순서를 거꾸로 바꾼다.
→ Mango,Apple,Orange,Banana   // 원소의 index가 거꾸로 바뀐다.
```

코드 2-22. reverse( ) 메소드 예제

```html
<!DOCTYPE html>
<html>
<head>
    <meta charset="utf-8"/>
</head>
<body>
<script>

var array1 = ["JJ",1,true];                    //배열 리터럴을 이용한 배열 생성
console.log("Before array1 = "+ array1);        // JJ,1,true
console.log("array1.reverse() = "+array1.reverse());
//true, 1, JJ, 배열의 순서를 거꾸로 변경한 후 배열 반환
console.log("After array1 = "+ array1);         // true, 1, JJ

</script>
</body>
</html>
```

위 예제 결과는 아래와 같다.

```
Before array1 = JJ,1,true
array1.reverse() = true,1,JJ
After array1 = true,1,JJ
```

그림 2-20. reverse( ) 메소드 결과

3.2.9 sort( ) 메소드

sort( ) 메소드는 배열의 모든 원소를 문자열로 변환한 후 사전식으로 정렬하는 기능을
제공한다. 기본 문법은 아래와 같다.

```
array.sort([compareFunction])
compareFunction : 정렬을 위한 함수 (선택)
```

사용 예는 다음과 같다.

```
var fruits = ["Banana", "Orange", "Apple", "Mango"];
fruits.sort();                          // fruits 배열의 원소를 정렬한 배열을 반환
→ Apple, Banana, Mango, Orange          // fruits에는 사전식으로 정렬된 배열이 반환됨

var points = [40, 100, 1, 5, 25, 10];
points.sort(function(a, b){return a-b});
//숫자를 오름차순으로 정렬하는 비교 함수 사용
→ 1, 5, 10, 25, 40, 100                 // 오름차순으로 정렬된 배열이 반환됨
```

```html
<!DOCTYPE html>
<html>
<head>
    <meta charset="utf-8"/>
</head>
<body>
<script>

var array1 = ["aa","CC","cc","AA","bb"];        //배열 리터럴을 이용한 배열 생성
console.log("array1 = "+ array1);               // aa, CC, cc, AA, bb
console.log("array1.sort() = "+array1.sort());
//AA, CC, aa, bb, cc, 사전 순으로 배열의 원소 순서를 정렬한 후 배열 반환

var array2 = [1,12,111];                        //배열 리터럴을 이용한 배열 생성
console.log("array2 = "+ array2);               // 1, 12, 111
console.log("array2.sort() = "+array2.sort());
//1, 111, 12, 배열의 원소를 문자열로 변환한 후 정렬하기 때문에
//숫자에 대한 sort를 별도 함수로 만들어 정렬해야 함

//숫자 비교를 위한 compare 함수
//아직 함수를 안 배웠기 때문에 이해가 안되면 그냥 넘어갔다가 함수를 배우고 나서
//다시 한 번 확인해도 된다.
function compare(arg1,arg2){
    if (arg1>arg2){
        return 1;
    }
    else if (arg1<arg2) {
        return -1;
    }
    else{
            return 0;
        }
}
```

```javascript
var array3 = [1,12,111];                        //배열 리터럴을 이용한 배열 생성
console.log("array3 = "+ array3);               // 1, 12, 111
console.log("array3.sort() = "+array3.sort(compare));
//1, 111, 12, 숫자 정렬을 위해 정렬함수를 sort(compare) 인자로 전달

</script>
</body>
</html>
```

위 예제 실행 결과는 아래와 같다.

```
array1 = aa,CC,cc,AA,bb
array1.sort() = AA,CC,aa,bb,cc
array2 = 1,12,111
array2.sort() = 1,111,12
array3 = 1,12,111
array3.sort() = 1,12,111
```

그림 2-21. sort( ) 메소드 결과

3.3 다차원 배열

다차원 배열은 배열 안에 배열을 원소로 가지고 있는 것을 말한다. 이해가 안 된다면 아래 그림을 통해 다차원 배열이 뭔지 알아보자.

먼저 1차원 배열부터 보자.

그림 2-22. 1차원 배열

위 1차원 배열 그림을 소스로 구현하면 아래와 같다.

```
var array = [1,2,3,4];
```

그리고 원소 접근을 하기 위해서는 array[index]로 하면 된다. 위 예와 같이 1차원 배열은
아래와 같은 방법으로 선언한다.

```
var 변수 = new Array (값1, 값2, 값3, ......);
var 변수 = [값1, 값2, 값3, ......];.
```

2차원 배열

1	2	3	4
5	6	7	8
9	10	11	12
13	14	15	16

그림 2-23. 2차원 배열

위 2차원 배열 그림을 소스로 구현하면 아래와 같다.

```
var array = [[1,2,3,4], [5,6,7,8], [9,10,11,12], [13,14,15,16]];
```

그리고 원소 접근을 하기 위해서는 array[index_1][index_2]로 하면 된다. 1차원 배열보
다 원소에 접근하기 위해서는 index 값이 2개가 필요하다. 그림을 보면 알 수 있듯이 2차
원 좌표 값이 필요하기 때문이다.

위 예와 같이 2차원 배열은 다음과 같은 방법으로 선언한다.

```
var 변수 = new Array();

변수[0] = new Array();

변수[1] = new Array();

....

변수[0][0] = 값1;

변수[0][1] = 값2;


var 변수 = new Array (Array(), Array(), Array(), ......);

변수[0][0] = 값1;

변수[0][1] = 값2;


var 변수 = [[값1, 값2, 값3], [값1, 값2, 값3], ......];
```

그림 2-24. 3차원 배열

3차원 배열은 2차원 배열이 쌓여 있는 모양이다. 큐빅을 생각하면 된다. 3차원 배열에 접근하기 위해서는 array[index_1][index_2][index_3]과 같이 3개의 index 값이 필요하다. 3차원 배열은 어떻게 구현하는지 직접 해보기 바란다.

그럼 예제를 통해 어떻게 사용하는지 이해해보자.

```html
<!DOCTYPE html>
<html>
<head>
    <meta charset="utf-8"/>
</head>
<body>
<script>

var array1 = [["JJ",1,true],["Tim",2,false]];
//배열 리터럴을 이용한 배열 생성
console.log(array1);                    // [Array[3], Array[3]]
console.log(array1[0]);
//["JJ", 1, true], array1의 0번 index에 있는 배열 정보 반환
console.log(array1[1]);
//["Tim", 2, false], array1의 1번 index에 있는 배열 정보 반환
console.log(array1[0][0]);
//JJ, array1의 0번 index에 있는 배열의 0번째 원소 정보 반환
console.log(array1[1][0]);
//Tim, array1의 1번 index에 있는 배열의 0번째 원소 정보 반환

</script>
</body>
</html>
```

위 예제 실행 결과는 다음과 같다.

```
1==1 : true
1===1 : true
1!=1 : false
1!==1 : false
1=='1' : true
1==='1' : false
1!='1' : false
1!=='1' : true
null==undefined : true
null===undefined : false
NaN==NaN : false
NaN===NaN : false
NaN!=NaN : true
NaN!==NaN : true
false==0 : true
false===0 : false
true=='1' : true
true==='1' : false
obj1==obj2 : true
obj1===obj2 : true
obj3==obj4 : false
obj3===obj4 : false
```

그림 2-25. 다차원 배열 예제 결과

4 연산자

연산자란 값에 대해서 어떤 작업을 컴퓨터에게 지시하기 위한 기호이다. 자바스크립트에서는 산술 연산자, 관계 연산자, 조건 연산자, 논리 연산자, 증감 연산자, 대입 연산자 등 총 6종류의 연산자를 제공하고 있다. 그럼 자바스크립트에서 제공하는 6가지 연산자에 대해 정리를 한 후 예제를 통해 자세히 알아보자. 그리고 마지막으로 각 연산자에 대한 우선순위를 알아보겠다.

연산자	기호
대입 연산자	=,+=, -=,/=,*=,%=,>>=,<<=,&=,|=
산술 연산자	+,-,*,/,%
관계 연산자	>,>==,<,<==, ==,===,!=
조건 연산자	조건식?구문1:구분2
논리 연산자	!,&&,||
증감 연산자	++, --

표 2-7. 연산자 종류

4.1 대입 연산자

대입 연산자는 변수에 특정 값을 저장하는 역할을 한다.

```
a=b        //  a에  b를 대입
```

대입 연산자 중에 누적 대입 연산자라는 것도 있다. "+=", "/="과 같은 형식으로 사용된다.

a+=b	a와 b를 더한 결과값을 a에 대입
a-=b	a에 b를 뺀 결과값을 a에 대입
a/=b	a를 b로 나눈 결과값을 a에 대입
a*=b	a와 b를 곱한 결과값을 a에 대입
a%=b	a를 b로 나눈 후 나머지 값을 a에 대입
a>>=b	a만큼 b를 비트 오른쪽 시프트(>>=) 연산을 수행하고 그 결과를 a에 대입
a<<=b	a만큼 b를 비트 왼쪽 시프트(<<=) 연산을 수행하고 그 결과를 a에 대입
a&=b	a와 b를 비트 AND 연산후에 a에 대입
a|=b	a와 b를 비트 OR 연산후에 a에 대입

표 2-8. 누적 대입 연산자

```html
<!DOCTYPE html>
<html>
<head>
    <meta charset="utf-8"/>
</head>
<body>
<script>

var valNum = 6;                                    // varNum 변수에 6 대입
var varStr = "Hello JavaScript";
// varStr 변수에 "Hello JavaScript" 문자열 대입
console.log("varStr = " + varStr);
// varStr의 값인 "Hello JavaScript"이 출력
console.log("valNum = " + valNum);                 // valNum 값이 6일 때 출력
console.log("valNum += 5 = " + (valNum += 5));     // 11, 6+5의 결과 출력
console.log("valNum -= 5 = " + (valNum -= 5));     // 6, 11-5의 결과 출력
console.log("valNum *= 5 = " + (valNum *= 5));     // 30, 6*5의 결과 출력
console.log("valNum /= 5 = " + (valNum /= 5));     // 6, 30/5의 결과 출력
console.log("valNum %= 5 = " + (valNum %= 5));     // 1, 6%5의 결과 출력

</script>
</body>
</html>
```

위 예제의 실행 결과는 다음과 같이 나온다.

```
varStr = Hello JavaScript
valNum = 6
valNum += 5 = 11
valNum -= 5 = 6
valNum *= 5 = 30
valNum /= 5 = 6
valNum %= 5 = 1
```

그림 2-26. 대입 연산자 예제 결과

4.2 산술 연산자

산술 연산자는 특별히 설명할게 없다. 초등학교 때부터 배워왔던 산수에서 사용하는 연
산자랑 동일하다. 단지 나머지를 계산하는 연산자만 추가되어 있다.

+	더하기
-	빼기
*	곱하기
/	나누기
%	나눈 나머지

표 2-9. 산술 연산자

코드 2-26. 산술 연산자 예제

```
<!DOCTYPE html>
<html>
<head>
    <meta charset="utf-8"/>
</head>
<body>
<script>
```

```javascript
var valNum1 = 6;                                  // varNum1 변수에 6 대입
var valNum2 = 5;                                  // varNum2 변수에 5 대입
console.log("valNum1 = " + valNum1);              // varNum1에 할당된 6이 출력
console.log("valNum2 = " + valNum2);              // varNum1에 할당된 5가 출력
console.log("valNum1 + valNum2 = " + (valNum1 + valNum2));
// 11, 6+5의 결과
console.log("valNum1 - valNum2 = " + (valNum1 - valNum2));
// 1, 6-5의 결과
console.log("valNum1 * valNum2 = " + (valNum1 * valNum2));
// 30, 6 * 5의 결과
console.log("valNum1 / valNum2 = " + (valNum1 / valNum2));
// 1.2, 6 / 5의 결과
console.log("valNum1 % valNum2 = " + (valNum1 % valNum2));
// 1, 6 % 5의 결과

</script>
</body>
</html>
```

~~~~~~

위 예제의 실행 결과는 아래와 같다.

```
valNum1 = 6
valNum2 = 5
valNum1 + valNum2 = 11
valNum1 - valNum2 = 1
valNum1 * valNum2 = 30
valNum1 / valNum2 = 1.2
valNum1 % valNum2 = 1
```

그림 2-27. 산술 연산자 예제 실행 결과
~~~~~~

4.3 관계 연산자

관계 연산자는 주어진 두 개의 데이터 값의 크고 작음을 판단하여 참(true) 혹은 거짓 (false)으로 반환한다. true는 비교 결과가 참이라는 의미이고, false는 거짓이라는 뜻이다.

A > B	A 가 B보다 크다
A >= B	A 가 B보다 크거나같다
A < B	A 가 B보다 작다
A <= B	A 가 B보다 작거나 같다
A == B	A 는 B와 같다
A===B	A와 B는 정확히 같다
A !=B	A 는 B와 같지 않다

표 2-10. 관계 연산자

관계 연산자 중에 같음을 비교하는 '=='와 '===' 의 차이를 정확히 이해할 필요가 있다.

```
console.log(1=='1');      //true
console.log(1==='1');     //false
```

위 예제를 보면 숫자 1과 문자 1를 '=='는 양쪽의 값을 같다고 판단하지만 '==='는 다르 다고 판단하고 있다. 즉 ===는 서로 같은 수를 표현하고 있어도 데이터형이 다르면 서 로 다르다고 판단하고 있다. 그 이유는 === 연산자는 비교 대상의 값뿐만 아니라 타입 까지 비교하기 때문에 다른 비교 결과가 나온 것이다. 정확하게 두 값을 비교하기 위해 서 가능하면 '===' 연산자를 사용하기를 권한다.

```html
<!DOCTYPE html>
<html>
<head>
    <meta charset="utf-8"/>
</head>
<body>
<script>

console.log("1==1 : " + (1==1));                    // true
console.log("1===1 : " + (1===1));                  // true
console.log("1!=1 : " + (1!=1));                    // false
console.log("1!==1 : " + (1!==1));                  // false

console.log("1=='1' : " + (1=='1'));
// true, 값이 같기 때문에 true
console.log("1==='1' : " + (1==='1'));
// false, 타입이 다르기 때문에 false
console.log("1!='1' : " + (1!='1'));
// false, 값이 같기 때문에 false
console.log("1!=='1' : " + (1!=='1'));
// true, 타입이 다르기 때문에 true

console.log("null==undefined : " + (null==undefined));
// true, 둘다 값이 없기 때문에 true
console.log("null===undefined : " + (null===undefined));
// false, 타입이 다르기 때문에 false

console.log("NaN==NaN : " + (NaN==NaN));
// false, NaN은 비교가 불가능 값이기 때문에 false
console.log("NaN===NaN : " + (NaN===NaN));
// false, NaN은 비교가 불가능 값이기 때문에 false
console.log("NaN!=NaN : " + (NaN!=NaN));
// true, NaN은 비교가 불가능 값이기 때문에 true
```

```javascript
console.log("NaN!==NaN : " + (NaN!==NaN));
// true, NaN은 비교가 불가능 값이기 때문에 true


console.log("false==0 : " + (false==0));          // true
console.log("false===0 : " + (false===0));
// false, 타입이 다르기 때문에 false
console.log("true=='1' : " + (true=='1'));          // true
console.log("true==='1' : " + (true==='1'));
// false, 타입이 다르기 때문에 false


var obj1 = { };
var obj2 = obj1;
console.log("obj1==obj2 : " + (obj1==obj2));
// true, 동일한 객체를 가리키고 있기 때문에 true
console.log("obj1===obj2 : " + (obj1===obj2));
// true, 동일한 객체를 가리키고 있기 때문에 true


var obj3 = { };
var obj4 = { };
console.log("obj3==obj4 : " + (obj3==obj4));
// false, 다른 객체를 가리키고 있기 때문에 false
console.log("obj3===obj4 : " + (obj3===obj4));
// false, 다른 객체를 가리키고 있기 때문에 false

</script>
</body>
</html>
```

위 예제 실행 결과는 다음과 같다.

```
1==1 : true
1===1 : true
1!=1 : false
1!==1 : false
1=='1' : true
1==='1' : false
1!='1' : false
1!=='1' : true
null==undefined : true
null===undefined : false
NaN==NaN : false
NaN===NaN : false
NaN!=NaN : true
NaN!==NaN : true
false==0 : true
false===0 : false
true=='1' : true
true==='1' : false
obj1==obj2 : true
obj1===obj2 : true
obj3==obj4 : false
obj3===obj4 : false
```

그림 2-28. 관계 연산자 예제 실행 결과

4.4 조건 연산자

조건 연산자는 조건의 결과가 참 혹은 거짓 중 하나일 때 사용하는 연산자이다.

조건식 ? 구문-1 : 구문-2	조건식의 결과가 true이면 구문-1을 실행하고, false이면 구문-2를 실행

표 2-11. 조건 연산자

```
<!DOCTYPE html>
<html>
<head>
    <meta charset="utf-8"/>
</head>
<body>
<script>

var num1 = 33;
var num2 = 34;
num1 > num2 ? console.log('num1이 num2보다 크다') : console.log('num1이
num2 보다 작다');
//'num1이 num2보다 작다', num1과 num2  값을 비교 결과에 따라 실행되는 구분이 선택됨

</script>
</body>
</html>
```

위 예제의 실행 결과는 아래와 같다.

```
num1이 num2 보다 작다
```

그림 2-29. 조건 연산자 예제 결과

4.5 논리 연산자

논리 연산자는 각 논리값들 사이에 사용되는 연산자로 true나 false 값을 전달해 준다. 주로 조건문을 간결하게 작성하거나 여러 조건을 나열할 때 주로 사용한다.

!	표현식이 참이면 거짓, 거짓이면 참, Not의 의미
&&	좌측 표현식과 우측 표현식이 모두 참이면 참
||	좌측 표현식과 우측 표현식 중 하나만 참이면 참

표 2-12. 논리 연산자

논리 연산자는 아래와 같이 사용한다.

```
var x = 6;
var y = 3;
```

(x < 10 && y > 1)

➡ true, x는 10보다 작고, y는 1보다 크기 때문에 좌우 표현식 모두 참이므로 true

(x == 5 || y == 5)

➡ false, x, y모두 5가 아니기 때문에 좌우 표현식중에 참이 없기 때문에 false

!(x == y)

➡ true, x와 y는 값이 다르기 때문에 false이다, 여기에 Not 연산을 하면 true

코드 2-29. 논리 연산자 예제 ∿∿∿∿∿∿∿∿∿∿∿∿∿∿∿∿∿∿∿∿∿∿∿∿∿∿∿∿

```html
<!DOCTYPE html>
<html>
<head>
    <meta charset="utf-8"/>
</head>
<body>
<script>

console.log("!true : " + !true);
// false, true의 반대는 false
```

```javascript
console.log("!false : " + !false);
// true, false의 반대는 true
console.log("!1 : " + !1);
// false,1은 true이기 때문에 반대는 false
console.log("!!1 : " + !!1);
// true, 1은 true이다. true를 두 번 부정하면 다시 true


console.log("true && true : " + (true && true));
// true, 좌우 모두 true 이기 때문에 true
console.log("true && false : " + (true && false));
// false, 우변이 false이기 때문에 false

// 첫 번째 피연산자가 false로 변환될 수 있으면 왼쪽 수식의 값을 반환

console.log("0 && true : " + (0 && true));
// 0, 왼쪽 수식 값이 false이므로 수식 값 그대로 출력

console.log("'' && true : " + ('' && true));
// 왼쪽 빈 문자열은 false이므로 빈 문자열 출력

console.log("null && true : " + (null && true));
// null, 왼쪽 null은 false이므로 null이 출력

console.log("undefined && true : " + (undefined && true));
// undefined, 왼쪽 undefined은 false이므로 undefined가 출력

// 첫 번째 피연산자가 true이면, 두 번째 피연산자를 평가하고 해당 수식의 변환되지
// 않은 값을 반환

console.log("1 && true : " + (1 && true));
// true, 첫 번째 피연산자 1은 true이고, 두 번째 피연산자도 true이기 때문에
// 두 번째 피연산자인 true가 출력

console.log("true && 1 : " + (true && 1));
```

```javascript
// 1, 첫 번째 피연산자가 true이고, 두 번째 피연산자 1도 true이기 때문에
// 두 번째 피연산자인 1이 출력


console.log("true || true : " + (true || true));
// true, ||(or) 연산자는 비교 피연산자중에 하나라도 true이면 결과값이 true이기 때문에
// true가 출력


console.log("true || false : " + (true || false));
// true, ||(or) 연산자는 비교 피연산자중에 하나라도 true이면 결과값이 true이기 때문에
// true가 출력


console.log("false || false : " + (false || false));
// false, 피연산자 모두 false이기 때문에 false가 출력


//첫 번째 피연산자가 true로 변환될 수 있으면 왼쪽 수식의 값을 반환


console.log("'a' || true : " + ('a' || true));
// a, 첫 번째 피연산자가 true이기 때문에 || 연산에서는 첫 번째 피연산자 값이
// 그대로 출력되므로 a가 출력


console.log("10 || false : " + (10 || false));
// 10, 첫 번째 피연산자가 true이기 때문에 || 연산에서는 첫 번째 피연산자 값이 그대로
// 출력되므로 10이 출력


// 첫 번째 피연산자가 false이면 두 번째 피연산자를 평가하고 해당 수식의 변환되지 않은
// 값을 반환


console.log("false || 'a' : " + (false || 'a'));
// a, 첫 번째 피연산자가 false이면 두 번째 피연산자를 평가해서 해당 값을 출력하기 때문에
// a가 출력


console.log("false || 10 : " + (false || 10));
//10, 첫 번째 피연산자가 false이면 두 번째 피연산자를 평가해서 해당 값을
// 출력하기 때문에 10이 출력
```

```javascript
console.log("false || 10 || 'a' : " + (false || 10 || 'a'));
// 10, 첫 번째 피연산자가 false이면 두 번째 피연산자를 평가해서 해당 값을
// 출력하기 때문에 10이 출력

console.log("false || false || 10 : " + (false || false || 10));
// 10, 첫 번째, 두 번째 피연산자가 모두 false이면 세 번째 피연산자를 평가해서
// 해당 값을 출력하기 때문에 10이 출력

</script>
</body>
</html>
```

위 예제 실행 결과는 다음과 같다.

```
!true : false
!false : true
!1 : false
!!1 : true
true && true : true
true && false : false
0 && true : 0
'' && true :
null && true : null
undefined && true : undefined
1 && true : true
true && 1 : 1
true || true : true
true || false : true
false || false : false
'a' || true : a
10 || false : 10
false || 'a' : a
false || 10 : 10
false || 10 || 'a' : 10
false || false || 10 : 10
```

그림 2-30. 논리 연산자 예제 실행 결과

4.6 증감 연산자

증감 연산자는 특정 변수에 저장되어 있는 값을 1씩 증가 혹은 감소시킬 때 사용하는 연산자이다.

++value	value에 1을 증가시킨 후, 그 값을 변수에 전달
--value	value에 1을 감소시킨 후, 그 값을 변수에 전달
value++	value값을 변수에 전달하고, value에 1을 증가
value--	value값을 변수에 전달하고, value에 1을 감소
-value	피연자의 기호를 변경

표 2-13. 증감 연산자

코드 2-30. 증감 연산자 예제

```html
<!DOCTYPE html>
<html>
<head>
    <meta charset="utf-8"/>
</head>
<body>
<script>

var num1 = 3;
var num2 = ++num1;                          //++num1로 인해 3에 1을 더해 4가 할당됨
console.log("num1 = " + num1);
//4, ++num1로 인해 3에 1을 더해 4가 됨
console.log("num2 : ++num1 = " + num2);            //4, num2값인 4가 할당됨

var num3 = 3;
var num4 = num3++;              // num4에 num3값인 3을 할당하고 num3값을 1증가시킴
console.log("num3 = " + num3);
//4, num3++에 의해 증가된 4가 출력
```

```javascript
console.log("num4 : num3++ = " + num4);          //3, num4값이 3이 출력

var num5 = 3;
var num6 = --num5;              //--num5로 인해 3에서 1을 뺀 2가 할당됨
console.log("num5 = " + num5);
//2, --num5로 인해 3에서 1을 뺀 2가 출력
console.log("num6 : --num5 = " + num6);
//2, num6값이 2가 출력
var num7 = 3;
var num8 = num7--;
//2, num8에 num7값인 3을 할당하고 num7값을 1감소시킴
console.log("num7 = " + num7);              //2, num7--에 의해 감소된 2가 출력
console.log("num8 : num7-- = " + num8);        //3, num8값이 3이 출력

</script>
</body>
</html>
```

위 예제 실행 결과는 아래와 같다.

```
num1 = 4
num2 : ++num1 = 4
num3 = 4
num4 : num3++ = 3
num5 = 2
num6 : --num5 = 2
num7 = 2
num8 : num7-- = 3
```

그림 2-31. 증감 연산자 예제 실행 결과

4.7 연산자 우선 순위

지금까지 배운 연산자도 각각의 우선 순위가 있다. 초등학교 산수시간에 배웠던걸 기억해보면 괄호 안에 있는 연산을 먼저 하는 것과 같은 원리이다. 아래 표를 읽고 코드를 작성하다 보면 자연스럽게 암기되니 너무 어려워할 필요는 없다.

우선 순위	연산자	내용
1	( ) , [ ]	괄호 / 대괄호
2	!, ~, ++, --	부정 / 증감 연산자
3	*, /, %	곱셈 / 나눗셈 연산자
4	+, -	덧셈 / 뺄셈 연산자
5	<<, >>, >>>	비트단위의 쉬프트 연산자
6	<, <=, >, >=	관계 연산자
7	==, !=	관계 연산자
8	&	비트단위의 and 연산자
9	^	비트 단위의 xor 연산자
10	|	비트 단위의 or 연산자
11	&&	논리곱 연산자
12	||	논리합 연산자
13	? :	조건 연산자
14	=, +=, -=, *=, /=, %=, <<=, >>=, &=, ^=, ~=	대입 / 할당 연산자

표 2-14. 연산자 우선 순위

5   조건문

조건문은 주어진 조건에 따라 다양한 동작을 하기 위해 사용되는 구문이다.

5.1   if 조건문

if 조건문은 주어진 조건의 결과가 true일 때만 특정 구문을 수행하도록 하는 제어문이다. 개발하다 보면 가장 많이 사용하게 되는 제어문이니 잘 이해하고 있어야 한다.

`if` (조건식) {
　　구문
}
	조건식이 true이면 중괄호 안의 구문이 실행된다.

표 2-15. if 조건문

코드 2-31. if 조건문 예제 〰〰〰〰〰〰〰〰〰〰〰〰〰〰〰〰〰〰〰〰〰〰〰

```html
<!DOCTYPE html>
<html>
<head>
    <meta charset="utf-8"/>
</head>
<body>
<script>

if(true){
      console.log('result : true');    //result : true가 출력
}

if(false){
      console.log('result : false');   //조건식이 false여서 아무것도 출력되지 않음
}
```

```javascript
var varCondition1 = "1";
if (varCondition1 == 1){        //varCondition1와 "1"과 같기 때문에 true
    console.log("varCondition1 == 1");         // varCondition1 = 1 출력

}

var varCondition2 = "1";
if (varCondition2 === 1){       //varCondition1과 Number 1과 다르기 때문에 false
    alert("varCondition2 === 1");      //조건식이 false여서 아무것도 출력되지 않음

}



</script>
</body>
</html>
```

위 예제 실행 결과는 아래와 같다.

```
result : true
varCondition1 == 1
```

그림 2-32. if 조건문 예제 실행 결과

5.2 중첩 조건문

if 조건문을 좀 더 다양하고 복잡하게 만들 수 있다. 다양한 조건식을 추가해서 다양한
선택을 할 수 있게 한다. 중첩 조건문의 문법은 다음과 같다.

| ```
if (조건식) {
    구문1
}
else{
    구문 2
}
``` | 조건식이 true이면 구문 1이 실행된다.<br>조건식이 false이면 구문 2가 실행된다.<br>즉, 조건식이 false일 때 실행되는 구문이다. |
| ```
if (조건식 1) {
    구문1
}
else if (조건식 2) {
    구문 2
}
``` | 조건식 1이 true이면 구문 1이 실행되고,<br>조건식 2가 true이면 구문 2가 실행된다.<br>위에서부터 하나씩 조건식을 검사하여 결과 값이 true인 경우 구문을 실행하고 조건식 검사를 멈춘다. |
| ```
if (조건식 1) {
    구문1
}
else if(조건식 2) {
    구문 2
}
else{
    구문 3
}
``` | 조건식 1,2가 모두 false 이면 else구문을 실행한다.<br>모든 조건이 false이면 else 구문이 실행된다. |

표 2-16. 중첩 조건문

코드 2-32. 중첩 조건문 예제

```html
<!DOCTYPE html>
<html>
<head>
    <meta charset="utf-8"/>
</head>
<body>
<script>

if(true){                                    //조건식이 true
```
```

```javascript
        console.log("condition1 - if 조건식 : true");
        // condition1 - 조건식 : true
}
else {                    //if문의 조건식이 true이기 때문에 else 구문이 실행되지 않음
        console.log("condition1 - if 조건식 : false");
}


if(false){                              //조건식이 false
        console.log("condition2 - if 조건식 : true");
}
else {                        //if문의 조건식은 false이기 때문에 else 구문이 실행됨
        console.log("condition2 - if 조건식 : false");
        // condition2 - 조건식 : false
}



if(true){                                   //if 조건문이 true
    console.log("condition3 - 조건식 : true");
    // condition3 - 조건식 : true
} else if(true){
//if문의 조건식은 true이기 때문에 else if 구문 실행되지 않음
        console.log("condition3 - else if 조건식 : true");
}


if(false){                          //if 조건문 false
        console.log("condition4 - if 조건식 : true");
}
else if(true){                          //else if 조건문 true
        console.log("condition4 - else if 조건식 : true");
        //condition4 - else if 조건식 : true
}



var condtionVar = "apple"
```

```javascript
//if-else 중첩구문
if(condtionVar === "orange"){                          //if 조건문 false
        console.log("I Like Orange");
} else if(condtionVar === "banana"){
        //else if 조건문(1) false
        console.log("I Like Banana");
} else if(condtionVar === "kiwi"){
        //else if 조건문(1) false
        console.log("I Like Kiwi");
} else {                                  //위 조건문이 모두 false로 else 구문이 실행됨
        console.log("I Like Apple");                   //I Like Apple이 출력
}
</script>
</body>
</html>
```

위 예제 실행 결과는 아래와 같다.

```
condition1 - if 조건식 : true
condition2 - if 조건식 : false
condition3 - 조건식 : true
condition4 - else if 조건식 : true
I Like Apple
```

그림 2-33. 중첩 조건문 예제 실행 결과

중첩 조건문은 다양한 케이스의 조건을 검사하여 다양한 동작을 선택할 수 있게 한다. 그리고 조건문 안에 조건문이 들어가는 형식도 가능하다. 매일 인터넷을 사용하면서 접하게 되는 로그인 과정들을 중첩 조건문을 통해 간단하게 구현해 보겠다.

```html
<!DOCTYPE html>
<html>
<head>
    <meta charset="utf-8"/>
</head>
<body>
<script>

var id = prompt("Input Your ID. ");            //사용자로부터 ID를 입력받음
if(id==="jsuser"){                       //입력받은 ID가 jsuser랑 동일한지 비교
        var password = prompt("Input your password. ");
        //사용자로부터 비밀번호를 입력받음
        if(password==="qwer1234"){    //입력받은 비밀번호가 qwer1234와 동일한지 비교
                alert('로그인 되었습니다.');
        }
        else {
                alert('비밀번호가 틀립니다.');
        }
}
else {
        alert('해당 ID가 없습니다.');
}

</script>
</body>
</html>
```

위 예제를 실행하면 다음과 같은 팝업 창들이 화면에 나타나서 사용자의 입력을 받을 것
이다.

그림 2-34. ID 입력 화면

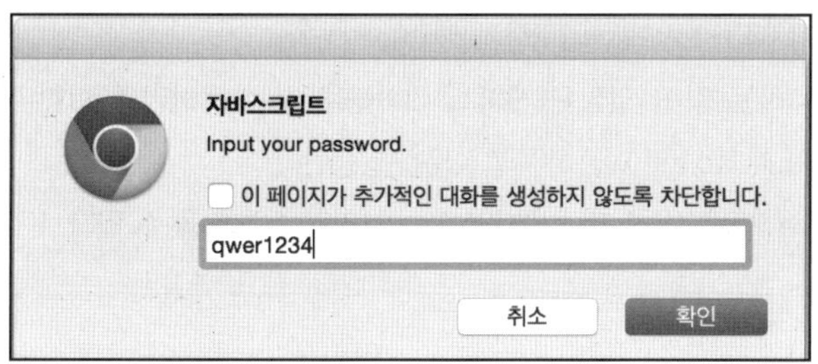

그림 2-35. PASSWORD 입력 화면

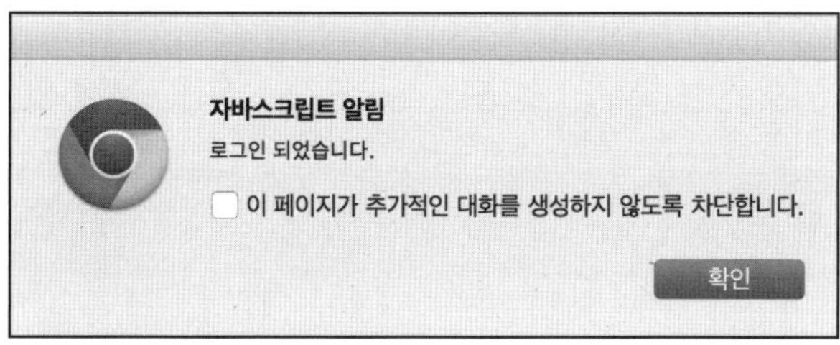

그림 2-36. 로그인이 성공한 화면

위의 예제에서 prompt( ) 구문은 사용자가 입력한 값을 받아서 반환해 주는 함수로 id 변수에 사용자가 입력한 값을 반환해 주고 있다.

5.3 switch 조건문

앞에서는 if-else문을 사용한 로그인 예제를 통해 여러 경로로 분기되는 작업을 구현했다. 이를 좀 더 간단하게 switch문을 통해 구현이 가능하다. if-else문보다 좀 더 직관적으로 소스를 이해할 수 있다. switch 조건문은 아래와 같은 문법으로 사용한다.

| ```
switch (수식) {
    case 값1:
        // 블록문 1
        break;
    case 값2:
        // 블록문 2
        break;
    case 값3:
        // 블록문 3
        break;
    default:
        // 블록문 4
        break;
}
``` | 블록문은 case 키워드로 label을 지정하고 콜론(:)으로 마무리한다.<br>switch문의 수식 값을 확인한 후 해당 값과 일치하는 case label을 찾는다. 일치하는 case label을 하나 찾으면 해당 case lable에 따라오는 블록문을 실행한다.<br>break문은 switch문을 끝내도록 한다. 삭제도 가능하지만 삭제할 경우 아래 조건문을 모두 모두 실행하게 된다. 특별한 목적이 있지 않다면 반드시 입력하기 바란다.<br>일치하는 값이 지정된 케이스 레이블을 찾지 못하면 특별한 default: lable로 이동하여 블록문을 실행한다.<br>case 키워드는 숫자나 문자열 또는 임의의 수식이 올 수 있다. |

표 2-17. switch 조건문

위에서 만들었던 if-else 중첩 구문을 switch 구분으로 변경한 예제를 통해 익혀보자.

코드 2-34. switch 조건문 예제 ~~~~~~~~~~~~~~~~~~~~~~~~~~~~~~~~~~~~~

```
<!DOCTYPE html>
<html>
<head>
        <meta charset="utf-8"/>
</head>
<body>
<script>

var condtionVar = "apple"

//if-else 중첩구문
if(condtionVar === "orange"){                    //if 조건문 false
    console.log("I Like Orange");
} else if(condtionVar === "banana"){             //else if 조건문 false
    console.log("I Like Banana");
```
```

```javascript
    } else if(condtionVar === "kiwi"){                    //else if 조건문 false
        console.log("I Like Kiwi");
    } else {                              //위 조건문이 모두 false로 else 구문이 실행됨
        console.log("if-else : I Like Apple");          //I Like Apple
    }


    //switch문
    switch(condtionVar) {
        case "orange":
                console.log("I Like Orange");
                break;
        case "banana":
                console.log("I Like Banana");
                break;
        case "kiwi":
                console.log("I Like Kiwi");
                break;
        default:            //condtionVar와 Label과 동일하게 없어서 default 구문이 실행
                console.log("switch : I Like Apple");
    }


</script>
</body>
</html>
```

- -

위 예제를 실행하면 if—else문과 switch문 실행 결과가 같음을 알 수 있다.

```
if-else : I Like Apple
switch : I Like Apple
```

그림 2-37. switch 조건문 예제 결과

위 문법을 설명할 때 break문 삭제 시 주의가 필요하다고 언급했다. 위 예제에서 변수 값
과 break문을 주석 처리한 후 그 결과가 어떻게 다른지 확인하기 바란다.

코드 2-35. break 삭제한 switch 예제

```
<!DOCTYPE html>
<html>
<head>
    <meta charset="utf-8"/>
</head>
<body>
<script>

var condtionVar = "kiwi"


//switch
switch(condtionVar) {
        case "orange":
                console.log("I Like Orange");
                //break;
        case "banana":
                console.log("I Like Banana");
                //break;
        case "kiwi":
        //condtionVar의 kiwi와 Label명 kiwi가 동일해서 case문 실행
                console.log("I Like Kiwi");                 //I Like Kiwi 출력
                //break;
        default:
        //앞 case문의 break 구문이 주석처리되어 실행되지 않아야 할
        //dafault 구문이 실행됨
                console.log("default : I Like Apple");
                //default : I Like Apple 출력

}
```

```
</script>
</body>
</html>
```

~~~~~~

위 예제를 실행하면 다음과 같은 결과가 나온다.

```
I Like Kiwi
default : I Like Apple
```

그림 2-38. break 삭제한 switch 예제 결과

앞 case 구문들에서 break 구문이 주석처리 되어서 default:에 선언한 블록문이 실행되는
것을 확인할 수 있다. 특별한 목적이 있어서 break문을 삭제해야 하는 경우가 아니면 반
드시 break문을 입력하기 바란다.

참고로 case가 일치하는지 판단할 때는 == 동치성 연산자가 아닌 === 동일성 연산자를
사용하므로 수식은 반드시 타입 변환을 하지 않고도 일치해야 한다.

코드 2-36. switch에서 case 일치 검사 예제

```
<!DOCTYPE html>
<html>
<head>
    <meta charset="utf-8"/>
</head>
<body>
<script>

var conditionVar = true;
// conditionVar 변수에 true(boolean type) 할당

switch (conditionVar){
```
~~~~~~

```javascript
        case 1:                               //number인 1과 conditionVar값과 비교
            console.log("conditionVar is  number 1");
            break;
        case "true":
        // String "true"와 conditionVar값과 비교
            console.log("conditionVar is PI");
            break;
        case true:                            //boolean true와 conditionVar값과 비교
            console.log("conditionVar is boolean true");
            //value is boolean true 출력
            break;
        default:
            console.log("conditionVar is not exist ");
            break;
    }


</script>
</body>
</html>
```

위 예제를 실행하면 아래와 같은 결과를 확인할 수 있다.

```
conditionVar is boolean true
```

그림 2-39. switch에서 case 일치 검사 예제 결과

6 반복문

반복문은 컴퓨터에게 주어진 조건 내에서 반복적이 작업을 지시하는 제어문이다. 반복문 종류는 몇 가지가 있다. 서로 상호 대체가 가능하기 때문에 개인 취향이나 상황에 따라서 선택하면 된다.

반복문에는 대표적으로 for문과 while문이 있다. for문은 주로 반복횟수가 지정된 경우에 많이 사용되며 제어변수에 의해 반복을 할 것인지 아닌지를 결정하여 지정된 반복횟수만큼 반복되게 된다. while문은 조건을 주어 결과가 참(true)이면 반복을 하고 거짓(false)이면 반복문을 벗어나서 반복수행을 멈추게 된다.

반복문을 사용할 때 끝나는 조건을 잘못 지정하면 무한 반복에 빠져 컴퓨터가 종료되는 심각한 버그가 될 수 있으므로 조심하기 바란다. 다행히 웹 브라우저에서는 무한반복을 허용하지 않기 때문에 일정시간이 지나면 스크립트를 종료할지 물어본다.

여기서는 구구단 프로그램을 for, while문으로 만들어 보는 실습을 진행하겠다.

6.1 while 반복문

while문은 조건식이 참일 때까지는 계속해서 수행하고 거짓이 되면 반복문을 벗어난다.

while (반복 조건) {
　　　반복 구문
}
	반복 조건이 참(true)면 중괄호 안의 코드 구간을 반복적으로 실행한다.
	
	반복 조건이 false면 반복문이 실행되지 않는다.

표 2-18. while 반복문

코드 2-37. 무한 루프 while 예제

```
<!DOCTYPE html>
<html>
<head>
    <meta charset="utf-8"/>
</head>
<body>
<script>

while(true){                    // while문 반복 조건이 무조건  true이기 때문에 무한 반복
    console.log("while statement test");
```

```
    }

</script>
</body>
</html>
```

~~~~~~

반복 조건이 true이고 종료 조건이 없어 무한 반복이 되기 때문에 웹 브라우저에서 일정
시간이 지나면 아래와 같은 에러를 발생시키고 멈춰버린다. for문도 마찬가지이다. 종료
조건 없이 무한 반복을 하면 프로그램이 죽는 치명적인 오류를 발생시킨다. 반복문을 이
용할 때는 항상 주의해야 한다. 동료들 사이에서 공공의 적으로 찍힐 수 있다.

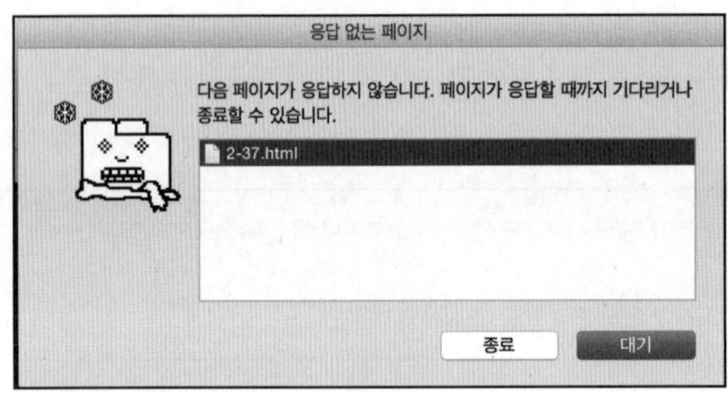

그림 2-40. 무한 루프 시 발생하는 에러창

그럼 while문으로 구구단을 만들어보자. 구구단은 4단까지만 출력하겠다.

코드 2-38. while문으로 구현한 구구단 예제

```
<!DOCTYPE html>
<html>
<head>
    <meta charset="utf-8"/>
</head>
<body>
<script>
```
~~~~~~

```javascript
console.log("while 구구단");
var firstNum = 2;                       //2단부터 구구단 시작하기 위해 firstNum=2로 할당
while(firstNum < 5){
        //4단까지 출력할 예정이므로 firstNum<5까지만 반복하도록 조건 설정
        var secondNum = 1;                      //1부터 곱하기 위해서 secondNum=1로 할당
        while(secondNum < 10){
        //9까지만 곱하기 위해서 secondNum<10까지만 반복하도록 조건 설정
                console.log(firstNum + "*" + secondNum + " = " +
                (firstNum*secondNum));
                secondNum++;                    //secondNum을 1씩 증가
        }
        firstNum++;                             //firstNum을 1씩 증가
}

</script>
</body>
</html>
```

위 예제를 실행하면 다음과 같이 구구단이 출력될 것이다.

```
while 구구단
2*1 = 2
2*2 = 4
2*3 = 6
2*4 = 8
2*5 = 10
2*6 = 12
2*7 = 14
2*8 = 16
2*9 = 18
3*1 = 3
3*2 = 6
3*3 = 9
3*4 = 12
3*5 = 15
3*6 = 18
3*7 = 21
3*8 = 24
3*9 = 27
4*1 = 4
4*2 = 8
4*3 = 12
4*4 = 16
4*5 = 20
4*6 = 24
4*7 = 28
4*8 = 32
4*9 = 36
```

그림 2-41. while문으로 구현한 구구단 예제 실행 결과

6.2 do while 반복문

do while문은 반복 조건 수식이 반복문의 맨 위가 아니라 맨 밑에 있다는 점만 제외하면 위에서 배운 while문과 똑같다. 이게 의미하는 것은 반복문의 실행문이 한 번은 반드시 실행된다는 것이다. 문법은 다음과 같다.

`do {`
    반복 구문
`}`
`while`(반복 조건)
	무조건 먼저 반복 구문을 한 번 실행한다.
	
	while문의 반복 조건을 검사하여 다음 반복을 할지 판단한다.

표 2-19. do while 반복문

코드 2-39. do while 무한 루프 예제

```html
<!DOCTYPE html>
<html>
<head>
    <meta charset="utf-8"/>
</head>
<body>
<script>

do{                             // 처음 한 번은 무조건 반복문이 실행됨
    console.log("do-while statement test");
}while(true)                    // 반복 조건이 무조건 true이므로 무한 반복

</script>
</body>
</html>
```

반복 조건이 true이기 때문에 일정 시간이 지나면 웹 브라우저에서 에러를 발생시킬 것이다.

```html
<!DOCTYPE html>
<html>
<head>
    <meta charset="utf-8"/>
</head>
<body>
<script>

do{                                   // 처음 한 번은 무조건 반복문이 실행됨
    console.log("do-while statement test");
}while(false)                         // 반복 조건이 false이므로 반복문 종료

</script>
</body>
</html>
```

반복 조건이 false이지만 while문과 다르게 do-while statement test 구문이 화면에 한 번
은 찍힌다.

```
do-while statement test
```

그림 2-42. 한 번 실행되는 do while문 예제 결과

do-while 문을 통해 구구단 프로그램을 만들어보자.

코드 2-41. do while문으로 구현한 구구단 예제

```html
<!DOCTYPE html>
<html>
<head>
    <meta charset="utf-8"/>
```

```
</head>
<body>
<script>
console.log("do-while 구구단");
var firstNum = 2;                    //2단부터 구구단 시작하기 위해 firstNum=2로 할당
do{
        var secondNum = 1;              //1부터 곱하기 위해서 secondNum=1로 할당
        while(secondNum < 10){
        //9까지만 곱하기 위해서 secondNum<10까지만 반복하도록 조건 설정
                console.log(firstNum + "*" + secondNum + " = " +
                (firstNum*secondNum));
                secondNum++;            //secondNum을 1씩 증가
        }
        firstNum++;                     //firstNum을 1씩 증가
}while(firstNum < 5)      //5단까지 찍을 예정이므로 firstNum<5까지만 반복하도록 조건 설정

</script>
</body>
</html>
```

위 예제 결과는 다음과 같다.

```
do-while 구구단
2*1 = 2
2*2 = 4
2*3 = 6
2*4 = 8
2*5 = 10
2*6 = 12
2*7 = 14
2*8 = 16
2*9 = 18
3*1 = 3
3*2 = 6
3*3 = 9
3*4 = 12
3*5 = 15
3*6 = 18
3*7 = 21
3*8 = 24
3*9 = 27
4*1 = 4
4*2 = 8
4*3 = 12
4*4 = 16
4*5 = 20
4*6 = 24
4*7 = 28
4*8 = 32
4*9 = 36
```

그림 2-43. do while문으로 구현한 구구단 예제 결과

6.3 for 반복문

자바스크립트에서 for문은 반복적인 동작을 수행하는 데 사용되며 초기화식, 검사식, 증가식으로 총 세 부분으로 구성된다. 문법은 다음과 같다.

for (초기화;반복조건;증감식) {
 	
　　반복해서 실행될 코드
 	
}
	초기화는 반복문이 시작하기 전에 한 번만 실행된다.
	종료 조건은 각 반복에 앞서 반복문의 본문이 실행될지 여부를 검사하는 반복 조건이다. 반복 조건이 true이면 반복문의 반복 구문이 실행된다.
	증감식은 각 반복이 끝날 때마다 실행되는 코드이다. 보통은 반복을 제어하기 위한 코드가 들어간다.
	
	각 식은 세미콜론(;)을 통해 구분한다.

표 2-20. for 반복문

코드 2-42. for 반복문 예제

```html
<!DOCTYPE html>
<html>
<head>
    <meta charset="utf-8"/>
</head>
<body>
<script>

for (var count = 1; count < 5; count++){
//초기화:count=1, 반복 조건: count<5, 증감식:count++, count 값이 5보다 작으면
//반복문을 계속 진행하다가 5보다 크거나 같으면 종료

    console.log ("count = " + count);              //count 값을 출력
}

</script>
</body>
</html>
```

위 코드를 실행한 결과는 다음과 같다.

```
count = 1
count = 2
count = 3
count = 4
```

그림 2-44. for 반복문 예제 실행 결과

위 예제를 좀 더 자세히 들여다보겠다.

for문은 제일 먼저 '초기화'를 한다. 위의 예제에서 초기화는 var count = 1;이다. 즉 변수 count의 값을 1으로 설정한 것이다. 그 다음에는 '반복검사'인 count 〈 5가 실행된다. 현재 count의 값은 0이다. 그렇기 때문에 이 조건은 참이다. 반복조건이 참이면 중괄호 안의 내용이 실행된다. count의 값이 1이기 때문에 'count = 1'이라는 텍스트가 출력된다. '반복해서 실행될 코드'의 실행이 끝나면 '증감식'이 실행된다. count++는 현재 count의 값에 1을 증가시키라는 의미이다. 현재 count의 값은 1이다. 따라서 count++의 결과로 2이 된다. 이런 순서로 count가 5보다 작을 때까지 반복하고 종료된다.

그럼 for문을 통해 구구단을 만들어 보자. 여기서는 for문의 인자 값을 좀 변형해서 동일한 결과가 나오는 실습을 하겠다. for문을 사용하는 다양한 방법을 알아보기 위해서이다.

코드 2-43. for문으로 구현한 구구단 예제

```
<!DOCTYPE html>
<html>
<head>
    <meta charset="utf-8"/>
</head>
<body>
<script>
console.log("for 구구단 1");
//for문 안에 초기화, 반복조건, 증감식을 모두 설정


for(var firstNum1 = 2;firstNum1 < 5 ; firstNum1++)
```

```javascript
//초기화:firstNum1=1, 반복 조건: firstNum1<5, 증감식:firstNum1++, firstNum1값이
//5보다 작으면 반복문을 계속 진행하다가 5보다 크거나 같으면 종료
{
        for(var secondNum = 1; secondNum < 9; secondNum++)
        {
                console.log(firstNum1 + "*" + secondNum + " = " +
                firstNum1*secondNum));
        }
}
console.log("for 구구단 2");
//for문 안에 반복조건, 증감식만 설정하고 초기화는 for문 전에 설정
var firstNum2 = 2
for(;firstNum2 < 5 ; firstNum2++)
//반복 조건: firstNum2<5, 증감식:firstNum2++만 설정
{
        for(var secondNum = 1; secondNum < 9; secondNum++)
        {
                console.log(firstNum2 + "*" + secondNum + " = " +
                firstNum2*secondNum));
        }
}


console.log("for 구구단 3");
//for문 안에 증감식만 설정하고 초기화는 for문 전에 설정하고
//반복 조건은 if문을 통해 for문의 블록문 안에 설정
var firstNum3 = 2
for(; ; firstNum3++)   //증감식:firstNum3++, for문 안에 증감식만 입력
{
        if(firstNum3 > 4)
        // 반복문 종료 조건, firstNum3값이 3보다 크면 종료
        {
                break;                      // 반복문 종료
        }
        for(var secondNum =1; secondNum < 9; secondNum++)
```

```javascript
        {
            console.log(firstNum3 + "*" + secondNum + " = " +
            firstNum3*secondNum));
        }
}


console.log("for 구구단 4");
//for문 안에 아무것도 설정하지 않고, 초기화는  for문 전에 설정,
//반복 조건과 증감식은  for문의 블록문 안에 설정
var firstNum4 = 2
for(;;)            //  for문에 아무것도 설정하지 않고 반복문 내에 관련 조건 구현
{
        if(firstNum4 > 4)       // 종료 조건,  firstNum4값이  4보다 크면 종료
        {
            break;
        }
        for(var secondNum =1; secondNum < 9; secondNum++)
        {
            console.log(firstNum4 + "*" + secondNum + " = " +
            firstNum4*secondNum));
        }
        firstNum4++;              // 증감식
}

</script>
</body>
</html>
```

~~~~~~

위 예제를 실행하면 결과가 같다는 것을 확인할 수 있다.
~~~~~~

```
for 구구단 1
2*1 = 2
2*2 = 4
2*3 = 6
2*4 = 8
2*5 = 10
2*6 = 12
2*7 = 14
2*8 = 16
3*1 = 3
3*2 = 6
3*3 = 9
3*4 = 12
3*5 = 15
3*6 = 18
3*7 = 21
3*8 = 24
4*1 = 4
4*2 = 8
4*3 = 12
4*4 = 16
4*5 = 20
4*6 = 24
4*7 = 28
4*8 = 32
for 구구단 2
2*1 = 2
2*2 = 4
2*3 = 6
2*4 = 8
2*5 = 10
2*6 = 12
2*7 = 14
2*8 = 16
3*1 = 3
3*2 = 6
```

그림 2-45. for문으로 구현한 구구단 예제 실행 결과

6.4 for...in 반복문

자바스크립트에서 for...in문은 객체의 프로퍼티를 순회하는 데 사용된다. 배열 객체를 예로 들어서 설명해보겠다. 배열 안에는 원소가 들어가 있다. 그 원소를 출력하기 위해서는 앞에서 배운 for문이나 while문을 통해 할 수 있지만 for...in문을 통해서도 할 수 있다. 그 이유는 배열도 객체이기 때문이다.

```javascript
var array = [10,20, 30];
for (item in array){
    console.log("name: " + item + "; value : " + array[item]);
}
```

위 예를 실행하면 아래와 같이 출력된다.

```
name: 0 : value: 10

name: 1 : value: 20

name: 2 : value: 30
```

for...in 문법은 다음과 같다.

for (변수 in 객체) {
　　구문
}
	for...in문의 본문은 객체의 각 프로퍼티에 대해 한 번씩 실행된다.
	각 반복에 앞서 객체 프로퍼티 중 하나의 이름이 변수에 문자열 타입으로 할당된다.

표 2-21. for...in 반복문

```
<!DOCTYPE html>
<html>
<head>
    <meta charset="utf-8"/>
</head>
<body>
<script>

var obj = {A:1, B:2, C:3};              //key:value 쌍의 객체 선언
for (property in obj){                   //객체에 선언되어 있는 property 값을 가져옴
    console.log("Key: " + property + " Value: " + obj[property]);
}

</script>
</body>
</html>
```

위 예제 실행 결과는 다음과 같이 출력된다.

```
Key: A Value: 1
Key: B Value: 2
Key: C Value: 3
```

그림 2-46. for...in 반복문 예제 결과

앞에서 배웠던 배열도 객체다. 이번에는 배열에 대한 for...in문 예제를 만들어 보겠다.

```html
<!DOCTYPE html>
<html>
<head>
    <meta charset="utf-8"/>
</head>
<body>
<script>

var array = ["apple","orange","banana"];          //배열 객체 선언
for (property in array){
//객체에 선언되어 있는 property 값을 가져오는데 배열에서는 property 값은 index 값이 된다.

    console.log("Key: " + property + " Value: " + array[property]);
}


</script>
</body>
</html>
```

위 예제 실행 결과는 다음과 같이 출력된다.

```
Key: 0 Value: apple
Key: 1 Value: orange
Key: 2 Value: banana
```

그림 2-47. 배열을 이용한 for...in 반복문 예제 실행 결과

6.5 break 키워드

자바스크립트에서 break문은 현재 동작하는 반복문이나 switch문을 즉시 종료시킨다. 문법은 다음과 같다.

break;	현재 동작하는 반복문이나 switch를 즉시 종료한다.
break 레이블명;	레이블명이 지정된 구문의 끝으로 실행 흐름을 변경한다.

표 2-22. break 키워드

코드 2-46. break문 사용 예제

```
<!DOCTYPE html>
<html>
<head>
    <meta charset="utf-8"/>
</head>
<body>
<script>

for (var count = 1; count < 5; count++){
    console.log("count = " + count);
    if (count == 3){
    //count값이 3이면 break문을 실행하여 for문 종료
        console.log("for문 종료");
         break;
    }
}

</script>
</body>
</html>
```

위 코드를 실행한 결과는 다음과 같다.

```
count = 1
count = 2
count = 3
for문 종료
```

그림 2-48. break문 사용 예제 실행 결과

그럼 중첩 반복문일때 break문은 어떻게 동작할까? 위 구구단을 변경해서 예제를 만들어 보겠다.

코드 2-47. 중첩 반복문에서 break문 사용 예제

```html
<!DOCTYPE html>
<html>
<head>
    <meta charset="utf-8"/>
</head>
<body>
<script>

for(var firstNum = 2;firstNum < 5 ; firstNum++)
//초기화:firstNum1=1, 반복 조건: firstNum1<5, 증감식:firstNum1++
{
        if(firstNum == 4) // firstNum 값이 4이면 break문을 실행하여 for문 종료
        {
                console.log("3단까지만 구구단을 출력하고 outer for문 종료");
                break;
        }
        for(var secondNum = 1; secondNum < 9; secondNum++)
        {
                if(secondNum == 5)
                // secondNum 값이 5이면 break문을 실행하여 for문 종료
```

```javascript
            {
                console.log("4 까지만 곱하기하고 innner for문 종료");
                break;
            }
            console.log(firstNum + "*" + secondNum + " = " +
            (firstNum*secondNum));
        }
}
</script>
</body>
</html>
```

위 코드를 실행한 결과는 다음과 같다.

```
2*1 = 2
2*2 = 4
2*3 = 6
2*4 = 8
4 까지만 곱하기하고 innner for문 종료
3*1 = 3
3*2 = 6
3*3 = 9
3*4 = 12
4 까지만 곱하기하고 innner for문 종료
3단까지만 구구단을 출력하고 outer for문 종료
```

그림 2-49. 중첩 반복문에서 break문 사용 예제 실행 결과

위 예제를 통해 알 수 있듯이 break문은 자신을 감싸고 있는 첫 번째 반복문만을 종료시킨다.

break문이 레이블과 함께 사용될 경우 이름이 지정된 구문으로 실행 흐름이 변경된다.

```html
<!DOCTYPE html>
<html>
<head>
    <meta charset="utf-8"/>
</head>
<body>
<script>


outlabel:
for (var firstNum = 1; firstNum < 5; firstNum ++){
    inlabel:
    for (var secondNum = 1; secondNum < 5; secondNum ++){
        if (secondNum > 2 )
        {
                break;
        }
        if (firstNum == 2)
        // firstNum==2이면 inner for문을 종료하고 inlabel이 있는 곳으로 코드 진행이 이동
        {
                break inlabel;
        }
        if (firstNum == 4){
            break outlabel;
        // firstNum==4 이면 outer for문을 종료하고 outlabel이 있는 곳으로 코드 진행이 이동
        }
        console.log("firstNum = " + firstNum + ", secondNum = " +
        secondNum );
    }
}


</script>
</body>
</html>
```

위 코드 결과는 다음과 같다.

```
firstNum = 1, secondNum = 1
firstNum = 1, secondNum = 2
firstNum = 3, secondNum = 1
firstNum = 3, secondNum = 2
```

그림 2-50. break와 lable 사용 예제 결과

처음 보면 위 예제를 이해하기 좀 어려울 수도 있다. for문에서 사용하는 변수들의 값을 console에 찍어보면서 어떻게 값이 변하고 동작하는지 확인해 보길 바란다.

6.6 continue 키워드

break문은 반복문을 종료시키지만 continue문은 continue 이후의 구문만 중단하고 반복문을 계속 진행한다. 그래서 주로 반복문의 예외 조건을 처리하기 위해서 사용한다. 아래 예를 통해서 break문을 사용했을 때와의 차이점을 확인해보자.

코드 2-49. continue문 예제

```html
<!DOCTYPE html>
<html>
<head>
    <meta charset="utf-8"/>
</head>
<body>
<script>

for (var count = 1; count < 6; count++){
    if (count == 3)
    {
```

```
        console.log("continue : 다음 코드 진행하지 않고 반복조건 검사로 이");
            continue;
        // count값이 3이면 아래 코드를 실행하지 않고 for문의 증감식을
        // 실행하고 반복 조건 검색을 한다
    }

    if (count == 5)
    {
        console.log("break : for문 종료");
            break;
        // count값이 5이면 아래 코드를 더 이상 실행하지 않고 바로 for문을 종료한다.
    }
    console.log("count = " + count);
}


</script>
</body>
</html>
```

위 예제 실행 결과는 아래와 같다.

```
count = 1
count = 2
continue : 다음 코드 진행하지 않고 반복조건 검사로 이동
count = 4
break : for문 종료
```

그림 2-51. continue문 예제 실행 결과

위 break문을 사용했을 때와 다르게 3이 출력되지 않고 다음 숫자 4가 출력되었다. 그 이유는 count의 값이 3이 되었을 때 continue문이 실행되면서 아래 console.log("count = " + count); 이 실행되지 않고 다시 반복문으로 돌아가서 반복조건이 만족할 때까지 반복문이 실행됐기 때문이다.

Javascript

함수

간단하게 함수를 정의한다면 특정한 작업을 하도록 여러 가지 값과 로직을 하나로 묶어 놓은 것을 말한다. 그래서 동일한 작업을 필요로 하는 곳에서 호출해서 사용할 수 있게 한다. 이렇게만 보면 매우 간단한 것 같지만 좀 더 깊이 들어가면 더 많은 내용들이 있다. 함수의 개념과 동작 원리를 잘 이해해야만 자바스크립트라는 언어를 잘 이해할 수가 있다. 이렇듯 함수는 매우 중요한 개념이기 때문에 천천히 하나씩 각 개념을 분명히 이해하고 넘어가길 바란다.

1   함수란?

자바스크립트 함수는 실행 가능한 코드가 담긴 특별한 객체이다. 함수는 필요한 곳에서 여러 번 호출될 수 있고, 인자를 전달받을 수도 있다. 자바스크립트에서 함수는 숫자와 문자열과 같은 자료형이자 값이므로 변수, 배열, 객체에 저장될 수 있으며 다른 함수에 인자로 전달될 수 있다. 함수를 객체의 프로퍼티로 할당할 경우 해당 함수를 그 객체의 메소드라 한다.

1.1 함수 선언

함수는 다음과 같은 2가지 방식으로 선언할 수 있다.

		function 뒤에 함수명을 선언한다. 그 뒤에 소괄호를 사용하여 인자 값을 받을 수 있도록 하는데 이 값은 함수를 호출할 때 함수 본문으로 전달될 변수이다. 인자는 필요 없을 경우 생략할 수 있지만 소괄호는 생략할 수 없다. 함수를 호출했을 때 실행하게 되는 함수 본문은 중괄호 안쪽에 작성한다. 함수 내에서 사용한 return은 return 뒤에 따라오는 값을 함수의 결과로 반환한다. 동시에 함수를 종료시킨다. 필요 없을 경우 생략 가능하다.

함수 선언
(function declaration)
	function 함수명([인자......[. 인자]]) {
	　　함수 본문
	　　[return 반환값]
	}	

함수 표현식
(function expression)
	var 함수명 = function([인자... [.인자]]) {
	　　함수 본문
	　　[return 반환값]
	};
		함수를 변수 선언하듯이 먼저 선언하고 그 위에 함수를 정의하여 할당한다. 함수 선언 방법은 위 방법과 동일하다. 차이점은 함수명이 없는 익명 함수를 사용하고 끝에 세미콜론(;)이 있다는 점이다.

표 3-1. 함수 선언 방법

아래 예제를 통해 다시 한 번 확인해 보자. 다음에 나오는 함수는 선언하는 방식은 다르지만 그 결과가 같음을 확인할 수 있다. 각자의 성향에 맞는 걸로 선언해서 사용하면 된다.

코드 3-1. 함수 선언 예제

```html
<!DOCTYPE html>
<html>
<head>
    <meta charset="utf-8"/>
</head>
<body>
<script>

function helloWorld1( ){          //선언적 함수
    console.log("helloWorld1 function : Hello World JavaScript");
}
helloWorld1( );
```

```
// helloWorld1 function : Hello World JavaScript 출력

var helloWorld2 = function( ){                    //익명 함수
    console.log("helloWorld2 function : Hello World JavaScript");
}
helloWorld2( );
// helloWorld2 function : Hello World JavaScript 출력


</script>
</body>
</html>
```

예제 실행 결과는 아래와 같다.

```
helloWorld1 function : Hello World JavaScript
helloWorld2 function : Hello World JavaScript
```

그림 3-1. 함수 선언 예제 실행 결과

위 두 종류의 함수 선언 방식은 함수 선언과 함수 표현식이다. Function 키워드를 이용하여 함수를 선언한 경우를 함수 선언이라하고 선언적 함수라고도 한다. 변수에 함수를 할당하는 방식은 함수 표현식이라고 하는데 이름이 없기 때문에 익명 함수라고 한다. 함수를 선언하는 두 방식은 거의 비슷하지만 생성 되는 시점이 다르기 때문에 호출 시점에 대해서는 주의가 필요하다. 위 코드 3-1을 약간 수정해서 다시 실행해보겠다.

코드 3-2. 함수 선언 후 사용시 에러 발생 예제

```
<!DOCTYPE html>
<html>
<head>
    <meta charset="utf-8"/>
</head>
```

```html
<body>
<script>

helloWorld1();
// helloWorld1 function : Hello World JavaScript 출력
function helloWorld1(){              //함수 선언
    console.log("helloWorld1 function : Hello World JavaScript");
}

helloWorld2();
// Uncaught TypeError: helloWorld2 is not a function 에러 발생
var helloWorld2 = function(){             //함수 표현식
    console.log("helloWorld2 function : Hello World JavaScript");
}
</script>
</body>
</html>
```

위 예제를 실행하면 다음과 같은 에러가 발생한다.

```
helloWorld1 function : Hello World JavaScript
⊗ Uncaught TypeError: helloWorld2 is not a function
```

그림 3-2. 함수 선언 후 사용시 에러 발생 예제 실행 결과

선언적 함수의 경우에는 script 태그를 실행할 때 상단으로 끌어 올리는데 이를 호스팅
(hosting)이라 한다. 다시 말하면 함수를 호출하는 코드가 함수를 선언한 코드보다 앞에
있어도 에러가 발생하지 않는다. 이와는 반대로 함수 표현식은 변수를 통해서만 함수를
참조할 수 있기 때문에 함수 선언 코드보다 함수 호출 코드가 먼저 나오면 helloWorld2
()처럼 에러가 발생한다. 그렇기 때문에 함수 표현식을 사용할 때는 반드시 함수 호출이
함수 선언보다 뒤에 나와야 한다.

1.2 매개변수와 리턴값

함수는 매개변수와 리턴 값을 통해 함수를 호출자와 통신을 하게 된다.

매개변수를 통해 함수 호출자가 입력 값을 전달하면 함수를 해당 값에 맞게 동작하여 결과값을 반환하게 된다. 그럼 여기서 잠깐 매개 변수와 리턴 값이 무슨 뜻인지 알아보자.

아래 add라는 함수가 있다. add라는 함수에서 매개변수는 arg1와 arg2가 정의되어 있다. 이 두 매개 변수는 add 함수 내부에서 해당 함수로 전달된 값을 가리키기 위한 변수를 의미한다. 즉, 매개변수는 함수를 호출할 때 전달되는 값을 기억하는 변수이다. 그럼 리턴 값에 대해 알아보자. 함수 동작이 끝나고 함수를 호출하는 쪽에 전달하는 값을 말한다. 아래 add 함수에는 arg1+arg2의 결과가 저장된 returnValue이 반환되는데 이 변수에 저장된 값이 리턴값이 된다.

다시 설명하면 returnValue에 저장된 값이 리턴값이 된다.

```
function add(arg1, arg2)
{
        var returnValue = arg1+arg2;
        return returnValue
}
```

다음 예를 보자.

코드 3-3. 함수 실행 결과값을 리턴하는 예제

```
<!DOCTYPE html>
<html>
<head>
    <meta charset="utf-8"/>
</head>
<body>
<script>
```

```
function add(arg1,arg2){
    return arg1+arg2;
}

console.log("add : "+ add(3, 4));          // add : 7

</script>
</body>
</html>
```

위 add( ) 함수는 더하기를 위해 두 개의 매개변수를 받는다. 전달 받은 2개의 매개변수를 더해서 그 결과값을 화면에 출력해준다.

```
add : 7
```

그림 3-3. 함수 실행 결과값을 리턴하는 예제 실행 결과

그럼 리턴문이 없거나 리턴하는 값이 없으면 어떻게 될까?

코드 3-4. 리턴값이 없는 함수 예제

```
<!DOCTYPE html>
<html>
<head>
    <meta charset="utf-8"/>
</head>
<body>
<script>

function add1(arg1,arg2){
    var result  = arg1+arg2;
}
```

```javascript
console.log("add1 : "+ add1(3, 4));          // add1 : undefined

function add2(arg1, arg2){
    return ;
}
console.log("add2 : "+ add2(3, 4));          // add2 : undefined
// add2( ) 함수에서 리턴되는 값이 없기 때문에 undefined가 찍힘


</script>
</body>
</html>
```

예제를 실행하면 모두 undefined라는 값을 반환한다.

```
add1 : undefined
add2 : undefined
```

그림 3-4. 리턴값이 없는 함수 예제 실행 결과

1.3 가변 인자 함수

위에서 매개변수에 대해서 배웠다. 그럼 매개변수를 선언하지 않거나 더 많은 매개변수를 전달하면 어떤 현상이 발생하게 될까?

정답은 "정상적으로 동작한다"이다. 자바스크립트 함수의 특성 중 하나는 매개변수를 몇 개 전달하든 에러가 발생하지 않는다는 것이다. 일반적인 프로그래밍 언어들은 매개변수의 개수가 맞지 않으면 오류를 발생시킨다. 하지만 자바스크립트에서 초과된 매개변수는 그냥 무시하고, 또 지정된 매개변수보다 적게 입력했을 경우에는 undefined가 입력된다. 그리고 함수에 따라서는 매개변수의 개수에 따라서 다른 기능을 하도록 구현하기도 한다.

어떻게 가능할까? 자바스크립트의 모든 함수는 배열과 비슷한 arguments라는 구조체에 저장되기 때문이다. arguments는 매개변수의 구조체이며 이것을 이용하면 매개변수 개수에 제한 없이 처리가 가능하다.

코드 3-5. 함수 argument 처리 예제

```html
<!DOCTYPE html>
<html>
<head>
    <meta charset="utf-8"/>
</head>
<body>
<script>

function add(){
    var length = arguments.length;              //매개변수의 개수 확인
    if(length < 2) {
        return "두 개 이상의 숫자를 입력하세요";
        // 매개변수가 2 미만일 때 오류 메시지 전달
    }
    else {                                 // 매개변수가 2개 혹은 그 이상일 때 add 연산
        var sum=0;
        for(var idx in arguments) {
        //arguments에 있는 값들을 모두 get
            sum +- arguments[idx];
        }
        return sum;
    }
}

console.log("add : "+ add());
// 매개변수가 2개 미만이어서 계산하지 못하고 에러 메시지 출력

console.log("add : "+ add(1));
```

```
// 매개변수가 2개 미만이어서 계산하지 못하고 에러 메시지 출력

console.log("add : "+ add(1,3,4));
// add : 8, add( ) 함수에서 전달된 1, 3, 4를 더한 값인 8을 반환

console.log("add : "+ add(3,4,5,7));
// add : 19, add( ) 함수에서 전달된 3, 4, 5, 7를 더한 값인 19를 반환

console.log("add : "+ add(3,4));
// add : 7, add( ) 함수에서 전달된 3, 4를 더한 값인 7이 반환


</script>
</body>
</html>
```

위 예제 결과는 아래와 같다.

add : 두 개 이상의 숫자를 입력하세요
add : 두 개 이상의 숫자를 입력하세요
add : 8
add : 19
add : 7

그림 3-5. 함수 argument 처리 예제 결과

위와 같이 가변인자를 사용하여 매개변수에 따라 다른 기능을 하는 함수를 만들 수 있지만 향후 유지보수 및 재사용을 고려한다면 가능하면 사용하지 않는 게 좋다.

1.4 콜백 함수

먼저 콜백(Callback)의 의미를 알아보자. 콜백이란 객체의 상태 변화(이벤트)가 발생하면 자신을 호출하도록 알려주는 것을 말한다. 자바스크립트에서 콜백 함수는 키보드나 마우스 클릭과 같은 디바이스 이벤트뿐만이 아니라 Ajax, 데이터 처리 등 많은 부분에서 사용되고 있다.

그럼 콜백 함수를 왜 사용할까? 콜백 함수를 사용하면 특정 기능을 수행하기 위한 로직과 기능 수행 후 반환되는 결과 값을 가지고 처리하는 로직 분리를 통해 비동기 처리가 가능해진다. 동기화 방식은 어떤 함수를 실행하면 그 동작이 끝날 때까지 아무것도 하지 못하고 멈추고 있어야 한다. 함수 동작이 빨리 끝나는 경우는 별로 문제가 될게 없겠지만 파일 IO나 네트워크 통신을 통해 대용량의 파일을 받아 오는 경우는 언제 끝날지 모르기 때문에 사용자는 계속 기다리고 있어야 하는 상황이 발생하게 된다. 이를 방지하기 위해서 비동기 방식이 필요하며 이를 가능케 하는 게 콜백 함수이다.

보통 자바스크립트에서는 웹 페이지에서 서버로부터 데이터를 수신하기 위해서 AJAX(Asynchronous JavaScript and XML)를 사용하는데 이때 사용하는 방법이 콜백 함수 기법이다. AJAX 요청을 통해 어떤 정보를 서버로부터 가져와서 처리하려고 한다. 이 때 AJAX 특성상 서버의 응답과 네트워크 환경 등의 여러 가지 변수들로 인해 속도가 영향을 받게 된다. 이때 콜백 함수를 사용하여 AJAX 통신을 시켜놓고 다른 작업을 진행하다가 모든 작업이 끝났다는 메시지를 받으면 AJAX 이후 처리를 하면 된다. 다음 예제를 통해서 간단하게 콜백 함수를 구현해 보자.

코드 3 6. 콜백 함수 예제

```html
<!DOCTYPE html>
<html>
<head>
    <meta charset="utf-8"/>
</head>
<body>
<script>

var count = 1;
```

```javascript
function sayHello() {
  console.log("Hello World JavaScript : ", count);
  count++;
}


setTimeout(sayHello, 5000);
// 5초 후에 호출하도록 sayHello 함수를 setTimeout에 인자로 전달


console.log("Hello Callback Function");
</script>
</body>
</html>
```

위 예제는 setTimeout 함수에 Callback 함수로 sayHello를 등록하고 5초후에 호출되도록 5000을 입력하고 실행했다. 그리고 바로 console창에 "Hello Callback Function"을 찍도록 했다.

예제 실행 결과를 예상하면 아래와 같은 순서로 console 창에 출력될 거라 생각할 것이다.

```
        Hello World JavaScript : 1
        Hello Callback Function
```

그런데 실제 결과는 보면 예상과 다르게 아래와 같이 출력된다.

```
Hello Callback Function
Hello World JavaScript :  1
```

그림 3-6. 콜백 함수 예제 실행 결과

그 이유는 Callback 함수가 비동기적으로 동작하기 때문이다. 그림으로 그려보면 아래와 같다.

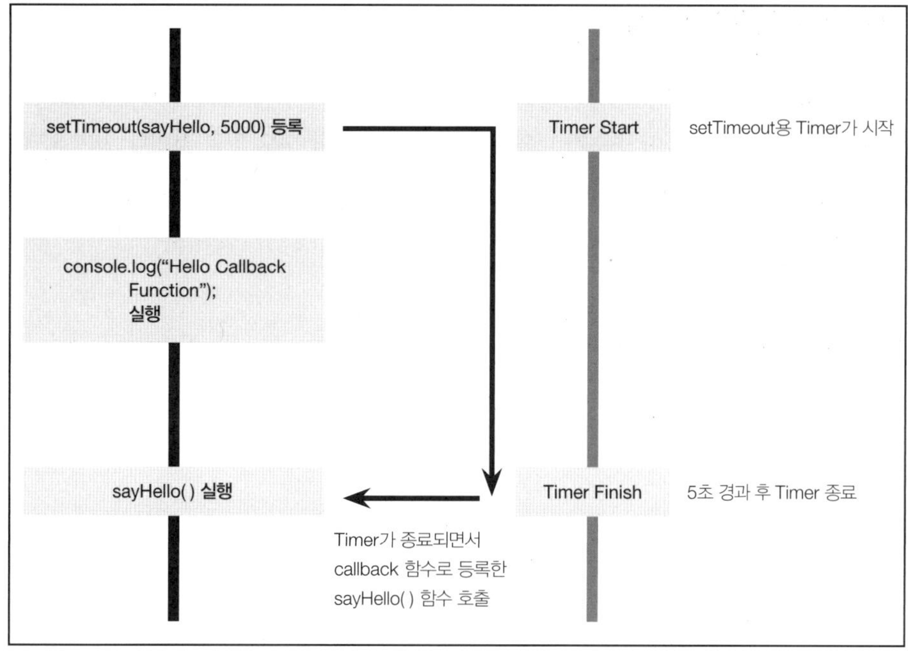

그림 3-7. 콜백 함수 예제 동작 구조

그림을 좀 더 설명하면 setTimeout(sayHello, 5000)을 통해 5초후에 sayHello가 호출되도록 등록만하고 다음 코드인 console.log("Hello Callback Function")를 실행한다. 그리고 5초후에 Callback으로 등록한 sayHello( ) 함수를 호출한다. 즉, Callback 함수는 위 예제와 같이 특정 처리가 모두 끝난 후에 호출되는 함수를 말한다.

그리고 우리는 이미 콜백 함수를 사용한 예제 소스 개발을 앞에서 해보았다. 직접 코딩을 해본 사람은 기억하겠지만 sort( ) 함수를 사용한 부분에서 콜백 함수를 사용한 예제를 만들었다(코드 2-23). 앞장으로 넘어가서 다시 한 번 읽어보기 보란다.

좀 더 다양한 콜백 함수를 사용하는 예는 뒤에 배우게 되는 이벤트, JQuery, MEAN Stack 실습들에서 계속 보게 될 것이다. 여기서는 콜백 함수의 의미와 왜 필요한지에 대해서만 정확히 이해하고 넘어가자.

1.5 유효 범위(scope)

유효 범위는 변수의 사용 범위를 말한다. 다시 말하면 변수의 수명을 의미한다. 갑자기 함수를 배우다가 뜬금없이 변수가 나와서 이상하게 생각할 수도 있을 것이다. 변수와 함수는 서로 밀접한 관계가 있기 때문에 함수를 다 배우고 나서 유효 범위(scope)를 배우게 된 것이다.

코드 3-7. 유효 범위 예제

```html
<!DOCTYPE html>
<html>
<head>
    <meta charset="utf-8"/>
</head>
<body>
<script>

var strValue = 'global';        // 전역변수
function myFunction(){
    console.log(strValue);
}
myFunction ();                  //  global 출력

</script>
</body>
</html>
```

위 예제 결과는 다음과 같다.

```
global
```


변수편에서 설명했듯이 함수 밖에서 변수를 선언하면 그 변수는 전역변수가 된다. 전역
변수는 애플리케이션 전역에서 접근이 가능한 변수다. 다시 말해서 어떤 함수 안에서도
그 변수에 접근할 수 있다. 그렇기 때문에 함수 myFunction 내에서 strValue를 호출 했을
때 함수 밖에서 선언된 strValue의 값 global이 전달되어 화면에 출력된다. 아래 예제를
보자.

코드 3-8. 전역변수와 지역변수 사용 예제

```html
<!DOCTYPE html>
<html>
<head>
    <meta charset="utf-8"/>
</head>
<body>
<script>

var strValue = "global";        // 전역변수
function myFunction(){
    var strValue = "local";     // local 변수
    console.log("In Function :  "+ strValue);
}
myFunction ();
console.log("Out Function : "+ strValue);

</script>
</body>
</html>
```

위 예제 결과는 아래와 같다.

```
In Function :  local
Out Function : global
```

그림 3-9. 전역변수와 지역변수 사용 예제 실행 결과

위 예제를 실행하면 In Function : local과 Out Function : global이 출력된다.
myFunction( ) 함수를 호출하면 함수 안에서 선언했던 변수 strValue의 값이 출력되고,
함수 밖에서 strValue를 출력하면 Global 변수에 선언했던 global이라는 값이 출력된다.
즉, 지역변수의 유효 범위는 함수 안이고, 전역변수의 유효 범위는 애플리케이션 전역이
다. 같은 이름의 지역변수와 전역변수가 동시에 정의되어 있다면 지역변수가 우선한다
는 것을 알 수 있다. 아래 예제를 보자. 아래 결과는 위 예제와 다르게 모두 local이다.

코드 3-9. 변수 우선 순위 예제

```
<!DOCTYPE html>
<html>
<head>
    <meta charset="utf-8"/>
</head>
<body>
<script>

var strValue = "global";          // 전역변수
function myFunction(){
    strValue = "local";           // var를 사용하지 않고 strValue에 값 할당
    console.log("In Function :   "+ strValue);
}
myFunction ();
console.log("Out Function : "+ strValue);

</script>
</body>
```

```
</html>
```

〜〜〜〜〜〜〜〜〜〜〜〜〜〜〜〜〜〜〜〜〜〜〜〜〜〜〜〜

위 예제 결과는 아래와 같다.

```
In Function :  local
Out Function : local
```

그림 3-10. 변수 우선 순위 예제 실행 결과

코드 3-8과 거의 똑같은 코드인데 왜 함수 밖에도 strValue의 값이 local일까? 그것은 함
수 myFunction에 strValue를 선언할 때 var를 사용하지 않았기 때문이다. var를 사용하
지 않은 변수는 자바스크립트에서는 런타임에 전역변수로 취급한다. 그래서 함수 안에
서 전역변수 strValue의 값을 local로 변경했기 때문에 출력이 모두 local이 된 것이다.

이 예제를 통해 var를 쓰는 것과 쓰지 않는 것의 차이를 정확하게 이해해야 한다. 개발을
하다 보면 이런 실수를 하게 되는 경우가 많기 때문에 항상 주의해야 한다. 그리고 특별
한 경우가 아니면 전역변수는 사용하지 않는 것이 좋다. 여러 가지 이유가 있지만 그 중
에 하나는 위 예제에서 확인했던 것처럼 함수 안에서 지역변수를 잘못 선언해서 전역변
수에서 사용하는 값을 변경할 수 있기 때문이다.
프로그램 전체에서 전역변수를 특정 목적을 위해 선언했던 값인데 개발자가 지역변수를
잘못 선언해서 변경할 경우 프로그램 전체에 영향을 미칠 수 있기 때문이다. 항상 변수
를 선언할 때는 꼭 var를 붙이는 것을 습관화해야 한다. 전역변수를 사용해야 하는 경우
라면 그것을 사용하는 이유를 명확히 알고 있을 때 사용하도록 하자.

Scope에 대해 이해했다면 좀 더 깊이 들어가서 Scope Chain을 알아보자.
Scope Chain이란 자신의 scope 내에서 찾지 못한 변수를 상위의 Scope에서 변수를 찾
아가는 과정을 말한다. 즉 현재 Scope에서 정의되지 않는 변수를 사용하기 위해서 상위
Scope로 올라가면서 정의된 변수를 확인하면 찾는 것을 말한다. 설명만 봐서는 이해하
기 힘든 부분이 있으니 예제와 그림을 통해 이해해 보자.

```html
<!DOCTYPE html>
<html>
<head>
    <meta charset="utf-8"/>
</head>
<body>
<script>

var varX = 1;              // global 변수 varX 선언

function outterFunc( )
{
        var varY = 2;        // outterFunc( ) 함수의 local 변수 varY 선언

        function innerFunc( )
        {
                var varZ = 3;  // innerFunc( ) 함수의 local 변수 varZ 선언
                console.log("varX = " + varX + " varY = " + varY + "
                varZ = " + varZ);
                // 값 출력
        }
        innerFunc( );
}
outterFunc();
</script>
</body>
</html>
```

위 예제 결과는 아래와 같다.

```
varX = 1 varY = 2 varZ = 3
```

그림 3-11. Scope Chain 예제 실행 결과

위 예제를 보면 innerFunc( ) 함수에서 변수 varX, varY를 선언하지 않고 사용하고 있지만 정상적으로 동작하는걸 확인할 수 있다. 그 이유는 Scope Chain 때문이다. 위 예제의 Scope Chain을 그림으로 그려보면 아래와 같다.

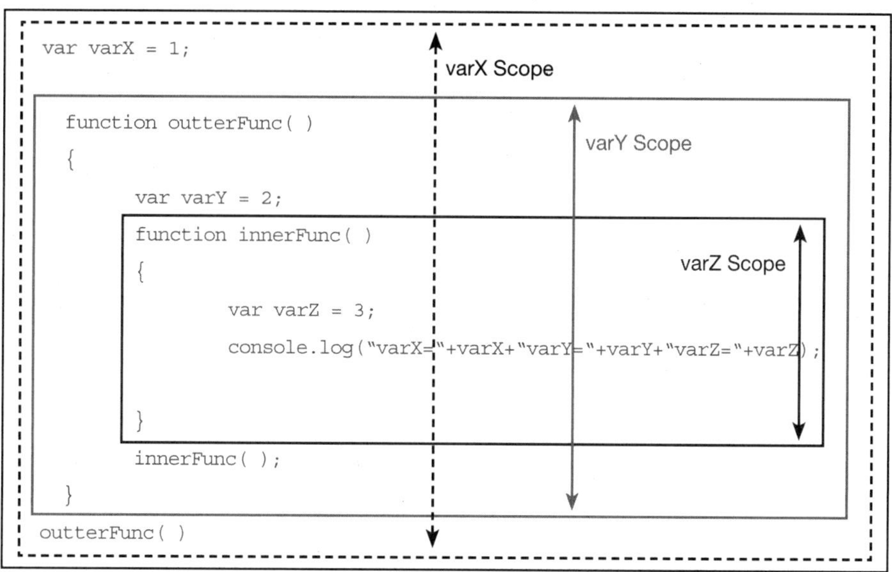

그림 3-12. Scope Chain범위

innerFunc( )에서 varX를 호출하면 처음에는 innerFunc( ) Scope를 검사한 후 없으면 상위 Scope인 outterFunc( )의 변수를 검사한다. 그래도 없으면 그 상위인 global 영역의 scope를 검사하여 varX를 찾아서 그 값을 출력한다. varY도 마찬가지로 위와 동일한 절차를 진행하면서 변수를 찾는다.

그래서 innerFunc( )에서 자신의 Scope 내에서 선언되지 않은 변수를 호출해서 출력을 해도 정상적으로 동작하는 이유이다. Scope Chain은 정말 중요한 개념이다. 꼭 정확하게 이해하고 넘어가기 바란다. 이걸 이해하지 못하면 클로저를 배울 때 많은 어려움이 있다.

변수의 렉시컬(lexical) 환경

자바스크립트에서 렉시컬 환경이 의미하는 것은 함수 실행 시 먼저 함수 내에서 변수가 선언되어있는지 확인하는 것을 말한다. 좀 더 자세히 설명하면 변수를 검색할 때 함수가 실행되는 환경을 근거로 판단하는 게 아니라 함수를 정의한 코드를 근거로 유효 범위를 판단한다는 뜻이다.

아래 예제를 통해 이해할 수 있겠지만 렉시컬 환경 내에서 변수의 사용과 선언 위치에 따라 다른 결과를 가져올 수 있다.

코드 3-11. 변수의 렉시컬 특성 확인 예제

```html
<!DOCTYPE html>
<html>
<head>
    <meta charset="utf-8"/>
</head>
<body>
<script>
var varX = 1;                    // global 변수 varX 선언

function func()
{
        console.log("first varX = " + varX); // varX = undefined
        var varX = 4;
        // func( ) 함수의 local 변수 varX 선언
        console.log("second varX = " + varX);   //varX = 4;
}
func( );
</script>
</body>
</html>
```

위 예제를 실행해보기 전에 첫 번째 console log 결과를 예상하면 first varX=1이 출력될 것으로 예상하지만 underfined라는 결과를 보여준다. 그 이유는 변수의 렉시컬 특성 때문이다.

렉시컬 특성을 그림을 통해 이해해 보자.

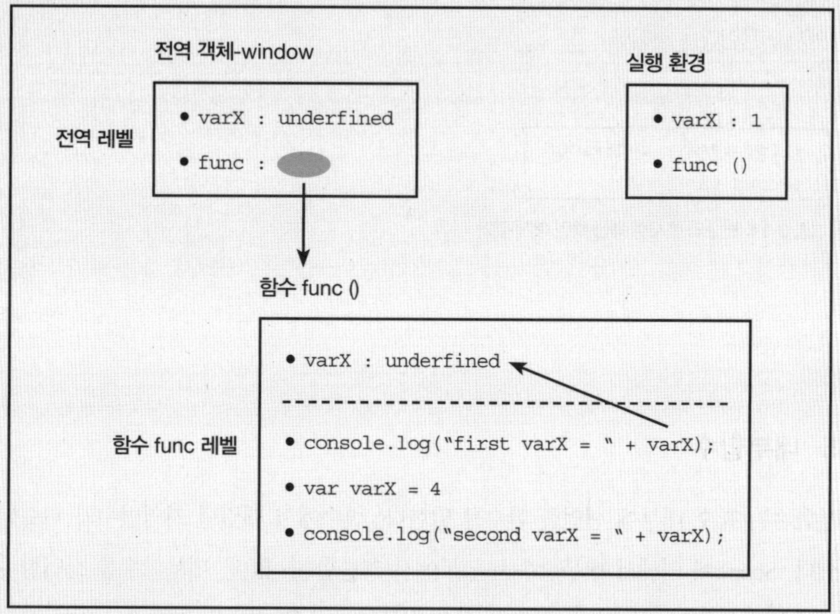

그림 3-13. 변수의 렉시컬 특성에서의 동작

위의 예제를 실행하게 되면 아래와 같은 절차로 동작하게 된다.

❶ 먼저 전역 레벨에서 Parsing이 발생해서 varX와 함수 func( )가 정의된다.

❷ Parsing이 끝난 후 전역 레벨이 실행이 되면, 전역 변수 varX에 1이 저장되고, 함수 func( )가 호출된다. 즉 Parsing 단계를 먼저 거친 후 실행 단계를 거치는 순서로 자바스 크립트가 웹 브라우저에서 동작하게 된다.

❸ 함수 func( )가 호출이 되면 함수 func 레벨의 Parsing이 진행된다. 그 결과로 func 함 수 내부에 있는 varX가 함수 func의 변수 Scope 객체에 undefined 정의된다.

❹ func( )를 실행 단계에 첫 번째 console.log("first varX = " + varX);를 위한 varX 변수

를 찾아야 하나, 정의된 시점에 변수가 유효범위에 들어 있지만 varX: undefined로 정의 되어 있기 때문에 첫 번째 console.log("first varX = " + varX);는 "undefined"가 출력된다. 이후, varX 를 4로 선언해 주고 난 후, 두 번째 console.log("second varX = " + varX); 에서 varX 값을 찾아서 4를 출력하게 된다.

즉, 쉽게 얘기해서 렉시컬한 환경을 기준으로 func 함수의 변수 스코프 객체에 정의된 x를 먼저 이용한다는 것이다.

```
first varX = undefined
second varX = 4
```

그림 3-14. 변수의 렉시컬 특성 확인 예제 결과

1.5 내부함수

내부함수는 함수 내부에 선언한 함수를 말한다. 변수에서 배웠던 지역변수와 비슷한 개념이다. Scope에 의해서 내부함수는 외부에서 호출할 수 없다. 내부함수를 선언한 함수 내부에서만 호출이 가능하다. 그리고 함수 외부에 동일한 이름의 함수가 있어도 함수 내부에서 내부함수를 호출하면 내부함수가 우선적으로 호출된다.

코드 3-12. 내부함수 사용 예제

```
<!DOCTYPE html>
<html>
<head>
    <meta charset="utf-8"/>
</head>
<body>
<script>
```

```
function outFunc(arg1, arg2, arg3) {
    function innerFunc(x, y, z) {
        return x+y+z;
    }
    return innerFunc(arg1, arg2, arg3);
    //innerFunc(x, y, z)는 함수 내부에서만 호출 가능
}
console.log("result : "+innerFunc(1, 2, 3));
//외부에서 innerFunc(x, y, z) 호출 불가능

</script>
</body>
</html>
```

위 예제를 실행하면 아래와 같이 에러가 발생한다.

```
❌ Uncaught ReferenceError: innerFunc is not defined
```

그림 3-15. 내부함수 사용 예제 결과

그럼 위 예제가 동작할 수 있게 수정해 보자. 내부함수는 내부함수를 정의한 함수에서만 호출할 수 있다고 했다. 그 정의에 맞게 수정해보자.

코드 3-13. 수정한 내부함수 사용 예제

```
<!DOCTYPE html>
<html>
<head>
    <meta charset="utf-8"/>
</head>
<body>
<script>
```

```
function outFunc(arg1, arg2, arg3) {
    function innerFunc(x, y, z) {
        return x+y+z;
    }
    return innerFunc(arg1, arg2, arg3);
//innerFunc(x, y, z)는 함수 내부에서만 호출 가능
}
console.log("result : "+outFunc(1, 2, 3));

//외부에서 outFunc(1, 2, 3) 호출을 통해 내부함수 호출
</script>
</body>
</html>
```

위 예제를 실행하면 정상적으로 내부함수를 호출하여 결과를 화면에 출력해 주는걸 확인할 수 있다.

```
result : 6
```

그림 3-16. 수정한 내부함수 사용 예제 실행 결과

1.6 클로저

클로저(closure)를 이해하기 위해서는 앞에서 배운 내부함수와 Scope 개념을 정확하게 이해하고 있어야 한다. 그 개념을 정확히 이해하지 못한 상황에서 클로저를 배우면 이해하는데 많은 어려움이 있다. 조금이라도 헷갈린다면 앞으로 가서 다시 한 번 읽어보기 바란다.

하여튼 자바스크립트 깊게 알기 위해서는 꼭 알아야 하는 필수 개념이니 정확하게 이해하고 있어야 한다. 나중에 다른 사람들이 코드를 봤을 때 내공 있는 개발자가 개발했다는 말을 들을 수 있을 것이다.

그럼 먼저 클로저가 무엇을 말하는지 알아보자. 클로저의 의미는 자신의 범위(Scope) 밖에 있는 변수들에 접근할 수 있는 함수를 의미한다. 자바스크립트 내에서는 함수의 생명주기는 끝이 났지만 함수 내의 변수를 내부함수가 참조하고 있기 때문에 유지되어 접근할 수 있는 함수를 클로저라고 한다. 좀 다르게 설명하면 특정 함수 내에 정의된 지역 변수(Local Variable)를 외부에서도 참조(By Reference)할 수 있는 함수를 말한다. 다양하게 정의를 내려서 설명 해도 좀 이해하기 어렵다. 그리고 다른 개발 언어를 배운 적이 있다면 이게 무슨 말도 안 되는 소리라는 생각을 할 것이다. 그래서 정의부터 이해하기 힘들 것이다. 다른 언어를 배웠다면 기존의 생각은 잠시 버려두고 자바스크립트의 클로저를 예제를 통해 배워보자.

코드 3-14. 클로저 예제

```html
<!DOCTYPE html>
<html>
<head>
    <meta charset="utf-8"/>
</head>
<body>
<script>
function outterFunc(){
        var strNum = 0;                  //외부함수 지역변수 선언
        return function(){               //내부 익명 함수 선언
                strNum++;
                console.log(strNum);
        }
}

var innerFunc = outterFunc( );
//외부함수 실행 결과 값이 익명함수를 할당

//innerFunc은 아래과 같은 함수를 전달 받는다.
//function( ){
//        strNum++;
```

```
//      console.log(strNum);
//}


innerFunc( );                              //1 출력
innerFunc( );                              //2 출력
innerFunc( );                              //3 출력

</script>
</body>
</html>
```

위 결과는 아래와 같다.

1
2
3

그림 3-17. 클로저 예제 결과

예제를 보면 outterFunc( ) 함수가 호출되면 메모리에 적재되어 있던 outterFunc 내용을 참조하여 함수가 수행되고 수행이 종료되면 해당 참조가 없어지면서 자동으로 GC(가비지 컬렉션)이 일어나 메모리에서 해제된다. 즉 outterFunc( )가 수행되는 메모리에 있던 내용을 참조하여 innerFunc 변수에 익명 내부함수가 할당되고 outterFunc( )의 모든 내용이 지워진다. 하지만 innerFunc( )을 실행하면 "1"이 출력된다. 그리고 계속 innerFunc( )을 호출하면 1씩 값이 증가해서 2, 3이 출력된다. 결과를 보면 원칙적으로 outterFunc( )는 GC로 인해 메모리에서 지워지면서 지역변수 strNum이 같이 없어져야 하는데 남아있는 게 아닌지 의심이 들기 시작한다. 다음 그림을 통해 왜 그렇게 되는지 자세히 알아보자.

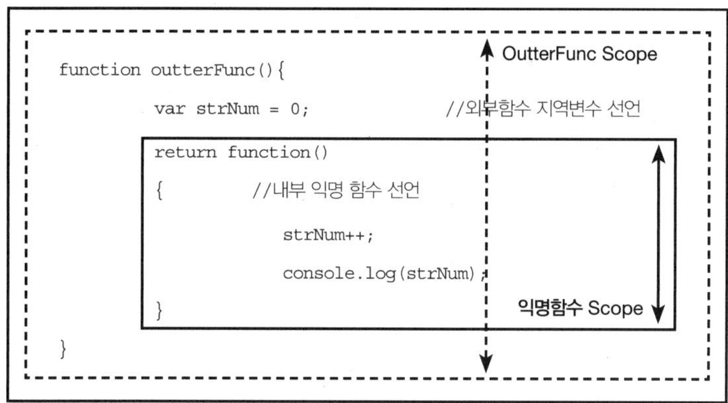

그림 3-18. 클로저 예제 Scope 범위

outterFunc의 지역변수인 strNum은 scope에 의해 outterFunc 외부에서는 사용할 수 없다. 하지만 스코프 체인(Scope Chain)으로 인해 내부함수는 외부함수 outterFunc의 지역변수 strNum에 접근이 가능하다. 그리고 여기서 단순히 strNum 변수를 복사하는 게 아니라 변수가 있는 객체를 참조한다. 그 순간 클로저가 발생하게 되어 해당 변수가 GC에 의해 메모리 해제가 되지 않게 되어 외부함수 outterFunc이 소멸되도 계속 해당 변수를 참조하여 사용할 수 있는 것이다.

위 예제를 통해 클로저의 개념을 다시 정리하면 내부함수는 Scope Chain으로 인해 외부함수의 지역변수에 접근할 수 있고, 외부함수가 소멸되도 외부함수의 지역변수를 사용하는 내부함수가 소멸될 때까지는 해당 지역 변수는 소멸되지 않는 특성을 말한다.

가비지 콜렉터(GC, Garbage Collection)는 가비지 또는 프로그램이 사용하다가 더 이상 필요가 없어진 객체가 점유하고 있는 메모리를 자동으로 해제하는 자동 메모리 관리 개념이다.

1.7 내장함수

자바스크립트가 자체적으로 제공하는 함수가 있는데 이를 내장함수라고 한다. 이번 장
에서는 대표적인 내장함수를 알아보고 어떻게 사용하는지 예제를 통해 이해해보자.

1.7.1 eval( ) 함수

eval( ) 함수는 매개변수로 전달된 문자열을 자바스크립트의 코드로 인식하고 실행하는
함수이다. 아래 예제를 통해 eval( ) 함수 사용 방법을 알아보자.

함수	용도	예시
eval(문자열)	문자열을 자바스크립트의 문장으로 인식하여 코드로 실행하는 함수	var strNum = "1+2" console.log("eval(evalStr) = " + eval(evalStr)); // 1+2의 계산된 결과 3 출력

코드 3-15. eval( ) 함수 예제 1 ～～～～～～～～～～～～～～～～～～～～～～～～～～

```html
<!DOCTYPE html>
<html>
<head>
    <meta charset="utf-8"/>
</head>
<body>
<script>

var evalStr = "1+2";                          // evalStr 변수 선언
console.log("evalStr = " + evalStr);          // evalStr 출력
console.log("eval(evalStr) = " + eval(evalStr));
//eval( ) 함수에 evalStr 전달한 결과 출력
```

```
</script>
</body>
</html>
```

위 예제 결과는 아래와 같다.

```
evalStr = 1+2
eval(evalStr) = 3
```

그림 3-19. eval( ) 함수 예제 1 실행 결과

eval( ) 함수를 좀 더 깊게 사용해 보자. 위 예제를 수정해서 eval( )를 통해 변수를 선언하고 그 변수를 출력하는 예제를 만들어보겠다.

코드 3-16. eval( ) 함수 예제 2

```
<!DOCTYPE html>
<html>
<head>
    <meta charset="utf-8"/>
</head>
<body>
<script>

var evalStr = "var num1 = 1;";
// evalStr 변수 선언 후 문자열 할당
evalStr += "var num2 = 2;";                    // evalStr에 문자열 추가

console.log("evalStr = " + evalStr);           // evalStr값 출력
eval(evalStr);                                 // eval( ) 함수 실행
console.log("sum = " + (num1+num2));           // 변수 num1+num2 결과 출력

</script>
```

```
</body>
</html>
```

위 예제 실행 결과는 아래와 같다.

```
evalStr = var num1 = 1;var num2 = 2;
sum = 3
```

그림 3-20. eval( ) 함수 2 예제 실행 결과

위 예제를 살펴보면 num1와 num2 변수를 선언하지 않았다. evalStr 변수에 문자열로 할당만 했을 뿐이다. 그런데 두 변수를 이용한 수치연산 결과가 나왔다. 그 이유는 eval( ) 함수를 통해 evalStr를 자바스크립트 코드로 실행했기 때문이다.

1.7.2 parseInt( ), parseFloat( ) 함수

parseInt( )와 parseFloat( ) 함수는 앞에서부터 숫자로 변환할 수 있는 부분까지만 모두 숫자로 변환한다. 그리고 parseInt( ) 함수는 두 번째 매개변수로 진법을 입력하면 첫 번째 매개변수 값을 해당 진법의 수로 인식하고 10진수로 변환하여 반환해 준다. 그리고 0x로 시작하면 16진수로 인식하고 10진수로 변환하여 반환해준다. 아래 예제를 통해 이해하기 바란다.

| parseInt<br>(숫자형 문자열, [진수]) | 숫자열 문자열을 정수로 변환<br>eval( )과 Number( )와의 차이는 진수를 인수로 받아 8, 16 진수로 변환 가능.<br>앞자리부터 변환할 수 있는 부분까지 변환 | ```javascript
var strNum1 = "12"
var strNum2 = "12.1"
var strNum3 = "12$"
var strNum4 = "12.1e2"
var strNum5 = "0x12"

console.log("parseInt(strNum1) = " + parseInt(strNum1));
// 12 출력

console.log("parseInt(strNum1, 8) = " + parseInt(strNum1, 8));
// 12를 8진수로 인식하고 10진수로 변환
// 하여 10 출력

console.log("parseInt(strNum1, 16) = " + parseInt(strNum1,16));
// 12를 16진수로 인식하고 10진수로 변환
// 하여 18 출력

console.log("parseInt(strNum2) = " + parseInt(strNum2));
// 12 출력 - 정수로 변환

console.log("parseInt(strNum3) = " + parseInt(strNum3));
// $앞 12까지만 숫자로 변환하여 12 출력

console.log("parseInt(strNum4) = "+ parseInt(strNum4));
// 12 출력 - 정수로 변환

console.log("parseInt(strNum5) = "+ parseInt(strNum5));
// 0x12를 16진수로 인식하고 10진수로
// 변환하여 18 출력
``` |
```

parseFloat (숫자형 문자열)	숫자형 문자열을 부동소수점으로 변환. 앞자리부터 변환할 수 있는 부분까지 변환	```\nvar strNum1 = "12"\nvar strNum2 = "12.1"\nvar strNum3 = "12$"\nvar strNum4 = "12.1e2"\nvar strNum5 = "0x12"\nconsole.log("parseFloat(strNum1) = " + parseFloat(strNum1));\n// 12 출력\n\nconsole.log("parseFloat(strNum2) = " + parseFloat(strNum2));\n// 12.1 출력\n\nconsole.log("parseFloat(strNum3) = " + parseFloat(strNum3));\n// 12 출력\n\nconsole.log("parseFloat(strNum4) = " + parseFloat(strNum4));\n// 1210 출력\n\nconsole.log("parseFloat(strNum5) = "+ parseFloat(strNum5));\n// x앞 0까지만 숫자로 변환하여 0 출력\n```

코드 3-17. parseInt( ), parseFloat( ) 함수 예제

```html
<!DOCTYPE html>
<html>
<head>
    <meta charset="utf-8"/>
</head>
<body>
<script>
```

```javascript
var strNum1 = "12"
var strNum2 = "12.1"
var strNum3 = "12$"
var strNum4 = "12.1e2"
var strNum5 = "0x12"


console.log("parseInt(12) = " + parseInt(strNum1));          // 12 출력
console.log("parseInt(12,8) = " + parseInt(strNum1,8));
// 12를 8진수로 인식하고 10진수로 변환하여 10 출력


console.log("parseInt(12,16) = " + parseInt(strNum1,16));
// 12를 16진수로 인식하고 10진수로 변환하여 18 출력


console.log("parseInt(12.1) = " + parseInt(strNum2));
// 12 출력 - 정수로 변환


console.log("parseInt(12$) = " + parseInt(strNum3));
// $앞 12까지만 숫자로 변환하여 12 출력


console.log("parseInt(12.1e2) = "+ parseInt(strNum4));
// 12 출력 - 정수로 변환


console.log("parseInt(0x12) = "+ parseInt(strNum5));
// 0x12를 16진수로 인식하고 10진수로 변환하여 18 출력


console.log("parseFloat(12) = " + parseFloat(strNum1));    // 12 출력
console.log("parseFloat(12.1) = " + parseFloat(strNum2)); // 12.1 출력
console.log("parseFloat(12$) = " + parseFloat(strNum3));
// 12, $ 기호가 나오는 앞까지만 변환하여 출력


console.log("parseFloat(12.1e2) = " + parseFloat(strNum4));
// 1210 출력


console.log("parseFloat(0x12) = "+ parseFloat(strNum5));
```

```
//  x앞  0까지만 숫자로 변환하여  0  출력

</script>
</body>
</html>
```

위 예제 결과는 아래와 같다.

```
parseInt(12) = 12
parseInt(12,8) = 10
parseInt(12,16) = 18
parseInt(12.1) = 12
parseInt(12$) = 12
parseInt(12.1e2) = 12
parseInt(0x12) = 18
parseFloat(12) = 12
parseFloat(12.1) = 12.1
parseFloat(12$) = 12
parseFloat(12.1e2) = 1210
parseFloat(0x12) = 0
```

그림 3-21. parseInt( ), parseFloat( ) 함수 예제 실행 결과

1.7.3 isFinite( ), isNaN( ) 함수

isFinite( ) 함수는 매개변수가 무한한 숫자인지 확인하여 그 결과를 반환해준다. 유한숫자가 아닌 모든 값은 모두 false를 반환한다. 그리고 isNaN( ) 함수는 매개변수가 숫자인지 확인하여 숫자이면 false를 반환하고 그 이외는 true를 반환한다. Not a Number를 기억하고 있으면 된다. 그리고 NaN은 스스로 비교할 수 없기 때문에 isNaN( ) 함수를 통해 비교해야 한다. 아래 예제를 통해 두 함수를 이해해 보자.

| isFinite<br>(매개변수) | 매개변수가 유한 값이면 *true*를 반환.<br>매개변수가 유한 값이 아니거나 숫자가 아닐 경우 *false*를 반환 | ```javascript
var strNum1 = "12"
var strNum2 = "12$";
var strNum3 = "12.1e2";
var strNum4 = "0x12";
var strNum5 = "십이점일";

console.log("isFinite(strNum1) = " + isFinite(strNum1));
// 12가 유한수이므로 true 출력

console.log("isFinite(strNum2) = " + isFinite(strNum2));
// $문자열이 있어서 false 출력

console.log("isFinite(strNum3) = " + isFinite(strNum3));
// 1210은 유한수이므로 true 출력

console.log("isFinite(strNum4) = "+ isFinite(strNum4));
// 16진수 12는 유한수이므로 true 출력

console.log("isFinite(strNum5) = "+ isFinite(strNum5));
// 문자열이므로 false 출력
``` |
| isNaN(매개변수) | 매개변수가 숫자가 아니면 *true*, 숫자이면 *false* 반환.<br>NaN은 스스로를 비교할 수 없는 형태이므로 반드시 함수 isNaN( )을 이용하여 비교.<br>Not a Number을 기억 | ```javascript
var strNum1 = "12"
var strNum2 = "12$";
var strNum3 = "12.1e2";
var strNum4 = "0x12";
var strNum5 = "십이점일";
console.log("isNaN(strNum1) = " + isNaN(strNum1));
// 12는 숫자이므로 false 출력

console.log("isNaN(strNum2) = " + isNaN(strNum2));
// $문자열이 있기 때문에 true 출력
``` |

		```console.log("isNaN(strNum3) = " + isNaN(strNum3)); // 1210은 숫자이므로 false 출력 console.log("isNaN(strNum4) = " + isNaN(strNum4)); // 16진수 12는 숫자이므로 false 출력 console.log("isNaN(strNum5) = "+ isNaN(strNum5)); // 문자열이므로 true 출력 if(isNaN(NaN)) { console.log("compare to NaN : true"); // true 출력 }```

코드 3-18. isFinite( ), isNaN( ) 함수 예제

```html
<!DOCTYPE html>
<html>
<head>
    <meta charset="utf-8"/>
</head>
<body>
<script>

var strNum1 = "12"
var strNum2 = "12$";
var strNum3 = "12.1e2";
var strNum4 = "0x12";
var strNum5 = "십이점일";
```

```javascript
console.log("isFinite(12) = " + isFinite(strNum1));
// 12가 유한수이므로 true 출력

console.log("isFinite(12$) = " + isFinite(strNum2));
// $문자열이 있어서 false 출력

console.log("isFinite(12.1e2) = " + isFinite(strNum3));
// 1210은 유한수이므로 true 출력

console.log("isFinite(0x12) = "+ isFinite(strNum4));
// 16진수 12는 유한수이므로 true 출력

console.log("isFinite(십이점일) = "+ isFinite(strNum5));
// 문자열이므로 false 출력

console.log("isNaN(12) = " + isNaN(strNum1));
// 12는 숫자이므로 false 출력

console.log("isNaN(12$) = " + isNaN(strNum2));
// $문자열이 있기 때문에 true 출력

console.log("isNaN(12.1e2) = " + isNaN(strNum3));
// 1210은 숫자이므로 false 출력

console.log("isNaN(0x12) = " + isNaN(strNum4));
// 16진수 12는 숫자이므로 false 출력

console.log("isNaN(십이점일) = "+ isNaN(strNum5));
// 문자열이므로 true 출력
if(isNaN(NaN))
{
    console.log("compare to NaN : true");                    // true 출력
}
```

```
</script>

</body>

</html>
```

~~~~~~

위 예제 결과는 아래와 같다.

```
isFinite(12) = true
isFinite(12$) = false
isFinite(12.1e2) = true
isFinite(0x12) = true
isFinite(십이점일) = false
isNaN(12) = false
isNaN(12$) = true
isNaN(12.1e2) = false
isNaN(0x12) = false
isNaN(십이점일) = true
compare to NaN : true
```

그림 3-22. isFinite( ), isNaN( ) 함수 예제 실행 결과

1.7.4 Number( ), String( ) 함수

Number( ) 함수는 문자열 형태의 숫자를 숫자로 변환해주는 함수이다. 그리고 String( ) 함수는 숫자를 문자열로 변환해 주는 함수이다. 아래와 같이 숫자 양쪽에 “ ”(큰 따옴표), ‘ ’(작은 따옴표)가 있으면 문자열이 된다.
~~~~~~

| String(숫자) | 숫자를 문자열로 변환 | ```var strNum1 = 12;
var strNum2 = 13;
console.log("String(12) + String(13) = " + String(strNum1) + String(strNum2));
// 문자열로 인식하여 1213 출력``` |
| Number (숫자형 문자열) | 문자 형태의 숫자를 숫자로 변환 | ```var strNum1 = "12";
var strNum2 = "13";
console.log("Number('12') + Number('13') = " + (Number(strNum1) + Number(strNum2)));
// 숫자로 인식하여 25 출력``` |

> 문자열 형태 숫자: "12348", '13'

코드 3-19. Number( ), String( ) 함수 예제

```html
<!DOCTYPE html>
<html>
<head>
    <meta charset="utf-8"/>
</head>
<body>
<script>

var strNum1 = "12";
var strNum2 = "13";
var strNum3 = 12;
var strNum4 = 13;
console.log("String('12') + String('13') = " + String(strNum1) + String(strNum2));
// 문자열로 인식하여 1213 출력
```

```javascript
console.log("String(12) + String(13) = " + String(strNum3) +
String(strNum4));
// 문자열로 인식하여 1213 출력

console.log("Number('12') + Number('13') = " + (Number(strNum1) +
Number(strNum2)));
// 숫자로 인식하여 25 출력

console.log("Number(12) + Number(13) = " + (Number(strNum3) +
Number(strNum4)));
// 숫자로 인식하여 25 출력

</script>
</body>
</html>
```

위 예제 결과는 아래와 같다.

```
String('12') + String('13') = 1213
String(12) + String(13) = 1213
Number('12') + Number('13') = 25
Number(12) + Number(13) = 25
```

그림 3-23. Number( ), String( ) 함수 예제 실행 결과

1.7.5 인코딩, 디코딩 함수

먼저 인코딩과 디코딩의 의미를 알아보자. 인코딩은 우리가 편집기를 통해 작성한 문자를 저장하거나 통신을 통해 전달을 목적으로 2진수로 변환하는 것을 말한다. 그와는 반대로 디코딩은 2진수화된 문자를 편집기 등에서 표현할 수 있도록 변환하는 것을 말한다. 다시 쉽게 말하면 인코딩은 기계가 이해할 수 있는 언어로 변환시키는 것을 말하며,

디코딩은 사람이 이해할 수 있는 언어로 변환하는 것을 말한다.

자바스크립트에서는 내장함수로 인코딩과 디코딩을 위한 함수를 제공해주고 있다.

escape(매개변수),
unescape(매개변수)
	escape( ) 함수는 영문 알파벳, 숫자, @, *, -, _, +, ../를 제외한 모든 문자를 16진수 문자로 인코딩한다. 이 함수는 쉼표와 세미콜론 같은 문자가 쿠키 문자열과의 충돌을 피하기 위해 사용된다.
	1바이트 문자는 %XX의 형태로, 2바이트 문자는 %uXXXX의 형태로 변환한다.
	unescape( ) 함수는 16진수로 변환된 문자열을 다시 원본 문자열로 변환한다.
		`var str1 = "abc123@*_+-./:;=?&";`
		`var str2 = "http://`
		`javascript.com/path1/index.`
		`html?query=write&value=&*java";`
		`console.log("original str1 :`
		`"+str1);`
		`consolelog("escape(abc123@*_+-./`
		`:;=?&) : "+escape(str1));`
		`console.log("escape(str2) = " +`
		`escape(str2));`

encodeURI( ),
decodeURI( )
	인터넷 주소에서 사용하는 특수 문자를 제외하고 escape( ) 함수로 동일하게 16진수로 변환한다. (:, ;, /, =, ?, &)
	decodeURI( ) 함수는 인코딩된 문자열을 원본 문자열로 변환
		`var str1 = "abc123@*_+-./:;=?&";`
		`var str2 = "http://`
		`javascript.com/path1/index.`
		`html?query=write&value=&*java";`
		`console.log("encodeURI(abc123@*_`
		`+-./:;=?&) : "+encodeURI(str1));`
		`console.log("encodeURI(str2) = "`
		`+ encodeURI(str2));`

encodeURIcomponent( ),
decodeURIcomponent( )
	알파벳과 숫자를 제외한 모든 문자를 인코딩한다.
	UTF-8 인코딩과 동일
		`var str1 = "abc123@*_+-./:;=?&";`
		`var str2 = "http://`
		`javascript.com/path1/index.`
		`html?query=write&value=&*java";`
		`console.log("encodeURICompo`
		`nent(abc123@*_+-./:;=?&) :`
		`"+escape(str1));`
		`console.log("encodeURI`
		`Component(str2) = " +`
		`encodeURIComponent(str2));`

- escape( ) 함수

  영문 알파벳, 숫자, 일부 특수문자(@, *, −, _, +, ., /)를 제외한 모든 문자를 유니코드 형태로 변환한다. 1바이트 문자는 %XX 형태로, 2바이트 문자는 %uXXXX 형태의 16진수로 표시한다. 이 변환된 문자를 다시 디코딩하는 함수는 unescape( ) 함수이다.

- encodeURI( ) 함수

  escape( ) 함수와 동일하게 동작하지만 추가적으로 인터넷 주소에서 사용되는 일부 특수문자(:, ;, /, =, ?, &)를 제외한 모든 문자를 변환할 때 사용한다. 그래서 인터넷 주소를 인코딩할 때 사용한다. 디코딩 함수는 decodeURI( ) 함수이다.

- encodeURIComponent( ) 함수는 escape( ) 함수와 동일하게 동작하지만 알파벳과 숫자를 제외한 모두 문자를 변환한다. 주로 URL로 넘기는 필드값을 따로 인코딩할 때 사용한다. 디코딩 함수는 decodeURIComponent( ) 함수이다.

다음 예제를 통해 정확히 이해해 보자.

코드 3-20. 인코딩, 디코딩 함수 예제

```
<!DOCTYPE html>
<html>
<head>
    <meta charset="utf-8"/>
</head>
<body>
<script>

var str1 = "abc123@*_+-./:;=?&";
var str2 = "http://javascript.com/path1/index.
html?query=write&value=&*java";

console.log("original str1 : "+str1);
console.log("escape(abc123@*_+-./:;=?&) : "+escape(str1));
```

//아스키 문자가 아니면 모두 유니코드 형식으로 변환해서 출력. (유니코드 변환 대상: : ; = ? &)


```
console.log("encodeURI(abc123@*_+-./:;=?&) : "+encodeURI(str1));
```
// escape ( ) 와 비슷하지만 인터넷 주소표시에 사용하는 특수문자 (: ; / =?&) 는 인코딩하지 않고 출력


```
console.log("encodeURIComponent(abc123@*_+-./:;=?&) : "+
encodeURIComponent(str1));
```
// escape ( ) 와 비슷하지만 인터넷 주소표시에 사용하는 특수문자 (: ; / =?&) 도 인코딩하여 출력


```
console.log("original str2 = " + str2);
console.log("escape(str2) = " + escape(str2));
```
//아스키 문자가 아니면 모두 유니코드 형식으로 변환해서 출력. (유니코드 변환 대상: : ; = ? &)


```
console.log("encodeURI(str2) = " + encodeURI(str2));
```
// escape ( ) 와 비슷하지만 인터넷 주소표시에 사용하는 특수문자 (: ; / =?&) 는 인코딩하지 않고 출력


```
console.log("encodeURIComponent(str2) = " + encodeURIComponent(str2));
```
// escape ( ) 와 비슷하지만 인터넷 주소표시에 사용하는 특수문자 (: ; / =?&) 도 인코딩하여 출력


```
</script>
</body>
</html>
```

위 예제 결과는 아래와 같다.

```
original str1 : abc123@*_+-./:;=?&
escape(abc123@*_+-./:;=?&) : abc123@*_+-./%3A%3B%3D%3F%26
encodeURI(abc123@*_+-./:;=?&) : abc123@*_+-./:;=?&
encodeURIComponent(abc123@*_+-./:;=?&) : abc123%40*_%2B-.%2F%3A%3B%3D%3F%26
original str2 = http://javascript.com/path1/index.html?query=write&value=&*java
escape(str2) = http%3A//javascript.com/path1/index.html%3Fquery%3Dwrite%26value%3D%26*java
encodeURI(str2) = http://javascript.com/path1/index.html?query=write&value=&*java
encodeURIComponent(str2) = http%3A%2F%2Fjavascript.com%2Fpath1%2Findex.html%3Fquery%3Dwrite%26value%3D%26*java
```

그림 3-24. 인코딩, 디코딩 함수 예제 실행 결과

Javascript

4

객체

간단하게 이해하자면 앞에서 배웠던 배열과 객체의 용도는 비슷하다. 어떤 데이터를 저장하고 있다가 필요할 때 사용할 수 있게 해주는 역할이다. 차이점은 데이터에 접근할 수 있는 방식이 다르다. 배열은 데이터에 접근하기 위해서 index 값을 이용한다. 객체는 이름이 지정된 값(키-값의 쌍)의 묶음을 나타내기 때문에 key(키)를 통해 접근한다. 보통 객체의 값을 객체의 프로퍼티(property)라고 한다. 자바스크립트 객체의 프로퍼티에는 함수, 배열, 다른 객체를 비롯해 어떤 타입의 데이터도 담을 수 있다.

```
var arrayScore = [100, 84, 30];
// 배열은 index로 접근  :  arrayScore[1]


var objectScore = {'jj': 100, 'kiti': 84, 'kate': 30};
// 객체는 key를 통해 접근  :  objectScore['jj']
```

1 객체 개요

1.1 객체 생성

자바스크립트에서 객체 생성은 다음과 같은 방법으로 한다.

리터럴 문법	리터럴 문법은 중괄호 안에 콜론으로 분리된 키-값의 쌍을 콤마(:)로 분리한 목록으로 구성한다.	```js
		var score = {'jj': 100, 'kiti': 84, 'kate': 30};
		
		var score = { }; //빈 객체 생성
		score['jj'] = 100; //property 추가
		score['kiti'] = 84; //property 추가
		score['kate'] = 30; //property 추가
		``

Object( )	Object( ) 생성자 함수를 이용하여 객체를 생성한 후 점(.) 연산자나 중괄호([ ]) 연산자를 통해 property를 추가한다.	```js
		var score = new Object( );
		//빈 객체 생성
		score['jj'] = 100;
		//property 추가
		score['kiti'] = 84;
		//property 추가
		score['kate'] = 30;
		//property 추가
		
		var score = new Object( );
		// 빈 객체 생성
		score.jj = 100; //property 추가
		score.kiti = 84; //property 추가
		score.kate = 30; //property 추가
		``

표 4-1. 객체 생성 방법

객체 생성 자체를 이해하는 건 어렵지 않다. 처음부터 객체에 들어갈 데이터를 입력할 수도 있고, 먼저 객체를 생성한 후에 property를 추가할 수도 있다. 물론 추가한 property를 삭제 및 변경도 가능하다.

1.2 속성과 메소드

객체 내부에 정의된 값들을 속성(property)이라고 한다. 그리고 그 속성들 중에서 함수 형태인 속성을 메소드(method)라고 한다. 다음 코드를 보고 좀 더 자세히 이해하기 바란다.

```html
<!DOCTYPE html>
<html>
<head>
    <meta charset="utf-8"/>
</head>
<body>
<script>
var user = {
    name : "Tim",                        //name property 선언
    age : 23,                            //age property 선언
    sayHello : function( ){              //sayHello method 선언
        return "Hello, I am " + this.name;
    }
};


console.log(user.sayHello());        // Hello, I am Tim 출력

</script>
</body>
```

위 코드 결과는 아래와 같다.

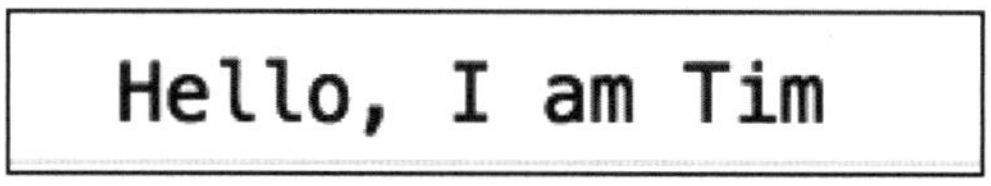

Hello, I am Tim

그림 4-1. 객체의 메소드 호출 코드 결과

위 코드에서 this.name에 this라는 키워드가 사용되었다. this의 의미는 자기 자신의 객체를 의미한다. 자바스크립트에서는 반드시 this라는 키워드를 이용해서 자기 자신의 객체에 접근해야 한다. 원칙적으로 자바스크립트에서 this의 생략이 불가능하다. 하지만 with라는 키워드를 사용할 때는 가능하다.

메소드 VS 함수

자바스크립트를 배우다 보면 메소드, 함수 두 용어를 자주 접하게 될 것이다. 그런데 겉 모습을 보면 서로 비슷한 것 같은데 어떤 때는 메소드라하고 어떤 때는 함수라고 한다. 그래서 두 개를 구분하지 못하고 혼용해서 사용하는 경우가 많다. 여기서 그 차이점을 정확히 알고 넘어가자. 메소드와 함수는 특정 동작을 실행한다는 점은 동일하지만 그 동작을 하는 주체가 다르다는 게 차이점이다.

먼저 메소드는 객체가 가지고 있는 동작을 의미한다. 그래서 메소드를 수행하기 위해서는 객체를 통해서만 실행시킬 수 있다. 즉, 메소드의 수행 주체는 객체이며 그 동작을 수행하기 위해서는 객체를 통해 그 동작을 수행하라고 해야 한다. 이와는 다르게 함수는 그 동작을 수행하기 위해서 객체에게 동작을 수행하라고 지시하지 않아도 된다. 그 이유는 함수자체가 그 동작을 정의한 함수 객체이기 때문에 자기 스스로 수행할 수 있기 때문이다.

코드 4-2. with 사용 예제 코드

```
<!DOCTYPE html>
<html>
<head>
    <meta charset="utf-8"/>
</head>
<body>
<script>
var user = {
    name : "Tim",                         //name property 선언
    age : 23,                             //age property 선언
    sayHello : function(){                //sayHello method 선언
        return "Hello, I am " + this.name;
    }
};
with(user){
        console.log("Hello, I am " +name);    //Hello, I am Tim 출력
```

```
    }

</script>
</body>
</html>
```

위 코드 결과는 아래와 같다.

```
Hello, I am Tim
```

그림 4-2. with 사용 코드 예제 실행 결과

그럼 객체에 정의된 모든 property를 반복문을 이용하여 출력하려면 어떻게 해야 할까?
앞 장에서 배웠던 반복문인 for, while문들을 이용해서는 접근이 불가능하다. 객체에 반
복문을 사용하려면 for...in 반복문을 사용해야 한다. 아래 코드를 보기 바란다.

코드 4-3. 객체에 반복문을 사용하는 for...in 반복문 코드

```
<!DOCTYPE html>
<html>
<head>
    <meta charset="utf-8"/>
</head>
<body>
<script>
var user = {                    //리터럴 문법으로 user 객체 생성
    name : "Tim",
    age : "23",
    gender : "man",
    country : "US"
};
var detail = "";                //사용자 정보를 저장하기 위한 변수 선언
```

```
for(var key in user) {
        detail += key + " : " + user[key] + "\n";
        //key,  value 형태로 저장
}
alert(detail);                      //detail에 저장된 정보 출력


</script>
</body>
</html>
```

~~~~~~

위 코드 출력 결과는 아래와 같다.

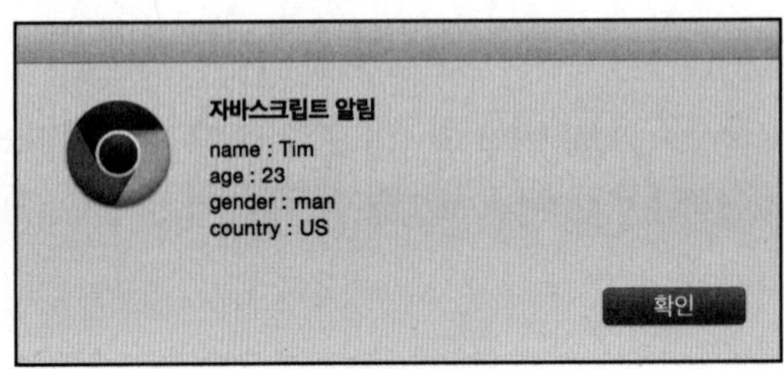

그림 4-3. for...in 반복문 코드 예제 실행 결과

여기서 추가로 알아야 할 키워드가 있다. 객체에 우리가 찾고자 하는 property가 있는지 확인해 주는 in이라는 키워드이다. 객체 내에 property가 있으면 true, 없으면 false를 반환한다. 다음 코드를 통해 확인해 보자.

코드 4-4. in 사용 예제 코드 ~~~~~~

```
<!DOCTYPE html>
<html>
<head>
    <meta charset="utf-8"/>
</head>
<body>
```
~~~~~~

```
<script>
var user = {                        //리터럴 문법으로 user객체 생성
        name : "Tim",
        age : "23",
        gender : "man",
        country : "US"
};

console.log("name property  : " + ("name" in user));
// true 출력
console.log("country property  : " + ("country" in user));
// true 출력
console.log("phone property  : " + ("phone" in user));
// false 출력

</script>
</body>
</html>
```

위 코드의 실행 결과는 아래와 같다.

```
name property  : true
country property  : true
phone property  : false
```

그림 4-4. in 사용 코드 예제 실행 결과

1.3 객체의 속성 추가와 제거

이번 장에서 처음 배웠던 게 객체 생성이었다. 생성한 객체에 동적으로 property를 추가
및 삭제하는 방법을 다음 코드를 통해 배워보자.

```html
<!DOCTYPE html>
<html>
<head>
    <meta charset="utf-8"/>
</head>
<body>
<script>
var user = { };                           //빈 객체 생성
user.name = "Tim";                        // 동적으로 속성 추가
user["age"] = 23;                         // 동적으로 속성 추가
user.sayHello = function( ) {             // 동적으로 메소드 추가
        return "Hello, I am " + this.name;
}

console.log(user.name);                   //Tim 출력
console.log(user.age);                    //23 출력
console.log(user.sayHello());             //Hello, I am Tim 출력
delete(user.age);                         //동적으로 age 속성 제거
console.log(user.age);                    //age 속성이 삭제되어 undefined 출력
user.name="Jack";                         //동적으로 name 속성 변경
console.log(user.name);                   //name이 변경되어 Jack 출력
</script>
</body>
</html>
```

위 코드의 실행 결과는 아래와 같다.

```
Tim
23
Hello, I am Tim
undefined
Jack
```

그림 4-5. 객체 속성 추가 코드 예제 실행 결과

생성된 객체에 동적으로 속성을 추가하고 싶으면 위 코드처럼 user.name 또는 user["age"]과 같은 방법을 사용하면 된다. 그리고 속성을 동적으로 삭제하기 위해서는 delete(user.age)과 같이 delete라는 키워드를 사용하면 된다.

2 기본 내장 객체

기본 내장 객체는 자바스크립트가 제공해 주는 기본 객체를 의미한다. 기본 내장 객체는 개발할 때 필요한 기능들을 제공해준다. 그렇기 때문에 잘 기억하길 바란다.

내장 객체를 사용하기 위해서는 new 연산자를 사용하여 생성해야 한다. 객체를 생성하는 방법은 다음과 같다.

```
var 객체변수 = new 객체명([매개변수]);
```

2.1 Array 객체

앞에서 배웠던 Array와 동일하다. 여러 개의 데이터를 하나의 객체에서 index를 통해 접근할 수 있도록 하는 객체이다.

배열 객체를 선언하는 방법은 아래와 같다.

```
var array = new Array( )                      // 배열의 개수를 미지정
var array = new Array(배열의 개수)             // 배열의 개수를 지정
var array = new Array(배열1,배열2...배열n)      // 배열 요소를 모두 선언


var array = [요소1, 요소2, 요소3, … 요소n]      //리터럴 배열 생성
```

다음 코드를 통해 좀 더 쉽게 이해해 보자.

```html
<!DOCTYPE html>
<html>
<head>
    <meta charset="utf-8"/>
</head>
<body>
<script>

//배열의 개수 미지정
var array1 = new Array( );
array1[0] = "Hello";
array1[1] = 123;
array1[2] = true;

//배열의 개수 지정
var array2 = new Array(3);
array2[0] = "Hello";
array2[1] = 123;
array2[2] = true;

//배열 요소 모두 선언
var array3 = new Array("Hello",123,true);

//리터럴 배열 생성
var array4 = ["Hello",123,true];

// 아래 결과는 모두 동일하다.
console.log("array1 : " + array1);
console.log("array2 : " + array2);
console.log("array3 : " + array3);
console.log("array4 : " + array4);

</script>
```

```
</body>
</html>
```

위 코드의 실행 결과는 아래와 같다.

```
array1 : Hello,123,true
array2 : Hello,123,true
array3 : Hello,123,true
array4 : Hello,123,true
```

그림 4-6. 배열 생성 코드 예제 실행 결과

Array 객체는 다음과 같은 속성과 메소드를 제공한다.

속성	length	배열 요소의 개수
메소드	concat(array)	매개변수로 입력된 배열의 요소를 합쳐 배열로 생성하여 반환
	join(delimeter)	배열 안의 모든 요소를 문자열로 변환하여 반환
	splice(start[,end])	배열 요소의 지정부분을 삭제하고 삭제한 부분을 반환
	slice(start,end)	배열의 지정 부분을 반환
	pop( )	배열의 마지막 요소를 제거하고 해당 요소를 반환
	push(item)	배열의 마지막 부분에 새 요소를 추가하여 배열의 길이를 반환
	shift( )	배열의 첫 번째 요소를 제거하고 해당 요소 반환
	unshift(data[,data])	새 요소를 배열의 첫 번째에 추가하고 배열 길이 반환
	reverse( )	배열의 요소의 순서를 뒤집어서 반환
	sort( )	배열의 요소를 정렬
	toString( )	배열의 요소를 스트링으로 변환 후 반환
	indexOf(item[,start])	배열의 요소를 찾아 해당 index를 반환
	lastIndexOf(item[,start])	배열에서 요소를 찾아 가장 마지막 요소의 index를 반환
	valueOf( )	배열에 대한 원시 데이터를 반환

표 4-2. 배열 속성 및 메소드

```html
<!DOCTYPE html>
<html>
<head>
    <meta charset="utf-8"/>
</head>
<body>
<script>

//배열 요소 모두 선언
var varArray = new Array("Hello",123,true,23,3,"hello","abc","ABC","a
b");
var addArray = ["1234","ab","12",12];
console.log("varArray : " + varArray);
// varArray 배열의 내용 출력
console.log("varArray length : " + varArray.length);
// varArray 길이 출력 : 9, varArray에 원소가 모두 9개가 있기 때문에 varArray의
// length는 9가 된다.


var concatArray = varArray.concat(addArray)
// varArray 뒤에 addArray를 합친 결과를 반환
console.log("concatArray length : " + concatArray.length);
// 두 개의 배열이 합쳐진 concatArray의 길이 출력: 13, varArray의 원소 9개와
// addArray의 원소 4개가 합쳐지기 때문에 13의 원소로 구성되게 됨
console.log("concatArray : " + concatArray);
// concatArray 배열의 내용 출력
console.log("concatArray join : " + concatArray.join(" - "));
// concatArray 배열의 원소들을 "-"로 연결하여 string으로 변환하여 반환
console.log("concatArray toString : " + concatArray.toString());
// concatArray 배열 원소를 모두 string으로 변환하여 반환
console.log("concatArray pop : " + concatArray.pop());
// concatArray 마지막 원소 값을 반환: 12
console.log("concatArray length : " + concatArray.length);
// concatArray의 길이 출력 : 12, concatArray.pop()을 통해 마지막 원소가 추출되어서
```

```javascript
// 13개에서  1개가 빠진  12가 남아 있음
console.log("concatArray push : " + concatArray.push("last"));
// 12개의 원소를 가진  concatArray의 마지막에  "last"를 삽입하고 배열 크기 반환: 13,
console.log("concatArray shift : " + concatArray.shift());
// concatArray의 첫 번째 값인  Hello를 제거하고 그 값인  Hello를 반환
console.log("concatArray length : " + concatArray.length);
// concatArray.shift( )로 첫 번째 원소가 제거 되었기 때문에  concatArray의 크기 12를 출력: 12
console.log("concatArray unshift : " + concatArray.
unshift("first","second"));
// concatArray의 첫 번째에  "first","second"  두 값을 삽입 후  2개의 원소가 늘어난
// concatArrayd의 원소 개수  14  반환: 14
// concatArray :first,second,123,true,23,3,hello,abc,ABC,ab,1234,ab,12,last


console.log("concatArray indexOf : " + concatArray.indexOf("ab"));
// concatArray에서  "ab"의 값을 가진 원소 (abc)의 첫 번째 인덱스 값을 반환: 9
console.log("concatArray lastIndexOf : " + concatArray.
lastIndexOf("ab"));
// concatArray를 뒤에서부터  "ab"  값을 가진 맨 처음 발견되는 원소 (ab)를 찾아서 인덱스
// 반환: 11
console.log("concatArray reverse : " + concatArray.reverse());
// concatArray의 배열 순서를 뒤집어서 반환: last,12,ab,1234,ab,ABC,abc,hello,3,
// 23,true,123,second,first
console.log("concatArray sort : " + concatArray.sort());
//concatArray의 원소들을 문자열로 인식한 후 정렬한 결과를 반환: 12,123,1234,23,3,ABC,ab,
// ab,abc,first,hello,last,second,true
console.log("concatArray valueOf : " + concatArray.valueOf());
//concatArray  배열원소의 원시 데이터를 반환
console.log("concatArray splice : " + concatArray.splice(9));
//concatArray의  9번 인덱스 이후의 모든 원소를 삭제하고 삭제된 원소들을 반환.
//first, hello, last, second, true
console.log("concatArray slice : " + concatArray.slice(3,5));
//concatArray의  3번째 인덱스부터  5번 인덱스 앞까지의 원소를 반환: 23,3


</script>
```

```
</body>
</html>
```

위 코드 결과는 아래와 같다.

```
varArray : Hello,123,true,23,3,hello,abc,ABC,ab
varArray length : 9
concatArray length : 13
concatArray : Hello,123,true,23,3,hello,abc,ABC,ab,1234,ab,12,12
concatArray join : Hello - 123 - true - 23 - 3 - hello - abc - ABC - ab - 1234 - ab - 12 - 12
concatArray toString : Hello,123,true,23,3,hello,abc,ABC,ab,1234,ab,12,12
concatArray pop : 12
concatArray length : 12
concatArray push : 13
concatArray shift : Hello
concatArray length : 12
concatArray unshift : 14
concatArray indexOf : 9
concatArray lastIndexOf : 11
concatArray reverse : last,12,ab,1234,ab,ABC,abc,hello,3,23,true,123,second,first
concatArray sort : 12,123,1234,23,3,ABC,ab,ab,abc,first,hello,last,second,true
concatArray valueOf : 12,123,1234,23,3,ABC,ab,ab,abc,first,hello,last,second,true
concatArray splice : first,hello,last,second,true
concatArray slice : 23,3
```

그림 4-7. 배열 속성 및 메소드 활용 코드 예제 실행 결과

2.2 String 객체

String 객체는 문자열을 다루는 객체이다. 문자열을 추출하거나 조작, 검색 등을 처리할 수 있는 기능을 제공한다.

String 객체를 생성하는 방식은 다음과 같다.

```
var string = new String("문자열");      // String 생성자

var string = "문자열"                   // 리터럴 타입 String 선언
```

다음 코드를 통해 문자열을 생성하는 방식을 알아보자.

```
<!DOCTYPE html>
<html>
<head>
    <meta charset="utf-8"/>
</head>
<body>
<script>

//String 객체 선언
var string1 = new String("Hello JavaScript");        // String 생성자 사용
var string2 = "Welcome to JavaScript World!"         // 리터럴 방식으로 선언

console.log("string1 : " + string1);                 // string1 내용 출력
console.log("string2 : " + string2);                 // string2 내용 출력

</script>
</body>
</html>
```

위 코드의 실행 결과는 아래와 같다.

```
string1 : Hello JavaScript
string2 : Welcome to JavaScript World!
```

그림 4-8. 문자열 생성 예제 실행 결과

속성	length	String의 길이
메소드	chatAt(index) string[index]	문자열의 index에 있는 문자를 반환
	toUpperCase( )	문자열을 대문자로 일괄 변환
	toLowerCase( )	문자열을 소문자로 일괄 변환
	indexOf(부분 문자열[,start_ index])	문자열 안에서 처음 발견되는 부분 문자열의 위치 반환 부분 문자열을 찾을 수 없으면 -1 반환 start_index를 입력하면 해당 인덱스부터 검색 시작
	lastIndexOf(찾는 문자열)	문자열 끝에서부터 검색하여 일치하는 위치 반환 부분 문자열을 찾을 수 없으면 -1 반환
	search(부분 문자열)	부분 문자열과 일치하는 위치 반환 부분 문자열을 찾을 수 없으면 -1 반환
	substr(start_index, length)	문자열에서 start_index에서 length 만큼의 문자열을 반환
	unshift(data[,data])	새 요소를 배열의 첫 번째에 추가하고 배열 길이 반환
	slice(start_index, end_ index)	문자열에서 start_index에서 end_indx까지의 문자열을 반환
	substring(start_index, end_index)	문자열에서 start_index에서 end_indx까지의 문자열을 반환 음수 인덱스는 입력할 수 없음
	replace(regExp,change_ string)	regExp(정규표현식)를 찾아 change_string으로 변경하여 문자열 반환 정규표현식을 사용하지 않을 경우 첫 번째 검색된 문자열만 변경
	split(seperator)	seperator로 문자열을 잘라서 배열로 전달

표4-3. 문자열 객체 속성 및 메소드

예제 코드가 좀 길지만 한 번 작성해 보면서 어떻게 동작하는지 확인해 보길 바란다.

코드 4-9. 문자열 객체 속성 및 메소드 사용 예제 1

```html
<!DOCTYPE html>
<html>
```

```html
<head>
    <meta charset="utf-8"/>
</head>
<body>
<script>
        //str1 변수에 문자열을 할당
        var str1 = "My Name is 'JavaScript', Welcome to JavaScript
        World";

        //문자열 길이
        console.log("length");
        console.log(str1.length);                    //str1의 문자열 길이를 반환 : 52

        //해당 인덱스의 문자 접근
        console.log("charAt(index)");
        console.log(str1.charAt(0));  // str1의 문자열의 0번 인덱스의 문자 값 반환 : M
        console.log(str1.charAt(53));
        // str1의 문자열의 53번 인덱스의 문자를 반환 요청하지만 52까지만 있기 때문에 빈 문자 반환
        console.log("str[index]");
        console.log(str1[0]);              // str1의 문자열의 0번 인덱스 값 반환 : M
        console.log(str1[53]);
        // str1의 문자열의 53번 인덱스 값을 반환 요청하지만 52까지만 있기 때문에
        // undefined 반환

        //문자열을 대소문자로 변환
        console.log("toUpperCase( )");
        console.log(str1.toUpperCase( ));
        // str1의 문자열을 모두 대문자로 변환 : MY NAME IS 'JAVASCRIPT',
        // WELCOME TO JAVASCRIPT WORLD
        console.log("toLowerCase( )");
        console.log(str1.toLowerCase( ));
        // str1의 문자열을 모두 소문자로 변환 : my name is 'javascript', welcome
        // to javascript world
```

```javascript
//부분 문자열의 위치 찾기
console.log("indexOf(search_string[,start_index])");
console.log(str1.indexOf("is"));
// str1 문자열에서 is로 시작 하는 문자열의 첫 번째 인덱스 값 반환: 8
console.log(str1.indexOf("JavaScript"));
// str1 문자열에서 JavaScript로 시작 하는 문자열의 첫 번째 인덱스 값 반환: 12
console.log(str1.indexOf("Mi"));
// str1 문자열에서 Mi로 시작하는 문자열을 검색하지만 찾을 수 없기 때문에 -1 반환
console.log(str1.indexOf("is", 5));
// str1 문자열의 인덱스 5부터 시작해서 is 문자열을 검색하여 발견되는 첫 번째
// 인덱스 값 8 반환
console.log(str1.indexOf("is", 9));
// str1 문자열의 인덱스 9부터 시작해서 is 문자열을 검색하지만 발견되지 않기 때문에 -1 반환

console.log("lastIndexOf(search_string)");
console.log(str1.lastIndexOf("is"));
// str1 문자열 끝에서부터 is를 검색하여 발견되는 시작 인덱스 값 8 반환
console.log(str1.lastIndexOf("JavaScript"));
// str1 문자열 끝에서부터 JavaScript를 검색하여 발견되는 시작 인덱스 값 36 반환
console.log(str1.lastIndexOf("Mi"));
// str1 문자열 끝에서부터 Mi를 검색하지만 발견되지 않기 때문에 -1 반환

console.log("search(search_string)");
console.log(str1.search("JavaScript"));
// str1 문자열에서 JavaScript를 검색하여 발견되는 시작 인덱스 값 12 반환
console.log(str1.search("Mi"));
// str1 문자열에서 Mi로 시작하는 문자열을 검색하지만 찾을 수 없기 때문에 -1 반환


</script>
</body>
</html>
```

위 코드를 실행하면 아래와 같은 결과를 확인할 수 있다.

```
length
52
charAt(index)
M

str[index]
M
undefined
toUpperCase( )
MY NAME IS 'JAVASCRIPT', WELCOME TO JAVASCRIPT WORLD
toLowerCase( )
my name is 'javascript', welcome to javascript world
indexOf(search_string[,start_index])
8
12
-1
8
-1
lastIndexOf(search_string)
8
36
-1
search(search_string)
12
-1
```

그림 4-9. 문자열 객체 속성 및 메소드 사용 예제 1 실행 결과

코드 4-10. 문자열 객체 속성 및 메소드 사용 예제 2

```html
<!DOCTYPE html>
<html>
<head>
    <meta charset="utf-8"/>
</head>
<body>
<script>
        //str1 변수에 문자열을 할당
```

```javascript
var str1 = "My Name is 'JavaScript', Welcome to JavaScript
World";

//문자열 길이
console.log("length");
console.log(str1.length);                    //str1의 문자열 길이를 반환  : 52

//해당 인덱스의 문자 접근
console.log("charAt(index)");
console.log(str1.charAt(0));  // str1의 문자열의  0번 인덱스의 문자 값 반환 : M
console.log(str1.charAt(53));
// str1의 문자열의  53번 인덱스의 문자를 반환 요청하지만  52까지만 있기 때문에 빈 문자 반환
console.log("str[index]");
console.log(str1[0]);              // str1의 문자열의  0번 인덱스 값 반환  :  M
console.log(str1[53]);
// str1의 문자열의  53번 인덱스 값을 반환 요청하지만  52까지만 있기 때문에  undefined
// 반환

//문자열을 대소문자로 변환
console.log("toUpperCase( )");
console.log(str1.toUpperCase( ));
// str1의 문자열을 모두 대문자로 변환 : MY NAME IS 'JAVASCRIPT',
//WELCOME TO JAVASCRIPT WORLD
console.log("toLowerCase( )");
console.log(str1.toLowerCase( ));
// str1의 문자열을 모두 소문자로 변환 : my name is 'javascript', welcome
// to javascript world

//부분 문자열의 위치 찾기
console.log("indexOf(search_string[,start_index])");
console.log(str1.indexOf("is"));
// str1 문자열에서  is로 시작하는 문자열의 첫 번째 인덱스 값 반환: 8
console.log(str1.indexOf("JavaScript"));
// str1 문자열에서  JavaScript로 시작하는 문자열의 첫 번째 인덱스 값 반환: 12
```

```javascript
console.log(str1.indexOf("Mi"));
// str1 문자열에서 Mi로 시작하는 문자열을 검색하지만 찾을 수 없기 때문에 -1 반환
console.log(str1.indexOf("is", 5));
// str1 문자열의 인덱스 5부터 시작해서 is 문자열을 검색하여 발견되는 첫 번째
// 인덱스 값 8 반환
console.log(str1.indexOf("is", 9));
// str1 문자열의 인덱스 9부터 시작해서 is 문자열을 검색하지만 발견되지 않기 때문에 -1 반환

console.log("lastIndexOf(search_string)");
console.log(str1.lastIndexOf("is"));
// str1 문자열 끝에서부터 is를 검색하여 발견되는 시작 인덱스 값 8 반환
console.log(str1.lastIndexOf("JavaScript"));
// str1 문자열 끝에서부터 JavaScript를 검색하여 발견되는 시작 인덱스 값 36 반환
console.log(str1.lastIndexOf("Mi"));
// str1 문자열 끝에서부터 Mi를 검색하지만 발견되지 않기 때문에 -1 반환

console.log("search(search_string)");
console.log(str1.search("JavaScript"));
// str1 문자열에서 JavaScript를 검색하여 발견되는 시작 인덱스 값 12 반환
console.log(str1.search("Mi"));
// str1 문자열에서 Mi로 시작하는 문자열을 검색하지만 찾을 수 없기 때문에 -1 반환

</script>
</body>
</html>
```

위 코드를 실행하면 다음과 같은 결과를 확인할 수 있다.

substr(start_index, length)
My Na
World
me is 'JavaScript', Welcome to JavaScript World
World
My Na
slcie(start_index,end_index)
My Na
me is 'JavaScript', Welcome to JavaScript World
World
My Na
substring(start_index,end_index)
My Na
My Na
me is 'JavaScript', Welcome to JavaScript World
My Name is 'JavaScript', Welcome to JavaScript World
My Na
me is 'JavaScript', Welcome to JavaScript World
replace(search_string,change_string)
My Name is 'Java', Welcome to JavaScript World
My Name is 'Java', Welcome to Java World
split(seperator)

▼Array[2] ℹ
   0: "My Name is 'JavaScript'"
   1: " Welcome to JavaScript World"
   length: 2
 ▶   proto : Array[0]

그림 4-10. 문자열 객체 속성 및 메소드 사용 예제 2 실행 결과

2.3 Date 객체

Date 객체는 날짜와 시간을 다루는 객체이다. 자바스크립트에서 시간과 날짜는 사용자 컴퓨터의 시간을 기준으로 하며 1970년 1월 1일 00:00:00(그리니치 표준시)을 기준으로 표현한다.

Date 객체를 생성하는 방법은 아래와 같다.

```
var date = new Date();                          // 시스템 시간을 현재 시간으로 지정
var date = new Date("2015/09/08");              // 특정 날짜를 지정
var date = new Date(2015,08,08,20,30,30,100);
// 연, 월, 일, 시, 분, 초, 밀리초 지정 - 주의 : 월은 월-1로 입력해야 한다.
// (예: Date(2015,9,8)은 2015년 10월 8일을 나타낸다.
var date = new Date("September 8, 2015 20:30:30");
//문자열로 된 날짜와 시간 입력
```

다음 코드를 통해 정확히 알아보자.

코드 4-11. Date 객체 예제

```
<!DOCTYPE html>
<html>
<head>
    <meta charset="utf-8"/>
</head>
<body>
<script>

var date1 = new Date();                          // 시스템 시간을 현재 시간으로 지정
var date2 = new Date("2015/09/08");              // 특정 날짜를 지정
var date3 = new Date(2015,08,08,20,30,30,100);
// 연, 월, 일, 시, 분, 초, 밀리초 지정 - 주의 : 월은 월-1로 입력해야 함
var date4 = new Date("September 8, 2015 20:30:30");
```

```
console.log("date1 : " + date1);
console.log("date2 : " + date2);
console.log("date3 : " + date3);
console.log("date1 : " + date4);
</script>
</body>
</html>
```

위 코드 실행 결과는 아래와 같다.

```
date1 : Tue Sep 08 2015 21:22:31 GMT+0900 (KST)
date2 : Tue Sep 08 2015 00:00:00 GMT+0900 (KST)
date3 : Tue Sep 08 2015 20:30:30 GMT+0900 (KST)
date4 : Tue Sep 08 2015 20:30:30 GMT+0900 (KST)
```

그림 4-11. Date 객체 예제 실행 결과

Date 객체는 아래와 같은 메소드를 제공하고 있다. 메소드 중에 중간에 UTC가 붙은 메소드는 세계 협정시인 그리니치 표준시를 나타내는 메소드이다.

메소드명	설명
getFullYear( ), setFullYear(year) getUTCFullYear( ), setUTCFullYear(year)	연도를 4자리로 표시/설정
getMonth( ), setMonth(month) getUTCMonth( ), setUTCMonth(month)	월(0~11)을 표시/설정
getDate( ), setDate(day) getUTCDate( ), setUTCDate(day)	일(1~31)을 표시/설정
getDay( ) getUTCDay( )	요일(0~6)을 표시/설정

getHours( ), setHours(hour) getUTCHours( ), setUTCHours(hour)	시(0~23)를 표시/설정
getMinutes( ), setMinutes(minute) getUTCMinutes( ), setUTCMinutes(minute)	분(0~59)을 표시/설정
getSeconds( ), setSeconds(second) getUTCSeconds( ), setUTCSeconds(second)	초(0~59)를 표시/설정
getMilliseconds( ), setMilliseconds(milli) getUTCMilliseconds( ), setUTCMilliseconds(milli)	밀리세컨드(0~999)를 표시/설정
getTime( ), setTime(milli)	1970년 1월 1일 00:00:00을 기준으로 경과는 시간을 밀리세컨드로 표시/설정
getTimezoneOffset( )	GMT와 지역 시간과의 차이를 분단위로 표시
toDateString( )	일자 부분을 문자열로 변환
toGMTString( )	날짜와 시간을 GMT 문자열로 변환
toISOString( )	날짜는 ISO 표준으로 변환
toJSON( )	날짜를 JSON Date 포맷으로 변환
toLocaleDateString( )	시스템 날짜를 문자열로 변환
toLocaleString( )	시스템의 날짜와 시간을 문자열로 변환
toLocaleTimeString( )	시스템의 시간을 문자열로 변환
toString( )	날짜와 시간을 문자열로 변환
toTimeString( )	일자를 문자열로 변환

표 4-4. Date 객체 속성 및 메소드

다음 예제들을 통해 각각 어떻게 사용하는지 알아보자.

```html
<!DOCTYPE html>
<html>
<head>
    <meta charset="utf-8"/>
</head>
<body>
<script>
var date = new Date(2015,08,08,20,30,30,100);
// 특정 날짜를 지정, 2015년 8월 8일 20시 30분 30초 100밀리세컨드

console.log("date.getFullYear() : " + date.getFullYear());
// 연도를 4자리로 출력,2015
console.log("date.getUTCFullYear() : " + date.getUTCFullYear());
// 연도를 4자리로 출력,2015

console.log("date.getMonth() : " + date.getMonth());
// 월을 출력, 8
console.log("date.getUTCMonth() : " + date.getUTCMonth());
// 월을 출력, 8

console.log("date.getDate() : " + date.getDate());
// 일을 출력, 8
console.log("date.getUTCDate() : " + date.getUTCDate());
// 일을 출력, 8
console.log("date.getDay() : " + date.getDay());

// 요일을 출력, 2
console.log("date.getUTCDay() : " + date.getUTCDay());
// 요일을 출력, 2
console.log("date.getHours() : " + date.getHours());

// 시간을 출력, 20
console.log("date.getUTCHours() : " + date.getUTCHours());
```

```javascript
// UTC를 기준으로 한 시간을 리턴, 11

console.log("date.getMinutes() : " + date.getMinutes());
// 분을 출력, 30
console.log("date.getUTCMinutes() : " + date.getUTCMinutes());
// 분을 출력, 30

console.log("date.getSeconds() : " + date.getSeconds());
// 초를 출력, 30
console.log("date.getUTCSeconds() : " + date.getUTCSeconds());
// 초를 출력, 30

console.log("date.getMilliseconds() : " + date.getMilliseconds());
// 밀리세컨드를 출력, 100
console.log("date.getUTCMilliseconds() : " + date.
getUTCMilliseconds());
// 밀리세컨드를 출력, 100

console.log("date.getTime() : " + date.getTime());
// 1970년 1월 1일 00:00:00을 기준으로 경과는 시간을 밀리세컨드로 출력, 1441711830100
console.log("date.getTimezoneOffset() : " + date.
getTimezoneOffset());
// GMT와 지역 시간과의 차이를 분단위로 표시, -540

console.log("date.toDateString() : " + date.toDateString());
// 일자 부분을 문자열로 변환, Tue Sep 08 2015
console.log("date.toGMTString() : " + date.toGMTString());
// 날짜와 시간을 GMT 문자열로 변환, Tue, 08 Sep 2015 11:30:30 GMT
console.log("date.toISOString() : " + date.toISOString());
// 날짜는 ISO 표준으로 변환, 2015-09-08T11:30:30.100Z
console.log("date.toJSON() : " + date.toJSON());
// 날짜를 JSON Date 포맷으로 변환, 2015-09-08T11:30:30.100Z
console.log("date.toLocaleDateString() : " + date.
toLocaleDateString());
```

```javascript
// 시스템 날짜를 문자열로 변환, 2015. 9. 8.
console.log("date.toLocaleString() : " + date.toLocaleString());
// 시스템의 날짜와 시간을 문자열로 변환, 2015. 9. 8. 오후 8:30:30
console.log("date.toLocaleTimeString() : " + date.
toLocaleTimeString());
// 시스템의 시간을 문자열로 변환, 오후 8:30:30
console.log("date.toString() : " + date.toString());
// 날짜와 시간을 문자열로 변환, Tue Sep 08 2015 20:30:30 GMT+0900 (대한민국 표준시)
console.log("date.toTimeString() : " + date.toTimeString());
// 일자를 문자열로 변환, 20:30:30 GMT+0900 (대한민국 표준시)
console.log("date.setTime() : " + date.setTime(1332403882588));
// 1970년 1월 1일 00:00:00을 기준으로 경과하는 시간을 밀리세컨드로 설정, 1332403882588
console.log("date.toString() : " + date.toString());
// 날짜와 시간을 문자열로 변환, Thu Mar 22 2012 17:11:22 GMT+0900 (대한민국 표준시)
</script>
</body>
</html>
```

위 코드의 실행 결과는 다음과 같다.

```
date.getFullYear() : 2015
date.getUTCFullYear() : 2015
date.getMonth() : 8
date.getUTCMonth() : 8
date.getDate() : 8
date.getUTCDate() : 8
date.getDay() : 2
date.getUTCDay() : 2
date.getHours() : 20
date.getUTCHours() : 11
date.getMinutes() : 30
date.getUTCMinutes() : 30
date.getSeconds() : 30
date.getUTCSeconds() : 30
date.getMilliseconds() : 100
date.getUTCMilliseconds() : 100
date.getTime() : 1441711830100
date.getTimezoneOffset() : -540
date.toDateString() : Tue Sep 08 2015
date.toGMTString() : Tue, 08 Sep 2015 11:30:30 GMT
date.toISOString() : 2015-09-08T11:30:30.100Z
date.toJSON() : 2015-09-08T11:30:30.100Z
date.toLocaleDateString() : 2015. 9. 8.
date.toLocaleString() : 2015. 9. 8. 오후 8:30:30
date.toLocaleTimeString() : 오후 8:30:30
date.toString() : Tue Sep 08 2015 20:30:30 GMT+0900 (대한민국 표준시)
date.toTimeString() : 20:30:30 GMT+0900 (대한민국 표준시)
date.setTime() : 1332403882588
date.toString() : Thu Mar 22 2012 17:11:22 GMT+0900 (대한민국 표준시)
```

그림 4-12. Date 객체 속성 및 메소드 사용 예제 1 실행 결과

코드 4-13. Date 객체 속성 및 메소드 사용 예제 2

```
<!DOCTYPE html>

<html>

<head>

    <meta charset="utf-8"/>

</head>

<body>

<script>

date = new Date(2015,08,08,20,30,30,100);

// 특정 날짜를 지정, 2015년 8월 8일 20시 30분 30초 100밀리세컨드

console.log("date.setFullYear() : " + date.setFullYear(2014));

// 연도를 설정, 2014년

console.log("date.setMonth() : " + date.setMonth(2));
```

```javascript
// 월을 설정(설정하려는 month에 -1을 한 값으로 설정), 3월 설정
console.log("date.setDate() : " + date.setDate(25));
// 날짜 시정, 25일
console.log("date.setHours() : " + date.setHours(13));
// 시간 설정, 13시
console.log("date.setMinutes() : " + date.setMinutes(12));
// 분을 설정, 12분
console.log("date.setSeconds() : " + date.setSeconds(45));
// 초를 설정, 25초
console.log("date.setMilliseconds() : " + date.setMilliseconds(333));
// 밀리세컨드를 설정, 333
console.log("Change date : " + date.toString());
// 날짜와 시간을 문자열로 변환, Tue Mar 25 2014 22:12:45 GMT+0900 (대한민국 표준시)
date = new Date(2015,08,08,20,30,30,100);
// 특정 날짜를 지정, 2015년 8월 8일 20시 30분 30초 100밀리세컨드
console.log("date.setUTCFullYear() : " + date.setUTCFullYear(2014));

// UTC 기준 연도를 설정, 2014년
console.log("date.setUTCMonth() : " + date.setUTCMonth(2));
// UTC 기준 월을 설정 (설정하려는 month에 -1을 한 값으로 설정), 3월 설정
console.log("date.setUTCDate() : " + date.setUTCDate(25));
// UTC 기준 날짜 시정, 25일
console.log("date.setUTCHours() : " + date.setUTCHours(13));
// UTC 기준 시간 설정, 13시
console.log("date.setUTCMinutes() : " + date.setUTCMinutes(12));
// 기준 UTC 분을 설정, 12분
console.log("date.setUTCSeconds() : " + date.setUTCSeconds(45));
// 기준 UTC 초를 설정, 25초
console.log("date.setUTCMilliseconds() : " + date.
setUTCMilliseconds(333));
// 기준 UTC 밀리세컨드를 설정, 333
console.log("Change UTCdate : " + date.toString());
// 날짜와 시간을 문자열로 변환, Tue Mar 25 2014 22:12:45 GMT+0900 (대한민국 표준시)
</script>
```

```
</body>
</html>
```

위 코드의 실행 결과는 아래와 같다.

```
date.setFullYear() : 1410175830100
date.setMonth() : 1394278230100
date.setDate() : 1395747030100
date.setHours() : 1395721830100
date.setMinutes() : 1395720750100
date.setSeconds() : 1395720765100
date.setMilliseconds() : 1395720765333
Change date : Tue Mar 25 2014 13:12:45 GMT+0900 (대한민국 표준시)
date.setUTCFullYear() : 1410175830100
date.setUTCMonth() : 1394278230100
date.setUTCDate() : 1395747030100
date.setUTCHours() : 1395754230100
date.setUTCMinutes() : 1395753150100
date.setUTCSeconds() : 1395753165100
date.setUTCMilliseconds() : 1395753165333
Change UTCdate : Tue Mar 25 2014 22:12:45 GMT+0900 (대한민국 표준시)
```

그림 4-13. Date 객체 속성 및 메소드 사용 예제 2 실행 결과

위 코드를 통해 Date 객체에서 제공해 주는 메소드를 어떻게 사용하는지 정확하게 이해하고 있어야 응용을 할 수 있다. 1수일 후 시간 구하기, 날자 간격 구하기 등의 여러 가지 응용 프로그래밍을 꼭 해보기 바란다.

그럼 몇 가지 응용 프로그램을 만들어보자.

코드 4-14. Date 객체 응용 예제 1

```
<!DOCTYPE html>
<HTML>
<head>
    <meta charset="utf-8"/>
```

```html
</head>
<body>

<script>
        var date = new Date(); //현재 날짜 및 시간     //현재시간 기준 계산
        //Date.parse( )  메소드는 날짜를 포함한 문자열 구문을 분석하여  1970년  1월  1일
        //자정부터 해당 날짜 사이의 시간을 밀리초로 반환한다.
        //구하려는 날짜 차이를 밀리초로 계산하여 더하거나 빼면 된다.
        //예) 2일후 : 2(2일)  *  24(24시간)  *  60(60분)  *  60(60초)  *  1000(1000 밀리초)


        console.log("30일 전 날짜 : "+new Date(Date.parse(date) -
        30*24*60*60*1000));
        //30일 전 날짜 출력
        console.log("보름 전 날짜 : "+new Date(Date.parse(date) -
        15*24*60*60*1000));
        //보름 전 날짜 출력
        console.log("일주일 전 날짜 : "+new Date(Date.parse(date) -
        7*24*60*60*1000));
        //일주일 전 날짜 출력
        console.log("하루 전 날짜 : "+new Date(Date.parse(date) -
        1*24*60*60*1000));
        //하루 전 날짜 출력
        console.log("하루 후 날짜 : "+new Date(Date.parse(date)
        + 1*24*60*60*1000));
        //하루 후 날짜 출력
        console.log("일주일 후 날짜 : "+new Date(Date.parse(date) +
        7*24*60*60*1000));
        //일주일 후 날짜 출력
        console.log("보름 후 날짜 : "+new Date(Date.parse(date) +
        15*24*60*60*1000));
        //보름 후 날짜 출력
        console.log("한달 후 날짜 : "+new Date(Date.parse(date) +
        30*24*60*60*1000));
        //한달 후 날짜 출력
```

```javascript
console.log("한시간 후 날짜 및 시간 : "+new Date(Date.parse(date) +
60*60*1000));
//한시간 후 날짜와 시간 출력
console.log("1분 후 날짜 및 시간 : "+new Date(Date.parse(date) +
60*1000));
//1분 후 날짜와 시간 출력
console.log("1초 후 날짜 및 시간 : "+new Date(Date.parse(date) +
1000));
//1초 후 날짜와 시간 출력


// 날짜를 입력 하면 오늘 날짜로부터 숫자만큼 전날의 날짜를 mm/dd/yyyy
// 형식으로 돌려 준다.
function caldate(day){

        var caledmonth, caledday, caledYear;
        var date = new Date();
        var v = new Date(Date.parse(date) - day*24*60*60*1000);

        // 변경하려는 날짜를 밀리초로 변환

        caledYear = v.getFullYear();

        if( v.getMonth() < 9 ){
            caledmonth = '0'+(v.getMonth()+1);
        }else{
            caledmonth = v.getMonth()+1;
        }
        if( v.getDate() < 9 ){
            caledday = '0'+v.getDate();
        }else{
             caledday = v.getDate();
        }
        return caledmonth+'/'+caledday+'/'+caledYear;
```

```javascript
        }
        console.log("30일 전 날짜 : "+caldate(30));      //30일전 날짜 출력
        console.log("보름 전 날짜 : "+caldate(15));      //보름전 날짜 출력
        console.log("일주일 전 날짜 : "+caldate(7));      //일주일전 날짜 출력
        console.log("하루 전 날짜 : "+caldate(1));       //하루전 날짜 출력
        console.log("하루 후 날짜 : "+caldate(-1));      //하루후 날짜 출력
        console.log("일주일 후 날짜 : "+caldate(-7));     //일주일후 날짜 출력
        console.log("보름 후 날짜 : "+caldate(-15));     //보름후 날짜 출력
        console.log("한달 후 날짜 : "+caldate(-30));     //한달후 날짜 출력
</script>
</body>
</HTML>
```

위 코드를 실행하면 다음과 같은 결과를 얻을 수 있다.

```
30일 전 날짜 : Mon Oct 19 2015 15:37:27 GMT+0900 (대한민국 표준시)
보름 전 날짜 : Tue Nov 03 2015 15:37:27 GMT+0900 (대한민국 표준시)
일주일 전 날짜 : Wed Nov 11 2015 15:37:27 GMT+0900 (대한민국 표준시)
하루 전 날짜 : Tue Nov 17 2015 15:37:27 GMT+0900 (대한민국 표준시)
하루 후 날짜 : Thu Nov 19 2015 15:37:27 GMT+0900 (대한민국 표준시)
일주일 후 날짜 : Wed Nov 25 2015 15:37:27 GMT+0900 (대한민국 표준시)
보름 후 날짜 : Thu Dec 03 2015 15:37:27 GMT+0900 (대한민국 표준시)
한달 후 날짜 : Fri Dec 18 2015 15:37:27 GMT+0900 (대한민국 표준시)
한시간 후 날짜 및 시간 : Wed Nov 18 2015 16:37:27 GMT+0900 (대한민국 표준시)
1분 후 날짜 및 시간 : Wed Nov 18 2015 15:38:27 GMT+0900 (대한민국 표준시)
1초 후 날짜 및 시간 : Wed Nov 18 2015 15:37:28 GMT+0900 (대한민국 표준시)
30일 전 날짜 : 10/19/2015
보름 전 날짜 : 11/03/2015
일주일 전 날짜 : 11/11/2015
하루 전 날짜 : 11/17/2015
하루 후 날짜 : 11/19/2015
일주일 후 날짜 : 11/25/2015
보름 후 날짜 : 12/03/2015
한달 후 날짜 : 12/18/2015
```

그림 4-14. Date 객체 응용 예제 1 실행 결과

이번에는 나이를 구하는 응용 예제를 만들어보자. 생년월일을 이용하여 현재 나이를 구하는 예제이다.

코드 4-15. Date 객체 응용 예제 2

```html
<!DOCTYPE html>
<HTML>
<head>
        <meta charset="utf-8"/>
</head>
<body>

<script>
var birthday = new Date("3/22/1980");            // 생년월일 입력
var today = new Date();                          // 오늘 날짜 구하기
var years = today.getFullYear() - birthday.getFullYear();
// 올해에서 입력된 생년월일의 년을 뺀 차이를 구한다

years++;                        // 한국 나이를 구하기 위해 1을 더함

console.log("I am " + years + " years old.");
</script>
</body>
</HTML>
```

위 예제를 실행하면 아래와 같이 나이를 계산하여 출력한다.

```
I am 36 years old.
```

그림 4-15. Date 객체 응용 예제 2 실행 결과

이제 마지막으로 시간 비교를 해보자. 자바스크립트에서는 날짜를 비교할 때 == 연산자를 사용하면 양쪽 Date 객체가 동일한 건지 판단하기 때문에 날짜가 같아도 객체가 다르면 false를 반환한다. 또한 날짜로만 설정되고 시간으로 설정되지 않을 경우 Date 개체는

해당 날짜의 자정으로 초기화되기 때문에 날짜를 비교하기 위해서는 날짜를 설정할 때
현재 연월일을 입력해서 Date 개체를 만들어야 한다.

코드 4-16. Date 객체 응용 예제 3

```html
<!DOCTYPE html>
<HTML>
<head>
        <meta charset="utf-8"/>
</head>
<body>

<script>
var now = new Date();                          // 현재 Date를 구한다.
var today = new Date(now.getFullYear(), now.getMonth(), now.getDate());
// 연월일을 이용하여 date 객체 새로 생성


var compareDay = new Date("9/21/2015");
// 연월일을 이용하여 비교 대상 date 객체 새로 생성


// getTime() 메소드는 시간 값을 밀리초 단위로 변환해서 반환
if (today.getTime() == compareDay.getTime( ))
{
    console.log("같은 날짜입니다.");
}
else
{
    console.log("서로 다른 날짜입니다.");
}
</script>
</body>
</HTML>
```

위 예제를 실행하면 아래와 같은 결과가 나온다. 날짜를 변경하면 다른 결과가 나올 것이다.

```
서로 다른 날짜입니다.
```

그림 4-16. Date 객체 응용 예제 3 실행 결과

2.4 Number 객체

Number 객체는 숫자를 처리하기 위한 객체이다. 객체 생성 방법은 생성자를 이용하는 방법과 리터럴 방법이 있다.

Number 객체를 생성하는 방법은 아래와 같다.

```
var number = new Number(숫자);          //생성자를 사용하여 생성
var number = 숫자;                      //리터럴로 생성
```

아래 코드를 통해 자세히 알아보자.

코드 4-17. Number 객체 예제

```
<!DOCTYPE html>
<html>
<head>
    <meta charset="utf-8"/>
</head>
<body>
<script>

var number1 = new Number(2015);         // Number 생성자
var number2 = new Number("2015");       // Number 생성자
var number3 = new Number("숫자");       // 문자를 입력하면 NaN으로 생성자
var number4 = 2015;                     // 리터럴 방식으로 생성
```

```
console.log("number1 : " + number1);

console.log("number2 : " + number2);

console.log("number3 : " + number3);

console.log("number4 : " + number4);

</script>

</body>

</html>
```

~~~~~~

위 코드 결과는 아래와 같다.

```
number1 : 2015
number2 : 2015
number3 : NaN
number4 : 2015
```

그림 4-17. Number 객체 예제 실행 결과

Number 객체는 몇 개의 속성과 메소드를 제공하고 있다.

	MAX_VALUE	표현 가능한 가장 큰 값
	MIN_VALUE	표현 가능한 가장 작은 값
속성	NEGATIVE_INFINITY	overflow가 될 경우 반환되는 음의 무한값
	POSITIVE_INFINITY	overflow가 될 경우 반환되는 양의 무한값
	NaN	Not a Number
	toExponential(숫자)	지수형태로 표시
메소드	toFixed(숫자)	소수점을 입력한 숫자만큼 자리 표시
	toPrecision(숫자)	전체 표현을 입력한 숫자만큼 표현

표 4-5. Number 객체 속성 및 메소드

위 속성과 메소드를 어떻게 사용하는지 코드를 통해 알아보자.
~~~~~~

```
<!DOCTYPE html>
<html>
<head>
    <meta charset="utf-8"/>
</head>
<body>
<script>

var number = 2015.0920;                          // 리터럴 방식으로 생성

console.log("Number.MAX_VALUE : " + Number.MAX_VALUE);
// 자바스크립트로 나타낼 수 있는 가장 큰 수
console.log("Number.MIN_VALUE : " + Number.MIN_VALUE);
// 자바스크립트로 나타낼 수 있는 0에 가장 가까운 수
console.log("Number.NEGATIVE_INFINITY : " + Number.NEGATIVE_
INFINITY);
// 자바스크립트로 나타낼 수 있는 가장 큰 음수보다 작은 값, 자바스크립트에서는 -infinity로 표시


console.log("Number.POSITIVE_INFINITY : " + Number.POSITIVE_
INFINITY);
// 자바스크립트로 나타낼 수 있는 가장 큰 수보다 큰 값, 자바스크립트에서는 infinity로 표시


console.log("Number.NaN : " + Number.NaN);   // 숫자가 아닌 값


console.log("number.toExponential( ) : " + number.toExponential(3));

//지수 표시로 숫자를 나타냄, 소수점 3자리까지 표시
console.log("number.toFixed( ) : " + number.toFixed(3));
//고정 소수점 표시로 숫자 표시, 소수점 3자리까지 표시
console.log("number.toPrecision( ): " + number.toPrecision(3));
// 지정된 자릿수를 사용하는 지수 표시나 고정 소수점 표시로 숫자를 표시,
// 유효 자리 3자리까지
```

```
</script>
</body>
</html>
```

위 코드의 실행 결과는 다음과 같다.

```
Number.MAX_VALUE : 1.7976931348623157e+308
Number.MIN_VALUE : 5e-324
Number.NEGATIVE_INFINITY : -Infinity
Number.POSITIVE_INFINITY : Infinity
Number.NaN : NaN
number.toExponential() : 2.015e+3
number.toFixed() : 2015.092
number.toPrecision(): 2.02e+3
```

그림 4-18. Number 객체 속성 및 메소드 사용 예제 실행 결과

2.5 Math 객체

Math 객체는 수학 연산이나 난수 발생 기능들을 제공한다. 그리고 지금까지 배운 객체와 다르게 정적 객체이다. 정적 객체는 new 연산자 없이 바로 사용 가능한 객체를 말한다.

Math 객체는 아래와 같이 사용한다.

```
Math.property
Math.method
```

그럼 어떻게 Math 객체를 사용하는지 코드로 알아보자.

코드 4-19. Math 객체 사용 예제

```
<!DOCTYPE html>
```

```html
<html>
<head>
    <meta charset="utf-8"/>
</head>
<body>
<script>

console.log("Math.PI : " + Math.PI);           // 지름의 비인 Pi(파이) 값
console.log("Math.E : " + Math.E);              // 산술 상수 e
console.log("Math.log(2) : " + Math.log(2));
// 숫자의 자연 로그(밑 e)를 반환

</script>
</body>
</html>
```

위 코드의 실행 결과는 다음과 같다.

```
Math.PI : 3.141592653589793
Math.E : 2.718281828459045
Math.log(2) : 0.6931471805599453
```

그림 4-19. Math 객체 사용 예제 실행 결과

Math 객체도 다양한 속성과 메소드를 제공하고 있다.

	E	자연로그 밑에 사용되는 오일러 상수
	LN10	10의 자연로그
속성	LN2	2의 자연로그
	LOG10E	10을 밑으로 한 e의 로그
	LOG2E	2을 밑으로 한 e의 로그

	PI	원주율
	SQRT1_2	1/2의 제곱근
	SQRT2	2의 제곱근
메소드	abs(n)	n의 절대값
	acos(n)	n의 역 코사인 값
	asin(n)	n의 역 사인값
	atan(n)	n의 역 탄젠트값
	atan2(x,y)	지정된 x,y 좌표에서의 역 탄젠트 값을 반환
	cos(n)	n의 코사인값
	sin(n)	n의 사인 값
	sqrt(n)	n의 제곱근
	tan(n)	n의 탄젠트 값
	ceil(n)	n을 올림한 값
	exp(n)	오일러 상수 e를 n승 한 값
	floor(n)	n을 내림한 값
	log(n)	n의 자연로그 값
	max(n,m)	둘 중 큰 수
	min(n,m)	둘 중 작은 수
	pow(n,m)	n의 m 승
	random()	0과 1사이의 난수 반환
	round(n)	n을 반올림한 값

표 4-6. Math 객체 속성 및 메소드

코드를 통해 Math 객체의 속성 및 메소드에 대해 자세히 알아보자.

코드 4-20. Math 객체 속성 및 메소드 사용 예제

```
<!DOCTYPE html>
<html>
```

```html
<head>
    <meta charset="utf-8"/>
</head>
<body>
<script>

console.log("Math.E : " + Math.E);                      // 오일러 상수
console.log("Math.LN10 : " + Math.LN10);                // 10의 자연 로그
console.log("Math.LN2 : " + Math.LN2);                  // 2의 자연 로그
console.log("Math.LOG10E : " + Math.LOG10E);            // 10을 밑으로 하는 e의 로그
console.log("Math.LOG2E : " + Math.LOG2E);              // 2를 밑으로 하는 e의 로그
console.log("Math.PI : " + Math.PI);                    // 원주율
console.log("Math.SQRT1_2 : " + Math.SQRT1_2);          // 1/2의 제곱근
console.log("Math.SQRT2 : " + Math.SQRT2);              // 2의 제곱근
console.log("Math.sqrt(2) : " + Math.sqrt(2));          // 숫자의 제곱 반환
console.log("Math.exp(3) : " + Math.exp(3));            // e의 n승 값 반환
console.log("Math.abs(-2) : " + Math.abs(-2));          // 절대값
console.log("Math.acos(1.5) : " + Math.acos(0));        // 역 코사인값 반환
console.log("Math.asin(1.5) : " + Math.asin(0));        // 역 사인값 반환
console.log("Math.atan(1.5) : " + Math.atan(0));        // 역 탄젠트값 반환

console.log("Math.atan2(2,3) : " + Math.atan2(2,3));
// 지정된 좌표의 역 탄젠트값 반환
console.log("Math.cos(1.5) : " + Math.cos(1.5));
// 숫자의 코사인값 반환
console.log("Math.sin(1.5) : " + Math.sin(1.5));
// 숫자의 사인값 반환
console.log("Math.tan(1.5) : " + Math.tan(1.5));
// 숫자의 탄젠트 값 반환
console.log("Math.log(2) : " + Math.log(2));
// log(2) 값을 반환
console.log("Math.max(3,9) : " + Math.max(3,9,4,2,1));
// 수들 중 큰 수를 반환
console.log("Math.min(3,9) : " + Math.min(3,9,4,2,1));
```

```javascript
// 수들 중 작은 수를 반환
console.log("Math.pow(2,3) : " + Math.pow(2,3));
// 2의 3승 값을 반환
console.log("Math.random() : " + Math.random());
// 0과 1사이의 난수를 반환
console.log("Math.floor(2.6) : " + Math.floor(2.6));
// 숫자를 내림한 값 반환
console.log("Math.ceil(2.6) : " + Math.ceil(2.6));
// 숫자의 올림 값 반환
console.log("Math.round(2.6) : " + Math.round(2.6));
// 숫자를 반올림한 값을 반환

</script>
</body>
</html>
```

~~~~~~

위 코드의 실행 결과는 다음과 같다.
~~~~~~

```
Math.E : 2.718281828459045
Math.LN10 : 2.302585092994046
Math.LN2 : 0.6931471805599453
Math.LOG10E : 0.4342944819032518
Math.LOG2E : 1.4426950408889634
Math.PI : 3.141592653589793
Math.SQRT1_2 : 0.7071067811865476
Math.SQRT2 : 1.4142135623730951
Math.sqrt(2) : 1.4142135623730951
Math.exp(3) : 20.085536923187668
Math.abs(-2) : 2
Math.acos(1.5) : 1.5707963267948966
Math.asin(1.5) : 0
Math.atan(1.5) : 0
Math.atan2(2,3) : 0.5880026035475675
Math.cos(1.5) : 0.0707372016677029
Math.sin(1.5) : 0.9974949866040544
Math.tan(1.5) : 14.101419947171719
Math.log(2) : 0.6931471805599453
Math.max(3,9) : 9
Math.min(3,9) : 1
Math.pow(2,3) : 8
Math.random() : 0.6904202091973275
Math.floor(2.6) : 2
Math.ceil(2.6) : 3
Math.round(2.6) : 3
```

그림 4-20. Math 객체 속성 및 메소드 사용 예제 실행 결과

2.6 사용자 정의 객체

사용자 정의 객체는 사용자가 직접 필요한 속성과 메소드를 넣어서 객체를 정의하여 사용하는 것을 말한다. 사용자 정의 객체는 생성자 함수와 new 연산자를 통해서만 생성이 가능하다.

```
function 함수명( ) {
        this.속성;
        this.속성;
}
객체명  = new 함수명();
```

예제 코드를 통해 정확히 생성 방법을 배워보자.


```html
<!DOCTYPE html>
<html>
<head>
    <meta charset="utf-8"/>
</head>
<body>
<script>

function userFunction1() {              // 사용자 객체 정의
        this.name;
        this.id;
}


myFunc1 = new userFunction1( );         // 사용자 객체 생성


myFunc1.name = "JJ";                    // 사용자 객체의 속성인 name에 값 설정
myFunc1.id = "topjj";                   // 사용자 객체의 속성인 id에 값 설정


console.log("이름 : " + myFunc1.name);
console.log("아이디 : " + myFunc1.id);


function userFunction2(company, address) {        // 사용자 객체 정의
this.company = company;
        this.address = address;
}


myFunc2 = new userFunction2('IBM','SEOUL');
// 사용자 객체 생성과 동시에 객체의 속성값도 설정


console.log("회사 : " + myFunc2.company);
console.log("주 : " + myFunc2.address);
```

```
</script>
</body>
</html>
```

위 코드의 실행 결과는 아래와 같다.

```
이름 : JJ
아이디 : topjj
회사 : IBM
주소 : SEOUL
```

그림 4-21. 사용자 정의 객체 예제 실행 결과

지금까지 사용자 객체를 만드는 법을 배웠다. 이제 왜 사용자 정의 객체를 만들어 쓰는지에 대한 이유를 알아보자. 사용자 정의 객체를 사용하는 이유는 작성된 객체를 계속해서 재사용하여 코드의 효율성을 높이기 위해서이다. 간단하게 예를 들면 우리가 Date 객체를 이용하여 나이를 구하는 함수를 만들었다. 해당 기능을 다른 데서 또 쓰려면 똑같은 코드를 다시 작성해야 한다. 만일 이 기능을 사용자 정의 객체에 정의해 놓으면 다음에 불필요한 코드 작성 없이 해당 객체만 생성해서 해당 메소드를 호출하면 된다. 필요로 할 때 추가적인 코드 작성 없이 객체의 메소드만 호출하면 원하는 기능을 사용할 수 있다.

이렇듯 객체를 작성한 후 속성이나 메소드를 재사용하면 개발 작업이 훨씬 더 효율적이기 때문에 사용자 정의 개체를 사용하는 이유이다. 사용자 정의 객체는 객체 지향 프로그래밍에서도 계속 다루게 되니 그때 잘 익혀두기 바란다.

3 객체지향 프로그래밍

지금까지 객체에 대해서 배웠다. 그럼 좀 더 깊게 들어가서 객체지향 프로그래밍에 대해서 배워보자. 객체지향 프로그래밍은 프로그램을 만드는 개발 패러다임 중 하나로 상태와 행동을 하나의 객체로 만들어 레고처럼 필요하면 서로 연결하여 하나의 완성된 프로그램을 개발하는 것을 의미한다. 객체지향에 대해 자세한 설명은 책 한 권에 다 담기에는 부족할 정도로 넓은 영역이므로 여기서는 그냥 넘어 가도록 하겠다. 하지만 개발자로써 자신의 커리어를 쌓기를 원한다면 꼭 한 번 깊게 공부해보길 권한다.

3.1 생성자 함수

객체를 정의하면 서로 관련이 있는 속성과 메소드를 하나로 묶어 놓은 컨테이너라 할 수 있다. 이런 객체를 생성하기 위해 new 연산자와 함께 생성자 함수를 호출해야 한다. 생성자 함수란 객체가 정의될 때 자동적으로 호출되는 함수를 말하며 개발자가 임의로 호출할 수 없다. 생성자 함수의 역할은 객체의 속성 및 메소드를 정의하기 위해서 사용되며 객체를 생성할 때 그 객체의 초기값을 정의할 수 있다.

다음 코드를 통해 생성자 함수를 어떻게 정의하고 생성하는지 살펴보자.

코드 4-22. 객체 생성자 사용 예제

```
<!DOCTYPE html>
<html>
<head>
    <meta charset="utf-8"/>
</head>
<body>
<script>

function User(name){
    this.name = name;
    this.sayHello = function(){
        console.log("Hello, I am " + name);
    };
};
```

```javascript
var user1 = new User("Tom");              // User 객체 생성
var user2 = new User("Kate");             // User 객체 생성
user1.sayHello();                         // Hello, I am Tom
user2.sayHello();                         // Hello, I am Kate

</script>
</body>
</html>
```

위 코드의 실행 결과는 아래와 같다.

```
Hello, I am Tom
Hello, I am Kate
```

그림 4-22. 객체 생성자 사용 예제 실행 결과

new 연산자 뒤에 생성하려는 객체명과 함께 매개변수를 함께 전달해 주고 있다. 이렇게
함으로써 객체의 속성 중 하나인 name에 값을 자동으로 할당해 주고 있다. 이를 생성자
함수라 한다.

> 보통 new 연산자와 함께 객체를 생성하는데 사용되는 함수는 첫 글자는 대문자로 표현한다.

생성자 함수가 동작하는 절차는 다음과 같다. 참고로 알아두길 바란다.

> 1) 빈 객체를 생성 : this = { }
>
> 2) 생성자 함수가 실행되면서 속성과 메소드가 this 객체에 추가
>
> 3) this 객체를 반환

하지만 여기서 생성자 함수가 객체를 반환하면 this는 무시된다. 다음 코드를 통해 어떤 결과가 나오는지 알아보자.

코드 4-23. 객체 인자가 있는 생성자 호출 예제

```html
<!DOCTYPE html>
<html>
<head>
    <meta charset="utf-8"/>
</head>
<body>
<script>

function User(name) {
    this.name = name;
    return {name: "Kate"};           // 객체를 반환
};

var user1 = new User("Tom");
console.log(user1.name);             // Kate 출력

</script>
</body>
</html>
```

위 코드 결과는 아래와 같다.

```
Kate
```

그림 4-23. 객체 인자가 있는 생성자 호출 예제 실행 결과

3.2 상속과 prototype

객체지향을 이야기할 때 꼭 나오는 개념 중에 하나가 상속이다. 상속은 Parent 객체의 속성과 메소드를 그대로 Child 객체가 전달받는 것을 의미한다. 단순히 전달로 끝나지 않고 전달은 받은 변수와 메소드를 변경함으로써 새로운 객체를 탄생시킬 수 있다. 아래 코드는 앞에서 배웠던 생성자 함수에서 사용했던 객체이다.

```
function User(name){
    this.name = name;
    this.id = 123;
    this.sayHello = function(){
        alert("Hello, I am " + name);
    };
};


var user1 = new User("Tom");
user1.sayHello();    // Hello, I am Tom
```

위 코드를 조금 변경해보겠다.

코드 4-24. 객체 상속에 대한 예제

```
<!DOCTYPE html>
<html>
<head>
    <meta charset="utf-8"/>
</head>
<body>
<script>

function User(name){
```

```
};

User.prototype.name = null;
User.prototype.sayHello = function( ){
        console.log("Hello, I am " + this.name);
};
var user1 = new User( );
user1.name = "Tom";
user1.sayHello();                      // Hello, I am Tom


</script>
</body>
</html>
```

위 코드의 실행 결과는 다음과 같다.

```
Hello, I am Tom
```

그림 4-24. 객체 상속에 대한 예제 실행 결과

결과가 첫 번째 코드의 결과와 같다. 이 말은 두 객체가 동작하는 게 동일하다는 것이다. 두 번째 코드를 보면 처음 보는 prototype이라는 키워드가 나온다. prototype은 객체의 원형을 의미하는데 이 뜻은 자신의 객체 자체를 연결하는 특수 프로퍼티라는 뜻이다. prototype에 저장된 속성들은 생성자를 통해서 객체가 만들어질 때 그 객체에 연결된다. 위 코드를 보면 분명 User 객체는 빈 객체이지만 prototype을 통해 변수 및 메소드를 추가했다. 그 다음 추가한 메소드들이 객체를 통해 호출되는걸 확인할 수 있다.

3.3 표준 내장 객체의 확장

지금까지 객체, 내장 객체 및 상속에 대해서 배웠다. 이걸 응용해서 내장 객체를 우리 입맛에 맞게 확장해 보자. 우리가 가장 많이 쓰는 Array 객체를 확장해 보겠다.

아래 코드는 사용자 이름을 가진 배열에서 랜덤으로 이름을 추출하는 함수를 호출하는 것이다.

코드 4-25. Array 객체 확장 예제

```
<!DOCTYPE html>
<html>
<head>
    <meta charset="utf-8"/>
</head>
<body>
<script>

var arrayUser = new Array('JJ','Tim','Kate','Suji');
// 사용자 이름이 있는 배열 생성

function getRandomUser(userList){
// 임의로 사용자를 뽑아주는 함수 정의
        //Math.random() : 0과 1 사이의 의사 난수 값을 반환
        //Math.floor(인수) : 숫자 인수보다 작거나 같은 가장 큰 정수를 반환
        var index = Math.floor((Math.random()*10)%arrayUser.length);
        return userList[index];
}

console.log("My name is " + getRandomUser(arrayUser));

</script>
</body>
</html>
```

위 코드 결과는 매번 달라지겠지만 아래와 같은 결과가 나왔다.

```
My name is JJ
```

그림 4-25. Array 객체 확장 예제 실행 결과

위 코드에서 외부함수로 정의된 getRandomUser( ) 함수를 Array 객체의 내부 메소드로 추가해보자. 즉. Array 객체의 내부함수가 되게 해서 Array 객체를 통해 getRandomUser( )를 사용하는 예제를 만들어보자.

코드 4-26. Array 객체에 내부 메소드 추가 예제

```html
<!DOCTYPE html>
<html>
<head>
    <meta charset="utf-8"/>
</head>
<body>
<script>
    // 객체의 prototype을 통해 내장 객체인 Array 객체에 getRandomUser 메소드를 정의
Array.prototype.getRandomUser = function(){
        var index = Math.floor((Math.random()*10)%this.length);
        return this[index];
};

var arrayUser = new Array('JJ','Tim','Kate','Suji');

console.log("My name is " + arrayUser.getRandomUser(arrayUser));
//Array 객체를 통해 내장 메소드가 된 getRandomUser( ) 호출
</script>
</body>
</html>
```

매번 결과가 다르겠지만 일단 코드 결과는 아래와 같이 나왔다.

```
My name is Suji
```

그림 4-26. Array 객체에 내부 메소드 추가 예제 실행 결과

Array 객체에 prototype을 이용해서 getRandomUser 함수를 추가했다. 그리고 배열 객체를 생성하여 할당 받은 변수에서 바로 해당 함수에 호출하고 있다. 그 결과는 코드 4-25의 getRandomUser( ) 함수와 동일한 동작을 하면서 랜덤으로 배열의 요소를 추출해 주고 있다.

위와 같은 방법으로 개발된 객체를 상속받은 후 필요한 메소드를 추가하여 확장된 객체로 사용하면 된다. 하지만 표준 내장 객체는 상속이나 변경을 하지 않는 게 좋다. 그 이유는 다른 개발자들은 표준 객체가 어떤 동작을 할 것이라고 약속된 결과를 기대하고 있는데 다른 개발자가 해당 객체를 변경해 버리면 변경된 내용을 다른 개발자들이 정확히 인지하지 못하고 있을 경우 여러 가지 문제가 발생할 수 있다.

Javascript

브라우저 객체 모델은 웹브라우저와 관련되어 있는 객체의 집합을 말한다. 그 종류는 window, location, navigator, history, screen, document 등이 있다. 이 객체는 운영체제 및 웹브라우저마다 약간의 차이가 존재한다. 그럼 각 객체에 대해 자세히 알아보자. document 객체는 DOM이라는 명칭으로 분류되어 다른 객체보다 사용 빈도가 많고 중요해서 다음 챕터에서 자세히 설명을 하겠다. 다음 그림은 브라우저 객체 모델의 객체 관계도이다. 전체 구조를 눈으로 익혀두길 바란다.

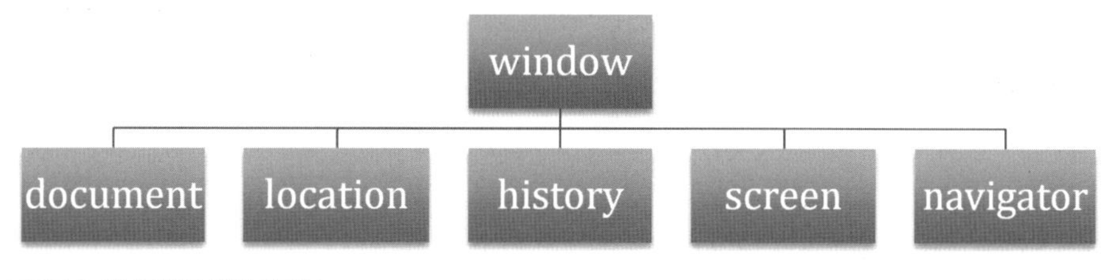

그림 5-1. 웹브라우저 객체 관계도

1 window 객체

window 객체는 모든 객체가 소속된 최상위 객체이고, 전역 객체이다. windows 객체의 특징은 다음과 같다.

- 브라우저 창 하나에 하나의 window 객체가 생성됨
- window 객체는 전역 객체(Global Object)라고 함
- 전역 객체는 그 객체의 프로퍼티, 메소드를 쓸 때 그 이름을 명시할 필요 없음
- 브라우저 화면을 참조할 수 있는 객체

- 클라이언트측 자바스크립트가 다룰 수 있는 최상위 객체(루트 객체)

- window 객체 간에는 서로 통신 가능

1.1 객체 생성

window 객체는 식별자 window를 통해서 얻을 수 있으며 생략도 가능하다. 그 이유는 최상위 객체이며 전역 객체이기 때문이다. 지금까지 코드에서 사용했던 alert( )가 window 객체의 메소드이다. 코드에서 alert( )를 사용할 때 window.alert( )로 호출하지 않고 그냥 alert( )를 호출해서 사용했다. 다음 코드를 보자.

코드 5-1. alert( ) 함수 예제

```
<!DOCTYPE html>
<html>
<head>
    <meta charset="utf-8"/>
</head>
<body>
<script>
alert('alert() : Hello world JavaScript');
// alert( ) 출력
window.alert('window.alert() : Hello world JavaScript');
// window.alert( ) 출력
</script>
</body>
</html>
```

위 코드는 다음과 같이 동일한 결과를 보여준다.

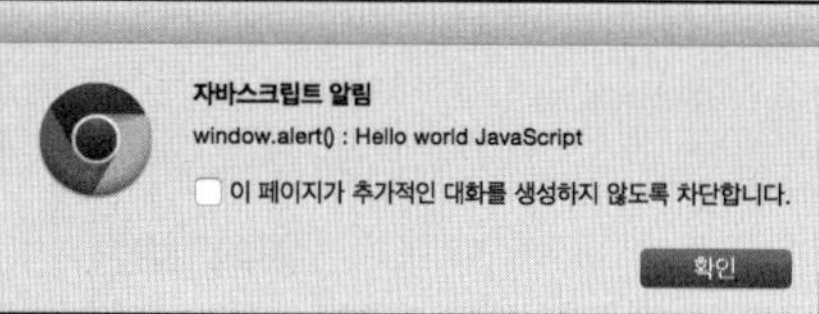

그림 5-2. alert( ) 함수 예제 결과

코드 하나를 더 보자.

코드 5-2. 전역변수에 접근하는 alert( ) 함수 예제

```html
<!DOCTYPE html>
<html>
<head>
    <meta charset="utf-8"/>
</head>
<body>
<script>
var globalVal = 1;
alert("globalVal = " + globalVal);                    // 전역변수 출력
alert("window.globalVal = " + window.globalVal);
// window 객체에서 전역변수 출력
</script>
</body>
</html>
```

위 코드는 전역변수 globalVal에 접근하는 것이다. 전역변수에 접근할 때 전역 메소드에
접근하는 방법과 동일하게 window 식별자를 사용하지 않고 바로 접근이 가능하다. 코드
결과는 다음과 같다.

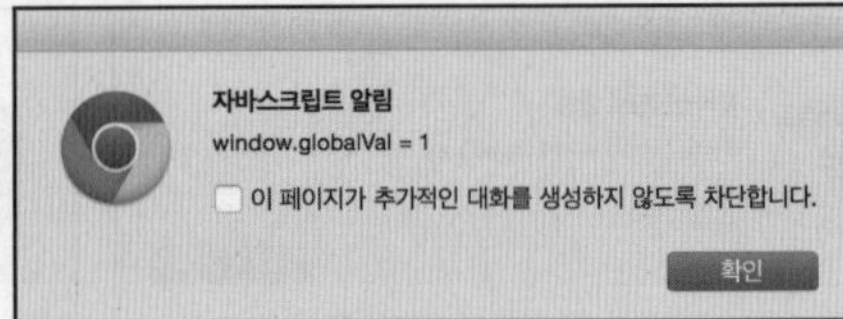

그림 5-3. 전역변수에 접근하는 alert( ) 함수 예제

1.2 속성 및 메소드

속성	`closed`	특정 윈도우의 닫힘 여부 체크(true/false)
	`defaultStatus`	상태 표시줄의 초기 문자열
	`document`	document 객체
	`frames`	frame 객체
	`history`	history 객체
	`length`	frame 개수
	`location`	location 객체
	`name`	윈도우 이름
	`opener`	현재 윈도우를 열어 준 윈도우
	`parent`	부모 frame
	`self`	현재 윈도우 자신
	`status`	상태표시줄의 문자열
	`top`	가장 앞쪽 윈도우
	`window`	현재 윈도우
메소드	`alert( )`	경고 창 생성
	`confirm( )`	확인 버튼이 있는 대화 창 생성
	`prompt( )`	입력란이 있는 대화 창 생성
	`open(URL, name, specs, replace)`	새로운 윈도우 열기(arg는 옵션) URL: 열려고 하는 페이지 URL name: 윈도우 이름 specs: 윈도우 형태 replace: 현재 Document를 교체할지 여부
	`close( )`	윈도우 닫기
	`back( )`	뒤 페이지로 이동
	`forward( )`	앞 페이지로 이동

home ( )	홈 페이지로 이동
find ( )	현재 페이지에서 텍스트를 검색
stop ( )	페이지 연결을 진행을 중지
print ( )	페이지 내용을 출력
blur ( )	현재 윈도우를 비활성화
focus ( )	현재 윈도우를 활성화
moveBy(x,y)	상대적 경로로 윈도우 이동
moveTo(x,y)	절대적 경로로 윈도우 이동
resizeBy(x,y)	상대적 크기를 이용하여 윈도우 크기 변경
resizeTo(x,y)	절대적 크기로 윈도우 크기를 변경
scrollBy(x,y)	상대적 좌표로 윈도우에서 보여지는 부분을 스크롤
scrollTo(x,y)	절대적 좌표로 윈도우에서 보여지는 부분을 스크롤
setTimeout(함수, 시간, 옵션.....)	설정된 시간 후에 지정한 함수를 실행
clearTimeout(setTimeout_id)	setTimeout( ) 메소드에 의해 수행되고 있는 함수를 중지
setInterval(함수, 시간, 옵션.....)	주기적으로 함수를 실행
clearInterval(setInterval_id)	setInterval( ) 메소드에 의해 수행되고 있는 함수를 중지

표 5-1. window 객체 속성 및 메소드

window 객체에서 제공하는 속성과 메소드를 코드를 통해 어떻게 동작하는지 알아보자. 이 책에서 다루지 못한 내용은 꼭 직접 한 번씩 해보길 바란다.

다음 코드는 open( ), close( ) 메소드와 closed 속성에 대한 코드이다.

```
<!DOCTYPE html>
<html>
<head>
    <meta charset="utf-8"/>
</head>
<body>
<script>
var myWindow;

function openWindow( ) {
    myWindow = window.open("", "myWindow", "width=400, height=200");
    // 새 윈도우를 open
}

function closeWindow( ) {
    if (myWindow) {
        myWindow.close( );    // myWindow를 close
    }
}

function checkWindow( ) {
    if (!myWindow) {
        alert("'myWindow' has never been opened!");
    } else {
        if (myWindow.closed) {        // myWindow가 닫혔는지 확인
            alert("'myWindow' has been closed!");
        } else {
            alert("'myWindow' has not been closed!");
        }
    }
}
</script>
<button onclick="openWindow()">myWindow 열기</button>
```

```
<button onclick="closeWindow()">myWindow 닫기</button>
<button onclick="checkWindow()">myWindow 열려 있나요?</button>
</script>
</body>
</html>
```

위 코드를 실행하면 아래와 같은 버튼이 있는 화면이 나온다. 각 버튼을 클릭해서 alert창에 어떤 메시지가 나오는지 확인해 보자.

그림 5-4. window.open( ), window.close( ), window.closed 예제 실행 결과

open 메소드의 3번째 인수로 들어가는 윈도우 형태를 나타내는 옵션은 다음과 같다. 각옵션에 대해 코드를 하나씩 만들어 보면서 어떻게 윈도우가 생성되고 변경되는지 꼭 확인해 보자.

옵션명	입력 값	설명
witdh	픽셀	윈도우 너비, 가장 작은 값은 100
height	픽셀	윈도우 높이, 가장 작은 값은 100
left	픽셀	윈도우의 x 좌표 (음수는 불가)
top	픽셀	윈도우의 y 좌표 (음수는 불가)
status	boolean(yes|no|1|0)	상태 표시줄 보이기/감추기
toolbar	boolean(yes|no|1|0)	툴바 메뉴 보이기/감추기
location	boolean(yes|no|1|0)	문서 주소 보이기/감추기
menubar	boolean(yes|no|1|0)	메뉴 보이기/감추기
scrollbars	boolean(yes|no|1|0)	스크롤바 보이기/감추기
resizable	boolean(yes|no|1|0)	윈도우 크기를 조정 가능 여부
fullscreen	boolean(yes|no|1|0)	전체 화면으로 윈도우를 생성(default:no)

표 5-2. open 메소드 옵션

여기서는 open 메소드에서 사용할 수 있는 옵션을 몇 개 사용한 예제를 통해 좀 더 이해
해 보자.


```html
<!DOCTYPE html>
<html>
<head>
    <meta charset="utf-8"/>
</head>
<body>
<script>
function windowOpenFn1() {
    var windowOpenFn1Window = window.open("", "", "width=400,
    height=200");
     // window의 width와 height를 설정(200, 100)


windowOpenFn1Window.document.write("width=200, height=100");
}
function windowOpenFn2() {
    var windowOpenFn2Window = window.open("", "_self");
    // 현재 window를 새 window로 변경

    windowOpenFn2Window.document.write("Current Window Change to New
    Window");
}


function windowOpenFn3() {
    window.open("http://www.google.com", "_blank", "toolbar=yes,
    scrollbars=yes, resizable=yes, top=500, left=500, width=700,
    height=700");
    // google을 새 윈도우에 여러 설정을 한 후 open하여 보여줌
}
```

```
</script>
```

```
<button onclick="windowOpenFn1()">윈도우 크기 설정</button>
<button onclick="windowOpenFn2()">윈도우 변경</button>
<button onclick="windowOpenFn3()">Goolge Open</button>
```

```
</script>
</body>
</html>
```

~~~~~~

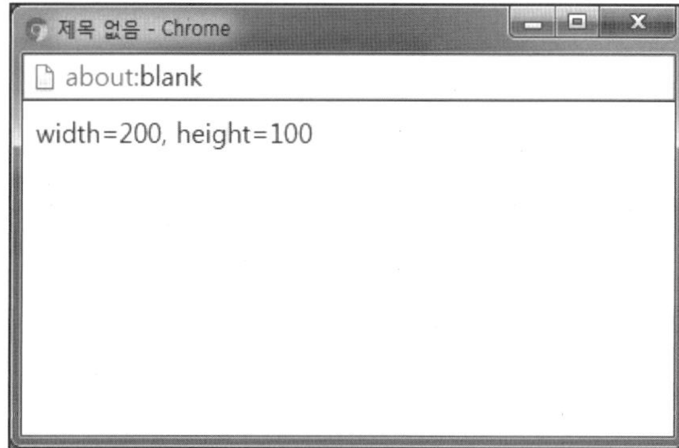

그림 5-5. window.open( ) 예제 실행 결과

그림 5-6. 윈도우 크기 설정 버튼 클릭시 결과

그림 5-7. 윈도우 변경 버튼 클릭시 결과
~~~~~~

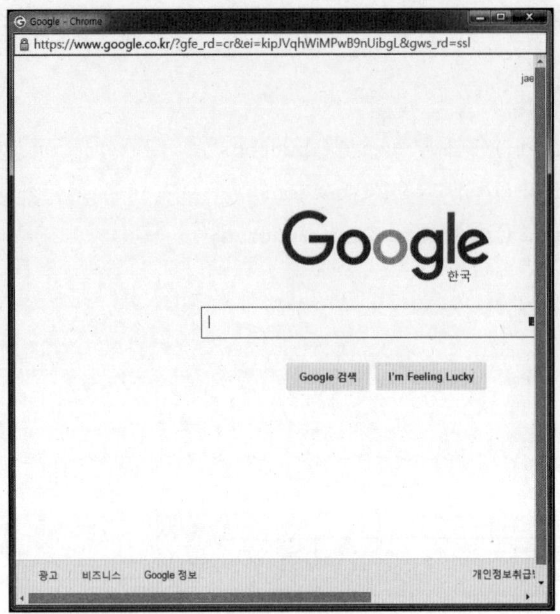

그림 5-8. Google Open 버튼 클릭시 결과

다음 코드 5-5는 setTimeout( )/clearTimeout( ) 메소드와 setInterval( )/clearInterval( ) 메소드에 대한 코드이다.

코드 5-5. setTimeout( )/clearTimeout( ), setInterval( )/clearInterval( ) 예제

```
<!DOCTYPE html>
<html>
<head>
    <meta charset="utf-8"/>
</head>
<body>
<script>

var varTimeout;
var varInterval;
function funcTimeout( ) {
    varTimeout = setTimeout(function() { alert("Start setTimeout"); },
```

```
        3000);
        // 3초후에 alert("Start setTimeout"); 창이 실행 되도록 setTimeout 설정하고
        // 해당 객체를 varTimeout 변수에 할당
    }
    function funcInterval() {
        varInterval = setInterval(function() { alert("Start setInterval");
        }, 3000);
        // 3초마다 alert("Start setInterval"); 창이 실행되도록 setInterval을 설정하고
        // 해당 객체를 varInterval 변수에 할당


    }
    function funcStopTimeout() {
        clearTimeout(varTimeout);
        // varTimeout 변수에 할당된 setTimeout( )을 종료하기 위해
        // clearTimeout(varTimeout) 실행
    }
    function funcStopInterval() {
        clearTimeout(varInterval);
        // varInterval 변수에 할당된 setInterval()을 종료하기 위해
        // clearTimeout(varInterval) 실행
    }
</script>
<button onclick="funcTimeout()">Start setTimeout()</button>
<button onclick="funcInterval()">Start setInterval()</button>
<button onclick="funcStopTimeout()">Stop setTimeout()</button>
<button onclick="funcStopInterval()">Stop setInterval()</button>
</script>
</body>
</html>
```

위 코드를 실행하면 다음과 같이 4개의 버튼이 화면에 나온다. 각 버튼을 눌러 어떤 화면
이 나오는지 그리고 어떤 일이 발생하는지 확인하길 바란다.

그림 5-9. setTimeout( )/clearTimeout( ), setInterval( )/clearInterval( ) 예제 실행 결과

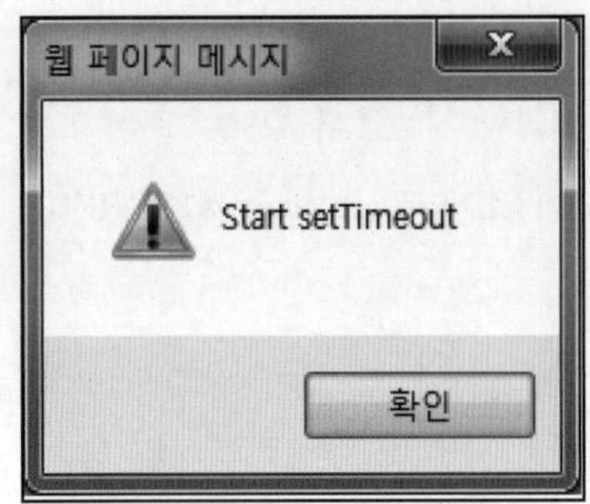

그림 5-10. Start setTimeout( ) 버튼 클릭시 결과

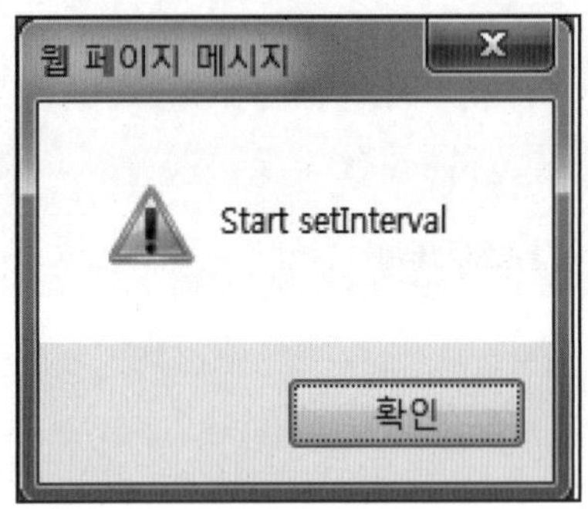

그림 5-11. Start setInterval( ) 버튼 클릭시 결과

이번에는 윈도우 크기 및 위치를 변경하는 메소드 코드이다. 코드 5-6은 moveBy( )/moveTo( )와 resizeBy( )/resizeTo( ) 메소드에 대한 코드이다.

코드 5-6. moveBy( )/moveTo( )와 resizeBy( )/resizeTo( ) 예제

```html
<!DOCTYPE html>
<html>
<head>
    <meta charset="utf-8"/>
```

```html
</head>
<body>

<button onclick="openWin()">Open myWindow</button>
<button onclick="funcMoveBy()">MoveBy myWindow</button>
<button onclick="funcMoveTo()">MoveTo myWindow</button>
<button onclick="funcResizeBy()">ResizeBy myWindow</button>
<button onclick="funcResizeTo()">ResizeTo myWindow</button>

<script>
var myWindow;

function openWin() {
    myWindow = window.open("", "myWindow", "width=200, height=100");
    // 새 윈도우를 myWindow이라는 이름을 가지고 width: 200, height: 100 크기로 생성
}

function funcMoveBy() {
    myWindow.moveBy(250, 250);
    // 현재의 윈도우 위치에서 상대 경로 수평으로 250, 수직으로 250으로 이동
}

function funcMoveTo() {
    myWindow.moveTo(250, 250);
    // 현재 윈도우를 절대 경로 250, 250으로 이동
}

function funcResizeBy() {
    myWindow.resizeBy(250, 250);
    // 현재 윈도우 크기에서 width: 250, height: 250씩 증가시킴
}

function funcResizeTo() {
    myWindow.resizeTo(250, 250);
    // 현재 윈도우 크기를 width: 250, height: 250으로 변경
}
```

```
</script>
</body>
</html>
```

~~~~~~

위 코드를 실행하면 화면에 아래와 같이 4개의 버튼이 나온다. 각 버튼을 눌렀을 때 새 윈도우의 크기와 위치가 어떻게 변경되는지 확인해보길 바란다. 여기서는 상대적인 위치/크기 변화와 절대적인 위치/크기 변화가 어떻게 다른지 이해하기 바란다.

그림 5-12. moveBy( )/moveTo( )와 resizeBy( )/resizeTo( ) 예제 결과

처음 "Open myWindow" 버튼을 클릭하면 화면의 왼쪽 상단에 그림 5-13과 같이 Window가 생성된다.

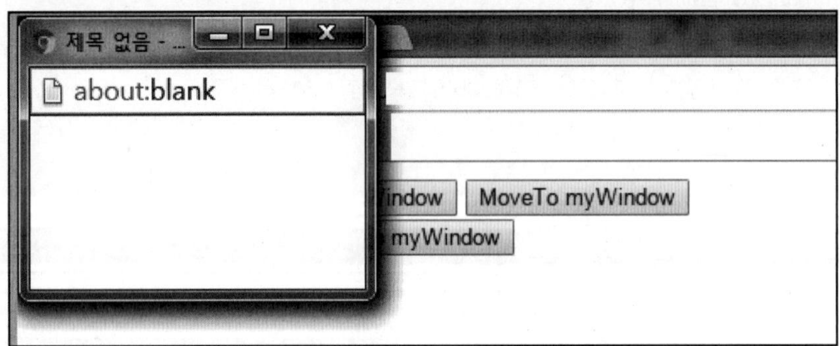

그림 5-13. Open myWindow 버튼 클릭시 결과

다시 여기서 화면에 있는 "MoveBy myWindow"를 두 번 클릭해 보면 다음 그림과 같이 점점 오른쪽과 하단 방향으로 이동하는걸 확인할 수 있다.
~~~~~~

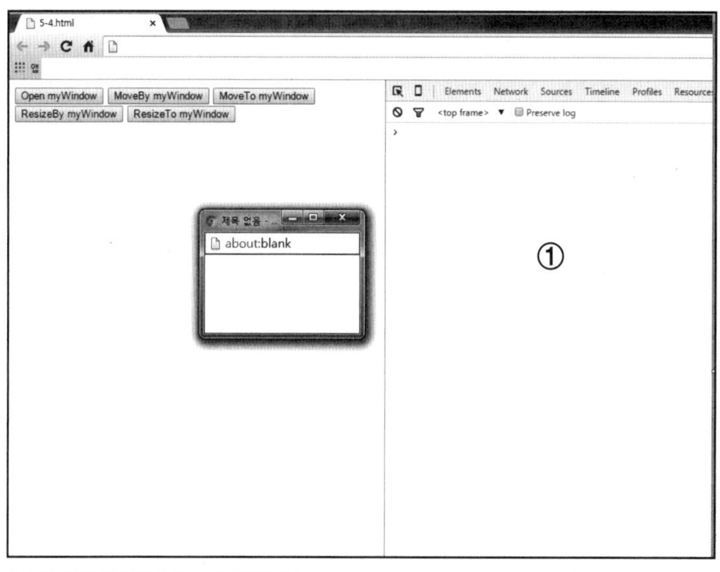

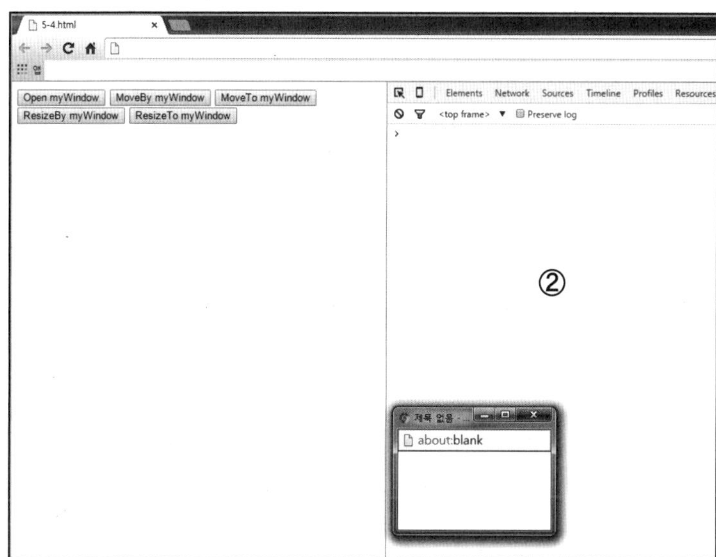

그림 5-14. MoveBy myWindow 버튼 클릭시 결과

그럼 이제 화면에 있는 "MoveTo myWindow"를 두 번 클릭 해보자. 앞의 MoveBy( )와
다르게 다음 그림과 같이 항상 동일한 위치에 window가 나타나는걸 확인할 수 있다.

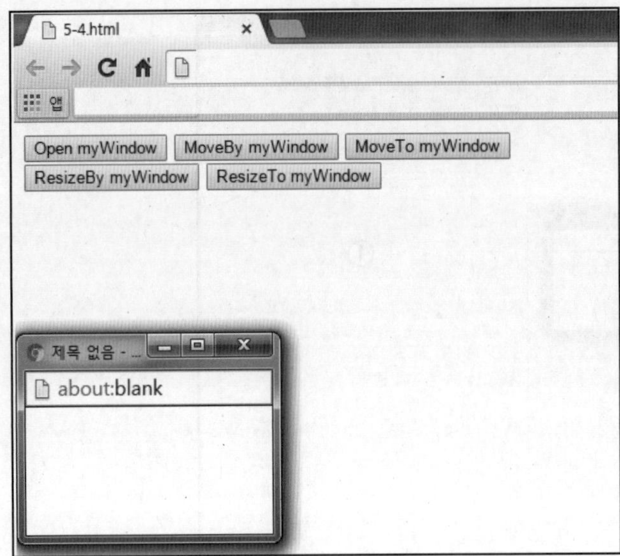

그림 5-15. MoveTo myWindow 버튼 클릭시 결과

그럼 이제 "Open myWindow"를 클릭하여 신규 window를 생성한 후 "ResizeBy myWindow" 버튼을 여러 번 클릭해 보자. 그러면 점점 window의 크기가 아래 그림과 같이 커지는 것을 확인할 수 있다.

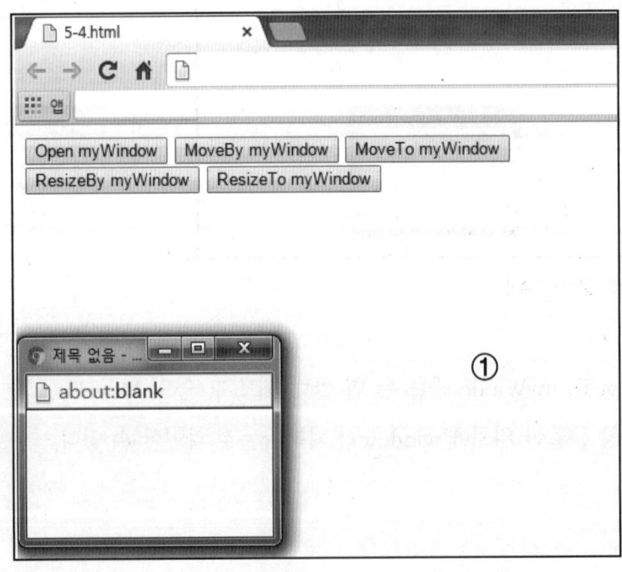

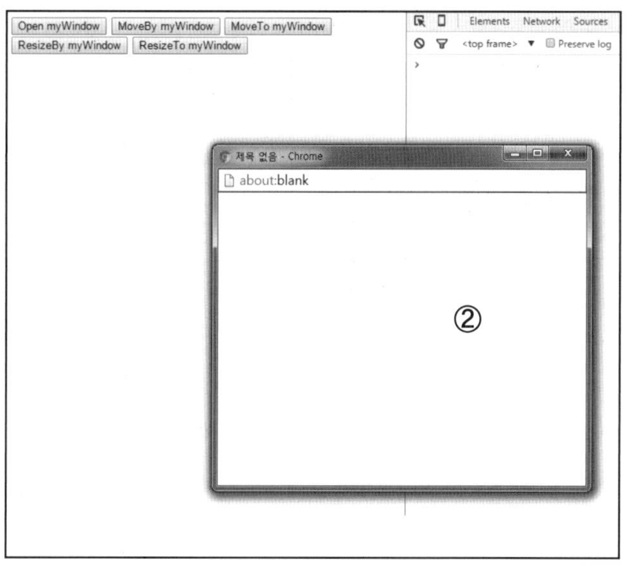

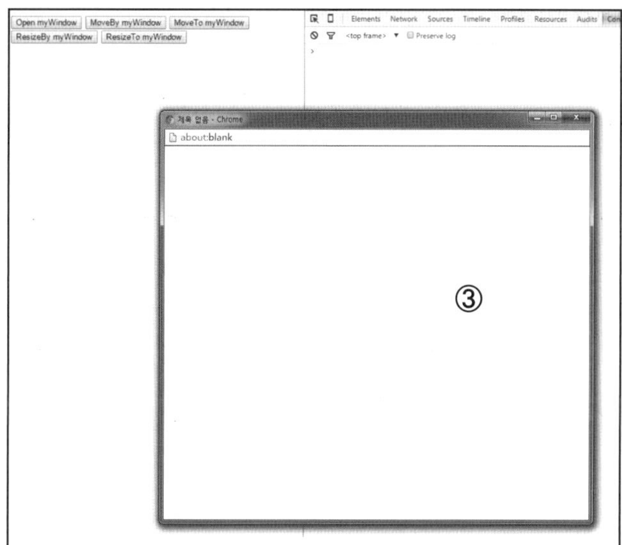

그림 5-16. ResizeBy myWindow 버튼 클릭시 결과

마지막으로 화면에 있는 "ResizeTo myWindow"를 여러 번 클릭해보자. ResizeBy( )와 다르게 다음 그림과 같이 항상 동일한 크기로 window가 나타나는걸 확인할 수 있다.

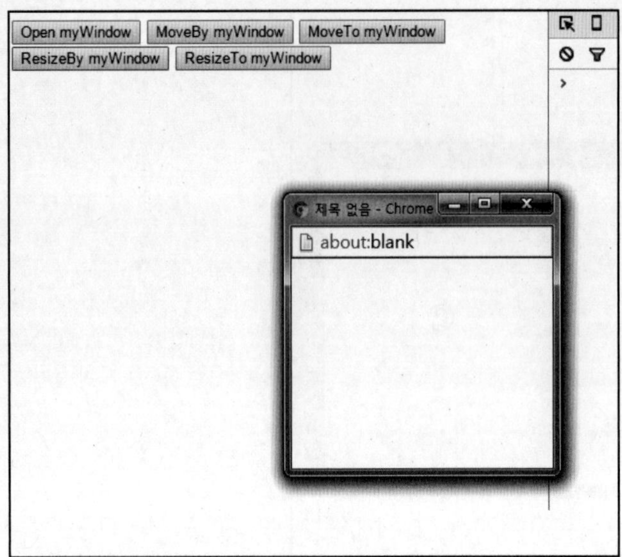

그림 5-17. ResizeTo myWindow 버튼 클릭시 결과

이제 마지막으로 window의 스크롤을 조작하는 메소드에 대한 코드이다.

코드 5-7. scrollBy( )와 scrollTo( ) 예제

```
<!DOCTYPE html>
<html>
<head>
    <meta charset="utf-8"/>

<style>
body {
    width: 5000px;    /* window의 body width를 5000px로 설정하는 CSS style */
}
</style>
</head>


<body>


<button onclick="funcScrollBy()">scrollBy Window</button>
```

```html
<button onclick="funcScrollTo()">scrollTo Window</button>
<script>
function funcScrollBy() {
    window.scrollBy(100, 0);
    // 윈도우의 스크롤 위치를 현재 기준으로 x좌표 100px 이동 시킴
}
function funcScrollTo() {
    window.scrollTo(50,0);          // 윈도우의 스크롤 위치를 x좌표 50px로 이동
}
</script>
</body>
</html>
```

위 코드를 실행하면 아래와 같이 두 개의 버튼이 나온다. 각 버튼을 눌러 화면의 스크롤이 어떻게 이동되는지 확인해보길 바란다. 여기서도 상대적인 스크롤 이동과 절대적인 스크롤 이동의 차이가 어떻게 다른지 확인해 보길 바란다.

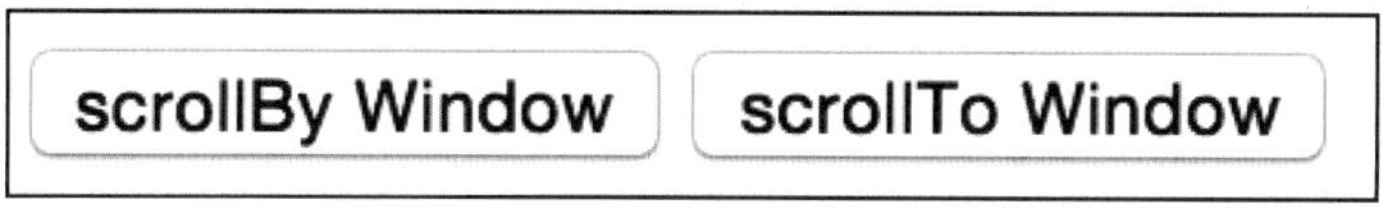

그림 5-18. scrollBy( )와 scrollTo( ) 예제 결과

2 screen 객체

screen 객체는 화면의 해상도나 색상, 크기 등에 관한 정보를 속성을 통해 제공해 주는 객체이다.

2.1 속성 및 메소드

속성	`availHeight`	브라우저 화면에서 툴바, 메뉴 바 등을 제외한 순수한 화면의 높이
	`availWidth`	순수한 화면의 너비
	`height`	전체 화면의 높이
	`width`	전체 화면의 너비
	`pixelDepth`	한 픽셀 당 비트 수
	`colorDepth`	사용 가능한 해상도/색상수

표 5-3. screen 객체 속성

screen 객체가 제공하는 속성을 어떤 값들이 나오는지 확인해 보자.

코드 5-8. screen 객체 속성 예제 ～～～～～～～～～～～～～～～～～～

```html
<!DOCTYPE html>
<html>
<head>
    <meta charset="utf-8"/>
</head>

<body>
<script>
console.log("screen.availHeight : " + screen.availHeight);
//현재 화면의 높이 출력
console.log("screen.availWidth : " + screen.availWidth);
//현재 화면의 너비 출력
console.log("screen.height : " + screen.height);
//전체 화면의 높이 출력
console.log("screen.width : " + screen.width);
//전체 화면의 너비 출력
console.log("screen.pixelDepth : " + screen.pixelDepth);
//한 픽셀당 비트수 출력
console.log("screen.colorDepth : " + screen.colorDepth);
```

```
//  화면의 색상수 출력
</script>
</body>
</html>
```

위 코드를 실행하면 현재 모니터에 관련된 정보를 보여주는 결과를 얻을 수 있다.

```
screen.availHeight : 1119
screen.availWidth : 1920
screen.height : 1200
screen.width : 1920
screen.pixelDepth : 24
screen.colorDepth : 24
```

그림 5-19. screen 객체 속성 예제 결과

3 location 객체

location 객체는 현재 웹 브라우저에 로드된 HTML 문서의 주소를 표현하고 제어하기 위한 객체이다.

3.1 속성 및 메소드

	hash	URL의 anchor 부분 반환(하이퍼링크의 # 이하 부분)
	host	URL의 호스트 이름 반환
	hostname	URL의 호스트 이름과 Port 번호를 반환
속성	href	문서의 URL 전체 정보를 반환. URL을 지정하여 페이지를 이동할 수도 있음
	pathname	URL의 경로 부분을 반환
	port	URL의 Port 번호를 반환

	protocol	콜론(:)을 포함하는 http나 ftp 등의 프로토콜 정보 반환
	search	URL의 ? 이후의 쿼리 정보를 반환
메소드	reload()	문서를 refresh
	replace(url)	현재의 URL을 새로운 URL로 고치고 이전 페이지로 이동 못하게 한다.
	assign(url)	새 문서를 로딩

표 5-4. location 객체 속성 및 메소드

location 객체에서 제공하는 속성과 메소드를 사용한 코드를 통해 좀 더 알아보자.

코드 5-9. location 객체 속성 및 메소드 예제

```html
<!DOCTYPE html>
<html>
<head>
    <meta charset="utf-8"/>
</head>
<body>
<button onclick="funcAssgin( )">location assign</button>
<button onclick="funcReload( )">location reload</button>
<button onclick="funcReplace( )">location replace</button>
<script>

location.hash = "part";
// URL 끝에  #part를 붙인다.
location.search = "id=jj"
// URL 끝에   ?뒤에 쿼리문을 붙인다.
console.log("location.href : "+location.href);
// 문서 전체의 URL 반환
console.log("location.host : "+location.host);
// URL host부분을 반환
console.log("location.hostname : "+location.hostname);
// URL host와 port 부분을 반환
console.log("location.pathname : "+location.pathname);
```

```javascript
//  URL의 경로 부분을 반환
console.log("location.protocol : "+location.protocol);
//  URL의 프로토콜 부분을 반환

function funcAssgin() {
    location.assign("http://www.w3schools.com");
    //  새 문서를 로딩
}
function funcReload() {
    location.reload();
    //  현재 문서를 재로딩
}
function funcReplace() {
    location.replace("http://www.w3schools.com");
    //  새로운 문서로 로딩후 이전 페이지로 이동 못하게 함
}
</script>
</body>
</html>
```

위 코드 결과는 아래와 같다.

```
location.href : file:///Users/ijb/Desktop/JavaScript/source/5/5-8.html?id=jj#part
location.host :
location.hostname :
location.pathname : /Users/ijb/Desktop/JavaScript/source/5/5-8.html
location.protocol : file:
```

그림 5-20. location 객체 속성 및 메소드 예제 결과

화면에서 "location assign" 버튼과 "location replace" 버튼을 누르면 그림 5-21과 같이 w3schools.com 홈페이지로 이동한다. 하지만 약간의 차이점이 있다. 그림을 보면 ①, ②번으로 표시된 부분을 보면 차이점을 확인할 수 있다. assign( ) 메소드는 새 문서를 로딩하기 때문에 Back 버튼을 눌러 이전페이지로 이동이 가능하지만 replace( ) 메소드는

현재의 URL을 새로운 URL로 고치고 이전 페이지로 이동 못하게 하기 때문에 Back 버튼이 비활성화된다.

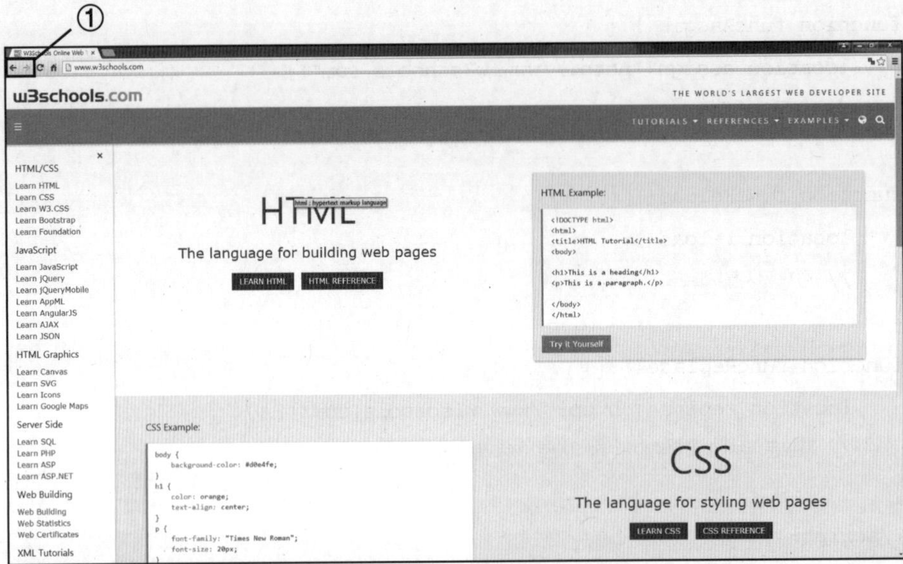

그림 5-21. "location assign" 버튼을 클릭할 때 결과

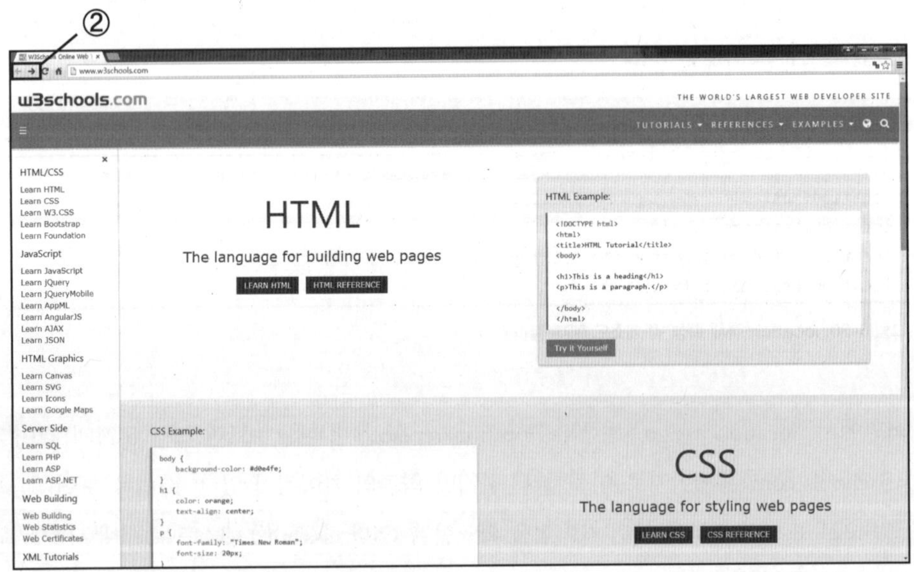

그림 5-22. "location replace" 버튼을 클릭할 때 결과

4 navigator 객체

navigator 객체는 페이지에 접근하는 웹 브라우저와 agent에 대한 정보를 제공하는 객체이다. 제공해주는 정보는 OS, 웹 브라우저 이름, 종류, 보안 정책, 쿠키 사용 여부 등 다양하게 제공해준다.

navigator 객체가 제공하는 속성과 메소드는 아래와 같다.

4.1 속성 및 메소드

속성	appCodeName	브라우저의 code name 반환
	appName	브라우저의 이름 반환
	appVersion	브라우저의 버전 반환
	cookieEnabled	브라우저가 쿠키 사용이 가능한지 반환
	onLine	브라우저가 온라인이면 true, 아니면 false.
	platform	브라우저가 컴파일된 플랫폼 반환
	userAgent	user-agent 헤더 반환
	geolocation	사용자의 위치를 나타내는 geolocation 객체 반환
	language	브라우저의 언어 반환
	product	브라우저 엔진 이름을 반환
메소드	JavaEnabled()	자바를 사용하는지 반환

표 5-5. navigator 객체 속성 및 메소드

코드 5-10. navigator 객체 속성과 메소드 예제

```html
<!DOCTYPE html>
<html>
<head>
    <meta charset="utf-8"/>
</head>
<body>
<script>
console.log("navigator.appCodeName : " , navigator.appCodeName);
```

```javascript
// 브라우저 code name 반환
console.log("navigator.appName : " , navigator.appName);


// 브라우저 name 반환
console.log("navigator.appVersion : " , navigator.appVersion);


// 브라우저 버전 반환
console.log("navigator.cookieEnabled : " , navigator.cookieEnabled);


// 쿠키 사용 여부 반환
console.log("navigator.onLine : " , navigator.onLine);


// 온라인 여부 반환
console.log("navigator.platform : " , navigator.platform);


// 브라우저가 컴파일된 플랫폼 반환
console.log("navigator.userAgent : " , navigator.userAgent);


// user-agent header 반환
console.log("navigator.language :  " , navigator.language);


// 브라우저에서 사용하는 언어 반환
console.log("navigator.product :  " , navigator.product);


// 브라우저 엔진 이름 반환


if(navigator.JavaEnabled == true) {


// 브라우저에서 자바 사용 여부 확인
        console.log("자바사용이 가능");
}
else {
        console.log("자바사용이 불가능");
}
```

```
</script>

</body>
</html>
```

위 코드의 실행 결과는 다음과 같다.

```
navigator.appCodeName : Mozilla
navigator.appName : Netscape
navigator.appVersion : 5.0 (Macintosh; Intel Mac OS X 10_10_5) AppleWebKit/537.36 (KHTML, like Gecko) Chrome/45.0.2454.99 Safari/
navigator.cookieEnabled : true
navigator.onLine : true
navigator.platform : MacIntel
navigator.userAgent : Mozilla/5.0 (Macintosh; Intel Mac OS X 10_10_5) AppleWebKit/537.36 (KHTML, like Gecko) Chrome/45.0.2454.99
navigator.language : ko
navigator.product : Gecko
자바사용이 불가능
```

그림 5-23. navigator 객체 속성과 메소드 예제 결과

5 history 객체

history 객체는 브라우저를 통해 방문한 사이트들에 대한 정보(URL)를 관리하는 객체이다. 좀 더 쉽게 말하면 이전에 방문했던 URL을 문자열로 관리하고 있는 읽기 전용 문자열 배열이라고 생각하면 된다.

5.1 속성 및 메소드

속성	length	브라우저에 history 객체에 저장된 URL 개수
메소드	back()	이번 Page로 이동
	forward()	다음 Page로 이동
	go(number)	지정된 단계의 Page로 이동

표 5-6. history 객체 속성 및 메소드

다음 코드는 history 객체에서 제공하는 속성과 메소드에 대한 코드다. back( ), forward( ), go( ) 메소드는 브라우저에서 다른 페이지에 접속했던 이력이 있어야 동작하는 메소드이다. 그래서 코드를 작성하기 전에 여러 웹 페이지를 접근 후에 코드를 실행하길 바란다.

코드 5-11. history 객체 속성 및 메소드 예제

```html
<!DOCTYPE html>
<html>
<head>
    <meta charset="utf-8"/>
</head>
<body>
<button onclick="goBack( )">Go Back</button>
<button onclick="goForward( )">Go Forward</button>
<button onclick="goBack( )">Go Back 2 Pages</button>
<script>
console.log("history.length : " , history.length);
// history 개수를 반환

function goBack( ) {
    history.back( );                              // 이전 페이지로 이동
}
function goForward( ) {
    history.forward( );                          // 다음 페이지로 이동
}
function goBack() {
    history.go(-2);                              // 지정한 페이지로 이동
}
</script>
</body>
</html>
```

위 코드 실행 결과는 다음과 같다. console 창에서 history 개수가 나오고 화면에는 3개의
버튼이 나타난다. 각 버튼을 눌러 어떤 동작을 하는지 확인하길 바란다.

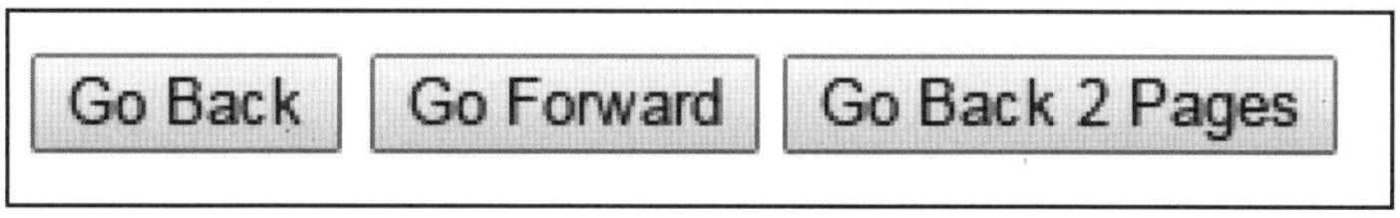

그림 5-24. history 객체 속성 및 메소드 예제 실행 화면

```
history.length :  1
```

그림 5-25. history 객체 속성 및 메소드 예제 시 Console창 결과

Chapter 6

문서 객체 모델 (DOM)

Document Object Model은 W3C에서 제정한 HTML/XML 관련 표준이다. Document(웹페이지)를 자바스크립트 등으로 내용, 구조, 스타일을 동적으로 액세스 및 수정할 수 있도록 하는 인터페이스 표준이다.

현재 DOM 표준은 Level 3까지 만들어져 있고 DOM 표준에 대해 좀 더 자세히 알고 싶으면 아래 W3C 사이트에 접속해 보기 바란다.

http://www.w3.org/DOM/Activity

1   DOM(Document Object Model)이란?

문서(Document)란 HTML이나 XML 문서와 같이 부분적 요소나 내용이 관련된 것들끼리 묶여서 존재하는 구조화된 문서를 말한다. 이렇게 구조화된 문서에 스크립트를 이용하여 접근할 때에도 구조적으로 표현하는 방식(Object Model)을 제공하는 것을 DOM이라고 이해하면 된다.

각 element를 트리의 node로 표현하는 DOM 트리를 통해 쉽게 접근할 수 있다. 다음 그림은 DOM을 통해 구조화된 HTML 문서의 트리 구조를 보여준다.

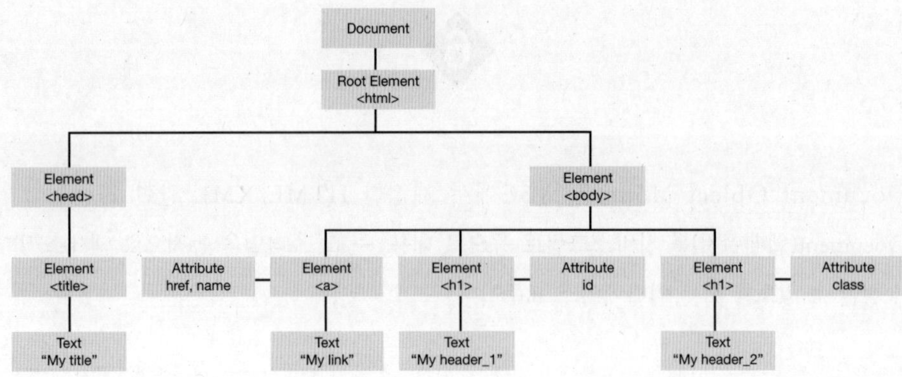

그림 6-1. DOM Tree

위 트리 구조를 보면 Element(태그)뿐만 아니라 Attribute, Text까지 노드로 표현되어 있음을 알 수 있다. 즉, DOM을 통해 스크립트가 문서 내의 모든 요소에 동적으로 접근할 수 있다는 것을 알 수 있다. 그래서 DOM을 사용하면 문서상의 요소에 접근해 구조, 내용, 속성을 조작할 수 있다. 뿐만 아니라 새로운 요소나 내용을 만들어서 사용자가 필요로 할 때 문서상에 적용시킬 수 있다. DOM에서 제공하는 모든 속성과 메소드를 이 책에서 다루기에는 너무 많고, 다 알 필요도 없다. 필요할 때 DOM 표준을 참조해서 사용하면 된다. 그럼 위 DOM Tree를 코드로 만들어 DOM을 어떻게 사용하는지, 무슨 일을 할 수 있는지 알아볼 것이다. 그리고 코드가 진행되는 동안 DOM Tree가 어떻게 변경되는지도 확인할 것이다.

코드 6-1. DOM Tree 코드

```
<!DOCTYPE html>
<html>
<head>
    <meta charset="utf-8"/>
    <title>My title</title>
</head>
<body>
<h1>My header1</h1>
```

```
<h1>My header2</h1>
<a href="http://www/google.com">My link</a>
</body>
</html>
```

위 코드를 실행하면 아래와 같은 화면이 나온다.

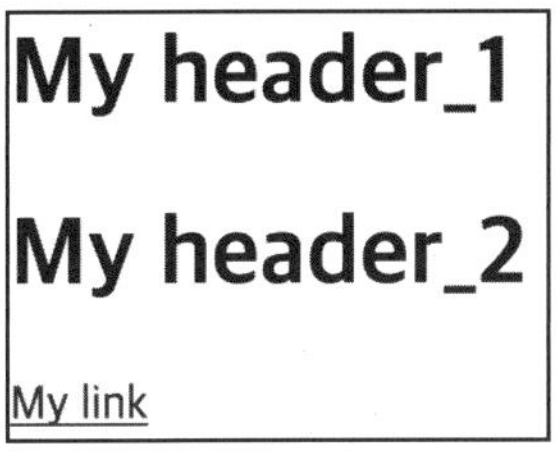

My header_1

My header_2

<u>My link</u>

그림 6-2. DOM Tree 코드 실행 결과

앞으로 위 예제를 기본으로 해서 이번 장의 주제인 DOM에 대해 배워볼 것이다. DOM 구조가 어떻게 변하는지 DOM Tree 구조를 그림으로 보여 줄 것이다. 그 이유는 DOM 이 어떻게 변경되고, 삭제되고, 추가되는지 이해하기 위해서이다. 소스와 DOM Tree 구 조를 매핑해서 잘 이해하기 바란다.

2 DOM Element 찾기

그림 먼저 Document에서 조작하려는 Element를 찾아보자. Element Search 관련 메소 드는 표 6-1과 같다. 표 6-1의 메소드명을 보면 어떤 형태의 값을 리턴하는지 힌트가 있 다. 메소드명 중간에 Element 또는 Elements를 통해 리턴해 주는 값이 한개인지, List 인지 알 수 있다. 다른 메소드도 마찬가지로 명칭을 잘 보면 어떤 값을 리턴해 주는지 알 수 있다.

메소드	설명
getElementById(id)	html Element의 attribute ID를 기준으로 객체를 검색
getElementsByClassName(name)	html Element의 attribute class를 기준으로 객체들을 검색
getElementsByName(name)	html Element의 attribute name을 기준으로 객체들을 검색
getElementsByTagName(name)	html Element의 attribute tag를 기준으로 객체들을 검색
querySelector(cssSelectors)	css selector를 기준으로 가장 처음 매칭되는 객체를 검색
querySelectorAll(cssSelectors)	css selector를 기준으로 매칭되는 객체들을 검색

표 6-1. DOM Element 검색 메소드

위 메소드에 대한 예제 코드는 아래와 같다.

코드 6-2. 객체 검색 메소드 예제

```
<!DOCTYPE html>
<html>
<head>
    <meta charset="utf-8"/>
    <title>My title</title>
</head>
<body>
<h1 id="header_1">My header1</h1>
<h1 class="header_2">My header2</h1>
<a name="tagA" href="http://www/google.com">My link</a>
<script type="text/javascript">
var idElm = document.getElementById('header_1');
// header_1라는 id를 가진 객체를 찾음
idElm.style.color='red';

// style color를 red로 변경

// 아래 3개의 메소드는 List를 반환해 주기 때문에
// 배열에서 index를 통해 접근하는 것처럼 값을 가져와야 함
```

```javascript
classElm = document.getElementsByClassName('header_2');
// header_2라는 class를 가진 객체 List를 찾음
classElm[0].style.color='yellow';
// style color를 yellow로 변경
var nameElm = document.getElementsByName('tagA');
// tagA라는 name을 가진 객체 List를 찾음
nameElm[0].style.color='blue';
// style color를 blue로 변경
var tagName = document.getElementsByTagName('H1'); // H1 tag List를 찾음
tagName[0].style.fontSize='15px';     // style font size를 15px로 변경

var selElm = document.querySelector('.header_2');
// header_2라는 CSS Selector Class명을 가진 객체 찾음
selElm.style.backgroundColor = "#000000";
// style backgroundColor를 #000000로 변경
var selAllElm = document.querySelectorAll('H1');
// H1라는 CSS Selector tag를 가진 객체 찾음
selAllElm[0].style.backgroundColor = "#0000f0";
// style backgroundColor를 #0000f0 변경

</script>
</body>
</html>
```

위 코드의 실행 결과는 아래와 같다. 코드 6-1의 결과와 차이점을 확인해 보길 바란다.

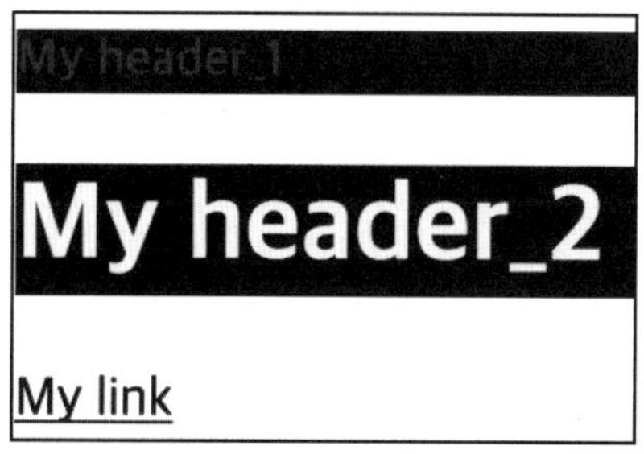

그림 6-3. 객체 검색 메소드 예제 실행 결과

참고로 코드 6-2를 통해 DOM 구조가 변경된 건 없다. 단지 style만 변경되었다.

〈CSS Selector란〉

Selector란 말 그대로 선택을 도와주는 요소이다. 이를 통해 특정 요소들을 선택하여 원하는 스타일을 적용할 수 있다. CSS에서 사용하는 대표적인 Selector는 아래와 같다.

- ID : #id (ex: #header_1)
- Class : .className (ex: .header_2)
- Tag : H1

먼저 #header_1라고 CSS에 Selector를 설정했다면 웹페이지를 구성하고 모든 HTML tag 중에 ID가 header_1을 가진 모든 tag에 CSS를 적용하라는 의미이다. Class도 비슷하다 모든 HTML tag 중에 Class명이 header_2인 모든 tag에 CSS를 적용하라는 의미이다. 마지막으로 Tag는 모든 H1 tag CSS를 적용하라는 의미이다.
CSS도 웹에서는 중요한 것이니 관련 책을 좀 더 공부해보기 바란다.

3 DOM Element 추가 및 삭제

이번에는 Document에 Element를 추가 및 삭제를 해보겠다. 먼저 현재 파싱중인 Document에 내용을 입력해보자. 대표적인 관련 메소드는 다음과 같다.

메소드	설명
`write(string)`	Document에 String을 표시
`writeln(string)`	Document에 String을 표시하고 newline 문자를 추가한다.

표 6-2. document 생성 함수 정의

예제 코드를 통해 어떻게 화면에 표현되는지 알아보자.

코드 6-3. write( ), writeln( ) 메소드 예제

```html
<!DOCTYPE html>
<html>
<head>
    <meta charset="utf-8"/>
    <title>My title</title>
</head>
<body>
<h1 id="header_1">My header1</h1>
<h1 class="header_2">My header2</h1>
<a name="tagA" href="http://www/google.com">My link</a>
<pre>
<script type="text/javascript">
// <pre> Tag는 동적으로 생성되는 HTML을 있는 그대로의 웹브라우저에 표시
document.write("Hello World! ");
// 화면에 Hello World! 표시
document.write("Have a nice day!");
// 화면에 Have a nice day! 표시
</script>
</pre>
<pre>
<script>
document.writeln("Hello World!");
// 화면에 Hello World! 표시
document.writeln("Have a nice day!");
// 화면에 Have a nice day! 표시
</script>
</pre>
</body>
</html>
```

위 코드의 실행 결과는 아래와 같다.

그림 6-4. write( ), writeln( ) 메소드 예제 실행 결과

위 코드를 실행한 결과 DOM Tree 구조는 아래와 같이 변경된다.

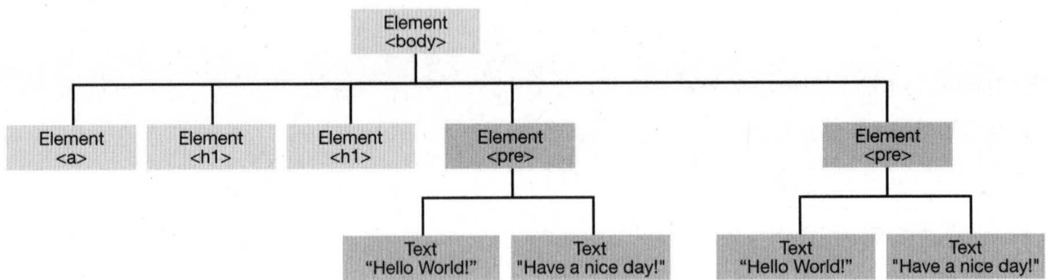

그림 6-5. 변경된 DOM Tree 구조

이번에는 Element를 생성해서 이미 생성된 Document Element에 추가해 보자. 관련 메소드는 다음과 같다.

메소드	설명
createElement(tagName)	Element를 생성
createTextNode(text)	Text Node를 생성
appendChild(Element)	객체에 Element를 Child로 붙인다.
setAttribute(name,value)	객체에 속성값을 설정
getAttribute(name,value)	객체의 속성값을 반환

표 6-3. DOM Element 관련 함수 정의

위 메소드를 이용하여 코드를 작성해보자.

코드 6-4. DOM 생성 및 변경 메소드 예제

```html
<!DOCTYPE html>
<html>
<head>
    <meta charset="utf-8"/>
    <title>My title</title>
</head>
<body>
<h1 id="header_1">My header_1</h1>
<h1 class="header_2">My header_2</h1>
<a name="tagA" href="http://www/google.com">My link</a>
<script type="text/javascript">
var header_3 = document.createElement('H2');
// H2 Tag Element를 생성
var textNode = document.createTextNode('My header_3');
// My header_3 값을 가진 textnode 생성
header_3.setAttribute('id','newH2');
// id attribute를 생성
header_3.setAttribute("style","color:red");
// style attribute를 생성
header_3.appendChild(textNode);        // 생성한 H2 tag 밑으로 textnode를 붙임
document.body.appendChild(header_3);
// 생성한 H2 tag를 body 밑으로 붙임
console.log("header_3 id : " + header_3.getAttribute('id'));
// H2 tag의 id 값을 반환
</script>
</body>
</html>
```

위 코드를 실행하면 H2 Tag가 추가된 모습을 확인할 수 있다.

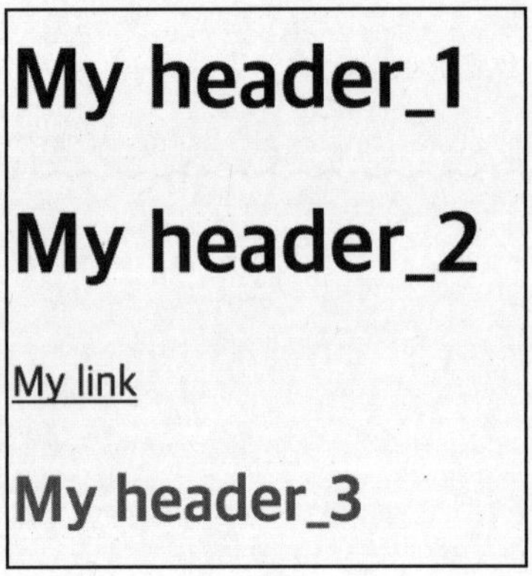

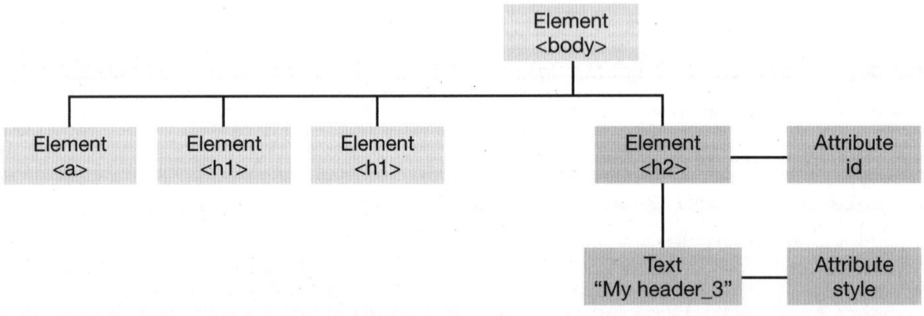

그림 6-6. DOM 생성 및 변경 메소드 예제 실행 결과

콘솔 창에서는 추가된 H2 Tag의 ID 값이 출력된 것을 확인할 수 있다.

```
header_3 id : newH2
```

그림 6-7. Console 창에 출력된 DOM 생성 및 변경 메소드 예제 실행 결과

이 코드가 동작했을 때 DOM Tree는 어떤 구조를 가지고 있는지 아래 그림을 통해 확인
해 보자.

그림 6-8. DOM 생성 및 변경 메소드 예제 결과 변경된 DOM Tree

4 DOM Element 제거

이제 마지막으로 Document에서 객체 또는 Attribute를 제거해보자. 관련 메소드는 아래
와 같다.

메소드	설명
removeChild(node)	객체의 자식 노드를 삭제
removeAttribute(attributeName)	객체의 attribute 를 삭제
removeAttributeNode(attrNode)	객체의 attribute 를 삭제 후 삭제된 Node 반환

표 6-4. DOM Element 제거 함수 정의

위 메소드에 대한 예제 코드는 아래와 같다.

코드 6-5. DOM Element 제거 함수 예제

```html
<!DOCTYPE html>
<html>
<head>
    <meta charset="utf-8"/>
    <title>My title</title>
</head>
<body>
<h1 id="header_1">My header_1</h1>
<h1 class="header_2">My header_2</h1>
<a name="tagA" href="http://www/google.com">My link</a>
<button onclick="removeElmAndAttr()">remove Element and Attribute</
button>
<script type="text/javascript">

var divElm = document.createElement('DIV');   // DIV Tag Element를 생성
divElm.setAttribute('id','divElm');           // id attribute를 생성
var h3Elm = document.createElement('H3');
// H3 Tag Element를 생성
```

```javascript
h3Elm.setAttribute('id','h3Elm');
// id attribute를 생성
var textNode = document.createTextNode('My header_3');
// My header_3 값을 가진 textnode 생성

h3Elm.appendChild(textNode);
// 생성한 H3 tag 밑으로 textnode를 붙임
divElm.appendChild(h3Elm);
// 생성한 DIV tag 밑으로 H3 Tag 붙임
document.body.appendChild(divElm);          // 생성한 DIV tag를 body 밑으로 붙임


function removeElmAndAttr(){
        var tmpH3 = document.getElementById("h3Elm");
        // h3Elm ID를 가진 Element를 반환
        var tmpDiv1 = document.getElementById("divElm");
        // divElm ID를 가진 Element를 반환
        tmpDiv1.removeChild(tmpH3);

        // divElm Element에서 h3Elm Childe node를 삭제
        console.log("Before Anchor name : " + document.
        getElementsByTagName("A")[0].getAttribute('name'));
        document.getElementsByTagName("A")[0].removeAttribute("name");

        // Anchor Tag Element List 중에 첫 번째 node의 name attribute의 값을 삭제
        console.log("After Anchor name : " + document.
        getElementsByTagName("A")[0].getAttribute('name'));
        console.log("Before DIV ID : " + document.
        getElementById('divElm').getAttribute('id'));
        var tmpDiv2 = document.getElementById('divElm');
        var attr = tmpDiv2.getAttributeNode('id');
        tmpDiv2.removeAttributeNode(attr);
        // divElm ID를 가진 Div의 id attribute node를 삭제
        console.log("After H3 ID : " + document.
        getElementById('divElm').
```

```
        getAttribute('id'));
        // id attribute node가 없어 에러 발생
}
</script>
</body>
</html>
```

위 코드를 처음 실행하면 다음과 같은 화면과 DOM Tree가 생성된다.

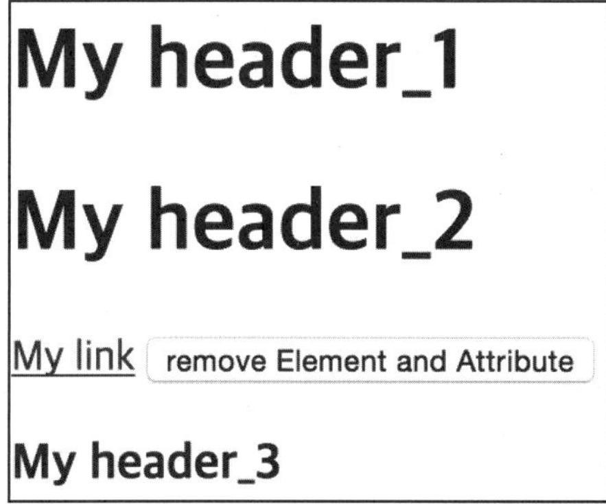

그림 6-9. DOM Element 제거 함수 예제 실행 결과

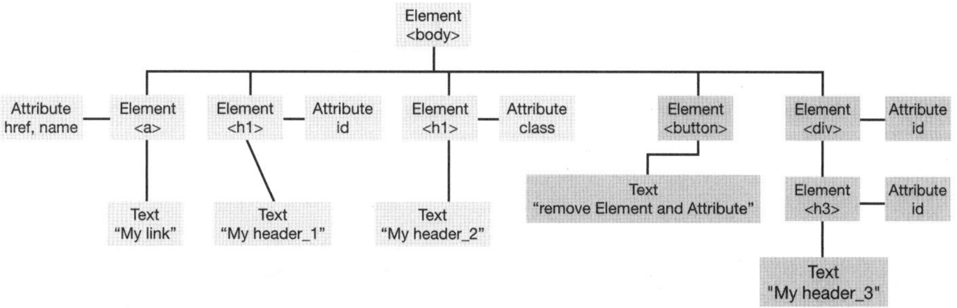

그림 6-10. DOM Element 제거 함수 예제 후 변경된 DOM Tree

화면에 있는 버튼(remove Element and Attribute)을 클릭하면 Document에 있는 Element와 Attribute를 삭제하면 DOM Tree가 변경되면서 화면 구성도 바뀐다. 그림 6-11은 그 결과 화면이다. DOM Tree에서 어떤 Element가 삭제 되었는지와 Console 창

에 어떤 Log가 나오는지 확인하길 바란다.

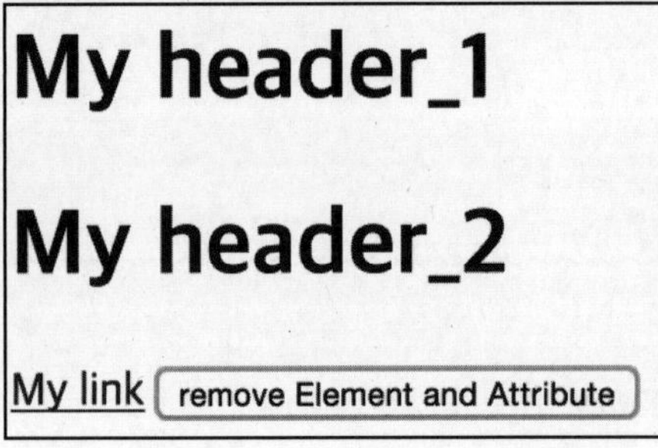

그림 6-11. DOM Element 제거 함수 예제 실행 결과

```
Before Anchor name : tagA
After Anchor name : null
Before DIV ID : divElm
⊗ ▶Uncaught TypeError: Cannot read property 'getAttribute' of null
```

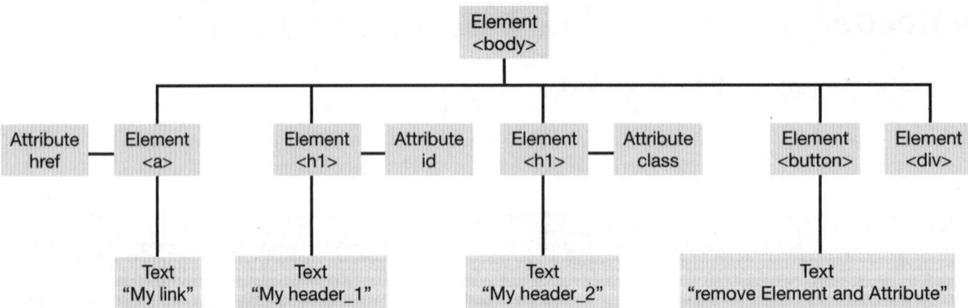

그림 6-12. Console 창에 출력된 DOM Element 제거 함수 예제 실행 결과

그림 6-13. DOM Element 제거 함수 예제 후 변경된 DOM Tree

5 DOM 활용

지금까지 배운 DOM을 이용하여 예제 코드를 만들어보자. 만들어 볼 예제는 영화가 끝나면 영화를 찍을 때 참여했던 인물들의 정보가 나오는 credit 화면이다. 그럼 하나씩 시작해 보자.

먼저 credit을 표현한 기본 Base가 되는 화면을 만들어보자.

코드 6-6. credit 기본 화면

```
<!DOCTYPE html>
<HTML>
<head>
        <meta charset="utf-8"/>
        <title>영화 credit 코드</title>

</head>
<body bgcolor="black" color="white">
        <div id="credit">
        </div>
</body>
</HTML>
```

위 코드를 실행하면 검정색 빈 화면 나온다. DOM Tree를 확인하면 아래와 같은 구조이다.

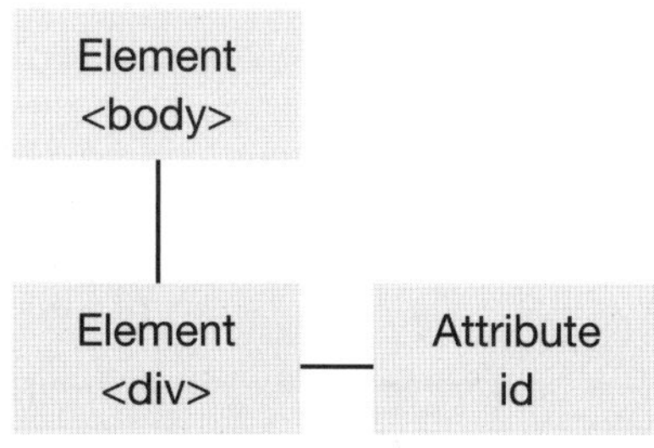

그림 6-14. credit 기본 DOM Tree 구조

이 기본 화면에 나타날 문장을 다음과 같이 배열로 선언하자.

```html
<!DOCTYPE html>
<HTML>
<head>
        <meta charset="utf-8"/>
        <title>영화 credit 코드</title>


</head>
<body bgcolor="black" color="white">
        <div id="credit">
        </div>
<script>
        // credit으로 나올 글씨들의 List를 array 선언
        var creditList = new Array(
                "윤동주 시집",
                "",
                "",
                "",
                "",
                "<서시>",
                "",
                "죽는 날까지 하늘을 우러러",
                "한점 부끄럼이 없기를,",
                "잎새에 이는 바람에도",
                "나는 괴로워했다.",
                "별을 노래하는 마음으로",
                "모든 죽어가는 것을 사랑해야지",
                "그리고 나한테 주어진 길을",
                "걸어가야겠다.",
                "",
                "오늘밤에도 별이 바람에 스치운다.",
                "",
                "",
                "",
```

```
            "",
            "<눈감고 가라>",
            "",
            "태양을 사모하는 아이들아",
            "별을 사랑하는 아이들아",
            "밤이 어두웠는데",
            "눈감고 가거라",
            "발부리에 돌이 채이거든",
            "감았던 눈을 와짝 떠라",
            "",
            "",
            "",
            "",
            "<새로운 길>",
            "",
            "내를 건너서 숲으로",
            "고개를 넘어서 마을로",
            "어제도 가고 오늘도 갈",
            "나의 길 새로운 길",
            "민들레가 피고 까치가 날고",
            "아가씨가 지나고 바람이 일고",
            "나의 길은 언제나 새로운 길",
            "오늘도.....  내일도.....",
            "내를 건너서 숲으로",
            "고개를 넘어서 마을로"
        );
</script>
</body>
</HTML>
```

~~~~~~
~~~~~~

코드 6-7을 실행한다고 해서 화면이 변하거나 DOM Tree 구조가 변하지는 않는다. 그 럼 이제부터 선언한 배열을 화면에 나타나도록 해보자. 이 코드에서는 앞에서 배웠던 getElementById( ), createElement( ), setAttribute( ), appendChild( ) 메소드와 for 반복 문을 사용해서 HTML Element를 생성해서 Document에 붙인다. 그리고 아직 배우지 않은 onload 이벤트를 사용해서 Element를 생성하는 함수를 호출할 것이다. body tag에 onload 이벤트는 document가 로딩이 완료되면 발생하는 이벤트이다. 이벤트 관련 내용 은 7장에서 좀 더 자세히 배워보도록 하겠다.

코드 6-8. credit 을 나타낼 Element 생성 코드

```html
<!DOCTYPE html>
<HTML>
<head>
        <meta charset="utf-8"/>
        <title>영화 credit 코드</title>


</head>
<body onload="startCredit()" bgcolor="black" color="white">
<!-- onload : 브라우저에서 문서 로딩이 완료되는 발생하는 이벤트
        onload 이벤트가 발생하면 startCredit() 함수가 호출 되도록 설정 -->
        <div id="credit">
        </div>
<script>
        // credit으로 나올 글씨들의 List를 array 선언
        var creditList = new Array(
                "윤동주 시집",
                "",
                "",
                "",
                "",
                "<서시>",
                "",
                "죽는 날까지 하늘을 우러러",
```

"한점 부끄럼이 없기를 , " ,

"잎새에 이는 바람에도" ,

"나는 괴로워했다 . " ,

"별을 노래하는 마음으로" ,

"모든 죽어가는 것을 사랑해야지" ,

"그리고 나한테 주어진 길을" ,

"걸어가야겠다 . " ,

"" ,

"오늘밤에도 별이 바람에 스치운다.",

"" ,

"" ,

"" ,

"" ,

"<눈감고 가라>" ,

"" ,

"태양을 사모하는 아이들아" ,

"별을 사랑하는 아이들아" ,

"밤이 어두웠는데" ,

"눈감고 가거라" ,

"발부리에 돌이 채이거든" ,

"감았던 눈을 와짝 떠라" ,

"" ,

"" ,

"" ,

"" ,

"<새로운 길>" ,

"" ,

"내를 건너서 숲으로" ,

"고개를 넘어서 마을로" ,

"어제도 가고 오늘도 갈" ,

"나의 길 새로운 길" ,

"민들레가 피고 까치가 날고" ,

"아가씨가 지나고 바람이 일고" ,

"나의 길은 언제나 새로운 길" ,

```
    "오늘도..... 내일도.....",
    "내를 건너서 숲으로",
    "고개를 넘어서 마을로"
);


var divCredit = null;          // credit DIV Element의 객체 변수


function startCredit() {

        divCredit = document.getElementById("credit");
        // credit Element 객체 검색
        var wiw = window.innerWidth;
        // 브라우저 윈도우의 width 사이즈 반환
        var wih = window.innerHeight;
        // 브라우저 윈도우의 height 사이즈 반환

        divCredit.style.cssText = "position:absolute
        ;top:"+wih+"px;left:0px;width:"+wiw+";height:"+0+"px;fo
        nt-size:20px;overflow:hidden;";
        // divCredit의 style.cssText 속성을 통해 text의 style을 한 번에 설정

        createDivs(creditList);
        // credit에 사용하는 text array를 사용한 Div 생성
    }

// creditList array에 있는 값을 textNode로 생성하여 credit에 child을 붙이는 함수
    function createDivs(arrayList){
        var tmpCenter=document.createElement("CENTER");
        // CENTER Element에 생성
        // creditList의 원소 개수만큼 for문을 돌면서 TextNode 생성
        for(var idx = 0;idx < arrayList.length;idx++){
            var tmpDiv = document.createElement("DIV");
            // DIV Element에 생성
            var tmpText = document.
```

```
                        createTextNode(arrayList[idx]);
                        // Array의 원소 값을 가지고 text node 생성
                        var tmpBr = document.createElement("BR");

                        // 줄바꿈을 하기 위해 BR element 생성
                        tmpDiv.setAttribute("id","textLine"+idx);
                        // DIV Element에 id attribute 생성
                        // tmpDiv.style.cssText = "position:relative;
                        // color:black;font-size:20px;background:white";
                        // 생성된 DIV에 style 설정
                        tmpDiv.style.cssText = "position:relative;color:
                        black;font-size:20px;"
                        tmpDiv.appendChild(tmpText);
                        // 생성한 Text Node를 DIV의 Child로 붙임
                        tmpDiv.appendChild(tmpBr);
                        // 생성한 BR Element를 DIV의 Child로 붙임
                        tmpCenter.appendChild(tmpDiv);
                        // 생성한 DIV Element를 CENTER의 Child로 붙임
                }

                divCredit.appendChild(tmpCenter);
                // 생성한 CENTER Element를 DIV(credit)의 Child로 붙임
        }



</script>
</body>
</HTML>
```

~~~~~~

위 코드를 실행하면 화면에 특별한 변화가 없는 것처럼 보이지만 DOM Tree를 확인해 보면 많은 차이가 있음을 확인할 수 있다. 아래 변화된 DOM Tree 구조 그림과 앞에 나왔던 DOM Tree와 차이점이 뭔지 보자.
~~~~~~

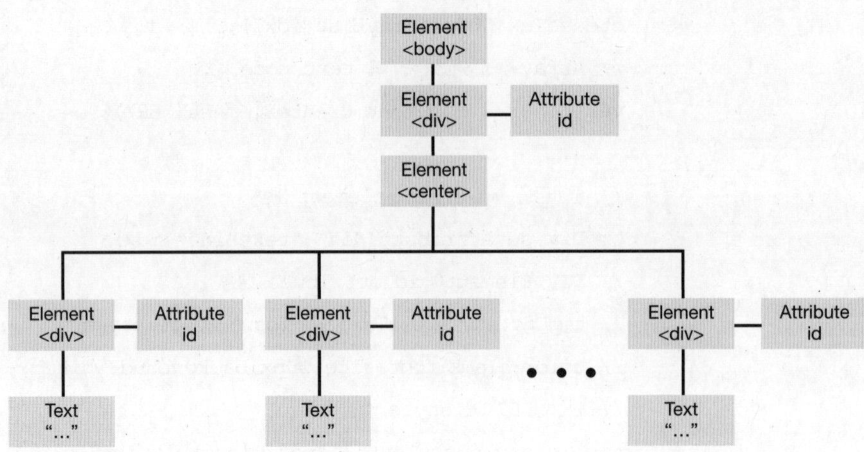

그림 6-15. 변경된 credit DOM Tree 구조

차이점을 쉽게 발견했을 거라 생각한다. 코드 6-7의 DOM Tree는 div 밑에 붙어 있는 Element가 없었다. 그런데 코드 6-8은 div 밑에 center tag가 붙어 있고, 그 center밑에는 여러 개의 div tag가 붙어 있음을 확인할 수 있다.

```
<body onload="startCredit()" bgcolor="black" color="white">
```

body의 onload 이벤트에 설정된 startCredit( ) 이벤트 핸들러가 동작하면서 creditList 배열의 원소를 html tag로 동적으로 생성해서 붙였기 때문이다.

마지막으로 화면에 credit 문장이 아래에서부터 천천히 나타나서 위에서 없어지는 동적인 화면을 만들어보자. 여기서는 setTimeout( )를 이용하여 계속 scroll 처리를 하는 scrollFirst( )와 scrollSecond( ) 함수를 호출하도록 한다.

간단하게 동작하는 알고리즘을 설명하겠다. 먼저 ID가 credit인 DIV에 크레딧으로 나타날 문자열을 검정색으로 설정해서 text node로 붙여 놓았다. body의 bgcolor를 black으로 했기 때문에 화면에는 크레딧 문자열이 보이지는 않는다. 이를 영화를 마지막 화면의 크레딧처럼 아래에서 위로 올라가게 하기 위해서 DIV(id: credit)의 top과 height를 값을 주기적으로 변경하여 위로 이동하게 하였다. 그와 동시에 text node의 color를 white로 변경시켜서 fade in/out 효과가 나타나도록 했다. 다시 설명하면 검정색의 DIV에 검정색의 글자를 넣어놓고, 위로 조금씩 DIV의 위치를 변경시키면서 동시에 글자색도 White로 변경해서 글자가 아래에서 위로 올라가는 효과가 나오도록 한 것이다.

알고리즘이 바로 이해가 안된다면 소스를 여러 번 읽어보길 바란다. 그리고 좀 더 실력을 늘리고 싶으면 알고리즘 관련 책을 가지고 학습해 보길 바란다. 모든 기능이 완성된 코드 소스는 아래와 같다.

코드 6-9. credit 효과 코드

```html
<!DOCTYPE html>
<HTML>
<head>
        <meta charset="utf-8"/>
        <title>영화 credit 코드</title>

</head>
<body onload="startCredit()" bgcolor="black" color="white">
<!-- onload : 브라우저에서 문서 로딩이 완료되는 발생하는 이벤트
        onload 이벤트가 발생하면 startCredit() 함수가 호출 되도록 설정 -->
        <div id="credit">
        </div>
<script>
        // credit으로 나올 글씨들의 List를 array 선언
        var creditList = new Array(
                "윤동주 시집",
                "",
                "",
                "",
                "",
                "<서시>",
```

"",
"죽는 날까지 하늘을 우러러",
"한점 부끄럼이 없기를 , ",
"잎새에 이는 바람에도",
"나는 괴로워했다 . ",
"별을 노래하는 마음으로",
"모든 죽어가는 것을 사랑해야지",
"그리고 나한테 주어진 길을",
"걸어가야겠다 . ",
"",
"오늘밤에도 별이 바람에 스치운다 . ",
"",
"",
"",
"",
"<눈감고 가라>",
"",
"태양을 사모하는 아이들아",
"별을 사랑하는 아이들아",
"밤이 어두웠는데",
"눈감고 가거라",
"발부리에 돌이 채이거든",
"감았던 눈을 와짝 떠라",
"",
"",
"",
"",
"<새로운 길>",
"",
"내를 건너서 숲으로",
"고개를 넘어서 마을로",
"어제도 가고 오늘도 갈",
"나의 길 새로운 길",
"민들레가 피고 까치가 날고",

```
        "아가씨가 지나고 바람이 일고",

        "나의 길은 언제나 새로운 길",

        "오늘도..... 내일도.....",

        "내를 건너서 숲으로",

        "고개를 넘어서 마을로"
);


var divCredit = null;      // credit DIV Element의 객체 변수
var divTop = 0;            // credit DIV Element의 top 위치 저장을 위한 변수
var divHeight = 0;
// credit DIV Element의 height 위치 저장을 위한 변수
var precounter = 0;
// text node fadein을 하기위한 counter 변수
var fadeout_on = false;    // credit text fadeout flag
var fadein_on = false;     // credit text fadein flag
var textAppearIdx = 0;
// credit Text를 fade in하기 위한 index 값
var textDisappearIdx=0;
// credit Text를 fade out하기 위한 index 값
var changeAppearCnt=0;
// credit Text를 fade in하기 위한 counter 값
var changeDisappearCnt=0;
// credit Text를 fade out하기 위한 counter 값
var appearColor = 0;
// credit Text를 fade in하기 위한 color 값
var disappearColor=255;
// credit Text를 fade out하기 위한 color 값
var tmpTop = 0;


function startCredit() {

        divCredit = document.getElementById("credit");
        // credit Element 객체 검색
        var wiw = window.innerWidth;
```

```javascript
// 브라우저 윈도우의 width 사이즈 반환
var wih = window.innerHeight;
// 브라우저 윈도우의 height 사이즈 반환

divCredit.style.cssText = "position:absolute
;top:"+wih+"px;left:0px;width:"+wiw+"px;height:"+0+";font
-size:20px;overflow:hidden;";
// divCredit의 style.cssText 속성을 통해 text의 style을 한 번에 설정

createDivs(creditList);
// credit에 사용하는 text array를 사용한 Div 생성
scrollFirst();
}

// creditList array에 있는 값을 textNode로 생성하여 credit에 child를 붙이는 함수
function createDivs(arrayList){
    var tmpCenter=document.createElement("CENTER");
    // CENTER Element에 생성
    // creditList의 원소 개수만큼 for문을 돌면서 TextNode 생성
    for(var idx = 0;idx < arrayList.length;idx++){
        var tmpDiv = document.createElement("DIV");
        // DIV Element에 생성
        var tmpText = document.
        createTextNode(arrayList[idx]);
        // Array의 원소 값을 가지고 text node 생성
        var tmpBr = document.createElement("BR");

        // 줄바꿈을 하기 위해 BR element 생성
        tmpDiv.setAttribute("id","textLine"+idx);
        // DIV Element에 id attribute 생성
        //tmpDiv.style.cssText = "position:relative;color:
        black;font-//size:20px;background:white";
        // 생성된 DIV에 style 설정
        tmpDiv.style.cssText = "position:relative;color:
```

```javascript
                black;font-size:20px;"
                tmpDiv.appendChild(tmpText);
                // 생성한 Text Node를 DIV의 Child로 붙임
                tmpDiv.appendChild(tmpBr);
                // 생성한 BR Element를 DIV의 Child로 붙임
                tmpCenter.appendChild(tmpDiv);
                // 생성한 DIV Element를 CENTER의 Child로 붙임
        }


        divCredit.appendChild(tmpCenter);
        // 생성한 CENTER Element를 DIV(credit)의 Child로 붙임
}



function scrollFirst(){
        divTop = parseInt(divCredit.style.top);
        // top 값을 Integer형으로 변환
        if(isNaN(divTop)){

                // divTop 값이 숫자가 아닌지 검사하여 숫자가 아니면 0으로 설정
                divTop = 0;
        }

        divTop -= 2;

        // scroll 처리를 위해서 top 값을 2씩 감소
        divCredit.style.top = divTop+"px";
        // credit DIV의 top 값을 재설정
        setTimeout("scrollSecond()",20);
        // 20 밀리세컨드 후에 scrollSecond() 호출
}



function scrollSecond() {
```

```javascript
divHeight = parseInt(divCredit.style.height);
// height 값을 Integer형으로 변환
if (isNaN(divHeight)){

        // divHeight 값이 숫자가 아닌지 검사하여 숫자가 아니면  0으로 설정
        divHeight = 0;
}
divHeight += 2;
// scroll 처리를 위해서 height 값을 2씩 증가
divCredit.style.height = divHeight+"px";
// credit DIV의 height 값을 재설정

precounter++;
// text가 나오는 시점을 계산하기 위해서 precounter 증가
if(precounter > 20) {
        fadein_on = true;
}
if(fadein_on) {
        if(textAppearIdx < creditList.length) {
                var tmpText1 = document.getElementById("
                textLine"+textAppearIdx);
                //credit text node를 검색
                tmpText1.style.color = "rgb("+appearColor
                +","+appearColor+","+appearColor+")";

                // 글자색을 천천히 black -> white로 변경하기 위해 변수처리
                appearColor+=17; // text color 변수 17씩 증가
        }
        changeAppearCnt++;
        // fade in 처리를 위한 counter 증가
        if(changeAppearCnt > 15) {
                changeAppearCnt=0;
                // fade in 처리를 위한 Counter 초기화
                appearColor=0;
```

```javascript
                // color 값 초기화 0
                textAppearIdx++;

                // 다음 text node index 값
            }
        }
        tmpTop = parseInt(divCredit.style.top);
        if (isNaN(tmpTop)){
                tmpTop = 0;
        }
        if(tmpTop < 120 && fadeout_on==false) {
                // fade out 처리 시작을 Credit DIV의 top이 60일 때부터 시작
                fadeout_on=true;
        }
        if(fadeout_on) {
                if(textDisappearIdx < creditList.length) {
                        var tmpText2 = document.getElementById(
                        "textLine"+textDisappearIdx);
                        tmpText2.style.color="rgb("+disappearCo
                        lor+","+disappearColor+","+disappearColor+")";
                        disappearColor-=17;
                        // text color 변수 17씩 감소
                }
                changeDisappearCnt++;
                // fade out 처리를 위한 counter 증가
                if(changeDisappearCnt>15) {
                        changeDisappearCnt=0;
                        // fade out 처리하기 위한 Counter 초기화
                        disappearColor=255;

                        // color 값 초기화 255
                        textDisappearIdx++;
```

```
                                    // 다음 text node index 값

                }
            }
            setTimeout("scrollFirst()",20);
        }
</script>
</body>
</HTML>
```

~~~~~~

위 코드를 실행하면 아래와 같이 credit이 아래에서 위로 올라가는 화면이 나올 것이다.

그림 6-16. credit 효과 코드 화면
~~~~~~

Javascript

이벤트

자바스크립트는 사용자와 웹 페이지간 상호 반응을 하기 위해서 이벤트를 제공한다. 그 이벤트는 마우스, 키보드, 터치, DOM 변경, HTML 프레임 등에서 발생한다. 여기서는 모든 이벤트를 다루기보다는 이벤트가 무엇인지, 어떻게 바인딩하는지 그리고 어떻게 동작하는지 등의 전반적인 이벤트의 원리를 배워볼 것이다. 그 이유는 너무 많은 이벤트가 있기 때문에 지면상의 한계가 있고, 대부분의 이벤트가 동작하는 원리는 같고, 발생하는 조건만 다르기 때문이다. 그래서 몇 개의 이벤트를 다룰 줄 알면 다른 이벤트는 동일한 방식으로 처리하면 된다.

1 이벤트란?

웹 페이지에서 이벤트는 사용자가 무언가를 클릭하거나, 특정 화면 위로 마우스를 가져가거나, 특정한 키를 누를 때 발생한다. 그리고 브라우저에서 웹 페이지의 로딩을 끝냈거나, 사용자가 페이지를 스크롤하거나, 브라우저 창의 크기를 조절할 때도 발생한다. 자바스크립트를 통해 어떤 이벤트가 일어나는지를 알 수 있으며 이벤트에 따라 특정한 동작을 하도록 할 수 있다.

다음 코드는 window 객체의 load 이벤트가 발생하면 start( ) 함수를 호출하는 코드이다. 여기서 onload의 발생 시점은 웹 페이지에 포함된 모든 것들이 완전히 로드되었을 때이다.

```html
<!DOCTYPE html>
<HTML>
<head>
        <meta charset="utf-8"/>
</head>
<body onload="start( )" bgcolor="black" color="white">
<script>
        // window의 load 이벤트가 발생하는 start( ) 함수 실행
        function start( ){
                alert("onload 이벤트 발생");
        }
</script>
</body>
</HTML>
```

위 코드를 실행하면 아래와 같이 팝업이 나타난다.

그림 7-1. load 이벤트 코드 실행 결과

이벤트라고 해서 특별히 어려운 건 없다. 이벤트가 발생하면 그 이벤트를 받아서 처리하면 된다. 이게 끝이다. 그러기 위해서는 필요한 이벤트가 무엇인지, 언제 발생하는지, 이벤트를 처리하기 위해서 필요한 정보는 어떻게 구하는지를 알아야 한다.

이벤트에서 사용하는 용어를 알아야 정확하게 이벤트를 검색 및 활용할 수가 있다. 그렇다고 이벤트 관련 용어가 많지 않다. 코드 7-1을 사용하여 용어를 정리하고 매핑해보겠다.

용어	뜻	코드와 매핑
이벤트 타겟	이벤트가 일어날 객체	body
이벤트 타입(이름)	이벤트의 종류	load
이벤트 속성	이벤트의 속성	onload
이벤트 핸들러(리스너)	이벤트가 발생했을 때 동작하는 코드	start ( )
이벤트 모델	문서 객체에 이벤트를 연결하는 방법	onload="start ( )"

표 7-1. 이벤트 용어

위 표의 내용을 앞의 코드 7-1을 가지고 용어에 해당되는 게 어떤 건지 알아보자. 위 예제에서 이벤트와 관련된 부분을 가져오면 아래와 같다.

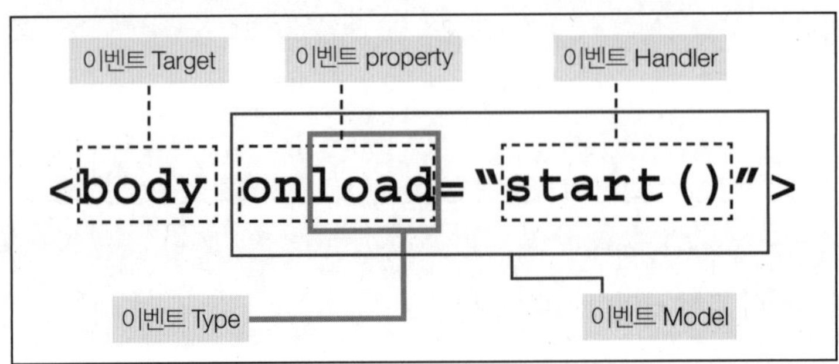

그림 7-2. 이벤트 용어

body tag에 이벤트가 설정되어 있기 때문에 이벤트 타겟(Target)은 body이다. 그리고 문서가 로딩이 완료되면 start( )라는 함수를 호출하도록 설정되어있다. 그래서 이벤트 속성(property)은 onload이고, 이벤트 핸들러(Handler)는 start( )이다. 그리고 이벤트 Model은 onload="start( )"이다. onload 이벤트이기 때문에 이벤트 타입(type)은 load이다.

2 이벤트 등록 방법 및 제거 방법

이벤트를 받아서 처리하기 위해서는 이벤트 핸들러가 이벤트 대상에 등록되어야 한다. 이번 장에서 이벤트를 등록하는 방법에 대해서 알아보자. 이벤트를 등록하는 방법은 총 3가지가 있다.

방식	설명
Inline 방식	이벤트를 이벤트 tag 속성으로 지정
Property 방식	이벤트 대상에 해당하는 객체의 프로퍼티로 이벤트를 등록
표준 이벤트 모델 방식	이벤트 대상에 addEventListener( )을 통해 이벤트 등록 (표준 이벤트 모델) 이벤트 대상에 attachEvent( )를 통해 이벤트 등록(Internet Explorer 전용 이벤트 모델)

표 7-2. 이벤트 등록 방법

2.1 Inline 방식

Inline 방식은 HTML 페이지에서 가장 기본적인 이벤트 연결 방법으로 이벤트 대상이 되는 HTML tag의 속성에 이벤트를 정의하는 방법이다. 간단한 코드를 통해 이해해 보자.

코드 7-2. Inline 방식의 이벤트 등록 코드

```html
<!DOCTYPE html>
<HTML>
<head>
        <meta charset="utf-8"/>
</head>
<body>수
<!--Inline 방식으로 이벤트 핸들러 연결 -->
<input type="button" onclick="alert('Hello world, button');"
value="button1" />
<!-- Inline 방식으로 Script Tag 안에 정의된 이벤트 핸들러 함수 연결 -->
<input type="button" onclick="clickEventFunction()" value="button2" />
<script>
        //이벤트 핸들러로 사용될 함수
        function clickEventFunction( ){
                alert("Function Hello World ");
```

```
        }
</script>
</body>
</HTML>
```

~~~~~~

위 코드에 나오는 버튼을 클릭하면 아래와 같은 alert( ) 창이 나타난다. 먼저 onclick 이 벤트에 alert( )를 이벤트 핸들러로 등록한 버튼을 클릭했을 때 나오는 alert( ) 창이다.

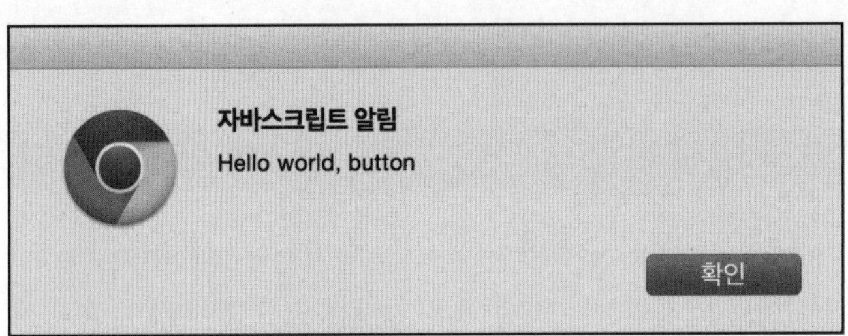

그림 7-3. Inline 방식 코드 실행 결과 1

두 번째는 onclick 이벤트에 clickEventFunction( )를 이벤트 핸들러로 등록한 버튼을 클릭했을 때 clickEventFunction( ) 함수가 호출되면서 발생하는 alert( ) 창이다.

그림 7-4. Inline 방식 코드 실행 결과 2

Inline 방식은 tag 안에 관련된 이벤트가 포함되어 있기 때문에 쉽게 이벤트 처리 내용을 알 수가 있다. 하지만 이 책을 처음 배웠을 때 잠깐 언급했었던 정보(HTML)와 제어(JavaScript)를 분리를 할 수 없기 때문에 Inline 방식으로 이벤트를 등록하지 않는걸 추천한다.
~~~~~~

HTML tag에는 기본으로 등록된 이벤트 핸들러가 있다. 앞에서 몇 번 봤겠지만 〈a〉 tag 이다. 〈a〉 tag를 클릭하면 특별히 이벤트를 등록하지 않아도 속성으로 정의된 URL 페이지로 이동한다. 그 이유는 〈a〉 tag에 기본 이벤트 핸들러가 있기 때문이다.

보통 기본 이벤트 핸들러를 제거하는 HTML Element는 입력과 관련된 것이다. 예를 들어 입력된 값이 정확한지 validation check를 위해서 기본 이벤트를 제거한다. 제거 방법은 이벤트 핸들러에서 false를 반환해 주면 된다. 예를 통해 어떻게 처리하는지 알아보자.

코드 7-3. 디폴트 이벤트 제거 코드

```html
<!DOCTYPE html>
<HTML>
<head>
        <meta charset="utf-8"/>
</head>
<body>
<form id="formTag" action="http://google.com">
    <label for="name">Input Name</label>
    <input id="name" type="name" />
    <input type="submit" />
</form>
<script>
        // 이벤트 타겟 객체를 검색
        var formTag = document.getElementById('formTag');
        // form tag의 dafault event인 onsumit 이벤트를 제거하고
        // 다른 이벤트 핸들러를 통해 유효성 검사
        formTag.onsubmit = function(event){
        if(document.getElementById('name').value.length === 0){
                alert('Name 미입력');
                return false;
                // 유효성 검사 실패로 false 반환하여 onsubmit 이벤트 중지
        }
        else{
                alert('올바른 입력');
        }
```

```
    };
</script>
</body>
</HTML>
```

위 코드를 실행하면 다음과 같이 화면에 name을 입력하는 화면이 나온다.

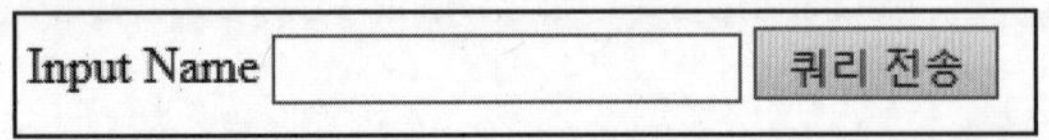

그림 7-5. name 입력 화면

input 박스에 아무것도 입력하지 않고 제출 버튼을 클릭하면 다음과 같은 alert( ) 창이 나
오고 현재 창에 머물러 있다.

그림 7-6. 디폴트 이벤트 제거 코드 결과

반대로 input 박스에 아무거나 입력 후 제출 버튼을 누르면 "올바른 입력"이라는 alert창
이 나온다. 확인 버튼을 클릭하면 google 페이지로 이동하는걸 확인할 수 있다.

그림 7-7. name 입력 확인 창

그림 7-8. google로 이동한 화면

2.2 Property 방식

Property 방식은 이벤트 타겟이 되는 객체의 프로퍼티에 이벤트를 등록하는 방식이다. 이 방식은 getElementById( ) 함수와 같이 DOM 객체를 검색하는 메소드를 사용하여 문서 객체를 가져와서 객체의 이벤트 속성에 이벤트 핸들러를 등록하는 방법이다.

코드7-4. Property 방식의 이벤트 등록 코드

```
<!DOCTYPE html>
<HTML>
<head>
      <meta charset="utf-8"/>
</head>
<body>
<input type="button" id="btn" value="button" />
<script>
      // getElementById()를 통해 문서 객체 검색
      var btn = document.getElementById('btn');
      // 이벤트 타겟 객체 속성에 이벤트 핸들러 연결
      btn.onclick = function(){
```

```
        alert('Hello world');
    }
</script>
</body>
</HTML>
```

위 코드를 실행하면 아래와 같이 alert( ) 창이 나온다.

그림 7-9. property 방식의 이벤트 등록 코드 결과

property 방식을 통해 이벤트를 등록하면 정보(HTML)와 제어(JavaScript)를 분리할 수 있어서 추천하는 방식이다. 하지만 이 방식보다는 다음에 나오는 DOM Level 2의 표준 이벤트 모델 방식을 더 추천한다.

이제 이벤트를 삭제하는 방법을 알아보자. 등록된 이벤트를 삭제하는 방법은 이벤트 객체의 이벤트 property를 null 처리만 하면 된다. 다음 코드를 통해 어떻게 제거하는지 알아보자.

코드 7-5. 이벤트 객체의 property를 통한 이벤트 제거 코드

```
<!DOCTYPE html>
<HTML>
<head>
        <meta charset="utf-8"/>
</head>
```

```
<body>
<input type="button" id="btn" value="button" />
<script>
    // getElementById( )를 통해 문서 객체 검색
    var btn = document.getElementById('btn');

    function btnEvent(){
        alert('Hello world');
        btn.onclick = null;   // onclick 이벤트에 등록된 핸들러 제거
    }
        btn.onclick = btnEvent;
        // onclick 이벤트에 btnEvent( )를 이벤트 핸들러로 등록
</script>
</body>
</HTML>
```

위 코드를 실행하면 아래 화면과 같이 버튼 하나가 나온다.

그림 7-10. 코드 7-5 실행 화면

처음 화면이 로딩되고 버튼을 처음 클릭하면 alert( ) 창이 나온다.

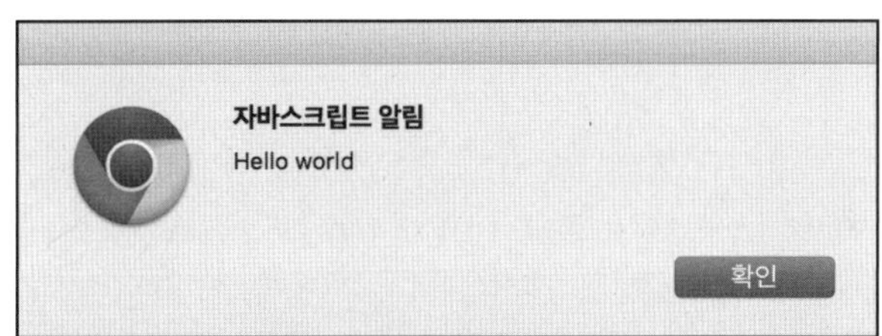

그림 7-11. 코드 7-5를 처음 실행해서 button 클릭 시 나오는 alert 창

확인 버튼을 클릭하여 alert 창을 닫은 후 다시 화면에 버튼을 누르면 alert 창이 다시
나타나지 않는다. 그 이유는 이벤트 핸들러로 등록된 btnEvent( )에서 이벤트 객체의
onclick 이벤트 속성을 null 처리했기 때문에 더 이상 click 이벤트를 받아서 처리한 이벤
트 핸들러가 없기 때문이다.

2.3 표준 이벤트 모델 방식(DOM Level 2)

표준 이벤트 모델은 W3C(웹 표준을 만드는 단체)에서 표준으로 정의한 DOM Level 2의
이벤트 모델이다. 표준 이벤트 모델의 가장 큰 특징은 한 번에 여러 개의 이벤트를 등록
할 수 있다는 것이다.
표준 이벤트 모델에서 이벤트를 등록하기 위해서는 아래 함수를 이용해야 한다.

함수명	설명
addEventListener(eventType, eventHandler, useCapture)	eventName : 이벤트 타입(이름) eventHandler : 이벤트 핸들러 명 useCapture : 이벤트 캡처링 여부(default : false)
attachEvent(eventName, eventHandler)	eventName : 이벤트 타입(이름) eventHandler : 이벤트 핸들러 명 참고 : Internet Explorer이벤트 모델

표 7-3. 표준 이벤트 등록 함수 정의

코드를 통해 어떻게 이벤트를 등록하는지 확인해 보자.

코드 7-6. 표준 이벤트 모델 코드

```
<!DOCTYPE html>
<HTML>
<head>
      <meta charset="utf-8"/>
</head>
<body>
```

```html
<input type="button" id="btn" value="button" />
<script>
    // getElementById( )를 통해 문서 객체 검색
    var btn = document.getElementById('btn');

    function btnEvent1(){
        alert('Hello world 1');
    }
    function btnEvent2(){
        alert('Hello world 2');
    }
        if(btn.addEventListener){
        // 표준 이벤트 모델을 통한 등록
            btn.addEventListener('click', btnEvent1);
            // 복수개의 이벤트 등록
            btn.addEventListener('click', btnEvent2);
        } else if(btn.attachEvent){
            // IE 전용의 이벤트 추가 메소드를 통한 등록
            btn.attachEvent('onclick', btnEvent1);
            // 복수개의 이벤트 등록
            btn.attachEvent('onclick', btnEvent2);
        }
</script>
</body>
</HTML>
```

위 코드를 실행하면 버튼에 두 개의 이벤트가 등록이 돼서 alert창이 두 개가 나타난다.

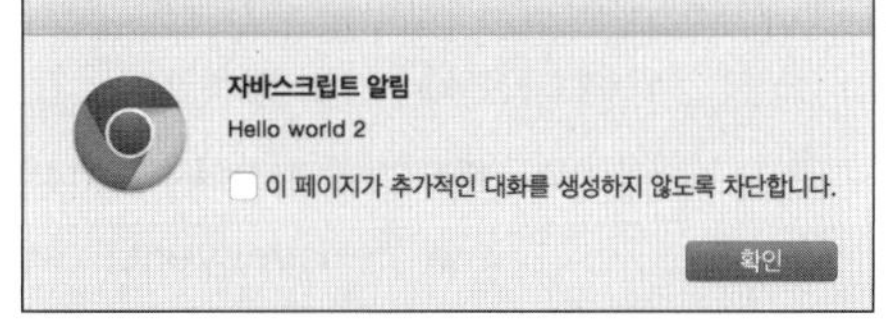

그림 7-12. 표준 이벤트 모델 코드 결과

마지막으로 표준 이벤트 모델에서는 이벤트를 제거하는 방법을 알아보자. 등록과 마찬가지로 제거 함수가 있다.

함수명	설명
removeEventListener(eventType, eventHandler)	eventName : 이벤트 타입(이름) eventHandler : 이벤트 핸들러 명
detachEvent(eventName, eventHandler)	eventName : 이벤트 타입(이름) eventHandler : 이벤트 핸들러 명 참고 : 인터넷 익스플로러 이벤트 모델

표 7-4. 표준 이벤트 삭제 함수 정의

코드를 통해 어떻게 사용하는지 알아보자. 앞에서 사용했던 코드에 제거 함수를 통해 이벤트를 제거하는 코드이다.

코드 7-7. 표준 이벤트 모델 제거 함수 코드

```html
<!DOCTYPE html>
<HTML>
<head>
    <meta charset="utf-8"/>
</head>
<body>
<input type="button" id="btn" value="button" />
<script>
    // getElementById( )를 통해 문서 객체 검색
    var btn = document.getElementById('btn');

    function btnEvent1(){
        alert('Hello world 1');
        if(btn.removeEventListener){ // 표준 이벤트 모델을 통한 이벤트 제거
            btn.removeEventListener('click', btnEvent1);
            // 이벤트 제거
```

```
        } else if(btn.detachEvent){

                // IE 전용의 이벤트 제거 메소드를 통한 제거
                btn.detachEvent('onclick', btnEvent1);
        }
    }
        if(btn.addEventListener){              // 표준 이벤트 모델을 통한 등록
                btn.addEventListener('click', btnEvent1);    // 이벤트 등록

        } else if(btn.attachEvent){
        // IE 전용의 이벤트 추가 메소드를 통한 등록
                btn.attachEvent('onclick', btnEvent1);       // 이벤트 등록
        }
</script>
</body>
</HTML>
```

위 코드를 실행해서 처음 버튼을 클릭하면 alert( ) 창이 나온다. 이 후에 다시 버튼을 클릭하면 더 이상 alert( ) 창이 나오지 않는다. 그 이유는 이벤트 제거 함수를 통해 등록된 이벤트 핸들러를 제거했기 때문에 click 이벤트가 발생했을 때 처리할 이벤트 핸들러가 없기 때문이다.

3 이벤트 객체

이벤트 객체는 이벤트에 관한 종류, 대상, 발생 위치 등 정보를 제공하는 객체이다. 간단한 코드를 통해 이벤트 객체가 가지고 있는 정보를 출력해보자.

```
<!DOCTYPE html>
<HTML>
<head>
        <meta charset="utf-8"/>
</head>
<body>
<input type="button" id="btn" value="button" />
<script>
        // getElementById( )를 통해 문서 객체 검색
        var btn = document.getElementById('btn');
        btn.onclick = function(e){
                var event = e || window.event;          // 이벤트 객체 설정
                document.body.innerHTML = "";
                for(var key in event){
                // event 객체의 요소를 전부 화면에 출력하기 위해 for in 구문 사용
                        document.body.innerHTML += key + ':' + event[key] +
                        '<br>';
        };
    };
</script>
</body>
</HTML>
```

위 코드에서 이벤트 객체를 가져올 때 아래와 같은 방식을 사용한다.

```
    var event = e || window.event;
```

그 이유는 Internet Explorer 8 이하 버전에서는 이벤트를 window.event로 전달하지만 다른 브라우저에서는 이벤트 핸들러의 매개변수로 전달하기 때문이다. e 값이 존재하면

event 변수에 e를 전달하지만 e 값이 없거나 undefined이면 window.event 속성을 전달하는 or 연산이다.

위 코드를 실행하면 화면에 event 객체가 가지고 있는 속성을 키:값 형식으로 출력한다.

```
screenX:244
screenY:112
clientX:30
clientY:17
ctrlKey:false
shiftKey:false
altKey:false
metaKey:false
button:0
buttons:0
relatedTarget:null
pageX:30
pageY:17
x:30
y:17
offsetX:30
offsetY:17
movementX:0
movementY:0
fromElement:null
toElement:[object HTMLInputElement]
which:1
webkitMovementX:0
webkitMovementY:0
layerX:30
layerY:17
dataTransfer:null
initMouseEvent:function initMouseEvent() { [native code] }
view:[object Window]
detail:1
charCode:0
keyCode:0
initUIEvent:function initUIEvent() { [native code] }
type:click
target:[object HTMLInputElement]
currentTarget:[object HTMLInputElement]
eventPhase:2
bubbles:true
cancelable:true
defaultPrevented:false
timeStamp:1443941884990
path:[object HTMLInputElement],[object HTMLBodyElement],[object HTMLHtmlElement],[object HTMLDocument],[object Window]
srcElement:[object HTMLInputElement]
```

그림 7-13. Event 객체 속성 출력 코드

Event 객체가 가지고 있는 대표적인 속성들의 의미는 다음과 같다.

속성	의미
keyCode	누른 키의 ASCII 정수 값
altKey	Alt Key가 누른 상태인지 나타냄(true/false)
ctrlKyt	Ctrl Key가 누른 상태인지 나타냄(true/false)
button	마우스 왼쪽 버튼 1, 오른쪽 2, 가운데 3
x	HTML 기준으로 이벤트가 발생한 X 좌표
y	HTML 기준으로 이벤트가 발생한 Y 좌표
clientX	HTML 기준으로 이벤트가 발생한 X 좌표
clientY	HTML 기준으로 이벤트가 발생한 Y 좌표
screenX	화면을 기준으로 이벤트가 발생한 X 좌표
screenY	화면을 기준으로 이벤트가 발생한 Y 좌표

표 7-5. Event 객체 속성

4 이벤트 전파

자바스크립트에서는 이벤트 전파에 대한 캡처링과 버블링이라는 두 가지 개념이 있다. 하지만 이 두 가지 전파방식은 복수개의 이벤트가 등록되었을 경우에만 해당하기 때문에 addEventListener 또는 attachEvent로 이벤트를 등록했을 경우에만 해당된다. 그럼 이벤트 전파의 두 가지 개념과 그 전파를 중단하는 방법에 대해 알아보자.

4.1 이벤트 버블링(Event Bubbling)

자바스크립트는 기본적으로 이벤트 전파는 버블링 방식을 따른다. 즉 자식 노드에서 이벤트가 발생하면 부모 쪽으로 해당 이벤트가 전달이 된다는 뜻이다.
코드를 통해 어떻게 버블링이 발생되는지 확인해 보자.

코드 7-9. 이벤트 버블링 코드

```html
<!DOCTYPE html>
<html>
<head>
```

```html
<meta charset="utf-8"/>
</head>
<body onload = fnOnLoad()>
        <div id="depth1" style="margin: 10px; padding: 10px;
        background-color: red;">
                <div id="depth2" style="margin: 10px; padding: 10px;
                background:yellow">
                        <div id="depth3" style="margin: 10px; padding:
                        10px; background:blue">
            DEPTH3
                        </div>
            DEPTH2
                </div>
        DEPTH1
        </div>
<script>
function fnOnLoad() {
    // 이벤트 전파 타입을 배열
    var eventPhase = {
        0: 'NONE',
        1: 'CAPTURE',
        2: 'TARGET',
        3: 'BUBBLE'
    };
    // 이벤트를 등록할 이벤트 타겟을 검색
    var depth1 = document.getElementById('depth1');
    var depth2 = document.getElementById('depth2');
    var depth3 = document.getElementById('depth3');

    // 이벤트 타겟에 표준 이벤트 모델을 통해 Click 이벤트를 등록
        depth1.addEventListener("click", function(e){console.
        log(eventPhase[e.eventPhase] + " : depth1");},false);
        depth2.addEventListener("click", function(e){console.
        log(eventPhase[e.eventPhase] + " : depth2");},false);
```

```
depth3.addEventListener("click", function(e){console.
log(eventPhase[e.eventPhase] + " : depth3");},false);


}


</script>
</body>
</html>
```

위 코드를 실행해서 파랑 색으로 나타난 depth3의 div를 클릭하면 Parent node로 전파돼 서 올라가는 모습을 콘솔 창에서 확인할 수 있다. 결과는 다음과 같다.

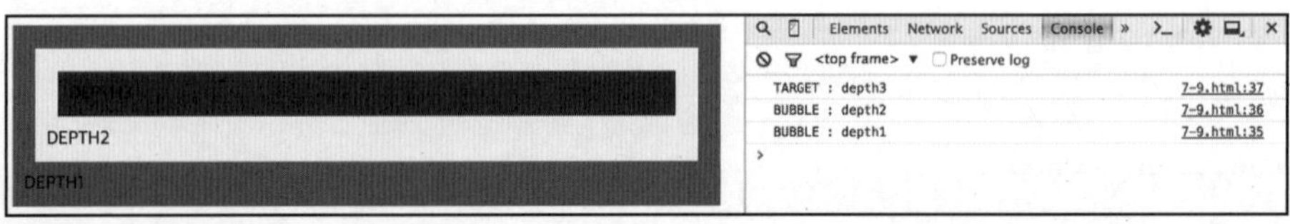

그림 7-14. 이벤트 버블링 코드 실행 결과

위 코드를 그림을 통해 버블링이 어떻게 진행되는지 이해해보자.

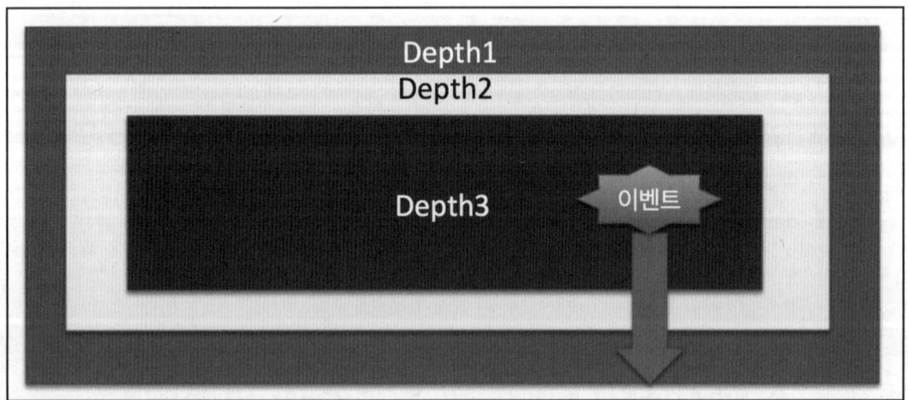

그림 7-15. 이벤트 버블링 전파 방향

4.2 이벤트 캡처링(Event Capturing)

이벤트 캡처링은 이벤트가 발생하면 이벤트가 발생한 노드를 포함한 부모 최상의 노드부터 이벤트의 발생지인 자식 요소까지 이벤트를 검사하면서 핸들러를 실행하는 것을 의미한다.

참고로 이벤트 캡처링은 익스플로러에서 지원하지 않는다. 일단 코드를 통해 캡처링을 하려면 어떻게 해야 하는지 알아보자.

코드 7-10. 이벤트 캡처링 코드

```html
<!DOCTYPE html>
<html>
<head>
<meta charset="utf-8"/>
</head>
<body onload = fnOnLoad()>
        <div id="depth1" style="margin: 10px; padding: 10px;
        background-color: red;">
                <div id="depth2" style="margin: 10px; padding: 10px;
                background:yellow">
                        <div id="depth3" style="margin: 10px; padding:
                        10px; background:blue">
        DEPTH3
                        </div>
        DEPTH2
                </div>
        DEPTH1
        </div>
<script>
function fnOnLoad() {
    // 이벤트 전파 타입을 배열
    var eventPhase = {
        0: 'NONE',
        1: 'CAPTURE',
        2: 'TARGET',
```

```
        3: 'BUBBLE'
    };
    // 이벤트를 등록할 이벤트 타겟을 검색
    var depth1 = document.getElementById('depth1');
    var depth2 = document.getElementById('depth2');
    var depth3 = document.getElementById('depth3');


    // 이벤트 타겟에 표준 이벤트 모델을 통해 Click 이벤트를 등록
    depth1.addEventListener("click", function(e){console.
    log(eventPhase[e.eventPhase] + " : depth1");},true);
    depth2.addEventListener("click", function(e){console.
    log(eventPhase[e.eventPhase] + " : depth2");},true);
    depth3.addEventListener("click", function(e){console.
    log(eventPhase[e.eventPhase] + " : depth3");},true);


}


</script>
</body>
</html>
```

코드 7-10을 보면 코드 7-9와 거의 동일하다. 다른 점은 이벤트를 등록하는 addEventListener( ) 함수의 3번째 값을 true로 한 게 다른 부분이다. addEventListener( ) 의 정의를 보면 3번째 인자가 capturing 여부를 결정하는 값이었다. 위 코드를 실행해서 Depth3 부분을 클릭해보자. 이벤트가 어디서부터 시작되는지 확인해 보면 캡처링이 어디서부터 시작하는지 알 수가 있을 것이다. 결과는 아래와 같다.

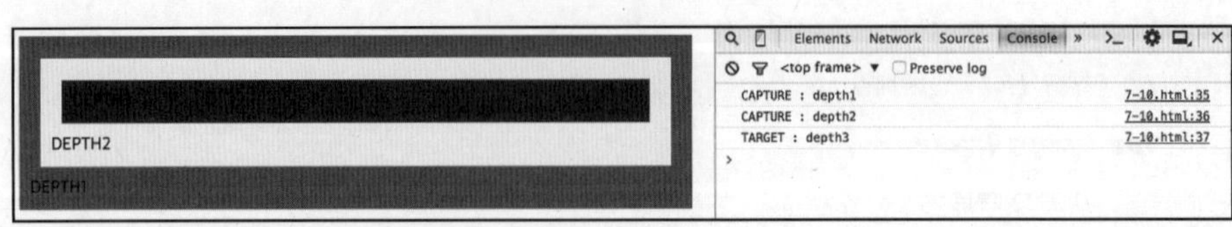

그림 7-16. 이벤트 캡처링 코드 실행 결과

위 코드를 그림을 통해 캡처링이 어떻게 진행되지 이해해보자.

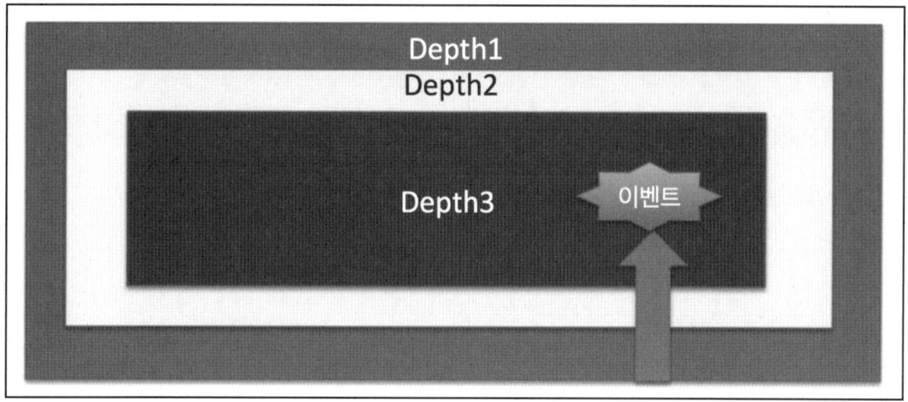

그림 7-17. 이벤트 캡처링 전파 방향

이벤트 버블링과 비교해 보면 이벤트가 발생한 곳은 같지만 이벤트가 전파되는 시작점
과 끝점이 다른걸 확인할 수 있다.

5   이벤트 중단

처음 개발했던 의도로 다르게 이벤트가 전파되어 오동작을 하는 경우가 있다. 이럴때는
의도하지 않는 이벤트 전파를 막기 위해서 이벤트 전파를 중단시켜야 한다. 이벤트를 중
단시키는 방법을 정리하면 아래와 같다.

방법	설명
stopPropagation()	이벤트가 상위로 전파되지 않도록 중단
stopImmediatePropagation()	이벤트가 상위로 전파되지 않도록 현재 레벨에 등록된 모든 이벤트 중단

표 7-6. Event 중단 함수

5.1 stopPropagation( )

stopPropagation( )는 이벤트가 Parent로 전파되지 않도록 하는 함수이다. 다음 코드를
통해 어떻게 동작하는지 알아보자.

코드 7-11. stopPropagation( ) 코드

```html
<!DOCTYPE html>
<html>
<head>
<meta charset="utf-8"/>
</head>
<body onload = fnOnLoad()>
        <div id="depth1" style="margin: 10px; padding: 10px;
     background-color: red;">
                <div id="depth2" style="margin: 10px; padding: 10px;
                background:yellow">
                        <div id="depth3" style="margin: 10px; padding:
                        10px; background:blue"> .
        DEPTH3
                </div>
        DEPTH2
            </div>
    DEPTH1
        </div>
<script>
function fnOnLoad() {
    // 이벤트 전파 타입을 배열
    var eventPhase = {
        0: 'NONE',
        1: 'CAPTURE',
        2: 'TARGET',
        3: 'BUBBLE'
    };
```

```
            // 이벤트를 등록할 이벤트 타겟을 검색
            var depth1 = document.getElementById('depth1');
            var depth2 = document.getElementById('depth2');
            var depth3 = document.getElementById('depth3');

            // 이벤트 타겟에 표준 이벤트 모델을 통해 Click 이벤트를 등록
            depth1.addEventListener("click", function(e){console.
            log(eventPhase[e.eventPhase] + " : depth1");},false);
            depth2.addEventListener("click", function(e){console.
            log(eventPhase[e.eventPhase] + " : depth2");},false);
            depth3.addEventListener("click", function(e){
            console.log(eventPhase[e.eventPhase] + " : depth3");
            e.stopPropagation();

            // 상위로 이벤트가 전달되지 않도록 중단
        },false);

    }

</script>
</body>
</html>
```

위 코드에서 Depth3을 클릭하면 Parent 노드로 이벤트가 전달되지 않지만, Depth2를 클릭하면 Depth1까지 버블링되는걸 확인할 수 있다. 아래는 클릭했을때 결과 화면이다.

그림 7-18. stopPropergation( ) 코드 결과

5.2 stopImmediatePropagation( )

앞에서 본 stopPropagation( )과 이벤트를 중단시키는 기능은 비슷하지만 차이점은 이벤트가 여러 개가 등록되어 있어도 모두 중단시킬 수 있다는 것이다. 코드를 통해 어떻게 다른지 확인해 보자.

코드 7-12. stopImmediatePropagation( ) 코드

```html
<!DOCTYPE html>
<html>
<head>
<meta charset="utf-8"/>
</head>
<body onload = fnOnLoad()>
        <div id="depth1" style="margin: 10px; padding: 10px;
        background-color: red;">
                <div id="depth2" style="margin: 10px; padding: 10px;
                background:yellow">
                        <div id="depth3" style="margin: 10px; padding:
                        10px; background:blue">
        DEPTH3
                <div id="depth4" style="margin: 10px; padding: 10px;
                background:green">
                DEPTH3
                </div>
                        </div>
                DEPTH2
                </div>
        DEPTH1
        </div>
<script>
function fnOnLoad() {
    // 이벤트 전파 타입을 배열
    var eventPhase = {
```

```javascript
    0 : 'NONE',
    1 : 'CAPTURE',
    2 : 'TARGET',
    3 : 'BUBBLE'
};
// 이벤트를 등록할 이벤트 타겟을 검색
var depth1 = document.getElementById('depth1');
var depth2 = document.getElementById('depth2');
var depth3 = document.getElementById('depth3');
var depth4 = document.getElementById('depth4');


// 이벤트 타겟에 표준 이벤트 모델을 통해 Click 이벤트를 등록
depth1.addEventListener("click", function(e){console.
log(eventPhase[e.eventPhase] + " : depth1");},false);
depth2.addEventListener("click", function(e){console.
log(eventPhase[e.eventPhase] + " : depth2");},false);
depth3.addEventListener("click", function(e){
        console.log(eventPhase[e.eventPhase] + " : first
        stopPropagation() depth3");
        e.stopPropagation( );
// 상위로 이벤트가 전달되지 않도록 중단
},false);
depth3.addEventListener("click", function(e){
        console.log(eventPhase[e.eventPhase] + " : second
        stopPropagation() depth3");
        e.stopPropagation( );
        // 상위로 이벤트가 전달되지 않도록 중단
},false);
depth4.addEventListener("click", function(e){
    console.log(eventPhase[e.eventPhase] + " : first
    stopImmediatePropagation( ) depth4");
    e.stopImmediatePropagation( );
    // 상위로 이벤트가 전달되지 않도록 중단
},false);
```

```javascript
depth4.addEventListener("click", function(e){
    console.log(eventPhase[e.eventPhase] + " : second
    stopImmediatePropagation() depth4");
    e.stopImmediatePropagation();
    // 상위로 이벤트가 전달되지 않도록 중단
},false);


}


</script>
</body>
</html>
```

위 코드를 실행해서 Depth4와 Depth3을 클릭했을 때 어떻게 다른지 확인해보자. Depth4를 클릭하면 이벤트가 하나만 발생하고 더 이상 이벤트가 전파되지 않는다. 반면에 Depth3을 클릭하면 이벤트는 전파되지 않지만 등록되어 있는 이벤트 2개가 모두 동작하는걸 확인할 수 있다. 다음은 동작 결과 화면이다.

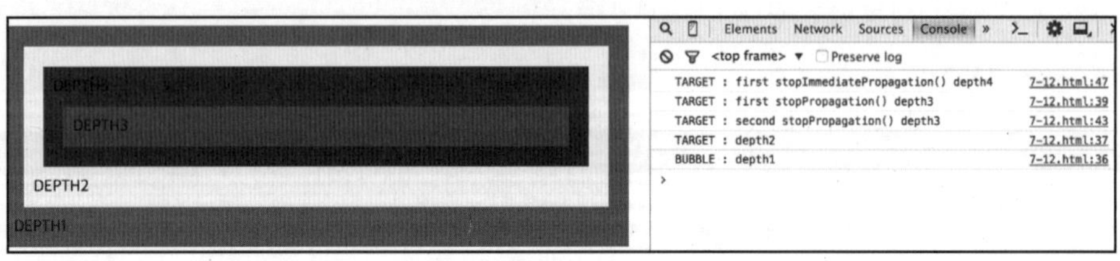

그림 7-19. stopImmediatePropagation( ) 결과 화면

Javascript

8

예외처리

프로그램 실행 중에 오류가 발생했을 때 별도의 처리를 하기 위해 예외처리하는 경우가 있다. 다른 개발 언어와 마찬가지로 자바스크립트도 예외 상황을 핸들링할 수 있는 기법을 제공하고 있다. 기본적인 문법은 아래와 같다.

```\ntry{\n //실행 코드\n}catch(e){\n //에러처리 코드\n}finally{\n //에러와 상관없이 무조건 실행되는 코드\n}\n```	try안에서 실행 코드가 실행중에 예외 상황이 발생하면 그 예외를 catch에서 잡아 처리한다. catch 문에서 예외 종류에 따라 처리 방법을 달리 할 수도 있다. 마지막으로 finally는 예외 발생 여부와 상관없이 무조건 실행되어야 하는 코드가 들어간다.
`throw` 예외메시지	프로그램 실행 중에 예상치 못한 예외 상황(Exception)이 발생해서 해당 정보를 알릴 때 사용한다. throw를 통해 던지는 에러 메시지는 자바스크립트에서 사용하는 어떤 것도 가능하다(예. 문자, 객체, 숫자 등).

표 8-1. 예외처리 문법

---

1 예외처리

자바스크립트에서는 예외를 처리할 수 있는 방법을 여러 가지로 제공하고 있다. "try catch finally"라는 구문을 통해 에러를 받아 처리하는 방법과 "throw"를 통해 에러를 직접 처리하지 않고 다음 단계로 에러를 던지는 방법도 있다. 그 이외에 브라우저에서 제공하는 이벤트 객체를 이용해서 사전에 예외를 처리하는 방법이 있다.

1.1 try catch finally

몇 개의 예제를 통해 try catch finally 구문을 익혀 보자. 먼저 try catch 구문으로 작성된 예제이다.

코드 8-1. try catch 예제

```
<!DOCTYPE html>
<html>
<head>
    <meta charset="utf-8"/>
</head>
<body>
<script>

try {
        var array = new Array(4294967296);
        // 배열 maxlength(4,294,967,295)보다 크게 생성하기 때문에 에러 발생
        }catch (exception) {
                alert(exception);
}

</script>
</body>
</html>
```

위 예제의 실행 결과는 다음과 같다.

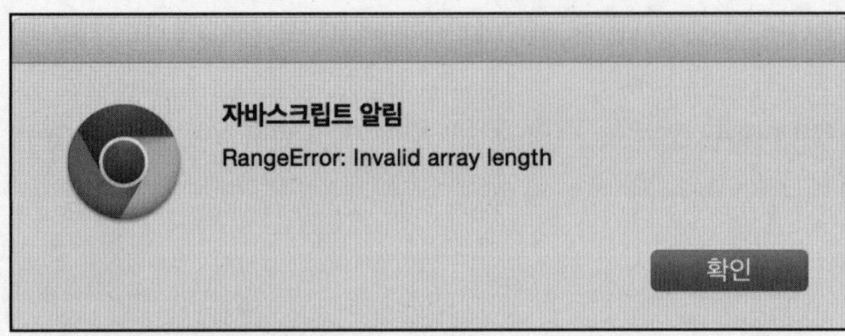

그림 8-1. Exception 처리 결과

자바스크립트에서 생성할 수 있는 최대 크기는 ECMA-262 표준에 따라 unsigned 32-bit integer형으로 크기인 $2^{32} - 1 = 4,294,967,295$이다. 그런데 예제에서는 최대 크기보다 한 개 더 큰 $4,294,967,296$을 할당하면 에러가 발생한다. 그 에러를 catch문에서 에러 내용을 출력하도록 에러처리를 하였다.

여기서 좀더 에러처리를 해보겠다.

코드 8-2. try catch finally 예제 ～～～～～～～～～～～～～～～～～～～～～～

```html
<!DOCTYPE html>
<html>
<head>
    <meta charset="utf-8"/>
</head>
<body>
<script>

try {
        var array = new Array(4294967296);
        // 배열 maxlength(4,294,967,295)보다 크게 생성하기 때문에 에러 발생
}catch (exception) {
        alert(exception);
}
finally{
        alert("배열의 MaxLength는 4,294,967,295 입니다.");
```

```
    }

</script>
</body>
</html>
```

위 예제를 실행하면 alert( ) 창이 한 개 더 나온다.

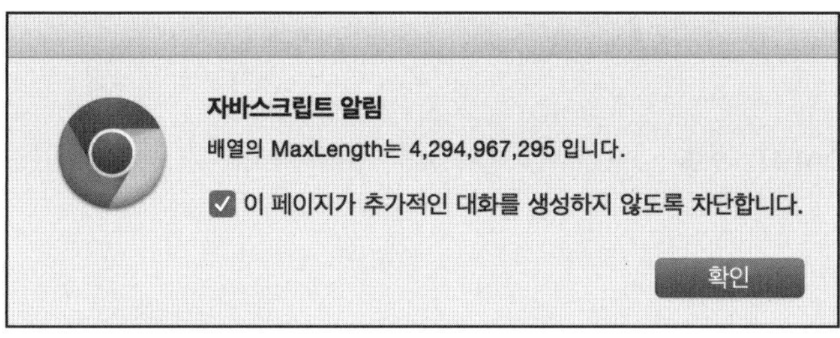

그림 8-2. finally 처리 결과

그 이유는 catch문에서 에러처리를 마치고 finally문을 무조건 실행하기 때문이다. 그래서 finally문은 예외처리가 되더라도 무조건 실행되어야 할 구문이 있을 경우에 사용한다.

1.2 throw

예외를 강제로 발생시킬 때 사용하는 키워드가 throw이다. 다음 예제를 통해 알아보자.

소스 8-3. throw 처리 예제

```
<!DOCTYPE html>
<html>
<head>
    <meta charset="utf-8"/>
</head>
```

```html
<body>
<script>

function divide(arg1, arg2)
{

        try {
                if(arg2 == 0)              //분모가  0이면 예외를 강제로 발생
                {
                        throw 'DivideByZeroException';
                        // DivideByZeroException라는 예외 발생
                }
                return arg1/arg2;
        }
        catch(exception)
        {
                if (exception == 'DivideByZeroException') {
                        // 예외가 DivideByZeroException이면 처리하도록 조건
                        alert('0으로 나눌 수 없습니다.');
                }
        }
}
console.log(divide(1,0));
</script>
</body>
</html>
```

~~~~~~

위 예제를 실행하는 다음과 같은 결과가 나온다.
~~~~~~

그림 8-3. throw 처리 예제 결과

위 예제를 실행하면 try 구문에서 arg2가 0인지 검사한 후 0이면 throw를 통해 강제로
'DivideByZeroException' 예외를 발생시켰다. 그러면 catch 구문에서 예외를 받아서
'DivideByZeroException'인지 확인한 후 예외처리하고 있다. 이 예제를 통해 예외처리에
대해 하나를 더 알 수 있는 부분이 있다. 예외를 구분해서 처리가 가능하다는 것이다. 예
외의 상황에 따라 적절한 예외처리가 가능하다.

2 예외 객체

위 예제를 보면 try catch 구문을 사용할 때 catch의 괄호 안에 e 또는 exception이 있는
것을 알 수 있다. 이는 에러는 구분하기 위해 입력하는 식별자로써 예외 객체라고 한다.
예외 객체의 구조는 다음과 같다.

속성	설명
message	예외 메시지
description	예외 설명
name	예외 이름

표 8-2. 예외 객체 속성

간단하게 에러 객체를 출력해 보자.

```
<!DOCTYPE html>
<html>
<head>
    <meta charset="utf-8"/>
</head>
<body>
<script>

try {
        var array = new Array(14294967296);
        // 자바스크립트에서 생성할 수 있는 배열의 최대 개수는 2³²-1 = 4,294,967,295이다.
        // 그런데 배열의 maxlength(4,294,967,295) 보다 더 크게 생성하려 하기 때문에
        // 에러 발생
}catch (exception) {
        var err = "";
        err = "name : " + exception.name + "\n";
        err += "message : " + exception.message ;
         alert(err);                // Exception 에러명과 메시지를 Alert 창을 통해 출력
}

</script>
</body>
</html>
```

위 예제 결과는 다음과 같다.

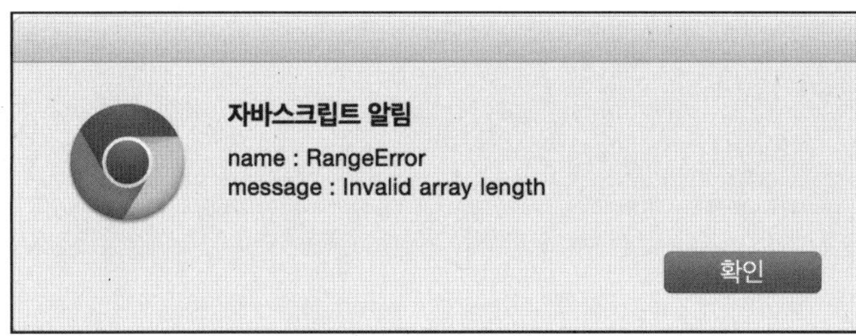

그림 8-4. 예외 객체 출력 예제 실행 결과

브라우저마다 속성값이 다르게 나올 수 있다.

- 예외(Exception) : 런타임 시 예상하지 못한 입력이나 상태가 발생하는 오류
- 에러(Error) : 자바스크립트 언어의 문법적인 오류 또는 런타임 시 치명적이 문제로 인해
  프로그램을 멈추거나 프로세스를 죽이는 오류

에러와 예외를 구분하는 방법은 try catch 구문으로 처리 가능하며 예외, 불가능하면 에러
이다.

코드 8-5. 예외, 에러 구분 예제

```
<!DOCTYPE html>
<html>
<head>
    <meta charset="utf-8"/>
</head>
<body>
<script>

try {
    errCode++++-;                        // 자바스크립트 문법 에러
}
```

```
catch (exception) {
        alert('Exception');
}


</script>
</body>
</html>
```

~~~~~~

위 예제를 실행하면 alert 창이 나오지 않는다. 그 이유는 자바스크립트 문법 오류로 에러가 발생했기 때문이다. 위 예제 결과는 아래와 같다.

❌ Uncaught SyntaxError: Unexpected token ++

그림 8-5. 예외, 에러 구분 예제 결과
~~~~~~

Part 2

jQuery

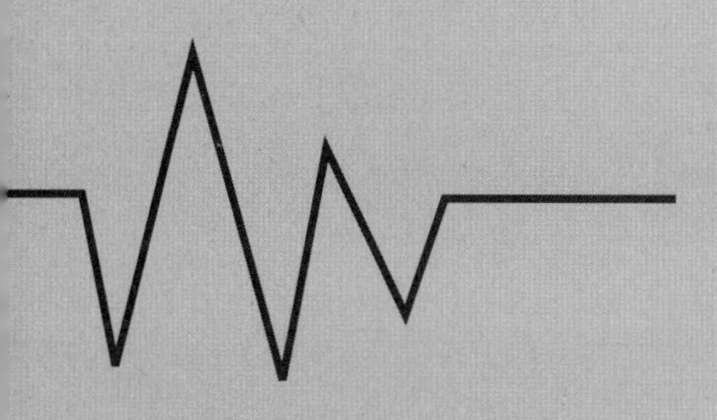

이번 파트에서는 jQuery에 대하여 다룰 예정이다. 먼저 jQuery의 개념과 기본 문법을 설명하고, jQuery를 이용한 Ajax 구현 방법에 대하여 설명을 할 것이다. 그리고 jQuery를 이용한 UI 기능 구현에 대한 설명을 하면서 많이 사용되고 있는 jQueryUI 플러그인에 대한 설명도 같이 할 것이다. 마지막으로는 OpenAPI에 대하여 간단하게 언급하도록 하겠다. jQuery는 자바스트립트를 이용하여 만든 강력한 라이브러리(library)로 현재 웹 애플리케이션 개발에 많이 사용되고 있기 때문에 이번 피트를 통히여 jQuery의 기념을 이히히길 비란다.

jQuery

jQuery 개요

이번 챕터에서는 jQuery에 대하여 본격적으로 시작하기 앞서 jQuery의 개요 및 jQuery 공부를 하는데 있어서 필요한 환경 설정 그리고 자바스크립트와는 어떠한 차이가 있는 지에 대하여 언급하려고 한다.

1 jQuery 시작하기

1.1 jQuery 란

jQuery.com과 wiki에서는 jQuery를 다음과 같이 정의하고 있다.

---

jQuery.com

"jQuery is a fast, small, and feature-rich JavaScript library. It makes things like HTML document traversal and manipulation, event handling, animation, and Ajax much simpler with an easy-to-use API that works across a multitude of browsers. With a combination of versatility and extensibility, jQuery has changed the way that millions of people write JavaScript."

"jQuery는 빠르고, 가볍고, 다양한 기능을 제공하는 자바스크립트 라이브러리이다. jQuery API는 다양한 브라우저에서 동일하게 동작을 하면서 사용하기 편리하기 때 문에 HTML 문서 탐색 및 조작, 이벤트 처리, 애니메이션 및 Ajax와 같은 기능 구현 을 쉽게 해준다. jQuery는 다양성과 확장성을 가지고 있기 때문에 자바 스크립트를 작성하는 방식은 꾸준히 변화하고 있다."

위의 정의에서 보는 바와 같이 자바스크립트에서 자주 사용하는 기능들을 쉽게 사용할 수 있도록 모아놓은 라이브러리를 jQuery라고 생각하면 될 것이다.

1.2 jQuery 실행 환경 구축

1.2.1 Sublime Text Plugin 설치하기

Sublime Text 자체는 단순한 텍스트 편집기이며 사용자가 원하는 기능은 다양한 플러그인을 이용하여 사용할 수 있기 때문에 원하는 목적에 맞게 필요한 플러그인을 설치하면 된다. 플러그인 설치를 위해서는 Sublime Text에 Package Control을 설치해야 한다. Package Control 설치는 https://packagecontrol.io/installation 사이트에서 확인을 할 수 있다.

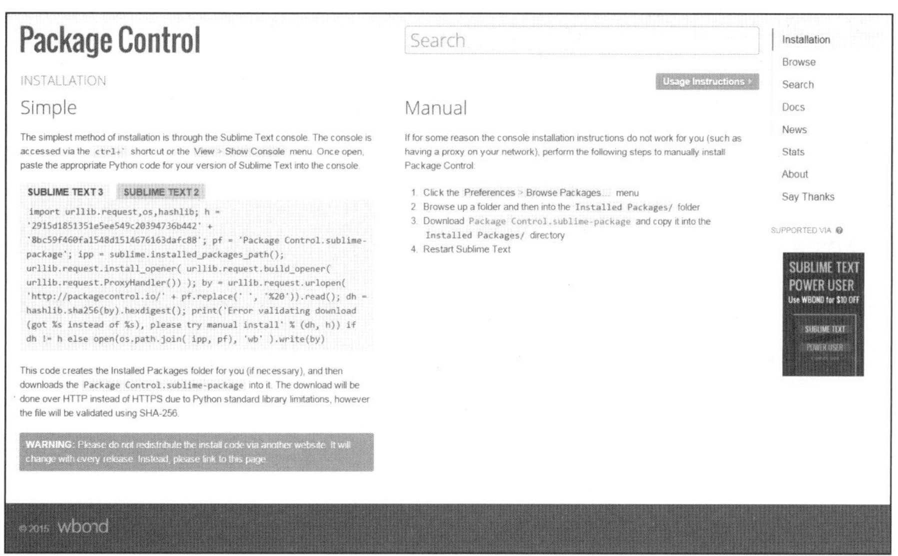

그림 9-1. Package Control 사이트

해당 사이트에서 아래 내용을 복사한 다음에 Sublime Text 메뉴의 View 〉 Show Console 을 실행시킨 다음 IDE 하단의 console 입력창에 붙여넣기를 하고 엔터키를 눌러서 실행한다.

```
import urllib.request,os,hashlib; h = 'eb2297e1a458f27d836c04b
b0cbaf282' + 'd0e7a3098092775ccb37ca9d6b2e4b7d'; pf = 'Package
Control.sublime-package'; ipp = sublime.installed_packages_
path(); urllib.request.install_opener( urllib.request.build_
opener( urllib.request.ProxyHandler()) ); by = urllib.request.
urlopen( 'http://packagecontrol.io/' + pf.replace(' ', '%20
')).read(); dh = hashlib.sha256(by).hexdigest(); print('Error
validating download (got %s instead of %s), please try manual
install' % (dh, h)) if dh != h else open(os.path.join( ipp, pf),
'wb' ).write(by)
```

1.2.2 플러그인 설치하기

Preference 〉 Package Control 실행 후 Install Package를 선택하면 다음 그림과 같이 입력창이 생기게 된다. 해당 입력창에 "Emmet"(html, css 작성을 도와주는 플러그인이다)를 입력하여 선택하면 해당 플러그인이 설치가 된다. 코딩 예제 설명 중에 플러그인을 설치하라고 하는 경우 지금과 같이 설치를 하면 된다.

BracketHighlighter 플러그인을 동일하게 설치를 해준다(따옴표 및 각종 괄호 사용시 유용한 플러그인이다).

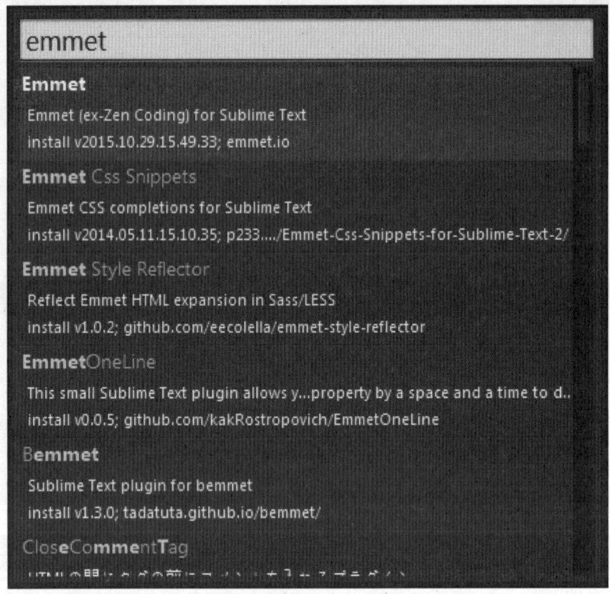

그림 9-2. 플러그인 입력창(emmet 입력)

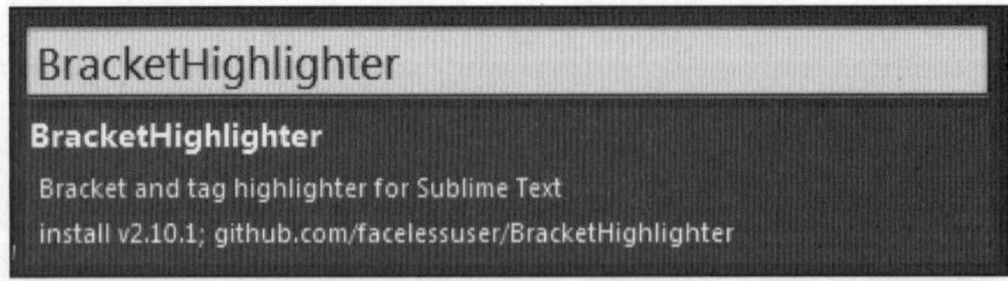

그림 9-3. 플러그인 입력창 (BracketHighlighter 입력)

1.2.3 jQuery Library 다운 받기

jQuery의 공식 제공 사이트는 http://jquery.com/이며 Library 다운로드는 http://
jquery.com/download/에서 받을 수 있다(이 책에서는 2.1.4 버전을 사용할 것이다).
사이트에서는 compressed / uncompressed 버전을 제공하고 있는데 compressed 버전은
코드상에 있는 공백을 모두 제거한 버전이며 umcompressed 버전은 공백이 그대로 유지
된 버전이다. 두 버전을 다운받아서 확인하면 아래와 같은 형태로 되어 있다.

compressed 버전	umcompress 버전

`!function(a,b){"object"==typeof module&&"object"==typeof module.exports?module.exports=a.document?b(a,!0):function(a){if(!a.document)throw new Error("jQuery requires a window with a document");return b(a)}:b(a)}("undefined"!=typeof window?window:this,function(a,b){var c=[],d=c.slice,e=c.concat,f=c.push,g=c.indexOf,h={},i=h.toString,j=h.hasOwnProperty,k={},l=a.document,m="2.1.4",n=function(a,b){return new n.fn.init(a,b)},o=/^[\s\uFEFF\xA0]+|[\s\uFEFF\xA0]+$/g,p=/^-ms-/,q=/-([\da-z])/gi,r=function(a,b){return b.toUpperCase()};`	`(function( global, factory ) {`
	`    if ( typeof module === "object" &&`
	`    typeof module.exports === "object" ) {`
	`        module.exports = global.document ?`
	`        factory( global, true ) :`
	`            function( w )`
	`        {`
	`            if ( !w.document ) {`
	
	`                throw new Error( "jQuery`
	`                requires a window with a`
	`                document" );`
	
	`            }`
	`            return factory( w ),`
	`        };`
	`    } else {`
	`        factory( global );`
	`    }`
	`}`

그리고 compressed / uncompressed 버전의 크기를 비교해보면 다음과 같이 차이가 있
는 것을 확인할 수 있다.

- uncompressed 버전 : 241KB

- compressed 버전 : 82.3KB

위의 표에서 보는 것 같이 uncompressed 버전은 jQuery의 소스코드 확인이 가능하기 때문에 개발/디버깅 작업을 할 때 유용하게 사용될 수 있고 compressed 버전은 파일의 사이즈가 작기 때문에 인터넷을 통한 파일 load 속도나 제품의 성능 향상 측면에서 유용하게 사용될 수 있다.

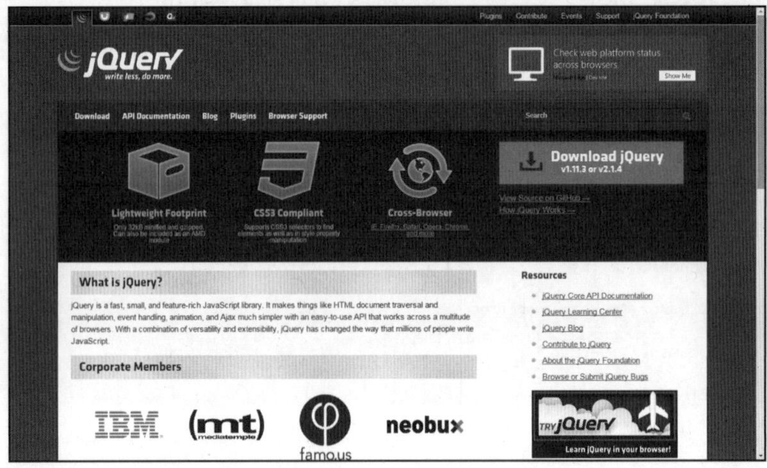

그림 9-4. jQuery 공식사이트

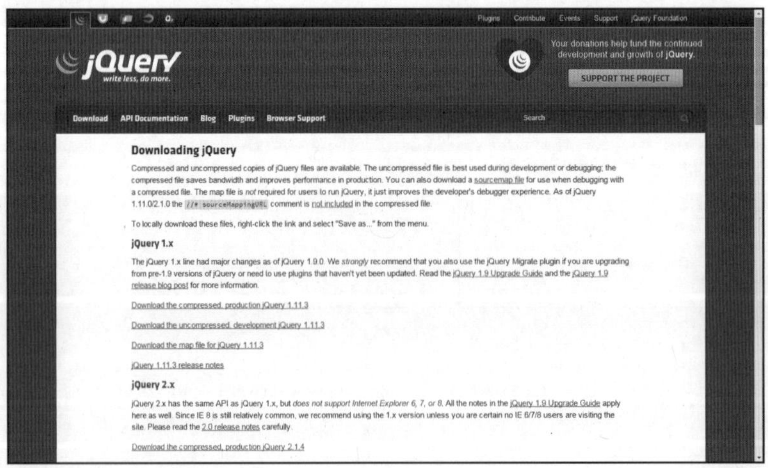

그림 9-5. jQuery 다운로드 페이지

jQuery Library를 프로젝트에 사용하기 위한 방법은 다음 2가지가 있다.

• library 파일을 프로젝트에서 포함시키는 방법

위의 사이트에서 jQuery 파일을 다운받은 이후 프로젝트 폴더에 복사한 후 다음과 같이
js 파일에 선언을 해주면 된다.

```html
<html>
<head>
<title>Web Programming</title>
<script src="/jquery/jquery-2.1.4.js"></script>
</head>
```

• CDN(Content Delivery Network)을 이용하여 링크를 하는 방법

위와 같은 방법으로 파일을 다운 받지 않아도 jQuery.com에서 제공하는 서버에서 실시
간으로 링크를 걸어서 다음과 같이 사용하는 방법도 있다.

```html
<html>
<head>
<title>Web Programming</title>
<script src="//code.jquery.com/jquery-2.1.4.js"></script>
</head>
```

1.3 jQuery vs 자바스크립트

그렇다면 jQuery와 자바스크립트와 비교했을 때 어떠한 장점이 있는지 살펴보도록 하자.

1.3.1 코드가 간단해 진다.

jQuery는 element를 선택하는 방식부터 element의 값을 컨트롤하는 방식이 자바스크립트보다 간단하다. 때문에 jQuery 코드가 자바스크립트 코드보다 더 짧고 간단해진다. 다음은 jQuery와 자바스크립트 코드를 비교하는 몇 가지 항목을 나열하였다. jQuery의 사용법은 나중에 설명할 예정이니, 지금은 코드의 길이만 참고하기 바란다.

● ID로 element를 선택하는 경우

〈자바스크립트〉

```
document.getElementById("test")
```

<jQuery>

```
$("#test")
```


● element의 스타일을 변경하는 경우

〈자바스크립트〉

```
document.getElementById("test").style.display = 'none'
```

<jQuery>

```
$("#test").css("display","none")
```

• **select box** 안에 선택된 값을 읽어오는 경우

〈자바스크립트〉

```
document.getElementById("test").options[document.
getElementById("test").selectedIndex].value
```

<jQuery>

```
$("#test option:selected").val()
```

• **checkbox** 중 선택된 항목의 값을 읽어오는 경우

〈자바스크립트〉

```
var ck = document.getElementByName("test");
var str = "";
for(var i = 0;i<ck.length;i++){
    if(ck[i].chekced) {
        str += ck[i].value + ", ";
    }
}
```

<jQuery>

```
var str = "";
$("#test:checked").each(
    str += $(this).val() + ", ";
);
```

1.3.2 다양한 브라우저에서 동일한 코드로 동작한다.

자바스크립트를 사용하는 경우 브라우저마다 지원하는 버전과 표준이 다르기 때문에 다양한 브라우저에서 동일한 코드가 동작하기 힘든 경우가 종종 발생한다. 하지만 jQuery의 경우 jQuery 내부에서 브라우저별 코드를 제공하고 있기 때문에 사용자가 동일한 jQuery API를 사용하는 경우에도 다양한 브라우저에서 동일한 동작을 하게 된다.

대표적인 예로 Ajax 구현 방법을 보면 자바스크립트로 Ajax를 구현하는 경우 XMLHttpRequest 객체를 사용해야 하는데 XHR 객체는 생성 코드가 브라우저에 따라서 달라지기 때문에 다음 코드와 같이 브라우저에서 XMLHttpRequest 지원 여부를 체크하고 해당 객체를 생성해야 한다.

```javascript
var xmlhttp;
if (window.XMLHttpRequest)
{
    // code for IE7+, Firefox, Chrome, Opera, Safari
    xmlhttp=new XMLHttpRequest();
}
else
{
    // code for IE5, IE6
    xmlhttp=new ActiveXObject("Microsoft.XMLHTTP");
}
```

하지만, jQuery의 경우에는 다음과 같이 jQuery에서 제공하는 ajax( ) 메소드를 호출하면 내부적으로 브라우저별 코드를 제공하기 때문에 동일한 코드가 다양한 브라우저에서 동작이 가능하게 된다.

```
var jqxhr = $.ajax( "example.php" )
       .done(function() {
       alert( "success" );
 })
 .fail(function() {
       alert( "error" );
 })
```

Ajax 관련 내용은 뒤에 언급할 예정이다.

1.3.3 다양한 플러그인을 사용할 수 있다.

jQuery에서는 jQuery의 기본 기능을 상속, 확장하여 개발자만의 코드로 만들어 사용할 수 있는 플러그인 기능을 제공하고 있으며 온라인을 검색하면 수없이 많은 jQuery 플러그인을 구할 수 있다.

따라서 원하는 기능을 직접 구현하지 않아도 관련 플러그인을 찾아서 사용하면 쉽게 구현을 할 수가 있다. 대표적인 플러그인으로는 다양한 UI 기능을 제공하는 jQueryUI 플러그인이 있다.

jQuery

10

jQuery 기본 문법

이번 챕터에서는 jQuery의 기본 사용법에 대한 설명을 할 것이다. jQuery가 어떤 형태로 사용되는지, 어떠한 방식으로 객체에 접근하는지, 어떠한 방식으로 이벤트를 처리하는지에 대한 개념 설명을 하고, 각각에 대한 간단한 예제를 통해서 확인을 할 수 있도록 할 것이다.

이 책에서 사용되는 예제는 jQuery 공식 사이트(http://jquery.com/)에서 제공하는 예제를 참고하였다.

---

1 jQuery 코드

jQuery의 기본 문법을 설명하기 전에 먼저 jQuery 코드가 어떻게 동작하는지 간단하게 살펴볼 수 있는 예제를 하나 작성해보자.

다음과 같이 html 파일을 하나 생성하고 동일한 위치에 다운 받은 jQuery 파일을 복사한다.

코드 10-1. 예제 ex_Ch10_01.html

```
<!doctype html>
<html>
<head>
    <meta charset="utf-8">
    <title>Demo</title>
    // jquery 사용을 위한 코드
    <script src="jquery-2.1.4.js"></script>
```

```
</head>
<body>
    // jQuery 글자에 jquery 홈페이지 링크 연결
    <a href="http://jquery.com/">jQuery</a>
    <script>

        // 코드 입력

    </script>
</body>
</html>
```

위의 코드는 a 태그를 이용하여 "jQuery" 문자에 jQuery 사이트를 연결하여 "jQuery"를 클릭하면 해당 사이트로 이동하는 예제이다.

예제를 chrome 브라우저에서 실행하면(chrome과 탐색기를 실행시킨 이후에 탐색기에서 해당 파일을 드래그앤드롭으로 chrome에 올리거나 해당 파일을 마우스 우클릭 후 '연결 프로그램' 〉 'Google Chome'을 선택하면 된다) 다음 그림과 같은 결과 화면을 확인할 수 있으며 jQuery 문자를 클릭하면 jQuery 사이트로 이동하는 것을 확인할 수 있다.

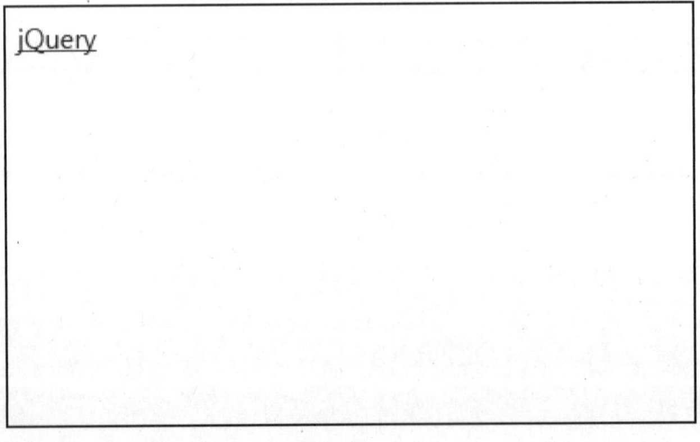

그림 10-1. ex_Ch10_01.html 실행 화면

위의 간단한 소스 코드에 "jQuery" 문자를 클릭하면 "Thanks for visiting"이라는 팝업창을 보여주고 jQuery 사이트로 이동을 하도록 jQuery 코드를 추가해보도록 하자.

```
// document loading이 완료되면 함수를 실행한다.
$( document ).ready(function() {
    // a tag의 click 이벤트 발생 시 alert 창을 실행한다.
    $( "a" ).click(function( event ) {
        alert( "Thanks for visiting!" );
    });
});
```

위의 소스를 코드 10-1의 "// 코드입력" 부분에 복사를 하고 해당 파일을 다시 크롬에서 실행시킨 후 jQuery를 선택하면 다음 그림처럼 "Thanks for visiting!"이라는 팝업창이 실행된 이후에 jQuery 사이트로 이동하는 것을 확인할 수 있다.

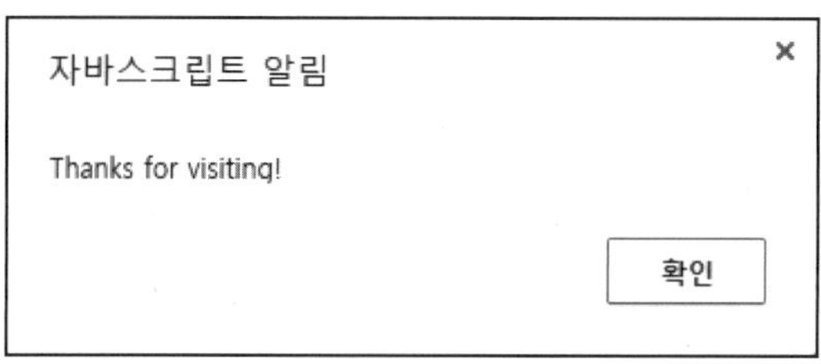

그림 10-2. ex_Ch10_01.html에 jQuery를 추가한 코드의 실행 화면

추가된 코드를 살펴보도록 하자. 먼저 jQuery의 기본 형식은 다음과 같이 표현할 수 있다.

```
$(Selector).method();
또는
$(Selector).attribute;
```

먼저 jQuery는 "$(Selector)"로 시작한다고 생각하면 된다. $(Selector)를 호출하여 원하는 element를 가져오게 되는데 $(Selector)의 반환 값은 jQuery 객체이기 때문에 위에서 보는 것처럼 $(Selector).method( ) 또는 $(Selector).attribute와 같은 형태로 사용을 하게 된다.

그럼 위의 코드를 하나씩 살펴보면 $(document).ready( )는 window.onload( )를 대신하여 사용할 수 있는 이벤트 함수로 다음과 같은 차이가 있다.

- window.onload는 해당 페이지의 image, 광고 배너 등이 모두 로딩된 이후에 호출되는 이벤트이며

- $(document).ready는 image, 광고배너의 로딩이 완료되지 않아도 호출이 된다.

$("a").click( ) 이벤트 함수는 a에 클릭을 하면 발생하는 이벤트 함수이다. 따라서 위의 코드는 document 객체의 로딩이 완료되면, $("a").click( ) 이벤트에 alert( ); 코드를 실행하도록 구현한 것이다.

지금까지 간단하게 jQuery가 html 코드에서 어떠한 식으로 동작되는지 살펴보았으며 지금부터는 jQuery 사용을 위한 기본 문법을 확인해보기로 하자.

2 Selector

앞에서 설명한 것처럼 jQuery는 Selector 호출을 먼저하여 document에 있는 특정 element를 선택 후, 사용자가 원하는 다양한 동작을 할 수가 있다. 자바스크립트의 경우에는 주로 ID(document.getElementById("test"))나 이름 등을 사용하여 특정 element를 선택한다.
원하는 element를 선택할 수 있어야 해당 element를 조작할 수 있고, jQuery의 다양한 api를 사용할 수 있기 때문에 Selector를 잘 알아두어야 한다. 지금부터 다양한 형태의 Seletor에 대하여 알아보도록 하자.

2.1 Basic Selector

jQuery의 기본 selector는 다음과 같다. 각각의 selector가 실제 어떻게 사용되는지 예제
를 통하여 하나씩 살펴보도록 하자.

selector	형식	기능
All selector	("*")	모든 element를 선택
ID selector	("#id")	element에 정의된 id명으로 선택
Class selector	(".class")	element에 정의된 class명으로 선택
Element selector	("element")	element(Tag)로 선택
Multiple selector	("selector1, selector2, selectorN")	다중 Selector를 이용하여 element 선택

표 10-1. jQuery의 기본 selector

• All selector : ("*")

All selector가 어떻게 동작하는지 아래 예제를 통해서 확인해보도록 하자.

코드 10-2. 예제 ex_Ch10_02.html

```html
<!doctype html>
<html lang="en">
<head>
  <meta charset="utf-8">
  <title>all demo</title>
<style>
// css 스타일 지정
  h3 {
    margin: 0;
  }
  div, span, p {
    width: 80px;
    height: 40px;
    float: left;
    padding: 10px;
```

```
    margin: 10px;
    background-color: #EEEEEE;
  }
  </style>
  // jquery include
  <script src="jquery-2.1.4.js"></script>
</head>
<body>
// 예제에서 사용할 element 선언
<div>DIV</div>
<span>SPAN</span>
<p>P <button>Button</button></p>

<script>
// 모든 element를 선택하여 css 속성 변경 후, 총 개수(length)를 저장
var elementCount = $( "*" ).css( "border", "3px solid red" ).length;
// 앞에서 저장한 element 총 개수(length)를 화면에 출력
$( "body" ).prepend( "<h3>" + elementCount + " elements found</h3>" );
</script>


</body>
</html>
```

~~~~~~

위의 코드를 chrome에서 실행하면 다음 그림과 같은 형태를 확인할 수 있다.

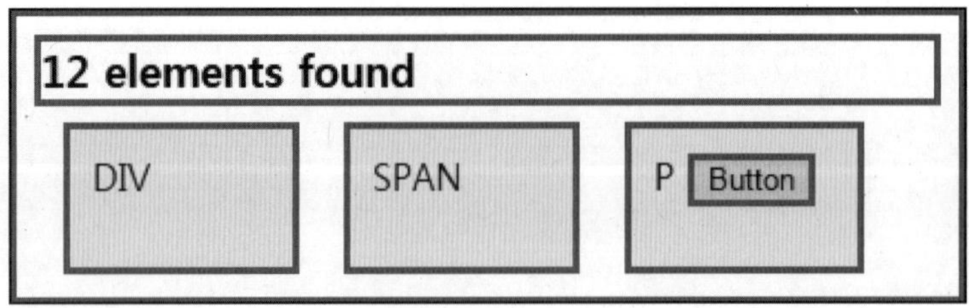

그림 10-3. ex_Ch10_02.html 실행 화면
~~~~~~

위의 예제는 다음 코드를 통하여 현재 html 안에 있는 모든 element의 개수를 가져와서
화면에 출력하는 예제이다.

```
var elementCount = $( "*" ).css( "border", "3px solid red" ).length;
```

우선 위의 코드를 설명하기 전에 메소드 체이닝이라는 jQuery의 특성을 설명하고 넘어
가도록 하자. 앞에서 언급한 것처럼 jQuery의 기본적인 형태는 $(Selector).method( ) 혹
은 $(Selector). attribute이다. 하지만 jQuery에서는 메소드 체이닝을 지원하고 있기 때문
에 다음과 같은 형태가 가능하게 된다.

```
$(Selector).method( ).method( ).method( )
또는
$(Selector).method( ).method( ).method( ).attribute
```

이런 형태가 가능한 이유는 jQuery 메소드의 반환 값이 해당 메소드를 수행한 jQuery 객
체이기 때문에 메소드를 연속해서 호출을 할 수 있는 것이며 이러한 특성을 메소드 체이
닝이라고 한다. 따라서, 위의 코드는 아래와 같이 2줄로 표현할 수 있는 코드를 메소드
체이닝의 특성을 이용하여 한 줄로 표현한 것이라고 생각하면 된다.

```
$( "*" ).css( "border", "3px solid red" );
var elementCount = $( "*" ).length;
```

이제 위의 예제를 살펴보면, $("*")은 html, header, body, script 등의 모든 element를 선
택하기 때문에 총 12개의 element를 선택하게 되며 바로 뒤에 .css( )를 호출하여 선택된

모든 element의 속성을 변경한다.

header, script, style과 같은 element는 선택은 되었지만 css 속성을 가지고 있지 않기 때문에 속성 변경은 일어나지 않는다.

마지막으로 .length를 호출하여 선택된 element의 length를 elementCount에 저장하고 있는데, length는 선택한 element의 총 개수를 의미한다(12). 따라서 다음 코드와 같이 preprend( )를 사용하여 elementCount를 body 안에 추가를 하게 되면 그림 10-3 화면과 같이 12개의 element를 선택하였다는 것을 보여주게 된다.

prepend( )에 대해서는 나중에 자세하게 설명할 예정이다.

```
$( "body" ).prepend( "<h3>" + elementCount + " elements found</h3>" );
```

• ID selector : ("#id")

ID selector는 어떻게 동작하는지 위의 예제를 아래와 같이 수정을 해보자.

코드 10-3. 예제 ex_Ch10_03.html

```
<!doctype html>
<html lang="en">
<head>
  <meta charset="utf-8">
  <title>all demo</title>
<style>
// css 스타일 지정
  h3 {
    margin: 0;
  }
  div, span, p {
    width: 80px;
    height: 40px;
```

```
      float: left;
      padding: 10px;
      margin: 10px;
      background-color: #EEEEEE;
    }
    #test {
      width: auto;
      height: auto;
      background-color: transparent;
    }
    </style>
    <script src="jquery-2.1.4.js"></script>
</head>
<body>
// 예제에서 사용할 element 선언
<div id="test">
  <div>DIV</div>
  <span>SPAN</span>
  <p>P <button>Button</button></p>
</div>

<script>
// test라는 id를 가진 element를 선택 후 그 하위의 모든 element를 선택
// css 속성을 변경 후, 선택된 element의 총 개수를 elementCount에 저장
var elementCount = $( "#test" ).find( "*" ).css( "border", "3px solid
red" ).length;

// elementCount를 화면에 보여준다.
$( "body" ).prepend( "<h3>" + elementCount + " elements found</h3>" );
</script>

</body>
</html>
```

위의 예제는 다음 코드에서 보는 것과 같이 $("#test")를 이용하여 test라는 id를 가진 element를 선택하고 find("*")를 이용하여 선택된 element 하위의 모든 element를 찾아서 선택을 한다(find( ) 메소드는 나중에 자세히 언급할 예정이다).

위의 단계를 통해서 원하는 element를 선택하면 css( ) 메소드를 호출하여 선택된 element의 속성을 변경한 후 선택된 element의 총 개수(length)를 elementCount에 저장을 한다.

그리고 prepend( ) 메소드를 이용하여 elementCount를 출력하는 코드이다.

```
var elementCount = $( "#test" ).find( "*" ).css( "border", "3px solid
red" ).length;
```

test를 id로 가지는 div element 하위에는 div, span, p, button 이렇게 4개의 element만 있기 때문에 위의 예제를 실행하면 다음 화면과 같은 결과를 확인할 수 있다.

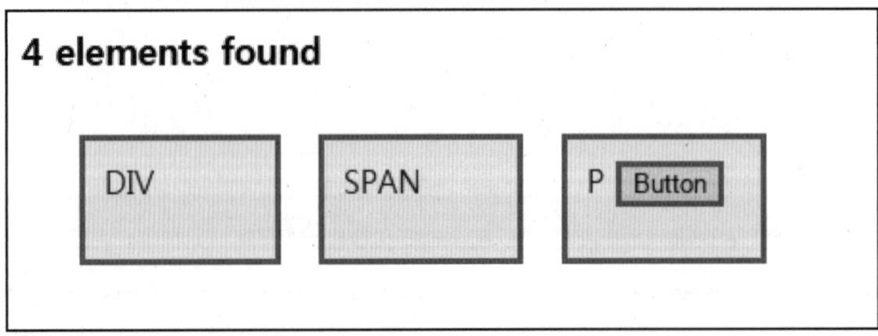

그림 10-4. ex_Ch10_03.html 실행 화면

• Class selector : (".class")

Class selector가 어떻게 동작하는지 다음 예제를 통해서 알아보도록 하자. jQuery에서 제공하는 class selector는 자바스크립트의 getElementsByClassName( ) 함수를 이용하여 구현되었다.

```html
<!doctype html>
<html lang="en">
<head>
  <meta charset="utf-8">
  <title>class demo</title>
<style>
// css 스타일 지정
  div, span {
    width: 120px;
    height: 40px;
    float: left;
    padding: 10px;
    margin: 10px;
    background-color: #EEEEEE;
  }
  </style>
  <script src="jquery-2.1.4.js"></script>
</head>
<body>
// 예제에서 사용할 element 선언
<div class="notMe">div class="notMe"</div>
<div class="myClass">div class="myClass"</div>
<span class="myClass">span class="myClass"</span>

<script>
// myClass라는 class 이름을 가진 element를 선택하여 css 속성을 변경
$( ".myClass" ).css( "border", "3px solid red" );
</script>

</body>
</html>
```

위의 예제에서 body의 element 선언 부분을 보면 "notMe"라는 클래스를 가진 div element 하나와 "myClass"라는 클래스를 가진 div element, span element로 구성되어 있다. script 코드를 보면 $(".myClass")를 이용하여 "myClass"라는 class를 가진 element를 선택하고 css() 메소드를 호출하여 선택된 element에 css 속성을 변경한 코드이다.

```
$( ".myClass" ).css( "border", "3px solid red" );
```

위의 예제 코드를 실행하면 그림 10-5와 같이 2개의 element만 선택된 것을 확인할 수 있다.

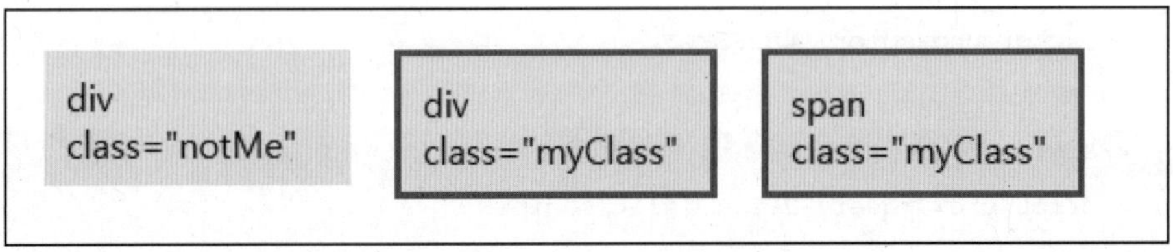

그림 10-5. ex_Ch10_04.html 실행 화면

id와 다르게 class같은 경우는 복수 개를 가질 수 있기 때문에 이번에는 2개의 class를 가진 element는 어떻게 선택할 수 있는지 예제를 통해서 확인해 보도록 하자.

코드 10-5. 예제 ex_Ch10_05.html

```
<!doctype html>
<html lang="en">
<head>
  <meta charset="utf-8">
  <title>class demo</title>
<style>
// css 스타일 지정
  div, span {
```

```html
    width: 120px;
    height: 40px;
    float: left;
    padding: 10px;
    margin: 10px;
    background-color: #EEEEEE;
  }
  </style>
  <script src="jquery-2.1.4.js"></script>
</head>
<body>
// 예제에서 사용할 element 선언
<div class="myclass">div class="notMe"</div>
<div class="myclass otherclass">div class="myClass"</div>
<span class="otherclass myclass">span class="myClass"</span>

<script>
// myclass, otherclass 2개의 class를 가진 element를 선택하여 css 속성을 변경
$( ".myclass.otherclass" ).css( "border", "13px solid red" );
</script>

</body>
</html>
```

<hr>

예제의 element 선언 부분을 보면 2개의 div element와 1개의 span element 총 3개의
element로 구성되어 있는데 2개의 div 중 한 개는 myclass만 클래스로 선언되어 있고 다
른 한 개는 myclass, otherclass 두 개가 클래스로 선언되어 있다. 그리고 span element는
otherclass, myclass가 클래스로 선언되어 있다.

다음 코드를 보면 $(".myclass.otherclass")를 이용하여 myclass, otherclass를 클래스로 가
진 element를 선택한 후 css( ) 메소드를 이용하여 css 속성을 변경하도록 하고 있다.

```
$( ".myclass.otherclass" ).css( "border", "13px solid red" );
```

다음 그림은 위의 예제를 실행시킨 결과인데 $(".myclass.otherclass")를 이용하여 element를 선택할 때는 element의 클래스 선언 순서와 무관하게 해당 클래스가 포함되어 있는지만 체크를 하기 때문에 그림 10-6과 같이 2개의 element가 선택되어 css 속성이 변경된 것을 확인할 수 있다.

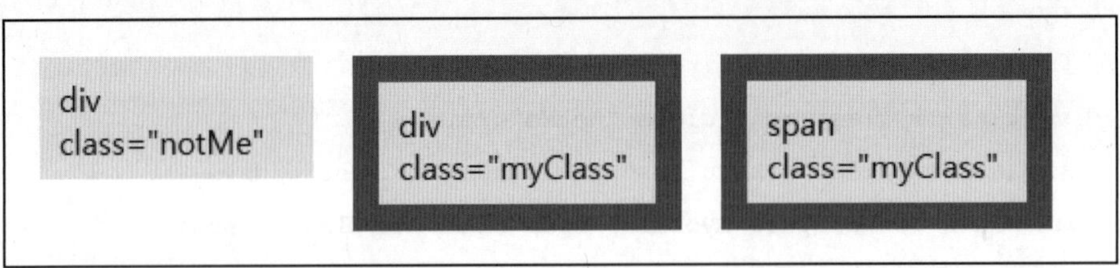

그림 10-6. ex_Ch10_05.html 실행 화면

• Element selector : ("element")

Element selector가 어떻게 동작하는지 예제를 통하여 확인해 보도록 하자. jQuery에서는 자바스크립트의 getElementsByTagName( ) 함수를 이용하여 해당 동작을 구현하였다.

코드 10-6. 예제 ex_Ch10_06.html

```
<!doctype html>
<html lang="en">
<head>
  <meta charset="utf-8">
  <title>element demo</title>
<style>
// css 스타일 지정
  div, span {
    width: 60px;
```

```
    height: 60px;

    float: left;

    padding: 10px;

    margin: 10px;

    background-color: #eee;

  }

  </style>

  <script src="jquery-2.1.4.js"></script>

</head>

<body>

// 예제에서 사용할 element 선언

<div>DIV1</div>

<div>DIV2</div>

<span>SPAN</span>


<script>

// div element를 선택하여 css 속성을 변경

$( "div" ).css( "border", "9px solid red" );

</script>


</body>

</html>
```

예제의 script 부분을 확인하면 $("div")를 호출하여 div element를 선택하고 css( ) 메소드를 호출하여 선택된 element의 css 속성을 변경하도록 되어 있다.

```
$( "div" ).css( "border", "9px solid red" );
```

예제의 element 선언 부분을 보면 총 3개의 element(div 2개, span 1개)로 구성되어 있는

것을 확인할 수 있다. 때문에 예제를 실행시키면 다음 그림과 같이 2개의 element만 선택이 되어서 css 속성이 변경된 것을 확인할 수 있다.

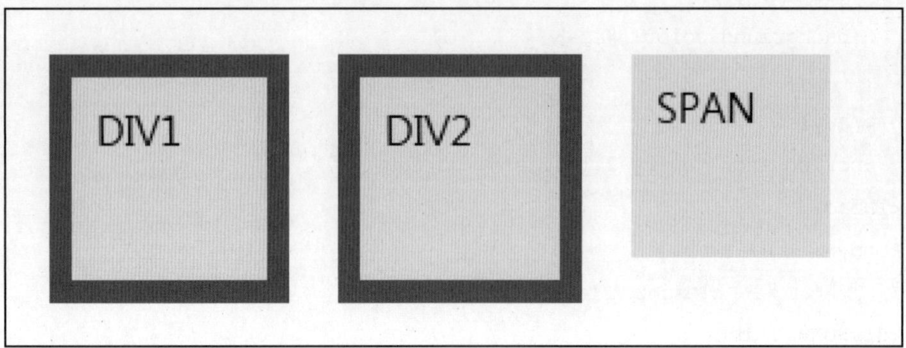

그림 10-7. ex_Ch10_06.html 실행 화면

2.2 Basic Filter Selector

이번에는 특정 조건에 해당하는 element를 선택하는 Basic Filter Selector에 대하여 알아보도록 하자. Filter Selector는 Filter의 사전적인 의미 그대로 어떠한 조건으로 element를 거르는 작업을 통하여 특정 element를 선택하는 것을 의미한다.

jQuery에서는 Basic Filter Selector를 다음 표와 같이 다양하게 제공하고 있다.

Filter	기능
:animated Selector	animation 효과가 적용된 element를 선택
:focus Selector	현재 focus를 가진 element를 선택
:header Selector	h1, h2 등과 같은 header element를 모두 선택
:lang() Selector	특정 언어를 가진 element를 선택
:not() Selector	주어진 selector에 해당하진 않은 모든 element를 선택
:root Selector	document의 root element를 선택 (<html> element)
:even Selector	짝수 element를 선택
:odd Selector	홀수 element를 선택
:first Selector	첫 번째 element를 선택

:last Selector	마지막 element를 선택
:eq() Selector	n 번째 element를 선택
:lt() Selector	n보다 작은 index를 가진 모든 element를 선택
:gt() Selector	n보다 큰 index를 가진 모든 element를 선택

표 10-2. jQuery에서 제공하는 Basic Filter Selector

예제 코드를 통해서 각각의 Selector의 동작을 확인해보도록 하자.

• animated Selector

아래 예제를 통하여 animated Selector에 대하여 알아보도록 하자.

코드 10-7. 예제 ex_Ch10_07.html

```html
<!doctype html>
<html lang="en">
<head>
  <meta charset="utf-8">
  <title>animated demo</title>
<style>
// css 스타일 지정
  div {
    background: yellow;
    border: 1px solid #AAA;
    width: 80px;
    height: 80px;
    margin: 0 5px;
    float: left;
  }
  div.colored {
    background: green;
  }
</style>
<script src="jquery-2.1.4.js"></script>
```

```
</head>

<body>
// 예제에서 사용할 element 선언
<button id="run">Run</button>

<div></div>
<div id="mover"></div>
<div></div>

<script>
// run이라는 id를 가진 element를 클릭하는 경우 function을 수행한다.
$( "#run" ).click(function() {
  // animation 동작을 하는 div element를 선택하여 colored class를 적용한다.
  $( "div:animated" ).toggleClass( "colored" );
});


// animateIt( ) 함수를 정의
function animateIt() {
    // mover라는 id를 가진 element에 animation 효과를 적용한다.
    // animation 효과가 끝나면 animateIt를 호출하도록 한다.
    $( "#mover" ).slideToggle( "slow", animateIt );
}


// animateIt( ) 함수 호출
animateIt();
</script>

</body>
</html>
```

~~~~~~

예제 코드의 animateIt( ) 함수에 대해서 확인해 보도록 하자. 먼저 $("#mover")를 호출
하여 mover라는 id를 가진 element를 선택하고 해당 element에 대하여 slideToggle( ) 메
~~~~~~

소드를 호출하였다.

slideToggle( ) 메소드는 jQuery에서 제공하는 animation 동작을 수행하는 메소드이며 예제에서 사용된 parameter의 경우 "slow"는 animation 효과가 적용되는 시간을 의미하고 animateIt은 animation이 완료된 이후에 실행할 function을 의미한다. 즉 예제에서는 animateIt( ) 함수를 재호출하여 animation 동작이 무한 반복되도록 하였다. animation에 대해서는 뒤에서 다시 언급하도록 하겠다.

animation 동작을 무한 반복시킨 이유는 animated Selector의 경우 Selector가 호출되는 시점에 animation 동작을 하고 있는 element를 반환하기 때문에 Selector를 언제 호출하여도 해당 element를 반환할 수 있게 하기 위한 것이다.

```
function animateIt() {
  $( "#mover" ).slideToggle( "slow", animateIt );
}
```

다음 코드는 $("#run")를 호출하여 run이라는 id를 가진 element를 선택하고 해당 element에서 click 이벤트가 발생하는 경우 function( )을 실행하도록 선언한 것이다(예제에서는 button element가 run을 id로 가지고 있다).

function에는 $("div:animated")을 호출하여 animation 동작을 하는 div element를 선택하고, toggleClass( ) 메소드를 호출하여 colored class를 해당 element에 적용하도록 하였다.

toggleClass( )는 element에 class를 적용하거나 빼는 기능을 수행하는 역할을 한다. toggleClass( )는 뒤에 다시 언급할 예정이다.

```
$( "#run" ).click(function() {
    $( "div:animated" ).toggleClass( "colored" );
});
```

css 선언 부분을 확인하면 div element의 기본 색상은 yellow로 선언하였으며 div의
colored class에서는 색상을 green으로 선언하였다. 때문에 예제를 실행하게 되면 mover
라는 id를 가진 div element에서 animation 동작을 하고 있게 되며 Run 버튼을 클릭하면
해당 div element에 toggleClass( )를 통하여 colored class가 적용되기 때문에 다음 그림
과 같이 div의 색상이 green으로 변경되는 것을 확인할 수 있다.

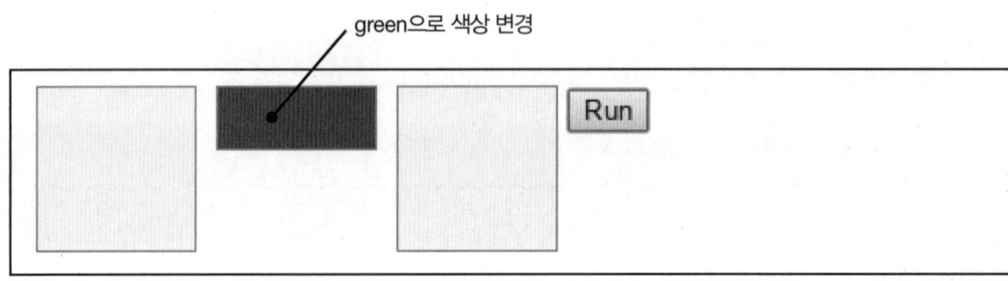

그림 10-08. ex_Ch10_07.html 실행 화면

• focus Selector

아래 예제를 통하여 focus Selector에 대하여 알아보도록 하자.

코드 10-8. 예제 ex_Ch10_08.html

```
<!doctype html>
<html lang="en">
<head>
  <meta charset="utf-8">
  <title>focus demo</title>
<style>
```

```
// css 스타일 지정
  .focused {
    background: #abcdef;
  }
  </style>
  <script src="jquery-2.1.4.js"></script>
</head>
<body>
// 예제에서 사용할 element 선언
<div id="content">
  <input tabIndex="1">
  <input tabIndex="2">
  <select tabIndex="3">
    <option>select menu</option>
  </select>
  <div tabIndex="4">
    a div
  </div>
</div>


<script>
// content라는 id를 가진 element를 선택하고
// deleget( ) 메소드를 사용하여 선택된 element의 하위 element에서
// focus, blur 이벤트 발생시 function을 수행하도록 한다.
$( "#content" ).delegate( "*", "focus blur", function() {
  // 이벤트가 발생한 element를 jQuery 객체로 elem에 저장을 한다.
  var elem = $( this );
  setTimeout(function() {
  // toggleClass( )를 호출하여 저장된 element의 속성을 변경한다.
    elem.toggleClass( "focused", elem.is( ":focus" ) );
  }, 0 );
});
</script>
```

```
</body>
</html>
```

이번 예제는 element가 focus를 얻으면 background css 속성을 변경하고 focus를 잃으면
다시 원복하는 코드이다.

예제에서 사용된 script 코드에 대하여 알아보도록 하자.

```
$( "#content" ).delegate( "*", "focus blur", function() {.....});
```

먼저 위의 코드는 $("#content")를 호출하여 content라는 id를 가진 element를 선택하고,
delegate( ) 메소드를 호출하여 선택된 element의 하위 element에서 focus, blur 이벤트가
발생하는 경우 해당 element의 색상을 변경하기 위한 function을 수행하도록 하였다.

delegate( ) 메소드의 의미를 짧게 설명하면 content(id 값) div에 속한 모든 element("*")
에서 "focus, blur" 이벤트가 발생하는 경우 function( ){...}을 수행한다는 의미이다.

이번에는 function 안의 코드에 대하여 알아보도록 하자.

```
var elem = $( this );
setTimeout(function() {
    elem.toggleClass( "focused", elem.is( ":focus" ) );
}, 0 );
```

"var elem= $(this)" 코드는 focus, blur가 발생한 element를 jQuery 객체로 저장을 하는

것이고, setTimeout에서 호출하는 "elem.toggleClass("focused", elem.is(":focus"));" 코드의 경우, elem.is(":focus")의 반환값이 true이면(elem이 focus를 가지고 있는 경우 true를 반환) "focused" class를 적용하고, false이면 "focused" class를 삭제한다는 의미이다.

setTimeout을 사용한 이유는 element가 실질적으로 focus를 가지는 시점이 focus 이벤트에 대한 처리가 완료된 이후이기 때문에 setTimeout을 사용하여 toggleClass( ) 동작이 나중에 실행되도록 하기 위한 것이다.

예제를 실행 후 element를 클릭하면 다음 그림과 같은 동작을 확인할 수 있을 것이다.

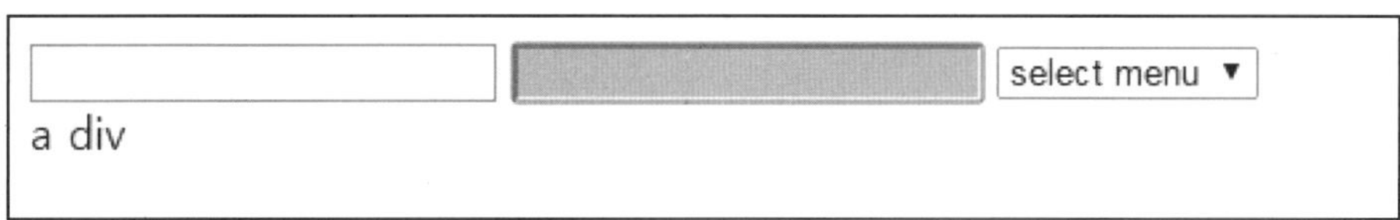

그림 10-09. ex_Ch10_08.html 실행 화면

• header Selector

아래 예제를 통하여 header Selector에 대하여 알아보도록 하자.

코드 10-9. 예제 ex_Ch10_09.html

```
<!doctype html>
<html lang="en">
<head>
  <meta charset="utf-8">
  <title>header demo</title>
  <script src="jquery-2.1.4.js"></script>
</head>
<body>
// 예제에서 사용할 element 선언
<h1>Header 1</h1>
```

```html
<p>Contents 1</p>
<h2>Header 2</h2>
<p>Contents 2</p>

<script>
// header element를 선택하여 css 속성을 변경
$( ":header" ).css({ background: "#ccc", color: "blue" });
</script>

</body>
</html>
```

header Selector는 header element를 반환하기 때문에 $(":header")를 사용하여 선택된 element는 〈h1〉, 〈h2〉가 되며 따라서 css( ) 메소드를 호출하여 해당 element의 css 속성을 변경하게 되면 그림 10-10과 같이 예제를 실행하였을 때 h1, h2 element의 css 속성이 변경되는 것을 확인할 수 있다.

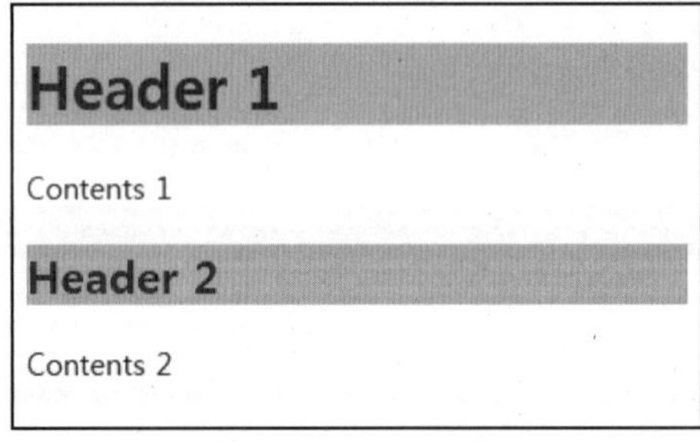

그림 10-10. ex_Ch10_09.html 실행 화면

• lang( ) Selector

다음 예제를 통하여 lang( ) Selector에 대하여 알아보도록 하자.

```
<!doctype html>
<html lang="en">
<head>
  <meta charset="utf-8">
  <title>lang demo</title>
<style>
// css 스타일 지정
  h3 {
      margin: .25em 0;
  }
  div {
      line-height: 1.5em
  }
  .usa {
      background-color: #f00;
      color: #fff;
  }
  .spain {
      background-color: #00f;
      color: #000;
  }
  </style>
  <script src="jquery-2.1.4.js"></script>
</head>
<body>
// 예제에서 사용할 element 선언
<h3>USA</h3>
<div lang="en-us">red
</div>
<h3>España</h3>
<div lang="es-es">rojo
</div>
```

```
<script>
// en-us를 lang으로 갖는 element를 선택하여 usa class 속성을 추가한다.
$( "div:lang(en-us)" ).addClass( "usa" );

// es-es를 lang으로 갖는 element를 선택하여 spain class 속성을 추가한다.
$( "div:lang(es-es)" ).addClass( "spain" );
</script>

</body>
</html>
```

~~~~~~

lang( ) Selector는 element의 lang 속성의 값을 이용하여 element를 선택한다. 따라서 아
래 코드는 $("div:lang(en-us)")를 이용하여 div element 중에 lang 속성값이 en-us인
element를 선택하고 addClass( ) 메소드를 호출하여 선택된 element에 usa class의 속성을
추가하게 된다.
addClass( )는 element에 class의 속성을 추가하는 기능을 제공하며 뒤에서 언급할 예정
이다.

~~~~~~

```
$( "div:lang(en-us)" ).addClass( "usa" );
```

~~~~~~

위의 예제 코드를 수행하면 다음 그림과 같이 en-us, es-es를 lang으로 가지는 element
의 css 속성만 변경되는 것을 확인할 수 있다.
~~~~~~

그림 10-11. ex_Ch10_10.html 실행 화면

• not( ) Selector

아래 예제를 통하여 not( ) Selector에 대하여 알아보도록 하자.

코드 10-11. 예제 ex_Ch10_11.html

```html
<!doctype html>
<html lang="en">
<head>
  <meta charset="utf-8">
  <title>not demo</title>
  <script src="jquery-2.1.4.js"></script>
</head>
<body>
// 예제에서 사용할 element 선언
<div>
  <input type="checkbox" name="a">
  <span>Mary</span>
</div>
<div>
  <input type="checkbox" name="b">
  <span>lcm</span>
</div>
<div>
  <input type="checkbox" name="c" checked="checked">
```

```html
  <span>Peter</span>
</div>

<script>
// input element 중에 checked 상태가 아닌 element를 선택 후
// 해당 element 다음에 나오는 span element를 선택한다.
$( "input:not(:checked) + span" ).css( "background-color", "yellow" );

// input element를 선택하여 attribute 속성을 disabled로 변경을 한다.
$( "input").attr( "disabled", "disabled" );
</script>

</body>
</html>
```

예제 코드 중 먼저 다음 코드는 Selector의 형식이 조금 복잡하게 되어 있는데 하나씩 확인해보도록 하자.

```
$( "input:not(:checked) + span" ).css( "background-color", "yellow" );
```

$("input:not(:checked) + span")의 경우 input:not(:checked)를 통하여 input element 중에서 checked 상태가 아닌(not) element를 선택하게 된다. 그리고 다음에 나오는 + 기호는 $("prev + next")와 같은 형태로 사용을 하게 되면 prev와 sibling 관계에 있는 next element를 선택한다(자세한 내용은 뒤에 언급할 예정이다). 따라서 $("input:not(:checked) + span")을 이용하여 최종적으로 선택되는 element는 checked 상태가 아닌 input element 다음에 위치한 span element가 된다. 그리고 css( ) 메소드를 호출하여 css 속성을 변경한다.

참고로 sibling 관계란 다음 그림과 같이 A element가 child로 B, C, D element를 가지고 있는 경우 B, C, D element 사이의 관계를 sibling 관계라고 한다.

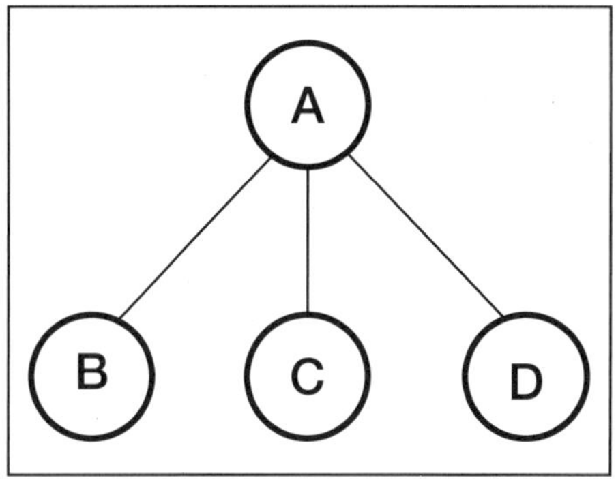

그림 10-12. sibling 관계의 B, C, D element를 나타낸 그림

다음의 코드는 모든 input element를 선택하고 element의 속성 값을 변경해주는 attr( ) 메소드를 호출하여 disabled 시키는 코드이다.

```
$( "input").attr( "disabled", "disabled" );
```

따라서 다음 그림과 같이 Mary, Icm의 색상만 변경이 되고 모든 input element가 disable 되는 것을 확인할 수 있다.

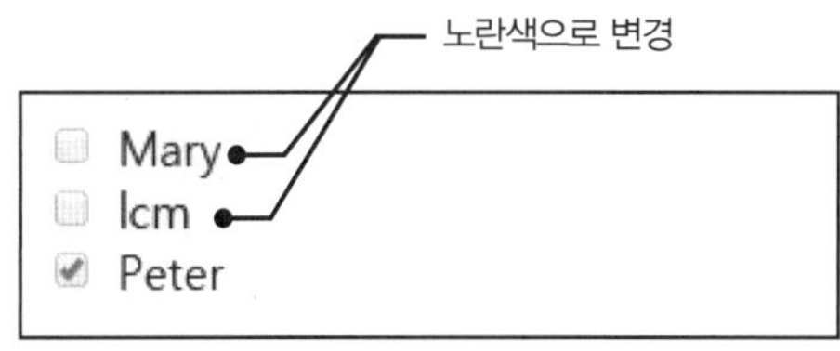

그림 10-13. ex_Ch10_11html 실행 화면

• root Selector

아래 예제를 통하여 root Selector에 대하여 알아보도록 하자.

코드 10-12. 예제 ex_Ch10_12.html

```html
<!doctype html>
<html lang="en">
<head>
  <meta charset="utf-8">
  <title>root demo</title>
  <script src="jquery-2.1.4.js"></script>
</head>
<body>
// 예제에서 사용할 element 선언
<div id="log">The root of this document is: </div>

<script>
// root element name을 화면에 출력한다.
$( "<b></b>" ).html( $( ":root" )[ 0 ].nodeName ).appendTo( "#log" );
</script>

</body>
</html>
```

예제의 script 코드에 대해서 알아보도록 하자.

```
$( "<b></b>" ).html( $( ":root" )[ 0 ].nodeName ).appendTo( "#log" );
```

먼저 $("〈b〉〈/b〉")을 이용하여 〈b〉 element 객체를 만들고 html( ) 메소드를 이용하여 해당 element의 contents를 설정을 한다. html( ) 메소드에 대해서는 나중에 자세히 언급할 예정이다.

여기서 사용되는 것이 "$(":root")[0].nodeName"인데 우선 root Selector는 HTML 안에서 사용하기 때문에 항상 <html> element를 반환하게 되며 "[0].nodeName"은 선택된 element의 첫 번째 element의 tag name을 가져온다고 이해하면 된다(결과값은 당연히 html이다).

따라서, $("<b></b>").html($(":root")[0].nodeName)까지의 실행 결과는 contents로 "html"을 가지는 <b> element가 된다. 그리고 appendTo( ) 메소드를 이용하여 "log"를 id로 가지는 div 뒤에 <b> element를 추가를 하게된다(appendTo( ) 메소드는 뒤에 언급할 예정이다).

예제 코드를 수행하면 다음 그림과 같이 HTML이 화면에 보이는 것을 확인할 수 있다.

The root of this document is: **HTML**

그림 10-14 ex_Ch10_12html 실행 화면

• even Selector, odd Selector, first Selector, last Selector, eq( ) Selector, lt( ) Selector, gt( ) Selector

아래 예제를 통하여 even, odd, first, last, eq( ), lt( ), gt( ) Selector에 대하여 알아보도록 하자.

코드 10-13. 예제 ex_Ch10_13.html

```html
<!doctype html>
<html lang="en">
<head>
  <meta charset="utf-8">
  <title>even demo</title>
<style>
// css 스타일 지정
```

```html
  table {
    background: #eee;
  }
  </style>
  <script src="jquery-2.1.4.js"></script>
</head>
<body>
// 예제에서 사용할 element 선언
<table border="1">
  <tr><td>Row with Index #0</td></tr>
  <tr><td>Row with Index #1</td></tr>
  <tr><td>Row with Index #2</td></tr>
  <tr><td>Row with Index #3</td></tr>
</table>

<script>
// tr element 중 짝수번째 element를 선택하여 css 속성을 변경
$( "tr:even" ).css( "background-color", "#f00" );
</script>

</body>
</html>
```

위의 예제 코드는 다음과 같이 $("tr:even")을 이용하여 table의 row에 대하여 짝수 element를 선택하고 css( ) 메소드를 호출하여 css 속성을 변경하도록 하였다.

```javascript
$( "tr:even" ).css( "background-color", "#f00" );
```

예제를 실행하면 결과 화면은 그림 10-15와 같이 index가 짝수인 row가 red로 변경된 것을 확인할 수 있다(index는 0부터 시작을 한다).

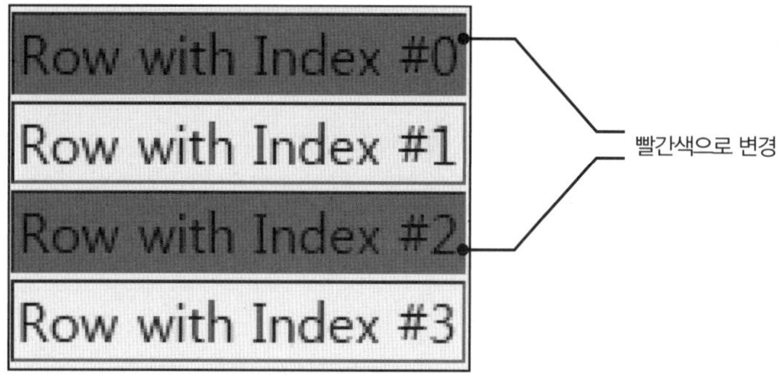

그림 10-15. ex_Ch10_13.html 실행 화면

위의 Selector 코드를 다음과 같이 $("tr:odd")을 이용하여 홀수 element를 선택하도록 수정하면 그림 10-16과 같은 결과 화면을 확인할 수 있다.

```
$( "tr:odd" ).css( "background-color", "#f00" );
```

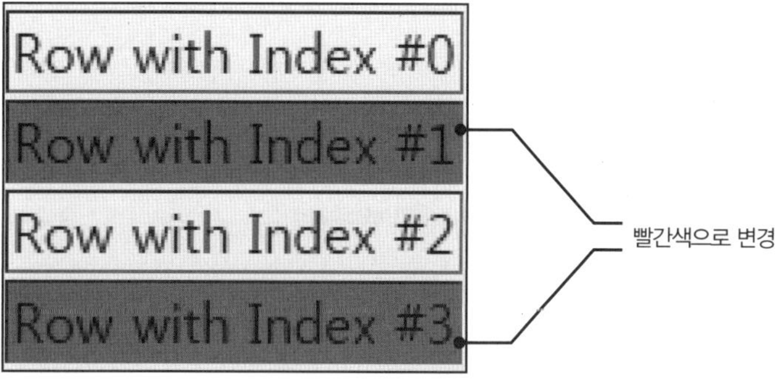

그림 10-16. 홀수 element를 선택하도록 수정한 결과 화면

위의 Selector 코드를 다음과 같이 $("tr:first")을 이용하여 첫 번째 element를 선택하도록 수정하면 그림 10-17과 같은 결과 화면을 확인할 수 있다.

```
$( "tr:first" ).css( "background-color", "#f00" );
```

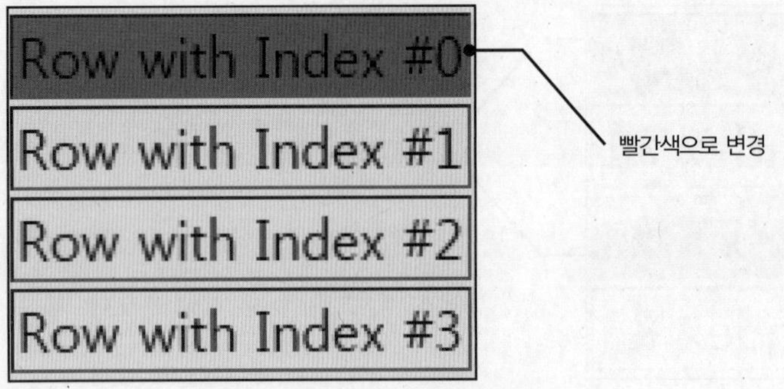

그림 10-17. 첫 번째 element를 선택하도록 수정한 결과 화면

위의 Selector 코드를 다음과 같이 $("tr:last")을 이용하여 마지막 element를 선택하도록 수정하면 그림 10-18과 같은 결과 화면을 확인할 수 있다.

```
$( "tr:last" ).css( "background-color", "#f00" );
```

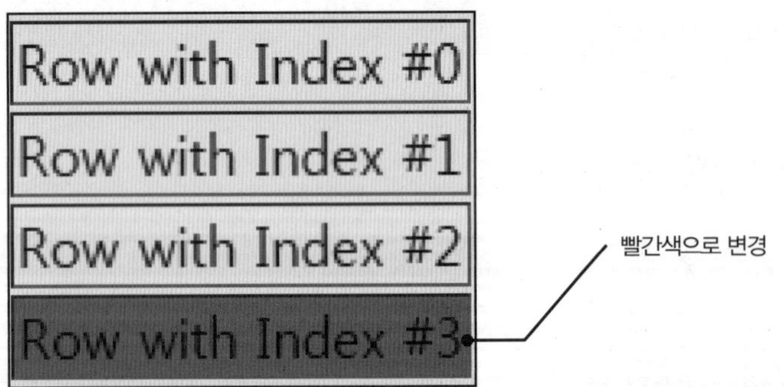

그림 10-18. 마지막 element를 선택하도록 수정한 결과 화면

위의 Selector 코드를 아래와 같이 $("tr:eq(2)")을 이용하여 index가 2인 element를 선택하도록 수정하면 그림 10-19과 같은 결과 화면을 확인할 수 있다.

```
$( "tr:eq(2)" ).css( "background-color", "#f00" );
```

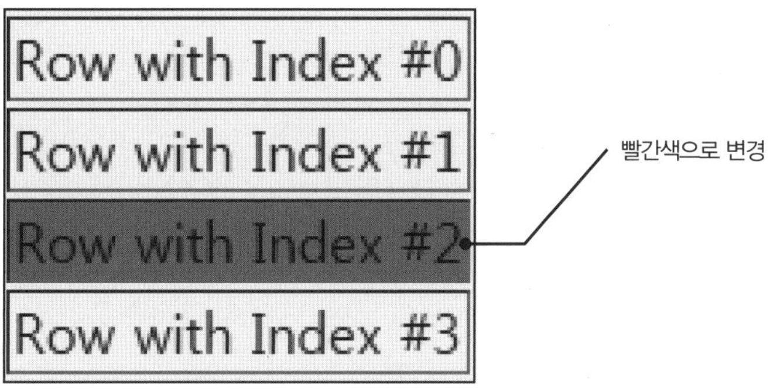

그림 10-19. index가 2인 element를 선택하도록 수정한 결과 화면

위의 Selector 코드를 다음과 같이 $("tr:lt(2)")을 이용하여 index가 2보다 작은 element를 선택하도록 수정하면 그림 10-20과 같은 결과 화면을 확인할 수 있다.

```
$( "tr:lt(2)" ).css( "background-color", "#f00" );
```

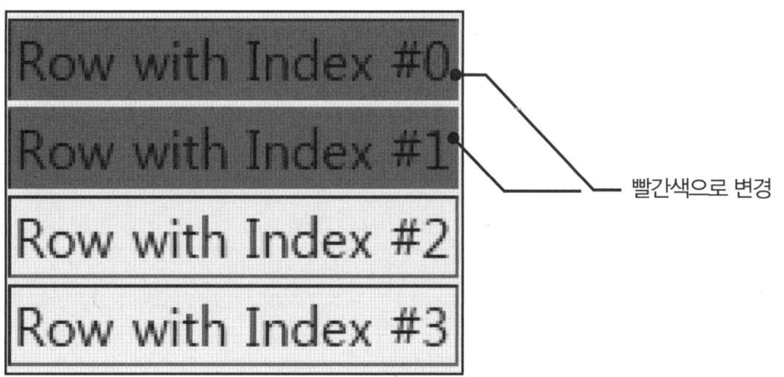

그림 10-20. index가 2보다 작은 element를 선택하도록 수정한 결과 화면

위의 Selector 코드를 다음과 같이 $("tr:gt(2)")을 이용하여 index가 2보다 큰 element를 선택하도록 수정하면 그림 10-21과 같은 결과 화면을 확인할 수 있다.

```
$( "tr:gt(2)" ).css( "background-color", "#f00" );
```

그림 10-21. index가 2보다 큰 element를 선택하도록 수정한 결과 화면

2.3 Child Filter Selector

이번에는 Child Filter Selector에 대하여 확인해보도록 하자. Child Filter Selector는 child element에 특정 조건으로 필터링을 해서 element를 선택하는 selector를 의미하며 다음과 같이 다양한 filter를 제공하고 있다.

Filter	기능
:first-child Selector	child element 중 첫 번째 element를 반환
:first-of-type Selector	동일 type의 element 중 첫 번째 element를 반환
:last-child Selector	child element 중 마지막 element를 모두 반환
:last-of-type Selector	동일 type의 element 중 마지막 element를 반환
:nth-child() Selector	child element 중 n 번째 element를 반환
:nth-last-child() Selector	child element 중 뒤에서 n 번째 element를 반환
:nth-last-of-type() Selector	동일 type의 element 중 뒤에서 n 번째 element를 반환

:nth-of-type() Selector	동일 type의 element 중 n 번째 element를 반환
:only-child Selector	child element가 하나만 있는 경우 해당 element를 반환
:only-of-type Selector	sibling관계의 element 중 동일 type의 element가 하나만 있는 경우 해당 element를 반환

표 10-3. jQuery의 Child Filter Selector

지금부터 몇 가지 Filter에 대한 예제를 통해서 어떻게 동작하는지 살펴보도록 하자.

- :first-child Selector, :last-child Selector

코드 10-14. 예제 : ex_Ch10_14.html

```html
<!doctype html>
<html lang="en">
<head>
  <meta charset="utf-8">
  <title>first-child demo</title>
<style>
// css 스타일 지정
  span {
    color: #008;
  }
  span.sogreen {
    color: green;
    font-weight: bolder;
  }
  </style>
  <script src="jquery-2.1.4.js"></script>
</head>
<body>
// 예제에서 사용할 element 선언
<div>
  <span>John,</span>
```

```
  <span>Karl,</span>
  <span>Brandon</span>
</div>
<div>
  <span>Glen,</span>
  <span>Tane,</span>
  <span>Ralph</span>
</div>

<script>
// div의 child element 중 첫 번째에 위치한 span element를 선택하여 css 속성을 변경
$( "div span:first-child" ).css( "text-decoration", "underline" );
</script>

</body>
</html>
```

예제의 script 코드를 보면 $("div span:first-child")을 이용하여 모든 div element의 child element 중 첫 번째 위치한 span element를 선택하고 css( ) 메소드를 이용하여 선택된 element의 css 속성을 변경하고 있다.

```
$( "div span:first-child" ).css( "text-decoration", "underline" );
```

따라서 예제를 실행하면 다음과 같이 각 div의 첫 번째 span element에만 underline이 생긴 것을 확인할 수 있다.

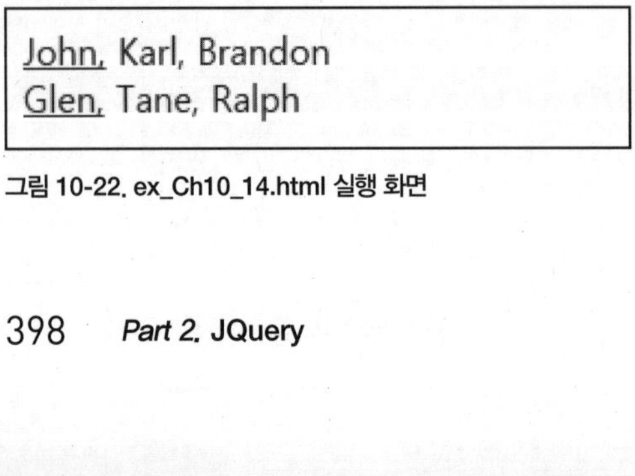

<u>John,</u> Karl, Brandon
<u>Glen,</u> Tane, Ralph

그림 10-22. ex_Ch10_14.html 실행 화면

다음과 같이 $("div span:last-child")을 이용하여 div element의 child element 중 마지막에 위치한 span element를 선택하도록 수정하게 되면 마지막에 위치한 span tag의 css 값을 설정하게 되므로 그림 10-23과 같은 결과 화면이 나오게 된다.

```
$( "div span:last-child" ).css( "text-decoration", "underline" );
```

```
John, Karl, Brandon
Glen, Tane, Ralph
```

그림 10-23. div element의 child element 중 마지막에 위치한 span element를 선택하도록 수정한 실행 화면

- :first-of-type Selector, :last-of-type Selector

코드 10-15. 예제 : ex_Ch10_15.html

```
<!doctype html>
<html lang="en">
<head>
  <meta charset="utf-8">
  <title>first-of-type demo</title>
<style>
// css 스타일 지정
  span.fot {
    color: red;
    font-size: 120%;
    font-style: italic;
  }
  </style>
  <script src="jquery-2.1.4.js"></script>
</head>
```

```html
<body>
// 예제에서 사용할 element 선언
<div>
  <span>Corey,</span>
  <span>Yehuda,</span>
  <span>Adam,</span>
  <span>Todd</span>
</div>
<div>
  <b>Nobody,</b>
  <span>Jörn,</span>
  <span>Scott,</span>
  <span>Timo</span>
</div>

<script>
// sibling 관계의 span element 중 첫 번째 span element의 속성을 변경
$( "span:first-of-type" ).addClass( "fot" );
</script>

</body>
</html>
```

~~~~~~

예제 코드를 살펴보면 $("span:first-of-type")을 이용하여 sibling 관계에 있는 span element들 중에서 첫 번째 span element를 선택을 하고, addClass( ) 메소드를 호출하여 선택된 element에 fot class 속성을(red color, italic style) 적용한다.

~~~~~~

$("span:first-of-type").addClass("fot");

~~~~~~

예제를 실행하면 그림 10-24와 같은 결과를 볼 수 있는데 예제 코드에서 sibling 관계에
~~~~~~

있는 span element는 (Corey, Yehuda, Adam, Todd) / (Jorn, Scott, Time) 이렇게 2개
이며 그 중 첫 번째 span element를 선택하여 css 속성을 추가하기 때문에 그림 10-24과
같이 Corey, Jorn만 변경되는 것을 확인할 수 있다.

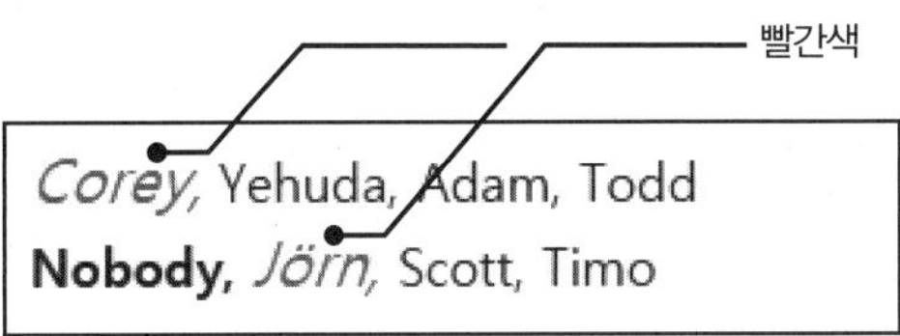

그림 10-24. ex_Ch10_15.html 실행 화면

예제 코드를 다음과 같이 $("span:last-of-type")을 이용하여 sibling 관계에 있는 span
element들 중에서 마지막 span element를 선택하도록 코드를 수정하면 마지막에 위치한
span tag의 css 값을 설정하게 되므로 그림 10-25와 같은 결과 화면이 나오게 된다.

```
$( "span:last-of-type" ).addClass( "fot" );
```

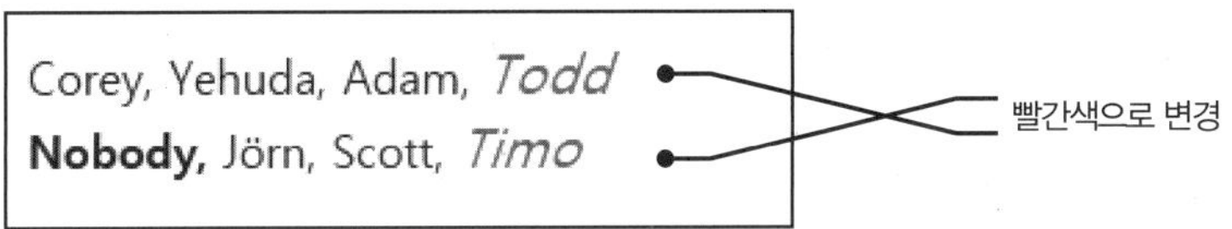

**그림 10-26. sibling 관계에 있는 span element들 중에서
마지막 span element를 선택하도록 코드를 수
정한 실행 화면**

• :only-child Selector, :only-of-type Selector

코드 10-16. 예제 ex_Ch10_16.html

```
<!doctype html>
<html lang="en">
<head>
```

```html
  <meta charset="utf-8">
  <title>only-child demo</title>
<style>
// css 스타일 지정
  div {
    width: 100px;
    height: 80px;
    margin: 5px;
    float: left;
    background: #b9e;
  }
  </style>
  <script src="jquery-2.1.4.js"></script>
</head>
<body>
// 예제에서 사용할 element 선언
<div>
  <button>Sibling!</button>
  <button>Sibling!</button>
  <button>Sibling!</button>
</div>

<div>
  None
</div>

<div>
  <button>Sibling!</button>
</div>

<div>
  <button>Sibling!</button>
  <p> P tag Sibling! </p>
</div>
```

```
<script>
// div element에 button element가 유일한 child element인 경우 해당 button
// element를 선택 button element의 contents를 Alone으로 변경하고 css 속성을 변경
$( "div button:only-child" ).text( "Alone" ).css( "border", "2px blue
solid" );
</script>

</body>
</html>
```

예제의 element 선언 코드를 보면 다음과 같이 총 4개의 div element가 있다.

- button element를 3개 가진 div
- 아무런 element가 없는 div
- button element를 1개 가진 div
- button element 1개, p element 1개를 가진 div

예제의 script 코드를 보면 먼저 $("div button:only-child")을 이용하여 div element를 선택하고 div element에서 유일한 child element인 (:only-child) button element를 선택을 한다. 그리고 text( ) 메소드를 호출하여 선택된 element의 contents를 "Alone"으로 변경하고 css( )를 호출하여 css 속성을 변경한다. text( ) 메소드는 뒤에 언급할 예정이다.

```
$( "div button:only-child" ).text( "Alone" ).css( "border", "2px blue
solid" );
```

따라서 위의 예제를 실행하면 총 4개의 div 중에 button element가 유일한 child element인 경우는 3번째 div의 button element 밖에 없기 때문에 그림 10-26과 같은 결과가 나오게 된다.

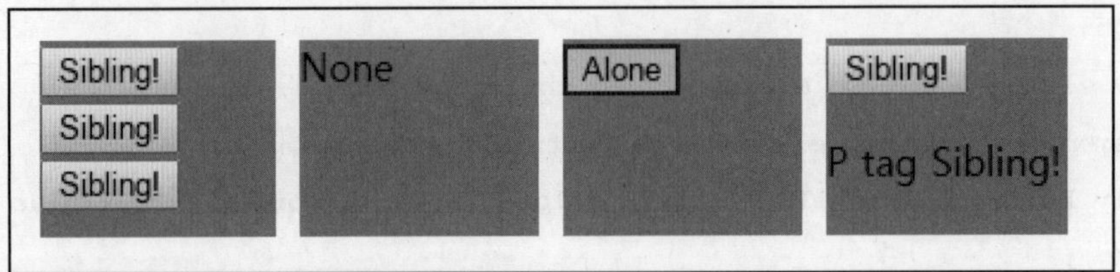

그림 10-26. ex_Ch10_16.html 실행 화면

예제 코드를 다음과 같이 $("button:only-of-type")을 이용하여 sibling element 중 button element가 하나만 있는(only-of-type) 경우에 해당 button element를 선택하도록 코드를 수정하게 되면 총 4개의 div 중에 button element가 하나만 있는 경우는 3, 4번째 총 두 개이기 때문에 그림 10-27과 같은 결과 화면이 나오게 된다.

```
$( "button:only-of-type" ).text( "Alone" ).css( "border", "2px blue
solid" );
```

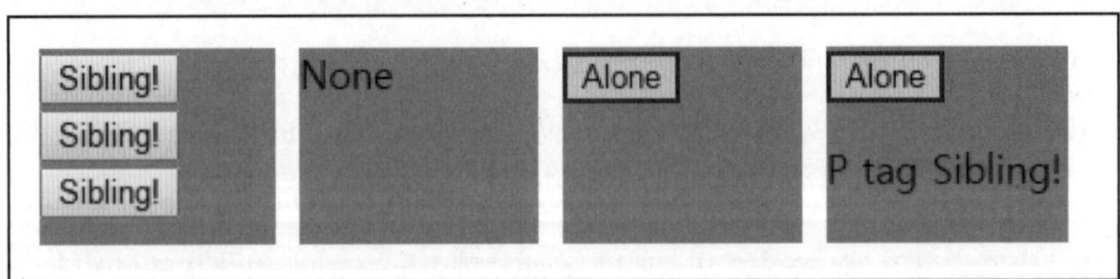

그림 10-27. $("button:only-of-type")을 이용하도록 코드를 수정한 실행 화면

2.4 Hierarchy Selector

jQuery에서는 DOM 구조의 상하 관계를 이용하여 element를 선택할 수 있도록 다음과 같은 Hierarychy Selector를 지원해준다.

Selector	기능
Child Selector ("parent > child")	parent - child 관계의 element를 선택한다.
Descendant Selector ("ancestor descendant")	ancestor에 포함된 descendant element를 선택한다.
Next Adjacent Selector ("prev + next")	prev element의 sibling 관계이며 prev 바로 다음에 위치한 element를 선택한다.
Next Siblings Selector ("prev ~ siblings)	prev element의 sibling 관계이며 prev 다음에 나오는 모든 element를 선택한다.

표 10-4. jQuery의 Hierarychy Selector

• Child Selector ("parent > child"), Descendant Selector ("ancestor descendant")

다음 예제 코드를 통해서 Child Selector와 Descendant Selector의 차이를 확인해보자.

코드 10-17. 예제 ex_Ch10_17.html

```
<!doctype html>
<html lang="en">
<head>
  <meta charset="utf-8">
  <title>child demo</title>
<style>
// css 스타일 지정
  body {
    font-size: 14px;
  }
</style>
  <script src="jquery-2.1.4.js"></script>
</head>
<body>
// 예제에서 사용할 element 선언
```

```html
<ul class="topnav">
  <li>Item 1</li>
  <li>Item 2
    <ul>
    <li>Nested item 1</li>
    <li>Nested item 2</li>
    <li>Nested item 3</li>
    </ul>
  </li>
  <li>Item 3</li>
</ul>

<script>
// topnav class를 가진 ul element의 child 관계에 있는 li element를 선택하여
// css 속성을 변경
$( "ul.topnav li" ).css( "border", "3px double red" );
</script>

</body>
</html>
```

~~~~~~

예제의 element 선언 부분을 확인해보면 ul, li tag가 중첩해서 선언이 되어 있다. script
코드를 확인해 보면 먼저 $("ul.topnav > li")를 이용하여 topnav class를 가지는 ul
element와 child 관계에 있는 li element를 선택하고 css( ) 메소드를 호출하여 선택된
element의 css 속성을 변경한다.

~~~~~~

```
$( "ul.topnav > li" ).css( "border", "3px double red" );
```

~~~~~~
~~~~~~

때문에 예제를 실행해 보면 그림 10-28과 같이 Nested item들은 제외하고 그냥 item들만 css 속성이 변경된 것을 확인할 수 있다.

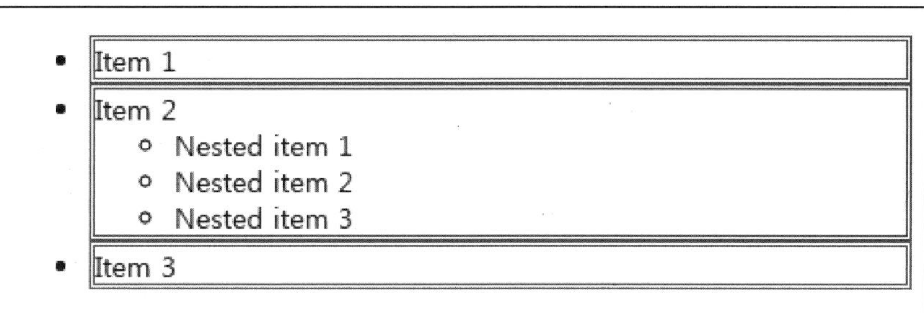

그림 10-28. ex_Ch10_17.html 실행 화면

예제 코드를 다음과 같이 $("ul.topnav li")를 이용하여 topnav class를 가지는 ul elment의 Descendant 관계에 있는 모든 li element를 선택하도록 수정하면 그림과 같이 item과 nested item 모두 속성이 모두 변경되는 것을 확인할 수 있다.

```
$( "ul.topnav li" ).css( "border", "3px double red" );
```

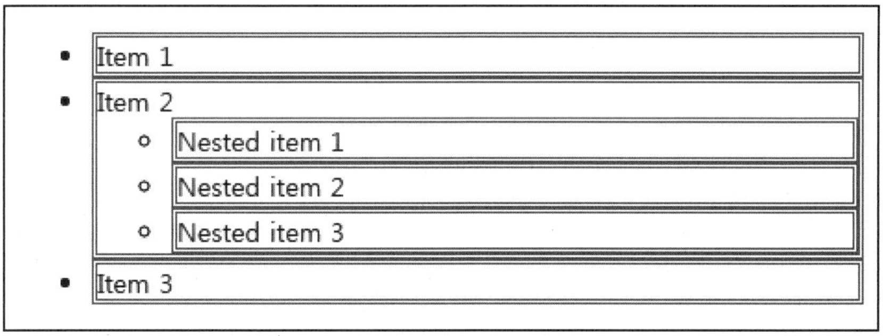

그림 10-29. $("ul.topnav li")를 이용하도록 수정한 코드의 실행 화면

참고로 Descendant 관계란 element의 모든 하위 레벨의 element와의 관계를 의미한다.
그림을 보면 A의 바로 하위 단계인 B, C, D element는 child 관계이지만 2레벨 하위 단
계의 E, F element는 descendant 관계라고 한다.

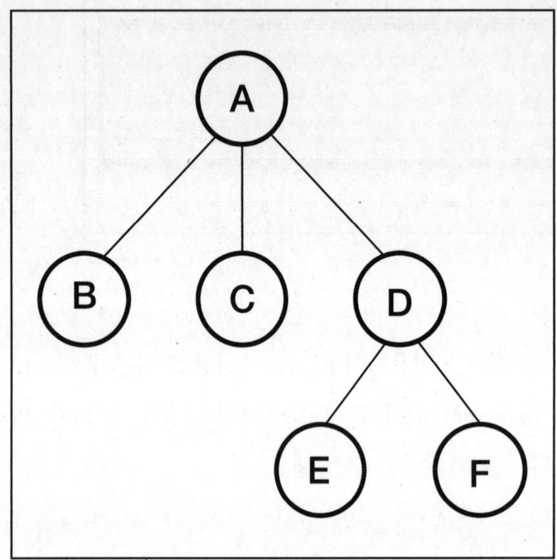

그림 10-30. descendant 관계의 element를 나타낸 그림

• Next Adjacent Selector ("prev + next"), Next Siblings Selector ("prev ~
  siblings)

다음 예제 코드를 통해서 Next Adjacent Selector와 Next Siblings Selector의 차이를 확
인해보자.

코드 10.18 예제 : ex_Ch10_18.html

```html
<!doctype html>
<html lang="en">
<head>
  <meta charset="utf-8">
  <title>next adjacent demo</title>
  <script src="jquery-2.1.4.js"></script>
</head>
```

```html
<body>
// 예제에서 사용할 element 선언
<form>
  <label for="name">Name:</label>
  <input name="name" id="name">
  <fieldset>
    <label for="newsletter">Newsletter:</label>
    <input name="newsletter" id="newsletter">
  </fieldset>
  <input name="none">
</form>

<script>
$( "label + input" ).css( "color", "blue" ).val( "Labeled!" );
</script>

</body>
</html>
```

예제의 script 코드를 보면 먼저 $("label + input")를 이용하여 label element와 input element가 나란히 있는 경우에 해당하는 input element만 선택을 하고 css( ) 메소드를 호출하여 css 속성을 변경하고(blue color), val( ) 메소드를 호출하여 input element의 값을 "Labeled!"로 설정한다.

```js
$( "label + input" ).css( "color", "blue" ).val( "Labeled!" );
```

예제의 element 선언 부분을 보면 input element가 총 세 개가 있는데 첫 번째와 두 번째 element는 label element 바로 다음에 위치하고 있고 세 번째 element는 fieldset element 다음에 위치하고 있다. 때문에 예제를 실행하면 그림 10-31과 같이 첫 번째와 두 번째

input element만 속성이 변경된 것을 확인할 수 있다.

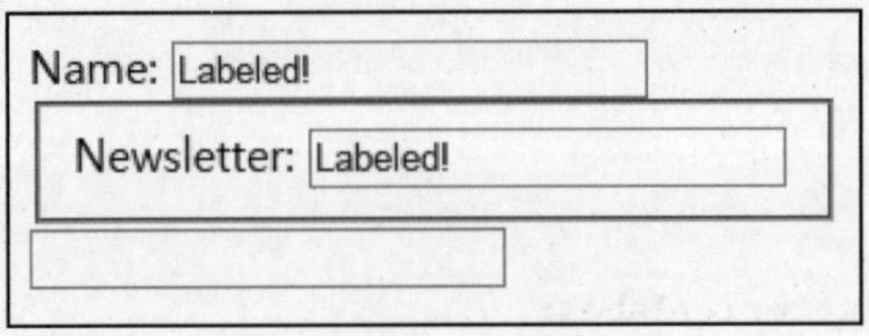

그림 10-31. ex_Ch10_18.html 실행 화면

예제 코드를 다음과 같이 $("label ~ input")을 이용하여 label element와 sibling 관계에 있는 모든 input element를 선택하도록 수정하면 그림 10-32와 같이 모든 input element 의 속성이 변경되는 것을 확인할 수 있다.

```
$( "label ~ input" ).css( "color", "blue" ).val( "Labeled!" );
```

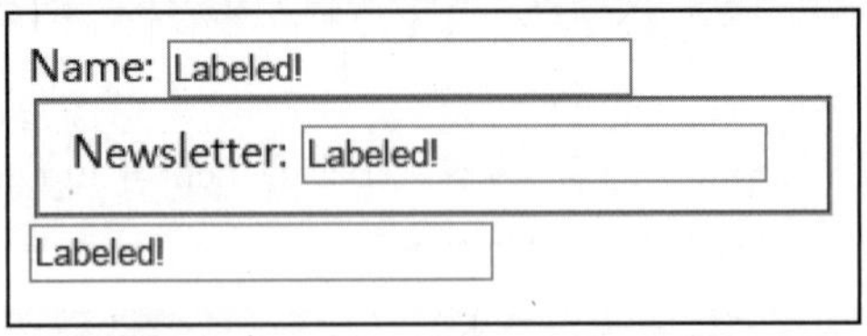

그림 10-32. $("label ~ input")을 이용하도록 수정한 코드의 실행 화면

2.5 Attribute

jQuery에서는 Element의 attribute(속성) 값을 이용하여 element를 선택할 수 있으며 표 10-5와 같이 다양한 방식을 지원하고 있다. 속성 값을 표시할 때는 "(쌍따옴표) , '(따옴 표)의 혼용을 주의해야 하며 다음과 같은 방식으로 사용해야 한다.

- $('a[rel="nofollow self"]')

- $("a[rel='nofollow self']")

- $('a[rel=\'nofollow self\']')

- $("a[rel=\"nofollow self\"]")

Selector	기능
Attribute Contains Prefix Selector [name|="value"]	value와 동일한 값 혹은 뒤에 하이픈(-)이 붙는 단어로 시작하는 attribute를 가진 element를 선택
Attribute Contains Selector [name*="value"]	value를 포함하고 있는 값을 가진 element를 선택
Attribute Contains Word Selector [name~="value"]	value를 단어로 포함한 값을 가진 element를 선택
Attribute Ends With Selector [name$="value"]	value로 끝나는 값을 가진 element를 선택
Attribute Equals Selector [name="value"]	value와 동일한 값으로 가진 element를 선택
Attribute Not Equal Selector [name!="value"]	value와 동일하지 않은 값을 가진 element를 선택
Attribute Starts With Selector [name^="value"]	value로 시작하는 값을 가진 element를 선택
Has Attribute Selector [name]	name의 attribute를 가진 element를 선택
Multiple Attribute Selector [name="value"] [name2="value2"]	다중 조건을 체크하여 element를 선택

표 10-5. jQuery의 Attribute Selector

다음 예제를 통해서 Attribute Selector의 차이에 대해서 확인해보자.

```html
<!doctype html>
<html lang="en">
<head>
  <meta charset="utf-8">
  <title>attributeContains demo</title>
  <script src="jquery-2.1.4.js"></script>
</head>
<body>
// 예제에서 사용할 element 선언
<input name="man">
<input name="man test">
<input name="man-news">
<input name="letterman2">
<input name="test man">
<input name="testman">
<input id="test" name="newmilk">

<script>
// man 혹은 man-으로 시작하는 name을 가진 element를 선택
$( "input[name|='man']" ).val( "has man in it!" );
</script>

</body>
</html>
```

예제의 element 선언 부분을 보면 input name으로 다음과 같은 7가지의 단어를 설정하였다.

1. man
2. man test
3. man-news

4. letterman2

5. test man

6. testman

7. newmilk

예제의 script 부분을 보면 $("input[name|='man']")을 이용하여 주어진 단어 'man'과 동일하거나(1번) 혹은 'man-' 으로 시작하는 단어(3번)를 name으로 가진 element를 선택하고 val( ) 메소드를 호출하여 input element에 value를 설정한다.

```
$( "input[name|='man']" ).val( "has man in it!" );
```

따라서 예제를 실행하게 되면 그림 10-33과 같이 1, 3번째 element에만 "has man in it!"이 설정된 것을 확인할 수 있다.

has man in it!		has man in it!

그림 10-33. ex_Ch10_19.html 실행 화면

Selector를 아래와 같이 $("input[name*='man']")을 이용하면 'man'이 포함된 단어(1, 2, 3, 4, 5, 6번)를 name으로 가진 element를 선택하기 때문에 그림 10-34와 같은 결과 화면을 확인할 수 있다.

```
$( "input[name*='man']" ).val( "has man in it!" );
```

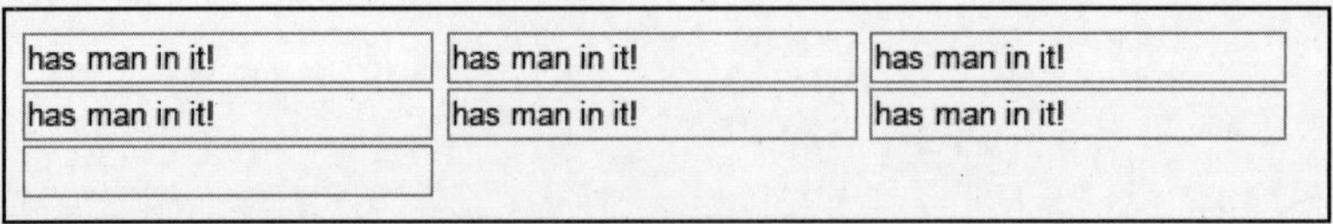

그림 10-34. $("input[name*='man']") 을 이용하도록 수정한 코드의 실행 화면

Selector를 아래와 같이 $("input[name~='man']")을 이용하면 'man'이 하나의 단어로 포함된 단어(1, 2, 5번)를 name으로 가진 element을 선택하기 때문에 그림 10-35와 같은 결과 화면을 확인할 수 있다.

```
$( "input[name~='man']" ).val( "has man in it!" );
```

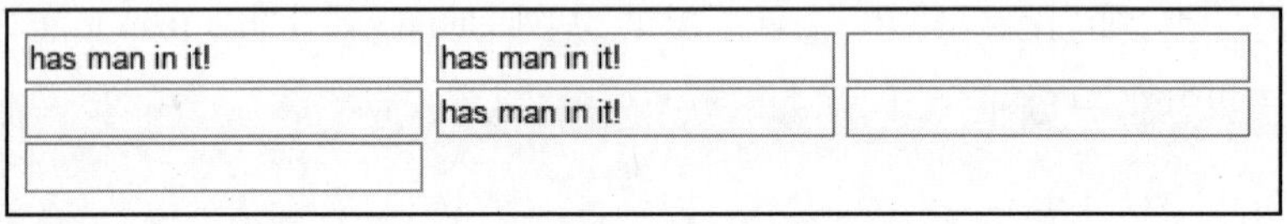

그림 10-35. $("input[name~='man']")을 이용하도록 수정한 코드의 실행 화면

Selector를 아래와 같이 $("input[name$='man']")을 이용하면 'man'으로 끝나는 단어(1, 5, 6번)를 name으로 가진 element를 선택하기 때문에 그림 10-36과 같은 결과 화면을 확인할 수 있다.

```
$( "input[name$='man']" ).val( "has man in it!" );
```

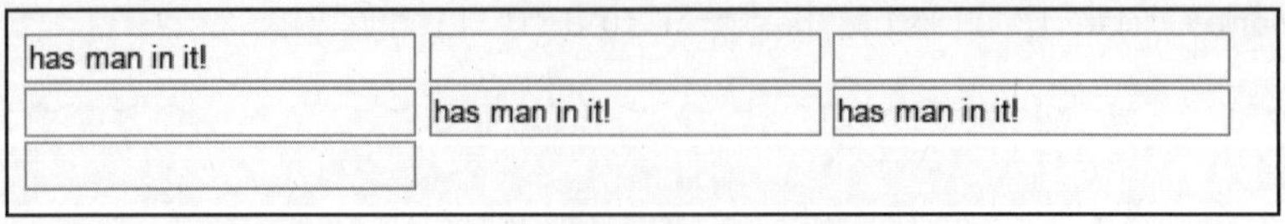

그림 10-36. $("input[name$='man']")을 이용하도록 수정한 코드의 실행 화면

Selector를 아래와 같이 $("input[name='man']")을 이용하면 'man'과 동일한 단어(1번)를 name으로 가진 element를 선택하기 때문에 그림 10-37과 같은 결과 화면을 확인할 수 있다.

```
$( "input[name='man']" ).val( "has man in it!" );
```

has man in it!

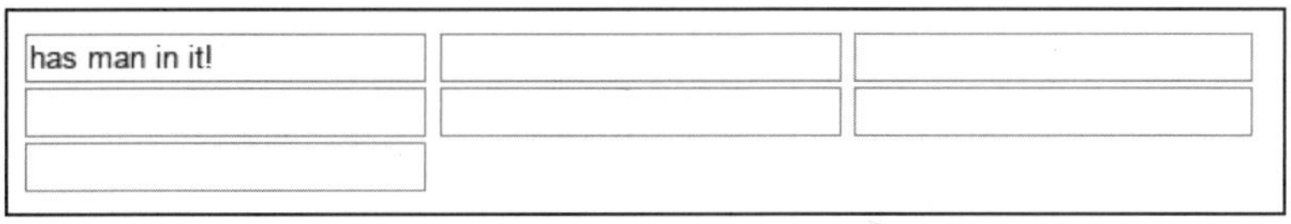

그림 10-37. $("input[name='man']")을 이용하도록 수정한 코드의 실행 화면

Selector를 아래와 같이 $("input[name!='man']")을 이용하면 'man'과 동일하지 않은 단어(2, 3, 4, 5, 6, 7번)를 name으로 가진 element를 선택하기 때문에 그림 10-38과 같은 결과 화면을 확인할 수 있다.

```
$( "input[name!='man']" ).val( "has man in it!" );
```

has man in it!
has man in it!
has man in it!
has man in it!
has man in it!
has man in it!

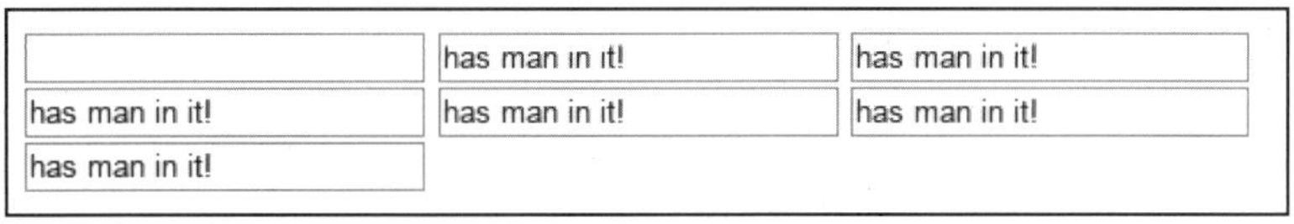

그림 10-38. $("input[name!='man']")을 이용하도록 수정한 코드의 실행 화면

Selector를 다음과 같이 $("input[name^='man']")을 이용하면 'man'으로 시작하는 단어(1, 2, 3번)를 name으로 가진 element를 선택하기 때문에 그림 10-39와 같은 결과 화면을 확인할 수 있다.

```
$( "input[name^='man']" ).val( "has man in it!" );
```

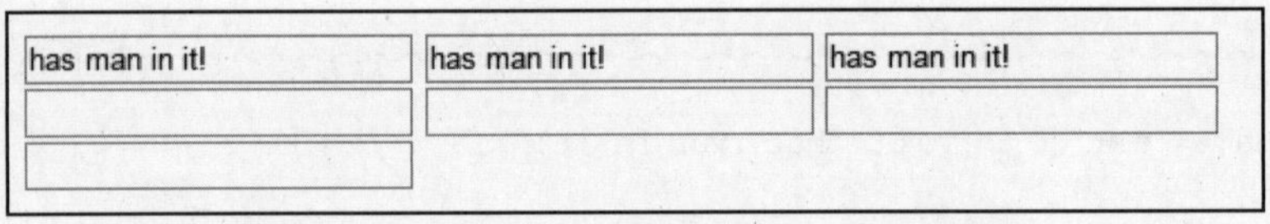

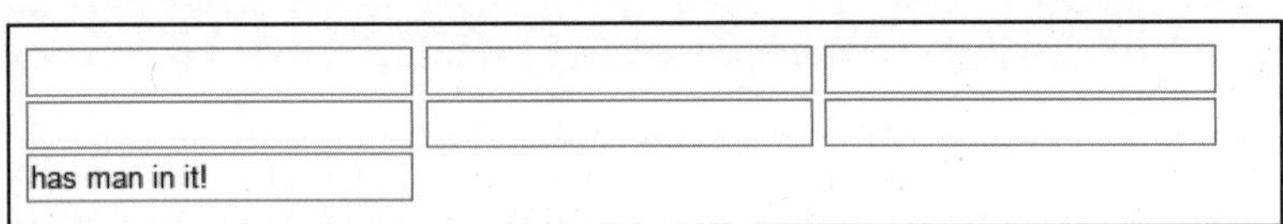

그림 10-39. $("input[name^='man']")을 이용하도록 수정한 코드의 실행 화면

Selector를 아래와 같이 $("input[id]")을 이용하면 attribute로 id가 있는 element(7번)를 선택하기 때문에 그림 10-40과 같은 결과 화면을 확인할 수 있다.

```
$( "input[id]" ).val( "has man in it!" );
```

그림 10-40. $("input[id]") 을 이용하도록 수정한 코드의 실행 화면

3 탐색 메소드

이번에는 jQuery 메소드 중에서 selector를 통하여 얻은 element를 기준으로 하여 새로운 element를 찾아가는 기능을 제공하는 탐색 메소드에 대하여 알아보도록 하겠다.

3.1 Tree

탐색 메소드 중에는 element의 tree 구조를 기반으로 한 탐색 기능을 제공하는 메소드들이 있는데 아래 표를 통해서 어떠한 메소드들이 있는지 확인해보고 예제를 통하여 어떻게 사용되는지 알아보도록 하자.

메소드명	기능
children( )	한 단계 아래 레벨이 모든 element를 선택한다
closest( )	해당 element를 포함하여 주어진 조건과 매칭되는 가장 가까운 상위 element를 선택한다.
find( )	모든 하위 레벨의 element 중 주어진 조건과 매치되는 element를 선택한다.
next( )	sibling element 중 바로 다음에 위치한 element를 선택한다.
nextAll( )	sibling element 중 나중에 위치한 모든 element를 선택한다.
nextUntil( )	sibling element 중 바로 다음에 위치한 element부터 주어진 조건의 element 전까지의 element를 선택한다.
offsetParent( )	css position상으로 가장 가까운 parent element를 선택한다.
parent( )	element의 1단계 위 element 를 선택한다.
parents( )	element의 모든 상위 관계의 element를 선택한다.
parentsUntil( )	주어진 조건과 일치하는 element의 1단계 위 element부터 주어진 조건의 element 전까지의 element를 선택한다.
prev( )	sibling element 중 바로 이전에 위치한 element를 선택한다.
prevAll( )	sibling element 중 이전에 위치한 모든 element를 선택한다.

prevUntil( )	sibling element 중 바로 이전에 위치한 element부터 주어진 조건의 element 전까지의 element를 선택한다.
siblings( )	모든 sibling element를 선택한다.

표 10-6. Tree 구조 기반의 탐색 메소드

아래 예제를 통해서 각 메소드들이 어떻게 차이가 있는지 확인을 해 보도록 하자.

코드 10-20. 예제 : ex_Ch10_20.html

```html
<!doctype html>
<html lang="en">
<head>
  <meta charset="utf-8">
  <title>child demo</title>
<style>
// css 스타일 지정
  body {
    font-size: 14px;
  }
</style>
  <script src="jquery-2.1.4.js"></script>
</head>
<body>
// 예제에서 사용할 element 선언
<ul class="level-1">
  <li class="item-1">I</li>
  <li class="item-2">II
    <ul class="level-2">
      <li class="item-a">A</li>
      <li class="item-b">B
        <ul class="level-3">
          <li class="item-3-1">3-1</li>
          <li class="item-3-2">3-2</li>
```

```
        </ul>
      </li>
      <li class="item-c">C</li>
    </ul>
  </li>
  <li class="item-3">III</li>
  <li class="item-4">IV</li>
  <li class="item-5">V</li>
</ul>

<script>

</script>

</body>
</html>
```

~~~~~~

이번 예제는 ul, li element로 그림 10-41과 같은 구조를 가진 리스트(list)를 이용하여 각
각의 탐색 메소드의 동작을 설명할 것이다.

- I
- II
  - A
  - B
    - 3-1
    - 3-2
  - C
- III
- IV
- V

그림 10-41. ex_Ch10_20.html 실행 화면
~~~~~~

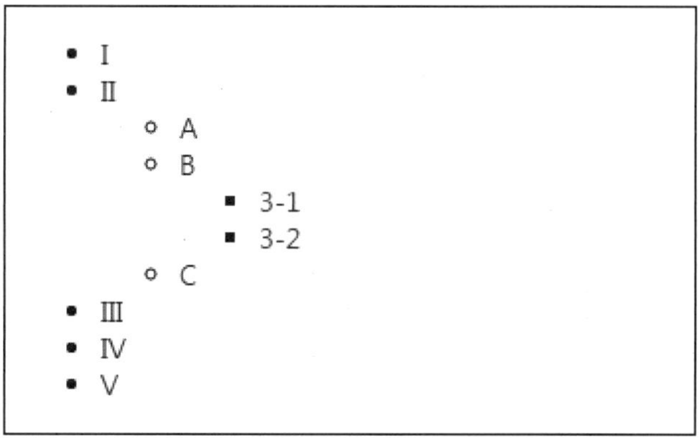

children( ) 메소드 확인을 위해서 다음 코드를 script 부분에 추가해보자.

```
$( "li.item-b" ).children().css( "background-color", "red" );
```

위의 코드는 먼저 $("li.item-b")를 통해서 item-b class를 가진 element를 선택하고, 그 다음에 children( ) 메소드를 호출하여 item-b의 child element(3-1, 3-2)를 선택하게 된다. 그리고, css( ) 메소드를 호출하여 선택된 element의 css 속성을 변경한다. 따라서 위 코드를 script 부분에 추가하고 실행하게 되면 그림 10-42와 같이 3-1, 3-2 항목만 red 로 변경된 것을 확인할 수 있다.

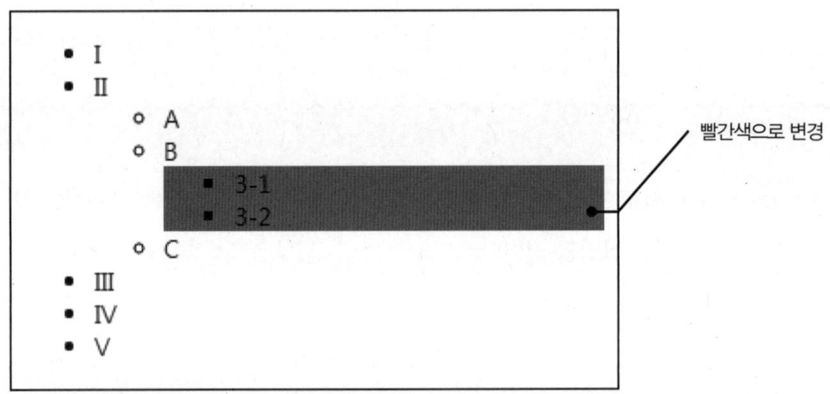

그림 10-42. children( )를 적용한 코드의 실행 화면

closest( ) 메소드 확인을 위해서 다음 코드를 script 부분에 추가해보자.

```
$( "li.item-b" ).closest("ul").css( "background-color", "red" );
```

위의 코드는 먼저 $("li.item-b")를 통해서 item-b class를 가진 element를 선택하고, 그 다음에 closest("ul") 메소드를 호출하여 item-b의 상위 ul element 중 가장 가까운 element(level-2)를 선택하게 된다. 그리고 css( ) 메소드를 호출하여 선택된 element의 css 속성을 변경한다.

따라서 위 코드를 script 부분에 추가하고 실행하게 되면 다음 그림과 같이 level-2 항목이 red로 변경된 것을 확인할 수 있다.

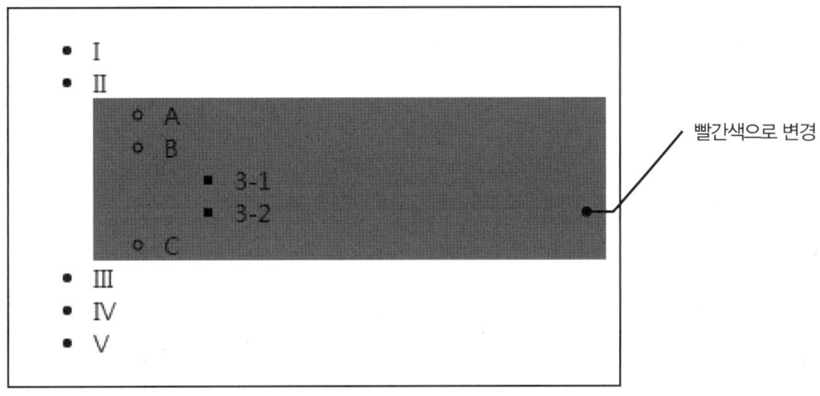

그림 10-43. closest()를 적용한 코드의 실행 화면

다음 코드와 같이 closest("li") 메소드를 호출하게 되면 closest( ) 메소드가 탐색을 할 때 해당 element를 포함하여 가장 가까운 상위 element를 탐색하기 때문에 $("li.item-b") 결과로 선택된 item-b element가 그대로 선택된다.

```
$( "li.item-b" ).closest("li").css( "background-color", "red" );
```

따라서 위 코드를 script 부분에 추가하고 실행하게 되면 다음 그림과 같이 item-b 항목이 red로 변경된 것을 확인할 수 있다.

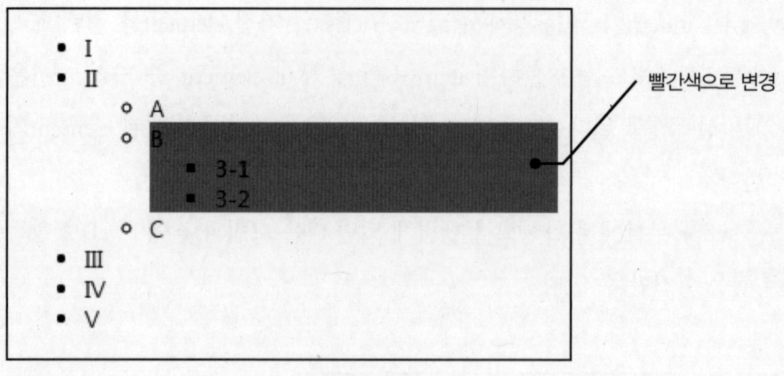

그림 10-44. closest("li")를 적용한 코드의 실행 화면

find( ) 메소드 확인을 위해서 다음 코드를 script 부분에 추가해보자.

```
$( "li.item-2" ).find("li").css( "background-color", "red" );
```

위의 코드는 먼저 $("li.item-2")를 통해서 item-2 class를 가진 element를 선택하고 그 다음에 find("li") 메소드를 호출하여 item-2 하위에 있는 모든 li element(item-a, item-b, item-c)를 선택하게 된다. 그리고 css( ) 메소드를 호출하여 선택된 element 의 css 속성을 변경한다. 따라서 위 코드를 script 부분에 추가하고 실행하게 되면 그림 10-45와 같이 item-a, item-b, item-c 항목이 red로 변경된 것을 확인할 수 있다.

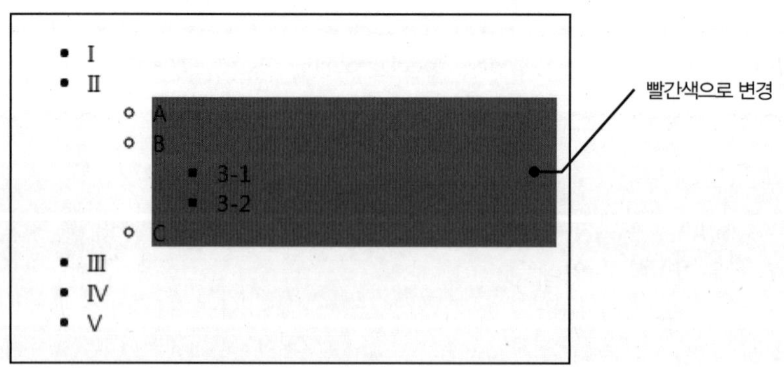

그림 10-45. find( )를 적용한 코드의 실행 화면

next( ) 메소드 확인을 위해서 다음 코드를 script 부분에 추가해보자.

```
$( "li.item-2" ).next().css( "background-color", "red" );
```

위의 코드는 먼저 $("li.item-2")를 통해서 item-2 class를 가진 element를 선택하고, 그 다음에 next( ) 메소드를 호출하여 item-2 다음에 위치한 siblings 관계의 element 하나 (item-3)를 선택하게 된다. 그리고 css( ) 메소드를 호출하여 선택된 element의 css 속성을 변경한다.

따라서 위 코드를 script 부분에 추가하고 실행하게 되면 다음 그림과 같이 item-3 항목이 red로 변경된 것을 확인할 수 있다.

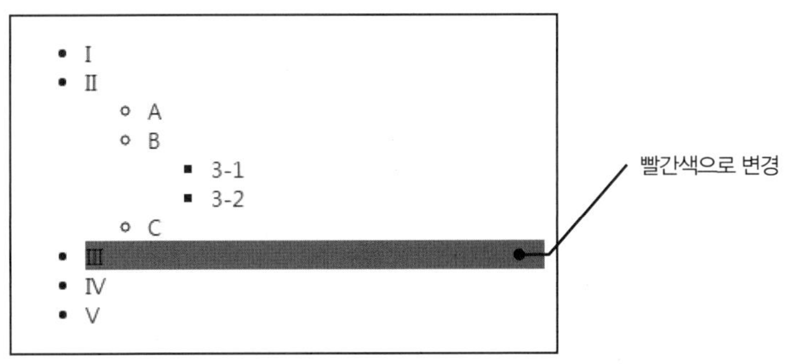

그림 10-46. next( )를 적용한 코드의 실행 화면

nextAll( ) 메소드 확인을 위해서 다음 코드를 script 부분에 추가해보자.

```
$( "li.item-2" ).nextAll().css( "background-color", "red" );
```

위의 코드는 먼저 $("li.item-2")를 통해서 item-2 class를 가진 element를 선택하고, 그 다음에 nextAll( ) 메소드를 호출하여 item-2 다음에 위치한 siblings 관계의 모든

element(item-3, item-4, item-5)를 선택하게 된다. 그리고 css( ) 메소드를 호출하여 선택된 element의 css 속성을 변경한다. 따라서 위 코드를 script 부분에 추가하고 실행하게 되면 그림 10-47과 같이 item-3, item-4, item-5 항목이 빨간색으로 변경된 것을 확인할 수 있다.

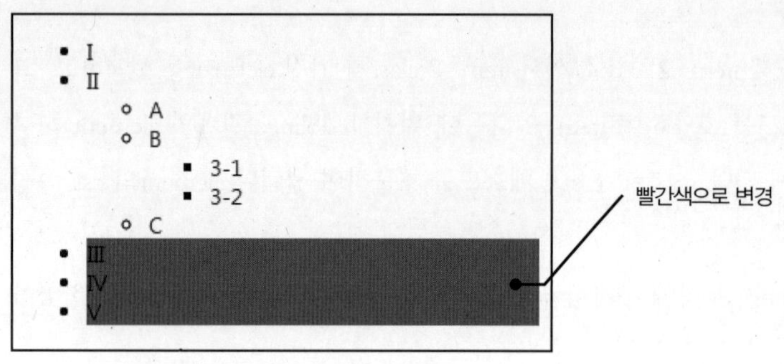

그림 10-47. nextAll( )를 적용한 코드의 실행 화면

nextUntil( ) 메소드 확인을 위해서 다음 코드를 script 부분에 추가해보자.

```
$( "li.item-2" ).nextUntil("li.item-5").css( "background-color", "red" );
```

위의 코드는 먼저 $("li.item-2")를 통해서 item-2 class를 가진 element를 선택하고, 그 다음에 nextUntil("li.item-5") 메소드를 호출하여 item-2 바로 다음에 위치한 sibling element부터 item-5 element 전까지의 element(item-3, item-4)를 선택하게 된다. 그리고 css( ) 메소드를 호출하여 선택된 element의 css 속성을 변경한다. 따라서 위 코드를 script 부분에 추가하고 실행하게 되면 다음 그림과 같이 item-3, item-4 항목이 빨간색으로 변경된 것을 확인할 수 있다.

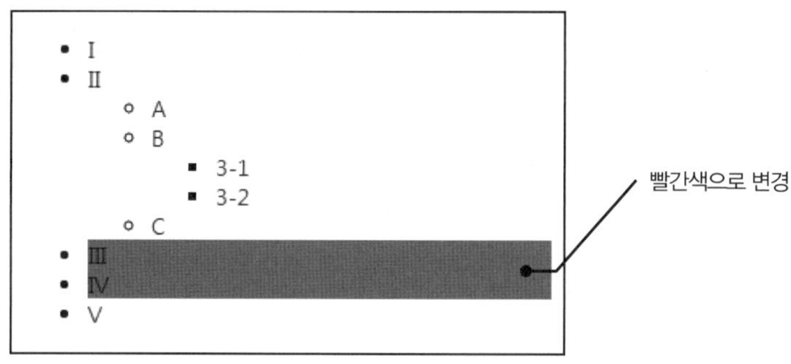

그림 10-48. nextUntil( )를 적용한 코드의 실행 화면

offsetParent( ) 메소드 확인을 위해서 다음 코드를 script 부분에 추가해보자.

```
$( "li.item-2" ).offsetParent().css( "background-color", "red" );
```

위의 코드는 먼저 $("li.item-2")를 통해서 item-2 class를 가진 element를 선택하고, 그 다음에 offsetParent( ) 메소드를 호출하여 item-2의 상위 position인 html element를 선택하게 된다. 그리고 css( ) 메소드를 호출하여 선택된 element의 css 속성을 변경한다. 따라서 위 코드를 script 부분에 추가하고 실행하게 되면 그림 10-49와 같이 화면 전체가 빨간색으로 변경된 것을 확인할 수 있다.

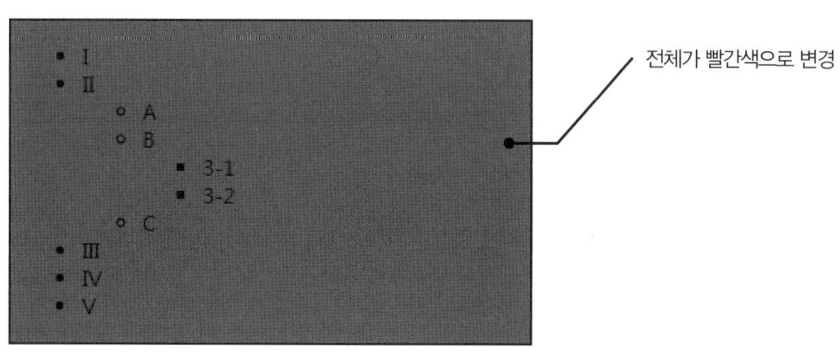

그림 10-49. offsetParent( )를 적용한 코드의 실행 화면

parent( ) 메소드 확인을 위해서 다음 코드를 script 부분에 추가해보자.

```
$( "li.item-3-1" ).parent().css( "background-color", "red" );
```

위의 코드는 먼저 $("li.item-3-1")를 통해서 item-3-1 class를 가진 element를 선택하고, 그 다음에 parent( ) 메소드를 호출하여 item-3-1의 상위 element(level-3)를 선택하게 된다. 그리고 css( ) 메소드를 호출하여 선택된 element의 css 속성을 변경한다. 따라서 위 코드를 script 부분에 추가하고 실행하게 되면 그림 10-50과 같이 level-3 항목이 (item-3-1, item-3-2) 빨간색으로 변경된 것을 확인할 수 있다.

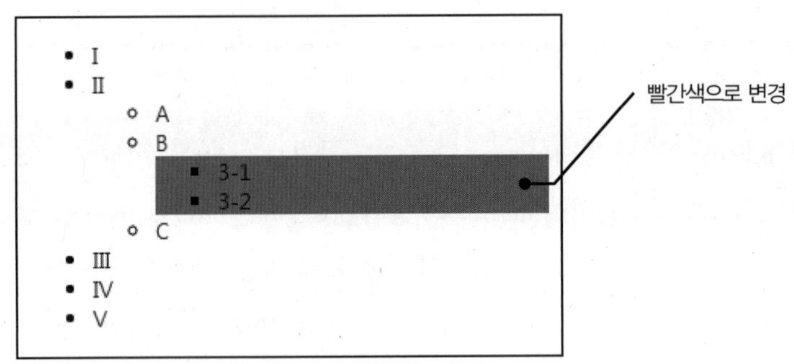

그림 10-50. parent()를 적용한 코드의 실행 화면

parents( ) 메소드 확인을 위해서 다음 코드를 script 부분에 추가해보자.

```
$( "li.item-3-1" ).parents().css( "background-color", "red" );
```

위의 코드는 먼저 $("li.item-3-1")를 통해서 item-3-1 class를 가진 element를 선택하고, 그 다음에 parents( ) 메소드를 호출하여 item-3-1의 모든 parent 관계의

element(level-3 부터 html까지)를 선택하게 된다. 그리고 css( ) 메소드를 호출하여 선택된 element의 css 속성을 변경한다. 따라서 위 코드를 script 부분에 추가하고 실행하게 되면 그림 10-51과 같이 화면 전체가 빨간색으로 변경된 것을 확인할 수 있다.

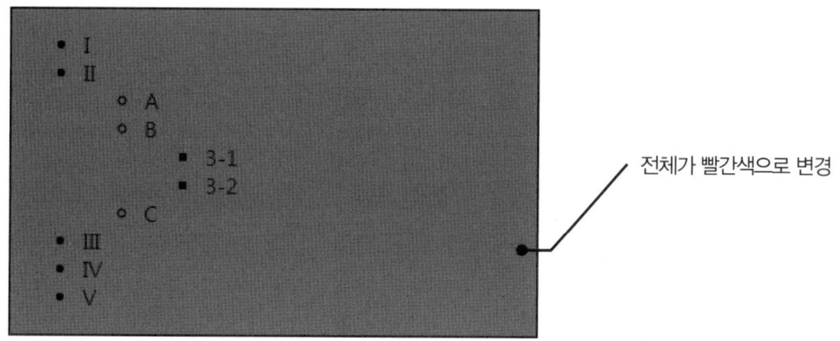

그림 10-51. parents( )를 적용한 코드의 실행 화면

parentsUntil( ) 메소드 확인을 위해서 다음 코드를 script 부분에 추가해보자.

```
$( "li.item-3-1" ).parentsUntil("ul.level-1").css( "background-color",
"red" );
```

위의 코드는 먼저 $("li.item-3-1")를 통해서 item-3-1 class를 가진 element를 선택하고, 그 다음에 parentsUntil() 메소드를 호출하여 item-3-1 바로 상위의 element(level-3 ul)부터 level-1 element 이전까지의 element를(level-2 ul) 선택하게 된다. 그리고 css( ) 메소드를 호출하여 선택된 element의 css 속성을 변경한다. 따라서 위 코드를 script 부분에 추가하고 실행하게 되면 그림 10-52와 같이 level-2 항목이 빨간색으로 변경된 것을 확인할 수 있다.

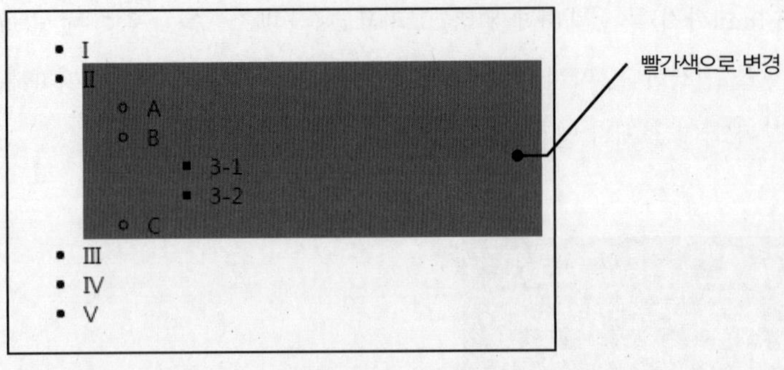

그림 10-52. parentsUntil( )를 적용한 코드의 실행 화면

prev( ) 메소드 확인을 위해서 다음 코드를 script 부분에 추가해보자.

```
$( "li.item-4" ).prev().css( "background-color", "red" );
```

위의 코드는 먼저 $("li.item-4")를 통해서 item-4 class를 가진 element를 선택하고, 그 다음에 prev( ) 메소드를 호출하여 item-4의 바로 이전 sibling element(item-3)를 선택하게 된다. 그리고 css( ) 메소드를 호출하여 선택된 element의 css 속성을 변경한다. 따라서 위 코드를 script 부분에 추가하고 실행하게 되면 그림 10-53과 같이 item-3 항목이 빨간색으로 변경된 것을 확인할 수 있다.

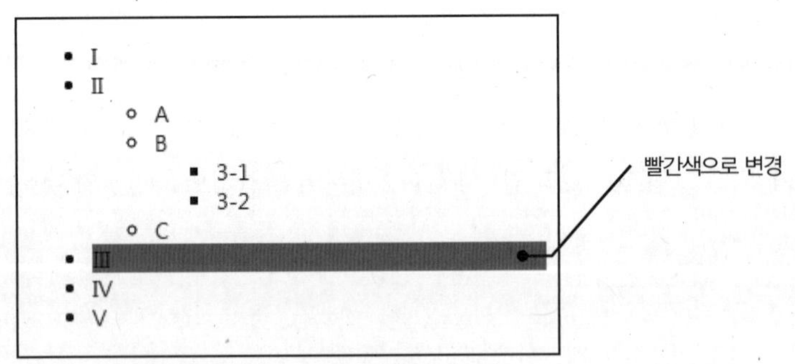

그림 10-53. prev( )를 적용한 코드의 실행 화면

prevAll( ) 메소드 확인을 위해서 다음 코드를 script 부분에 추가해보자.

```
$( "li.item-4" ).prevAll().css( "background-color", "red" );
```

위의 코드는 먼저 $("li.item-4")를 통해서 item-4 class를 가진 element를 선택하고,
그 다음에 prevAll( ) 메소드를 호출하여 item-4의 이전의 모든 sibling element(item-1,
item-2, item-3)를 선택하게 된다. 그리고 css( ) 메소드를 호출하여 선택된 element의
css 속성을 변경한다.
따라서 위 코드를 script 부분에 추가하고 실행하게 되면 그림 10-54와 같이 item-1,
item-2, item-3 항목이 빨간색으로 변경된 것을 확인할 수 있다.

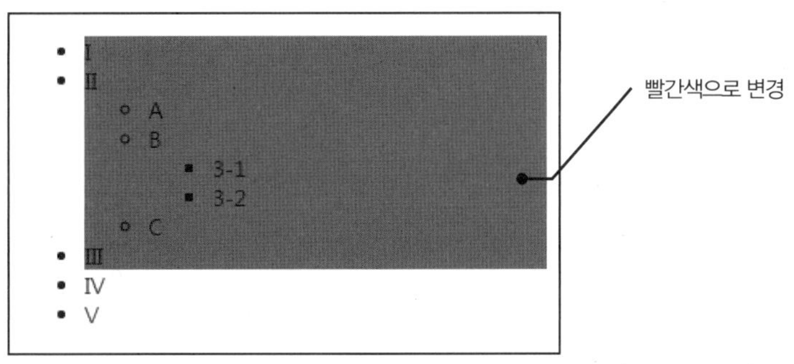

그림 10-54. prevAll( )를 적용한 코드의 실행 화면

prevUntil( ) 메소드 확인을 위해서 다음 코드를 script 부분에 추가해보자.

```
$( "li.item-4" ).prevUntil("li.item-1").css( "background-color", "red" );
```

위의 코드는 먼저 $("li.item-4")를 통해서 item-4 class를 가진 element를 선택하고, 그
다음에 prevUntil( ) 메소드를 호출하여 item-4의 바로 이전 sibling element(item-3)부

터 item-1 element 전까지의 element(item-2)를 선택하게 된다. 그리고 css( ) 메소드를 호출하여 선택된 element의 css 속성을 변경한다. 따라서 위 코드를 script 부분에 추가하고 실행하게 되면 다음 그림과 같이 item-2, item-3 항목이 빨간색으로 변경된 것을 확인할 수 있다.

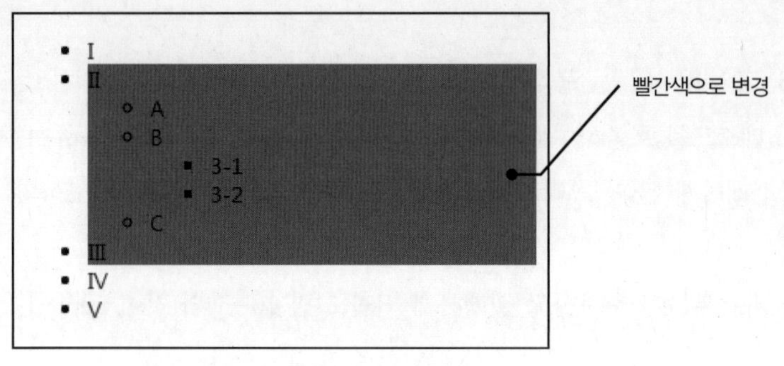

그림 10-55. prevUntil( )를 적용한 코드의 실행 화면

siblings( ) 메소드 확인을 위해서 다음 코드를 script 부분에 추가해보자.

```
$( "li.item-4" ).siblings().css( "background-color", "red" );
```

위의 코드는 먼저 $("li.item-4")를 통해서 item-4 class를 가진 element를 선택하고, 그 다음에 siblings() 메소드를 호출하여 item-4의 모든 sibling element(item-1, item-2, item-3, item-5)를 선택하게 된다. 그리고 css( ) 메소드를 호출하여 선택된 element의 css 속성을 변경한다. 따라서 위 코드를 script 부분에 추가하고 실행하게 되면 그림 10-56과 같이 item-1, item-2, item-3, item-5 항목이 빨간색으로 변경된 것을 확인할 수 있다.

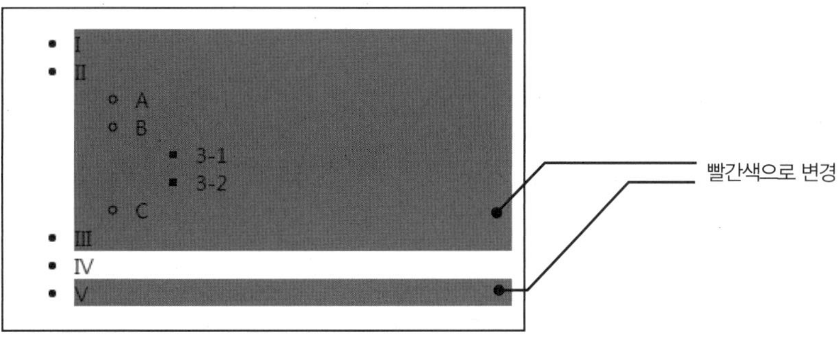

그림 10-56. siblings( )를 적용한 코드의 실행 화면

3.2 Filtering

탐색 메소드 중에는 filter 기능을 기반으로 한 탐색 기능을 제공하는 메소드들이 있는데
아래 표를 통해서 어떠한 메소드들이 있는지 확인해보고 예제를 통하여 어떻게 사용되
는지 알아보도록 하자.

메소드명	기능
eq()	주어진 index에 해당한 element를 선택한다.
first()	첫 번째 element를 선택한다.
last()	마지막 element를 선택한다.
slice()	조건에 맞는 부분집합을 선택한다.
is()	주어진 조건에 맞는 element를 선택한다.
not()	주어진 조건과 다른 element를 선택한다.
has()	주어진 element를 포함하고 있는 element를 선택한다.
filter()	filter에 해당한 element를 선택한다.
map()	function을 통해서 정해진 조건의 값을 가져온다.

표 10-7. Filter 기반의 탐색 메소드

- eq( ), first( ), last( ), slice( )

```html
<!doctype html>
<html lang="en">
<head>
  <meta charset="utf-8">
  <title>eq demo</title>
<style>
// css 스타일 지정
  div {
    width: 60px;
    height: 60px;
    margin: 10px;
    float: left;
    border: 2px solid blue;
    font-size: 13px;
    text-align: center;
  }
  .blue {
    background: #abcdef;
  }
  </style>
  <script src="jquery-2.1.4.js"></script>
</head>
<body>
// 예제에서 사용할 element 선언
<div>index 0</div>
<div>index 1</div>
<div>index 2</div>
<div>index 3</div>
<div>index 4</div>
<div>index 5</div>

<script>
```

```
</script>

</body>
</html>
```

이번 예제는 다음 그림과 같이 총 6개의 div(index 값은 그림과 같이 0~5)를 이용하여 각 메소드가 어떻게 동작하는지 설명할 것이다.

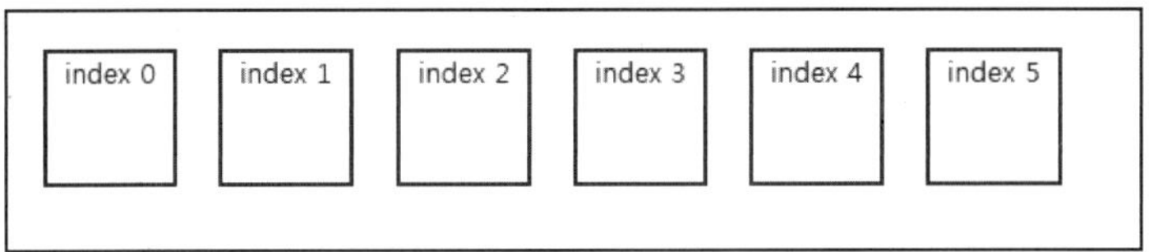

그림 10-57. ex_Ch10_21.html 실행 화면

eq( ) 메소드 확인을 위해서 다음 코드를 script 부분에 추가해보자.

```
$( "div" ).eq( 2 ).addClass( "blue" );
```

위의 코드는 먼저 $("div")를 통해서 모든 div element를 선택하고 그 다음에 eq(2) 메소드를 호출하여 index 2인 div(세 번째 div) element를 선택하게 된다. 그리고 css( ) 메소드를 호출하여 선택된 element의 css 속성을 변경한다. 따라서 위 코드를 script 부분에 추가하고 실행하게 되면 다음 그림과 같이 index 2인 div의 색상이 파란색으로 변경된 것을 확인할 수 있다.

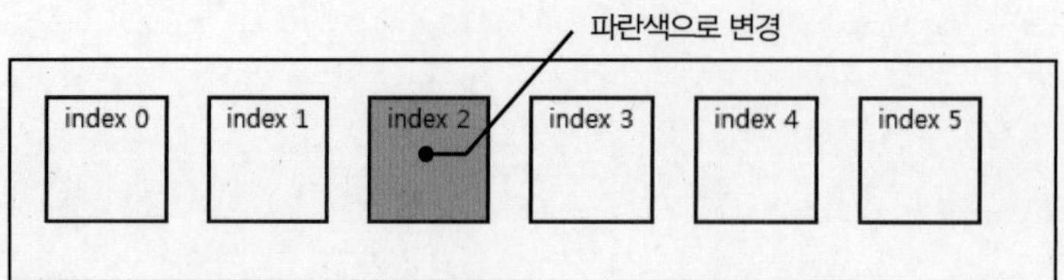

그림 10-58. eq( )를 적용한 코드의 실행 화면

first( ) 메소드 확인을 위해서 다음 코드를 script 부분에 추가해보자.

```
$("div").first().addClass( "blue" )
```

위의 코드는 먼저 $("div")를 통해서 모든 div element를 선택하고 그 다음에 first( ) 메소드를 호출하여 첫 번째 div(index 0인 div) element를 선택하게 된다. 그리고 css( ) 메소드를 호출하여 선택된 element의 css 속성을 변경한다. 따라서 위 코드를 script 부분에 추가하고 실행하게 되면, 다음 그림과 같이 index 0인 div의 색상이 파란색으로 변경된 것을 확인할 수 있다.

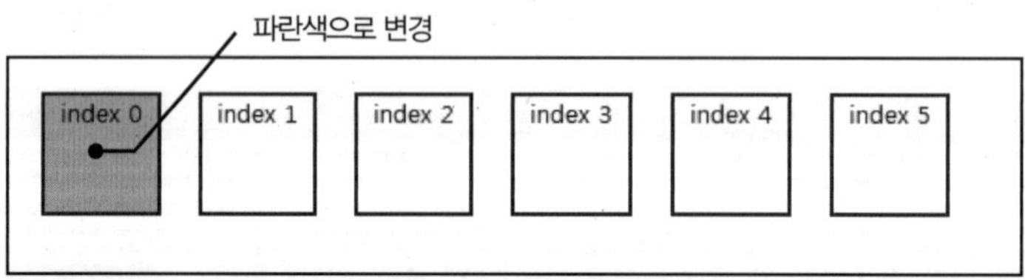

그림 10-59. first( )를 적용한 코드의 실행 화면

last( ) 메소드 확인을 위해서 다음 코드를 script 부분에 추가해보자.

```
$("div").last().addClass( "blue" )
```

위의 코드는 먼저 $("div")를 통해서 모든 div element를 선택하고, 그 다음에 last( ) 메
소드를 호출하여 마지막 div(index 5인 div) element를 선택하게 된다. 그리고 css( ) 메소
드를 호출하여 선택된 element의 css 속성을 변경한다. 따라서 위 코드를 script 부분에
추가하고 실행하게 되면 다음 그림과 같이 index 5인 div의 색상이 파란색으로 변경된 것
을 확인할 수 있다.

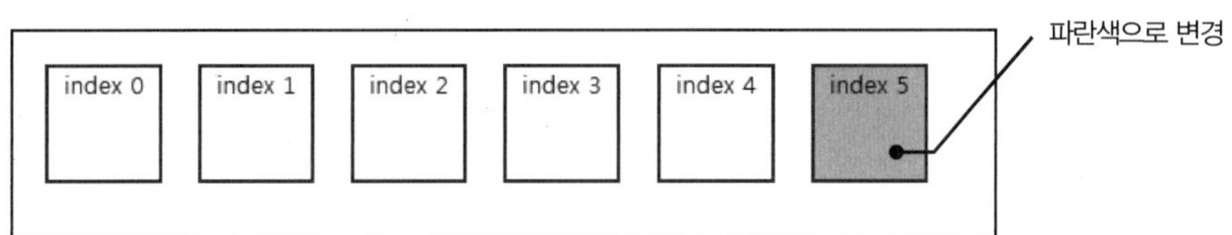

그림 10-60. last( )를 적용한 코드의 실행 화면

slice( ) 메소드 확인을 위해서 다음 코드를 script 부분에 추가해보자.

```
$("div").slice(1,3).addClass( "blue" );
```

위의 코드는 먼저 $("div")를 통해서 모든 div element를 선택하고, 그 다음에 slice(1,3)
메소드를 호출하여 index 1인 div(두 번째 div)부터 index 3인 div(4번째 div) 이전까지
의 div(index 1,2) element를 선택하게 된다. 그리고 css( ) 메소드를 호출하여 선택된
element의 css 속성을 변경한다. 따라서 위 코드를 script 부분에 추가하고 실행하게 되면
그림 10-61과 같이 index 1, index 2인 div의 색상이 파란색으로 변경된 것을 확인할 수
있다.

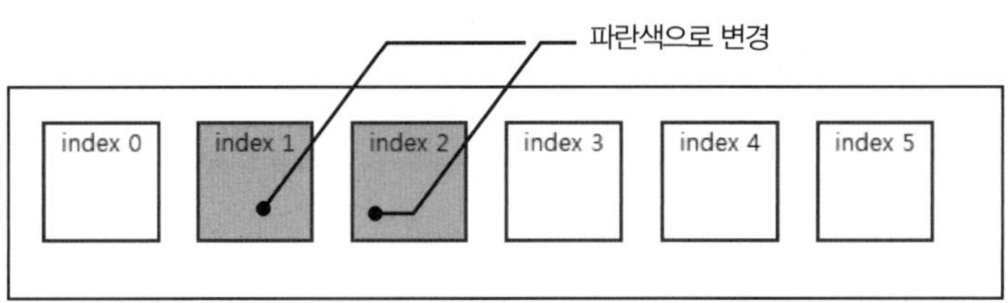

그림 10-61. slice(1, 3)를 적용한 코드의 실행 화면

slice( ) 메소드의 다른 형태를 확인하기 위해서 다음 코드를 script 부분에 추가해보자.

```
$("div").slice(2).addClass( "blue" );
```

위의 코드는 먼저 $("div")를 통해서 모든 div element를 선택하고, 그 다음에 slice(2) 메소드 같이 parameter 하나만 입력하여 사용하게 되면, index 2인 div(세 번째 div)부터 마지막 div까지의 element(index 2, 3, 4, 5)를 선택하게 된다. 그리고 css( ) 메소드를 호출하여 선택된 element의 css 속성을 변경한다. 따라서 위 코드를 script 부분에 추가하고 실행하게 되면 그림 10-62와 같이 index 2, index 3, index 4, index 5인 div의 색상이 파란색으로 변경된 것을 확인할 수 있다.

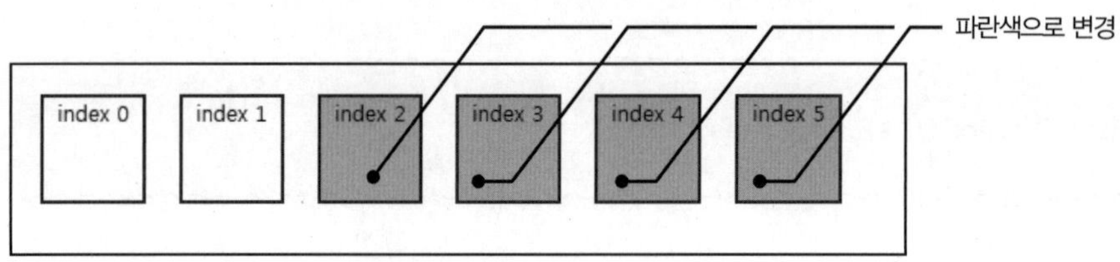

그림 10-62. slice(2)를 적용한 코드의 실행 화면

not( ) 메소드 확인을 위해서 다음 코드를 script 부분에 추가해보자.

```
$("div").not(":eq(2)").addClass( "blue" );
```

위의 코드는 먼저 $("div")를 통해서 모든 div element를 선택하고, 그 다음에 not(":eq(2)") 메소드를 호출하여 index 2인 div(세 번째 div)를 제외한 모든 div(index 0,1,3,4,5) element를 선택하게 된다. 그리고 css( ) 메소드를 호출하여 선택된 element의 css 속성을 변경한다. 따라서 위 코드를 script 부분에 추가하고 실행하게 되면 그림

10-63과 같이 index 0, index 1, index 3, index 4, index 5인 div의 색상이 파란색으로
변경된 것을 확인할 수 있다.

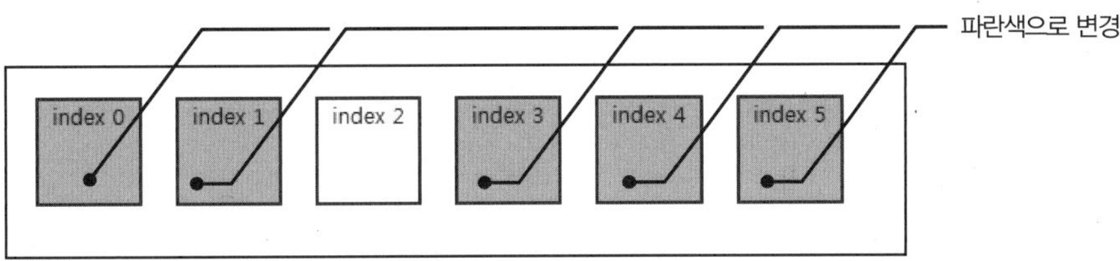

그림 10-63. not( )를 적용한 코드의 실행 화면

is( ) 메소드 확인을 위해서 다음 코드를 script 부분에 추가해보자.

```
$("div").bind("click", function() {
  if ($(this).is("div:eq(2)")) {
    $(this).addClass( "blue" );
  }
});
```

위의 코드는 먼저 $("div")를 통해서 모든 div element를 선택하고 그 다음에 bind( ) 메
소드를 호출하여 모든 div element에서 click 이벤트가 발생하면 function을 수행하도록
하였다(bind( ) 메소드는 나중에 언급할 예정이다).

function 안에서는 if 조건문에서 $(this).is("div:eq(2)")을 이용하여 click 이벤트가 발생한
div의 index가 2인 경우에만 해당 element의 css 속성을 변경하도록 하였다(is( ) 메소드
의 반환값은 true/false이다). 따라서 위 코드를 script 부분에 추가하고 실행한 후 각 div
를 클릭하면 그림 10-64와 같은 결과가 나오게 된다.

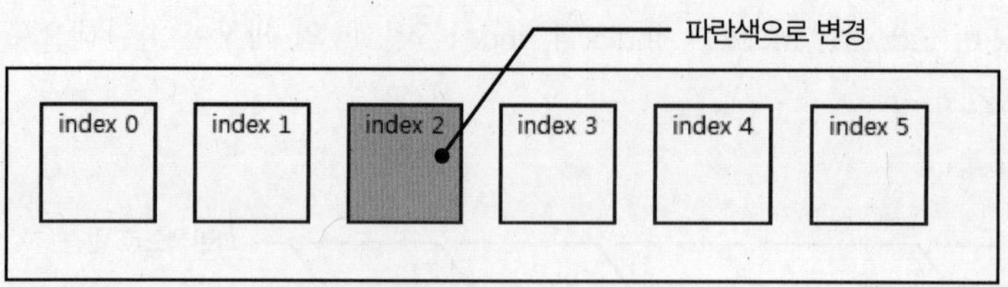

그림 10-64. is( )를 적용한 코드의 실행 화면

filter( ) 메소드 확인을 위해서 다음 코드를 script 부분에 추가해보자.

```
$("div").filter( ":even" ).addClass( "blue" );
```

위의 코드는 먼저 $("div")를 통해서 모든 div element를 선택하고, 그 다음에 filter(":even") 메소드를 호출하여 index가 짝수인 div(index 0, 2, 4) element를 선택하게 된다. 그리고 css( ) 메소드를 호출하여 선택된 element의 css 속성을 변경한다. 따라서 위 코드를 script 부분에 추가하고 실행하게 되면 그림 10−65와 같이 index 0, index 2, index 4인 div의 색상이 파란색으로 변경된 것을 확인할 수 있다.

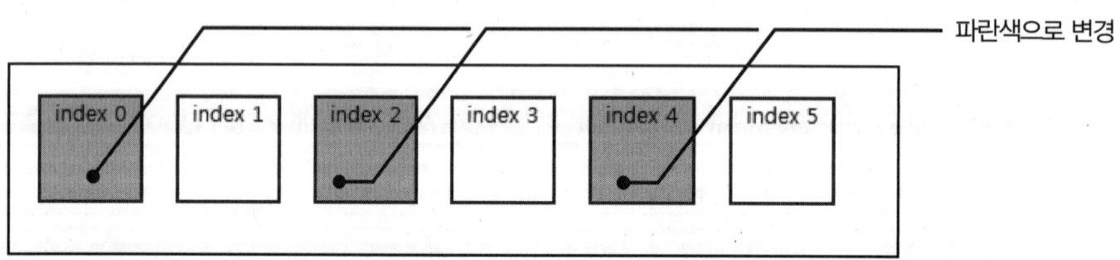

그림 10-65. filter( )를 적용한 코드의 실행 화면

has( ) 메소드를 확인하기 전에 먼저 기존의 div 부분을 다음과 같이 변경을 하도록 하자.

```
<div>index 0</div>
<div><b>index 1</b></div>
```

```
<div>index 2</div>
<div>index 3</div>
<div><b>index 4</b></div>
<div>index 5</div>
```

그리고 has( ) 메소드 확인을 위해서 다음 코드를 script 부분에 추가해보자.

```
$("div").has("b").addClass( "blue" );
```

위의 코드는 먼저 $("div")를 통해서 모든 div element를 선택하고, 그 다음에 has("b")
메소드를 호출하여 〈b〉 element를 가지고 있는 div (index 1, 4) element를 선택하게 된
다. 그리고 css( ) 메소드를 호출하여 선택된 element의 css 속성을 변경한다. 따라서 위
코드를 script 부분에 추가하고 실행하게 되면 다음 그림과 같이 index 1, index 4인 div의
색상이 파란색으로 변경된 것을 확인할 수 있다.

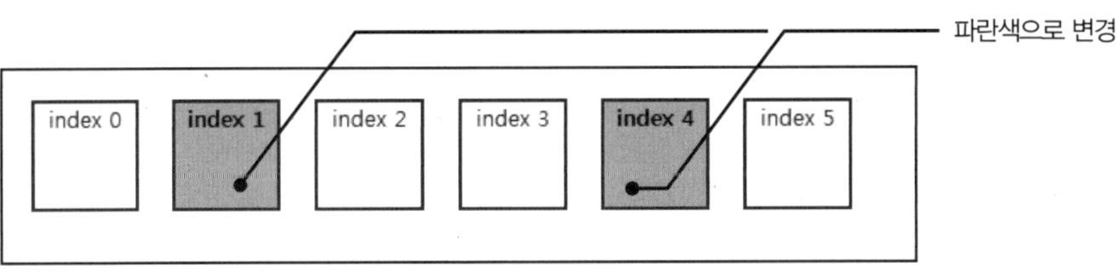

그림 10-66. has( )를 적용한 코드의 실행 화면

map( ) 메소드를 확인하기 위하여 div tag 다음에 아래의 p tag를 추가하고,

```
<p>Values: </p>
```

다음 코드를 script 부분에 추가해보자.

```
$("p").append($("div").map(function(){
  return $(this).text();
}).get().join(", "));
```

추가된 코드는 우선 $("p").append(……) 를 호출하여 어떠한 값을 기존 화면 아래 부분
에 추가하려는 코드이다.

append( ) 메소드의 파라미터 코드가 조금 복잡하게 되어 있는데 파라미터 부분을 처
음부터 확인해 보면 먼저 $("div")를 이용하여 모든 div element를 선택을 한다. 그리고
map( ) 메소드(배열로 된 값을 fucntion( ){ }의 return 값으로 변환을 해주는 메소드)를 호
출하여 $("div")를 통해서 선택된 div element 배열을 각 div의 text 값을 가진 배열로 변
환을 시켜준다. 그런데 map( ) 메소드를 통하여 반환된 배열은 jQuery 객체 배열이기 때
문에 get( ) 메소드를 이용하여 text 배열 형태로 변환을 한다(["index 0", "index 1", "index
2", "index 3", "index 4", "index 5"]로 변환된다).
그리고 마지막으로 배열을 구분자를 가진 text 형태로 변환해주는 join( ) 메소드를 호출
하여 "Values: index 0, index 1, index 2, index 3, index 4, index 5" text를 구하게 된다.

```
$("div").map(function(){return $(this).text();}).get().join(", ")
```

따라서, 위 코드를 script 부분에 추가하고 실행하게 되면 그림 10-67과 "Values: index 0,
index 1, index 2, index 3, index 4, index 5"가 화면에 추가된 것을 확인할 수 있다.

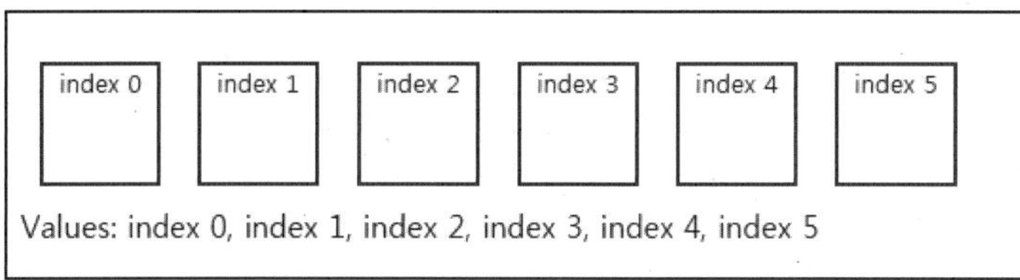

그림 10-67. map( )를 적용한 코드의 실행 화면

4 Element(DOM 요소) 제어하기

이전까지는 element를 선택하기 위한 다양한 selector와 메소드에 대하여 살펴보았다. 이 번에는 선택한 element를 제어하는 방법에 대하여 살펴보도록 하겠다.

4.1 Attribute 제어

jQuery에서는 element의 속성(Attribute)을 제어하는 메소드들을 다음과 같이 다양하게 제공하고 있다.

메소드명	기능
attr( )	주어진 조건에 맞는 속성의 값을 가져온다.
prop( )	주어진 조건에 맞는 프로퍼티의 값을 가져온다.
removeAttr( )	주어진 조건에 맞는 속성을 삭제한다.
removeProp( )	주어진 조건에 맞는 프로퍼티를 삭제한다.
val( )	주어진 조건의 element의 value를 가져온다.

표 10-8. element의 속성(Attribute)을 제어하는 메소드

속성(attribute)은 HTML Element의 속성을 의미하며 프로퍼티(property)는 자바스크 립트에서 Element의 속성을 의미한다(attribute는 HTML Element에서 사용되는 정보, property는 자바스크립트에서 사용되는 정보).

이 둘은 비슷한 것 같지만 생각보다 큰 차이를 가지고 있다.

    - $(elem).attr("checked")

      : "checked"라는 String 값이 반환

    - $(elem).prop("checked")

      : 체크박스의 체크 상태(true, false)가 반환

정리하자면 attr( )을 사용할 경우 해당 HTML attribute의 값이 모두 String으로 넘어오며 prop( )를 사용할 경우 자바스크립트의 프로퍼티값이 넘어오기에 boolean, date 혹은 function까지도 넘어 올 수 있다.

• attr( ), removeAttr( )

다음 예제를 통해서 attr( ), removeAttr( ) 메소드의 동작을 확인해보도록 하자.

코드 10-22. 예제 ex_Ch10_22.html

```html
<!doctype html>
<html lang="en">
<head>
  <meta charset="utf-8">
  <title>attr demo</title>
<style>
// css 스타일 지정
  em {
    color: blue;
    font-weight: bold;
  }
  div {
    color: red;
  }
  </style>
  <script src="jquery-2.1.4.js"></script>
</head>
```

```
<body>
// 예제에서 사용할 element 선언
<p>Once there was a <em title="huge, gigantic">large</em>
dinosaur...</p>

The title of the emphasis is:<div></div>

<script>
// em element의 title attribute 값을 title에 저장한다.
var title = $( "em" ).attr( "title" );
// 저장된 title 값을 화면에 출력한다.
$( "div" ).text( "Attr : " + title );
</script>

</body>
</html>
```

예제의 script 부분을 살펴보면 먼저 $("em")을 이용하여 em element를 선택하고,
attr("title") 메소 메소드를 호출하여 선택한 em element의 title 속성값("huge, gigantic")
을 가져와 title 변수에 저장을 한다. 그리고 $("div").text( )를 호출하여 저장된 title 값을
화면에 보여주고 있다.

```
var title = $( "em" ).attr( "title" );
$( "div" ).text( "Attr : " + title );
```

따라서 예제를 실행하면 그림 10-68과 같이 em element의 title 속성 값인 "huge,
gigantic"이 화면에 출력되는 것을 확인할 수 있다.

┌───┐
│ Once there was a *large* dinosaur...   │
│   │
│ The title of the emphasis is: │
│ Attr : huge, gigantic   │
└───┘

그림 10-68. ex_Ch10_22.html 실행 화면

이번에는 예제의 script 부분에 아래 코드를 추가하여 removeAttr( ) 메소드의 동작을 확
인해보자.

```
// em element에 click 이벤트를 바인딩한다.
$("em").bind("click", function() {
    // removeAttr()을 호출하여 "title" attribute를 제거
    $(this).removeAttr("title");
    // "title" attribute 값을 읽어와서 저장
    var tmp = $( this ).attr( "title" );
    // 저장된 title 값을 화면에 출력
    $( "div" ).text( "Attr : " + tmp );
});
```

우선 $("em").bind("click", function( ) { });은 em element에서 click 이벤트가 발생을 하
면 function 코드를 실행하도록 바인딩을 한 코드이다.

click 이벤트 발생시 실행되는 function 코드를 살펴보면 $(this)를 이용하여 click 이벤트
가 발생한 element를 선택하고(em element가 선택된다), removeAttr("title")을 호출하여
em element의 title 속성을 삭제한다. 그리고 삭제된 속성 값을 읽어오면 어떤 값이 반환
되는지 확인하기 위하여 em element의 title 속성 값을 읽어와서 화면에 보여주는 코드를
추가하였다. 따라서 추가된 코드를 실행한 후, em element("large" 글자)를 클릭하면 em
element의 "title" 속성을 삭제한 이후에 해당 속성의 값을 다시 읽어와서 화면에 출력하
기 때문에 그림 10-69와 같이 "undefined" 가 화면에 출력되는 것을 확인할 수 있다.

Once there was a *large* dinosaur...

The title of the emphasis is:
Attr : undefined

그림 10-69. removeAttr( ) 메소드를 추가한 코드의 실행 화면

attr( ) 메소드는 다음과 같이 2가지 형태로 사용이 가능하다.

- attr(name) : name attribute의 값을 읽어온다.
- attr(name, value) : name attribute의 값을 value로 설정한다.

앞에서는 첫 번째 형태의 예제를 확인했다면 이번에는 예제의 script 부분에 아래 코드를
추가하여 두 번째 형태(값을 설정하는 형태)를 확인해 보도록 하자.

```
$("em").bind("click", function( ) {
  $( this ).attr( "title", "Click Change" );
  var tmp = $( this ).attr( "title" );
  $( "div" ).text( "Attr : " + tmp );
});
```

위의 코드를 살펴보면 우선 $("em").bind("click", function( ) { });을 이용하여 em element
에서 click 이벤트가 발생 시 function 코드가 실행되도록 하였다. 그리고 click 이벤트 발
생시 실행되는 function 코드에서는 $(this)를 이용하여 click 이벤트가 발생한 element를
선택하고(em element 가 선택된다) attr("title", "Click Change")을 호출하여 em element
의 "title" 속성 값을 "Click Change"으로 설정하도록 하였다. 그리고 값이 제대로 설정되
었는지 확인하기 위하여 em element의 title 속성 값을 읽어와서 화면에 보여주는 코드

를 추가하였다. 따라서 추가된 코드를 실행 후, em element("large" 글자)를 클릭하면 em element의 "title" 속성의 값을 "Click Change" 설정한 이후에 해당 속성의 값을 다시 읽어와서 화면에 출력하기 때문에 그림 10-70과 같이 "Click Change"가 화면에 출력되는 것을 확인할 수 있다.

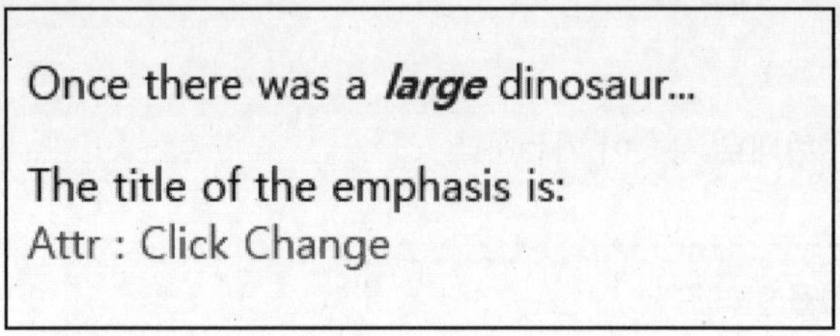

그림 10-70. attr( ) 메소드를 이용하여 속성 값을 설정하는 코드 실행 화면

• prop( ), removeProp( )

다음 예제를 통해서 prop( ), removeProp( ) 메소드의 동작을 확인해보도록 하자. prop( ) 메소드도 다음과 같은 2가지 형태를 제공하고 있다.

- prop(name) : name 프로퍼티 값을 읽어온다.
- prop(name, value) : name 프로퍼티 값을 value로 설정한다.

코드 10-23. 예제 ex_Ch10_23.html

```html
<!doctype html>
<html lang="en">
<head>
  <meta charset="utf-8">
  <title>removeProp demo</title>
<style>
// css 스타일 지정
  img {
    padding: 10px;
  }
```

```html
    div {
      color: red;
      font-size: 20px;
    }
  </style>
  <script src="jquery-2.1.4.js"></script>
</head>
<body>
// 예제에서 사용할 element 선언
<p>TEST Property</p>


<div id="div1"></div>
<div id="div2"></div>


<script>
// p element의 "Code" 프로퍼티 값을 1234로 설정
$( "p" ).prop( "Code", 1234 );
// p element의 "Code" 프로퍼티 값을 읽어와서 화면에 출력
$("#div1").text("Property : " + $("p").prop("Code"));
// p element의 "Code" 프로퍼티를 삭제
$( "p" ).removeProp( "Code" );
// p element의 "Code" 프로퍼티 값을 읽어와서 화면에 출력
$("#div2").text("Property : " + $("p").prop("Code"));
</script>


</body>
</html>
```

〜〜〜〜〜〜〜〜〜〜〜〜〜〜〜〜〜〜〜〜〜〜〜〜〜〜

예제의 script 부분을 살펴보면 먼저 $("p")을 이용하여 p element를 선택하고, prop("Code", 1234) 메소드를 호출하여 p element에 1234라는 값을 가지는 Code 프로퍼티를 설정한다. 그리고 $("p").prop("Code")을 호출하여 방금 전에 설정한 p element의 Code 프로퍼티 값을 읽어와서 $("#div1").text( )을 이용하여 화면에 보여주고 있다. 이 2

줄의 코드를 통하여 prop( )를 이용한 프로퍼티 설정기능과 읽어오는 기능을 둘 다 확인
할 수 있다.

그리고 removeProp( ) 기능 확인을 위하여 p element의 Code 프로퍼티를 제거하고,
$("p").prop("Code")을 호출하여 방금 전에 삭제한 p element의 Code 프로퍼티 값을 읽
어와서 $("#div2").text( )을 이용하여 화면에 보여준다.

prop( ), removeProp( ) 메소드의 사용방법은 attr( ), removeAttr( )과 동일하기 때문
에 다음 코드를 실행하게 되면 p element에 Property 값을 설정하고, 해당 값("1234")
을 "div1"에 보여주게 되고, 다시 p element의 Property 값을 삭제한 이후에, 해당 값
(undefined)을 읽어와서 "div2"에 보여주게 된다.

```
// p element의 "Code" 프로퍼티 값을 1234로 설정
$( "p" ).prop( "Code", 1234 );
// p element의 "Code" 프로퍼티 값을 읽어와서 화면에 출력
$("#div1").text("Property : " + $("p").prop("Code"));
// p element의 "Code" 프로퍼티를 삭제
$( "p" ).removeProp( "Code" );
// p element의 "Code" 프로퍼티 값을 읽어와서 화면에 출력
$("#div2").text("Property : " + $("p").prop("Code"));
```

따라서 예제를 실행하면 div1 element의 경우 p element의 Code 프로퍼티 값을 1234
로 설정한 다음에 값을 읽어와서 보여주기 때문에 "Property : 1234"가 출력되고, div2
element의 경우 p element의 Code 프로퍼티를 제거한 다음에 값을 읽어오기 때문에
"Property : undefined"가 출력되어 그림 10-71과 같은 형태가 보이는 것을 확인할 수
있다.

```
TEST Property

Property : 1234
Property : undefined
```


그림 10-71. 예제 ex_Ch10_23.html 실행 화면

• val( )

마지막으로 다음 예제를 통해서 val( ) 메소드에 대하여 확인해보도록 하자. val( ) 메소드도 다음과 같은 2가지 형태를 제공하고 있다.

- val( ) : element의 value 값을 읽어온다.
- val(param) : element의 value 값을 param으로 설정한다.

코드 10-24. 예제 ex_Ch10_24.html

```html
<!doctype html>
<html lang="en">
<head>
  <meta charset="utf-8">
  <title>val demo</title>
<style>
// css 스타일 지정
  p {
    color: blue;
    margin: 8px;
  }
  </style>
  <script src="jquery-2.1.4.js"></script>
</head>
<body>
// 예제에서 사용할 element 선언
```

```html
<div>
  <button>Feed</button>
  <button>the</button>
  <button>Input</button>
</div>
<input type="text" value="some text">
<p></p>

<script>
  // input element의 value 값을 읽어와서 화면에 출력
  $( "p" ).text("Initial Value : " + $( "input" ).val() );
  // 모든 button element를 click하는 경우 function이 수행
  $( "button" ).click(function() {
  // click 이벤트가 발생한 element의 text를 읽어온다.
  var text = $( this ).text();
  // 읽어온 text 값을 input elemet의 value 값으로 설정한다.
  $( "input" ).val( text );
});
</script>

</body>
</html>
```

예제의 script 코드를 보면 $("input")을 이용하여 input element를 선택하고 val( ) 메소드를 호출하여 input elememt의 value 값(some text)를 읽어와서 화면에 보여주게 하였다($("p").text( )를 이용하여 p element의 text 값으로 설정).

```
// input element의 value 값을 읽어와서 화면에 출력
$( "p" ).text("Initial Value : " + $( "input" ).val() );
```

$("button").click(function( ) { })을 호출하여 모든 button element에서 click 이벤트가 발생하는 경우 function이 수행되도록 하였다. 그리고 function 함수에서는 $(this).text( ) 을 호출하여 click 이벤트가 발생한 element의 text 값을 읽어와서 text 변수에 저장을 하고, $("input").val(text)을 호출하여 input element의 value 값을 저장한 text 값으로 설정하도록 하였다.

```
// 모든 button element를 click하는 경우 function이 수행
$( "button" ).click(function( ) {
        // click 이벤트가 발생한 element의 text를 읽어온다.
        var text = $( this ).text();
        // 읽어온 text 값을 input elemet의 value 값으로 설정한다.
        $( "input" ).val( text );
});
```

때문에 예제를 수행하게 되면 그림 10-72와 같이 처음에는 input element의 value 값인 "some text"를 읽어와서 화면에 "Initial Value : some text"라는 글자가 보여지게 된다.

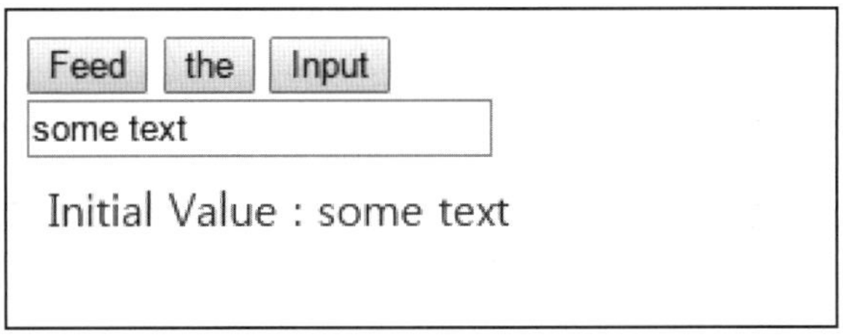

그림 10-72. 예제 ex_Ch10_24.html 실행 화면

그리고 버튼을 하나씩 클릭하면 해당 버튼의 text 값("Feed", "the", "Input")이 그림 10-73과 같이 input element의 value 값으로 설정되는 것을 확인할 수 있다.

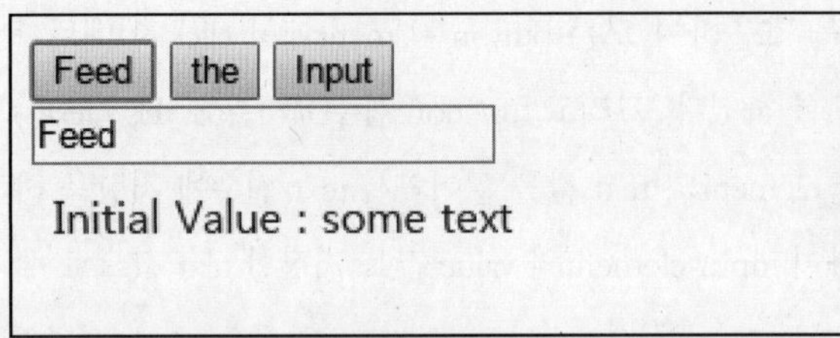

그림 10-73. Feed 버튼을 클릭한 화면

4.2 Class 제어

jQuery에서는 element의 css Class를 제어하는 메소드들을 다음과 같이 다양하게 제공하고 있다.

메소드명	기능
addClass()	class를 추가한다.
hasClass()	class가 있는지 여부를 확인한다. (true/false 반환)
removeClass()	class를 제거한다.
toggleClass()	class가 없는 경우에는 추가를 하고, 있는 경우에는 제거를 한다.

표 10-9. element의 css Class를 제어하는 메소드

아래 예제 코드를 통하여서 각각의 메소드들이 어떻게 동작하는지 확인해보도록 하자.

코드 10-25. 예제 ex_Ch10_25.html

```
<!doctype html>
<html lang="en">
<head>
  <meta charset="utf-8">
  <title>val demo</title>
<style>
```

```html
// css 스타일 지정
  p {
    margin: 8px;
    font-size: 16px;
  }
  .selected {
    background: yellow;
    color: blue;
  }
  </style>
  <script src="jquery-2.1.4.js"></script>
</head>
<body>
// 예제에서 사용할 element 선언
<div>
  <button id="bt1">Add</button>
  <button id="bt2">Remove</button>
  <button id="bt3">Toggle</button>
</div>
<p>This is Class Test</p>

<script>
// 모든 button element를 클릭하는 경우 function이 수행
$( "button" ).click(function( ) {
    if ($(this).attr("id") == "bt1") {
        // bt1 button을 클릭하는 경우 "selected" class를 추가
        $("p").addClass("selected");
    } else if ($(this).attr("id") == "bt2") {
        // bt2 button을 클릭하는 경우 "selected" class를 제거
        $("p").removeClass("selected");
    } else if ($(this).attr("id") == "bt3") {
        // bt3 button을 클릭하는 경우 "selected" class를 toggle 적용
        $("p").toggleClass("selected");
    }
```

```
});
</script>


</body>
</html>
```

예제를 실행하면 다음 그림과 같이 3개의 버튼과 Text로 구성되어 있는 것을 확인할 수 있다.

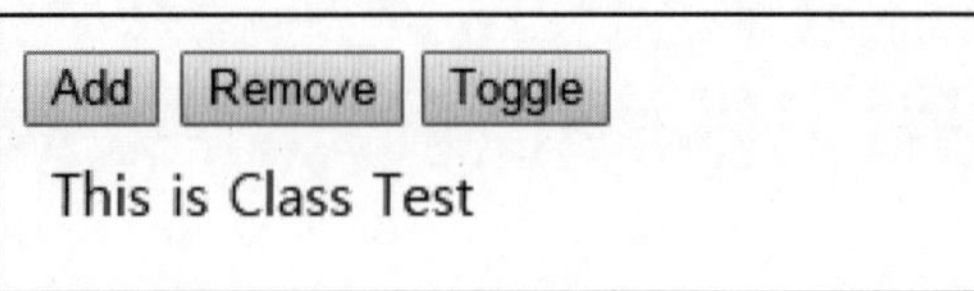

그림 10-74. 예제 ex_Ch10_25.html 실행 화면

예제의 script 코드 부분을 보면 먼저 $("button").click(function( ) { })을 호출하여 모든 button element에서 click 이벤트가 발생하는 경우 function이 수행되도록 하였다. 그리고 function 함수에서는 if문에서 click 이벤트가 발생한 element의 id attribute 값을 확인하여 다음과 같이 3가지의 경우로 구분하여 selected class(배경색 : yellow, 글자색 : blue)에 대한 처리를 다음과 같이 하고 있다.

- element의 id 값이 "bt1"인 경우
: $("p").addClass("selected")을 호출하여 p element에 "selected" class를 적용

- element의 id 값이 "bt2"
: $("p").removeClass("selected")을 호출하여 p element에서 "selected" class를 제거

- element의 id 값이 "bt3"
: $("p").toggleClass("selected") 을 호출하여 p element에 "selected" class가
적용되어 있으면 제거를 하고, 적용되어 있지 않으면 적용

```
// 모든 button element를 클릭하는 경우 function이 수행
$( "button" ).click(function() {
  if ($(this).attr("id") == "bt1") {
    // bt1 button을 클릭하는 경우 "selected" class를 추가
    $("p").addClass("selected");
  } else if ($(this).attr("id") == "bt2") {
    // bt2 button을 클릭하는 경우 "selected" class를 제거
    $("p").removeClass("selected");
  } else if ($(this).attr("id") == "bt3") {
    // bt3 button을 클릭하는 경우 "selected" class를 toggle 적용
    $("p").toggleClass("selected");
  }
});
```

따라서 예제 화면을 실행한 후 각각의 버튼을 클릭하면 "This is Class Test" 글자의 속성
이 변하는 것을 확인할 수 있다.

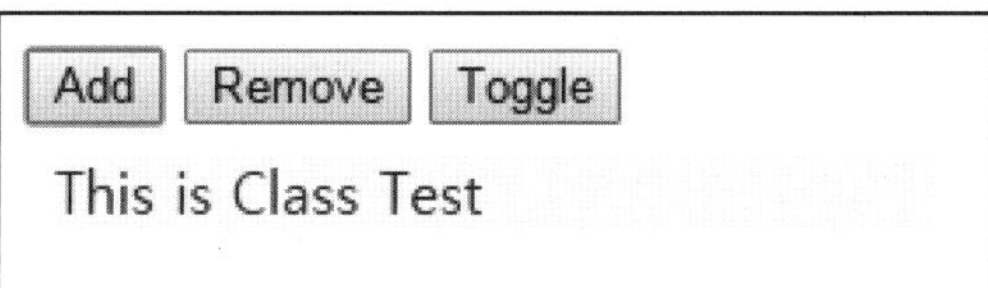

그림 10-75. Add 버튼을 클릭하여 "selected" class가 적용된 결과 화면

이번에는 hasClass( ) 메소드를 확인하기 위해서 body 부분에 아래와 같이 빈 div tag를
추가하고,

```
<div id="div1"></div>
```

script 부분에 다음과 같이 마지막 라인를 추가하도록 하자.

```javascript
// 모든 button element를 클릭하는 경우 function이 수행
$( "button" ).click(function() {
  if ($(this).attr("id") == "bt1") {
    // bt1 button을 클릭하는 경우 "selected" class를 추가
    $("p").addClass("selected");
  } else if ($(this).attr("id") == "bt2") {
    // bt2 button을 클릭하는 경우 "selected" class를 제거
    $("p").removeClass("selected");
  } else if ($(this).attr("id") == "bt3") {
    // bt3 button을 클릭하는 경우 "selected" class를 toggle 적용
    $("p").toggleClass("selected");
  }
    // p element가 selected class가 적용되어 있는지 여부를 화면에 보여준다.
    $("#div1").text("Text has Class : " + $( "p" ).hasClass( "selected"
));
});
```

추가된 코드는 $("p").hasClass("selected")를 이용하여 p element에 "selected" class가 적용되어 있는지 여부를(적용되어 있으면 true, 적용되어 있지 않은 경우 false) 가져온 후 $("#div1").text( )를 호출하여 그 결과를 화면에 보여주도록 되어 있다.

따라서 Add, Remove, Toggle 버튼을 클릭하면 다음 그림과 같이 p element에 "selected" class가 적용되면서 화면에 "Text has Class : true"를 보여주거나

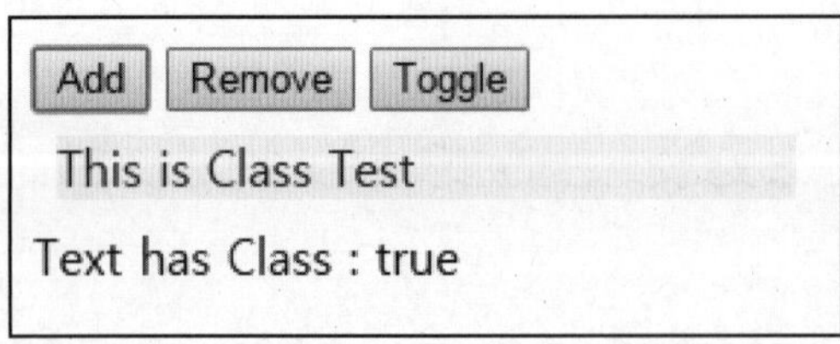

그림 10-76. p element에 "selected" class가 적용되는 경우

다음 그림과 같이 p element에 "selected" class가 제거되면서 화면에 "Text has Class : false"를 보여주는 것을 확인할 수 있다.

그림 10-77. p element에 "selected" class가 제거되는 경우

4.3 Style 제어

jQuery에서는 element의 css 속성을 제어하는 메소드들을 다음과 같이 다양하게 제공하고 있다.

메소드명	기능
css()	css style 값을 가져온다.
height()	height 값을 가져온다.
innerHeight()	innerHeight 값을 가져온다.
innerWidth()	innerWidth 값을 가져온다.
offset()	document 기준의 좌표를 가져온다.
outerHeight()	outerHeight 값을 가져온다.
outerWidth()	outerWidth 값을 가져온다.
position()	부모 element의 offset 값을 포함한 좌표 값을 가져온다.
scrollLeft()	스크롤바의 가로방향 좌표를 가져온다.
scrollTop()	스크롤바의 세로방향 좌표를 가져온다.
width()	Width 값을 가져온다.

표 10-10. element의 css 속성을 제어하는 메소드

위의 메소드들이 어떻게 동작을 하는지 예제 코드를 통해서 하나씩 살펴보도록 하자.

● css( )

다음 예제 코드를 통해서 css( ) 메소드가 어떻게 동작하는지 확인해보도록 하자. css( )
메소드는 다음과 같은 2가지 형태를 제공하고 있다.

- css(name) : css 속성 중 name의 속성 값을 읽어온다.
- css(name, value) : name의 css 속성 값을 value로 설정한다.

코드 10-26. 예제 ex_Ch10_26.html

```html
<!doctype html>
<html lang="en">
<head>
  <meta charset="utf-8">
  <title>css demo</title>
<style>
// css 스타일 지정
  div {
    width: 60px;
    height: 60px;
    margin: 5px;
    float: left;
  }
  </style>
  <script src="jquery-2.1.4.js"></script>
</head>
<body>
// 예제에서 사용할 element 선언
<span id="result"> </span>
<div style="background-color:red;"></div>
<div style="background-color:green;"></div>
<div style="background-color:blue;"></div>
```

```
<script>
// 모든 div element를 클릭하는 경우 function 수행
$( "div" ).click(function() {
  // click 이벤트가 발생한 element의 background-color를 읽어서 저장
  var color = $( this ).css( "background-color" );
  // 저장한 color를 화면에 출력
  $( "#result" ).html( "That div is <span>" + color + "</span>." );
  // 화면에 출력한 문구의 색상을 저장한 color로 설정
  $( "#result" ).css(" color" , color );
});
</script>


</body>
</html>
```

이번 예제는 처음 실행하게 되면 다음 그림과 같이 background-color로 빨간색, 녹색, 파란색 색상을 가진 3개의 div로 이루어진 것을 확인할 수 있다.

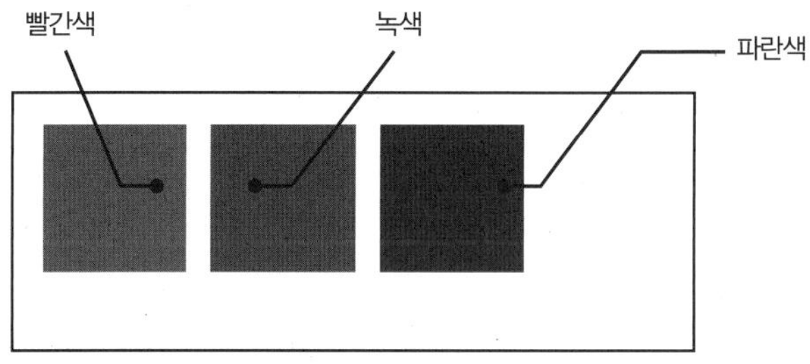

그림 10-78. 예제 ex_Ch10_26.html 실행 화면

예제의 script 부분을 보면, $("div").click(function( ) { })을 호출하여 모든 div element 에서 click 이벤트가 발생하는 경우 function이 수행되도록 하였다. 그리고 function 함수 에서는 $(this).css("background-color")을 호출하여 click 이벤트가 발생한 element의 css 속성 중 background-color의 값을 읽어와서 color 변수에 저장을 하고, $("#result"

).html( )을 호출하여 사용자가 클릭한 div의 color가 어떤 것인지 "result"라는 id를 가진 element에 "That div is ~"라는 문구를 추가하여 화면에 보여주도록 하였다. 그리고 $("#result").css("color" , color)을 호출하여 앞에서 화면에 글자를 보여주고 있는 element의 color css 속성을 저장한 color 값으로 설정하여, 사용자가 클릭한 div의 색상이 화면에 보여주는 글자 색상에 동일하게 적용하도록 하였다.

```javascript
// 모든 div element를 클릭하는 경우 function 수행
$( "div" ).click(function() {
    // click 이벤트가 발생한 element의 background-color를 읽어서 저장
    var color = $( this ).css( "background-color" );
    // 저장한 color를 화면에 출력
    $( "#result" ).html( "That div is <span>" + color + "</span>." );
    // 화면에 출력한 문구의 색상을 저장한 color로 설정
    $( "#result" ).css(" color" , color );
});
```

따라서 예제를 실행한 후에, 각 div를 클릭하면 다음 그림들과 같이 클릭한 div의 색상과 동일한 글자가 화면에 출력되는 것을 볼 수 있다. css("background-color")의 반환값은 브라우저에 따라서 (255, 255, 255), #FFF, #ffffff과 같이 다를 수 있다.

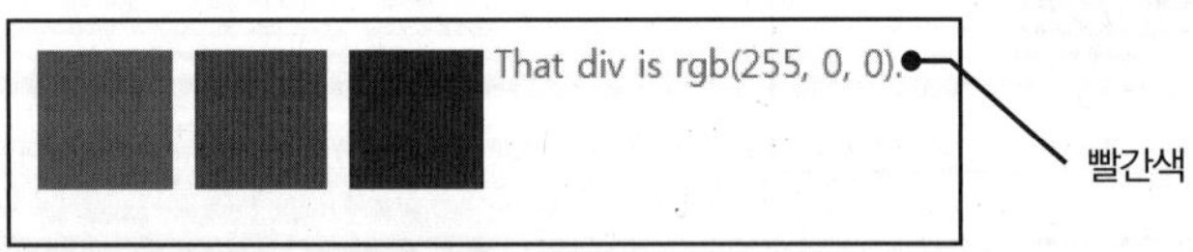

그림 10-79. Red Div를 클릭했을 때의 화면

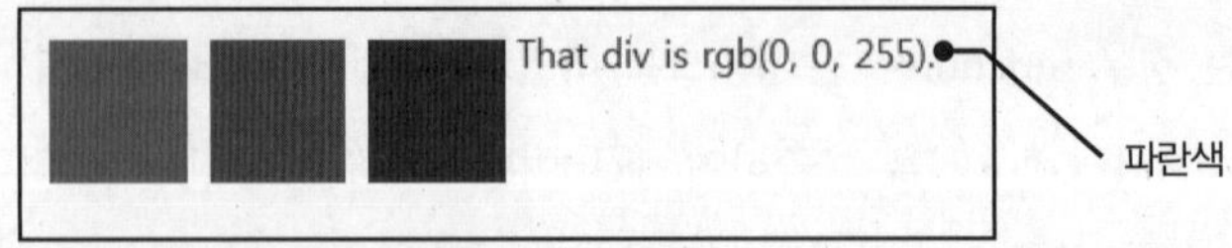

그림 10-80. Blue Div를 클릭했을 때의 화면

• height( ), innerHeight( ), outerHeight( )

우선 위의 3가지 메소드에 대한 설명을 하기 전에 height, innerHeight, outerHeight가 어떤 건지 다음에 나오는 그림들을 보고 이해를 하도록 하자.

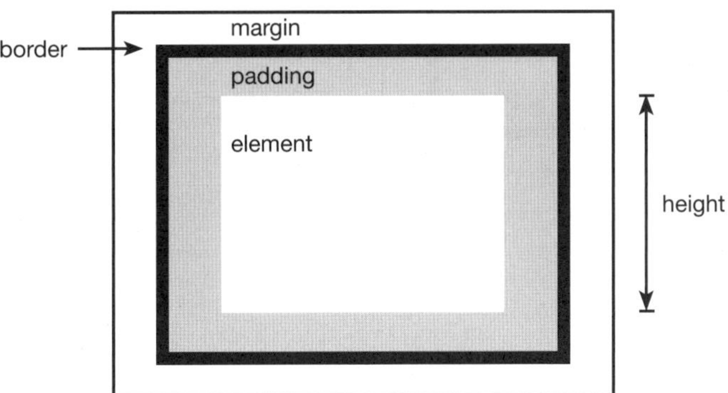

그림 10-81. element height

element의 경우 위의 그림에서 보는 것과 같이 border, margin, padding이 있는데 흔히 사용되는 height는 border, margin, padding 영역을 제외한 높이를 의미한다.

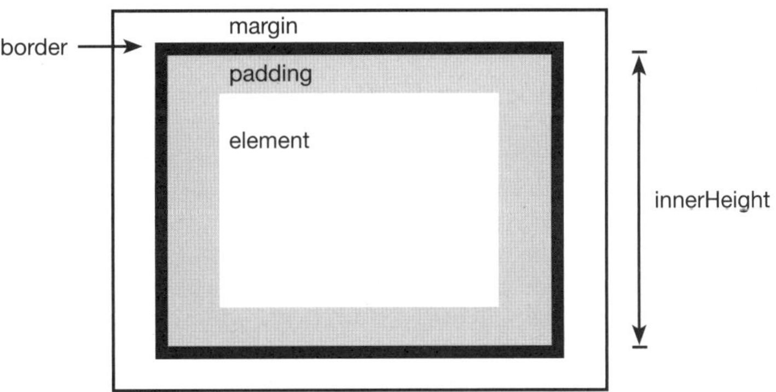

그림 10-82. element innerHeight

innerHeight는 그림과 같이 element의 height에 padding 영역을 더한 높이를 의미한다.

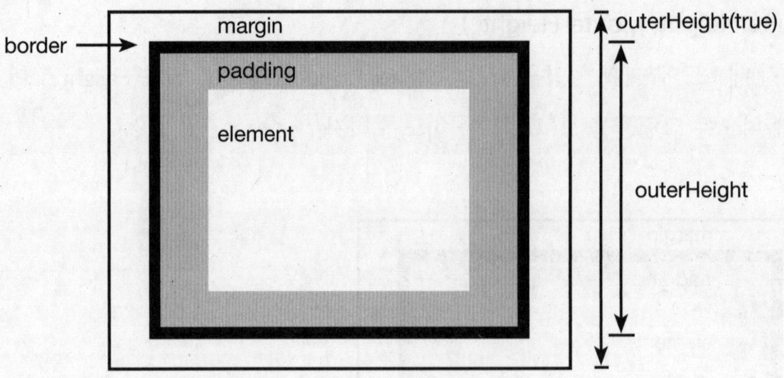

그림 10-83. element outerHeight

outerHeight는 outerHeight(true)와 outerHeight 2가지로 구분할 수 있는데 그냥 outerHeight의 경우는 element의 height + padding + border를 포함한 높이를 의미하고, outerHeight(true)는 height + padding + border + margin을 포함한 높이를 의미한다.

위의 내용은 다음과 같이 정리할 수 있다.

```
- height : element height

- innerHeight : element height + padding

- outerHeight : element height + padding + border

- outerHeight(true) : element height + padding + border + marging
```

다음 예제를 통해서 element의 높이(height)에 대한 css 값을 get, set하는 방법을 확인해 보도록 하자.

```html
<!doctype html>
<html lang="en">
<head>
  <meta charset="utf-8">
  <title>css demo</title>
<style>
// css 스타일 지정
  div {
    width: 60px;
    height: 60px;
    margin: 10px;
    padding: 10px;
    background-color: green;
  }
  </style>
  <script src="jquery-2.1.4.js"></script>
</head>
<body>
// 예제에서 사용할 element 선언
<div>TEST DIV</div>
<span id="result"> </span>


<script>
// div element의 height를 읽어온다.
var height = $("div").height();
// div element의 innerHeight를 읽어온다.
var innerHeight = $("div").innerHeight();
// div element의 outerHeight를 읽어온다.
var outerHeight = $("div").outerHeight();
// div element의 outerHeight(true)를 읽어온다.
var realOuterHeight = $("div").outerHeight(true);


// 앞에서 읽은 height, innerHeight, outerHeight, outerHeight(true)를
```

```
// 화면에 보여준다.
$("span").html(" height : " + height + "<br>" + "innerHeight : " +
innerHeight + "<br>" + "outerHeight : " + outerHeight + "<br>" +
"realOuterHeight : " + realOuterHeight);
</script>


</body>
</html>
```

~~~~~~

예제의 script 부분을 보면 height( ), innerHeight( ), outerHeight( ), outerHeight(true)를
호출하여 div element의 height, innerHeight, outerHeight, outerHegith(true) 값을 가져
와서 화면에 보여주는 기능을 한다(outerHeight( ) 메소드는 파라미터로 true를 사용하면
outerHeigth(true) 값을 반환한다).

예제의 css 선언 부분을 보면 height(60), margin(10), padding(10)으로 선언을 하였기 때
문에 각 height는 다음과 같이 계산이 된다(border는 선언을 하지 않았기 때문에 0이다).

```
- height = 60

- innerHegith = height(60) + padding(10+10) = 80

- outerHeight = height(60) + padding(10+10) + border(0) = 80

- OuterHeight(true) = height(60) + padding(10+10) + border(0) + margin(10+10) = 100
```

따라서 예제를 실행하게 되면 div의 height 관련 값을 그림과 같이 보여주는 것을 확인할
수 있다.
~~~~~~

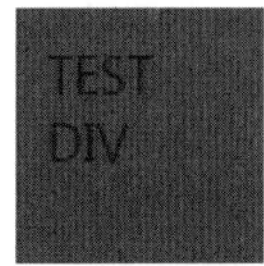

height : 60
innerHeight : 80
outerHeight : 80
realOuterHeight : 100

그림 10-84. 예제 ex_Ch10_27.html 실행 화면

height를 set하는 경우를 확인하기 위하여 다음 코드를 script 부분에 추가하자.

```javascript
// div element를 클릭하면 function을 수행
$("div").bind("click", function( ) {
    // click 이벤트가 발생한 element의 innerHeight를 130으로 설정
    $(this).innerHeight(130);

    // element의 height를 읽어온다.
    var height = $(this).height();
    // element의 innerHeight를 읽어온다.
    var innerHeight = $(this).innerHeight();
    // element의 outerHeight를 읽어온다.
    var outerHeight = $(this).outerHeight();
    // element의 outerHeight(true)를 읽어온다.
    var realOuterHeight = $(this).outerHeight(true);

    // 앞에서 읽은 height, innerHeight, outerHeight, outerHeight(true)를
    // 화면에 보여준다.
    $("span").html(" height : " + height + "<br>" + "innerHeight : "
    + innerHeight + "<br>" + "outerHeight : " + outerHeight + "<br>"
    + "realOuterHeight : " + realOuterHeight);
});
```

추가한 코드를 보면 우선 $("div").bind("click", function( ) { })을 이용하여 div element를 클릭하면 function이 수행되도록 하였다. 그리고 function에서는 $(this).innerHeight(130)를 호출하여 click 이벤트가 발생한 element의 innerHeight 값을 130으로 설정하였다. 기존의 innerHeight 값이 80이었는데 130으로 설정하였기 때문에 기존 height 값이 50 증가하게 된다(padding 값을 설정한 것이 아니기 때문에 element의 height 값이 변경된다).

element의 height를 110으로 설정하여 계산하면 다음과 같이 된다.

```
- height = 60 + 50 = 110

- innerHegith = height(110) + padding(10+10) = 130

- outerHeight = height(110) + padding(10+10) + border(0) = 130

- OuterHeight(true) = height(110) + padding(10+10) + border(0) + margin(10+10) = 150
```

따라서 예제를 실행한 후 div element를 클릭하면 그림과 같이 div의 높이가 변경되면서 각 height의 계산 값도 변경되는 것을 확인할 수 있다.

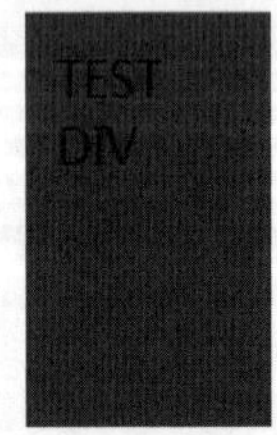

height : 110
innerHeight : 130
outerHeight : 130
realOuterHeight : 150

그림 10-85. div element를 클릭한 것에 따른 결과 화면

넓이 관련 메소드들(width, innerWidth, outerWidth)은 높이 관련 메소드와 동일하기 때문에 따로 예제를 통하여 확인하지는 않고 아래 그림을 통하여 각각의 의미만 확인하도록 하겠다.

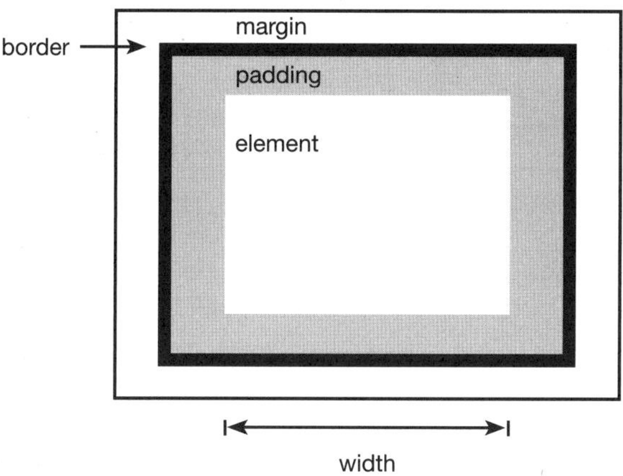

그림 10-86. element Width

element의 경우 위의 그림에서 보는 것과 같이 border, margin, padding이 있는데 흔히 사용되는 width는 border, margin, padding 영역을 제외한 넓이를 의미한다.

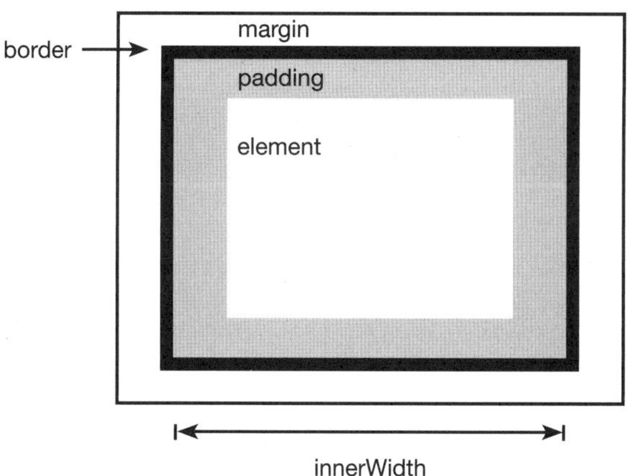

그림 10-87. element innerWidth

innerWidth는 그림과 같이 element의 width에 padding 영역을 더한 넓이를 의미한다.

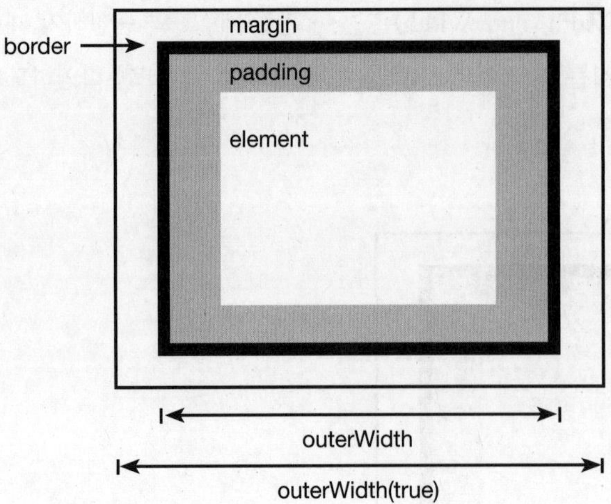

그림 10-88. element outerWidth

outerWidth는 outerWidth(true)와 outerWidth 2가지로 구분할 수 있는데 그냥 outerWidth의 경우는 element의 width + padding + border를 포함한 넓이를 의미하고 outerWidth(true)는 width + padding + border + margin을 포함한 넓이를 의미한다.

위의 내용은 다음과 같이 정리할 수 있다.

```
- width : element width

- innerWidth : element width + padding

- outerWidth: element width + padding + border

- outerWidth(true) : element width + padding + border + marging
```

• offset( ), position( ), scrollLeft( ), scrollTop( )
이번에는 다음 코드를 통해서 좌표 관련 메소드에 대하여 알아보도록 하겠다.

```
<!doctype html>
<html lang="en">
<head>
  <meta charset="utf-8">
  <title>position demo</title>
<style>
// css 스타일 지정
  p {
    position: absolute;
    top: 100px;
    left: 10px;
  }
  div {
    position: absolute;
    border: solid 1px;
  }
  #div1 {
    height: 100px;
    width: 100px;
    left: 10px;
    top: 10px;
  }
  #div2 {
    height: 50px;
    width: 50px;
    left: 20px;
    top: 20px;
  }
  </style>
  <script src="jquery-2.1.4.js"></script>
</head>
<body>
// 예제에서 사용할 element 선언
```

```html
<div id="div1"> div1
  <div id="div2"> div2
  </div>
</div>
<p></p>

<script>
// id(div2) element의 position 좌표 값을 저장
var position1 = $("#div2").position();
// id(div2) element의 offset 좌표 값을 저장
var position2 = $("#div2").offset();


// id(div2) element의 position 좌표 값을 화면에 출력
var text = "position left: " + position1.left + ", top: " + position1.top + "<br>";
// id(div2) element의 offset 좌표 값을 화면에 출력
text += "offset left: " + position2.left + ", top: " + position2.top + "<br>";
// id(div2) element의 scroll 좌표 값을 화면에 출력
text += "Scroll Left : " + $("#div2").scrollLeft() + ", Scroll Top : " + $("#div2").scrollTop();
$( "p" ).html( text );


// div element를 클릭하면 function을 수행
$("div").bind("click", function() {
  // id(div2) element의 offset 값을 변경
  $("#div2").offset({top:51, left:51});
});
</script>

</body>
</html>
```

예제의 script 부분을 보면 $("#div2").position( )을 호출하여 div2라는 id를 가진 element의 position 좌표를 읽어와서 position1에 저장을 하고, $("#div2").offset( )을 호출하여 div2라는 id를 가진 element의 offset 좌표를 읽어와서 position2에 저장을 한다. 그리고 저장된 position 좌표의 left, top 값, offset 좌표의 left, top 값을 화면에 출력하고 있다.

```
// id(div2) element의 position 좌표 값을 저장
var position1 = $("#div2").position();
// id(div2) element의 offset 좌표 값을 저장
var position2 = $("#div2").offset();

// id(div2) element의 position 좌표 값을 화면에 출력
var text = "position left: " + position1.left + ", top: " + position1.top + "<br>";
// id(div2) element의 offset 좌표 값을 화면에 출력
text += "offset left: " + position2.left + ", top: " + position2.top + "<br>";
// id(div2) element의 scroll 좌표 값을 화면에 출력
text += "Scroll Left : " + $("#div2").scrollLeft() + ", Scroll Top : " + $("#div2").scrollTop();
$( "p" ).html( text );
```

각 좌표 값을 확인해 보면 position( ) 메소드의 경우 부모 element를 기준으로 좌표를 가져오기 때문에 id(div2) element의 좌표 값은 (20, 20)이 되고, offset( ) 메소드의 경우 document를 기준으로 좌표를 가져오기 때문에 id(div1) element의 좌표(10,10)에 position에서 읽어온 좌표(20, 20)를 더한 값(30, 30)이 좌표 값이 된다.

예제의 element 선언 부분을 보면 id(div1) element와 id(div2) element는 부모자식 관계로 선언이 되어 있다.

예제의 실행 결과를 보면 offset 좌표 값이 (30, 30)이 아니라 (31, 31)인 것을 확인할 수

있는데 그것은 id(div1) element의 border 값(1px)이 추가된 것이다.

scrollLeft( ), scrollTop( )의 경우는 scroll bar의 좌표를 가져오는 메소드인데 지금 화면
에서는 scroll bar가 없기 때문에 (0, 0)이 된다.

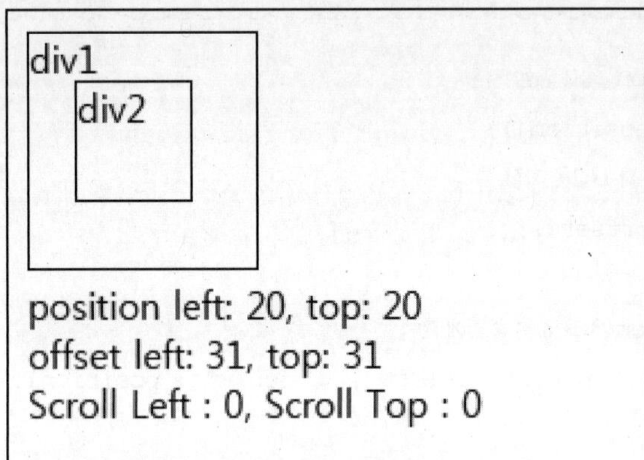

그림 10-89. 예제 ex_Ch10_28.html 실행 화면

script의 마지막 코드를 보면 $("div").bind("click", function( ) {})를 호출하여 div element
에서 click 이벤트가 발생하면 function이 실행되도록 하였다. 그리고 function에서는
$("#div2").offset({top:51, left:51})을 호출하여 id(div2)의 offset 좌표 값을 (51, 51)로 설
정하도록 하였다.
position( ) 메소드는 set하는 기능이 없기 때문에 offset( ) 메소드의 set 기능만 사용하였
다.

```
// div element를 클릭하면 function을 수행
$("div").bind("click", function() {
  // id(div2) element의 offset 값을 변경
  $("#div2").offset({top:51, left:51});
});
```

따라서, div를 클릭하면 다음 그림과 같이 id(div2) element의 offset 좌표값이 변경되면서 div의 위치가 이동하는 것을 확인할 수 있다.

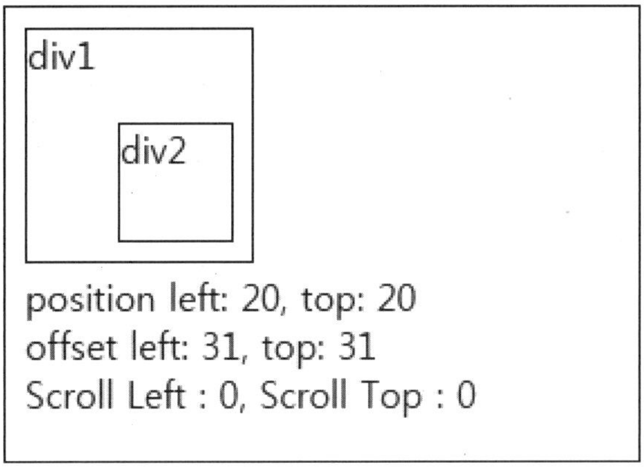

그림 10-90. div element를 클릭한 결과 화면

4.4 DOM 객체 제어

jQuery에서는 DOM 객체를 제어하는 메소드들을 다음과 같이 다양하게 제공하고 있다.

메소드명	기능
append ( )	입력받은 contents를 element의 마지막 위치에 추가한다.
appendTo ( )	입력받은 element의 마지막 위치에 contents를 추가한다.
prepend ( )	입력받은 contents를 element의 시작 위치에 추가한다.
prependTo ( )	입력받은 element의 시작 위치에 contents를 추가한다.
html ( )	html contents를 가져온다.
text ( )	text contents를 가져온다.
after ( )	입력받은 contents를 element 뒤에 추가한다.
before ( )	입력받은 contents를 element 앞에 추가한다.
insertAfter ( )	입력받은 element 뒤에 contents를 추가한다.
insertBefore ( )	입력받은 element 앞에 contents를 추가한다.
wrap ( )	부모 element를 생성한다.

wrapAll( )	다수의 element의 부모 element를 생성한다.
wrapInner( )	contents를 감싸는 element를 생성한다.
unwrap( )	부모 element를 제거한다.
detach( )	element를 삭제한다.
remove( )	element 및 관련된 이벤트/data를 삭제한다.
empty( )	element의 모든 자식 node를 삭제한다.
replaceAll( )	입력받은 element를 교체한다.
replaceWith( )	입력받은 contents로 element를 교체한다.
clone( )	element를 복사한다.

표 10-11. DOM 객체를 제어하는 메소드

위의 표와 같이 DOM 객체를 제어하는 메소드는 매우 다양하게 있는데 지금부터 각각
의 메소드를 다음과 같이 분류하여 순서대로 알아보도록 하자.

- element 내부에 새로운 contents를 추가

- element 외부에 새로운 contents를 추가

- element를 감싸는(arround) contents를 추가

- element를 삭제

- contents를 삭제하고 새로운 contents로 교체

- elememt를 복사

• **element 내부에 새로운 contents를 추가 : append( ), appendTo( ), prepend( ),
prependTo( ), html( ), text( )**

다음 예제는 "Hello", "Goodbye"라는 글자와 버튼 하나를 화면에 보여주는 코드이다.

코드 10-29. 예제 ex_Ch10_29.html

```
<!doctype html>
<html lang="en">
<head>
```

```html
<meta charset="utf-8">
<title>append demo</title>
<style>
</style>
<script src="jquery-2.1.4.js"></script>
</head>
<body>
// 예제에서 사용할 element 선언
<div class="container">
  <div class="inner">Hello</div>
  <div class="inner">Goodbye</div>
</div>
<br>
<input id="bt1" type="button" value="Add">

<script>
// id(bt1) element를 클릭하는 경우 function 수행
$("#bt1").bind("click", function(){
  // inner class를 가진 element의 마지막 부분에 contents 추가
  $( ".inner" ).append( "<br><b>Add Test</b>" );
});
</script>

</body>
</html>
```

~~~~~~

예제의 script 부분을 보면 먼저 $(“#bt1”).bind(“click”, function( ){ })을 호출하여 모든 id(bt1) element에서 click 이벤트가 발생하는 경우 function이 수행되도록 하였다. 그리고 function에서는 $(“.inner”).append(“〈br〉〈b〉Add Test〈/b〉”)를 호출하여 “inner” class를 가진 모든 element의 마지막 부분에 “〈br〉〈b〉Add Test〈/b〉”에 추가를 하도록 하였다.
~~~~~~

```
// id(bt1) element를 클릭하는 경우 function 수행
$("#bt1").bind("click", function(){
  // inner class를 가진 element의 마지막 부분에 contents 추가
  $( ".inner" ).append( "<br><b>Add Test</b>" );
});
```

따라서, 예제를 실행해서 Add 버튼(id(bt1) element)을 클릭하게 되면 "inner" class를 가진 모든 element의 contents("Hello", "Goodbye") 마지막 부분에 "Add Test"를 각각 추가를 하게 되어 그림 10-91과 같은 결과 화면을 보여주게 된다.

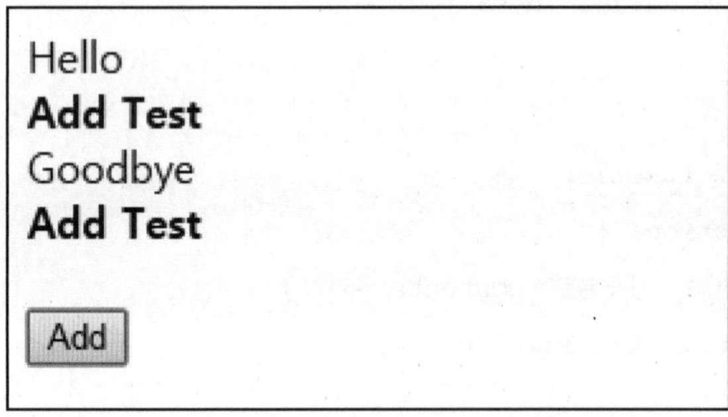

그림 10-91. ex_Ch10_29.html 실행 후 클릭을 실행한 결과 화면

실제 Add 버튼을 클릭한 후의 html 코드 결과는 다음과 같이 된다.

```
<div class="container">
  <div class="inner">
    Hello
    <br><b>Add Test</b>
  </div>
  <div class="inner">
    Goodbye
    <br><b>Add Test</b>
```

```
</div>
</div>
```

appendTo( ) 메소드는 append( )와 동일한 동작(element 마지막 부분에 contents 추가)을 수행한다. 두 메소드의 차이점은 사용하는 문법의 형태에 있는데 추가할 contents와 element의 호출되는 순서가 서로 반대라고 생각하면 된다. 아래 2줄의 코드가 동일한 동작을 수행한다고 생각하면 이해하기 쉬울 것이다.

```
$( ".inner" ).append( "<br><b>Add Test</b>" );
$( "<br><b>Add Test</b>" ).appendTo( ".inner" );
```

prepend( )의 동작을 확인하기 위하여 script 부분을 다음과 같이 수정하자.

```
// id(bt1) element를 클릭하는 경우 function 수행
$("#bt1").bind("click", function(){
  // inner class를 가진 element의 시작 부분에 contents 추가
  $( ".inner" ). prepend( "<br><b>Add Test</b>" );
});
```

수정된 코드는 $(".inner"). prepend("〈br〉〈b〉Add Test〈/b〉")을 호출하여 "inner" class를 가진 모든 element의 시작 부분에 "〈br〉〈b〉Add Test〈/b〉"에 추가를 하도록 하였다. 따라서, 예제를 실행해서 Add 버튼(id(bt1) element)을 클릭하게 되면 "inner" class를 가진 모든 element의 contents("Hello", "Goodbye") 시작 부분에 "Add Test"를 각각 추가를 하게 되어 그림 10-92와 같은 결과 화면을 보여주게 된다.

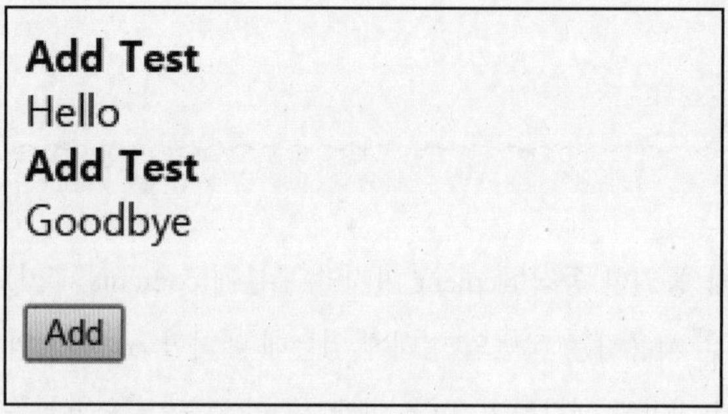

그림 10-92. prepend( ) 메소드 실행 결과 화면

prependTo( ) 메소드는 prepend( )와 동일한 동작(element 시작 부분에 contents 추가)을 수행한다. 두 메소드의 차이점은 사용하는 문법의 형태에 있는데 추가할 contents와 element의 호출되는 순서가 서로 반대라고 생각하면 된다. append( ), appendTo( )의 관계와 동일하다.

아래 2줄의 코드가 동일한 동작을 수행한다고 생각하면 이해하기 쉬울 것이다.

```
$( ".inner" ).prepend( "<b>Add Test</b><br>" );
$( "<b>Add Test</b><br>" ).prependTo( ".inner" );
```

이번에는 html( ) 메소드 확인을 위해서 element 선언 부분을 다음과 같이 변경하고

```
<div id="demo">
  <div>Demonstration Box</div>
  <ul>
    <li>list item 1</li>
    <li>list <strong>item</strong> 2</li>
  </ul>
</div>
```

```
<input id="bt1" type="button" value="Add">

<div id="div1"></div>
```

script 부분을 아래와 같이 html( ) 메소드를 호출하도록 변경하자.

```
// id(bt1) element를 클릭하는 경우 function 수행
$("#bt1").bind("click", function(){
// id(demo) element의 contents를 읽어와서
// id(div1) element의 contents로 설정
  $("#div1").html($("#demo").html());
});
```

수정된 코드를 보면 $("#demo").html( )을 호출하여 id(demo) element의 contents를 읽어오고 읽어온 contents는 $("#div1").html()을 호출하여 id(div1) element의 contents로 설정을 하고 있다.

따라서, 예제 실행 후 버튼을 클릭하면 그림과 같이 버튼 위의 contents(id(demo) element의 contents)가 버튼 아래에 복사되는 것을 확인할 수 있다.

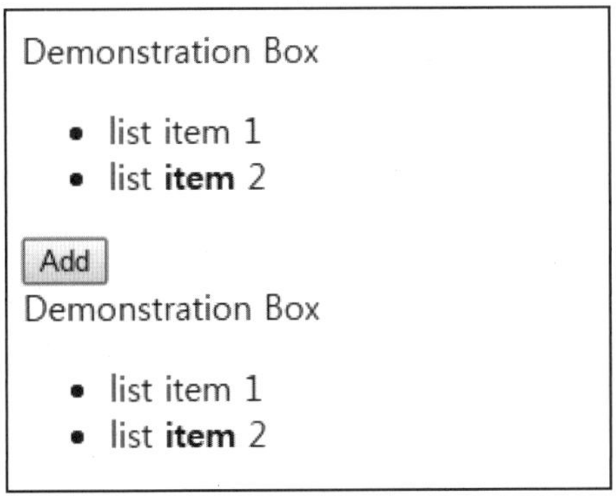

Demonstration Box

- list item 1
- list **item** 2

Add
Demonstration Box

- list item 1
- list **item** 2

그림 10-93. html( ) 메소드를 사용한 실행 화면

이번에는 text( ) 메소드 확인을 위하여 다음 코드처럼 "demo" div의 contents를 읽어오는 부분을 html ( )에서 text( ) 변경을 해보자.

이번 예제를 통해서 text( ) 메소드와 html( ) 메소드의 차이를 확인해 보도록 하자.

```
// id(bt1) element를 클릭하는 경우 function 수행
$("#bt1").bind("click", function(){
    // id(demo) element의 text contents만 읽어와서
    // id(div1) element의 contents로 설정
    $("#div1").html($("#demo").text());
});
```

수정된 코드는 $("#demo").text( )를 호출하여 id(demo) element의 text contents를 읽어오고, 읽어온 contents는 $("#div1").html( )을 호출하여 id(div1) element의 contents로 설정을 하고 있다. 따라서, 예제 실행 후 버튼을 클릭하면 그림 10-94와 같이 버튼 위의 text contents(id(demo) element의 contents)가 버튼 아래에 복사되는 것을 확인할 수 있다.

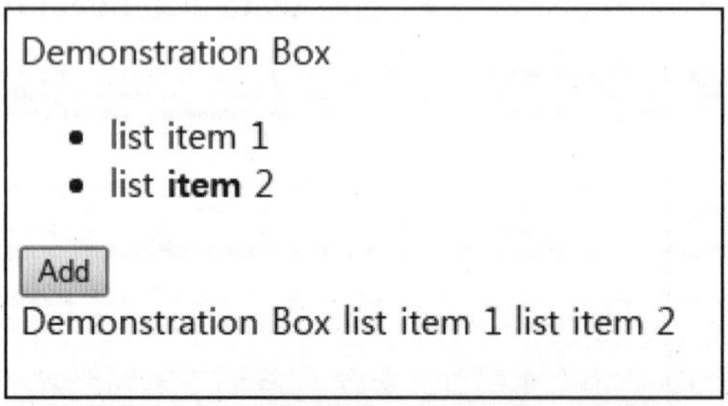

그림 10-94. text( )로 읽어와서 html ( )로 출력하는 실행 화면

html( )은 element의 html 태그를 포함한 모든 contents를 반환을 하고 text( )는 text contents만 반환을 한다.

이번에는 다음 코드처럼 "div1"에 set하는 부분을 html( )에서 text( ) 변경을 해보자.

```
// id(bt1) element를 클릭하는 경우 function 수행
$("#bt1").bind("click", function( ){
    // id(demo) element의 contents만 읽어와서
    // id(div1) element의 text contents로 설정
    $("#div1").text($("#demo").html( ));
});
```

수정된 코드는 $("#demo"). html( )을 호출하여 id(demo) element의 contents를 읽어오고, 읽어온 contents는 $("#div1"). text( )을 호출하여 id(div1) element의 text contents로 설정을 하고 있다.

따라서, 예제 실행 후 버튼을 클릭하면 그림과 같이 버튼 위의 contents(id(demo) element의 contents)가 버튼 아래에 text contents로 복사되는 것을 확인할 수 있다(html tag가 text 형태로 출력).

Demonstration Box

  • list item 1
  • list **item** 2

[Add]
<div>Demonstration Box</div> <ul>
<li>list item 1</li> <li>list
<strong>item</strong> 2</li> </ul>

그림 10-95. html( )로 읽어와서 text( )로 출력하는 실행 화면

html( )의 경우는 파라미터로 입력받은 contents를 html 형식으로 인식하여 add를 하고, text( )는 입력받은 contents를 text로 인식을 하기 때문에 html tag도 text로 보일수 있게 변환을 해서 add를 한다.

• element 외부에 새로운 contents를 추가 : after( ), before( ), insertAfter( ), insertBefore( )

앞에서 사용한 예제를 그대로 이용해서 append( ), prepend( ) 등의 메소드와 어떻게 다른지 비교하면서 확인해보도록 하자.

코드 10-30. 예제 ex_Ch10_30.html

```html
<!doctype html>
<html lang="en">
<head>
  <meta charset="utf-8">
  <title>append demo</title>
  <style>
  </style>
  <script src="jquery-2.1.4.js"></script>
</head>
<body>
// 예제에서 사용할 element 선언
<div class="container">
  <div class="inner">Hello</div>
  <div class="inner">Goodbye</div>
</div>
<br>
<input id="bt1" type="button" value="Add">

<script>
// id(bt1) element를 클릭하는 경우 function 수행
$("#bt1").bind("click", function(){
  // inner class를 가진 element의 다음에 contents 추가
  $( ".inner" ).after( "<b>Add Test</b>" );
});
</script>

</body>
</html>
```

위의 예제는 append( ), prepend( ) 설명에서 사용한 예제 코드에서 script 부분만 다음과 같이 after( ) 메소드를 사용하도록 변경하였다.

```
// id(bt1) element를 클릭하는 경우 function 수행
$("#bt1").bind("click", function(){
  // inner class를 가진 element의 다음에 contents 추가
  $( ".inner" ).after( "<b>Add Test</b>" );
});
```

예제를 실행해서 Add 버튼을 클릭하면 다음 그림과 같이 append( )의 결과 화면과 동일한 것을 확인할 수 있다.

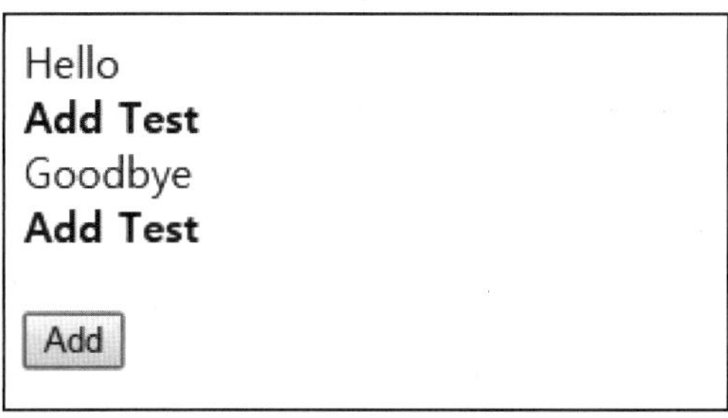

그림 10-96. ex_Ch10_30.html 실행 후 버튼을 클릭한 결과 화면

어떤 부분에서 after( )와 append( )가 차이가 있는지 확인을 해보도록 하자. 우선 이전 예제의 append( ) 부분과 지금 예제의 after( ) 부분을 다음과 같이 나란히 비교를 해보면 append( )를 이용하여 추가하는 contents에는 〈br〉 태그가 있는 것을 확인할 수 있다.

```
$( ".inner" ).after( "<b>Add Test</b>" );
$( ".inner" ).append( "<br><b>Add Test</b>" );
```

이와 같이 append( ) 메소드를 이용한 contents에 〈br〉 태그가 있는 이유는 element 외부에 contents를 추가하느냐(after), 내부에 추가하느냐(append)에 따른 차이라고 볼 수 있다.

append( ) 메소드에 의해서 contents가 추가된 html 코드를 보면 다음과 같이 div element의 내부에 contents를 추가하기 때문에 〈br〉 태그가 없으면 "Hello"와 "Add Test"가 붙어서 화면에 보이게 된다.

```html
<div class="container">
  <div class="inner">
    Hello
    <br><b>Add Test</b>
  </div>
  <div class="inner">
    Goodbye
    <br><b>Add Test</b>
  </div>
</div>
```

그에 반해서 after( )의 경우는 div element 외부에 contents를 추가하기 때문에 아래와 같은 html 형태를 가지게 되어 〈br〉 태그가 없어도 줄 바꿈이 자동적으로 적용되게 된다.

```html
<div class="container">
  <div class="inner">
    Hello
  </div>
  <b>Add Test</b>
  <div class="inner">
    Goodbye
```

```
  </div>
  <b>Add Test</b>
</div>
```

이번에는 before( ) 메소드의 동작을 확인하기 위하여 script 부분을 다음과 같이 수정해 보자.

```
// id(bt1) element를 클릭하는 경우 function 수행
$("#bt1").bind("click", function(){
    // inner class를 가진 element의 앞에 contents 추가
    $( ".inner" ).before( "<b>Add Test</b>" );
});
```

수정된 코드는 $(".inner"). before("〈b〉Add Test〈/b〉")를 호출하여 "inner" class를 가 진 모든 element의 앞 부분에 "〈b〉Add Test〈/b〉"에 추가를 하도록 하였다. 따라서, 예 제를 실행해서 Add 버튼(id(bt1) element)을 클릭하게 되면 "inner" class를 가진 모든 element의 contents("Hello", "Goodbye") 앞 부분에 "Add Test"를 각각 추가하게 되어 그 림 10-97과 같은 결과 화면을 보여주게 된다.

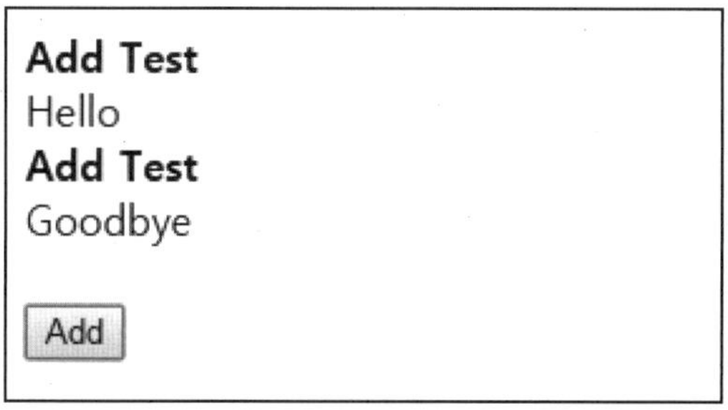

Add Test
Hello
Add Test
Goodbye

Add

그림 10-97. before( ) 메소드를 사용한 실행 화면

before( )와 prepend( )의 차이점은 앞에서 설명한 after( ), append( )와 동일하다.

after( )와 insertAfter( ), before( )와 insertBefore( )의 관계는 append( )와 appendTo( )같이 사용 문법의 차이만 있고, 기능이 동일하다. 따라서 아래 각각의 코드는 동일한 동작을 수행한다.

```
$( ".inner" ).after( "<b>Add Test</b>" );
$("<b>Add Test</b>" ).insertAfter( ".inner" );


$( ".inner" ).before( "<b>Add Test</b>" );
$("<b>Add Test</b>" ).insertBefore( ".inner" );
```

• element를 감싸는(arround) contents를 추가 : wrap( ), wrapAll( ), wrapInner( ), unwrap( )

다음 예제를 통해서 위의 메소드들이 어떻게 동작하는지 확인해 보자.

코드 10-31. 예제 ex_Ch10_31.html

```
<!doctype html>
<html lang="en">
<head>
  <meta charset="utf-8">
  <title>append demo</title>
<style>
// css 스타일 지정
  .outer {
    background: green;
    border: solid 1px;
  }
  .container {
```

```css
      padding: 5px;
      margin: 5px;
      background: red;
      border: solid 1px;
    }
    .inner {
      padding: 5px;
      margin: 5px;
      background: blue;
      border: solid 1px;
    }
  </style>
  <script src="jquery-2.1.4.js"></script>
</head>
<body>
// 예제에서 사용할 element 선언
<div class="container">
  <div class="inner">Hello</div>
  <div class="inner">Goodbye</div>
</div>
<br>
<input id="bt1" type="button" value="Add">

<script>
// id(bt1) element를 클릭하는 경우 function 수행
$("#bt1").bind("click", function(){
  // inner class를 가진 element를 contents로 감싼다.
  $( ".inner" ).wrap( "<div class='outer'></div>" );
});
</script>

</body>
</html>
```

이번 예제는 색상으로 div를 구분하기 쉽게 하기 위하여 가장 밖에 있는 "container" class 는 red, "inner" class div는 blue, "outer" class div는 green으로 설정을 하였다.

예제 코드를 실행하면 처음에는 다음 그림과 같이 Red div 안에 Blue div가 있고 그 안에 텍스트가 위치한 것을 확인할 수 있다.

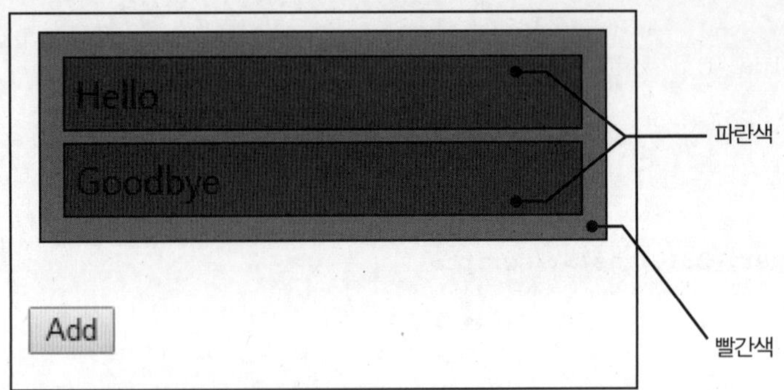

그림 10-98. ex_Ch10_31.html 실행 화면

예제의 script 부분을 보면 먼저 $("#bt1").bind("click", function( ){ })을 호출하여 모든 id(bt1) element에서 click 이벤트가 발생하는 경우 function이 수행되도록 하였다. 그리고 function에서는 $(".inner"). wrap("<div class='outer'></div>")을 호출하여 "inner" class를 가진 모든 element를 "<div class='outer'></div>"로 감싸도록(arround) 하였다.

```
// id(bt1) element를 클릭하는 경우 function 수행
$("#bt1").bind("click", function(){
    // inner class를 가진 element를 contents로 감싼다.
    $( ".inner" ).wrap( "<div class='outer'></div>" );
});
```

따라서, 예제를 실행해서 Add 버튼(id(bt1) element)을 클릭하게 되면 "inner" class(Blue div)를 가진 모든 element의 contents("Hello", "Goodbye")를 "out" class(Green div)를 가

진 element로 감싸도록 하여 그림과 같은 결과 화면을 보여주게 된다.

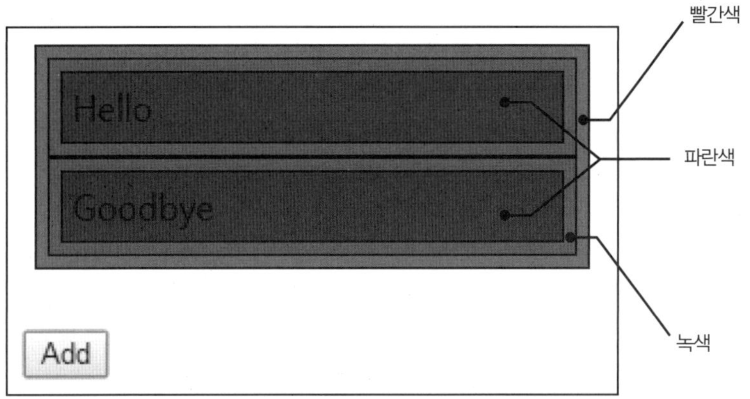

그림 10-99. add 버튼을 클릭하여 wrap( ) 메소드가 수행된 결과 화면

위의 결과를 html 코드로 나타내면 다음과 같다.

```
<div class="container">
  <div class="outer">
    <div class="inner">Hello</div>
  </div>
  <div class="outer">
    <div class="inner">Goodbye</div>
  </div>
</div>
```

이번에는 wrapInner( )의 동작을 확인하기 위하여 script 부분을 다음과 같이 수정해 보자.

```
// id(bt1) element를 클릭하는 경우 function 수행
$("#bt1").bind("click", function(){
    // inner class를 가진 element의 내부를 contents로 감싼다.
    $( ".inner" ).wrapInner( "<div class='outer'></div>" );
});
```

수정된 코드에서는 id(bt1) element에서 click 이벤트가 발생하는 경우 수행되는 function
에서 $(".inner"). wrapInner("⟨div class='outer'⟩⟨/div⟩")를 호출하여 "inner" class를
가진 모든 element의 contents를 각각 "⟨div class='outer'⟩⟨/div⟩"로 감싸도록(arround)
하였다. 따라서 버튼을 클릭하게 되면 그림 10-100과 같이 Green div(outer div)가 Blue
div(inner div) 내부에 텍스트를 감싸도록 추가된 것을 확인할 수 있다.

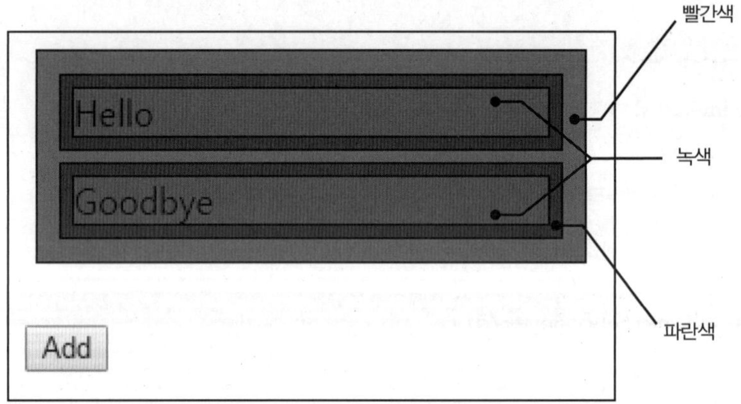

그림 10-100. add 버튼을 클릭하여 wrapInner( ) 메소드가 수행된 결과 화면

위의 결과를 html 코드로 나타내면 다음과 같다.

```
<div class="container">
  <div class="inner">
    <div class="outer">
```

```
    Hello
    </div>
  </div>
  <div class="inner">
    <div class="outer">
    Goodbye
    </div>
  </div>
</div>
```

wrap( ) 메소드와 wrapInner( ) 메소드를 비교하면 wrap( ) 메소드는 element 자체를 감싸도록 추가를 하였고 wrapInner( ) 메소드는 element 내부의 contents를 감싸도록 추가를 한다.

이번에는 wrapAll( )의 동작을 확인하기 위하여 script 부분을 다음과 같이 수정해 보자.

```
// id(bt1) element를 클릭하는 경우 function 수행
$("#bt1").bind("click", function(){
    // inner class를 가진 element 전체를 contents로 감싼다.
    $( ".inner" ).wrapAll( "<div class='outer'></div>" );
});
```

수정된 코드에서는 id(bt1) element에서 click 이벤트가 발생하는 경우 수행되는 function 에서 $(".inner"). wrapAll("⟨div class='outer'⟩⟨/div⟩")을 호출하여 "inner" class를 가진 모든 element 전체를 "⟨div class='outer'⟩⟨/div⟩"로 감싸도록(arround) 하였다. 따라서 버튼을 클릭하게 되면 그림 10-101과 같이 두 개의 Blue div(inner div)를 둘러싼 하나의 Green div(outer div)가 추가된 것을 확인할 수 있다.

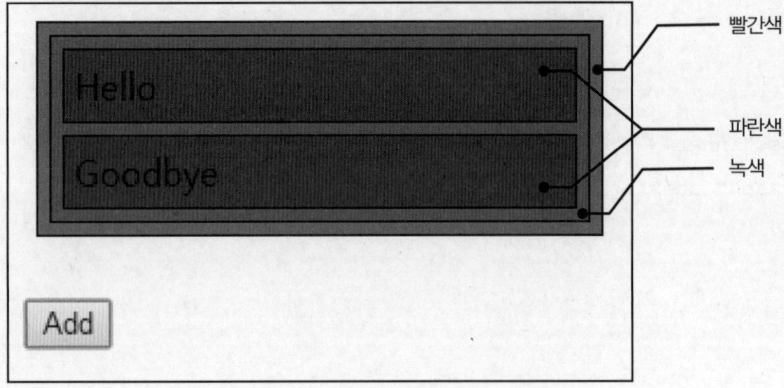

그림 10-101. add 버튼을 클릭하여 wrapAll( ) 메소드가 수행된 결과 화면

위의 결과를 html 코드로 나타내면 다음과 같다.

```
<div class="container">
  <div class="outer">
    <div class="inner">Hello</div>
    <div class="inner">Goodbye</div>
  </div>
</div>
```

wrap( ) 메소드와 wrapAll( ) 메소드를 비교하면 wrap( ) 메소드는 element 각각을 감싸도록 추가하였고 wrapAll( ) 메소드는 element 전부를 감싸도록 추가하였다.

이번에는 unwrap( )의 동작을 확인하기 위하여 script 부분을 다음과 같이 수정해 보자.

```
// id(bt1) element를 클릭하는 경우 function 수행
$("#bt1").bind("click", function(){
  // inner class를 가진 element를 감싸고 있는 element를 제거한다.
  $( ".inner" ).unwrap();
```

```
});
```

~~~~~~

수정된 코드에서는 id(bt1) element에서 click 이벤트가 발생하는 경우 수행되는 function 에서 $(".inner"). unwrap( )을 호출하여 "inner" class를 가진 모든 element 전체를 감싸 고 있는 부모 element를 제거하도록 하였다. 따라서 버튼을 클릭하게 되면 그림과 같이 Blue div(inner div)를 둘러싼 Red div(container div)가 삭제된 것을 확인할 수 있다.

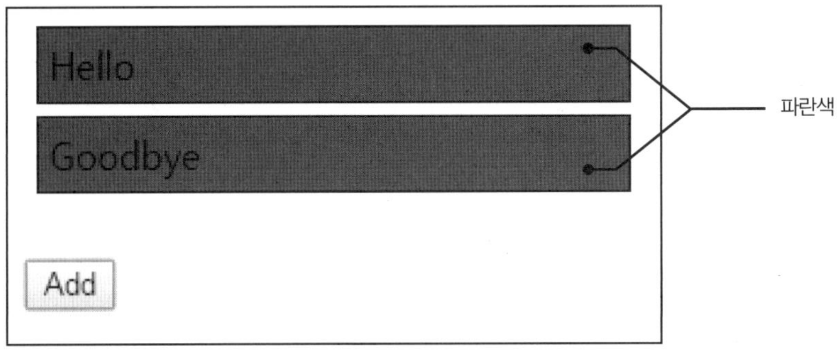

그림 10-102. add 버튼을 클릭하여 unwrap( ) 메소드가 수행된 결과 화면

• element를 삭제 : detach( ), empty( ), remove( )

다음 예제 코드를 통해서 element 삭제 관련 메소드들을 확인해 보도록 하자.

코드 10-32. 예제 ex_Ch10_32.html

```
<!doctype html>
<html lang="en">
<head>
  <meta charset="utf-8">
  <title>append demo</title>
<style>
// css 스타일 지정
  div {
    background: #abcdef;
    border: solid 1px;
```
~~~~~~

```css
    }
    #main {
      height: 100px;
      width: 100px;
      align: center;
    }
    #div1 {
      height: 50px;
      width: 50px;
    }
  </style>
  <script src="jquery-2.1.4.js"></script>
</head>
<body>
```

```
// 예제에서 사용할 element 선언
<div id="main">
<div id="div1">TEST</div>
</div>

<br>
<input id="bt1" type="button" value="Detach">
<input id="bt2" type="button" value="Remove">
<input id="bt3" type="button" value="Empty">
<input id="bt4" type="button" value="Recovery">

<script>
var tmpDiv = null;

// id(div1) element를 클릭하는 경우  "TEST" 알림창을 화면에 띄운다.
$("#div1").bind("click", function(){alert("TEST");});

// id(bt1) element를 클릭하는 경우 function 수행
$("#bt1").bind("click", function(){
```

```
    // id(div1) element를 삭제하고 삭제한 element를 tmpDiv에 저장한다.
    tmpDiv = $("#div1").detach();
});
// id(bt2) element를 클릭하는 경우 function 수행
$("#bt2").bind("click", function(){
    // id(div1) element와 관련 이벤트를 삭제하고 삭제한 element를 tmpDiv에 저장한다.
    tmpDiv = $("#div1").remove();
});
// id(bt3) element를 클릭하는 경우 function 수행
$("#bt3").bind("click", function(){
    // id(div1) element의 contents를 삭제하고 element를 tmpDiv에 저장한다.
    tmpDiv = $("#div1").empty();
});
// id(bt4) element를 클릭하는 경우 function 수행
$("#bt4").bind("click", function(){
    // 저장한 tmpDiv를 id(main) element에 추가한다.
    $("#main").append(tmpDiv);
});
</script>


</body>
</html>
```

예제의 script 부분을 확인하면 클릭하는 버튼에 따라시 아래의 동작들을 수행하도록 하였다.

- id(bt1) element : detach( ) 메소드를 호출하여 id(div1) element를 삭제
- id(bt2) element : remove( ) 메소드를 호출하여 id(div1) element와 이벤트/data를 삭제
- id(bt3) element : empty( ) 메소드를 호출하여 id(div1) element의 contents를 삭제

```javascript
// id(bt1) element를 클릭하는 경우 function 수행
$("#bt1").bind("click", function(){
  // id(div1) element를 삭제하고 삭제한 element를 tmpDiv에 저장한다.
  tmpDiv = $("#div1").detach();
});
// id(bt2) element를 클릭하는 경우 function 수행
$("#bt2").bind("click", function(){
  // id(div1) element와 관련 이벤트를 삭제하고 삭제한 element를 tmpDiv에 저장한다.
  tmpDiv = $("#div1").remove();
});
// id(bt3) element를 클릭하는 경우 function 수행
$("#bt3").bind("click", function(){
  // id(div1) element의 contents를 삭제하고 element를 tmpDiv에 저장한다.
  tmpDiv = $("#div1").empty();
});
```

마지막으로 id(bt4) element를 클릭하는 경우에는 삭제한 element를 다시 추가하도록 하였다.

```javascript
$("#bt4").bind("click", function(){
  $("#main").append(tmpDiv);
});
```

위의 예제를 실행시키면 그림과 같이 2개의 div가 있고 작은 div에는 "TEST"라는 글자가 있는 화면을 볼 수 있다.

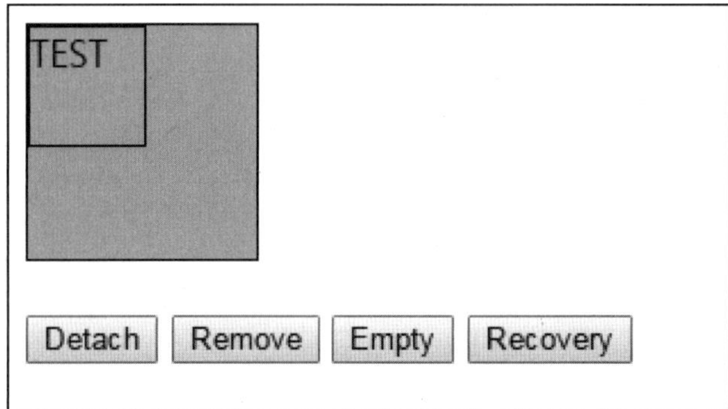

그림 10-103. ex_Ch10_32.html 실행 화면

Detach, Remove 버튼을 클릭하면 detach( ), remove( ) 메소드 호출을 통하여 다음 그림
과 같이 안에 있는 div가 삭제되는 것을 확인할 수 있다.

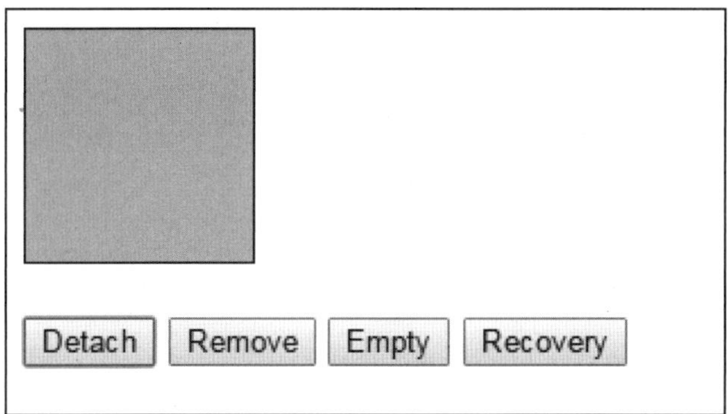

그림 10-104. detach( ), remove( ) 메소드 동작을 수행한 결과 화면

Empty 버튼을 클릭하면 empty( ) 메소드의 호출 결과로 그림 10-105와 같이 Detach,
Remove와 다르게 "TEST" 글자만 삭제되는 것을 확인할 수 있다.

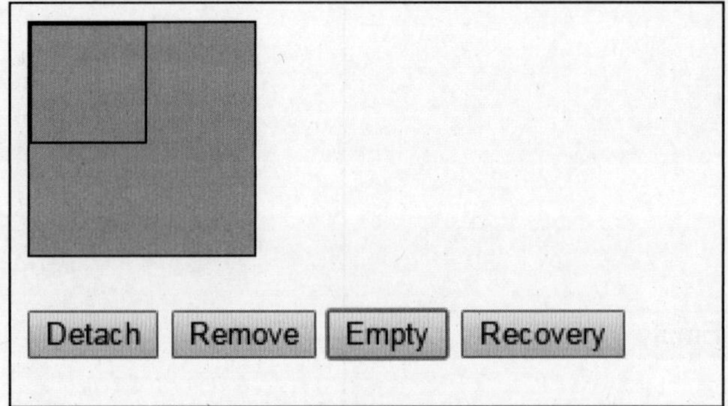

그림 10-105. empty( ) 메소드 동작을 수행한 결과 화면

detach( ), remove( )의 경우에는 element 자체를 삭제하지만 empty( )의 경우에는 element의 컨텐츠만 삭제를 하기 때문에 이런 차이가 발생을 하게 된다. detach( ), remove( )를 수행한 결과를 html 코드로 확인하게 되면 다음처럼 id(main) div만 남아 있고,

```
<div id="main"></div>
```

empty( )의 경우는 id(div1) div가 남아 있는 것을 볼 수 있다.

```
<div id="main">
<div id="div1"></div>
</div>
```

detach( )와 remove( )의 차이를 확인하기 위하여 예제에서는 다음과 같이 id(div1) element에서 click 이벤트 발생 시 알림창을 실행시키도록 하였다.

// id(div1) element를 클릭하는 경우 "TEST" 알림창을 화면에 띄운다.
$("#div1").bind("click", function( ){alert("TEST");});

Detach 버튼을 클릭해서 detach( ) 메소드를 호출하여 div element를 삭제하고 Recovery 버튼을 클릭해서 recovery( ) 메소드를 호출하여 삭제했던 div element를 다시 추가한 이후에 Test Div를 클릭하면 다음 그림과 같이 알림창이 실행되는 것을 확인할 수 있다.

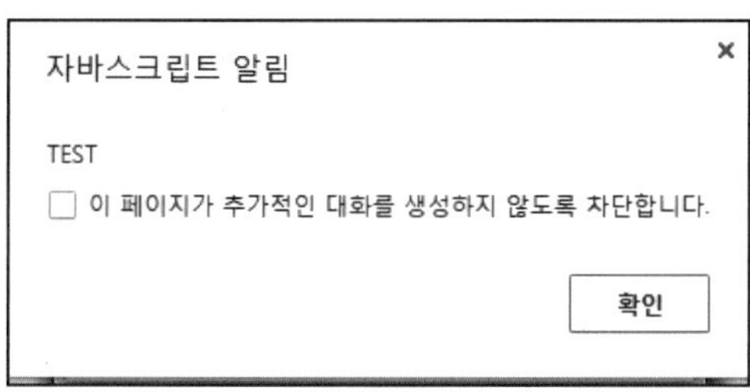

그림 10-106. detach( ) / recovery( ) 메소드로 element 삭제/추가 후 알림창을 확인하는 화면

Remove 버튼을 클릭해서 remove( ) 메소드를 호출하여 div element를 삭제하고 Recovery 버튼을 클릭해서 recovery( ) 메소드를 호출하여 삭제했던 div element를 다시 추가한 이후에 Test Div를 클릭하면 알림창이 실행되지 않는 것을 확인할 수 있다.

이런 차이는 detach( )와 달리 remove( )의 경우 element와 연관된 이벤트, data 등을 모두 삭제하기 때문에 기존에 click 이벤트에 연결한 함수가 삭제되어서 발생하는 현상이다.

• DOM에서 contents를 삭제하고 새로운 contents로 교체 : replaceAll( ), replaceWith( )
다음 예제 코드 통해서 replaceAll( ) 메소드에 대해 알아보자.

```html
<!doctype html>
<html lang="en">
<head>
  <meta charset="utf-8">
  <title>append demo</title>
  <script src="jquery-2.1.4.js"></script>
</head>
<body>
// 예제에서 사용할 element 선언
<div class="container">
  <div class="inner first">Hello</div>
  <div class="inner second">And</div>
  <div class="inner third">Goodbye</div>
</div>

<input id="bt1" type="button" value="Replace">

<script>
// id(bt1) element를 클릭하는 경우 function 수행
$("#bt1").bind("click", function(){
  // "second" class를 가진 element를 교체
  $( "<b>New Word</b>" ).replaceAll( "div.second" );
});
</script>

</body>
</html>
```

위의 예제 코드를 실행하면 다음 그림과 같이 "Hello", "And", "Goodbye"라는 글자와
Replace 버튼을 화면에서 확인할 수 있다.

그림 10-107. ex_Ch10_33.html 실행 화면

예제의 script 부분을 보면 먼저 $("#bt1").bind("click", function( ){ })를 호출하여 모든 id(bt1) element에서 click 이벤트가 발생하는 경우 function이 수행되도록 하였다. 그리고 function에서는 $("〈b〉New Word〈/b〉").replaceAll("div.second")을 호출하여 "second" class를 가진 div element의 contents를 "〈b〉New Word〈/b〉"으로 교체하도록 하였다.

```javascript
// id(bt1) element를 클릭하는 경우 function 수행
$("#bt1").bind("click", function(){
  // "second" class를 가진 element를 교체
  $( "<b>New Word</b>" ).replaceAll( "div.second" );
});
```

따라서 예제 실행 후 Replace 버튼을 클릭하면 그림 10-108과 같이 두 번째 div("And")가 "New Word"로 바뀌는 깃을 확인힐 수 있다.

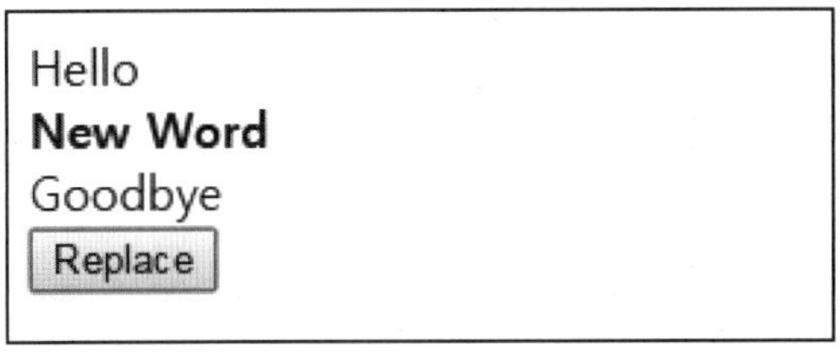

그림 10-108. Replace 버튼을 클릭한 결과 화면

위의 결과를 html 코드로 보면 예제의 element 선언 부분이

```
<div class="container">
  <div class="inner first">Hello</div>
  <div class="inner second">And</div>
  <div class="inner third">Goodbye</div>
</div>
```

버튼 클릭 이후에는 다음과 같이 변경되는 것이다.

```
<div class="container">
  <div class="inner first">Hello</div>
  <b>New Word</b>
  <div class="inner third">Goodbye</div>
</div>
```

script 부분의 replaceAll( ) 메소드를 다음과 같이 수정해보자.

```
// id(bt1) element를 클릭하는 경우 function 수행
$("#bt1").bind("click", function(){
  // "third" class를 가진 element를
  // "first" class를 가진 element로 교체
  $( ".first" ).replaceAll( ".third" );
});
```

수정된 코드는 function에서 $(".first").replaceAll(".third")을 호출하여 "third" class를 가진 element를 "first" class를 가진 element로 교체하도록 하였다. 위의 코드를 실행하여 버튼을 클릭하면 그림 10-109와 같이 세 번째 div("Goodbye")가 첫 번째 div("Hello")로 교체된 것을 확인할 수 있다.

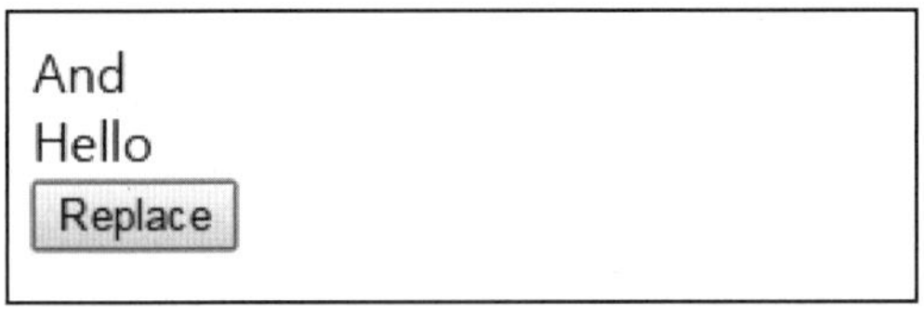

그림 10-109. 수정한 replaceAll( ) 메소드 실행 결과

위의 결과를 html 코드로 보면 예제의 element 선언 부분이 다음과 같이 변경되는 것이다.

```
<div class="container">
  <div class="inner second">And</div>
  <div class="inner first">Hello</div>
</div>
```

이번 코드를 보면 알 수 있지만 다음 코드처럼 새로운 element를 추가하는 경우와 달리

```
$( "<b>New Word</b>" ).replaceAll( "div.second" );
```

다음처럼 기존 element를 이용하여 교체하는 경우에는 복사하여 교체하는 것이 아니라 element가 이동을 한다.

```
$( ".first" ).replaceAll( ".third" );
```

replaceAll( )과 replaceWith( )는 append( )와 appendTo( )처럼 문법적으로 호출하는 대상의 순서만 차이가 있고 기능은 동일하다. 때문에 다음의 코드는 동일한 동작을 수행한다.

```
$( "<b>New Word</b>" ).replaceAll( "div.second" );
$( "div.second" ).replaceWith( "<b>New Word</b>" );
```

• elememt를 복사 : clone( )

clone( ) 메소드의 동작을 확인하기 위하여 script 부분을 다음과 같이 수정해 보자.

```
// id(bt1) element를 클릭하는 경우 function 수행
$("#bt1").bind("click", function(){
  // "first" class를 가진 element를 복사해서
  // "container" class를 가진 element 마지막 부분에 추가한다.
  $( ".first" ).clone().appendTo( ".container" );
});
```

수정된 코드는 function에서 $(".first").clone( )을 호출하여 "first" class를 가진 element(<div class="inner first">Hello</div>)를 복사하고, appendTo(".container")를 호출하여 복사한 element를 "container" class를 가진 element의 마지막 부분에 추가한다. 따라서, 수정한 코드를 실행하고 버튼을 클릭하면 다음 그림과 같이 "Hello"("first" class

를 가진 element)가 "Goodbye" 다음에 추가 되는 것을 볼 수 있다.

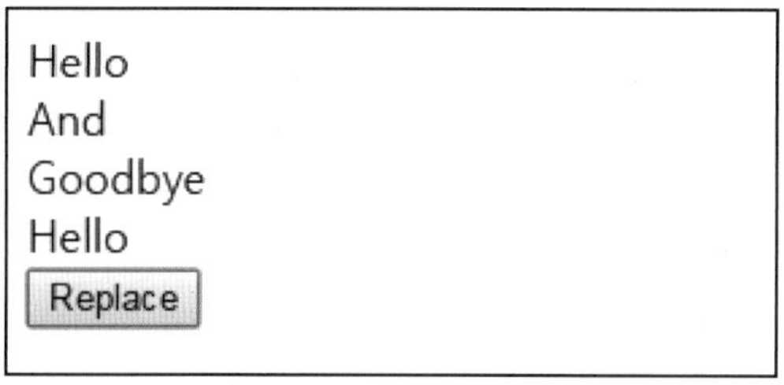

Hello
And
Goodbye
Hello
[Replace]

그림 10-110. clone( ) 메소드 확인을 위한 실행 화면

위의 실행 결과를 html 코드를 보면 다음과 같다.

```
<div class="container">
   <div class="inner first">Hello</div>
   <div class="inner second">And</div>
   <div class="inner third">Goodbye</div>
   <div class="inner first">Hello</div>
</div>
```

그렇다면 다음 코드처럼 clone( ) 메소드를 사용하지 않고 appendTo( )만 실행하면 어떻게 될까?

```
// id(bt1) element를 클릭하는 경우 function 수행
$("#bt1").bind("click", function(){
   // "first" class를 가진 element를
   // "container" class를 가진 element 마지막 부분에 추가한다.
   $( ".first" ).appendTo( ".container" );
});
```

위의 코드를 실행해 보면 다음 그림과 같이 "Hello"가 추가되는 것이 아니라 이동하는 것을 확인할 수 있다.

그림 10-111. clone( ) 메소드를 제외한 appendTo( ) 메소드만 실행한 결과 화면

위의 같은 차이가 발생한 이유는 clone( ) 메소드는 element를 복사하기 때문에 동일한 div가 하나 더 생성되어 container div 마지막에 추가되지만 clone( ) 메소드 없이 appendTo( )만 호출하게 되면 element를 복사하여 사용한 것이 아니기 때문에 해당 element 자체를 container div 마지막 부분으로 이동시키기 때문이다.

5 이벤트와 Function

이번에는 지금까지 확인한 다양한 예제들에서 볼 수 있었던 click 이벤트와 같이 jQuery에서 제공하고 있는 이벤트들은 어떠한 것들 있는지 확인을 해보고 어떻게 사용할 수 있는지에 대하여 예제를 통하여 확인을 해보도록 하자.

5.1 이벤트 생성 및 처리 방법

jQuery에서 제공하고 있는 이벤트를 사용하기 위해서는 element와 이벤트를 연결(mapping, binding)시켜서 element에서 발생하는 이벤트를 받아서 해당 이벤트를 처리해야 한다. 따라서 jQuery에서 제공하는 이벤트를 알아보기 전에 먼저 어떻게 element와 이벤트를 맵핑시키고, 처리하는지 알아보도록 하자.

jQuery에서 이벤트를 맵핑하는 방법은 다음과 같이 element에 click( ), focus( ), blur( ), change( ) 등과 같은 이벤트 메소드를 직접적으로 호출하여 맵핑하는 방식과

```
$("p").click(fucntion() {.........});
```

다음과 같이 element에 on( ), bind( ) 메소드를 이용하여 click, focus, blur, change 등과
같은 이벤트를 맵핑하는 방식이 있다.

```
$(선택자).on(이벤트, 함수);
→ $(docuement).on("click",  fucntion() {.........});


$(선택자).bind(이벤트, 함수);
→ $(docuement).bind("click",  fucntion() {.........});
```

element와 이벤트를 맵핑할 때 주의해야 할 점을 다음 코드를 통해서 알아보도록 하자.

```
// element 선언 부분
<button id="bt1">Button 1</button>
<button id="bt2">Button 2</button>

// 자바스크립트 부분
<script>
// button element를 클릭하는 경우 function 수행
$( "button" ).click( function() {......});
or
$( "button" ).on( "click", function() {......});

// button(id=bt3) element를 html에 추가
```

```
$( "<button id='bt3'>Button 3</button>" ).appendTo( document.body );
</script>
```

위의 코드와 같이 맵핑을 통하여 element와 이벤트를 맵핑하게 되면 $("button").click("click", function() {…….})을 호출하는 시점에 선택된 button(id=bt1, bt2) element에만 맵핑되고 나중에 script 코드에서 추가되는 button(id=bt3) element에는 맵핑되지 않게 된다.

지금부터 이벤트를 생성해서 맵핑하는 과정을 자바스크립트와 비교하여 살펴보도록 하자.

```
<button onclick="alert('Hello')">Say Hello</button>
```

위의 코드는 "Say Hello" 버튼에 click 이벤트를 맵핑하여 클릭하는 경우 "Hello"를 알림 창으로 화면에 보여주도록 하는 자바스크립트 코드이다. 이 코드는 다음과 같은 부분을 고려하면 별로 좋은 코드가 아니라고 할 수 있다.

1. function을 수정해야 하는 경우, html 코드도 같이 수정해야 한다.

```
<button onclick="alert('Hello TEST')">Say Hello</button>
```

2. 동일 function을 더 많은 button에 맵핑하는 경우 비슷한 코드를 반복 추가해야 한다.

```html
<button onclick="alert('Hello')">Say Hello</button>
<button onclick="alert('Hello')">Say Hello2</button>
<button onclick="alert('Hello')">Say Hello3</button>
```

우선 위의 코드를 다음과 같이 html, js 코드로 분리를 해보자. 다음과 같이 코드 분리를 하게 되면 1번 항목 - function에 대한 수정을 할 때 html 코드와 무관하게 수정할 수 있다.

```html
// element 선언 부분
<button id="helloBtn">Say hello</button>

// 자바스크립트 부분
<script>
var helloBtn = document.getElementById( "helloBtn" );

helloBtn.addEventListener( "click", function( event ) {
    alert( "Hello." );
}, false );
</script>
```

위에서는 getElementById, addEventListener와 같은 기본 자바스크립트 코드를 이용하여 버튼에 function을 연결하였는데 addEventListener의 경우는 IE9 이전 버전에서는 정상 동작을 하지 않는다. 위의 코드는 다음과 같이 jQuery 함수(click)를 이용하게 되면 IE 버전과 무관하게 정상 동작을 한다.

```
$( "#helloBtn" ).on("click", (function( event ) {
    alert( "Hello." );
});
```

또한 on( ) 메소드를 이용하여 이벤트를 맵핑하는 경우에는 2번 항목 – 동일 function을
더 많은 button에 맵핑하고 싶은 경우도 추가 코드가 필요 없게 된다.

jQuery에서는 이벤트 맵핑을 위하여 on( ), bind( ), click( ), focus( ) 등과 같은 다양한 메
소드를 제공하고 있으나 jQuery 내부 로직을 보면 모든 이벤트 맵핑은 on( ) 메소드를 사
용하고 있다. 따라서 bind( ), click( ) 등의 경우도 jQuery 코드 내부에서는 on( ) 메소드
를 호출하고 있다. 때문에 on( ) 메소드를 사용하는 것이 조금 더 빠른고 간결한 코드를
작성하는 방법이라고 할 수 있다.

5.2 이벤트 흐름 및 제어

기본적으로 이벤트가 발생을 하게 되면 이벤트가 발생한 element부터 부모 element를 지
나서 최상위 element(window)까지 이벤트가 전달이 된다. Table을 예로 들면 td element
에서 이벤트가 발생하는 경우 td –〉 tr –〉 table –〉 body –〉 window까지 이벤트가 전달
이 된다. 따라서, 부모 element에 이벤트를 맵핑하고 등록한다면 모든 하위 element에서
발생하는 해당 이벤트를 받을 수 있다.
이런 이벤트의 특성을 이용하여 하위 element에서 발생하는 이벤트를 각각의 element에
서 처리하지 않고 상위 element에서 처리하도록 하는 경우가 종종 있는데 이런 방식을
이벤트 delegation이라고 한다.

하위 element가 수백 개가 있다면 각각의 element에서 이벤트를 처리하는 것보다는 상위
element에서 처리하는 것이 더 간단할 수 있기 때문에 이벤트 delegation은 성능 향상과
반복적인 이벤트 처리 구문을 줄일 수 있다는 장점이 있다.

다음의 코드는 a element를 클릭하면 브라우저의 console 창에 클릭 이벤트가 발생한 element의 text 값을 출력하는 동작을 수행하는 코드이다.

```
// element 선언
<div id="container">
    <ul id="list">
        <li><a href="http://domain1.com">Item #1</a></li>
        <li><a href="/local/path/1">Item #2</a></li>
        <li><a href="/local/path/2">Item #3</a></li>
        <li><a href="http://domain4.com">Item #4</a></li>
    </ul>
</div>

<script>
// id(list) element의 하위 a element를 클릭 하는 경우 function 수행
$( "#list a" ).on( "click", function( event ) {
  // 이벤트가 발생한 element의 기본 동작(페이지 이동)을 취소
  event.preventDefault();
  alert( "<a> tag click" );
});
</script>
```

위 코드의 경우 a element에서 click 이벤트가 발생하면 다음과 같은 element에서 모두 감지할 수 있다.

```
 - <a>
 - <li>
 - <ul id="list">
 - <div id="container">
 - <body>
```

```
  - <html>
  - document root
```

때문에 위의 script 코드를 다음과 같이 수정을 하는 경우에도 a element에서 발생한 이벤트를 html element도 받을 수 있기 때문에 동일한 결과가 발생하게 된다.

```
// html element에서 click event가 발생하는 경우 function 수행
$( "html" ).on( "click", function( event ) {
  // 이벤트가 발생한 element의 기본 동작(페이지 이동)을 취소
  event.preventDefault();
  alert( "<a> tag click" );
});
```

하지만 위와 같이 $("html").on("click", function(event) { }) 코드를 사용하는 경우에는 html 하위 모든 element에서 발생하는 click 이벤트를 수신하기 때문에 필요 이상으로 많은 이벤트를 수신하게 된다. 따라서 원하는 element에서 발생하는 click 이벤트만 수신하여 처리하고 싶은 경우에는 아래와 같은 형태의 코드를 통하여 가능하게 된다.

```
// html element 하위의 a element에서 click 이벤트가 발생하는 경우 function 수행
$( "html" ).on( "click", "a", function( event ) {
  // 이벤트가 발생한 element의 기본 동작(페이지 이동)을 취소
  event.preventDefault();
  alert( "<a> tag click" );
});
```

위의 코드는 html element에 click 이벤트를 맵핑시킨 코드이다. 여기서 주의해야 할 점

은 on( ) 메소드의 두 번째 파라미터로 넘겨준 "a"인데 위와 같이 사용되는 경우는 html element에서 click 이벤트를 받게 되면 해당 이벤트가 발생한 element가 a element인 경우에 처리를 하겠다는 의미이다.

5.3 마우스 이벤트

이번에는 jQuery에서 제공하는 다음 표와 같이 다양한 마우스 관련 이벤트에 대하여 예제를 통해 알아보도록 하자.

event	기능
mousedown	element에 마우스를 누르는 경우 발생하는 이벤트
mouseup	element에 마우스를 떼는 경우 발생하는 이벤트
click	element에 마우스를 클릭(눌렀다 떼는)하는 경우 발생하는 이벤트
dblclick	element에 마우스를 더블 클릭하는 경우 발생하는 이벤트
mouseover	element에 마우스 포인터가 들어오는 경우 발생하는 이벤트
mouseenter	element에 마우스 포인터가 들어오는 경우 발생하는 이벤트 (자식 element에 들어갔다 나오는 경우는 발생하지 않는다)
mouseout	element에 마우스 포인터가 나가는 경우 발생하는 이벤트
mouseleave	element에 마우스 포인터가 나가는 경우 발생하는 이벤트 (자식 element에 들어갔다 나오는 경우는 발생하지 않는다)
mousemove	element안에서 마우스 포인터가 움직이는 경우 발생하는 이벤트
hover	element에 마우스 포인터가 들어오거나 나가는 경우 발생하는 이벤트

표 10-12. jQuery에서 제공하는 마우스 관련 이벤트

다음 예제 코드를 통해서 각각의 이벤트에 대하여 알아보도록 하자.

코드 10-34. 예제 ex_Ch10_34.html

```html
<!doctype html>
<html lang="en">
<head>
  <meta charset="utf-8">
```

```html
  <title>mouse demo</title>
  <script src="jquery-2.1.4.js"></script>
</head>
<body>
// 예제에서 사용할 element 선언
<p id="contents">Press mouse and release here.</p>
<p id="result"></p>


<script>
// id(contents) element에서 mouseup 이벤트가 발생하는 경우 function 수행
$("#contents").bind("mouseup", function() {
  // id(result) element에서 "Up" 문자를 출력
  $("#result").append( "<span style='color:#f00;'>Up.</span>" );
});
// id(contents) element에서 mousedown 이벤트가 발생하는 경우 function 수행
$("#contents").bind("mousedown", function() {
  // id(result) element에서 "Down" 문자를 출력
  $("#result").append( "<span style='color:#00f;'>Down.</span>" );
});
// id(contents) element에서 click 이벤트가 발생하는 경우 function 수행
$("#contents").bind("click", function() {
  // id(result) element에서 "Click" 문자를 출력
  $("#result").append( "<span style='color:#0f0;'>Click.</span>" );
});
// id(contents) element에서 dblclick 이벤트가 발생하는 경우 function 수행
$("#contents").bind("dblclick", function() {
  // id(result) element에서 "Double Click" 문자를 출력
  $("#result").append( "<span style='color:#000;'>Double Click.</
  span>" );
});
</script>


</body>
</html>
```

예제의 script 부분을 보면 아래와 같은 형태로 mousedown, mouseup, click, dblclick 이
벤트를 맵핑하여 해당 동작을 화면에 출력하게 하였다.

```
$("#contents").bind("EVENT 명", function() {
  $("#result").append( "<span style='color:#f00;'>XXXX</span>" );
});
```

예제를 실행한 후 "Press mouse and release here" 문구를 클릭하면 그림 10-112와 같
이 "Down", "Up", "Click"이 순서대로 출력되는 것을 볼 수 있다. 출력되는 문구의 순서
가 이벤트 발생 순서라고 생각하면 된다. 즉 이벤트 발생 순서는 mousedown, mouseup,
click인 것이다.

```
Press mouse and release here.

Down.Up.Click.
```

그림 10-112. 예제 실행 후 클릭한 실행 화면

더블 클릭을 하는 경우에는 그림 10-113과 같이 "Double Click"이 제일 마지막에 출력
된 결과를 볼 수 있을 것이다. 결과에서 보는 것과 같이 dblclick의 발생 순서는 제일 마
지막이다.

```
Press mouse and release here.

Down.Up.Click.Down.Up.Click.Double Click.
```

그림 10-113. 예제 실행 후 더블 클릭한 실행 화면

이번에는 다음 예제 코드를 통하여 element의 마우스가 들어오고 나갈 때 발생하는 이벤트에 대하여 알아보도록 하자.

코드 10-35. 예제 ex_Ch10_35.html

```html
<!doctype html>
<html lang="en">
<head>
  <meta charset="utf-8">
  <title>mouseover demo</title>
<style>
// css 스타일 지정
  div.out {
    width: 40%;
    height: 120px;
    margin: 0 15px;
    background-color: #d6edfc;
    float: left;
  }
  div.in {
    width: 60%;
    height: 60%;
    background-color: #fc0;
    margin: 10px auto;
  }
  p {
    line-height: 1em;
    margin: 0;
    padding: 0;
  }
  </style>
  <script src="jquery-2.1.4.js"></script>
</head>
<body>
```

```
// 예제에서 사용할 element 선언
<div class="out overout">
  <span>move your mouse</span>
  <div class="in">
  </div>
</div>

<div class="out enterleave">
  <span>move your mouse</span>
  <div class="in">
  </div>
</div>

<script>
// mouseover 이벤트 발생 횟수를 저장할 i 변수
var i = 0;
// "overout" class 를 가진 element에서 mouseover 이벤트가 발생하는 경우 fucntion을 실행
$( "div.overout" ).bind("mouseover", function() {
  // 저장된 mouseover 이벤트 발생 횟수를 증가
  i += 1;
  // console log로 "mouseover" 문자를 출력
  console.log("mouseover");
  // 화면에 "mouseover" 문자와 이벤트 발생 횟수를 출력
  $( this ).find( "span" ).text( "mouse over x " + i );
});
// "overout" class를 가진 element에서 mouseout 이벤트가 발생하는 경우 fucntion을 실행
$( "div.overout" ).bind("mouseout", function() {
  // console log로 "mouseout" 문자를 출력
  console.log("mouseout");
  // 화면에 "mouseout" 문자를 출력
  $( this ).find( "span" ).text( "mouse out " );
});

// mouseenter 이벤트 발생 횟수를 저장할 n 변수
```

```javascript
var n = 0;
// "enterleave" class를 가진 element에서 mouseenter 이벤트가 발생하는 경우
// fucntion을 실행
$( "div.enterleave" ).bind("mouseenter", function() {
    // 저장된 mouseenter 이벤트 발생 횟수를 증가
    n += 1;
    // console log로 "mouseenter" 문자를 출력
    console.log("mouseenter");
    // 화면에 "mouseenter" 문자와 이벤트 발생 횟수를 출력
    $( this ).find( "span" ).text( "mouse enter x " + n );
});
// "enterleave" class를 가진 element에서 mouseleave 이벤트가 발생하는 경우
// fucntion을 실행
$( "div.enterleave" ).bind("mouseleave", function() {
    // console log로 "mouseleave" 문자를 출력
    console.log("mouseleave");
    // 화면에 "mouseleave" 문자를 출력
    $( this ).find( "span" ).text( "mouse leave" );
});
</script>

</body>
</html>
```

위의 예제를 실행시키면 그림 10-114와 같이 좌우에 같은 모양의 사각형을 확인할 수 있을 것이다.

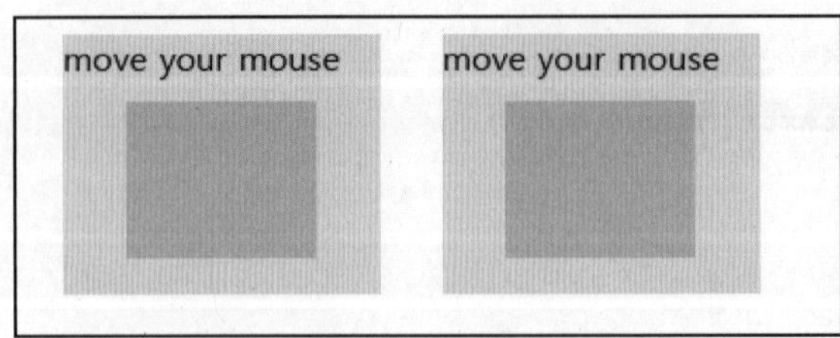

그림 10-114. ex_Ch10_35.html 실행 화면

노란색 사각형은 하늘색 사각형의 자식 element이며 이렇게 구성한 이유는 이번에 확인할 (mouseover, mouseout / mouseenter, mouseleave) 이벤트의 경우 (mouseover, mouseout) 이벤트는 자식 element에 들어갔다 나오는 경우에도 이벤트가 발생하지만 (mouseenter, mouseleave) 이벤트는 자식 element에 들어갔다 나오는 경우에는 이벤트가 발생하지 않기 때문에 그 차이를 명확히 보여주기 위해서이다.

예제의 script 부분에서는 왼쪽의 사각형은 mouseover, mouseout 이벤트를 오른쪽의 사각형은 mouseenter, mouseleave 이벤트를 맵핑하였다.

```
// mouseover 이벤트 발생 횟수를 저장할 i 변수
var i = 0;
// "overout" class 를 가진 element에서 mouseover 이벤트가 발생하는 경우 fucntion을 실행
$( "div.overout" ).bind("mouseover", function() {
  // 저장된 mouseover 이벤트 발생 횟수를 증가
  i += 1;
  // console log로 "mouseover" 문자를 출력
  console.log("mouseover");
  // 화면에 "mouseover" 문자와 이벤트 발생 횟수를 출력
  $( this ).find( "span" ).text( "mouse over x " + i );
});
// "overout" class를 가진 element에서 mouseout 이벤트가 발생하는 경우 fucntion을 실행
$( "div.overout" ).bind("mouseout", function() {
  // console log로 "mouseout" 문자를 출력
  console.log("mouseout");
  // 화면에 "mouseout" 문자를 출력
  $( this ).find( "span" ).text( "mouse out " );
});
```

예제에서는 위의 코드처럼 $("div.overout").bind("mouseover", function( ) { }) 코드를 이용하여 각 이벤트 발생시 console log와 화면에 발생한 이벤트를 출력하도록 하였다.

예제 코드를 실행시킨 다음에 왼쪽, 오른쪽 사각형에서 마우스를 움직여보면 왼쪽 사각형의 경우는 마우스가 노란색 사각형에 들어갔다 나올 때에도 이벤트가 발생을 하고, 오른쪽 사각형의 경우는 마우스가 노란색 사각형에 들어갔다 나와도 아무런 이벤트가 발생하지 않는 것을 확인할 수 있다.

왼쪽 사각형의 경우에는 text 영역도 자식 element이기 때문에 해당 글자 위를 지나가도 mouserover / mouseout 이벤트가 발생한다.

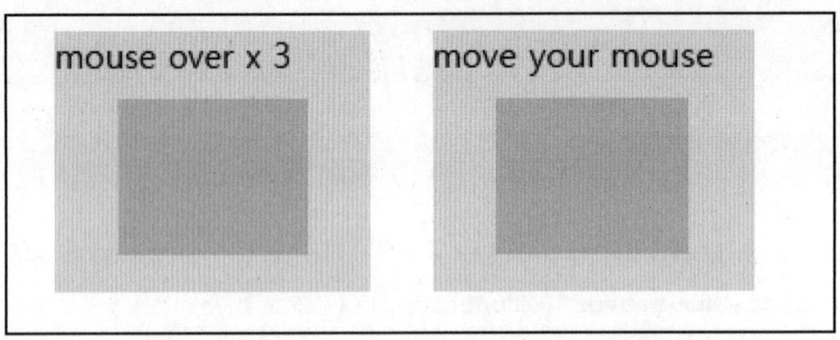

그림 10-115. ex_Ch10_35.html 실행 후 왼쪽 사각형에서 마우스를 움직인 화면

script 중간에 있는 console.log의 경우는 크롬에서 F12 키를 누르면 그림 10-116과 같이 consolo log를 확인할 수 있는 창을 볼 수 있으며 왼쪽 사각형에서 마우스를 움직여 보면 로그가 찍히는 것을 볼 수 있다.

그림 10-116. ex_Ch10_35.html 실행 후 마우스 이동의 console log 화면

이번에는 예제 코드를 통해서 mousemove 이벤트에 대하여 알아보자.

```html
<!doctype html>
<html lang="en">
<head>
  <meta charset="utf-8">
  <title>mousemove demo</title>
<style>
// css 스타일 지정
  div {
    width: 220px;
    height: 170px;
    margin: 10px 50px 10px 10px;
    background: yellow;
    border: 2px groove;
    float: right;
  }
  p {
    margin: 0;
    margin-left: 10px;
    color: red;
    width: 220px;
    height: 120px;
    padding-top: 70px;
    float: left;
    font-size: 14px;
  }
  span {
    display: block;
  }
  </style>
  <script src="jquery-2.1.4.js"></script>
</head>
<body>
// 예제에서 사용할 element 선언
```

```
<p>
  <span>Move the mouse over the div.</span>
</p>
<div></div>

<script>
// div element에서 mousemove 이벤트가 발생하는 경우 fucntion을 실행
$( "div" ).bind("mousemove", function(event) {
  // mousemove 이벤트가 발생한 x, y 좌표를 pageCoords에 저장
  var pageCoords = "( " + event.pageX + ", " + event.pageY + " )";
  // 저장한 x, y 좌표를 화면에 출력
  $( "span:first" ).html( "( event.pageX, event.pageY ) : <br>" +
  pageCoords );
});
</script>

</body>
</html>
```

예제의 script 부분을 확인하면 먼저 $("div").bind("mousemove", function(event) { })을 호출하여 div elelement에서 mousemove 이벤트가 발생하는 경우 function이 수행되도록 하였다.

function(event) { }와 같이 function의 파라미터로 event를 넘겨주게 되면 실제 발생한 event를 function 안에서 사용할 수 있다.
그리고 function에서는 발생한 이벤트의 pageX, pageY (이벤트가 발생한 x, y 좌표)를 화면에 출력하도록 하였다.

```
// div element에서 mousemove 이벤트가 발생하는 경우 fucntion을 실행
$( "div" ).bind("mousemove", function(event) {
```

```
  // mousemove 이벤트가 발생한 x, y 좌표를 pageCoords에 저장
  var pageCoords = "( " + event.pageX + ", " + event.pageY + " )";
  // 저장한 x, y 좌표를 화면에 출력
  $( "span:first" ).html( "( event.pageX, event.pageY ) : <br>" +
  pageCoords );
});
```

따라서 예제 코드를 실행시키고 사각형안에서 마우스를 움직이면 다음 그림과 같이 마우스가 움직이는 좌표값이 화면에 보이는 것을 확인할 수 있다.

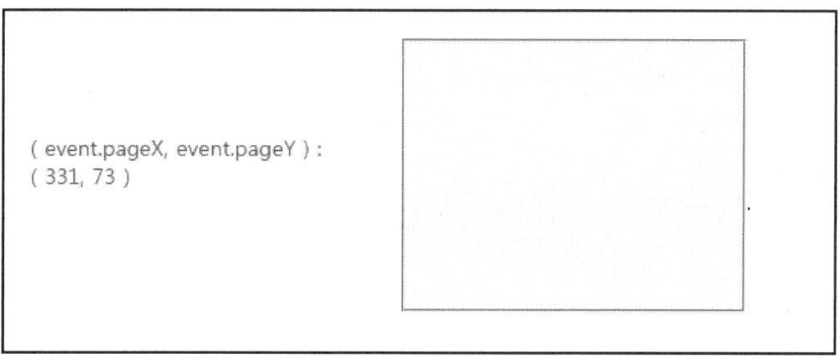

그림 10-117. ex_Ch10_36.html 실행 후 div에서 마우스를 이동한 화면

hover 이벤트를 확인을 위하여 script 코드를 다음과 같이 수정해보자. hover 이벤트는 bind( ) 메소드를 사용할 수 없기 때문에 직접 호출을 하였다.

```
// hover 이벤트 발생 횟수를 저장할 n 변수
var n = 0;
// div element에서 hover 이벤트가 발생하는 경우 function 수행
$( "div" ).hover(function() {
  // hover 이벤트 발생 횟수를 화면에 출력
  $("span").text("hover : " + ++n);
});
```

위의 코드는 $("div").hover(function( ) { })을 호출하여 div element에서 hover 이벤트가
발생하는 경우, 해당 이벤트가 발생할 때마다 이벤트 발생 횟수를 화면에 출력하도록 하
였다. 따라서, hover 이벤트는 mouseenter, mouseleave 이벤트와 동일하게 발생을 하기
때문에 사각형을 들어갔다 나갔다 할 때마다 그림 10-118처럼 hover 호출 카운트가 늘
어나는 것을 확인할 수 있다.

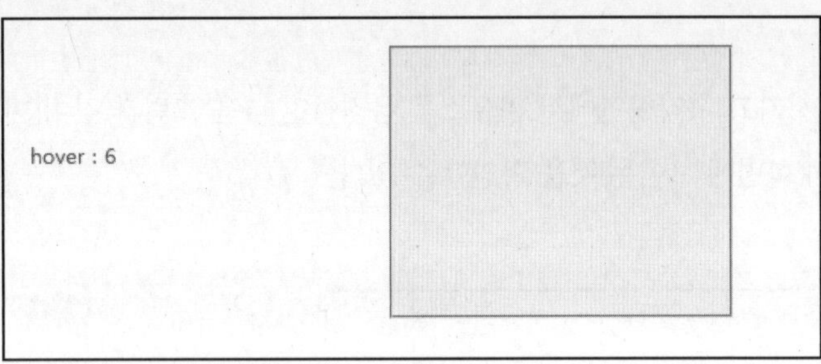

그림 10-118. hover 이벤트 확인을 위한 실행 화면

hover 이벤트 사용방법은 아래와 같이 2가지가 있다.

- hover(handlerInOut) : in/out이 발생할 때마다 동일 fucntion을 호출
- hover(handlerIn, handlerOut) : in/out이 발생할 때 다른 fuction을 호출

첫 번째 경우는 확인을 해보았고 두 번째 경우를 확인하기 위해서 script 부분을 다음과
같이 수정해보자.

```
// hover 이벤트(in) 발생 횟수를 저장할 first 변수
var first = 0;
// hover 이벤트(out) 발생 횟수를 저장할 last 변수
var last = 0;
// div element에서 hover 이벤트가 발생하는 경우 function 수행
$( "div" ).hover(function() {
   // hover 이벤트(in) 발생 횟수를 화면에 출력
```

```
    $("span:first").text("hover in : " + ++first);
}, function() {
    // hover 이벤트(out) 발생 횟수를 화면에 출력
    $("span:last").text("hover out : " + ++last);
});
```

~~~~~~

이번 코드는 $("div").hover(function( ) { }, function( ){ })을 호출하여 div element에서
hover 이벤트가 발생하는 경우 해당 이벤트가(in/out) 발생할 때마다 in/out 이벤트 발생
횟수를 화면에 각각 출력하도록 하였다. 따라서, 코드를 실행시킨 후 마우스를 움직이면
그림 10-119와 같이 in/out 발생 시 함수가 별개로 호출되어 count 값이 변경되는 것을
확인할 수 있다.

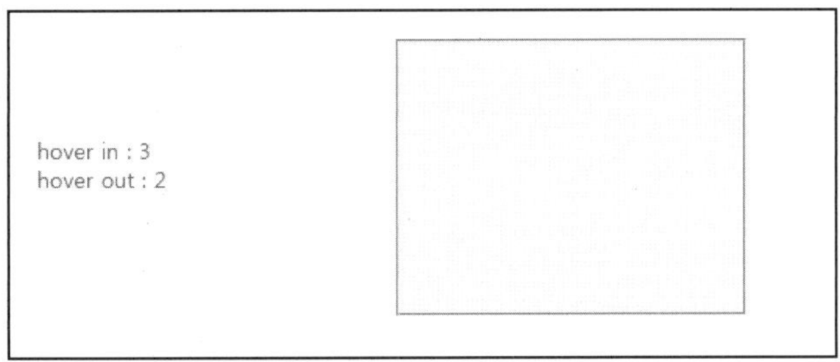

그림 10-119. hover 이벤트 확인을 위한 실행 화면 (in/out 이벤트를 각각 처리)

5.4 키보드 이벤트

이번에는 jQuery에서 제공하고 있는 키보드 관련 이벤트에 대하여 알아보도록 하자.
jQuery에서는 다음 표와 같이 3가지의 이벤트를 제공하고 있다.

event	기능
keydown	키보드를 누를 경우 발생하는 이벤트
keypress	키보드를 누를 경우 발생하는 이벤트
keyup	키보드에서 손을 떼었을 때 발생하는 이벤트

표 10-13. jQuery에서 제공하고 있는 키보드 관련 이벤트
~~~~~~

다음 예제 코드를 통하여 keydown 이벤트를 확인해보자.


```html
<!doctype html>
<html lang="en">
<head>
  <meta charset="utf-8">
  <title>keydown demo</title>
<style>
// css 스타일 지정
  fieldset {
    margin-bottom: 1em;
  }
  input {
    display: block;
    margin-bottom: .25em;
  }
  #print-output {
    width: 100%;
  }
  .print-output-line {
    white-space: pre;
    padding: 5px;
    font-family: monaco, monospace;
    font-size: .7em;
  }
  </style>
  <script src="jquery-2.1.4.js"></script>
</head>
<body>
// 예제에서 사용할 element 선언
<input id="target" type="text">


<button id="other">
```

```html
    Trigger the handler
</button>
<div id="contents"></div>

<script>
// keydown 이벤트 발생 횟수를 저장할 count 변수
var count = 0;

// id(target) element에서 keydown 이벤트가 발생하는 경우 function 수행
$( "#target" ).bind("keydown", function() {
    // 이벤트 발생 횟수 증가
    count++;
    // 이벤트 발생 횟수를 화면에 출력
    var msg = ".keydown() called " + count + " time(s).<br>";
    $("#contents").append(msg);
});

// id(other) element를 클릭하면 function 수행
$( "#other" ).click(function() {
    // id(target) element의 keydown 이벤트를 호출
    $( "#target" ).keydown();
});
</script>

</body>
</html>
```

예제의 script 부분을 보면 먼저 $("#target").bind("keydown", function( ) { })을 호출하여 id(target) element에서 keydown 이벤트가 발생하는 경우 function이 수행되도록 하였다. 그리고 function에서는 keydown 이벤트 발생 횟수를 화면에 출력하도록 하였다.

따라서 예제를 실행하여 input 창(id(target) element)에서 타이핑을 하면 그림과 같이 화면에 이벤트 발생 횟수가 출력되는 것을 확인할 수 있다.

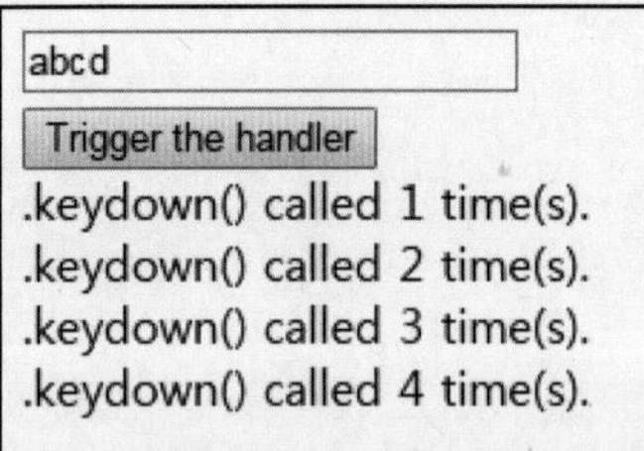

그림 10-120. ex_Ch10_37.html 실행 후 영어 입력 화면

ESC, Shift, Del 키의 동작도 확인하고, 한글 입력 시 동작도 확인하기 바란다. keypress
와 비교하기 위하여 체크하기 바란다.

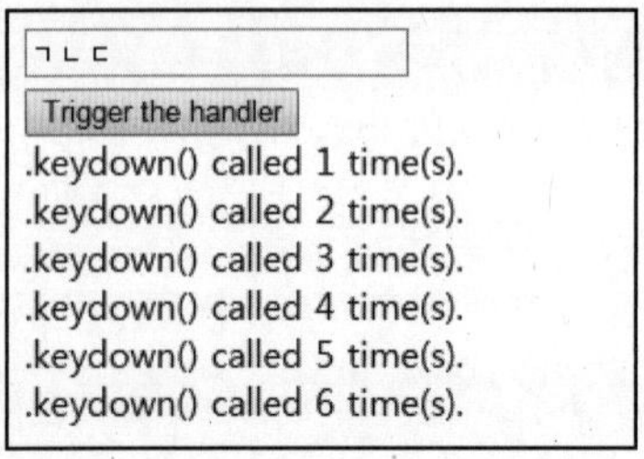

그림 10-121. 한글, ESC, Shift, Del 키 입력 화면

다음 코드는 keydown( ) 메소드를 확인하기 위한 코드로 id(other) element를 클릭하면
$("#target").keydown( )을 호출하여 명시적으로 keydown 이벤트를 호출하였다.

```
// id(other) element를 클릭하면 function 수행
$( "#other" ).click(function() {
  // id(target) element의 keydown 이벤트를 호출
  $( "#target" ).keydown();
});
```

때문에 코드를 실행한 후 버튼을 클릭하면 글자를 타이핑 안해도 다음 그림과 같이 화면
에 keydown 이벤트가 발생했다는 글자가 화면에 보이는 것을 확인할 수 있다.

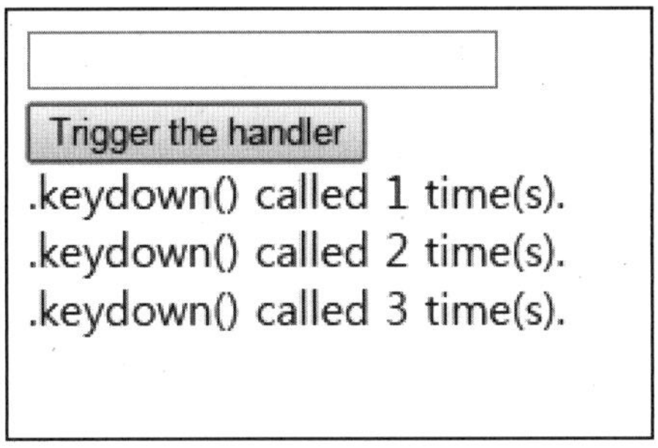

그림 10-122. keydown( ) 메소드 확인을 위한 실행 화면

다음으로 keypress 이벤트 확인을 위하여 script 부분을 다음 코드와 같이 수정 해 보자.

```javascript
// keypress 이벤트 발생 횟수를 저장할 count 변수
var count = 0;

// id(target) element에서 keypress 이벤트가 발생하는 경우 function 수행
$( "#target" ).bind("keypress", function( ) {
  // 이벤트 발생 횟수 증가
  count++;
  // 이벤트 발생 횟수를 화면에 출력
  var msg = ".keypress( called " + count + " time(s).<br>";
  $("#contents").append(msg);
});

// id(other) element를 클릭하면 unction 수행
$( "#other" ).click(function() {
  // id(target) element의 keypress 이벤트를 호출
  $( "#target" ).keypress( );
});
```

예제의 script 부분을 보면 기존 코드의 keydown 이벤트 대신에 keypress 이벤트를 사용하도록 수정하였다.

keydown/keypress 둘 다 키를 누르는 경우 발생하는 이벤트인데 어떠한 부분에서 차이가 있는지를 확인하기 위해서 수정된 코드를 실행한 후 영문, 한글, ESC, Shift, Del 키를 입력해보자.

이처럼 다양한 키를 입력하면 그림 10-123과 같이 영문 입력을 하는 경우에만 keypress 이벤트가 발생을 하고 ESC, Shift, Del, 한글 입력의 경우에는 keydown과 다르게 아무런 반응이 없는 것을 확인할 수 있다.

이와 같이 keypress는 기본적으로 keydown과 동일하게 동작하지만 ESC, Shift, Del, 한글 입력의 경우 이벤트가 발생하지 않는다. 버튼 클릭에 따른 keypress( ) 메소드 동작도 확인하자.

```
abc ㄱ ㄴ ㄷ
[ Trigger the handler ]
.keypress() called 1 time(s).
.keypress() called 2 time(s).
.keypress() called 3 time(s).
```

그림 10-123. keypress 이벤트 확인을 위한 실행 화면

keyup 이벤트를 확인하기 위하여 script 부분을 다음 코드처럼 수정 해보자.

```
// keyup 이벤트 발생 횟수를 저장할 count 변수
var count = 0;

// id(target) element에서 keyup 이벤트가 발생하는 경우 function 수행
$( "#target" ).bind("keyup", function() {
    // 이벤트 발생 횟수 증가
    count++;
    // 이벤트 발생 횟수를 화면에 출력
```

```javascript
    var msg = ".keyup() called " + count + " time(s).<br>";
    $("#contents").append(msg);
});


// id(other) element를 클릭하면 function 수행
$( "#other" ).click(function() {
    // id(target) element의 keyup 이벤트를 호출
    $( "#target" ).keyup();
});
```

input 창에서 타이핑을 하면 그림과 같이 keyup 이벤트가 동작하는 것을 확인할 수 있다. 버튼 클릭에 따른 keyup( ) 메소드 동작도 확인하자.

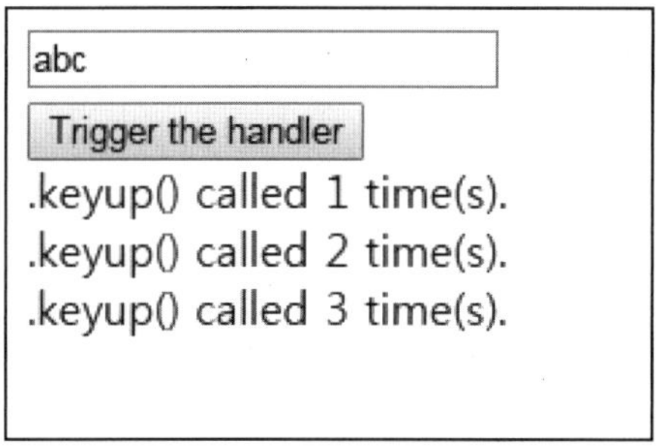

그림 10-124. keyup 이벤트 확인을 위한 실행 화면

5.5 브라우저 이벤트

이번에는 jQuery에서 제공하고 있는 브라우저 관련 이벤트에 대하여 알아보도록 하자. jQuery에서는 다음 표와 같이 3가지의 이벤트를 제공하고 있다.

이벤트	기능
resize	브라우저의 윈도우 사이즈가 변경되는 경우 window element에게 발생하는 이벤트
scroll	element의 scroll이 움직이는 경우 발생하는 이벤트
error	error가 일어나면 발생하는 이벤트

표 10-14. jQuery에서 제공하는 브라우저 관련 이벤트

다음 예제를 통하여 resize 이벤트를 확인해 보도록 하자.

코드 10-38. 예제 ex_Ch10_38.html

```html
<!doctype html>
<html lang="en">
<head>
  <meta charset="utf-8">
  <title>resize demo</title>
  <script src="jquery-2.1.4.js"></script>
</head>
<body>
// 예제에서 사용할 element 선언
<div id="contents"></div>

<script>
// resize 이벤트 발생 횟수를 저장할 count 변수
var count = 0;
// windown 창에서 resize 이벤트가 발생하는 경우 function 수행
$( window ).bind("resize", function() {
  // 이벤트 발생 횟수 증가
  count++;
  // 이벤트 발생 횟수를 화면에 출력
  $( "#contents" ).append( ".resize() called " + count + " time(s)<br>" );
});
</script>
```

```
</body>
</html>
```

예제의 script 부분을 보면 먼저 $(window).bind("resize", function( ) { })을 호출하여 모든 window에서 resize 이벤트가 발생하는 경우 function이 수행되도록 하였다. resize 이벤트는 브라우저의 크기가 변경될 때 window element에 발생하기 때문에 window에 바인딩해야 한다.

그리고 function에서는 resize 이벤트 발생 횟수를 화면에 출력하도록 하였다. 예제를 실행시키고 브라우저 크기를 변경하면 그림 10-125와 같은 결과 화면을 확인할 수 있다.

```
.resize() called 1 time(s)
.resize() called 2 time(s)
.resize() called 3 time(s)
.resize() called 4 time(s)
.resize() called 5 time(s)
.resize() called 6 time(s)
```

그림 10-125. ex_Ch10_38.html 실행 후 브라우저 창 크기를 변경한 화면

scroll 이벤트 확인을 위하여 script 부분을 다음과 같이 수정해 보도록 하자.

코드 10-39. 예제 ex_Ch10_39.html

```
<!doctype html>
<html lang="en">
<head>
  <meta charset="utf-8">
  <title>scroll demo</title>
<style>
// css 스타일 지정
  .change {
```

```
      color: red;
    }
  </style>
  <script src="jquery-2.1.4.js"></script>
</head>
<body>
// 예제에서 사용할 element 선언
<div id="contents">
</div>


<script>
// 스크롤 생성을 위해 문자를 화면에 출력
for (var i=0 ; i<30 ; i++) {
  $("#contents").append("test<br>");
}


// windown 창에서 scroll 이벤트가 발생하는 경우 function 수행
$( window ).bind("scroll", function() {
  // id(contents) element의 class를 변경
  $( "#contents" ).toggleClass("change");
});
</script>


</body>
</html>
```

예제의 script 부분을 확인하면 먼저 화면에 스크롤이 생겨야 하기 때문에 다음의 코드를
통하여 "test"라는 글자를 30줄을 출력하도록 하였다.

```
// 스크롤 생성을 위해 문자를 화면에 출력
for (var i=0 ; i<30 ; i++) {
  $("#contents").append("test<br>");
```

```
}
```

~~~~~~

그리고 $(window).bind("scroll", function( ) { })을 호출하여 모든 window에서 scroll 이
벤트가 발생하는 경우 function이 수행되도록 하였다. function에서는 toggleClass( ) 메
소드를 이용하여 "text"의 색을 검정/빨강으로 바뀌도록 하였다.

~~~~~~

```
// windown 창에서 scroll 이벤트가 발생하는 경우 function 수행
$( window ).bind("scroll", function() {
  // id(contents) element의 class를 변경
  $( "#contents" ).toggleClass("change");
});
```

~~~~~~

예제 코드를 실행한 이후에 그림 10-126과 같이 스크롤바가 생기도록 브라우저의 크기
를 줄인다.

그림 10-126. ex_Ch10_39.html 실행 화면

이제 스크롤바를 움직이게 되면 "test" 글자의 색이 검정/빨강으로 바뀌는 것을 확인할
수 있다.
~~~~~~

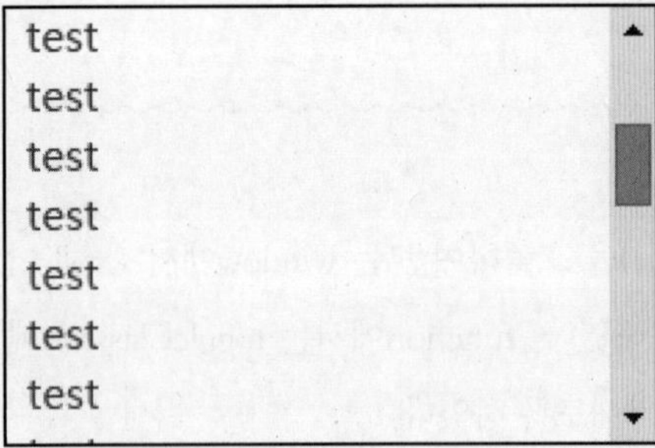

그림 10-127. scroll 이동 화면

다음 코드를 통해서 error 이벤트를 확인해 보자.

코드 10-40. 예제 ex_Ch10_40.html

```html
<!doctype html>
<html lang="en">
<head>
  <meta charset="utf-8">
  <title>error demo</title>
  <script src="jquery-2.1.4.js"></script>
</head>
<body>
// 예제에서 사용할 element 선언
<img src="Book" id="book">

<script>
// id(book) element에서 error 이벤트가 발생하는 경우 function 수행
$( "#book" ).bind("error", function() {
  // console log에 error 메시지 출력
  console.log("image error");
  // 대체할 이미지로 교체
  //$(this).attr( "src", "missing.png" );
});
</script>
```

```
</body>
</html>
```

error 이벤트의 경우는 다음 코드와 같은 형태로 사용을 하여 이미지 로드시 에러가 발생하면 다른 이미지로 변경할 수 있다. 주석처리된 코드의 경우 실제는 해당 위치에 이미지가 없기 때문에 무한루프로 error 이벤트가 발생하여 예제의 결과를 확인하기 힘들기 때문에 주석처리를 하였다.

```
// id(book) element에서 error 이벤트가 발생하는 경우 function 수행
$( "#book" ).bind("error", function() {
  // console log에 에러 메시지 출력
  console.log("image error");
  // 대체할 이미지로 교체
  //$(this).attr( "src", "missing.png" );
});
```

해당 이벤트가 정상적으로 호출되는지 확인을 위해서 console 로그를 출력하게 하였으며 예제를 실행시키면 그림과 같은 console log를 확인할 수 있다.

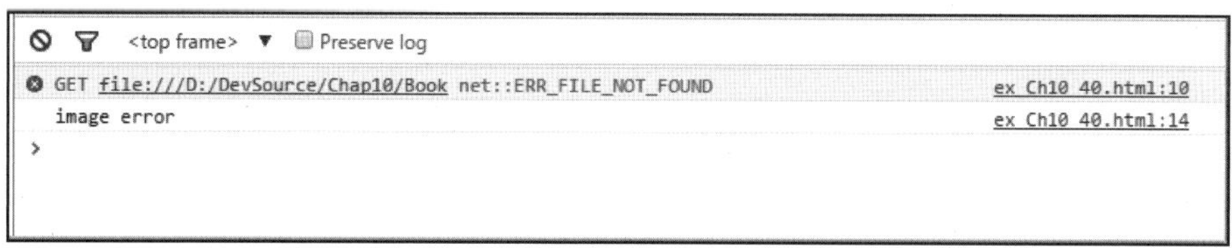

그림 10-128. ex_Ch10_40.html 실행 후 console log 화면

5.6 폼 이벤트

이번에는 폼(form) element 관련하여 jQuery에서 제공하는 이벤트에 대하여 알아보도록
하자. jQuery에서는 다음 표와 같은 이벤트들을 제공하고 있다.

event	기능
focus	element가 포커스를 가질 때 발생하는 이벤트
blur	element가 포커스를 잃을 때 발생하는 이벤트
focusin	input element가 포커스를 가질 때 발생하는 이벤트 (부모 element에 이벤트 전달)
focusout	input element가 포커스를 잃을 때 발생하는 이벤트 (부모 element에 이벤트 전달)
change	element의 value가 변경될 때 발생하는 이벤트
select	input, textarea element에서 text를 select 했을 때 발생하는 이벤트
submit	form element에서 submit 동작이 실행하는 경우 발생하는 이벤트

표 10-15. jQuery에서 제공하는 폼(form) 관련 이벤트

다음 예제를 통하여 focus, blur 이벤트에 대하여 알아보도록 하자.

코드 10-41. 예제 ex_Ch10_41.html

```html
<!doctype html>
<html lang="en">
<head>
  <meta charset="utf-8">
  <title>error demo</title>
  <script src="jquery-2.1.4.js"></script>
</head>
<body>
// 예제에서 사용할 element 선언
<div id="parent">
    <input type="text">
</div>
```

```
<div id="log"></div>

<script>
// id(parent) element에서 focus 이벤트 발생시 화면에 출력
$("#parent").bind("focus", function() {
        $("#log").append("Parent Focus<br>");
});
// id(input) element에서 focus 이벤트 발생시 화면에 출력
$("input").bind("focus", function() {
        $("#log").append("Input Focus<br>");
});
// id(parent) element에서 blur 이벤트 발생시 화면에 출력
$("#parent").bind("blur", function() {
        $("#log").append("Parent Blur<br>");
});
// id(input) element에서 blur 이벤트 발생시 화면에 출력
$("input").bind("blur", function() {
        $("#log").append("Input Blur<br>");
});
</script>

</body>
</html>
```

이번 예제에서는 input element($("input").bind( ) 이용)와 input의 부모 element($("#parent").bind( ) 이용)에 focus, blur 이벤트를 맵핑하여 input element와 부모 element에서 focus/blur 이벤트가 발생하는 경우 화면에 이벤트를 수신한 element를 출력하도록 하였다.

예제 코드를 실행시킨 후 동작 확인을 해보면 그림 10-129와 같이 "Input Focus", "Input Blur"만 화면에 출력되는 것을 볼 수 있다. focus, blur의 경우 부모 element로 이벤트 전달이 안되기 때문에 그림과 같이 Input Text만 출력된다.

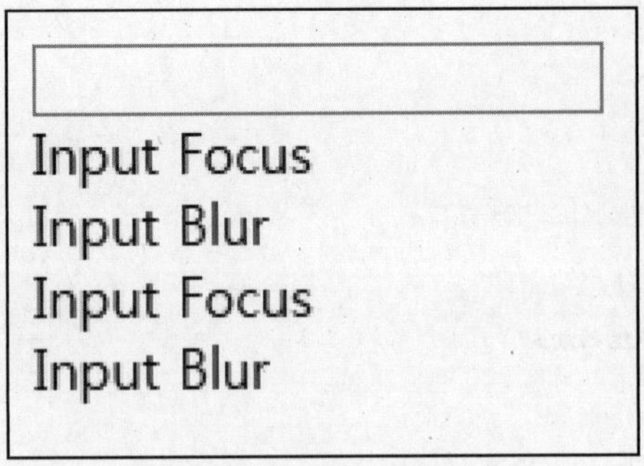

그림 10-129. ex_Ch10_41.html 실행 화면

focusin, focusout 이벤트 확인을 위하여 이번에는 script를 다음과 같이 수정해보자.

```javascript
// id(parent) element에서 focusin 이벤트 발생시 화면에 출력
$("#parent").bind("focusin", function() {
        $("#log").append("Parent Focus<br>");
});
// id(input) element에서 focusin 이벤트 발생시 화면에 출력
$("input").bind("focusin", function() {
        $("#log").append("Input Focus<br>");
});
// id(parent) element에서 focusout 이벤트 발생시 화면에 출력
$("#parent").bind("focusout", function() {
        $("#log").append("Parent Blur<br>");
});
// id(input) element에서 focusout 이벤트 발생시 화면에 출력
$("input").bind("focusout", function() {
        $("#log").append("Input Blur<br>");
});
```

수정된 코드는 focus 대신에 focusin, blur 대신에 focusout 이벤트를 input element($("input").bind( ) 이용)와 input의 부모 element($("#parent").bind( ) 이용)에 맵

핑하였다.

예제 코드를 실행시킨 후 동작 확인을 해보면 그림 10-130과 같이 "Input Focus", "Parent Focus", "Input Blur", "Parent Blur"가 화면에 출력되는 것을 볼 수 있다. focusin, focusout의 경우는 부모 element로 이벤트 전달이 되기 때문에 그림과 같이 Input / Parent Text가 출력된다.

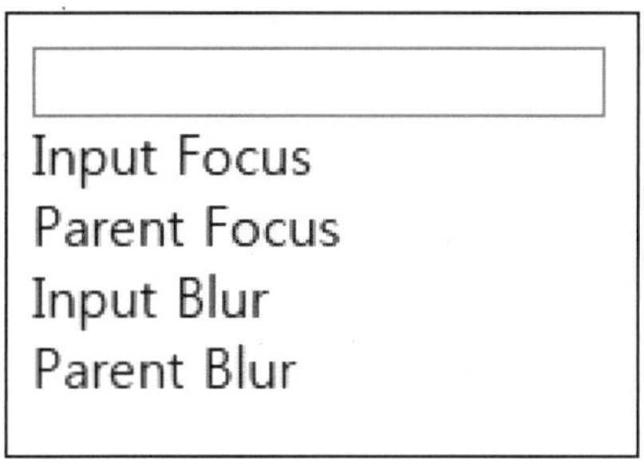

그림 10-130. focusin, focusout 이벤트 코드 실행 화면

이번에는 다음 예제 코드를 통하여 change 이벤트에 대하여 알아보도록 하자.

코드 10-42. 예제 ex_Ch10_42.html

```html
<!doctype html>
<html lang="en">
<head>
  <meta charset="utf-8">
  <title>change demo</title>
<style>
// css 스타일 지정
  div {
    color: red;
  }
  </style>
  <script src="jquery-2.1.4.js"></script>
</head>
```

```html
<body>
// 예제에서 사용할 element 선언
<select name="sweets" multiple="multiple">
  <option>Chocolate</option>
  <option selected="selected">Candy</option>
  <option>Taffy</option>
  <option selected="selected">Caramel</option>
  <option>Fudge</option>
  <option>Cookie</option>
</select>
<div></div>

<script>
// select element에서 change 이벤트가 발생하는 경우 function 수행
$( "select" ).bind("change", function() {
  var str = "";
  // 현재 선택된 모든 option element의 text를 저장
  $( "select option:selected" ).each(function() {
  str += $( this ).text() + " ";
});
  // 저장한 text를 화면에 출력
  $( "div" ).text( str );
});
// select element의 change 이벤트를 명시적으로 호출
$( "select" ).change();
</script>

</body>
</html>
```

예제의 script 부분을 확인하면 우선 $("select").bind("change", function( ) { })을 호출
하여 select element에서 change 이벤트가 발생하는 경우 function이 수행되도록 하였다.
function 부분을 살펴보면 each( ) 메소드가 호출되는 것을 확인할 수 있는데 each( ) 메

소드를 간단히 설명하면 jQuery 객체의 수(선택된 element 수)만큼 for문처럼 반복을 해
주는 함수이다.

```
// 현재 선택된 모든 option element의 text를 저장
$( "select option:selected" ).each(function() {
  str += $( this ).text() + " ";
});
```

따라서 위의 코드같은 경우는 $("select option:selected")을 통해서 select element의 하
위 option element 중 selected 상태인(선택된) element를 선택하고 선택한 element 각각
에 대하여 str += $(this).text() + " "; 코드를 실행하여 선택한 element의 text 값을 모
두 읽어오는 것이다.

script 마지막 줄에 있는 다음 코드는 change 이벤트를 발생을 시켜서 처음 html 코드를
생성할 때 selected로 설정한 "Candy", "Caramel" 값을 화면에 출력하기 위한 코드이다.

```
$( "select" ).change();
```

따라서 예제 코드를 실행시키면 다음과 같은 화면을 확인할 수 있을 것이다.

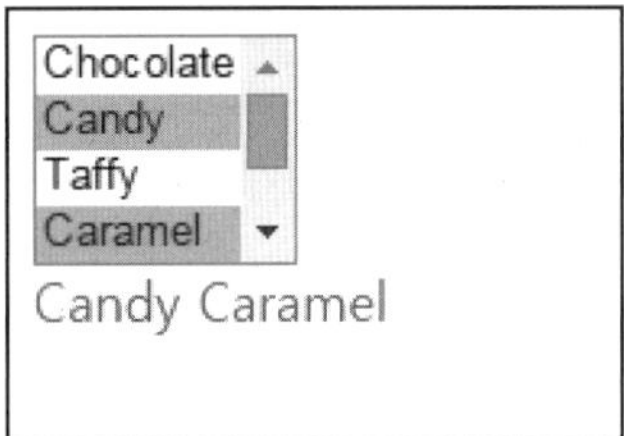

그림 10-131. ex_Ch10_42.html 실행 화면

값을 변경하면 다음과 같이 선택된 값이 화면에 출력되는 것을 확인할 수 있다.

그림 10-132. 선택된 값을 변경한 화면

이번에는 다음 예제 코드를 통하여 select 이벤트에 대하여 알아보도록 하자.

코드 10-43. 예제 ex_Ch10_43.html

```html
<!doctype html>
<html lang="en">
<head>
  <meta charset="utf-8">
  <title>select demo</title>
<style>
// css 스타일 지정
  p {
    color: blue;
  }
  div {
    color: red;
  }
  </style>
  <script src="jquery-2.1.4.js"></script>
</head>
<body>
// 예제에서 사용할 element 선언
  <p>Click and drag the mouse to select text in the inputs.</p>
```

```html
<input type="text" value="Some text">
<input type="text" value="to test on">
<div></div>

<script>
// input element에서 select 이벤트가 발생하는 경우 function 수행
$( "input" ).bind("select", function() {
  // "Something was selected" 문자를 2초동안 화면에 출력
  $( "div" ).text( "Something was selected" ).show().fadeOut( 2000 );
});
</script>

</body>
</html>
```

위의 예제에서는 $("input").bind("select", function( ) { })을 호출하여 input element에서
select 이벤트가 발생하는 경우 function이 수행되도록 하였다.

function 코드를 보면 show( ), fadeout( ) 메소드를 사용하고 있는데 간단히 설명하면
show( ) 메소드는 element를 화면에 보여주는 기능을 수행하고 fadeout( )은 element를
화면에서 서서히 사라지게 해주는 기능을 수행한다(자세한 사용법은 뒤에 언급할 예정
이다). 따라서 다음 코드는 "Something was selected" 문자를 화면에 보여주고(show( ) 메
소드), 2초동안 화면에서 사라지게(fadeOut( ) 메소드)한다.

```
$( "div" ).text( "Something was selected" ).show().fadeOut( 2000 );
```

따라서, 예제를 실행시킨 후에 input element에서 text를 선택하면 다음 그림과 같은 화
면을 확인할 수 있을 것이다.

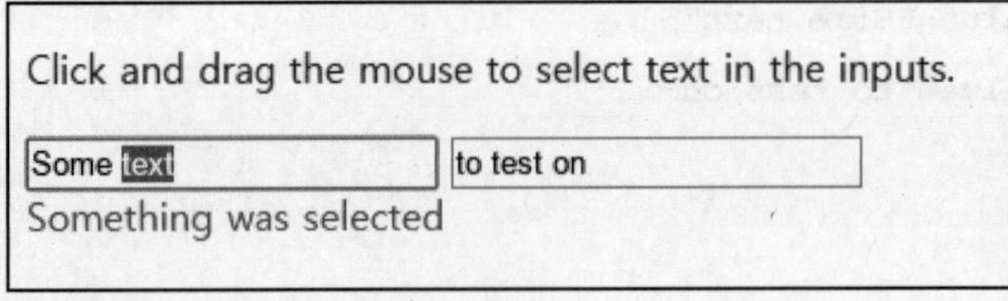

그림 10-133. ex_Ch10_43.html 실행 화면

이번에는 다음 예제 코드를 통하여 submit 이벤트에 대하여 알아보도록 하자.

코드 10-44. 예제 ex_Ch10_44.html

```html
<!doctype html>
<html lang="en">
<head>
  <meta charset="utf-8">
    <title>submit demo</title>
<style>
// css 스타일 지정
  p {
    margin: 0;
    color: blue;
  }
  div,p {
    margin-left: 10px;
  }
  span {
    color: red;
  }
  </style>
  <script src="jquery-2.1.4.js"></script>
</head>
<body>
// 예제에서 사용할 element 선언
<p>Type 'correct' to validate.</p>
<form action="javascript:alert( 'success!' );">
```

```html
  <div>
    <input type="text">
    <input type="submit">
  </div>
</form>
<span></span>

<script>
// form element에서 submit 이벤트가 발생하는 경우 function 수행
$( "form" ).bind("submit", function() {
    // input 창의 입력값이 "correct"인 경우
    if ( $( "input:first" ).val() === "correct" ) {
    // 화면에 "Validated..."를 출력
        $( "span" ).text( "Validated..." );
    } else {
    // input 창의 입력값이 "correct"이 아닌 경우
    // 화면에 "Not valid!"를 출력
        $( "span" ).text( "Not valid!" );
    // form의 action이 수행되지 않도록 함
    event.preventDefault();
  }
});
</script>

</body>
</html>
```

～～

위의 예제에서는 $("form").bind("submit", function( ) { })을 호출하여 form element에서 submit 이벤트가 발생하는 경우 function이 수행되도록 하였다.

function 코드에서는 $("input:first").val( )을 호출하여 첫 번째 input element(text type의 input element)의 value를 읽어와서 "correct"와 비교하여 다음과 같은 동작을 수행하고 있다.

- "correct"인 경우 : "Validated..."를 화면에 출력
- "correct"가 아닌 경우 : "Not valid!"를 화면에 출력 + preventDefault( ) 메소드를 이용하여 form action이(alert('success!')) 수행되지 않도록 함

```
// form element에서 submit 이벤트가 발생하는 경우 function 수행
$( "form" ).bind("submit", function() {
    // input 창의 입력값이 "correct"인 경우
    if ( $( "input:first" ).val() === "correct" ) {
    // 화면에 "Validated..." 를 출력
        $( "span" ).text( "Validated..." );
    } else {
    // input 창의 입력값이 "correct"이 아닌 경우
    // 화면에 "Not valid!" 를 출력
        $( "span" ).text( "Not valid!" );
    // form의 action이 수행되지 않도록 함
    event.preventDefault();
  }
});
```

따라서 "correct" 이외의 글자를 입력하면 다음 그림과 같이 "Not valid!" 글자가 화면에 출력되고 아무런 다른 동작이 없는 것을 확인할 수 있으며

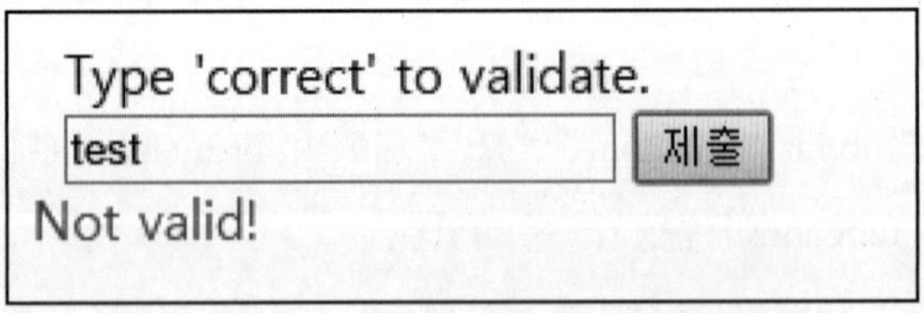

그림 10-134. "correct" 외의 글자를 입력하는 경우의 실행 화면

"correct"를 입력하면 다음 그림과 같이 "success!" 알림창이 실행되는 것을 확인할 수 있
다.

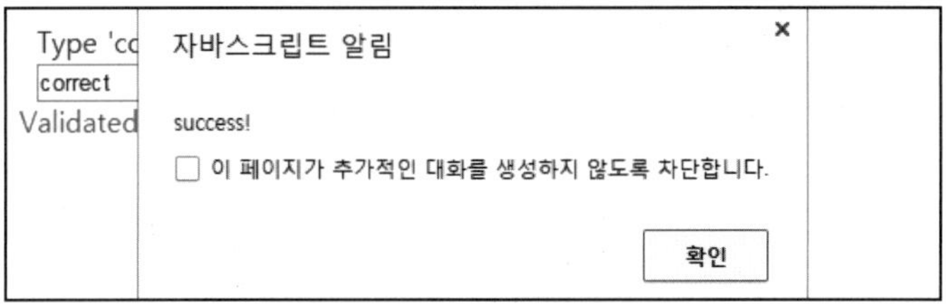

그림 10-135. "correct" 글자를 입력하는 경우의 실행 화면

jQuery

11

jQuery와 Ajax

이번 챕터에서는 웹페이지를 구현하는데 있어서 많이 사용되고 있는 Ajax에 대한 설명
및 jQuery에서 Ajax 사용을 위해 어떤 기능을 제공하고 있는지 확인해보도록 하겠다.

---

1 Ajax

이번 장에서는 Ajax에 대한 기본 개념 및 기본적인 구현 방법에 대하여 설명할 예정이며
여기에 사용되는 샘플 코드는 www.w3schools.com에서 제공하는 AJAX Tutorial에 있
는 코드이다.

1.1 Ajax란?

Ajax는 간단하게 정의하면 "페이지 전체의 업데이트 없이 페이지의 일부만 업데이트하
는 기술" 이라고 할 수 있다.

기존의 전통적인 웹페이지의 경우 해당 페이지의 내용을 변경하기 위해서는 페이지 전
부를 업데이트해야만 했다. 예를 들면 이메일 사이트의 경우 새로 도착한 메일을 확인하
기 위해서는 받은 편지함 전부를 업데이트하여 페이지의 구성 요소(html, css, 자바스크
립트)를 서버가 다시 보내줘야 하며, 사용자가 받은 이메일 목록을 전부 보내줘야 한다.
단지 새로 도착한 메일을 추가하고 싶은 경우에도 이렇게 많은 정보를 다시 받아와야 했다.

이런 문제를 해결하기 위하여 2003년에 대부분의 브라우저에서는
XMLHttpRequest(XHR)을 지원하기 시작했다. Ajax(Asynchronous JavaScript and

XML) 기술의 일부분인 XHR을 이용하여 브라우저와 서버간에 페이지 업데이트 없이 통신이 가능하게 되었다. XHR이 빠르게 일반화 되면서 구글맵, Gmail, 유투브, 페이스 북같은 서비스들이 가능하게 되었다.

Ajax request는 자바스크립트 코드를 통하여 이루어지게 되며 response를 받게 되면 해당 response를 처리하는 callback 함수가 호출된다. Ajax request와 response는 비동기 방식으로 호출이 되기 때문에 우리가 작성하는 코드 중 request를 보내는 함수와 response를 처리하게 되는 callback 함수는 다른 코드들이 동작하는 중에도 수행된다.

1.2 Ajax를 이용한 웹 페이지의 통신

AJAX가 어떻게 동작하는지 이해를 하기 위해 간단한 AJAX 샘플 코드를 보자.

코드 11-1. AJAX 샘플 코드

```
<!DOCTYPE html>
<html>
<head>
<script>
function loadXMLDoc()
{
  var xmlhttp;
  // 브라우저에서 XMLHttpRequest를 지원하는지 체크하여 객체를 생성
  if (window.XMLHttpRequest)
  {// code for IE7+, Firefox, Chrome, Opera, Safari
    xmlhttp=new XMLHttpRequest();
  }
  else
  {// code for IE6, IE5
    xmlhttp=new ActiveXObject("Microsoft.XMLHTTP");
  }
  // 서버로부터의 응답을 처리하기 위한 함수 선언
  xmlhttp.onreadystatechange=function()
```

```
    {
        // 서버로부터의 응답 결과가 성공일 경우 처리
        if (xmlhttp.readyState==4 && xmlhttp.status==200)
        {
            document.getElementById("myDiv").innerHTML=xmlhttp.responseText;
        }
    }
    // 서버로 요청 전송을 위한 코드
    xmlhttp.open("GET","url…….",true);
    xmlhttp.send();
}
</script>
</head>
<body>

// element 선언
<div id="myDiv"><h2>Let AJAX change this text</h2></div>
<button type="button" onclick="loadXMLDoc()">Change Content</button>

</body>
</html>
```

~~~~~~

위의 코드의 element 선언에서는 div / button element을 구성하였으며 div element는 서버에서 받은 데이터를 보여주는네 사용하는 코드이며 button element는 사용자가 클릭을 하면 loadXMLDoc( )을 호출하여 서버로 요청을 보내기 위한 코드이다.

코드의 script 부분을 보면 지금부터 설명하려고 하는 Ajax를 통한 서버와의 통신을 위해서는 크게 다음과 같은 코드들이 있어야 하는 것을 볼 수 있다.

- XMLHttpRequest 선언 코드
- 서버로부터 수신한 응답을 처리하는 코드 : 응답 결과가 정상/실패인 경우 등을 처리
- 서버에 요청을 전송하는 코드
~~~~~~

위의 동작들을 구현하기 위한 코드에 대하여 지금부터 하나씩 살펴보도록 하자.

1.3 XMLHttpRequest 객체 생성

먼저 XMLHttpRequest 객체 생성에 대하여 알아보도록 하자. XMLHttpRequest 객체는 서버와 데이터 통신을 위하여 이용되고 있으며 현재는 모든 브라우저(IE7+, Firefox, Chrome, Safari, Opera)에서 XMLHttpRequest 객체를 지원하고 있다(IE5, IE6는 ActiveXObject를 사용).

모든 브라우저가 XMLHttpRequest 객체를 내장하고 있기 때문에 XMLHttpRequest를 생성하기 위해서 다른 특별한 라이브러리를 이용하지 않고 다음과 같이 new를 이용하여 생성을 한다.

```
variable=new XMLHttpRequest();
```

하지만 IE5나 IE6과 같은 구버전의 브라우저는 ActivX Object를 사용하기 때문에 다음과 같이 생성을 해야 한다.

```
variable=new ActiveXObject("Microsoft.XMLHTTP");
```

이와 같이 XMLHttpRequest 객체 생성 코드는 브라우저에 따라서 달라지기 때문에 XMLHttpRequest 객체를 이용할 때에는 다음 코드와 같이 브라우저에서 XMLHttpRequest를 지원하는지 체크를 하고 해당 객체를 생성해야 한다. 물론 요즘에는 IE5, IE6 브라우저를 사용하는 경우는 거의 없다고 봐도 무방하다.

```
var xmlhttp;
if (window.XMLHttpRequest)
{
  // code for IE7+, Firefox, Chrome, Opera, Safari
  xmlhttp=new XMLHttpRequest();
}
else
{
  // code for IE5, IE6
  xmlhttp=new ActiveXObject("Microsoft.XMLHTTP");
}
```

1.4 요청하기

이번에는 요청(request)을 보내기 위해서는 다음과 같이 사용되는 open( ), send( ) 메소드에 대하여 알아보도록 하자.

```
xhttp.open("GET", "url…..", true);
xhttp.send();
```

open( ), send( ) 메소드에 대한 설명은 다음 표를 참고하자.

Method	기능
`open(method, url, async)`	서버와의 통신을 위한 정보를 정의 - method : HTTP 통신 방식(GET, POST, PUT 등) - url : 서버(파일) 주소 - async : true or false (동기/비동기 여부) 주로 비동기(true) 옵션을 사용
`send()`	서버에 request를 보내는 method(GET용)
`send(string)`	서버에 request를 보내는 method(POST용)

표 11-1. request를 위한 메소드

서버 통신에서는 주로 GET, POST 방식이 사용되는데 GET 방식과 POST 방식에 대하여 간단하게 설명하면 다음과 같다.

- GET 방식은 POST 방식에 비해서 빠르고, 간단하게 사용할 수 있고
- POST 방식은 대용량의 데이터를 서버에 전송을 하거나 보안이 중요한 경우에 사용할 수 있다.

request 전송을 위한 코드도 GET, POST 어떠한 방식을 사용하는지에 따라서 차이가 있다. 따라서 GET 방식으로 request 전송을 하는 경우에 대한 코드와 POST 방식으로 request 전송을 하는 경우에 대한 코드를 각각 살펴보도록 하자.

GET 방식의 request 요청은 주로 다음과 같은 형태로 사용된다.

```
xhttp.open("GET", "demo_get2.asp?fname=Henry&lname=Ford", true);
xhttp.send();
```

먼저 open( ) 메소드에서 파라미터를 다음과 같이 설정을 한다.

- method : GET 방식으로 통신을 하기 때문에 "GET"으로 설정
- url : 서버 주소(demo_get2.asp)에 사용자가 필요로 하는 데이터를 쿼리스트링
  형태(fname=Henry&lname=Ford)로 추가
- async : 비동기로 동작하도록 async 옵션은 true로 선언

그리고 send( ) 메소드를 호출하여 서버에 request를 전송한다.

POST 방식의 request 요청은 주로 다음과 같은 형태로 사용된다.

```
xhttp.open("POST", "ajax_test.asp", true);
xhttp.setRequestHeader("Content-type", "application/x-www-form-urlencoded");
xhttp.send("fname=Henry&lname=Ford");
```

open( ) 메소드에서 파라미터를 다음과 같이 설정을 한다.

- method : POST 방식으로 통신을 하기 때문에 "POST"으로 설정
- url : 서버 주소(ajax_test.asp)를 설정
- async : 비동기로 동작하도록 async 옵션은 true로 선언

서버에 데이터를 전송하기 위해서는 "Content-type" 값을 설정해야 서버에서 데이터를 인식할 수 있기 때문에 setRequestHeader( ) 메소드를 이용하여 "Content-type"을 "application/x-www-form-urlencoded"으로 설정했다.
setRequestHeader( ) 메소드는 http header 값을 설정하는 메소드이며 ajax 통신을 구현하는 코드에서는 주로 "Content-Type" 값을 설정한다.
그리고 send( ) 메소드를 호출하여 서버에 request를 전송하는데 POST 방식의 경우에는 코드와 같이 서버에 전송하려는 데이터(fname=Henry&lname=Ford)를 파라미터로 설정

하여 전송할 수 있다.

1.5 응답(response) 처리

이번에는 서버에서 응답(response)를 받는 경우 어떻게 처리할 수 있는지에 대하여 알아
보도록 하자. response 처리를 위하여 사용되는 XMLHttpRequest의 속성은 다음과 같
다.

속성	설명
onreadystatechange	서버에서 response를 받으면 수행할 callback 함수를 등록한다. (readyState 값이 변경될 때마다 callback 함수가 호출된다)
readyState	XMLHttpReqeust의 status를 표현하며 0-4의 값을 갖는다. - 0 : request 초기화가 안된 상태 - open( ) 호출 전 - 1 : 서버와 연결된 상태 - send( ) 호출 전 - 2 : 서버에서 reqeust를 받은 상태 - 3 : 서버에서 reqeust 처리 중 - 4 : 서버에서 reqeust 처리 완료, response 준비 된 상태(response를 수신)
status	서버의 처리 결과 코드 - 200(성공), 403(접근 거부), 404(파일/ 페이지 없음) 등
statusText	status 내용을 문자열로 리턴
responseText	response를 Text 형태로 리턴
responseXML	response를 XML 형태로 리턴

표 11-2. response 처리를 위하여 사용되는 XMLHttpRequest의 속성

위 속성에서 가장 먼저 사용되고 중요한 속성은 onreadystatechange이며 다음과 같은 형
태로 사용이 된다.

```
// XMLHttpRequest 객체 생성
var xhttp = new XMLHttpRequest();
// xhttp onreadystatechange 설정
```

```
xhttp.onreadystatechange = function( ) {
    // readyState가 변경될 때 호출되는 코드

    ................................. .

}
```

코드를 보면 XMLHttpRequest 객체를 생성한 후 생성한 객체의 onreadystatechange에
function을 등록하고 있다. 이렇게 등록된 function은 XHR 객체 속성 중 readyState가
변경될 때마다 호출된다. readyState 값은 0~4까지의 값을 가지기 때문에 총 5번이 호출
될 수 있다.

서버에서 받은 응답을 처리할 때는 주로 다음 코드와 같이 readyState와 status 값을 체크
하여 원하는 경우에 대한 처리를 한다.

```
// XMLHttpRequest 객체 생성
var xhttp = new XMLHttpRequest();
// xhttp onreadystatechange 설정
xhttp.onreadystatechange = function() {
    // response 처리 결과를 체크
    if (xhttp.readyState == 4 && xhttp.status == 200) {
        // response 결과가 정상일 경우 호출되는 코드
        document.getElementById("result").innerHTML = xhttp.
        responseText;
    }
}
```

코드에서는 response가 정상인 경우에 대한 코드만 추가를 하기 위하여 if문의 조건에
readyState는 4(서버에서 response를 받을 수 있는 상태), status는 200(성공)인 경우를 체
크하도록 하였다.

마지막으로, response 데이터의 처리는 위의 코드처럼 responseText를 이용하기도 하고 다음 코드와 같이 responseXML을 이용하기도 한다.

```
xmlDoc = xhttp.responseXML;
txt = "";
x = xmlDoc.getElementsByTagName("ARTIST");
for (i = 0; i < x.length; i++) {
  txt += x[i].childNodes[0].nodeValue + "<br>";
}
document.getElementById("demo").innerHTML = txt;
```

2 jQuery Ajax

이번에는 jQuery를 이용하여 Ajax 통신을 어떻게 할 수 있는지 확인하도록 하겠다. 우선 jQuery를 이용한 Ajax 통신과 자바스크립트를 이용한 Ajax 통신의 경우 다음과 같은 장점이 있다.

〈자바스크립트를 이용하는 경우 앞에서 언급한 것과 같이 브라우저에 따라서 XHR 객체 생성의 코드가 달라질 수 있지만 jQuery의 경우는 브라우저와 상관없이 동일한 api를 사용할 수 있다.〉

2.1 jQuery Ajax를 이용한 웹페이지 통신

jQuery에서는 Ajax를 지원하기 위한 메소드가 많이 있는데 이번에는 Ajax 지원 메소드 중에 가장 핵심이라고 할 수 있는 $.ajax( ) 메소드에 대해서 살펴보도록 하자.

$.ajax( )를 이용하면 Ajax의 다양한 설정을 할 수 있는데 다음 코드는 그 중에서 일반적으로 많이 사용되는 옵션들에 대한 간단한 보기를 나타낸 것이다.

```javascript
$.ajax({

    // request를 보낼 URL
    url: "post.php",

    // 전송할 데이터
    data: {
        id: 123
    },

    // POST or GET
    type: "GET",

    // response로 받을 데이터 타입
    dataType : "json",

    // response가 success일 경우 호출될 callback 함수
    success: function( json ) {
        $( "<h1>" ).text( json.title ).appendTo( "body" );
        $( "<div class=\"content\">").html( json.html ).appendTo(
        "body" );
    },

    // response가 fail일 경우 호출될 callback 함수
    error: function( xhr, status, errorThrown ) {
        alert( "Sorry, there was a problem!" );
        console.log( "Error: " + errorThrown );
        console.log( "Status: " + status );
        console.dir( xhr );
    },

    // success/fail과 무관하게 response 처리가 완료된 후 호출될 callback 함수
    complete: function( xhr, status ) {
```

```
        alert( "The request is complete!" );
    }
});
```

~~~~~~

$.ajax( )에서 설정할 수 있는 다음과 같은 옵션은 자주 사용되므로 잘 확인하자.

```
- url : request를 전송할 URL
- data : 서버에 전송할 데이터를 설정
- type : request의 type 설정(POST or GET). 기본값은 GET.
- dataType : 서버로부터 응답 받을 데이터 타입을 설정
- success : request의 응답이 정상인 경우 동작하는 callback 함수를 설정
- error : request의 응답이 에러인 경우 동작하는 callback 함수를 설정
- complete : success/error callback 함수가 호출된 이후에 동작하는 함수를 설정
```

$.ajax( )에서 반환하는 객체는 브라우저에서 제공하는 XMLHttpRequest 객체가 아니라 jQuery XMLHttpRequest(jqXHR)를 반환을 한다.

jqXHR(jQueryXMLHttpRequest) 객체는 브라우저에서 제공하는 XMLHttpRequest의 속성을 그대로 지원하기 때문에 responseText, responseXML 등과 같이 XHR에서 사용되는 속성을 동일하게 사용하여 response 처리를 할 수 있다.

이외에도 jqXHR은 done( ), fail( ), always( ) 메소드를 제공하고 있는데 각각의 메소드들은 ajax( )에서 제공하는 success, error, complete와 동일한 기능을 제공한다. 즉 다음의 2개 코드는 동일한 동작을 수행하는 코드이다.

~~~~~~

```
$.ajax({
    url: "example.php",

    success: function() {
```

```
      alert( "success" );
    },

    error: function() {
      alert( "error" );
    },

    complete: function() {
      alert( "complete" );
    }
});

var jqxhr = $.ajax( "example.php" )
  .done(function() {
    alert( "success" );
  })
  .fail(function() {
    alert( "error" );
  })
  .always(function() {
    alert( "complete" );
  });
```

~~~~~~

2.2 jQuery Ajax의 핵심 메소드

$.ajax( )는 Ajax의 다양한 설정을 직접할 수 있도록 jQuery에서 Ajax를 위해 제공하는 low-level의 메소드라고 할 수 있고, 이외에도 Ajax를 조금 더 간편하게 이용할 수 있는 다양한 메소드들을 jQuery에서 제공하고 있는데 어떠한 것들이 있는지 살펴보도록 하자.
~~~~~~

• $.ajaxSetup( )

$.ajaxSetup( ) 메소드는 반복적인 $.ajax( ) 메소드 사용시 조금 더 편하게 사용할 수 있도록 도와주는 역할을 한다.

메소드명	설명
jQuery.ajaxSeteup()	사용할 ajax의 설정을 하는 메소드.

다음과 같이 $.ajaxSetup( )을 이용하여 url이나 type과 같은 값을 설정하게 되면 차후에 호출하는 $.ajax( ) 메소드에서는 url과 type을 다시 설정하지 않아도 $.ajaxSetup( )을 이용하여 설정한 값이 동일하게 적용이 된다.

```
$.ajaxSetup({
  url: "ping.php",
  type: "POST"
});


$.ajax({
  data: { "name": "Dan" }
});


$.ajax({
  data: { "name": "KIM" }
});
```

다음 메소드들은 $.ajax( )보다 조금 더 간단하게 Ajax request를 요청하는 메소드들인데 한 번 살펴보도록 하자.

메소드명	설명
get ( )	GET 방식을 이용하여 서버에 데이터를 요청한다.
getJSON ( )	GET 방식을 이용하여 서버에 JSON 형태의 데이터를 요청한다.

getScript ( )	GET 방식을 이용하여 서버에 자바스크립트 파일을 요청하고, 자바스크립트를 실행한다.
post ()	POST 방식을 이용하여 서버에 데이터를 요청한다.
load ()	서버에 데이터를 요청하고, 해당하는 HTML 코드를 수정한다.

표 11-3. Ajax request를 요청하는 메소드

• $.get(url, [, data] [, success] [,dataType])

$.get( ) 메소드는 아래 $.ajax( ) 메소드와 동일한 동작을 수행하는 메소드로 Get 방식으로만 실행이 되고, callback 함수는 success만 설정을 할 수 있다.

```
$.ajax({
    // http 통신 방식 설정
    type : "GET",
    // 서버 url 설정
    url: "test.com",
    // 서버 전송 데이터 설정
    data: { name: "John", time: "2pm" },
    // 서버 response가 success인 경우 호출할 callback 함수 설정
    success: function(){……},
    // 서버 전송 데이터 타입 설정
    dataType: "json"
});

$.get("test.com", { name: "John", time: "2pm" }, function(){……}, "json");
```

$.get( ) 메소드는 success callback만 설정할 수 있기 때문에 기타 error, complete와 같은 callback 함수를 설정하기 위해서는 $.get( ) 메소드가 반환하는 jqXHR 객체의 속성인 fail( ), always( )를 다음 코드와 같이 사용해야 한다.

```javascript
// $.get()을 통한 jqXHR 객체 생성
var jqxhr = $.get( "example.php", function() {
  alert( "success" );
})
  // response가 fail인 경우 호출되는 callback 함수
.fail(function() {
    alert( "error" );
})
// response 처리가 완료된 후 호출될 callback 함수
.always(function() {
  alert( "finished" );
});
```

$.get( ) 메소드의 파라미터는 url, data, success callback, dataType으로 총 4가지 속성을
설정할 수 있으며 각각의 설정 방식은 다음 코드와 같이 다양한 형태로 사용할 수 있다.

```javascript
$.get( "test.php" );


$.get( "test.php", { name: "John", time: "2pm" } );


$.get( "test.php", function( data ) {
  alert( "Data Loaded: " + data );
});


$.get( "test.php", function( data ) {
  alert( "Data Loaded: " + data );
}, "json" );
```

• $.post(url [, data] [, success] [, dataType])

$.post( ) 메소드는 아래 $.ajax( ) 메소드와 동일한 동작을 수행하는 메소드이다. POST
방식으로만 실행이 되며 $.get( ) 메소드와 동일하게 callback 함수는 success만 설정을 할
수 있다.

```
$.ajax({
  type: "POST",
  url: url,
  data: data,
  success: success,
  dataType: dataType
});
```

기타 error, complete와 같은 callback 함수 설정 및 파라미터 설정은 $.get( ) 메소드와 동
일하다.

jQuery

12

jQuery와 UI

jQuery에서는 다양한 UI 효과를 지원해주는 메소드들을 제공하고 있다. 이번 챕터에서는 기본적인 show, hide 및 다양한 effect(fadeIn/Out 등)를 적용하는 방법 그리고 jQuery에서 제공하고 있는 UI 기능외에 css 속성을 이용하여 사용자가 원하는 UI 기능을 만드는 방법에 대하여 알아보도록 하고, 마지막으로 jQueryUI라는 가장 많이 사용되고 있는 UI 관련 라이브러리에 대한 사용법을 확인하도록 하자.

1 Effect와 Animation

이번에는 jQuery에서 제공하고 있는 UI 관련 기본 메소드들에 대하여 알아보도록 하겠다.

1.1 기본적인 숨기기와 보이기

• show( ), hide( )

jQuery에서 element를 화면에 보여지고, 사라지게 하는 기능을 show( ), hide( ) 메소드를 통해 제공하고 있으며 다음과 같은 형태로 사용할 수 있다.

```
$( ".target" ).show( );
$( ".target" ).hide( );
```

show( ), hide( ) 메소드를 위와 같이 아무런 파라미터 없이 사용하게 되면 자바스크립트 코드의 css("display", "block"), css("display", "none")과 동일한 의미이다.

• show(duration), hide(duration)

show( ), hide( )의 경우 파라미터로 duration을 설정하여 element가 화면에 보여지고, 사라지는 시간을 조정할 수 있다.

다음과 같이 "fast", "slow"를 파라미터로 이용하여 호출할 수 있는데 이런 경우 "fast"는 0.2초, "slow"는 0.6초를 의미한다.

```
$( ".target" ).hide( "slow" );
$( "div.hidden" ).show( "fast" );
```

duration을 직접 설정하고 싶은 경우 다음 코드와 같이 show( ), hide( ) 호출 시 밀리세컨 드 단위의 값을 입력하면 주어진 시간동안 show, hide가 동작을 한다.

```
$( "p" ).hide( 500 );
$( "div.hidden" ).show( 1250 );
```

다음의 예제 코드를 통해서 show( ), hide( ) 동작을 확인해보도록 하자.

코드 12-1. 예제 ex_Ch12_01.html

```
<!doctype html>
<html lang="en">
```

```html
<head>
  <meta charset="utf-8">
  <title>show demo</title>
<style>
// css 스타일 지정
  p {
    background: yellow;
  }
  </style>
  <script src="jquery-2.1.4.js"></script>
</head>
<body>
// 예제에서 사용할 element 선언
<button id="showr">Show</button>
<button id="hidr">Hide</button>
<p style="display: none">Hello  2</p>


<script>
// id(showr) element에서 click 이벤트가 발생하는 경우 function 수행
$( "#showr" ).click(function() {
  // p element를 0.6초 동안 화면에 보여준다.
  $( "p" ).show( "slow" );
});
// id(hidr) element에서 click 이벤트가 발생하는 경우 function 수행
$( "#hidr" ).click(function() {
  // p element를 1초 동안 화면에서 사라지게 한다.
  $( "p" ).hide( 1000);
});
</script>


</body>
</html>
```

이번 예제에서는 $("#showr").click(function( ) { }), $("#hidr").click(function( ) { }) 을 통하여 각 버튼에 click 이벤트가 발생하면 show("slow"), hide(1000)를 호출하여 p element를 화면에 보이고, 사라지도록 하였다.

따라서 예제를 실행하고 Show 버튼을 클릭하면 "Hello 2" 글자를 화면에 보여주는 동작을 0.6초 동안 실행하고, Hide 버튼을 클릭하면 1초 동안 hide 동작을 실행하는 것을 확인할 수 있다. show( ), hide( )에 들어가는 옵션 값을 변경하면 show, hide 속도의 차이를 알 수 있다.

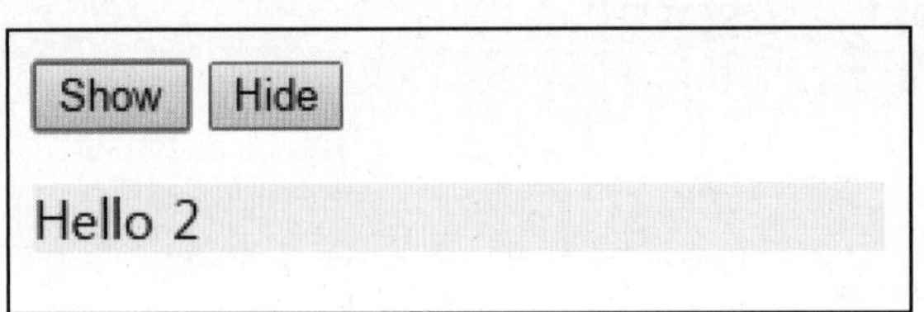

그림 12-1. ex_Ch12_01.html 실행 화면(Show 버튼 클릭)

• show(duration, complete), hide(duration, complete)

만약 element의 show, hide가 끝난 이후에 어떠한 작업을 하고 싶은 경우에는 다음 코드와 같이 2번째 파라미터로 callback 함수를 등록하는 방식을 사용할 수 있다.

```
$( ".target" ).show(200, function() {
   // Animation complete.
  });
);


$( ".target" ).hide(600, function() {
   // Animation complete.
  });
);
```

complete callback의 경우 함수 호출시 파라미터로 넘기는 값은 없으나 callback 내부에서 this를 사용할 수 있으며 이 경우 this는 show, hide가 발생하는 element를 의미한다.

다음 예제 코드를 통하여 동작을 확인해 보도록 하자.

코드 12-2. 예제 ex_Ch12_02.html

```html
<!doctype html>
<html lang="en">
<head>
  <meta charset="utf-8">
  <title>show demo</title>
<style>
// css 스타일 지정
  div {
    background: #def3ca;
    margin: 3px;
    width: 80px;
    display: none;
    float: left;
    text-align: center;
  }
  </style>
  <script src="jquery-2.1.4.js"></script>
</head>
<body>
// 예제에서 사용할 element 선언
<button id="showr">Show</button>
<button id="hidr">Hide</button>
<div>Hello 3,</div>
<div>how</div>
<div>are</div>
<div>you?</div>

<script>
```

```javascript
// id(showr) element에서 click 이벤트가 발생하는 경우 function 실행
$( "#showr" ).click(function() {
    // 첫 번째 div element를 0.2초 동안 화면에 보여주고
    // 동작이 완료되면 function을 실행
    $( "div" ).first().show( "fast", function showNext() {
        // 다음 div element를 0.2초 동안 화면에 보여주고
        // 동작이 완료되면 showNext function을 실행
        $( this ).next( "div" ).show( "fast", showNext );
    });
});

// id(hidr) element에서 click 이벤트가 발생하는 경우 function 수행
$( "#hidr" ).click(function() {
    // p element를 1초 동안 화면에서 사라지게 한다.
    $( "div" ).hide( 1000 );
});
</script>

</body>
</html>
```

~~~~~~

예제의 script 부분에서 다음 코드를 확인하면 먼저 $("#showr").click(function( ) { })을 이용하여 id(showr) element에서 click 이벤트가 발생하는 경우 function을 실행하도록 하였다.

function 코드의 동작을 순서대로 확인하면

1. $("div").first( )를 호출하여 첫 번째 div element를 선택하고, show("fast", function showNext( ) { })를 호출하여 0.2초 동안 선택한 div element를 화면에 보여준 이후 showNext function을 실행

2. showNext function 실행
   : $(this).next("div")을 호출하여 다음 div element를 선택 후
~~~~~~

: show("fast", showNext)를 호출하여 선택한 element를 화면에 보여주고 완료되면 다시 showNext fuction을 실행

showNext function에서 다시 showNext를 호출하였기 때문에 모든 div element를 화면에 보여줄때까지 showNext가 실행된다.

```
// id(showr) element에서 click 이벤트가 발생하는 경우 function 실행
$( "#showr" ).click(function( ) {
    // 첫 번째 div element를 0.2초 동안 화면에 보여주고
    // 동작이 완료되면 function을 실행

    $( "div" ).first().show( "fast", function showNext( ) {
        // element의 다음 div elment를 0.2초 동안 화면에 보여주고
        // 동작이 완료되면 showNext function을 실행
        $( this ).next( "div" ).show( "fast", showNext );
    });
});
```

따라서 예제 실행후 show 버튼을 클릭하면 다음 그림과 같은 결과 화면을 확인할 수 있다.

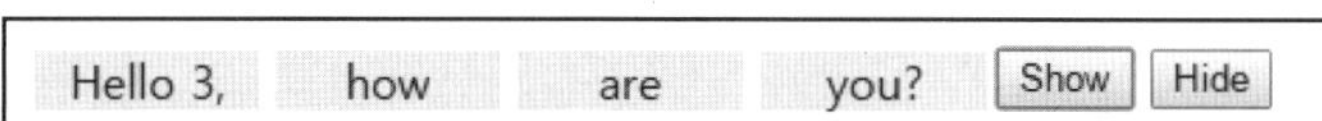

그림 12-2. ex_Ch12_02.html 실행 화면(Show 버튼 클릭)

1.3 페이드 효과

• fadeIn( ), fadeOut( ) 호출

jQuery에서는 element를 화면에 show, hide할 때 해당 element의 투명도를 조정하여 화면에 보여주는 기능을 제공하고 있으며 다음 코드와 같이 fadeIn( ), fadeOut( ) 메소드를 호출하여 사용할 수 있다.

```
$( ".target" ).fadeIn( );
$( ".target" ).fadeOut( );
```

fadeOut의 경우 element의 opacity가 0이 되는 순간 display 속성을 "none"으로 설정하기 때문에 해당 element는 page의 layout에 차지하는 영역 자체가 없어지게 된다.

fadeIn( ), fadeOut( ) 메소드도 show( ), hide( ) 메소드와 같이 duration과 complete callback을 파라미터로 사용할 수 있다.

- .fadeIn(duration), fadeOut(duration) 호출
- .fadeIn(duration, complete), fadeOut(durationcomplete) 호출

예제 코드를 통하여 동작을 확인해 보도록 하자.

코드 12-3. 예제 ex_Ch12_03.html

```html
<!doctype html>
<html lang="en">
<head>
  <meta charset="utf-8">
  <title>fadeIn demo</title>
<style>
// css 스타일 지정
  span {
    color: red;
    cursor: pointer;
```

```css
    }
    div {
      margin: 3px;
      width: 80px;
      display: none;
      height: 80px;
      float: left;
    }
    #one {
      background: #f00;
    }
    #two {
      background: #0f0;
    }
    #three {
      background: #00f;
    }
    </style>
    <script src="jquery-2.1.4.js"></script>
</head>
<body>
// 예제에서 사용할 element 선언
<span>Click here...</span>
<div id="one"></div>
<div id="two"></div>
<div id="three"></div>

<script>
// document의 body element에서 click 이벤트가 발생하는 경우 function 수행
$( document.body ).click(function() {
    // hidden 상태의 div 중 첫 번째 element를 페이드 효과로 화면에 보여준다.
    $( "div:hidden:first" ).fadeIn( "slow" );
});
</script>
```

```
</body>
</html>
```

~~~~~~

예제의 script 부분을 확인하면 $(document.body).click(function( ) { })을 이용하여
body element에서 click 이벤트가 발생하는 경우 function 수행하도록 하였고 function
에서는 먼저 $("div:hidden:first")를 호출하여 hidden 속성의 div element 중 첫 번째
element를 선택하고, fadeIn("slow")을 호출하여 0.6초 동안 페이드 효과를 주면서 화면
에 보여주도록 하였다.

따라서 예제 코드를 실행한 후 화면을 클릭하면 그림 12-3과 같은 div가 하나씩 화면에
페이드 효과를 주면서 나타나는 것을 확인할 수 있다.

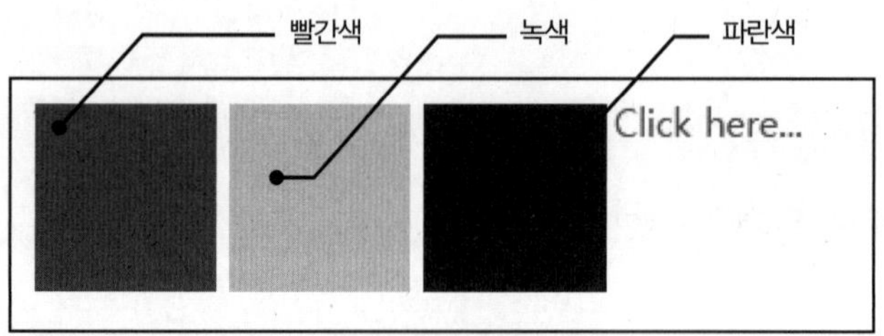

그림 12-3. ex_Ch12_03.html 실행 화면(화면을 클릭)

다음 예제 코드를 통하여 complete callback 동작을 확인해 보도록 하자.

코드 12-4. 예제 ex_Ch12_04.html ~~~~~~~~~~~~~~~~~~~~~~~~~~~~~~~~~~

```
<!doctype html>
<html lang="en">
<head>
  <meta charset="utf-8">
  <title>fadeOut demo</title>
<style>
// css 스타일 지정
  .box,
```
~~~~~~

```css
  button {
    float: left;
    margin: 5px 10px 5px 0;
  }
  .box {
    height: 80px;
    width: 80px;
    background: #090;
  }
  #log {
    clear: left;
  }
```
```
  </style>
  <script src="jquery-2.1.4.js"></script>
</head>
<body>
// 예제에서 사용할 element 선언
<button id="btn1">fade out</button>
<button id="btn2">show</button>

<div id="log"></div>

<div id="box1" class="box">TEST1</div>
<div id="box2" class="box">TEST2</div>

<script>
// id(btn1) element에서 click 이벤트가 발생하는 경우 function 수행
$( "#btn1" ).click(function() {
  // complete function 선언
  function complete() {
  // 화면에 element의 id를 출력
    $( "<div>" ).text( this.id ).appendTo( "#log" );
  }
  // id(box1) element를 1.6초 동안 페이드 효과를 주면서 사라지게 하고
```

```
  // 완료되면 complete function을 실행
  $( "#box1" ).fadeOut( 1600, complete );
  // id(box2) element를 1.6초 동안 페이드 효과를 주면서 사라지게 하고
  // 완료되면 complete function을 실행
  $( "#box2" ).fadeOut( 1600, complete );
});

// id(btn2) element에서 click 이벤트가 발생하는 경우 function 수행
$( "#btn2" ).click(function() {
  // div element를 화면에 보여준다.
  $( "div" ).show();
  // id(log) element의 contents를 삭제
  $( "#log" ).empty();
});
</script>

</body>
</html>
```

~~~~~~

예제에서 script의 코드 부분을 확인하면 fade out 버튼(id(btn1) element)을 클릭하면
callback 함수로 사용할 complete function을 선언하고 fadeOut(1600, complete)을 호
출하여 id(box1, box2) element를 1.6초 동안 페이드 효과와 함께 화면에서 사라지게 하
고 동작이 완료되면 complete function을 실행하도록 하였고, comlete function에서는
화면에서 사라진 element의 id를 화면에 보여주도록 했다.

~~~~~~

```
// id(btn1) element에서 click 이벤트가 발생하는 경우 function 수행
$( "#btn1" ).click(function() {
  // complete function 선언
  function complete() {
  // 화면에 element의 id를 출력
    $( "<div>" ).text( this.id ).appendTo( "#log" );
```

```
    }

    // id(box1) element를 1.6초 동안 페이드 효과를 주면서 사라지게 하고
    // 완료되면 complete function을 실행
    $( "#box1" ).fadeOut( 1600, complete );

    // id(box2) element를 1.6초 동안 페이드 효과를 주면서 사라지게 하고
    // 완료되면 complete function을 실행
    $( "#box2" ).fadeOut( 1600, complete );
});
```

따라서 예제 실행 후 "fade out" 버튼을 클릭하면 그림 12-4와 같이 div 두 개(id:box1, id:box2)가 페이드 효과와 함께 사라지는 것을 확인할 수 있다.

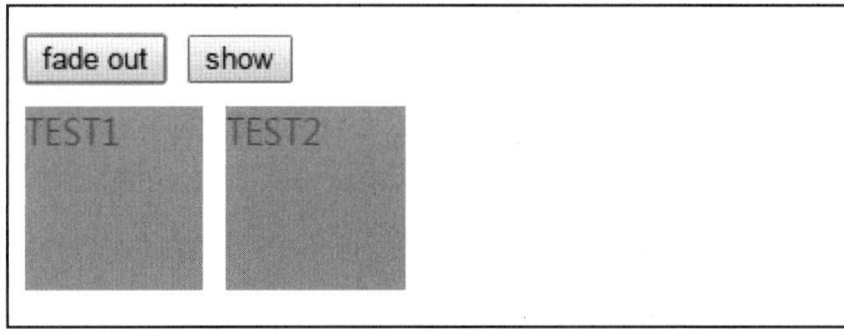

그림 12-4. ex_Ch12_04.html 실행 화면(fade out 버튼 클릭)

callback function의 동작은 div가 사라진 이후에 호출되기 때문에 다음 그림과 같이 div가 모두 사라지면 "box1, box2"가 화면에 보이게 된다.

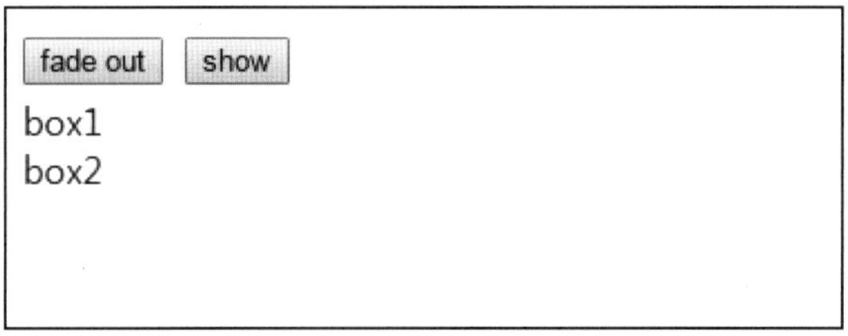

그림 12-5. 페이드 효과와 함께 div가 사라진 후 완료 화면

1.4 슬라이딩 효과

• slideDown( ), slideUp( ) 호출

jQuery에서는 element를 화면에 show, hide할 때 해당 element의 크기(높이:height)를
조정하여 화면에 보여지게 할 수 있으며 해당 기능은 다음 코드와 같이 호출하여 사용할
수 있다.

```
$( ".target" ).slideDown( );
$( ".target" ).slideUp( );
```

slideUp의 경우 element의 height가 0이 되는 순간 display 속성을 "none"으로 설정하기
때문에 해당 element는 page의 layout에 차지하는 영역 자체가 없어지게 된다.

slideDown( ), slideUp( ) 메소드도 show( ), hide( ) 메소드와 같이 duration과 complete
callback을 파라미터로 사용할 수 있다.

- .slideDown(duration), slideUp(duration) 호출
- .slideDown(duration, complete), slideUp(durationcomplete) 호출

다음 예제 코드를 통하여 동작을 확인해 보도록 하자.

코드 12-5. 예제 ex_Ch12_05.html

```
<!doctype html>
<html lang="en">
<head>
  <meta charset="utf-8">
  <title>slideDown demo</title>
<style>
```

```
// css 스타일 지정
  div {
    background: #de9a44;
    margin: 3px;
    width: 80px;
    height: 40px;
    display: none;
    float: left;
  }
  </style>
  <script src="jquery-2.1.4.js"></script>
</head>
<body>
// 예제에서 사용할 element 선언
Click me!
<div></div>
<div></div>
<div></div>

<script>
// document의 body element에서 click 이벤트가 발생하는 경우 function 수행
$( document.body ).click(function () {
    // 첫 번째 div element의 hidden 속성을 체크
    if ( $( "div:first" ).is( ":hidden" ) ) {
        // 첫 번째 div element가 hidden 상태인 경우
        // 모든 div element를 slide 효과를 주면서 화면에 보여준다.
        $( "div" ).slideDown( "slow" );
    } else {
        // 첫 번째 div element가 hidden 상태가 아닌 경우
        // 모든 div element를 화면에서 사라지게 한다.
        $( "div" ).hide();
    }
});
</script>
```

```
</body>
</html>
```

~~~~~~

예제의 script 부분을 확인하면 먼저 $(document.body).click(function( ) { })을 이용하여 body element에서 click 이벤트가 발생하는 경우 function을 실행하도록 하였다. function의 코드를 보면 $("div:first").is(":hidden")을 호출하여 div element 중 첫 번째 element의 hidden 속성을 확인하여 다음과 같이 동작을 하게 하였다.

- hidden 상태인 경우 : $("div").slideDown("slow")를 호출하여 모든 div element를 slide 효과와 함께 화면에 보여준다.

- hidden 상태가 아닌 경우 : $("div").hide( )를 호출하여 모든 div element를 화면에서 사라지게 한다.

따라서 예제 실행 후 화면을 클릭하면 그림 12-6과 같이 모든 div element가 화면에 나타나는 것을 확인할 수 있다.

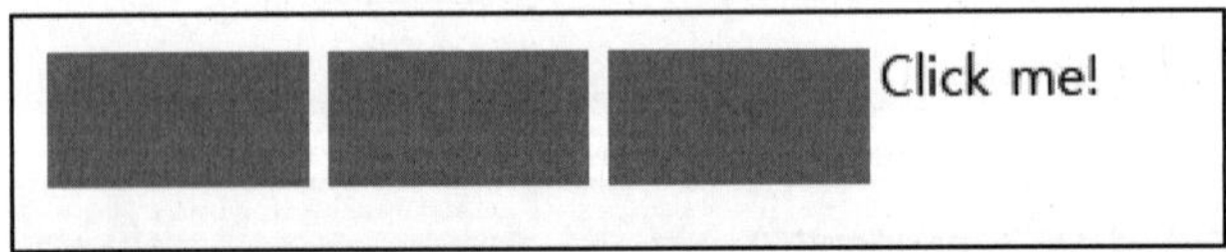

그림 12-6. ex_Ch12_05.html 실행 화면(화면 클릭)

이번에는 다음 예제 코드를 통하여 complete callback 동작을 확인해 보자.

코드 12-6. 예제 ex_Ch12_06.html ~~~~~~

```
<!doctype html>
<html lang="en">
<head>
  <meta charset="utf-8">
```
~~~~~~

```html
<title>slideUp demo</title>
<style>
// css 스타일 지정
div {
    margin: 2px;
  }
  </style>t
  <script src="jquery-2.1.4.js"></script>
</head>
<body>
// 예제에서 사용할 element 선언
<div>
  <button>Hide One</button>
  <input type="text" value="One">
</div>


<div>
  <button>Hide Two</button>
  <input type="text" value="Two">
</div>


<div>
  <button>Hide Three</button>
  <input type="text" value="Three">
</div>


<div id="msg"></div>


<script>
// button element에서 click 이벤트가 발생하는 경우 function 수행
$( "button" ).click(function() {
    // click 이벤트가 발생한 button의 부모 element를 slideup 효과를 주면서 사라지게 한다.
    $( this ).parent().slideUp( "slow", function() {
        // 작업 완료후 click 이벤트가 발생한 button의 text를 화면에 보여준다.
```

```
        $( "#msg" ).text( $( "button", this ).text() + " has
        completed." );
    });
});
</script>

</body>
</html>
```

~~~~~~

이번 예제에서는 $("button").click(function( ) { })를 이용하여 button element에 click 이벤트를 맵핑하였고 다음 코드와 같이 slideUp( ) 메소드를 호출하여 click 이벤트가 호출된 element의 부모 element($(this).parent( ))를 0.6초 동안 슬라이드 효과를 주면서 사라지게 하였다. 그리고 동작이 완료된 후에는 이벤트가 호출된 button element의 text를 화면에 출력하게 하였다.

~~~~~~

```
// click 이벤트가 발생한 button의 부모 element를 slideup 효과를 주면서 사라지게 한다.
$( this ).parent().slideUp( "slow", function() {
    // 작업 완료후 click 이벤트가 발생한 button의 text를 화면에 보여준다.
    $( "#msg" ).text( $( "button", this ).text() + " has completed." );
});
```

~~~~~~

따라서 예제 실행 후 "Hide Two" 버튼을 클릭하면 그림 12-7과 같이 "Hide Two" 버튼과 input element가 같이 사라지고 "Hide Two has completed"가 화면에 출력되는 것을 확인할 수 있다.
~~~~~~

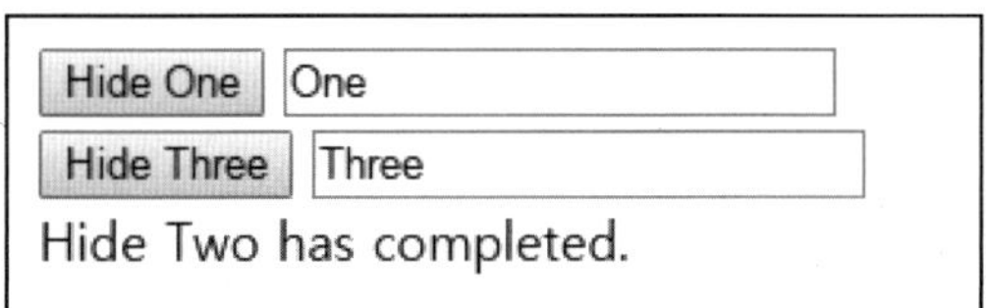

그림 12-7. ex_Ch12_06.html 실행 후 "Hide Two" 버튼 클릭 화면

1.5 사용자 정의 애니메이션 만들기

위에서 언급한 jQuery에서 제공하는 애니메이션 효과 외에 animate( ) 메소드를 이용하면 css 속성을 이용하여 사용자가 원하는 애니메이션 효과를 정의할 수 있다.

animate( ) 메소드는 다음과 같이 4개의 파리미터를 가지고 있다.

```
animate( properties [, duration] [, easing] [, complete] )
```

• properties : 애니메이션이 가능한 CSS 속성

애니메이션이 가능한 css 속성이란 width, height, left, scrollTop, scrollLeft 등과 같이 숫자로 표시되는 속성을 의미한다(backround-color와 같은 속성은 사용할 수 없다).

• duration : 애니메이션 동작 시간

"fast", "slow" 혹은 밀리세컨드 단위의 숫자를 입력한다. 아무런 값을 설정하지 않았을 때의 기본 값은 0.4초이며 "fast"는 0.2초, "slow"는 0.6초이다.

• easing : 애니메이션 동작 속도 설정 값

"linear", "swing" 두 가지의 값으로 애니메이션 실행 속도에 대한 설정을 나타내며 duration 동안 동일한 속도로 실행하길 원하면 "linear", 점점 빠른 속도로 실행되기를 원하면 "swing"으로 설정하면 된다. 기본 값은 "swing"이다.

• complete : 애니메이션 완료 후 호출되는 callback 함수

애니메이션 동작 완료 후에 호출되는 callback 함수를 등록한다.

2 플러그인과 UI

jQuery에서는 기본적으로 제공하고 있는 Object를 확장하여 개발자가 원하는 기능을 추가할 수 있도록 허용을 하고 있다. jQuery 기본 object를 상속, 확장하여 개발자만의 코드로 만드는 방법을 플러그인이라고 하며 기본 object를 상속함으로써 jQuery에서 제공하는 메소드를 상속받아 사용할 수 있고 사용자가 원하는 기능을 추가하여 jQuery에서 지원하지 않는 기능을 제공할 수 있다.

이와 같은 방법으로 개발자는 자신만의 코드가 추가된 플러그인을 만들 수 있고, 온라인을 통해서 배포할 수 있다. 현재 온라인에서 검색하면 수없이 많은 jQuery 플러그인을 구할 수 있다.

지금부터 플러그인 사용 방법 및 작성 방법에 대하여 알아보도록 하자

2.1 플러그인

플러그인 에코시스템은 jQuery의 유명한 특징 중에 하나라고 할 수 있으며 jQuery 플러그인을 개발해서 올리는 사람들이 수 없이 많기 때문에 플러그인의 퀄리티 또한 매우 다양하다.

많은 사람들이 사용하는 고퀄리티의 플러그인부터(특히 jQuery팀에서 개발하고 관리하는 jQuery UI), 사람들로부터 외면받는 플러그인까지 온라인 상에서는 다양한 플러그인들이 제공되고 있다.

원하는 jQuery 플러그인을 찾기 위해서는 구글 검색을 이용하거나 jQuery Plugins Repository(https://plugins.jquery.com/)를 이용하는 방법이 가장 간단하다.

잘 만든 플러그인들은 상세한 사용 방법(가이드/문서)을 제공하고 있으며 다양한 샘플

코드를 제공하고 있기 때문에 사용하는데 있어서 큰 불편함은 없을 것이다(jQuery UI에 대해서는 뒤에 언급할 예정이다).

2.2 플러그인 만들기

플러그인을 만들기 전에 다음의 짧은 코드를 통해서 jQuery가 어떻게 동작하는지에 대한 기본 이해를 다시 한 번 확인하고 넘어가자.

```
$( "a" ).css( "color", "red" );
```

위의 코드는 $("a")를 이용하여 a element를 선택하여 jQuery Object를 반환하고, 반환된 jQuery Object의 css( ) 메소드를 호출하는 코드이다.
이와 같이 jQuery Object를 사용하는 메소드는 $.fn Object에서 제공하는 메소드를 이용하는 것이다. $.fn Object는 jQuery Object의 모든 메소드를 포함하고 있다.

이제 아래 코드를 확인해보자.

```
// $.fn.greenify에 function을 할당
$.fn.greenify = function() {
  // element의 "color" css 속성을 "green"으로 설정
  this.css( "color", "green" );
};

// greenify() 함수 호출
$( "a" ).greenify();
```

위의 코드를 보면 css의 color 속성을 green으로 설정하는 function을 $.fn.greenify
에 할당하였다. $.fn에 function을 추가했기 때문에 이후에 가져오는 jQuery Object는
greenify( ) 메소드 사용이 가능한 것이다.

위의 코드에서 $.fn.greenify 선언 부분을 아래와 같이 수정해보자.

```
$.fn.greenify = function() {
  // element의 "color" css 속성을 "green"으로 설정
  this.css( "color", "green" );
  // jQuery Object를 반환
  return this;
}
```

css 값을 수정하는 부분은 그대로 있고, 해당 함수의 return 값으로 this를 반환하도록 하
였다. 이와 같이 return 값으로 this를 반환하게 되면 앞에서 설명한 jQuery 특징인 메소
드 체이닝이 가능하게 된다. 따라서 아래와 같은 호출이 가능하게 된다.

```
$( "a" ).greenify( ).addClass( "greenified" );
```

아래와 같이 chagenColor 함수로 만들어보자.

```
$.fn.chagenColor = function(userColor) {
  // element의 "color" css 속성을 userColor로 설정
  this.css( "color", userColor);
  // jQuery Object를 반환
```

```
    return this;
}
```

앞에서 사용한 greenity( ) 메소드는 파라미터 없이 element의 color를 green으로 설정하
였고 chagenColor( ) 메소드는 사용자가 넘겨주는 파라미터 값으로 color를 설정한다. 따
라서 chagenColor( ) 메소드는 다음과 같이 사용할 수 있다.

```
$( "a" ).chagenColor("green");
```

이번에는 조금 더 복잡한 파라미터를 받아서 처리하는 방법에 대해 알아보도록 하자.

color, backgroundColor 두 가지 속성을 파라미터로 받아서 설정하는 기능을 구현하며
함수 안에 기본 값이 있어서 두 가지 파라미터 중에 입력되지 않는 값은 기본 값으로 설
정한다.

```
$.fn.chagenColor = function( options ) {
    // settings 변수 값을 사용자로부터 color, backgroundColor을 받으면 해당 값으로 저장
    // 없는 경우 기본 값(color: "#556b2f", backgroundColor: "white")으로 저장
    var settings = $.extend({}, {
        color: "#556b2f",
        backgroundColor: "white"
    }, options );

    // 앞에서 저장한 settings 값으로 element의 css 값을 설정
    this.css({
        color: settings.color,
        backgroundColor: settings.backgroundColor
    });
```

```
  // jQuery Object를 반환
  return this;
};
```

위의 코드에서는 $.extend( ) 메소드를 사용하여 사용자가 color, backgroundColor를 넘겨주면 해당 값을 저장하고, 없는 경우는 기본 값(color: "#556b2f", backgroundColor: "white")을 저장하게 하였다.

$.extend({ }, obj1, obj2) 메소드는 obj1과 obj2를 합치는 메소드이며 obj1과 obj2에 중복된 값이 있을 경우 obj2의 값을 사용한다.

따라서 다음의 코드는 option으로 color, backgroundColor 두 개의 값 중 입력되는 값이 있는 경우 해당 값을 settings에 저장하고 없는 경우는 기본 값을 저장하는 기능을 한다.

```
var settings = $.extend({color: "#556b2f", backgroundColor: "white"},
options );
```

그리고 저장한 settings 값을 이용하여 element의 css 값을 설정하도록 하였다.

```
this.css({
    color : settings.color,
    backgroundColor : settings.backgroundColor
});
```

따라서 chagenColor( ) 메소드를 호출할 때 다음과 같이 사용하면 color는 사용자가 넘겨준 "orange"로 설정하고 backgroundColor는 기본 값인 "white"로 설정을 하게 된다.

```
$( "div" ).chagenColor({
  color : "orange"
});
```

위의 chagenColor( ) 메소드는 기본 값을 메소드 안에서 설정하고 있기 때문에 플러그인을 사용하는 개발자가 기본 값과 다른 값으로 element의 color를 설정할 경우에는 메소드 호출 시마다 파라미터로 원하는 color 값을 넘겨주어야 한다. 이러한 불편함을 해결하기 위해서는 개발자가 기본값을 설정할 수 있도록 하는 것이 더 사용하기 편한 플러그인이 될 것이다.

위의 코드를 다음과 같이 수정을 해보도록 하자.

```
$.fn.chagenColor = function( options ) {
  // settings 변수 값을 사용자로부터 color, backgroundColor을 받으면 해당 값으로 저장
  // 없는 경우 기본 값으로 저장
  var settings = $.extend({ }, $.fn.chagenColor.defaults, options );

  // 잎에서 저장한 settings 값으로 element의 css 값을 설정
  this.css({
    color: settings.color,
    backgroundColor: settings.backgroundColor
  })

  // jQuery Object를 반환
  return this;
};

// chagenColor( ) 메소드에서 사용할 기본 값 설정
$.fn.chagenColor.defaults = {
```

```
    color: "#556b2f",
    backgroundColor: "white"
};
```

위의 코드는 $.fn.chagenColor.defaults 값을 선언하여 해당 속성에 기본으로 사용할 값
을 저장하고 $.fn.chagenColor( ) 함수에서 해당 값을 기본 값으로 이용하도록 수정한 것
이다.
이렇게 수정을 하게 되면 다음 코드와 같이 플러그인 사용자가 기본 값을 수정할 수 있
게 된다.

```
$.fn.chagenColor.defaults.backgroundColor = "blue";
```

기본 값을 사용자가 원하는 값으로 설정을 하면 그 이후에는 다음과 같이 코드를 사용함
으로써 사용자가 원하는 값을 동일하게 적용할 수 있게 된다.

```
$( "#firstDiv" ).chagenColor();
$( "#secondDiv" ).chagenColor();
```

3 jQuery UI

jQuery UI는 사용자 인터페이스를 위한 다양한 기능을 제공하고 있는 플러그인으로 많
은 개발자들이 사용하고 있는 플러그인이다. jQuery UI는 많은 위젯들을 제공하고 있는
데 각 위젯들은 동일한 패턴으로 사용이 가능하다. 그렇기 때문에 이번에 모든 위젯을
소개하지는 않지만 한 두가지의 위젯에 대한 사용법을 이해한다면 나머지 위젯들을 이

용하는데는 큰 문제가 없을 것이다.

3.1 다운로드 및 설정

jQuery UI의 공식 사이트는 http://jqueryui.com/이다. 해당 사이트에서 jQuery UI 라이브러리를 다운받을 수 있으며 API 문서 및 예제, 데모 등을 확인할 수 있다.

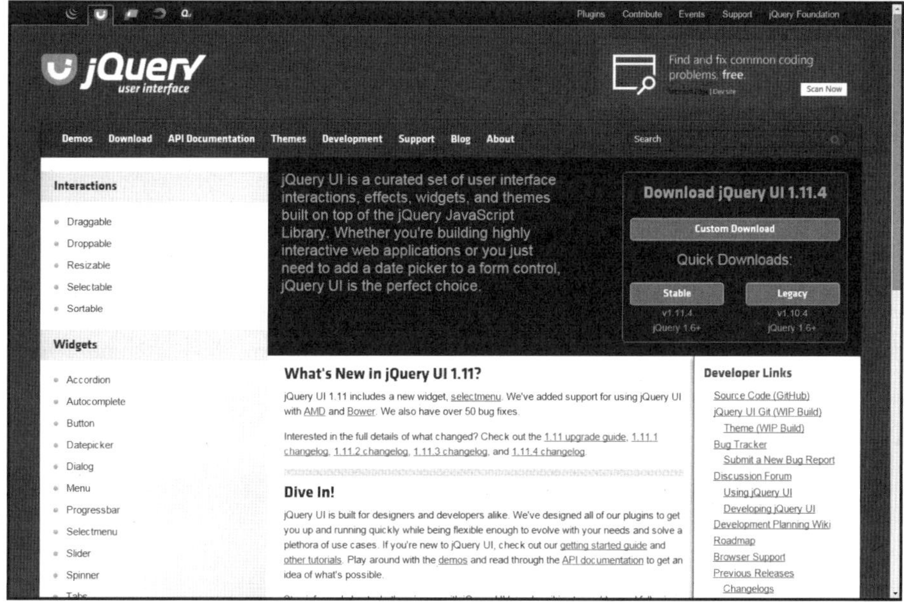

그림 12-8. jQuery UI의 공식사이트

Download 페이지에 들어가면 version, components, theme를 선택해야 하는데 여기서는 version은 1.11.4, components는 모두 선택, theme는 UI lightness를 선택하여 사용할 것이다.

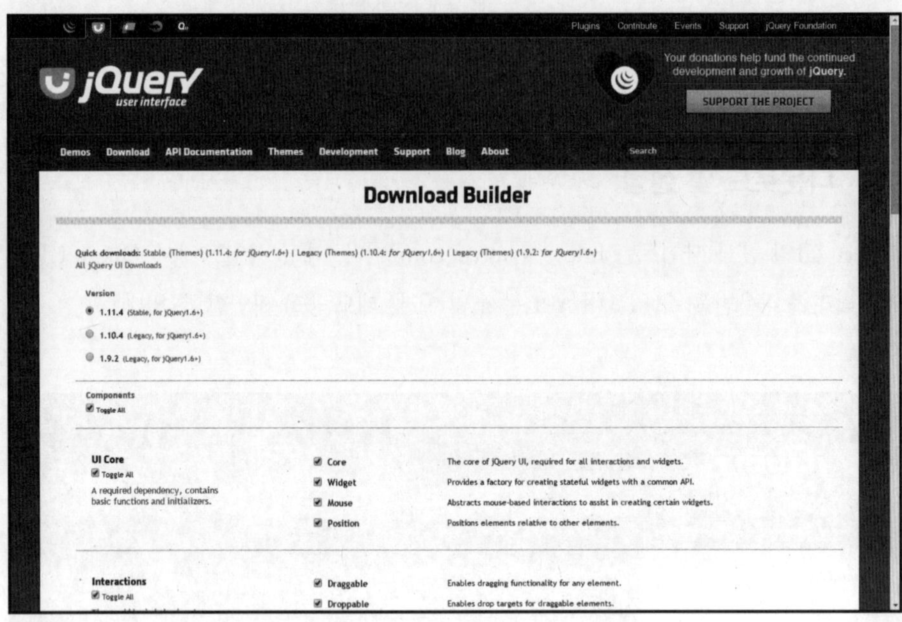

그림 12-9. jQuery UI 다운로드 페이지

라이브러리를 다운 받아 압축을 풀면 [jquery-ui-1.11.4.custom] 폴더 안에 index.html 파일이 있다. 해당 파일을 브라우저에서 열어보면 jQuery UI가 제공하는 다양한 기능을 확인할 수 있다.

index.html 소스 코드를 보면 다음의 코드들이 있는데 jQuery UI 라이브러리를 사용하기 위해서 html 혹은 자바스크립트 파일에 추가해야 하는 코드이다.

```html
<link href="jquery-ui/jquery-ui.css" rel="stylesheet">
<script src="jquery-ui/jquery-ui.js"></script>
```

3.2 사용 방법

앞에서 언급한 것처럼 jQuery UI에서 제공하는 기능들은 동일한 방식으로 기능을 사용할 수 있기 때문에 이번에는 jQuery UI가 제공하는 기능 중 progressbar에 대하여 살펴볼 것이다. 이번 설명을 통하여 jQuery UI 사용 방법에 대한 기본 개념을 이해하면 다음부터 언급하는 여러 기능에 대한 설명은 금방 이해할 수 있을 것이다.

3.2.1 초기화

ProgressBar를 사용하기 위해서는 해당 위젯(widget)의 초기화가 필요하며 다음과 같은 간단한 코드를 통하여 초기화를 할 수 있다.

```javascript
$( "#elem" ).progressbar();
```

파라미터 없이 progressbar( )를 호출하였기 때문에 기본 값으로 초기화를 하며 다음 코드와 같이 사용자가 원하는 값을 파라미터로 넘기면 해당 값으로 설정이 된다.

```javascript
$( "#elem" ).progressbar({ value: 20 });
```

3.2.2 메소드 호출

초기화는 기존에 사용하던 jQuery 메소드와 비슷하지만 메소드 호출의 경우 조금 다른 형태를 가지고 있다. ProgressBar에서 제공하는 메소드를 사용하기 위해서는 다음 코드와 같이 호출하려는 메소드 이름을 파라미터로 넘겨야 한다.

```
$( "#elem" ).progressbar( "value" );
```

위 코드는 progressbar에서 제공하는 value라는 메소드(progressbar의 값을 반환하는 기능을 제공)를 호출하기 위한 코드이다. 만약 호출하는 메소드에 파라미터를 넘겨줘야 하는 경우는 다음 코드와 같이 사용하면 된다.

```
$( "#elem" ).progressbar( "value", 40 );
```

3.2.3 공통 메소드

위젯들은 각자의 기능에 따라 다양한 메소드들을 제공하고 있는데 아래의 메소드들은 모든 위젯에서 공통으로 제공하고 있는 메소드이다.

• option

초기화 이후에 위젯의 옵션 값을 변경하는 메소드로 다음과 같은 형태로 사용한다.

```
$( "#elem" ).progressbar( "option", "value", 30 );
```

여기에서 사용되는 value는 앞에서 사용한 value 메소드를 의미하는 것이 아니라 option에 포함된 속성들 중에 value를 의미하며 30으로 value 값을 설정하는 코드이다. 설정되어 있는 option 값을 가져올 때에는 다음 코드처럼 사용하면 value 값을 가져올 수 있다.

```
$( "#elem" ).progressbar( "option", "value" );
```

option 값 중에서 하나의 값이 아니라 여러 개의 값을 설정하려고 할 때에는 다음 코드처럼 object를 넘겨주면 설정이 가능하다.

```
$( "#elem" ).progressbar( "option", {
    value: 100,
    disabled: true
});
```

• disable

위젯을 비활성화시키는 메소드로 다음 코드와 같이 호출하여 사용한다.

```
$( "#elem" ).progressbar( "disable" );
```

disable은 option의 disable 값을 true로 설정하는 것과 농일하기 때문에 option 메소드를 사용하여 다음과 같이 사용할 수도 있다.

```
$( "#elem" ).progressbar( "option", "disabled", "true");
```

• enable

위젯을 활성화시키는 메소드로 다음 코드와 같이 호출하여 사용한다.

```
$( "#elem" ).progressbar( "enable" );
```

enable은 다음과 같이 option의 disable 값을 false로 설정하면 된다(option의 enable 속성
은 없다).

```
$( "#elem" ).progressbar( "option", "disabled", "false");
```

• destroy

위젯을 더 이상 사용하지 않을 때 destroy 메소드를 호출하면 된다.

```
$( "#elem" ).progressbar( "destroy" );
```

destroy 이후에는 위젯을 다시 초기화시키지 않는 이상 어떠한 메소드도 사용할 수 없다.
만약 remove( ), html( ), empty( ) 등을 이용해서 위젯을 설정한 element를 삭제하는 경
우에는 해당 위젯은 자동적으로 destroy된다.

• 이벤트

모든 위젯들은 상태의 변화를 알려주는 이벤트를 가지고 있다. 대부분의 이벤트들의

이름은 해당 위젯의 이름을 prefix로 하여 구성된다. 다음 예제를 보면 progressbar의
value가 변경될 때 이벤트를 받기 위하여 등록을 하는 코드인데 맵핑하는 이벤트 이름이
progressbarchagne인 것을 알 수 있다.

```
$( "#elem" ).bind( "progressbarchange", function() {
    alert( "The value has changed!" );
});
```

위의 예제 코드처럼 bind( ) 함수 대신에 다음 코드처럼 progressbar( )를 이용하여 맵핑
시키는 방법도 있다.

```
$( "#elem" ).progressbar({
    change: function() {
        alert( "The value has changed!" );
    }
});
```

jQuery UI 공식 홈페이지에서 제공하고 있는 위젯들은 다음과 같이 세 가지로 분류를 하
고 있다.

- Interactions, Widgets, Effects

jQuery UI에서 제공하는 모든 위젯들을 언급하기에는 양이 너무 많아서 이 책에서는 몇
가지 위젯들에 대하여 간략하게 소개를 할 것이며 jQuery UI에서 제공하는 모든 위젯에
대한 스펙, 예제 등에 대한 내용은 http://api.jqueryui.com/이나 http://jqueryui.com/
development/에서 확인할 수 있다.

3.3 Interactions

이번에는 마우스 동작을 기반으로 하여 기능들을 제공하는 몇가지 대표적인 위젯에 대하여 알아보도록 하자.

3.3.1 Draggable

마우스 움직임에 따라 element를 같이 움직일 수 있게 하는 기능이며 예제를 통하여 어떠한 옵션들이 있는지 확인해보자.

• 기본 기능

코드 12-7. 예제 ex_Ch12_07.html

```html
<!doctype html>
<html lang="en">
<head>
  <meta charset="utf-8">
  <title>jQuery UI Draggable - Default functionality</title>
  <link rel="stylesheet" href="jquery-ui/jquery-ui.css">
  <script src="jquery-2.1.4.js"></script>
  <script src="jquery-ui/jquery-ui.js"></script>
<style>
// css 스타일 지정
  #draggable {
    width: 100px;
    height: 100px;
    padding: 0.5em;
  }
  </style>
</head>
<body>
// 예제에서 사용할 element 선언
```

```
<div id="draggable" class="ui-widget-content">
  <p>Drag</p>
</div>

<script>
// id(draggable) element에 draggable 기능을 사용하게 초기화한다.
$( "#draggable" ).draggable();
</script>

</body>
</html>
```

기본으로 draggable을 사용할 때에는 다음 코드처럼 draggable( ) 메소드를 사용하여 초기화만 하면 jQuery UI에서 제공하는 기본 기능을 사용할 수 있다.

```
$( "#draggable" ).draggable( );
```

위의 예제를 실행하면 다음 그림과 같은 div가 화면에 보이게 되는데 해당 div 마우스로 드래그를 하면 element가 움직이는 것을 확인할 수 있다.

그림 12-10. ex_Ch12_07.html 실행 화면

• 이동 방향 제한

element를 초기화할 때 다음과 같이 옵션을 설정하면 element의 이동 방향을 세로 혹은
가로 방향으로 제한할 수 있다.

```
$( "#draggable" ).draggable({ axis: "y" });
$( "#draggable2" ).draggable({ axis: "x" });
```

"axis : y"를 옵션으로 초기화하는 경우 세로 방향으로만 이동이 가능하며 "axis : x"로 초
기화하는 경우는 가로 방향으로만 이동이 가능하다.

다음 코드는 세로, 가로 방향으로 element 이동 방향을 제한한 예제 코드이다.

코드 12-8. 예제 ex_Ch12_08.html

```html
<!doctype html>
<html lang="en">
<head>
  <meta charset="utf-8">
  <title>jQuery UI Draggable - Constrain movement</title>
  <link rel="stylesheet" href="jquery-ui/jquery-ui.css">
  <script src="jquery-2.1.4.js"></script>
  <script src="jquery-ui/jquery-ui.js"></script>
<style>
// css 스타일 지정
  .draggable { width: 90px; height: 90px; padding: 0.5em; float: left;
  margin: 0 10px 10px 0; }
  #draggable, #draggable2 { margin-bottom:20px; }
  #draggable { cursor: n-resize; }
  #draggable2 { cursor: e-resize; }
  </style>
```

```
</head>
<body>
// 예제에서 사용할 element 선언
<div id="draggable" class="draggable ui-widget-content">
  <p>vertical</p>
</div>

<div id="draggable2" class="draggable ui-widget-content">
  <p>horizontal</p>
</div>

<script>
// id(draggable) element에 y축 이동이 가능한 draggable 기능을 사용하게 초기화한다.
$( "#draggable" ).draggable({ axis : "y" });

// id(draggable2) element에 x축 이동이 가능한 draggable 기능을 사용하게 초기화한다.
$( "#draggable2" ).draggable({ axis : "x" });
</script>
</body>
</html>
```

~~~~~~

예제의 script 부분을 확인하면 draggable({ axis : "y" }), draggable({ axis : "x" })을 호출하여 div element에 이동 방향을 제한한 draggable 기능을 사용하게 초기화하였다. 따라서, 예제를 실행하면 그림과 같은 두 개의 div가 화면에 보이는데 각각의 div를 움직여보면 각각 x축, y축 방향으로만 움직이는 것을 확인할 수 있다.
~~~~~~

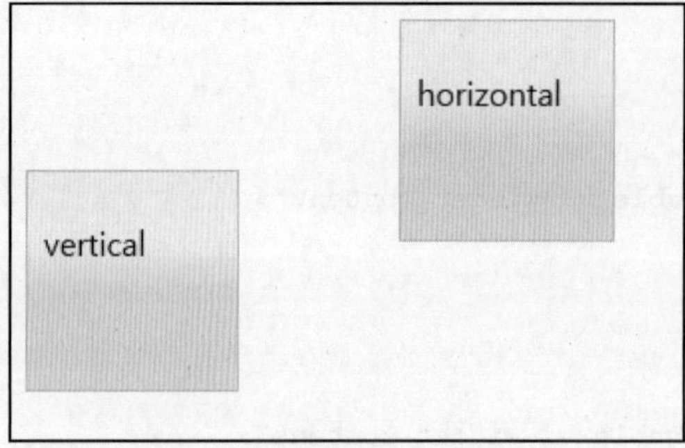

그림 12-11. ex_Ch12_08.html 실행 결과 화면

• 이동 범위 제한

element 초기화 옵션을 통해서 해당 element가 특정 div 안에서만 움직이도록 제한할 수 있다.

특정 div 안에서만 움직이도록 설정하는 방법은 다음과 같이 jQuery Selector를 이용하는 2가지 방법이 있다.

```
// id(containment-wrapper) element 안에서 이동
$( "#draggable1" ).draggable({ containment: "#containment-wrapper",
scroll: false });

// parent element 안에서 이동
$( "#draggable2" ).draggable({ containment: "parent" });
```

다음 코드를 실행하면 어떻게 동작하는지 확인을 해보자.

코드 12-9. 예제 ex_Ch12_09.html

```
<!doctype html>
<html lang="en">
<head>
```

```html
<meta charset="utf-8">
<title>jQuery UI Draggable - Constrain movement</title>
<link rel="stylesheet" href="jquery-ui/jquery-ui.css">
<script src="jquery-2.1.4.js"></script>
<script src="jquery-ui/jquery-ui.js"></script>
<style>
// css 스타일 지정
    #containment-wrapper {
        width: 95%;
        height: 200px;
        border: 2px solid #ccc;
        padding: 10px;
    }
    .draggable {
        width: 100px;
        height: 100px;
        float: left;
        margin: 10px;
    }
    p {
        font-size: 10px;
        margin: 5px;
    }
    </style>
</head>
<body>
// 예제에서 사용할 element 선언
<div id="containment-wrapper">
    <div id="draggable1" class="draggable ui-widget-content">
        <p>contained within box</p>
    </div>

    <div class="draggable ui-widget-content">
        <p id="draggable2" class="ui-widget-header">contained within
```

```
    parent</p>
  </div>
</div>

<script>
// id(draggable1) element를 id(containment-wrapper) element
// 안에서 이동하도록 설정
$( "#draggable1" ).draggable({ containment : "#containment-wrapper",
scroll: false });

// id(draggable2) element를 parent element 안에서 이동하도록 설정
$( "#draggable2" ).draggable({ containment : "parent" });
</script>
</body>
</html>
```

예제를 실행시키면 그림과 같은 div를 확인할 수 있으며 좌측의 사각형은 큰 사각형 안
에서 움직일 수 있으며 우측의 사각형 안의 글자는 사각형 안에서만 움직이는 것을 확인
할 수 있다.

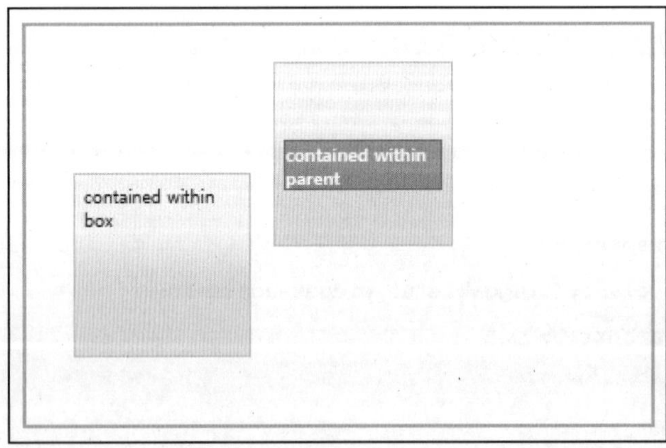

그림 12-12. ex_Ch12_09.html 실행 화면

• 이벤트

draggable 위젯에서 제공하는 이벤트에는 start, drag, stop 3가지가 있다. start, stop은
단어 그대로 drag가 시작될 때/끝날 때 호출되는 이벤트이고 drag는 이동하는 동안에 발
생하는 이벤트이다.

이벤트 발생시 호출될 함수는 다음 코드와 같이 설정할 수 있다.

```javascript
$( "#draggable" ).draggable({
    // start 이벤트 발생시 실행될 함수 설정
    start: function() {
        // ........
    },
    // drag 이벤트 발생시 실행될 함수 설정
    drag: function() {
        // ........
    },
    // stop 이벤트 발생시 실행될 함수 설정
    stop: function() {
        // ........
    }
});
```

실제 어떻게 동작이 되는지 다음 예제 코드를 실행시켜 확인해보도록 하자. 예제 코드는
element를 이동하는 경우 이벤트가 몇 번 발생하는지 표시하는 코드이다.

코드 12-10. 예제 ex_Ch12_10.html

```html
<!doctype html>
<html lang="en">
<head>
  <meta charset="utf-8">
```

```html
  <title>jQuery UI Draggable - Events</title>
  <link rel="stylesheet" href="jquery-ui/jquery-ui.css">
  <script src="jquery-2.1.4.js"></script>
  <script src="jquery-ui/jquery-ui.js"></script>
<style>
// css 스타일 지정
  #draggable { width: 16em; padding: 0 1em; font-size: 12px;}
  #draggable ul li { margin: 1em 0; padding: 0.5em 0; } * html
  #draggable ul li { height: 1%; }
  #draggable ul li span.ui-icon { float: left; }
  #draggable ul li span.count { font-weight: bold; }
  </style>
</head>
<body>
// 예제에서 사용할 element 선언
<div id="draggable" class="ui-widget ui-widget-content">

  <p>Drag me to trigger the chain of events.</p>

  <ul class="ui-helper-reset">
    <li id="event-start" class="ui-state-default ui-corner-
    all"><span class="ui-icon ui-icon-play"></span>"start" invoked
    <span class="count">0</span>x</li>
    <li id="event-drag" class="ui-state-default ui-corner-all"><span
    class="ui-icon ui-icon-arrow-4"></span>"drag" invoked <span
    class="count">0</span>x</li>
    <li id="event-stop" class="ui-state-default ui-corner-
    all"><span class="ui-icon ui-icon-stop"></span>"stop" invoked
    <span class="count">0</span>x</li>
  </ul>
</div>

<script>
  // id(event-start) element를 $start_counter에 저장
```

```javascript
var $start_counter = $( "#event-start" );
// id(event-drag) element를 $drag_counter에 저장
var $drag_counter = $( "#event-drag" );
// id(event-stop) element를 $stop_counter에 저장
var $stop_counter = $( "#event-stop" );
// 각 event 호출 횟수를 저장할 변수 설정
var counts = [ 0, 0, 0 ];


// id(draggable) element가 draggable 가능하도록 초기화
$( "#draggable" ).draggable({
    // start 이벤트 발생시 실행될 함수 설정
    start: function() {
        // start 이벤트 발생 횟수를 증가
        counts[ 0 ]++;
        // updateCounterStatus 함수 호출
        updateCounterStatus( $start_counter, counts[ 0 ] );
    },
    // drag 이벤트 발생시 실행될 함수 설정
    drag: function() {
        // drag 이벤트 발생 횟수를 증가
        counts[ 1 ]++;
        // updateCounterStatus 함수 호출
        updateCounterStatus( $drag_counter, counts[ 1 ] );
    },
    // stop 이벤트 발생시 실행될 함수 설정
    stop: function() {
        // stop 이벤트 발생 횟수를 증가
        counts[ 2 ]++;
        // updateCounterStatus 함수 호출
        updateCounterStatus( $stop_counter, counts[ 2 ] );
    }
});


function updateCounterStatus( $event_counter, new_count ) {
```

```
    // 호출한 element가 "ui-state-hover" css class를 가지고 있는지 확인
    if ( !$event_counter.hasClass( "ui-state-hover" ) ) {
        // 호출한 element에 "ui-state-hover" css class 추가
        // 다른 sibling 관계의 element의 "ui-state-hover" css class 제거
        $event_counter.addClass( "ui-state-hover" )
        .siblings().removeClass( "ui-state-hover" );
    }


    // 이벤트 발생 횟수를 화면에 출력
    $( "span.count", $event_counter ).text( new_count );
  }
</script>


</body>
</html>
```

예제의 script 부분을 확인하면 id(draggable) element가 draggable 가능하도록 초기화를 하면서 start, stop, drag 이벤트 함수를 설정하였다. 각 이벤트 함수에서는 이벤트 발생 횟수를 증가시키고 다음 코드의 updateCounterStatus를 호출하도록 하였다. updateCounterStatus 함수에서는 현재 발생하는 이벤트를 표시하기 위하여 다음 코드와 같이 addClass를 이용하여 해당 element의 css 속성에 "ui-state-hover"을 추가하고, removeClass를 이용하여 다른 element의 css 속성에서 "ui-state-hover"을 제거하였다.

```
function updateCounterStatus( $event_counter, new_count ) {
  // 호출한 element가 "ui-state-hover" css class를 가지고 있는지 확인
  if ( !$event_counter.hasClass( "ui-state-hover" ) ) {
    // 호출한 element에 "ui-state-hover" css class 추가
    // 다른 sibling 관계의 element의 "ui-state-hover" css class 제거
    $event_counter.addClass( "ui-state-hover" )
    .siblings().removeClass( "ui-state-hover" );
  }
```

```javascript
    // 이벤트 발생 횟수를 화면에 출력
    $( "span.count", $event_counter ).text( new_count );
}
```

따라서, 위의 예제를 실행하여 그림과 같이 사각형을 이동하면 내부의 숫자가 변경되면서 element의 css 속성이 변경되는 것을 확인할 수 있다.

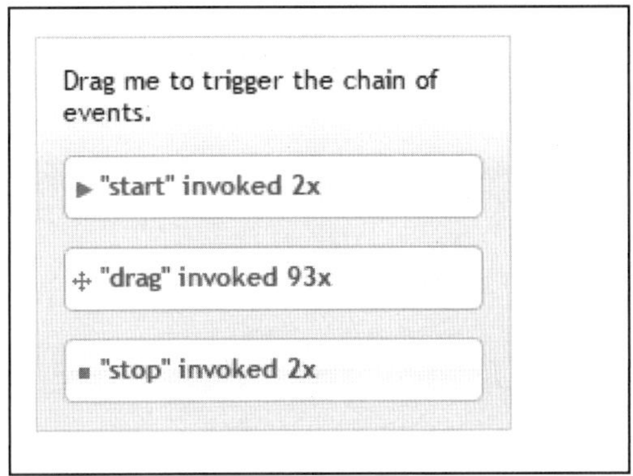

그림 12-13. ex_Ch12_10.html 실행 화면

3.3.2 Selectable

Selectable 위젯은 마우스를 이용하여 element를(li element 사용) 신택할 수 있는 기능을 제공한다. element 선택은 마우스 클릭으로 하나씩 선택을 할수도 있으며 컨트롤 키/드래그를 이용한 다중 선택도 가능하다.

• 기본 기능

Selectable 기본 기능은 다음 코드와 같이 초기화를 하면 사용이 가능하다.

```javascript
$( "#selectable" ).selectable( );
```

Selectable같은 경우는 draggable과 다르게 기본 기능이 제공하는 대부분의 기능이라고 생각하면 될 것이다. 다음 예제 코드를 실행시켜 어떻게 동작하는지 확인해보도록 하자.

코드 12-11. 예제 ex_Ch12_11.html

```html
<!doctype html>
<html lang="en">
<head>
  <meta charset="utf-8">
  <title>jQuery UI Selectable - Default functionality</title>
  <link rel="stylesheet" href="jquery-ui/jquery-ui.css">
  <script src="jquery-2.1.4.js"></script>
  <script src="jquery-ui/jquery-ui.js"></script>

<style>
// css 스타일 지정
  #selectable { font-size: 10px; }
  #selectable .ui-selecting { background: #FECA40; }
  #selectable .ui-selected { background: #F39814; color: white; }
  #selectable { list-style-type: none; margin: 0; padding: 0; width:
  60%; }
  #selectable li { margin: 3px; padding: 0.4em; font-size: 1.4em;
  height: 18px; }
  </style>
</head>
<body>

// 예제에서 사용할 element 선언
<ol id="selectable">
  <li class="ui-widget-content">Item 1</li>
  <li class="ui-widget-content">Item 2</li>
  <li class="ui-widget-content">Item 3</li>
  <li class="ui-widget-content">Item 4</li>
  <li class="ui-widget-content">Item 5</li>
```

```html
  <li class="ui-widget-content">Item 6</li>
  <li class="ui-widget-content">Item 7</li>
</ol>

<script>
// id(selectable) element가 selectable 가능하도록 초기화
$( "#selectable" ).selectable();
</script>

</body>
</html>
```

예제 코드에서는 $("#selectable").selectable( )을 이용하여 id(selectable) element가 selectable이 가능하도록 초기화를 하였다. 때문에 예제를 실행하면 다음과 같이 선택 가능한 리스트를 확인할 수 있을 것이다.

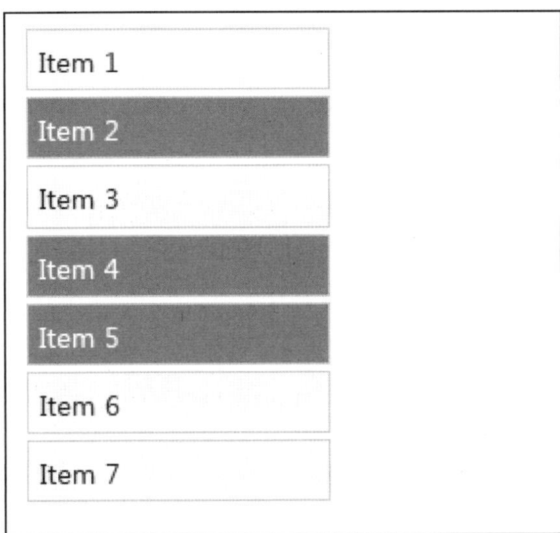

그림 12-14. ex_Ch12_11.html 실행 화면

• 그리드 형태의 element

Selectable을 적용할 때 앞에서 확인한 예제 코드와 같은 형태만 사용할 수 있는 것이 아니라, 그리드 형태의 모양에서도 적용이 가능하다. selecatable( ) 메소드에서 따로 설정을 하는 것이 아니라, li element의 css 속성에 float 속성을 이용하여 화면에 그리드 형태로 보여지기만 하면 selectable 기능은 그대로 적용이 된다.

다음 예제 코드를 통하여 확인해보도록 하자.

코드 12-12. 예제 ex_Ch12_12.html

```html
<!doctype html>
<html lang="en">
<head>
  <meta charset="utf-8">
  <title>jQuery UI Selectable - Display as grid</title>
  <link rel="stylesheet" href="jquery-ui/jquery-ui.css">
  <script src="jquery-2.1.4.js"></script>
  <script src="jquery-ui/jquery-ui.js"></script>

<style>
// css 스타일 지정
  #selectable { font-size: 13px; }
  #selectable .ui-selecting { background: #FECA40; }
  #selectable .ui-selected { background: #F39814; color: white; }
  #selectable { list-style-type: none; margin: 0; padding: 0; width:
  450px; }
  #selectable li { margin: 3px; padding: 1px; float: left; width:
  100px; height: 80px; font-size: 4em; text-align: center; }
  </style>
</head>
<body>

// 예제에서 사용할 element 선언
```

```html
<ol id="selectable">
  <li class="ui-state-default">1</li>
  <li class="ui-state-default">2</li>
  <li class="ui-state-default">3</li>
  <li class="ui-state-default">4</li>
  <li class="ui-state-default">5</li>
  <li class="ui-state-default">6</li>
  <li class="ui-state-default">7</li>
  <li class="ui-state-default">8</li>
  <li class="ui-state-default">9</li>
  <li class="ui-state-default">10</li>
  <li class="ui-state-default">11</li>
  <li class="ui-state-default">12</li>
</ol>

<script>
// id(selectable) element가 selectable 가능하도록 초기화
$( "#selectable" ).selectable();
</script>

</body>
</html>
```

예제의 css 선언 부분을 확인하면 다음과 같이 float 속성을 left로 설정하였다.

```css
#selectable li { margin: 3px; padding: 1px; float: left; width: 100px;
height: 80px; font-size: 4em; text-align: center; }
```

때문에 예제를 실행하면 그림 12-15와 같이 그리드 형태의 selectable list를 확인할 수 있다.

그림 12-15. ex_Ch12_12.html 실행 화면

● 이벤트

Selectable 위젯에서는 selected, selecting, start, stop, unselected, unselecting 등과 같은
다양한 이벤트를 제공하고 있으며 해당 이벤트의 등록은 Draggable의 예시와 동일하다.
다음 예제 코드를 통하여 stop 이벤트를 어떻게 사용하는지 확인해보도록 하자.

코드 12-13. 예제 ex_Ch12_13.html

```html
<!doctype html>
<html lang="en">
<head>
  <meta charset="utf-8">
  <title>jQuery UI Selectable - Serialize</title>
  <link rel="stylesheet" href="jquery-ui/jquery-ui.css">
  <script src="jquery-2.1.4.js"></script>
  <script src="jquery-ui/jquery-ui.js"></script>

<style>
// css 스타일 지정
  #feedback { font-size: 15px; }
  #selectable { font-size: 10px; }
  #selectable .ui-selecting { background: #FECA40; }
  #selectable .ui-selected { background: #F39814; color: white; }
  #selectable { list-style-type: none; margin: 0; padding: 0; width:
  90%; }
```

```css
#selectable li { margin: 3px; padding: 0.4em; font-size: 1.4em;
height: 18px; }
</style>
```

```html
</head>
<body>
```

```html
// 예제에서 사용할 element 선언
<p id="feedback">
<span>You've selected:</span> <span id="select-result">none</span>.
</p>

<ol id="selectable">
  <li class="ui-widget-content">Item 1</li>
  <li class="ui-widget-content">Item 2</li>
  <li class="ui-widget-content">Item 3</li>
  <li class="ui-widget-content">Item 4</li>
  <li class="ui-widget-content">Item 5</li>
  <li class="ui-widget-content">Item 6</li>
</ol>

<script>
// id(selectable) element가 selectable 가능하도록 초기화
$( "#selectable" ).selectable({
  // stop 이벤트 발생시 실행될 함수 설정
  stop: function() {
    var result = $( "#select-result" ).empty();
// 이벤트가 발생한 "ui-selected" css 속성을 가진 모든 element의 index를 화면에 출력
    $( ".ui-selected" , this ).each(function() {
      var index = $( "#selectable li" ).index( this );
      result.append( " #" + ( index + 1 ) );
    });
  }
});
</script>
```

```
</body>
</html>
```

위의 코드는 다음과 같이 Stop 이벤트 발생 시 실행될 함수를 설정하였고,

```
$( "#selectable" ).selectable({
  stop: function() {
    ///////////////////////----------..
  }
});
```

stop 이벤트 발생시 실행되는 함수를 확인해보면

```
// stop 이벤트 발생시 실행될 함수 설정
stop: function() {
  var result = $( "#select-result" ).empty();
  // event가 발생한 "ui-selected" css 속성을 가진 모든 element의 index를 화면에 출력
  $( ".ui-selected", this ).each(function() {
    var index = $( "#selectable li" ).index( this );
    result.append( " #" + ( index + 1 ) );
  });
}
```

먼저 $("#select−result").empty( )을 호출하여 id(select−result) element의 contents를 삭제를 하고 $(".ui−selected", this)을 이용하여 이벤트가 발생한 select된 element를 모두 선택하여 해당 element의 index를 화면에 출력하게 하였다.

따라서, 예제를 실행하여 element를 선택하게 되면 그림 12−16과 같이 선택된 element의 index가 화면에 출력되는 것을 확인할 수 있다.

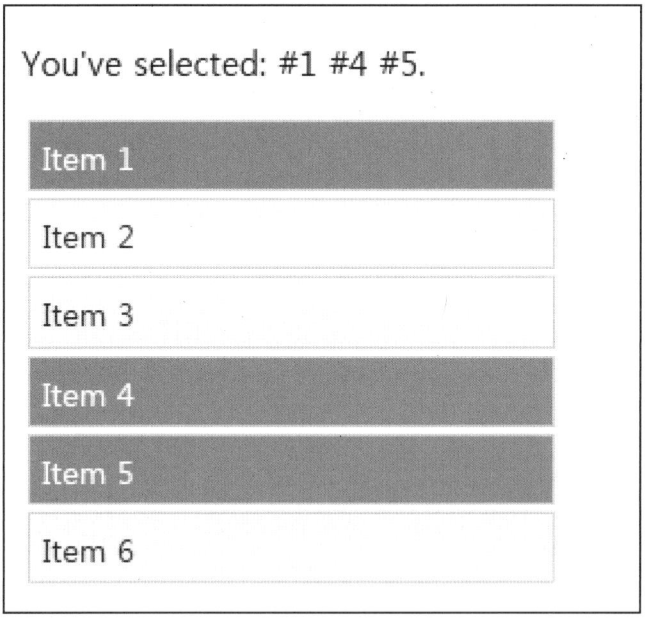

그림 12-16. ex_Ch12_13.html 실행 화면

3.4 Widgets

이번에는 다양한 기능과 이벤트를 제공하는 위젯들에 대하여 알아보도록 하겠다.

3.4.1 Accordion

Accordion 위젯은 다음과 같이 header element와 content(div) element 페어로 구성된
element를 그림 12-17과 같은 형태로 변환시켜서 보여주는 기능을 제공한다.

```
<div id="accordion">
  // header element 선언
  <h3>First header</h3>
  // contents element 선언
  <div>First content panel</div>
  // header element 선언
  <h3>Second header</h3>
  // contents element 선언
  <div>Second content panel</div>
</div>
```

Accordion 위젯은 마우스 입력과 함께 다음과 같은 키보드 입력도 지원을 하고 있다.

key 값	동작
UP/LEFT	이전 header로 focus 이동 (첫 번째 header인 경우, 마지막 header로 focus 이동)
DOWN/RIGHT	다음 header로 focus 이동 (마지막 header인 경우, 첫 번째 header로 focus 이동)
HOME	첫 번째 header로 focuse 이동
END	마지막 header로 focuse 이동
SPACE/ENTER	focus가 있는 header를 actiave 시킨다.(content를 보여준다)

표 12-1. Accordion 위젯의 키 입력 동작

다음 예제 코드를 실행하여 실제로 어떻게 동작하는지 확인 해보도록 하자.

```html
<!doctype html>
<html lang="en">
<head>
  <meta charset="utf-8">
  <title>jQuery UI Accordion - Default functionality</title>
  <link rel="stylesheet" href="jquery-ui/jquery-ui.css">
  <script src="jquery-2.1.4.js"></script>
  <script src="jquery-ui/jquery-ui.js"></script>
</head>
<body>
// 예제에서 사용할 element 선언
<div id="accordion">
  <h3>Section 1</h3>
  <div>
    <p>
    Section 1 contents.
    </p>
  </div>
  <h3>Section 2</h3>
  <div>
    <p>
    Section 2 contents.
    </p>
    <ul>
      <li>List item one</li>
      <li>List item two</li>
      <li>List item three</li>
    </ul>
  </div>
  <h3>Section 3</h3>
  <div>
    <p>
    Section 3 contents 1.
```

```
    </p>
    <p>
    Section 3 contents 2.
    </p>
  </div>
</div>

<script>
// id(accordion) element가 accordion 기능을 사용할수 있도록 초기화
$( "#accordion" ).accordion();
</script>

</body>
</html>
```

예제 코드의 element 선언 부분을 확인하면 content element에 다양한 구성이 가능하다
는 것을 보여주기 위하여 div element의 내부를 다양하게 구성을 하였다. 해당 기능을 사
용하기 위한 코드는 $("#accordion").accordion( ) 한 줄로 편하게 초기화를 할 수 있다.
따라서 예제를 실행하면 그림과 같은 형태와 동작을 확인할 수 있다.

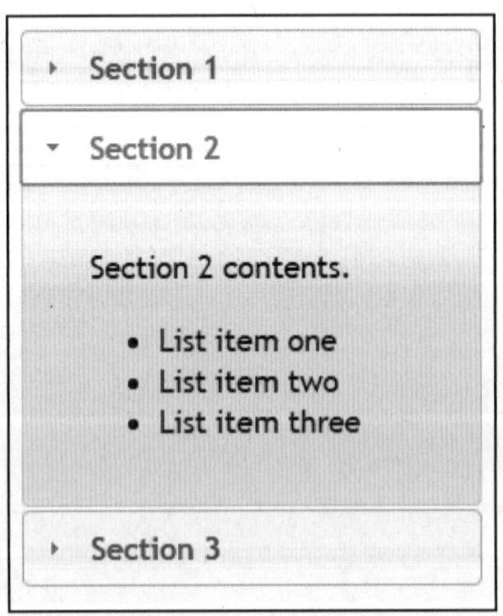

그림 12-17. ex_Ch12_14.html 실행 화면

3.4.2 Autocomplete

자동완성 기능은 인터넷 검색창(구글, 네이버, 다음 등)에서 많이 경험을 한 기능일 것이다. 자동완성 기능은 입력을 받을 수 있는 element(input, textarea 등)라면 어떤 element라도 적용이 가능하다.

해당 기능은 많이 경험을 해봤을거라 생각되기 때문에 자세한 기능 설명은 생략하고 간단한 사용 방법에 대하여 확인해 보도록 하자. 자동완성 기능의 경우 추천하는 데이터가 소스 코드에 있는 경우에는 다음과 같이 초기화를 하여 사용할 수 있다.

```javascript
$( "#tags" ).autocomplete({
    source : ["ActionScript", "C", "C++", "Java", "JavaScript", "PHP",
    "Python"]
});
```

Autocomplete 경우에는 사용할 데이터에 대해서 명시를 해줘야 하기 때문에 초기화할 때 source 옵션 값을 설정해야 한다.

source 옵션에 들어갈 수 있는 값은 Array, String, function이 있다.

- array : 로컬 데이터를 설정할 때 사용
- string : url을 통하여 데이터를 외부에서 가져올 때 사용
- function : 데이터를 가져오는 함수를 지정(array, string과 달리 데이터를 가져올 때 소스코드에서 다양한 작업을 할 수 있음)

초기화 시 지정된 source 옵션 값은 다음 코드와 같이 초기화 이후에 source 옵션 값을 읽어올 수도 있고 다시 설정할 수 있다.

```javascript
// "selector" class를 가진 element의 source 옵션 값을 읽어온다.
var source = $( ".selector" ).autocomplete( "option", "source" );
```

```
// "selector" class를 가진 element의 source를 설정
$( ".selector" ).autocomplete( "option", "source", ["ActionScript",
"C", "C++", "Java", "JavaScript", "PHP", "Python"]);
```

다음 예제 코드를 사용하여 실제 어떻게 동작하는지 확인해보도록 하자.

코드 12-15. 예제 ex_Ch12_15.html

```html
<!doctype html>
<html lang="en">
<head>
  <meta charset="utf-8">
  <title>jQuery UI Autocomplete - Default functionality</title>
  <link rel="stylesheet" href="jquery-ui/jquery-ui.css">
  <script src="jquery-2.1.4.js"></script>
  <script src="jquery-ui/jquery-ui.js"></script>
</head>
<body>
// 예제에서 사용할 element 선언
<div class="ui-widget">
  <label for="tags">Tags: </label>
  <input id="tags">
</div>

<script>
// 추천 목록을 설정
var availableTags = [
  "ActionScript",
  "C",
  "C++",
  "Java",
  "JavaScript",
  "Perl",
```

```
    "PHP",
    "Python",
];
// id(tags) element가 autocomplete 기능을 사용할수 있도록 초기화
// source로 avaiableTags를 설정
$( "#tags" ).autocomplete({
  source: availableTags
});
</script>

</body>
</html>
```

이번 예제는 사용할 데이터를 로컬(소스 코드)에서 가져와서 화면에 보여주는 코드로
autocomplete가 어떻게 사용할 수 있는지를 간단하게 보여주는 예제이다.
예제의 script 부분을 확인하면 availableTags 변수에 추천 항목으로 사용할 목록을 배열
로 저장하고, 해당 변수 값을 이용하여 다음과 같이 Autocomplete 위젯을 초기화하는데
사용하였다.

```
// id(tags) element가 autocomplete 기능을 사용할수 있도록 초기화
// source로 avaiableTags를 설정
$( "#tags" ).autocomplete({
  source: availableTags
});
```

따라서, 예제를 실행시키면 그림과 같은 동작을 확인할 수 있다.

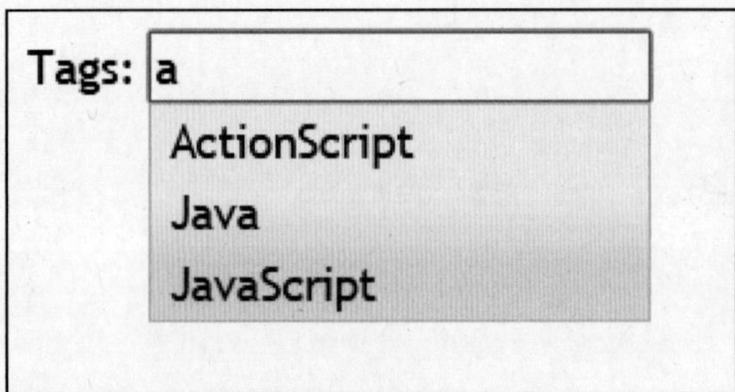

그림 12-18. ex_Ch12_15.html 실행 화면

자동완성 기능은 사용할 데이터를 외부(database)에서 가져오는 경우도 많기 때문에 그
럴 경우에는 다음과 같이 외부에서 데이터를 읽어올 수 있게 초기화를 하면 된다.

```
// id(test) element가 autocomplete 기능을 사용할수 있도록 초기화
$( "#test" ).autocomplete({
    // 추천 목록의 소스를 가져올 주소 설정
    source : "sample.php",
    // 자동완성 기능을 사용하기 위한 최소 입력 문자 길이
    minLength : 2
});
```

위의 코드는 sample.php라는 url 주소를 통하여 사용할 데이터를 읽어온다는 의미이며
입력값이 최소 2자리가 되는 경우에 자동완성 기능을 사용한다는 의미이다.

이렇게 호출하는 경우 서버에서는 json 형태의 값을 주면 자동으로 화면에 데이터를 보
여주게 되는데, json 값에 value라는 key 값을 데이터로 사용하게 된다. 즉 다음과 같은
형태의 json 값이 들어오는 경우에 Value1, Value2, Value3의 값이 화면에 자동으로 사용
된다.

```
{ [
  {id: "TEST1", label: "Label1", value: "Value1"},
  {id: "TEST2", label: "Label2", value: "Value2"},
  {id: "TEST3", label: "Label3", value: "Value3"}
] }
```

3.4.3 Datepicker

Datepicker 위젯은 달력 팝업창을 이용하여 날짜를 선택하는 기능을 제공하는 위젯이다.
Datepicker는 다음 코드와 같이 기본 초기화만 하여도 사용이 가능하다.

```
$( "#datepicker" ).datepicker( );
```

날짜 형식, 선택 가능 날짜 제한 등 다양한 옵션 설정을 통해서도 사용이 가능하다.

다음 예제는 default option으로 datepicker를 설정한 코드이다. datepicker는 datepicker
를 설정한 input element가 포커스를 가지게 되면 화면에 달력 팝업을 보여준다.

코드 12-16. 예제 ex_Ch12_16.html

```html
<!doctype html>
<html lang="en">
<head>
  <meta charset="utf-8">
  <title>jQuery UI Datepicker - Default functionality</title>
  <link rel="stylesheet" href="jquery-ui/jquery-ui.css">
  <script src="jquery-2.1.4.js"></script>
  <script src="jquery-ui/jquery-ui.js"></script>
```

```html
</head>
<body>
// 예제에서 사용할 element 선언
<p>Date: <input type="text" id="datepicker"></p>

<script>
// id(datepicker) element가 datepicker 기능을 사용할수 있도록 초기화
$( "#datepicker" ).datepicker();
</script>
</body>
</html>
```

예제를 실행시키면 그림 12-19와 같은 형태의 달력 팝업을 확인할 수 있다.

그림 12-19. ex_Ch12_16.html 실행 화면

이번에는 날짜 형식 변경하는 방법에 대하여 알아보자. datepicker에서 기본으로 제
공하는 날짜 형식은 mm/dd/yy이고 날짜 형식을 변경하기 위해서는 option에 있는
dateFormat 값을 다음과 같이 설정해야 한다.

~~~~~~

```javascript
$("#datepicker").datepicker( "option", "dateFormat", "yy-mm-dd");
```

~~~~~~

다음 예제 코드를 통하여 어떻게 날짜 형식을 변경할 수 있는지 확인 해보도록 하자.

코드 12-17. 예제 ex_Ch12_17.html

```html
<!doctype html>
<html lang="en">
<head>
  <meta charset="utf-8">
  <title>jQuery UI Datepicker - Format date</title>
  <link rel="stylesheet" href="jquery-ui/jquery-ui.css">
  <script src="jquery-2.1.4.js"></script>
  <script src="jquery-ui/jquery-ui.js"></script>
</head>
<body>
// 예제에서 사용할 element 선언
<p>Date: <input type="text" id="datepicker" size="30"></p>

<p>Format options:<br>
  <select id="format">
    <option value="mm/dd/yy">Default - mm/dd/yy</option>
    <option value="yy-mm-dd">ISO 8601 - yy-mm-dd</option>
    <option value="d M, y">Short - d M, y</option>
    <option value="d MM, y">Medium - d MM, y</option>
    <option value="DD, d MM, yy">Full - DD, d MM, yy</option>
  </select>
</p>

<script>
// id(datepicker) element가 datepicker 기능을 사용할 수 있도록 초기화
$( "#datepicker" ).datepicker();
```

```javascript
// id(format) element에서 change 이벤트가 발생하는 경우 function 수행
$( "#format" ).change(function() {
    // id(datepicker) element에서 사용하는 datepicker의 dateFormat을 사용자가 선택한
    // format으로 설정
    $( "#datepicker" ).datepicker( "option", "dateFormat", $( this ).val() );
});
</script>


</body>
</html>
```

예제의 script 부분을 확인하면 $("#datepicker").datepicker( )을 호출하여 datepicker를
default option으로 초기화를 하였으며 $("#format").change(function( ) { })을 통하여 사
용자가 select element에서 값을 선택하면 선택한 형식으로 dateFormat을 설정하도록 하
였다.

따라서 예제를 실행하고 날짜를 선택한 이후에 format option 값을 하나씩 선택하여 변
경하면 그림처럼 값이 변하는 것을 확인할 수 있다.

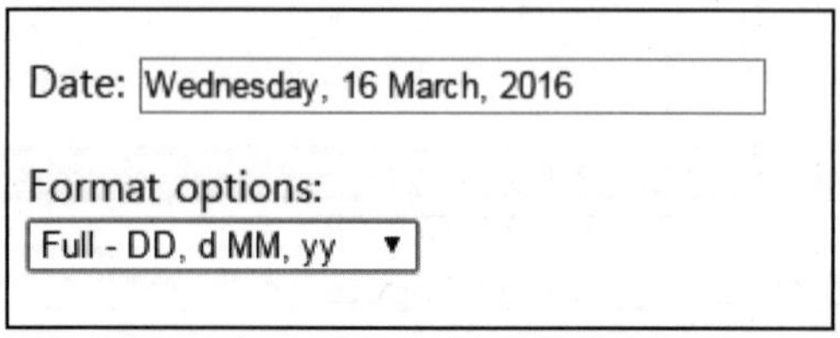

Date: Wednesday, 16 March, 2016

Format options:
Full - DD, d MM, yy ▼

그림 12-20. ex_Ch12_17.html 실행 후 날짜를 선택한 화면

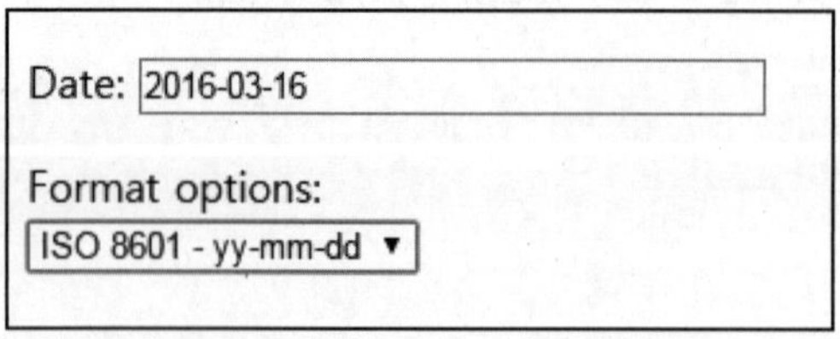

Date: 2016-03-16

Format options:
ISO 8601 - yy-mm-dd ▼

그림 12-21. Format options 값을 선택/변경한 화면

이번에는 선택 가능한 날짜의 범위를 제한하는 옵션을 알아보도록 하자.
datepicker에 있는 아래의 option 값을 설정하면 사용자에게 선택 가능한 날짜의 범위를
제한할 수 있다.

option	의미
maxDate	선택할 수 있는 최대의 날짜
minDate	선택할 수 있는 최소의 날짜

표 12-2. datepicker의 옵션값

두 개의 option 값을 설정할하는 방법은 다음과 같이 3가지 방법이 있다.

1. Date : Date object로 max, min 날짜를 지정한다.

```
$( ".selector" ).datepicker({
    // 최소값을 2015.08.10으로 설정
    minDate: new Date(2015, 08,10),
    // 최대값을 2015.10.10으로 설정
    maxDate: new Date(2015, 10 10)
});
```

2. Number : 오늘을 기준으로 며칠까지를 max, min으로 사용할지 지정한다. 2는 2일 후까지, -2는 2일전까지를 의미한다.

```
$( ".selector" ).datepicker({
    // 최대값을 오늘 기준으로  5일 후로 설정
    maxDate: 5,
    // 최소값을 오늘 기준으로  5일 전으로 설정
    minDate: -5
});
```

3. String : [y는 년, m은 월, w는 주, d는 일]로 사용하여 오늘 기준으로 며칠까지를
   max, min으로 사용할지 지정한다. +1m +1w는 오늘부터 1달하고 1주일 뒤까지를
   의미한다.

```
$( ".selector" ).datepicker({
    // 최대값을 오늘 기준으로 1달 1주일 후로 설정
    maxDate: "+1m +1w",
    // 최소값을 오늘 기준으로 1달 1주일 전으로 설정
    minDate: "-1m -1w"
});
```

다음 예제 코드와 같이 간단하게 설정하여 사용을 할 수 있다. 코드를 실행하여 동작을
확인해보자.

코드 12-18. 예제 ex_Ch12_18.html

```
<!doctype html>
<html lang="en">
<head>
  <meta charset="utf-8">
  <title>jQuery UI Datepicker - Restrict date range</title>
  <link rel="stylesheet" href="jquery-ui/jquery-ui.css">
  <script src="jquery-2.1.4.js"></script>
  <script src="jquery-ui/jquery-ui.js"></script>
</head>
<body>
// 예제에서 사용할 element 선언
<p>Date: <input type="text" id="datepicker"></p>

<script>
// id(datepicker) element가 datepicker 기능을 사용할수 있도록 초기화
// 최대값은 오늘 기준 3일 후
```

```
// 최소값은 오늘 기준 10일 전으로 설정
$( "#datepicker" ).datepicker({ minDate: -10, maxDate: "+3D" });
</script>

</body>
</html>
```

예제의 script 부분을 확인하면 $("#datepicker").datepicker({ minDate: −10, maxDate: "+3D" })을 호출하여 id(datepicker) element가 datepicker 기능을 사용할수 있도록 초기화하면서 선택 가능한 날짜의 최소값(minDate)은 오늘 기준 10일 전 날짜(−10)/선택 가능한 날짜의 최대값(maxDate)은 오늘 기준 3일 후 날짜(+3D)로 설정하였다.

따라서, 예제를 실행시키면 그림 12−22와 같이 제한된 날짜만 선택 가능한 달력 팝업을 확인할 수 있다.

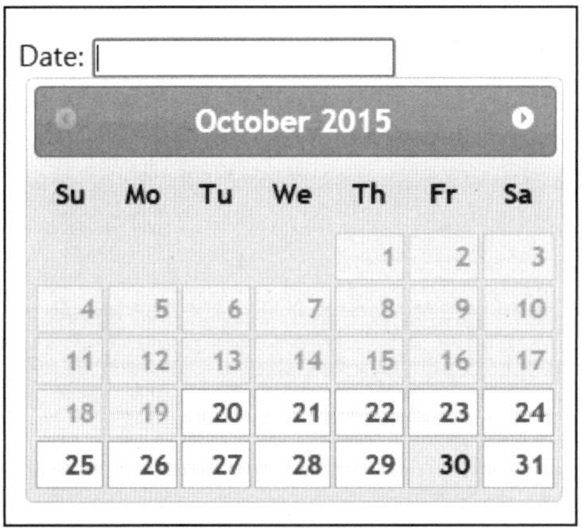

그림 12-22. ex_Ch12_18.html 실행 화면

3.4.4 Menu

Menu 위젯은 기본적으로 다음과 같은 형태의 ui element를 이용하여 메뉴가 만들어지도록 해주는 기능을 제공한다. "<li>−</li>"의 경우 구분자를 삽입하기 위한 구문이다.

```html
<ul id="menu">
  <li>Item 1</li>
  <li>Item 2</li>
    <ul>
      <li>Item 2-1</li>
      <li>Item 2-2</li>
    </ul>
  </li>
  <li>Item 3</li>
  <li>-</li>
  <li>Item 4</li>
</ul>
```

다음의 예제 코드를 통하여 어떻게 동작하는지 확인해보도록 하자.

코드 12-19. 예제 ex_Ch12_19.html

```html
<!doctype html>
<html lang="en">
<head>
  <meta charset="utf-8">
  <title>jQuery UI Menu - Default functionality</title>
  <link rel="stylesheet" href="jquery-ui/jquery-ui.css">
  <script src="jquery-2.1.4.js"></script>
  <script src="jquery-ui/jquery-ui.js"></script>
  <style>
  .ui-menu { width: 150px; font-size: 12px}
  </style>
</head>
<body>
// 예제에서 사용할 element 선언
<ul id="menu">
```

```html
    <li class="ui-state-disabled">Test1</li>
    <li>Test2</li>
    <li>Test3
      <ul>
        <li class="ui-state-disabled">Test3-1</li>
        <li>Test3-2</li>
      </ul>
    </li>
    <li>Test4</li>
    <li>Test5
      <ul>
        <li>Test5-1
          <ul>
            <li>Test5-1-1</li>
            <li>Test5-1-2</li>
          </ul>
        </li>
        <li>Test5-2
          <ul>
            <li>Test5-2-1</li>
            <li>Test5-2-2</li>
          </ul>
        </li>
      </ul>
    </li>
</ul>

<script>
// id(menu) element가 menu 기능을 사용할 수 있도록 초기화
$( "#menu" ).menu();
</script>

</body>
</html>
```

예제의 script 부분을 확인하면 $("#menu").menu( ) 한 줄로 id(menu) element가 menu 기능을 사용할 수 있도록 초기화할 수 있다. 오히려 사용자가 원하는 형태의 메뉴를 만들기 위해서는 element 선언부분과 같이 다양하게 설정을 해야한다. 메뉴는 보이지만 비활성화시키고 싶은 항목에 대해서는 해당 항목에 다음과 같이 class를 지정하면 된다.

```html
<li class="ui-state-disabled">Test1</li>
```

예제를 실행시키면 그림과 같은 형태의 메뉴를 확인할 수 있다.

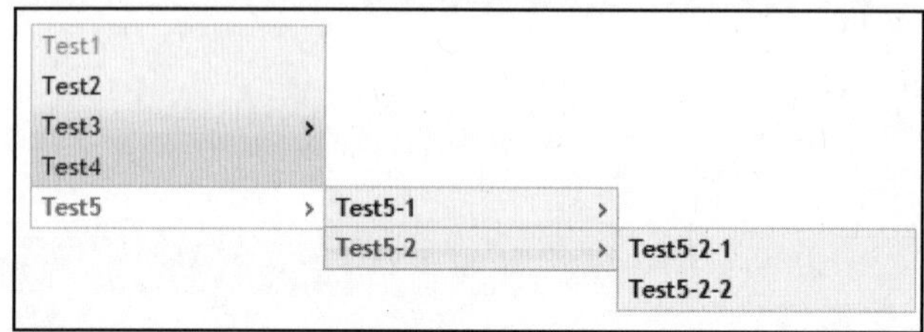

그림 12-23. ex_Ch12_19.html 실행 화면

3.4.5 Tabs

Tabs 위젯은 다음과 같은 형태의 데이터를 그림 12–24와 같은 tab 형태로 보여주는 기능을 제공한다.

```html
<div id="tabs">
  // Tab의 title을 선언
  <ul>
    <li><a href="#tabs-1">One</a></li>
    <li><a href="#tabs-2">Two</a></li>
```

```
  <li><a href="#tabs-3">Tree</a></li>
</ul>
// 각 Tab의 contents를 선언
  <div id="tabs-1">
    Contents_#1
  </div>
  <div id="tabs-2">
    Contents_#2
  </div>
  <div id="tabs-3">
    Contents_#3
  </div>
</div>
```

Menu 위젯에서 전환이 가능한 형태는 다음 3가지 조건을 만족해야 한다(위의 데이터를
보면서 매칭 시켜보도록 하자).

1. 각각의 탭 ol, ul element같은 list tag를 사용해야 한다.

2. 탭의 타이틀은 li element 안에 href 값을 속성으로 가지는 a tag에서 지정을 해야 한
   다.

```
<li><a href="#tabs-1">One</a></li>
```

3. 각 탭의 contents를 가지고 있는 element는 id의 값으로 탭의 타이틀을 가지는 a
   tag의 href 값과 동일한 값을 지정해야 한다.

```
<li><a href="#tabs-1">One</a></li>

<div id="tabs-1">
```

```
    Contents_#1
</div>
```

다음의 예제 코드를 실행하여 Tab 위젯이 어떻게 동작하는지 확인해보자.

코드 12-20. 예제 ex_Ch12_20.html

```
<!doctype html>
<html lang="en">
<head>
  <meta charset="utf-8">
  <title>jQuery UI Tabs - Default functionality</title>
  <link rel="stylesheet" href="jquery-ui/jquery-ui.css">
  <script src="jquery-2.1.4.js"></script>
  <script src="jquery-ui/jquery-ui.js"></script>
  <style>
  .ui-tabs {font-size: 12px}
  </style>
</head>
<body>
// 예제에서 사용할 element 선언
<div id="tabs">
  // Tab의 title을 선언
  <ul>
    // id(tabs-1)의 title을 선언
    <li><a href="#tabs-1">One</a></li>
    // id(tabs-2)의 title을 선언
    <li><a href="#tabs-2">Two</a></li>
    // id(tabs-3)의 title을 선언
    <li><a href="#tabs-3">Tree</a></li>
  </ul>
// id(tabs-1)의 contents를 선언
  <div id="tabs-1">
```

```
      Contents_#1
</div>
```

// id(tabs-2)의 contents를 선언

```
  <div id="tabs-2">
    Contents_#2
</div>
```

// id(tabs-3)의 contents를 선언

```
  <div id="tabs-3">
    Contents_#3
  </div>
</div>


<script>
```

// id(tabs) element가 tabs 기능을 사용할수 있도록 초기화

```
$( "#tabs" ).tabs();
</script>


</body>
</html>
```

~~~~~~

예제를 실행시키면 그림 12-24와 같은 형태의 Tab 메뉴를 확인할 수 있다.

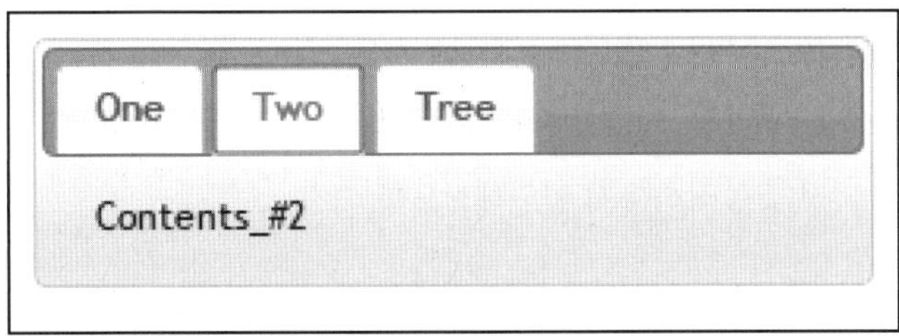

그림 12-24. ex_Ch12_20.html 실행 결과 화면
~~~~~~

3.5 Effects

jQuery UI에서는 element의 class 변경, element show/hide 등의 다양한 효과를 지원하고 있다.

이번에는 effects 중에서 몇 가지를 살펴보도록 하자.

3.5.1 Add Class, Remove Class

Animation 동안에 element의 특정 css를 수정하는 기능을 제공한다(addClass( )는 특정 속성값을 추가, removeClass( )는 특정 속성값을 제거). 각각의 호출 방식은 다음과 같다.

```
addClass( className [, duration ] [, easing ] [, complete ] )
removeClass( className [, duration ] [, easing ] [, complete ] )
```

- className : 적용하려는(삭제하려는) class name
- duration : 애니메이션 효과가 동작하는 시간으로 밀리세컨드 단위(default : 0.4초)
- easing : 효과가 적용되는 속도를 의미(http://api.jqueryui.com/easings/ 사이트 참고)
  (duration 동안 동일한 속도로 실행하길 원하면 "linear", 점점 빠른 속도로 실행되기를 원하면 "swing"으로 설정하면 된다. 기본 값은 "swing")
- complete : class 적용(삭제)이 완료된 이후에 호출되는 callback 함수

다음 예제 코드를 통하여 실제 어떻게 동작하는지 확인해보도록 하자.

코드 12-21. 예제 ex_Ch12_21.html

```
<!doctype html>
<html lang="en">
<head>
  <meta charset="utf-8">
```

```html
<link rel="stylesheet" href="jquery-ui/jquery-ui.css">
<script src="jquery-2.1.4.js"></script>
<script src="jquery-ui/jquery-ui.js"></script>
<style>
// css 스타일 지정
    .toggler { width: 300px; height: 200px; position: relative; font-size: 12px; }
    #button { padding: .5em 1em; text-decoration: none; }
    #effect { width: 240px; padding: 1em; font-size: 1.2em; border: 1px solid #000; background: #eee; color: #333; }
    .newClass { text-indent: 40px; letter-spacing: .4em; width: 410px; height: 100px; padding: 30px; margin: 10px; font-size: 15px; }
</style>
</head>
<body>
// 예제에서 사용할 element 선언
<div class="toggler">
    <div id="effect" class="ui-corner-all">
        Add and Remove Class TEST contents.
        Add and Remove Class TEST contents.
    </div>
</div>

<button id="button" class="ui-state-default ui-corner-all">Run Effect</button>

<script>
// id(button) element에서 click 이벤트가 발생하는 경우 function 수행
$( "#button" ).click(function() {
  // id(effect) element에 "newClass" css 속성을 1초 동안 적용
  // 완료 후 callback function 호출
  $( "#effect" ).addClass( "newClass", 1000, callback );
});
```

```
function callback( ) {
  // 1.5초 후 function 호출
  setTimeout(function() {
    // id(effect) element에 "newClass" css 속성을 1.5초 동안 제거
    $( "#effect" ).removeClass( "newClass", 1500 );
  }, 1500 );
}
</script>


</body>
</html>
```

예제의 script 부분을 확인하면 $("#button").click(function( ) { })을 이용하여 id(button) element에서 click 이벤트가 발생하는 경우 function을 실행하도록 하였다.

function에서는 addClass("newClass", 1000, callback)을 호출하여 id(effect) element에 "newClass"라는 class의 css 속성을 element에 1초동안 적용하고 완료된 후에는 callback 함수를 실행하도록 했다.

```
// id(button) element에서 click 이벤트가 발생하는 경우 function 수행
$( "#button" ).click(function() {
  // id(effect) element에 "newClass" css 속성을 1초 동안 적용
  // 완료 후 callback function 호출
  $( "#effect" ).addClass( "newClass", 1000, callback );
});
```

callback 함수에서는 "newClass" class가 적용된 후 잠시 기다렸다가 해당 class를 제거하기 위하여 setTimeout(function( ){ }, 1500)을 호출하여, 1.5초 후에 function을 실행하여 removeClass("newClass", 1500)을 통해서 "newClass" 속성을 1.5초 동안 제거하도록 하

였다.

```
function callback() {
  // 1.5초 후 function 호출
  setTimeout(function() {
    // id(effect) element에 "newClass" css 속성을 1.5초 동안 제거
    $( "#effect" ).removeClass( "newClass", 1500 );
    }, 1500 );
}
```

따라서, 예제를 실행시키면 그림 12-25와 같은 형태의 div와 버튼을 확인할 수 있고,

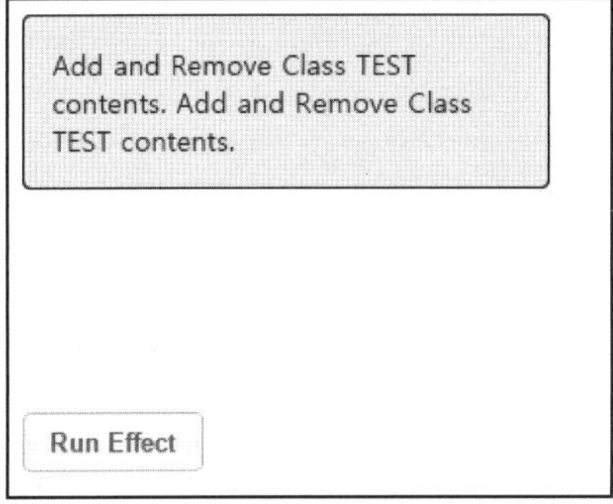

그림 12-25. ex_Ch12_21.html 실행 화면

Run Effect 버튼 클릭을 하면 그림 12-26과 같이 div element가 1초 동안 서서히 변하는 것을 확인할 수 있다.

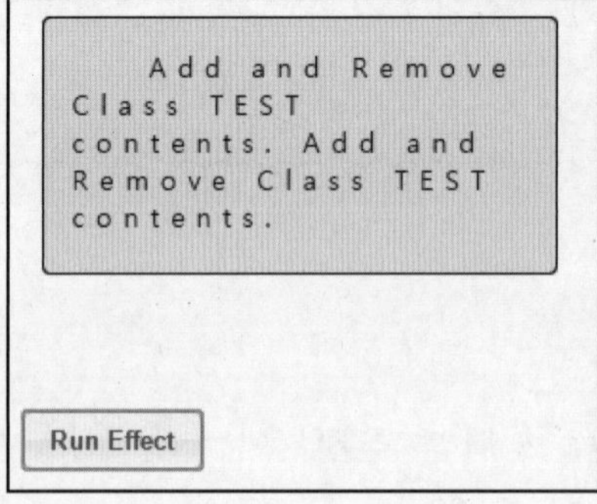

그림 12-26. Run Effect를 클릭한 실행 화면

3.5.2 SwitchClass

switchClass는 addClass, removeClass 동작을 동시에 수행하는 기능을 제공한다.
switchClass는 다음과 같은 형태로 호출이 가능하다.

```
switchClass( removeClassName, addClassName [, duration ] [, easing ] [,
complete ] )
```

첫 번째, 두 번째 파라미터에 삭제하려는 class, 추가하려는 class를 입력하며 뒤에 파라
미터는 addClass, removeClass와 동일하다 간단한 예제를 통하여 동작을 확인해보도록
하자.

코드 12-22. 예제 ex_Ch12_22.html

```
<!doctype html>
<html lang="en">
<head>
  <meta charset="utf-8">
  <title>switchClass demo</title>
```

```html
  <link rel="stylesheet" href="jquery-ui/jquery-ui.css">
  <script src="jquery-2.1.4.js"></script>
  <script src="jquery-ui/jquery-ui.js"></script>
<style>
// css 스타일 지정
  div {
    width: 100px;
    height: 100px;
    background-color: #ccc;
  }
  .big {
    width: 200px;
    height: 200px;
  }
  .blue {
    background-color: #00f;
  }
  </style>
</head>
<body>
// 예제에서 사용할 element 선언
<div class="big"></div>

<script>
// div element에서 click 이벤트가 발생하는 경우 function 수행
$( "div" ).click(function() {
  // click 이벤트가 발생한 element에서 "big" css 속성을 1초 동안 제거하면서
  // "blue" css 속성을 적용
  $( this ).switchClass( "big", "blue", 1000);
});
</script>

</body>
</html>
```

예제의 css 스타일 선언 부분을 보면 처음에 모든 div element는 크기, 색상이 다음과 같이 설정이 된다.

```css
div {
  width: 100px;
  height: 100px;
  background-color: #ccc;
}
```

그리고 div element를 선언할 때 다음과 같이 "big" class를 적용하였기 때문에

```html
<div class="big"></div>

.big {
  width: 200px;
  height: 200px;
}
```

해당 div element의 경우 div의 기본 속성에서 "big" class 적용으로 크기만 변동이 되어 다음과 같은 값을 가지게 된다.

```css
width: 200px;
height: 200px;
background-color: #ccc;
```

따라서 다음과 같이 div element를 클릭하여 해당 element에서 "big" class를 제거하고,
"blue" class를 추가하게 되면 "big" class 제거를 통하여 size 변경(width:200, height:200
-> width:100, height:100)이 발생을 하고 "blue" class 적용을 통하여 background-color
의 변경(#ccc -> #00f)이 발생을 하게 된다.

```
// div element에서 click 이벤트가 발생하는 경우 function 수행
$( "div" ).click(function() {
  // click 이벤트가 발생한 element에서 "big" css 속성을 1초 동안 제거하면서
  // "blue" css 속성을 적용
  $( this ).switchClass( "big", "blue", 1000);
});
```

따라서 예제 실행 후 div를 클릭하면 해당 div는 "big" class 제거를 통하여 크기가 작아지
고, "blue" class 추가를 통하여 색상이 파란색으로 변경되는 것을 확인할 수 있다.

그림 12-27. ex_Ch12_22.html 실행 화면

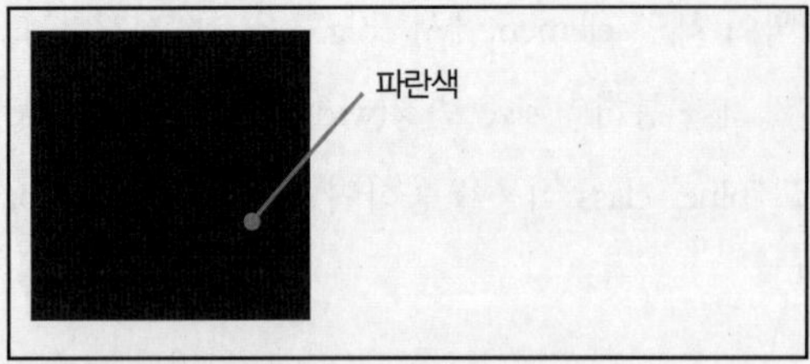

그림 12-28. div 클릭을 통한 속성 변경 화면

3.5.3 Effect

effect( ) 메소드는 element에 animation을 적용하는 기능을 제공한다. 적용 가능한 effect
는 blind, bounce, drop, fade, fold 등이 있으며 이런 effect들은 단독으로 사용되기도 하
지만 show( ), hide( )와 같이 사용되기도 한다.

호출 방식은 다음과 같다.

```
effect( effect [, options ] [, duration ] [, complete ] )
```

사용되는 파라미터는 다음과 같다.

- effect : 사용하려는 effect 이름(String)
- option : effect의 옵션 or easing (Object)
- duration : effect 지속 시간(밀리세컨드 or String) - default : 0.4초
- complete : effect 완료 후 호출되는 함수

간단한 예제를 통하여 effect가 어떻게 동작하는지 확인해보도록 하자.

```html
<!doctype html>
<html lang="en">
<head>
  <meta charset="utf-8">
  <title>effect demo</title>
  <link rel="stylesheet" href="jquery-ui/jquery-ui.css">
  <script src="jquery-2.1.4.js"></script>
  <script src="jquery-ui/jquery-ui.js"></script>
<style>
// css 스타일 지정
  div {
    width: 100px;
    height: 100px;
    background: #ccc;
    border: 1px solid #000;
  }
  </style>
</head>
<body>
// 예제에서 사용할 element 선언
<p>Click anywhere to apply the effect.</p>
<div></div>


<script>
// document에서 click 이벤트가 발생하는 경우 function 수행
$( document ).click(function() {
  // div element에 bounce 효과를 0.6초 동안 적용한다.
  $( "div" ).effect( "bounce", "slow" );
});
</script>


</body>
</html>
```

예제의 script 부분을 확인해 보면 화면(document)을 클릭하면 effect("bounce", "slow")를 호출하여 div element에 bounce 효과를 0.6초동안 적용하는 코드이다.

따라서 예제 실행 후 화면을 클릭하면 그림 12-29와 같이 div가 움직이는 것을 확인할 수 있다.

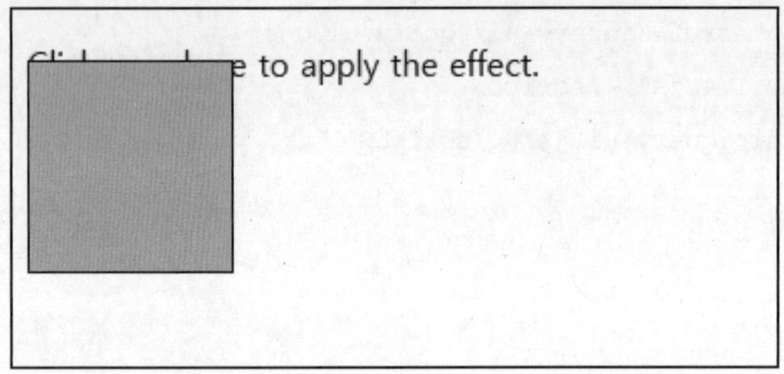

그림 12-29. ex_Ch12_23.html 실행 화면

3.5.4 Show/Hide

show/hide는 effect를 주면서 화면에 보이거나 사라지게 만드는 기능을 제공한다. effect와 동일한 형태를 가지고 있기 때문에 다음 코드와 같이 호출을 할 수 있다.

```
$( "div" ).show( "fold", 1000 );
$( "div" ).hide( "drop", { direction: "down" }, "slow" );
```

위의 코드는 fold effect를 1초 동안 주면서 화면에 보이는 기능과 drop effect를 아래 방향으로 0.6초 동안 주면서 사라지게 하는 기능을 제공한다. 다음 예제 코드를 통하여 다양한 effect들이 어떻게 동작하는지 확인해 보도록 하자.

```html
<!doctype html>
<html lang="en">
<head>
  <meta charset="utf-8">
  <title>jQuery UI Effects - Show Demo</title>
  <link rel="stylesheet" href="jquery-ui/jquery-ui.css">
  <script src="jquery-2.1.4.js"></script>
  <script src="jquery-ui/jquery-ui.js"></script>
<style>
// css 스타일 지정
  .toggler { width: 500px; height: 200px; font-size: 14px;}
  #button { padding: .5em 1em; text-decoration: none; }
  #effect { width: 240px; height: 135px; padding: 0.4em; position:
  relative; }
  #effect h3 { margin: 0; padding: 0.4em; text-align: center; }
  </style>
</head>


<body>
// 예제에서 사용할 element 선언
<div class="toggler">
  <div id="effect" class="ui-widget-content ui-corner-all">
    <h3 class="ui-widget-header ui-corner-all">Show</h3>
    <p>
      Etiam libero neque, luctus a, eleifend nec, semper at, lorem.
      Sed pede. Nulla lorem metus, adipiscing ut, luctus sed,
      hendrerit vitae, mi.
    </p>
  </div>
</div>


<select name="effects" id="effectTypes">
  <option value="blind">Blind</option>
```

```html
<option value="bounce">Bounce</option>
<option value="clip">Clip</option>
<option value="drop">Drop</option>
<option value="explode">Explode</option>
<option value="fold">Fold</option>
<option value="highlight">Highlight</option>
<option value="puff">Puff</option>
<option value="pulsate">Pulsate</option>
<option value="scale">Scale</option>
<option value="shake">Shake</option>
<option value="size">Size</option>
<option value="slide">Slide</option>
</select>

<button id="button" class="ui-state-default ui-corner-all">Run
Effect</button>

<script>
// runEffect( ) 함수 정의
function runEffect() {
  // id(effectTypes) element의 value를 selectedEffect에 저장
  var selectedEffect = $( "#effectTypes" ).val();

  // effect option을 설정할 변수(options) 선언
  var options = {};
  if ( selectedEffect == "scale" ) {
    // scale effect의 경우 percent option 값을 100으로 설정
    options = { percent: 100 };
  } else if ( selectedEffect == "size" ) {
    // size effect의 경우 width, height 값을 설정
    options = { to: { width: 280, height: 185 } };
  }

// id(effect) element를 0.5초 동안 selecedEffect 효과를 적용하면서 화면에 보여준다
```

```
// 완료후 callback 함수를 실행
  $( "#effect" ).show( selectedEffect, options, 500, callback );
};

// callback 함수 정의
function callback() {
  // 1초 후 function 호출
  setTimeout(function() {
    // visible 상태인 id(effect) element의 style 속성을 제거하고 화면에서 사라지게 한다.
    $( "#effect:visible" ).removeAttr( "style" ).fadeOut();
  }, 1000 );
};

// id(button) element에서 click 이벤트가 발생하는 경우 runEffect( ) 호출
$( "#button" ).click(function() {
  runEffect();
});

// id(effect) element를 화면에서 사라지게 한다.
$( "#effect" ).hide();
</script>

</body>
</html>
```

element 선언 부분을 확인하면 다음 코드처럼 select tag를 이용하여 다양한 effect를 선택할 수 있게 하였으며,

```
<select name="effects" id="effectTypes">
  <option value="blind">Blind</option>
  <option value="bounce">Bounce</option>
```

```
  .................
  <option value="slide">Slide</option>
</select>
```

Script 부분에서는 $("#button").click(function( ) { })을 이용하여 button을 클릭하면
runEffect( ) 함수가 동작하도록 하였다.

```
// id(button) element에서 click 이벤트가 발생하는 경우 runEffect() 호출
$( "#button" ).click(function() {
  runEffect();
});
```

runEffect( ) 함수를 확인하면 먼저 $("#effectTypes").val( )을 호출하여 사용자
가 선택한 effect가 무엇인지를 읽어와서 selectedEffect 변수에 저장을 하고 show(
selectedEffect, options, 500, callback) 코드를 호출하여 선택한 effect를 0.5초동안 실행
하면서 div를 화면에 보이고 종료된 이후에 callback 함수를 호출하도록 하였다.

show( ) 함수를 호출할 때 options를 넘겨주고 있는데 대부분의 effect는 option을 주지
않아도 실행이 가능하지만 scale과 size는 option을 넘겨줘야 실행이 가능하기 때문에 해
당 effect에 대한 처리만 따로 하였다.

```
function runEffect() {
// id(effectTypes) element의 value를 selectedEffect에 저장
  var selectedEffect = $( "#effectTypes" ).val();

// effect option을 설정할 변수(options) 선언
  var options = { };
```

```javascript
if ( selectedEffect == "scale" ) {
    // scale effect의 경우 percent option 값을 100으로 설정
    options = { percent: 100 };
} else if ( selectedEffect == "size" ) {
    // size effect의 경우 width, height 값을 설정
    options = { to: { width: 280, height: 185 } };
}

  // id(effect) element를 0.5초 동안 selecedEffect 효과를 적용하면서 화면에 보여준다
  // 완료후 callback 함수를 실행
  $( "#effect" ).show( selectedEffect, options, 500, callback );
};
```

effect 적용후 실행되는 callback 함수를 확인하면 setTimeout( ) 메소드를 이용하여 1초 후에 $("#effect:visible").removeAttr("style").fadeOut( ) 코드가 실행되도록 하였다. 해당 코드는 effect 효과가 적용되면서 수정된 style을 제거하고 화면에서 사라지도록 하였다.

```javascript
// callback 함수 정의
function callback() {
  // 1초 후 function 호출
  setTimeout(function( ) {
    // visible 상태인 id(effect) element의 style 속성을 제거하고 화면에서 사라지게 한다.
    $( "#effect:visible" ).removeAttr( "style" ).fadeOut( );
  }, 1000 );
};
```

따라서, 예제 실행 후 화면을 원하는 효과를 선택하고 버튼을 클릭하면 그림 12-30과 같이 effect가 적용되면서 div가 화면에 보이는 것을 확인할 수 있다.

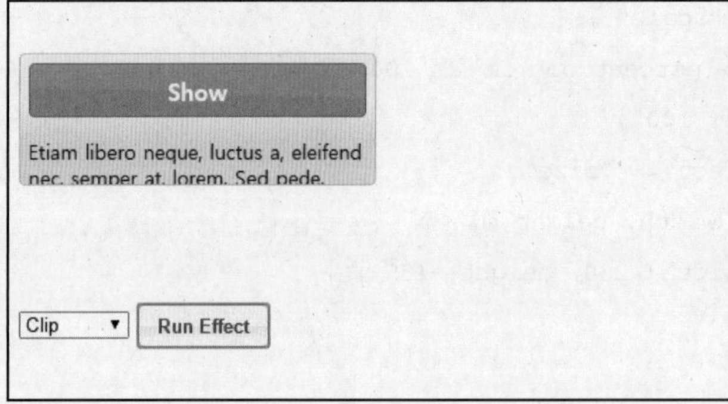

그림 12-30. ex_Ch12_24.html 실행 후 Clip 효과를 선택한 화면

jQuery

13

OpenAPI

OpenAPI란 인터넷을 통하여 누구나 사용할 수 있도록 공개된(open) API를 말하며 Google Map이 대표적인 예이다. 지도 서비스 및 다양한 서비스들에서 시도되고 있으며 누구나 접근하여 사용할 수 있다는 장점이 있다.

Google, Facebook, Twitter, Instagram, Daum, Naver 등 많은 기업들에서 OpenAPI를 제공하고 있으며 해당 OpenAPI를 이용한 다양한 서비스들도 많아지고 있다. 이번 챕터에서 언급할 OpenAPI는 지도 서비스를 제공하는 API로 Google Map, 다음 지도 이렇게 2가지이다. 해당 OpenAPI에 대한 간단한 설명과 함께 어떤 식으로 사용할 수 있는지 짧은 예제 코드를 작성 할 예정이다.

---

1 Google Map

Google Map은 대표적인 OpenAPI를 제공하는 서비스로 많은 곳에서 지도 관련 서비스를 개발할 때 이용을 하고 있다. Google Map OpenAPI를 사용하려면 무엇을 준비해야 하며 실제 API를 사용하여 지도 서비스를 구현하려면 어떻게 해야 하는지 알아보도록 하자.

1.1 Google Map 사용하기

Google Map의 공식 페이지는 https://developers.google.com/maps/이다.

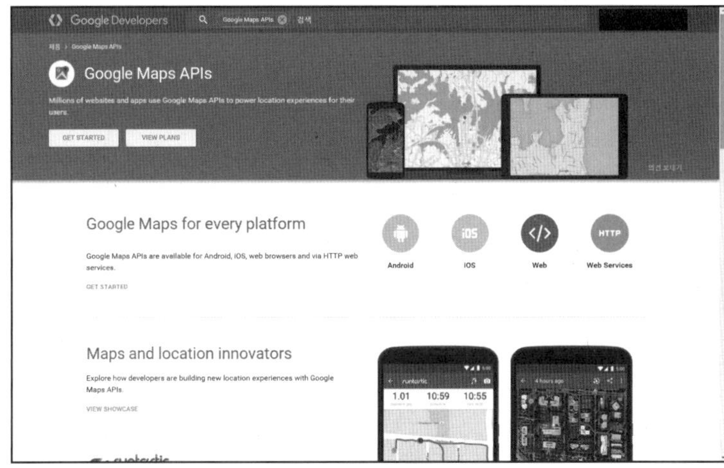

그림 13-1. Google Map의 공식 페이지

홈페이지에 나와 있는 것처럼 Google Map은 Android, iOS, Web, WebService 등 다양한 플랫폼을 지원하고 있다.

우리는 자바스크립트에서 Google Map API를 사용하기 때문에 다음 페이지에서 관련 정보들을 확인하면 된다(카테고리 web -> javascript).

https://developers.google.com/maps/documentation/javascript/

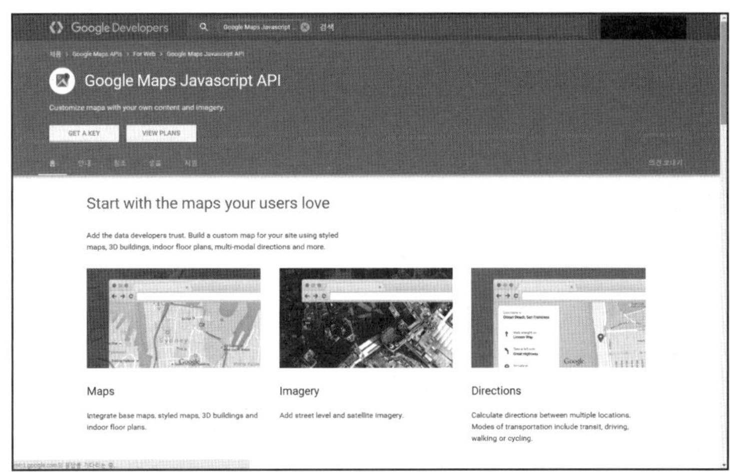

그림 13-2. 자바스크립트용 Google Map API 페이지

Google Map의 경우 사용하는데 있어서 Standard(무료), Premium(유료)에 따라 제한이 있으며, 자세한 내용은 아래 url에서 확인 가능하다.

https://developers.google.com/maps/documentation/javascript/usage

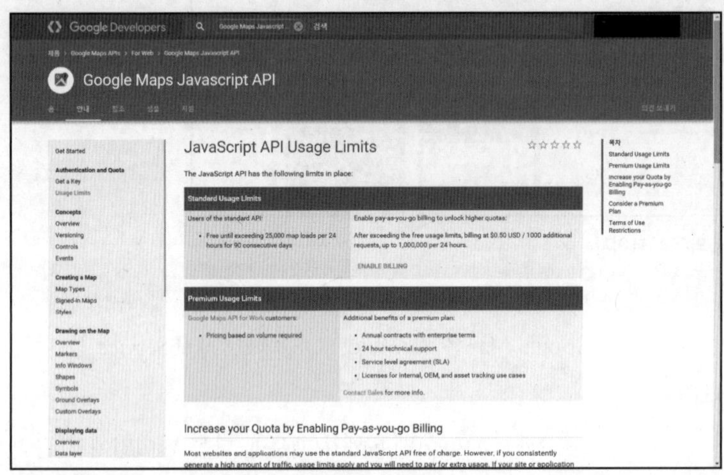

그림 13-3. Google Map API의 사용 권한을 설명한 페이지

OpenAPI를 사용하기 위해서는 application key를 생성해야 하는데 google 계정이 있어야 생성이 가능하다.

api key 생성은 다음 페이지에서 "GET A KEY"를 선택하면 그림 13-5와 같은 안내 화면을 볼 수 있다.

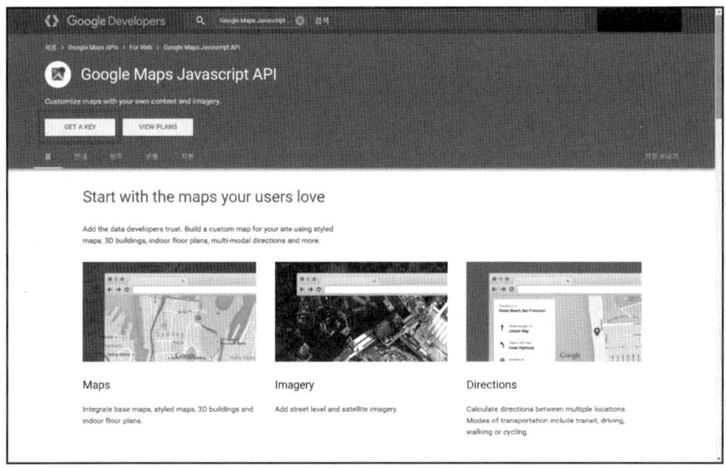

그림 13-4. api key 생성을 위한 첫 번째 화면

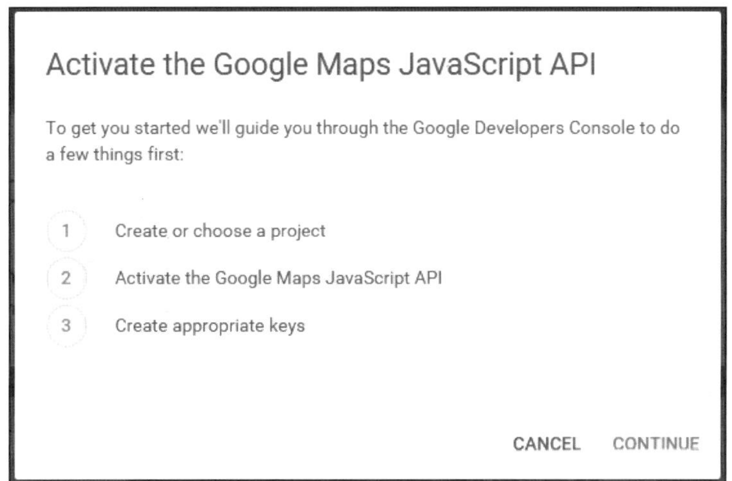

그림 13-5. "Get a Key" 선택 후 보이는 안내 화면

"CONTINUE"를 선택하면 다음과 같은 애플리케이션 등록 화면을 볼 수 있을 것이다.

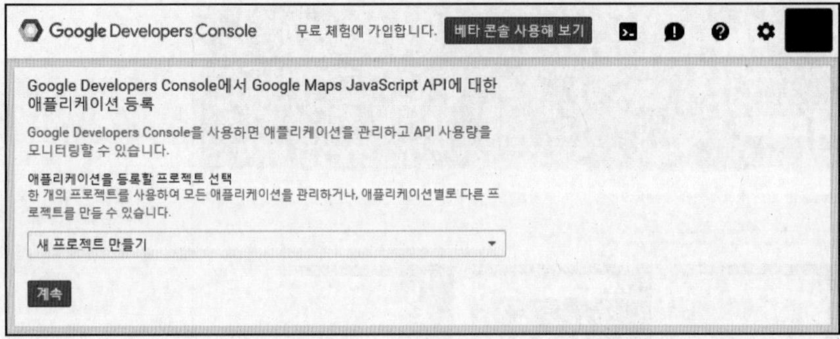

그림 13-6. 애플리케이션 등록 화면

필자는 기존에 생성한 프로젝트가 있어서 "새 프로젝트 만들기"라는 메뉴가 있지만 이
단계를 처음 하는 경우에는 "서비스 약관 동의"가 보이게 된다. "계속" 버튼을 선택하면
그림 13-7과 같은 화면이 나온다.

그림 13-7. 브라우저 api 키 생성 화면

이대로 "생성" 버튼을 선택하면 다음과 같이 API 키가 생성이 된다.

그림 13-8. 브라우저 api 키 생성 확인 화면

1.2 웹페이지에 구글 지도 삽입하기

이번에는 웹페이지에 간단한 구글 지도 삽입하는 예제 코드를 확인해보자.

코드 13-1. 예제 ex_Ch13_01.html

```html
<!DOCTYPE html>
<html>
  <head>
    <title>Simple Map</title>
    <meta name="viewport" content="initial-scale=1.0">
    <meta charset="utf-8">
    <style>
    // css 스타일 지정
      html, body {
        height: 100%;
        margin: 0;
        padding: 0;
      }
      #map {
        height: 100%;
```

```
        }
      </style>
    </head>
    <body>
// 예제에서 사용할 element 선언
      <div id="map"></div>

      <script>
      var map;
      // google.maps.Map 객체를 생성
      function initMap() {
        // id(map) element를 이용하는 객체를 생성
        map = new google.maps.Map(document.getElementById('map'), {
        // 중심 좌표 설정, zoom 레벨 설정
          center: {lat: -34.397, lng: 150.644},
          zoom: 8
        });
      }
      </script>
      // google map api를 읽어온다.
      <script src="https://maps.googleapis.com/maps/api/js?key=API
      KEY&callback=initMap"
        async defer></script>
    </body>
</html>
```

～～～～～～～～～～～～～～～～～～～～～～～～～～～～～～～～～～～～

예제를 확인하면 element 선언 부분에서 지도를 보여주기 위한 div를 하나 생성하였으며

～～～～～～～～～～～～～～～～～～～～～～～～～～～～～～～～～～～～

```
<div id="map"></div>
```

～～～～～～～～～～～～～～～～～～～～～～～～～～～～～～～～～～～～

앞에서 생성한 API KEY를 이용하여 다음 코드와 같이 구글에서 제공하는 지도 api를 읽어들이고 쿼리스트링에 callback=initMap을 넘겨주기 때문에 api loading이 완료되면 initMap 함수가 호출된다.

```html
<script src="https://maps.googleapis.com/maps/api/js?key= API KEY&callback=initMap"  async defer></script>
```

initMap 함수에서는 google.maps.Map 객체를 생성하고 있다.

```javascript
var map;
// google.maps.Map 객체를 생성
function initMap() {
  // id(map) element 을 이용하는 객체를 생성
  map = new google.maps.Map(document.getElementById('map'), {
  // 중심 좌표 설정, zoom 레벨 설정
    center: {lat: -34.397, lng: 150.644},
    zoom: 8
  });
}
```

Map 객체의 경우 생성자에서 넘어오는 div element에 지도의 중심좌표와 zoom 레벨을 설정한 구글 지도를 보여주게 된다.

위의 예제를 실행하면 13-9와 같은 화면을 확인할 수 있다.

그림 13-9. ex_Ch13_01.html 실행 화면

2 다음 지도

앞에서 Google Map에 대하여 살펴보았다면 이번에는 우리나라 기업에서 제공하고 있는 OpenAPI 에 대하여 살펴보도록 하자. 다음 지도 OpenAPI를 사용하려면 무엇을 준비해야 하며, 실제 API를 사용하여 지도 서비스를 구현하려면 어떻게 해야 하는지 알아보도록 하자.

2.1 다음 지도 사용하기

다음 지도 OpenAPI 공식 페이지는 http://apis.map.daum.net/이며 아무래도 한글로 설명을 하고 있기 때문에 초보자도 그대로 따라하기에 무리가 없을 것이다.

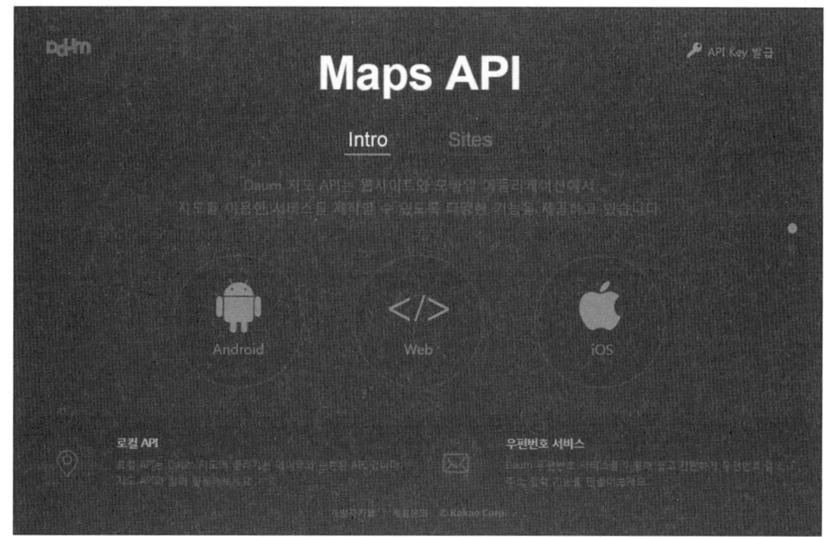

그림 13-10. 다음 지도 OpenAPI 공식 페이지

다음 지도 OpenAPI도 Google Map과 동일하게 API key를 생성해야 한다. 위 화면에서
API Key 발급을 선택하면,

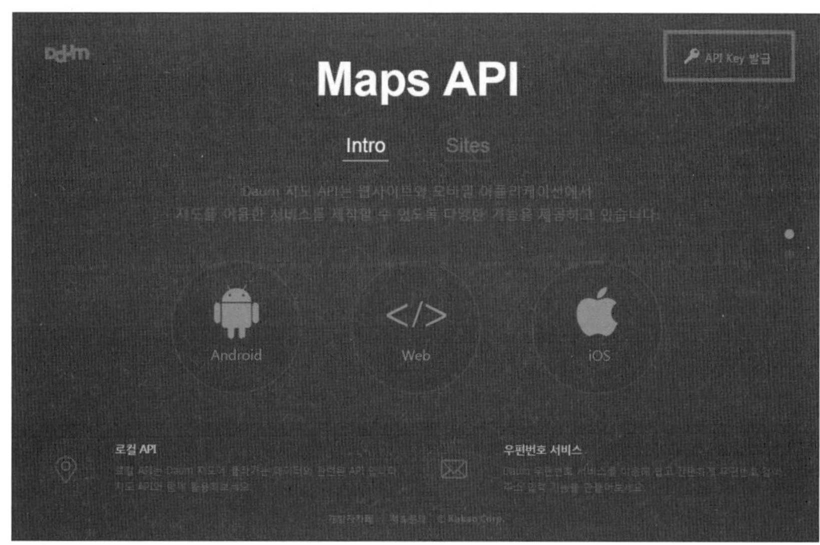

그림 13-11. API Key 발급 선택

다음과 같은 약관 동의 창을 확인할 수 있다.

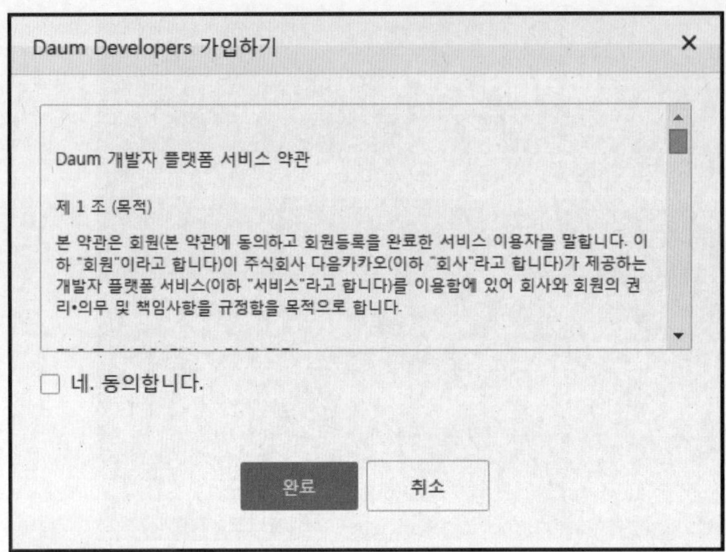

그림 13-12. 약관 동의 화면

약관 동의를 하면 다음과 같은 페이지가 뜬다.

그림 13-13. 약관 동의 후 확인 가능한 화면

여기서 "앱 만들기"를 선택하면 다음과 같이 앱 이름을 입력하게 된다.

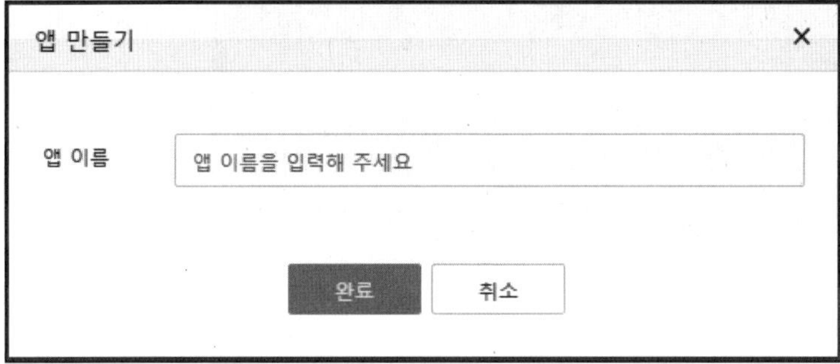

그림 13-14. 앱 만들기 위한 화면

앱 이름을 입력하고(Test App으로 입력하였다) 완료하면 다음과 같은 페이지를 확인할
수 있다.

그림 13-15. Test App 생성 화면

여기서 API Key를 선택하면 다음 화면을 볼 수 있다.

그림 13-16. API Key 선택 후 확인 가능한 화면

여기서 REST/JS API 추가를 하면 다음과 같은 입력창을 확인할 수 있다.

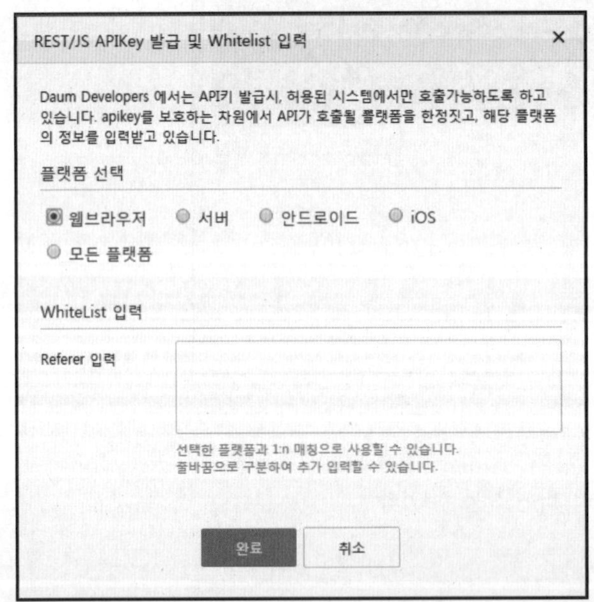

그림 13-17. REST/JS API Key 발급 화면

플랫폼(웹브라우저 선택)과 url 주소(http://www.test.com 입력)를 입력하고 완료를 하면 그림 13-18과 같이 생성 완료 화면을 확인할 수 있다.

그림 13-18. REST/JS API Key 발급 완료 화면

2.3 웹페이지에 다음 지도 삽입하기

이번에는 웹페이지에 간단한 다음 지도를 삽입하는 예제 코드를 확인해보자.

코드 13-2. 예제 ex_Ch13_02.html

```
<!DOCTYPE html>
<html>
<head>
        <meta charset="utf-8"/>
        <title>Daum 지도 시작하기</title>
</head>
<body>
    // 예제에서 사용할 element 선언
    // 지도를 보여주기 위한 div 선언
    <div id="map" style="width:500px;height:400px;"></div>
    // 제공하는 지도 api를 읽어온다.
    <script type="text/javascript" src="http://apis.daum.net/maps/maps3.
    js?apikey=API KEY"></script>
    <script>
```

```javascript
    // id(map) element를 container에 저장
    var container = document.getElementById('map');
    // map 객체 생성시 사용할 option 설정
    var options = {
    // 지도의 센터 좌표 설정
    center: new daum.maps.LatLng(33.450701, 126.570667),
    // 지도의 줌 레벨 설정
    level: 3
};
    // Map 객체 생성
    var map = new daum.maps.Map(container, options);
    </script>
</body>
</html>
```

위의 예제에서는 지도를 보여주기 위한 div를 하나 생성하였으며

```html
<div id="map" style="width:500px;height:400px;"></div>
```

앞에서 생성한 API KEY를 이용하여 다음 코드와 같이 다음에서 제공하는 지도 api를 읽어 들인다. 해당 api를 읽어들여야 관련 코드를 사용할 수 있기 때문에 지도 api를 사용하는 코드보다 먼저 선언되어야 한다.

```html
<script type="text/javascript" src="http://apis.daum.net/maps/maps3.js?apikey=API KEY"></script>
```

다음과 같이 daum.maps.Map 객체 생성시 사용될 option을 저장하고, daum.maps. Map( ) 메소드를 호출하여 Map 객체를 선언한다.

```javascript
// id(map) element를 container에 저장
var container = document.getElementById('map');
// map 객체 생성시 사용할 option 설정
var options = {
    // 지도의 센터 좌표 설정
    center: new daum.maps.LatLng(33.450701, 126.570667),
    // 지도의 줌 레벨 설정
    level: 3
};
// Map 객체 생성
var map = new daum.maps.Map(container, options);
```

Map 객체의 두 번째 파라미터로 넣는 options의 속성 중 center는 지도를 생성하는데 반드시 필요하며 center에 할당할 값은 LatLng 클래스를 사용하여 생성한다. 흔히 위경도 좌표라고 부르는 WGS84 좌표계의 좌표값을 넣어서 만들며 생성인자는 위도(latitude), 경도(longitude) 순으로 입력하면 된다. 위의 예제를 실행하면 그림과 13-19와 같은 화면을 확인할 수 있다.

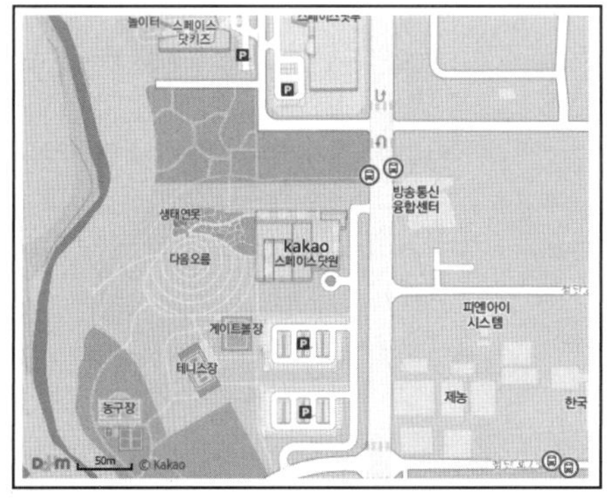

그림 13-19. ex_Ch13_02.html 실행 화면

Part 3

실전
프로젝트

이번 파트에서는 지금까지 배운 자바스크립트와 jQuery를 이용한 실전 예제를 만들어볼 예정이다.

먼저 어떠한 예제를 만들려고 하는지 이해를 돕기 위하여 예제에 대한 설명을 하고, 실제 개발을 하는 것처럼 layout을 구현한 다음에 layout에 동작을 추가하는 작업을 진행할 것이다.

그 다음에는 실제 서버에서 데이터를 받아오는 ajax 코드의 동작을 추가하기 위하여, 간단한 서버코드를 추가하여 연동을 할 예정이다. 따라서 이번 파트에서 제공하는 예제를 구현하게 되면 서버(Back-End)와 웹페이지(Font-End)의 구현을 경험하게 되어, 차후에 더 복잡한 서비스/서버 개발을 하는데 있어서 도움이 될 것이다.

Chapter

실전 예제 파악하기

먼저 이번 파트에서 구현할 예제가 어떤 형태이며 어떤 사양으로 구현해야 하는지 확인해보자. 예제는 흔하게 볼 수 있는 소셜커머스 사이트를 참고하여 다음과 같이 총 3개의 페이지(메인, 리스트, 상세)를 만들 것이다.

---

1 메인 페이지

- Layout :

  · 상단은 추천상품을 위한 영역으로 카테고리별 랭킹 1, 2, 3위의 상품과 좌우 버튼으로 구성

  · 하단은 카테고리를 위한 영역으로 카테고리 정보(이름)를 보여주도록 구성

- **동작** :

  · 추천상품을 클릭하면 상세 페이지로 이동

  · 추천상품의 좌우 버튼을 클릭하면 추천상품이 좌우로 이동

  · 3초마다 추천상품 자동 이동

  · 카테고리를 클릭하면 리스트 페이지로 이동

  · 마우스가 상품/카테고리에 올라가면 해당 영역의 색상 변경

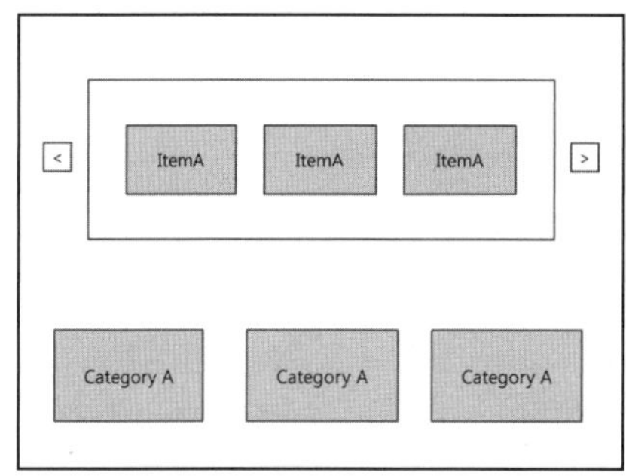

그림 14-1. 메인 페이지 layout

2 리스트 페이지

- Layout :

　· 상단에는 선택한 카테고리의 이름을 보여주도록 구성

　· 하단에는 카테고리에 속한 상품의 정보(인기순위, 타이틀)를 보여주도록 구성

- 동작 :

　· 상품 정보를 선택하면 상세 페이지로 이동

　· 마우스가 상품 정보에 올라가면 해당 영역의 색상 변경

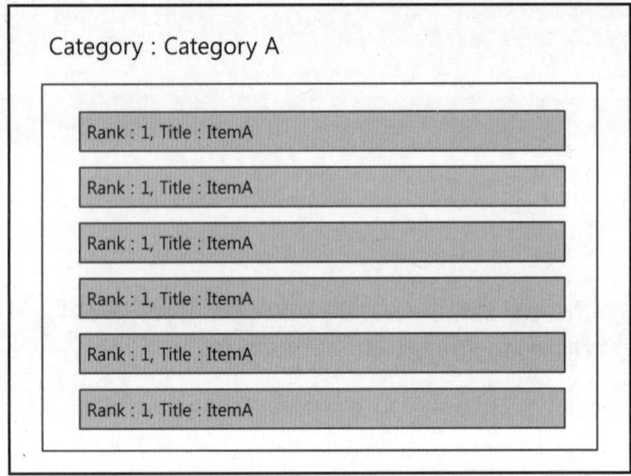

그림 14-2. 리스트 페이지 layout

3 상세 페이지

- Layout :

　· 상단에는 선택한 카테고리의 이름과 상품의 타이틀을 보여주도록 구성

　· 하단에는 상품의 상세정보를(정보, 리뷰, QnA) 보여주도록 구성

　· 리뷰 탭은 사용자가 리뷰를 추가할 수 있도록 input 창을 함께 보여주도록 구성

- 동작 :

　· 리뷰 탭에서 input 창에 text 입력 후 엔터 입력 시 리뷰 추가

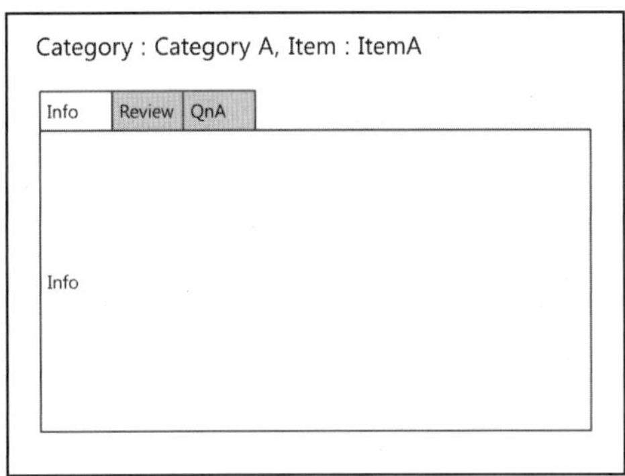

그림 14-3. 상세 페이지 layout (정보 탭)

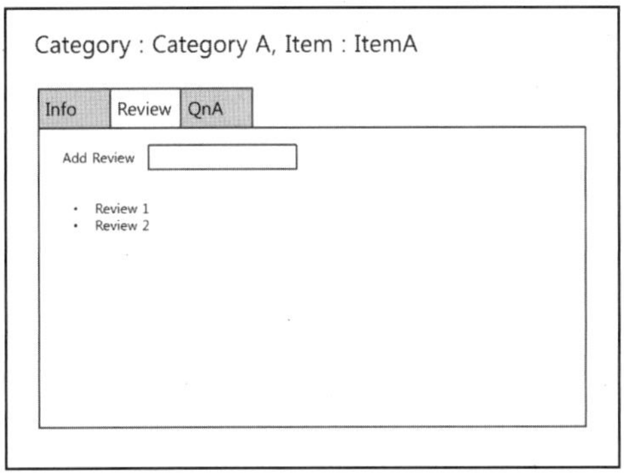

그림 14-4. 상세 페이지 layout (리뷰 탭)

위 예제를 만들기 위해서 다음과 같은 순서로 개발을 진행해보도록 하겠다.

1. Layout 구성 : html, css 파일로 이루어진 layout을 구성한다. 동작에 대한 구현은 하지 않는다.
2. 동작 추가 : 메인 페이지, 리스트 페이지, 상세 페이지 순서로 각 페이지 동작들을 js 파일에 구현한다.

이렇게 2단계를 진행하면 간단한 웹페이지가 실행되는 것을 확인할 수 있다. 하지만 우리 예제에서 사용할 데이터(카테고리 정보, 상품 정보)를 제공해 주는 서버가 없기 때문에 화면에 보여지는 데이터는 소스에서 가상으로 입력하는 가상 데이터가 된다.

때문에 이번 파트 후반부에서는 데이터 제공을 위하여 서버를 간단히 구현을 할 텐데 서버에 대한 설명은 뒤에 언급할 예정이다. 그리고 서버가 추가되면 서버에서 제공하는 API를 사용하도록 예제 코드의 수정도 같이 진행할 것이다.

Chapter

Layout 구성하기

이번 챕터에서는 우리가 만들 예제의 Layout을 html 파일과 css 파일을 이용하여 구성할 것이다. 이 부분은 실제 우리가 원하는 동작(데이터를 이용하여 화면에 보여주는 부분, 클릭에 의한 페이지 이동 등)을 구현하기 전에 UI를 먼저 완성하기 위한 작업이라고 생각하면 된다.

html, css 파일을 생성하기 전에 폴더 구조를 다음과 같이 생성하도록 하자.

+ css : css 파일을 위치할 폴더

   ⋯▶ main.css : 메인 페이지의 css 속성을 정의

   ⋯▶ list.css : 리스트 페이지의 css 속성을 정의

   ⋯▶ detail.css : 상세 페이지의 css 속성을 정의

+ js : js 파일을 위치할 폴더

+ lib : jquery, jqueryUI 등의 외부에서 제공하는 js 파일이 위치할 폴더

- main.html : 메인 페이지의 html을 정의

- list.html : 리스드 페이지의 html을 정의

- detail.html : 상세 페이지의 html을 정의

지금부터 html 파일과 css 파일을 이용하여 우리가 만들고자 하는 예제의 layout을 구성해보도록 하자.

1 메인 페이지

메인 페이지를 위한 html 코드는 다음과 같이 구성된다.

코드 15-1. 예제 main.html

```
<!doctype html>
<html lang="en">
<head>
  <meta charset="utf-8">
<title>Part 3</title>
// 메인 페이지에서 사용할 css 속성 파일을 읽어온다.
<link rel="stylesheet" href="css/main.css">
</head>
<body>

// 메인 페이지에서 사용할 div 선언
<div id="mainDiv">
  // 좌측 버튼 영역을 위한 div 선언
<div id="leftBt">
  // 좌측 버튼을 위한 button 선언
    <button><</button>
</div>
// 추천상품 영역 위한 div 선언
  <div id="recommend">
    // 상품 영역을 위한 div 선언
    <div id="item0" class="contents">ITEM_1</div>
    <div id="item1" class="contents">ITEM_2</div>
    <div id="item2" class="contents">ITEM_3</div>
    <div id="item3" class="contents">ITEM_4</div>
</div>
// 우측 버튼 영역을 위한 div 선언
<div id="rightBt">
    // 우측 버튼을 위한 button 선언
    <button>></button>
```

```
</div>
// 카테고리 영역을 위한 div 선언
<div id="bottom">
    // 카테고리 표시를 위한 div 선언
    <div class='category'>CATEGORY_1</div>
    <div class='category'>CATEGORY_2</div>
    <div class='category'>CATEGORY_3</div>
  </div>
</div>


</body>
</html>
```

위의 html 코드를 보면 먼저 메인 페이지에서 사용할 css 파일을 읽어오도록 선언을 하였다.

```
// 메인 페이지에서 사용할 css 속성 파일을 읽어온다.
<link rel="stylesheet" href="css/main.css">
```

그리고 element 선언 부분에서는 id(mainDiv) Div element를 최상위 element로 하여 다음과 같이 하위에 4개의 영역을 위한 div를 선언하였다.

```
- mainDiv : 메인 페이지 전체 영역을 위한 div element
  → leftBt : 좌측 버튼 영역을 위한 div element
  → recommend : 추천상품 영역을 위한 div element
  → rightBt : 우측 버튼 영역을 위한 div element
  → bottom : 카테고리 영역을 위한 div element
```

좌/우측 버튼은 하나씩만 있기 때문에 leftBt/rightBt div에 button element를 추가하였다.

```
// 좌측 버튼 영역을 위한 div 선언
<div id="leftBt">
   // 좌측 버튼을 위한 button 선언
   <button><</button>
</div>

// 우측 버튼 영역을 위한 div 선언
<div id="rightBt">
   // 우측 버튼을 위한 button 선언
   <button>></button>
</div>
```

추천 상품 영역에는 상품 정보를 보여줄 div가 4개 필요하기 때문에 아래와 같이 div element를 추가하였다.

```
// 추천상품 영역 위한 div 선언
<div id="recommend">
   // 상품 영역을 위한 div 선언
   <div id="item0" class="contents">ITEM_1</div>
   <div id="item1" class="contents">ITEM_2</div>
   <div id="item2" class="contents">ITEM_3</div>
   <div id="item3" class="contents">ITEM_4</div>
</div>
```

이번에는 동일한 css 속성을(크기, 색상, 폰트사이즈 등) 여러 개의 element에 적용하기 위해서 앞에서 선언한 div와 다르게 class 속성이 추가되었으며 각각의 element에 item

정보를 보여주기 위하여 id도 함께 선언을 하였다.

id, class의 경우 어떻게 사용하는지 정해진 것은 아니지만 위와 같은 상황에서 사용하는
경우를 종종 볼 수 있다.

카테고리 영역에는 다음과 같이 카테고리 정보를 보여줄 div를 선언하였다.

```
// 카테고리 영역을 위한 div 선언
<div id="bottom">
// 카테고리 표시를 위한 div 선언
  <div class='category'>CATEGORY_1</div>
  <div class='category'>CATEGORY_2</div>
  <div class='category'>CATEGORY_3</div>
</div>
```

추천상품 영역과 카테고리 영역을 비교해보면 추천상품 영역의 div에만 id를 부여한 것
을 알 수 있다. 추천상품과 카테고리 둘 다 정보를 보여주어야 하지만 카테고리는 정보
를 한 번 보여주면 해당 div의 값의 수정이 발생하지 않지만 추천상품의 경우 다음과 같
은 동작 사양이 있기 때문에 추천상품 div의 값의 지속적인 변경이 필요하게 된다.

때문에 추천상품의 경우 4개의 div element를 생성하고 각각의 div에서 보여주는 상품의 정보 변경을 위하여 id를 부여하였다.

메인 페이지를 위한 css 파일은 다음과 같다.

코드 15-2. 예제 main.css

```css
//  메인 페이지 영역의 사이즈 (1000px,  450px) 와 글자 크기를 지정
#mainDiv {
  position: absolute;
  width: 1000px;
  height: 450px;
  font-size: 12px
}


//  추천상품 영역의 사이즈 (780px,  160px) 와 위치 (90px,  20px) 를 지정
#recommend {
  border : 1px solid black;
  position: absolute;
  left: 90px;
  top: 20px;
  width: 780px;
  height: 160px;
  padding: 20px;
}


//  상품 정보를 보여줄 element의 사이즈 (150px,  100px) 를 지정
.contents {
  border : 1px solid black;
```

```css
    width: 150px;

    height: 100px;

    margin: 20px;

    font-size: 15px;

    text-align: center;

    background-color: #b35900;

    float: left;

}


// 좌측 버튼 영역의 위치(60px, 100px)를 지정
#leftBt {

  position: absolute;

  left: 60px;

  top: 100px;

}


// 우측 버튼 영역의 위치(920px, 100px)를 지정
#rightBt {

  position: absolute;

  left: 920px;

  top: 100px;

}


// 카테고리 영역의 사이즈(1000px, 150px)와 위치(50px, 250px)를 지정
#bottom {

  position: absolute;

  left: 50px;

  top: 250px;

  width: 1000px;

  height: 150px;

}


// 카테고리 정보를 보여줄 element의 사이즈(250px, 100px)를 지정
.category {
```

```css
    border : 1px solid black;
    width: 250px;
    height: 100px;
    margin: 20px;
    font-size: 15px;
    text-align: center;
    vertical-align: middle;
    float: left;
}
```

~~~~~~

css 파일을 보면 앞에서 각 영역을 위하여 선언한 div들(mainDiv, recommend, leftBt, rightBt, bottom)의 사이즈 혹은 위치를 지정한 것을 확인할 수 있다.

그리고 css class 속성(contents, category)의 정의 부분에서 "float: left;" 선언을 확인할 수 있으며 해당 속성을 사용하여 div element가 옆으로 배치되도록 하였다.

특정 id에 대한 css 속성을 선언할 때에는 #id, 특정 class에 대한 css 속성을 선언할 때에는 .className으로 선언을 한다.

```
- float: left 속성
간단하게 설명을 하면 div element의 경우 아래로 나열되는 것이 기본 속성이라고 보면 된다. 하지만, float: left 속성을 선언하게 되면 옆으로 나열되도록 속성을 변경하게 된다.
```

따라서 위의 html, css 코드를 실행하게 되면 다음 그림과 같은 형태가 나오는 것을 확인할 수 있다.
~~~~~~

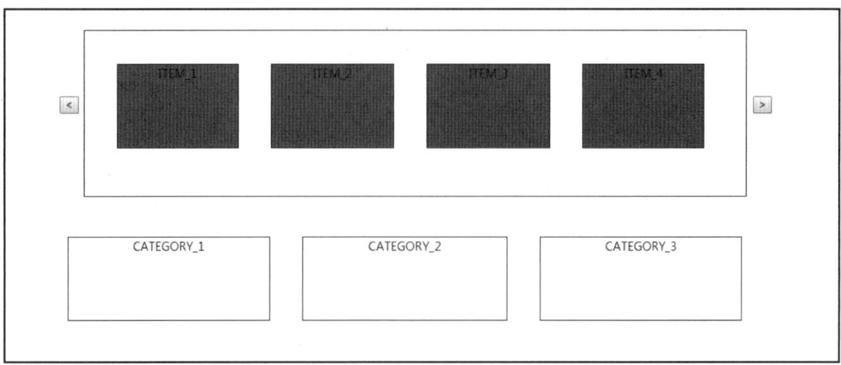

그림 15-1. 메인 페이지 화면

2 리스트 페이지

이번에는 리스트 페이지의 Layout을 구성해보도록 하자.

리스트 페이지를 위한 html 코드는 다음과 같이 구성된다.

코드 15-3. 예제 list.html

```
<!doctype html>
<html lang="en">
<head>
  <meta charset="utf-8">
<title>Part 3</title>
// 리스트 페이지에서 사용할 css 속성 파일을 읽어본다.
<link rel="stylesheet" href="css/list.css">
</head>
<body>

// 선택된 카테고리 이름을 보여주기 위한 div 선언
<div id="categoryName">Category : CATEGORY_A</div>
// 상품 리스트 영역 위한 div 선언
<div id="listDiv">
  // 상품 정보를 보여줄 div 선언
```

```html
    <div class='itemList'>ITEM_1</div>
    <div class='itemList'>ITEM_2</div>
    <div class='itemList'>ITEM_3</div>
    <div class='itemList'>ITEM_4</div>
  </div>

</body>
</html>
```

위의 html 코드를 보면 먼저 리스트 페이지에서 사용할 css 파일을 읽어오도록 선언을
하였다.

```html
// 리스트 페이지에서 사용할 css 속성 파일을 읽어온다.
<link rel="stylesheet" href="css/list.css">
```

그리고 선택한 category를 화면에 보여주기 위한 영역으로 다음과 같이 categoryName을
id로 가지는 div element를 선언하였다.

```html
// 선택된 카테고리 이름을 보여주기 위한 div 선언
<div id="categoryName">Category : CATEGORY_A</div>
```

카테고리에 속한 상품의 리스트를 보여주기 위하여 다음과 같이 상품 리스트를 위한 영
역을 위한 div element를 선언하고, 그 아래에 상품 정보(인기순위, 타이틀)을 보여주기
위한 div element를 다수 선언하였다.

~~~~~~

```
// 상품 리스트 영역 위한 div 선언
<div id="listDiv">
  // 상품 정보를 보여줄 div 선언
  <div class='itemList'>ITEM_1</div>
  <div class='itemList'>ITEM_2</div>
  <div class='itemList'>ITEM_3</div>
  <div class='itemList'>ITEM_4</div>
</div>
```

~~~~~~

상품 정보를 보여주기 위한 div element의 경우에는 여러 element에 동일한 css 속성을
적용하기 위하여 itemList css class를 추가하였다.

리스트 페이지를 위한 css 파일은 다음과 같다.

코드 15-4. 예제 list.css ~~~~~~

```
// 카테고리 이름 영역의 사이즈 (1000px, 40px) 와 글자 크기를 지정
#categoryName {
  position: absolute;
  top : 10px;
  width: 1000px;
  height: 40px;
  font-size: 25px
}

// 상품 리스트 영역의 사이즈 (1000px, 450px) 와 글자 크기를 지정
#listDiv {
  border : 1px solid black;
  position: absolute;
  top : 60px;
  width: 1000px;
```

```
  height: 450px;
  font-size: 14px
}

// 상품 정보를 위한 영역의 높이(30px)와 글자 크기를 지정
.itemList {
  border : 1px solid black;
  background: #fff2e5;
  margin: 7px;
  padding: 3px;
  height: 30px;
}
```

~~~~~~

css 파일에서는 각 영역을 위하여 선언한 div(categoryName, listDiv)들의 사이즈 혹은
위치를 지정하였으며, 상품 정보를 위한 div element에 적용하기 위한 itemList class의
속성을 지정한 것을 확인할 수 있다.

따라서 위의 html, css 코드를 실행하게 되면 다음 그림과 같은 형태가 나오는 것을 확인
할 수 있다.

그림 15-2. 리스트 페이지 화면
~~~~~~

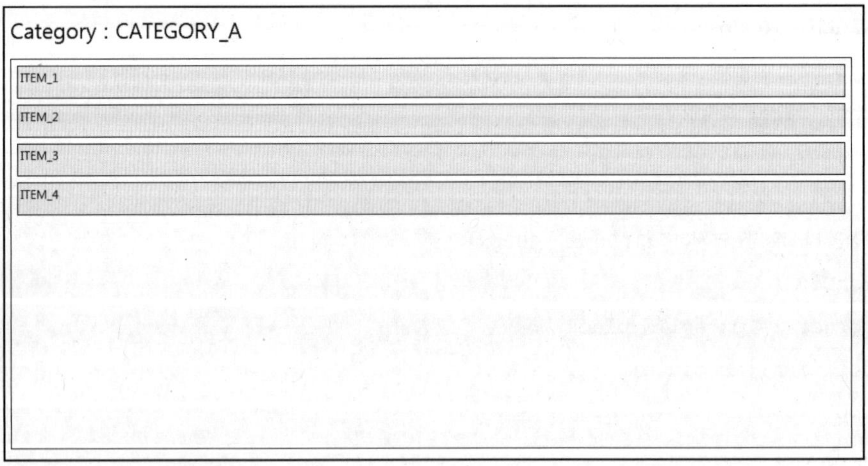

3 상세 페이지

이번에는 리스트 페이지의 Layout을 구성해보도록 하자.

상세 페이지를 위한 html 코드는 다음과 같이 구성된다.

코드 15-5. 예제 detail.html

```html
<!doctype html>
<html lang="en">
<head>
  <meta charset="utf-8">
  <title>Part 3</title>
// 상세 페이지에서 사용할 css 속성 파일을 읽어온다.
<link rel="stylesheet" href="css/detail.css">
// 상세 페이지에서 사용할 jqueryUI의 css 파일을 읽어온다.
<link rel="stylesheet" href="lib/jquery-ui/jquery-ui.css">
// 상세 페이지에서 사용할 jquery의 script 파일을 읽어온다.
<script src="lib/jquery-2.1.4.js"></script>
// 상세 페이지에서 사용할 jqueryUI의 script 파일을 읽어온다.
<script src="lib/jquery-ui/jquery-ui.js"></script>
</head>
<body>


// 선택된 카테고리의 이름, 상품의 타이틀을 보여주기 위한 div 선언
<div id="categoryName">Category : CATEGORY_A, Item : ITEM_1</div>
// 상세정보 영역 위한 div 선언
<div id="detailDiv">
// 상세정보를 tab 형식으로 보여주기 위한 div element 선언
// jqueyUI 사용을 위한 element
<div id="tabs">
    // tab 형식의 타이틀 영역을 위한 ul element 선언
    // jqueyUI 사용을 위한 element
    <ul>
      // 타이틀을 위한 li, a element 선언
      // jqueyUI 사용을 위한 element
```

```html
        <li><a href="#tabs-1">Info</a></li>
        <li><a href="#tabs-2">Review</a></li>
        <li><a href="#tabs-3">QnA</a></li>
    </ul>
    // 첫 번째 tab의 contents를 위한 div element 선언
    // jqueyUI 사용을 위한 element
    <div id="tabs-1" class="contents">
      INFO_INFO_INFO
    </div>
    // 두 번째 tab의 contents를 위한 div element 선언
    // jqueyUI 사용을 위한 element
    <div id="tabs-2" class="contents">
        // input 창 앞에 보여줄 글자를 위한 label element 선언
        <lable>Add Reivew : </lable>
        // 리뷰 입력을 위한 input element 선언
        <input id='reviewAdd'></input>
        <br><br>
        // 리뷰 영역을 위한 ul element 선언
        <ul id='review'>
          // 리뷰를 위한 li element 선언
          <li>REVIEW_1</li>
          <li>REVIEW_2</li>
        </ul>
    </div>
    // 세 번째 tab의 contents를 위한 div element 선언
    // jqueyUI 사용을 위한 element
    <div id="tabs-3" class="contents">
      QnA_QnA_QnA
    </div>
  </div>
</div>


<script>
// id(tabs) element에 jqueryUI에서 제공하는 tabs UI를 적용
```

```
$("#tabs").tabs();
</script>


</body>
</html>
```

위의 html 코드를 보면 먼저 상세 페이지에서 사용할 css 파일을 읽어오도록 선언을 하
였다.

```
// 상세 페이지에서 사용할 css 속성 파일을 읽어온다.
<link rel="stylesheet" href="css/detail.css">
```

그리고 상세 페이지에서는 jQueryUI 플러그인을 사용해야 하기 때문에 jQuery의 script
파일과 jQueryUI의 css, script 파일을 읽어도록 선언하였다.

```
// 상세 페이지에서 사용할 jqueryUI의 css 파일을 읽어온다.
<link rel="stylesheet" href="lib/jquery-ui/jquery-ui.css">
// 상세 페이지에서 사용할 jquery의 script 파일을 읽어온다.
<script src="lib/jquery-2.1.4.js"></script>
// 상세 페이지에서 사용할 jqueryUI의 script 파일을 읽어온다.
<script src="lib/jquery-ui/jquery-ui.js"></script>
```

element 선언부분에서는 먼저 선택한 카테고리의 이름과 상품의 타이틀을 화면에 보여
주기 위한 영역으로 다음과 같이 categoryName을 id로 가지는 div element를 선언하였
다.

```
// 선택된 카테고리의 이름, 상품의 타이틀을 보여주기 위한 div 선언
<div id="categoryName">Category : CATEGORY_A, Item : ITEM_1</div>
```

그리고 상세정보를 위하여 detailDiv를 id로 가지는 div element를 선언하였다.

```
// 상세정보 영역 위한 div 선언
<div id="detailDiv">
```

상세정보의 경우 jQueryUI에서 제공하는 tab ui를 이용할 것이기 때문에 아래와 같이 정해진 형식의 element로 구성을 하였다.

```
// 상세정보를 tab 형식으로 보여주기 위한 div element 선언
<div id="tabs">
// tab 형식의 타이틀 영역을 위한 ul element 선언
<ul>
    // 타이틀을 위한 li, a element 선언
    <li><a href="#tabs-1">Info</a></li>
    <li><a href="#tabs-2">Review</a></li>
    <li><a href="#tabs-3">QnA</a></li>
</ul>
// 첫 번째 tab의 contents를 위한 div element 선언
<div id="tabs-1" class="contents">
    ................
</div>
// 두 번째 tab의 contents를 위한 div element 선언
<div id="tabs-2" class="contents">
    ................
</div>
```

```
// 세 번째 tab 의 contents를 위한 div element 선언
<div id="tabs-3" class="contents">
    ................ .
  </div>
</div>
```

tab의 타이틀을 지정하기 위하여 ul, li element를 선언하였으며, tab의 컨텐츠를 위하여 div element를 선언하였다. 그리고 타이틀과 컨텐츠 element를 연결하기 위하여 타이틀 영역의 a element에 href 속성으로 타이틀에 매칭되는 컨텐츠 div element의 id(tabs-1, tabs-2, tabs-3)를 입력하였다.

컨텐츠를 위한 div element에 상품 정보, 리뷰, QnA 내용을 입력하였으며 리뷰의 경우 사용자에게 리뷰를 입력 받아서 추가할 수 있는 화면을 구성해야 하기 때문에 아래와 같이 사용자 입력을 위한 input element, 리뷰를 위한 ul, li element를 선언하였다.

```
// input 창 앞에 보여줄 글자를 위한 lable element 선언
<lable>Add Reivew : </lable>
// 리뷰 입력을 위한 input element 선언
<input id='reviewAdd'></input>
<br><br>
// 리뷰 영역을 위한 ul element 선언
<ul id='review'>
// 리뷰를 위한 li element 선언
  <li>REVIEW_1</li>
  <li>REVIEW_2</li>
</ul>
```

상세 페이지를 위한 css 파일은 다음과 같다.

```css
// jQueryUI의 tab ui의 글자 크기를 지정
.ui-tabs {font-size: 12px}


// 카테고리 이름/상품 타이틀 영역의 사이즈(1000px, 40px)와 글자 크기를 지정
#categoryName {
position: absolute;
  top : 10px;
  width: 1000px;
  height: 40px;
  font-size: 25px
}


// 상세 정보 영역의 사이즈(1000px, 40px)와 글자 크기를 지정
#detailDiv {
position: absolute;
  top : 60px;
  width: 1000px;
  height: 450px;
  font-size: 12px
}


// 상세 정보 tab UI 영역의 높이(40px)를 지정
#tabs {
  height: 400px;
}
```

css 파일을 보면, 처음에 다음과 같이 ui-tabs css class의 속성을 지정하였다. html 파일을 보면 해당되는 class를 사용하는 부분이 없는데 해당 class는 jQueryUI의 tab ui에서 사용되는 class로 지금과 같이 사용자가 css 파일에서 사용하여 css 속성을 지정할 수 있다. font-size 값을 변경하면 tab ui의 글자 크기가 변경되는 것을 확인할 수 있다.

```
// jQueryUI의 tab ui의 글자 크기를 지정
.ui-tabs {font-size: 12px}
```

그리고 각 영역을 위하여 선언한 div(categoryName, detailDiv, tabs)들의 사이즈 혹은 위치를 지정한 것을 확인할 수 있다.

따라서 위의 html, css 코드를 실행하게 되면 다음 그림과 같은 형태가 나오는 것을 확인할 수 있다.

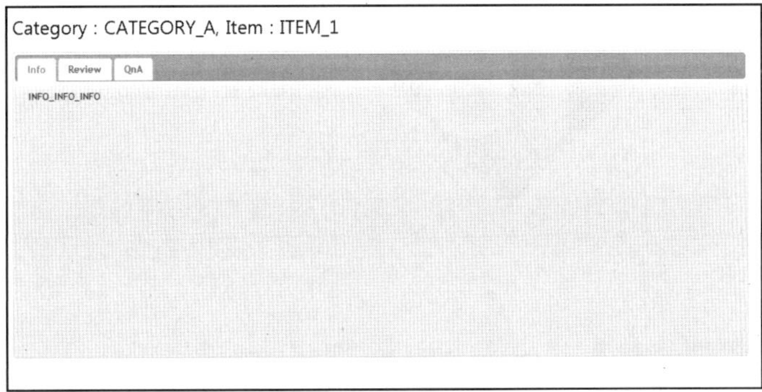

그림 15-3. 상세 페이지 화면

실전 프로젝트

16

동작 추가하기

이번 챕터에서는 앞에서 만든 html 파일과 css 파일을 이용하여 구성한 Layout에 실제 우리가 원하는 동작(데이터를 이용하여 화면에 보여주는 부분, 클릭에 의한 페이지 이동 등)을 자바스크립트와 jquery, jqueryUI를 이용하여 구현할 것이다.
각 페이지별로 동작을 추가하면서 어떻게 기능을 구현하는지 확인해 보도록 하자.

1 데이터 정의

페이지별 동작을 추가하기 전에 예제에서 사용할 카테고리와 상품 정보에 대하여 확인해 보도록 하자. 예제에서 사용하는 카테고리와 상품은 아래와 같은 정보로 구성되어 있으며

- Category
  · id : 카테고리의 ID
  · name : 카테고리의 이름
  · items : 카테고리에 속한 아이템들

- Item
  · categoryID : 상품이 속한 카테고리의 ID
  · id : 상품의 ID
  · rank : 상품의 인기순위
  · title : 상품의 이름
  · info : 상품의 정보
  · reviews : 상품의 리뷰들
  · qna : 상품의 QnA 내용

그림과 같이 다수의 상품들이 카테고리에 포함되어 있는 형태로 구성되어 있다.

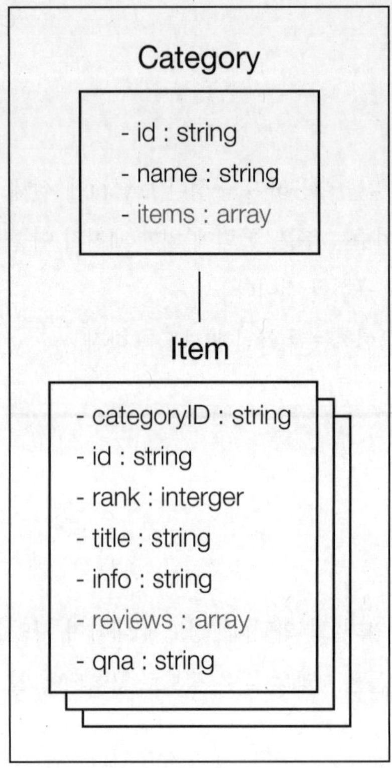

그림 16-1. 데이터 구조

2 메인 페이지

앞에서 정의한 메인 페이지의 사양은 다음과 같다.

- Layout :
  · 상단은 추천상품을 위한 영역으로 카테고리별 랭킹 1, 2, 3위의 상품과 좌우 버튼으로 구성
  · 하단은 카테고리를 위한 영역으로 카테고리 정보(이름)를 보여주도록 구성

- 동작 :
  · 추천상품을 클릭하면 상세 페이지로 이동

· 추천상품의 좌우 버튼을 클릭하면 추천상품이 좌우로 이동

· 3초마다 추천상품 자동 이동

· 카테고리를 클릭하면 리스트 페이지로 이동

· 마우스가 상품/카테고리에 올라가면 해당 영역의 색상 변경

메인 페이지를 구현하기 위해서는 다음과 같이 총 4개의 js 파일이 필요하다.

```
- main.js : 메인 페이지의 UI 구성과 동작을 구현한 파일
- DataMgr.js : 예제에서 필요한 데이터를 읽어오기 위한 기능을 구현한 파일
------------------------------------------------------------
- Data.js : 예제에서 사용할 Data 객체를 선언한 파일
- SampleData.js : 테스트 데이터를 만들고, DataMgr에서 요청한 데이터를 제공하는 기능을
  구현한 파일
```

위 4개의 파일 중 Data.js와 SampleData.js의 경우는 아직 데이터를 제공하는 서버가 없
기 때문에 예제 실행을 위하여 임시로 구현하는 파일이다. 때문에 파트 후반부에서 서버
코드를 완성하게 되면 삭제해도 무방한 파일이며 main.js와 DataMgr.js은 예제를 위하여
필요한 기능을 구현한 파일이기 때문에 파트 후반부까지 계속 사용될 것이다.

먼저 main.js 파일을 구현해보도록 하자.

```
- main.js : 메인 페이지의 UI 구성과 동작을 구현한 파일
- DataMgr.js : 예제에서 필요한 데이터를 읽어오기 위한 기능을 구현한 파일
------------------------------------------------------------
- Data.js : 예제에서 사용할 Data 객체를 선언한 파일
- SampleData.js : 테스트 데이터를 만들고 DataMgr에서 요청한 데이터를 제공하는 기능을
  구현한 파일
```

main.js 파일의 코드를 상세하게 설명하기 전에 어떠한 구조로 구현을 할지 살펴보자. 메인 페이지의 경우 추천상품 영역과 카테고리 영역으로 구성되어 있기 때문에 각각의 영역을 위한 객체(Recommend, CategoryDiv)를 다음과 같이 정의할 것이다.

```javascript
// 추천상품 UI를 위한 함수(객체) 설정
function Recommend(arrCategory) {
        .........
}


// 카테고리 UI를 위한 함수(객체) 설정
function CategoryDiv(arrCategory) {
        .........
}
```

각 객체 생성시 넘겨주는 데이터(arrCategory)는 배열 형태로 저장된 모든 카테고리 정보를 의미한다(해당 정보를 받아서 각 객체에서 UI를 구성하도록 할 것이다).

추천상품 객체(Recommend)의 경우 아래 동작의 구현을 위하여 함수를 추가해보자.

- 추천상품의 좌우 버튼을 클릭하면 추천상품이 좌우로 이동

- 3초마다 추천상품 자동 이동

```javascript
// 추천상품을 화면에 보여주기 위한 함수
Recommend.prototype.showItems = function(itemIndex) {
        // 추천상품 중 화면에 보여줄 첫 번째 상품의 인덱스를 받아서
        // 총 4개의 상품을 화면에 보여준다.
        .........
```

```
}

// 추천상품 이동을 위한 함수
Recommend.prototype.move = function(direction) {
        // 상품의 이동 방향(direction)을 받아서
        // 화면에 보여줄 상품의 인덱스를 증가/감소 후
        // showItems 함수를 호출하여 화면에 보여준다.
        .........
}


// 상품 자동 이동 실행을 위한 함수
Recommend.prototype.startSlide = function(obj) {
        // setInterval 함수를 사용하여
        // 일정 시간마다 move 함수를 호출하도록 한다.
        .........
}


// 상품 자동 이동 중지를 위한 함수
Recommend.prototype.stopSlide = function(obj) {
        // clearInterval 함수를 사용하여
        // startSlide 함수에서 설정한 setInterval 함수를 clear한다.
        .........
}
```

~~~~~~

카테고리 객체(CategoryDiv)의 경우는 함수를 추가하지 않아도 기능 구현이 가능할 것 같기 때문에 특별한 함수를 추가하지는 않도록 하겠다.

지금부터 Recommend 객체와 CategoryDiv 객체에 상세코드를 추가하여 코드를 완성 해 보자. 먼저, 아래의 Recommend 객체 선언 부분에는 추가할 코드를 살펴보자.
~~~~~~

```
// 추천상품 UI를 위한 함수(객체) 설정
function Recommend(arrCategory) {

    .........

}
```

- Recommend 객체의 선언 부분에 추가되는 코드의 경우 아래와 같이 인스턴스 생성하는 코
드를 추가할 때 수행이 되기 때문에 객체의 생성자와 같은 역할을 한다고 생각하면 된다.

```
var tmpRecommend = new Recommend(data);
```

처음에는 Recommend 객체에서 사용할 변수를 다음과 같이 선언을 해야 한다.

```
// 추천상품을 저장할 array 변수 생성
this.itemList = new Array();
// 추천상품의 최대 인덱스를 변수에 저장
this.maxIndex = arrCategory.length*3 - 1;
// 화면에 보여주는 추천상품의 인덱스를 저장할 변수 생성
this.showItemIndex = 0;
// 추천상품의 자동 이동 컨트롤을 위한 타이머 변수 생성
this.timer = null;
```

각 카테고리별 인기순위 1, 2, 3위의 상품을 추천상품으로 저장하여 사용하기 위하
여 array 변수로 itemList 변수를 생성하고, 추천상품 중 화면에 어떠한 상품을 보여
줘야 하는지 체크하기 위하여 showItemIndex(화면에 보여줘야 할 상품의 인덱스)와
maxIndex(추천상품의 최대 길이)를 생성하였다.

timer는 setInterval, clearInterval을 이용하여 상품의 자동 이동 기능을 구현할 때 사용할

변수로 생성하였다.

그리고, 추천상품 리스트 생성을 위하여 다음 코드를 추가한다.

```javascript
// 추천상품 리스트 생성
var tmpItemList = null;
var tmpRank = null;
// 카테고리별로 for문을 실행
for (var i=0 ; i<arrCategory.length ; i++) {
        // 카테고리의 상품 리스트를 읽어온다
        tmpItemList = arrCategory[i].items;
        // 상품별 for문을 실행
        for (var j=0 ; j<tmpItemList.length ; j++) {
                // 상품의 인기순위를 읽어온다.
                tmpRank = tmpItemList[j].rank;
                // 상품의 인기순위가 1,2,3위인 경우
                if (1 == tmpRank || 2 == tmpRank || 3 == tmpRank) {
                        // 해당 상품을 추천상품 리스트에 저장
                        this.itemList.push(tmpItemList[j]);
                }
        }
}
```

위에서 언급한 것과 같이 각 카테고리별 인기순위 1, 2, 3위의 상품을 추천상품으로 사용할 것이기 때문에 먼저 아래와 같이 카테고리의 개수(arrCategory.length)만큼 for문을 수행하고

```javascript
// 카테고리 별로 for문을 실행
for (var i=0 ; i<arrCategory.length ; i++) {
    ......
}
```

카테고리에 있는 상품의 개수(tmpItemList.length)만큼 내부에서 for문을 수행하여

```
// 상품별 for문을 실행
for (var j=0 ; j<tmpItemList.length ; j++) {
    ......
}
```

상품의 인기순위와 1, 2, 3을 비교하여 인기순위가 1, 2, 3인 경우 추천상품 리스트에 추가하도록 하였다.

```
// 상품의 인기순위를 읽어온다.
tmpRank = tmpItemList[j].rank;
// 상품의 인기순위가 1,2,3위인 경우
if (1 == tmpRank || 2 == tmpRank || 3 == tmpRank) {
        // 해당 상품을 추천상품 리스트에 저장
        this.itemList.push(tmpItemList[j]);
}
```

위와 같이 추천상품 리스트 생성이 완료되면 화면에 추천상품을 보여주기 위하여 showItems 함수를 호출한다.
showItemIndex의 경우 위에서 0으로 설정하여 생성하였기 때문에 최초에는 첫 번째 상품부터 화면에 보여주게 된다.

```
// 화면에 추천상품 정보를 보여주기 위한 함수를 호출
this.showItems(this.showItemIndex);
```

여기까지 코드를 추가하면 화면에 추천상품을 보여주는 부분은 완료를 하였으며 이제는 UI에 이벤트를 바인딩하여 우리가 원하는 동작을 수행할 수 있도록 코드를 추가해보자.

먼저 좌우버튼 클릭에 따른 상품 이동 동작을 위하여 다음 코드와 같이 $("#leftBt").on("click", function() {……}), $("# rightBt").on("click", function() {……})을 호출하여 좌측/우측 버튼에 마우스 클릭 이벤트가 발생하는 경우 함수를 실행하도록 하였고, 해당 함수에서는 상품이동을 위한 함수(move( ) 함수)를 호출하여 상품을 좌측/우측으로 이동하도록 하였다.
move( ) 함수의 경우 −1을 매개변수로 호출하면 좌측으로 이동, 1을 매개변수로 호출하면 우측으로 이동하도록 구현할 것이다.

```
// 이벤트 발생시 Recommend 객체 접근을 위하여 객체 저장
var thisObj = this;
// 좌측 버튼 클릭 시 상품을 좌측으로 이동하기 위한 함수 호출
$("#leftBt").on("click", function() {
        thisObj.move(-1);
});
// 우측 버튼 클릭 시 상품을 우측으로 이동하기 위한 함수 호출
$("#rightBt").on("click", function() {
        thisObj.move(1);
});
```

코드를 보면 this 객체를 thisObj에 저장하여 호출하도록 하였는데 그 이유는 $("#leftBt").on("click", function() {……})와 같이 이벤트 발생시 실행되는 함수에서 this를 사용하면 우리가 의도하는 this(Recommend)와 다르게 해당 이벤트가 발생한 element를 의미하기 때문에 그런 문제를 피하고자 thisObj에 저장하여 호출을 하는 것이다.

우리 예제에서는 추천상품의 경우 div element를 이용하여 화면에 보여주도록 구현을 하게 되는데 div element의 경우 마우스 커서의 모양이 화살표가 기본이기 때문에 다음 코

드를 추가하여 마우스 커서 모양을 손가락 모양으로 설정하도록 하자.

```
// 추천상품 div element의 경우 마우스 커서 모양을 손가락 모양으로 설정
$("#recommend > div").css("cursor", "pointer");
```

코드를 보면 알 수 있는 것처럼 추천 상품은 id(recommend) element 아래에 div element 로 추가를 할 예정이다. 때문에 $("#recommend > div")를 이용하여 모든 추천 상품을 위한 div element를 선택하고 css("cursor", "pointer")을 호출하여 마우스 커서 모양을 설정하였다.

이번에는 추천상품에 마우스가 들어오고 나갈 때 색상이 변경될 수 있도록 mouseenter, mouseleave 이벤트를 이용하는 코드를 추가해보자.

```
// 추천상품 div element에 마우스 포인터가 들어오는 경우
$("#recommend > div").on("mouseenter", function(){
        // focused class를 적용
        $(this).addClass("focused").siblings().removeClass("focused");
        // 상품 자동 이동 중지 함수를 실행
        thisObj.stopSlide(thisObj);
});
// 추천상품 div element에서 마우스 포인터가 나가는 경우
$("#recommend > div").on("mouseleave", function(){
        // focused class를 제거
        $(this).removeClass("focused");
        // 상품 자동 이동 시작 함수를 실행
        thisObj.startSlide(thisObj);
});
```

$("#recommend > div").on("mouseenter", function(){…}.})을 이용하여 추천상품 div element에 마우스가 들어오는 경우 함수를 수행하도록 하였다.

함수에서는 $(this).addClass("focused")을 호출하여 이벤트가 발생한 element(this)에 focused class를 추가하고, siblings( ).removeClass("focused")를 호출하여 이벤트가 발생한 element의 sibling 관계에 있는 element(siblings( ))에서 focused class를 제거하도록 하였다.

이렇게 코드를 추가하면 마우스가 들어온 element 외의 다른 모든 element에서 focused class를 제거해주게 된다.

마우스가 element에서 나가는 경우에 focus class를 제거하는 코드를 추가하였기 때문에 마우스가 들어오는 경우 focused class만 추가하여도 상관은 없는데 siblings ( ).remove Class("focused")를 호출하는 이유는 마우스가 element에서 나갈 때 focus class를 제거하는 코드가 정상적으로 수행되지 않는 경우를 대비하여 추가를 한 것이다.

그리고 각 이벤트 발생시 실행되는 함수의 마지막 부분을 보면 startSlide( ), stopSlide( ) 함수를 호출하는 것을 볼 수 있는데 그 이유는 마우스가 상품 영역에 들어가면 상품의 자동 이동을 중지하고 상품 영역에서 나가면 다시 자동 이동을 시작하게 하기 위한 코드이기 때문이다.

이번에는 $("#recommend > div").on("click", function(event){……}) 을 이용하여 추천상품을 클릭하는 경우 상세 페이지로 이동하는 코드를 추가해보자.

```javascript
// 추천상품을 클릭 시 상세 페이지로 이동
$("#recommend > div").on("click", function(event){
    var url = "detail.html?categoryID=" + $(this).
    attr("categoryID") + "&itemID=" + $(this).attr("itemID");
    $(location).attr("href",url);
});
```

자바스크립트에서는 아래 코드를 이용하여 페이지 이동을 주로 구현하는데

```
location.href = url;
```

동일한 기능을 하는 jQuery api가 아래의 코드이다.

```
$(location).attr("href",url);
```

상세 페이지 이동을 위하여 url을 생성해야 하는데, 상세 페이지에서는 선택한 상품의 카테고리 ID와 상품 ID가 필요하기 때문에 $(this).attr("categoryID"), $(this).attr("itemID")을 이용하여 해당 값을 쿼리스트링으로 추가하였다.
상품 div element 생성시 attribute로 카테고리 ID와 상품 ID를 추가할 것이다.

그리고 마지막으로 추천상품 자동이동을 위한 함수를 호출하도록 한다.

```
// 추천상품 자동이동을 위한 함수 호출
this.startSlide(thisObj);
```

이번에는 Recommend 객체의 showItems 함수에 상세 코드를 추가해보도록 하자.

```
// 추천상품을 화면에 보여주기 위한 함수
Recommend.prototype.showItems = function(itemIndex) {
        var index = null;
        // 화면에 4개의 상품을 보여준다.
        for (var i=0 ; i<4 ; i++) {
```

```
            index = itemIndex+i;
            // 마지막 상품 다음에 첫 번째 상품을 다시 보여준다.
            if (index > this.maxIndex) {
                    index = index - (this.maxIndex+1);
            }
            // id(itemX) element의 text를 상품의 타이틀로 설정
            $("#item"+i).text(this.itemList[index].title);
            // id(itemX) element에 상품의 categoryID를 attribute로 추가
            $("#item"+i).attr("categoryID", this.itemList[index].
            categoryID);
            // id(itemX) element에 상품의 ID를 attribute로 추가
            $("#item"+i).attr("itemID", this.itemList[index].id);
        }
}
```

화면에는 총 4개의 상품을 보여주어야 하기 때문에 itemIndex로 0이 넘어오면 인덱스가
0, 1, 2, 3인 상품을 그리고 itemIndex로 4가 넘어오면 인덱스가 4, 5, 6, 7인 상품을 보
여주도록 해야 하고, 만약 상품이 9개 있는 경우(maxIndex가 8인 경우) itemIndex가 7이
넘어오면 인덱스가 7, 8, 0, 1인 상품을 보여주도록 인덱스 값을 로테이션 해야 한다.
따라서 for문을 0부터 3까지 반복하면서 화면에 보여줄 상품의 인덱스를 다음 코드와 같
이 계산을 한다.

```
index = itemIndex+i;
// 마지막 상품 다음에 첫 번째 상품을 다시 보여준다.
if (index > this.maxIndex) {
        index = index - (this.maxIndex+1);
}
```

그리고 main.html에서 추천상품을 위한 div element에 item0, item1, item2, item3을 id

로 부여하였기 때문에 for문으로 0부터 3까지 반복 수행을 하면서 id(item+i) element의 text에 상품의 타이틀을 설정하고 attribute로 상품의 카테고리 ID와 상품 ID를 추가하도록 하였다.

이번에는 Recommend 객체의 move 함수에 상세 코드를 추가해보도록 하자.

```javascript
// 추천상품 이동을 위한 함수
Recommend.prototype.move = function(direction) {
        // direction이 1인 경우 우측으로 이동
        if (1 == direction) {
                // 화면에 보여주는 상품의 인덱스를 1 증가
                this.showItemIndex++;
                // 상품의 인덱스가 아이템의 최대값보다 큰 경우
                // 상품의 인덱스를 0으로 설정
                if (this.showItemIndex > this.maxIndex) {
                        this.showItemIndex = 0;
                }
                // 화면에 추천상품 정보를 보여주기 위한 함수를 호출
                this.showItems(this.showItemIndex);
        // direction이 -1인 경우 좌측으로 이동
        } else if (-1 == direction) {
                // 화면에 보여주는 상품의 인덱스를 1 감소
                this.showItemIndex--;
                // 상품의 인덱스가 0보다 적은 경우
                // 상품의 인덱스를 아이템의 최대값으로 설정
                if (this.showItemIndex < 0) {
                        this.showItemIndex = this.maxIndex;
                }
                // 화면에 추천상품 정보를 보여주기 위한 함수를 호출
                this.showItems(this.showItemIndex);
        } else {
                console.log("ERROR : Direct is NOT Available : " +
```

```
        direction);
    }
}
```

~~~~~~

move 함수에서는 direction을 파라미터로 받아서 direction이 1인 경우는 상품을 우측으
로 이동, −1인 경우는 좌측으로 이동하도록 구현을 하였다.

direction 값에 따라서 showItemIndex 값을 1 증가 혹은 1 감소한 이후에 해당 값이 유효
한 범위(0~maxIndex)를 벗어나는지 체크하여 범위를 벗어나는 경우 showItemIndex 값
을 수정한다.

~~~~~~

```
------------------- direction = 1 -------------------
// 상품의 인덱스가 아이템의 최대값보다 큰 경우
// 상품의 인덱스를  0으로 설정
if (this.showItemIndex > this.maxIndex) {
    this.showItemIndex = 0;
}


------------------- direction = -1 -------------------
// 상품의 인덱스가  0보다 적은 경우
// 상품의 인덱스를 아이템의 최대값으로 설정
if (this.showItemIndex < 0) {
    this.showItemIndex = this.maxIndex;
}
```

~~~~~~

그리고 this.showItems(this.showItemIndex)를 호출하여 상품의 이동을 화면에 보여주
도록 하였다.
~~~~~~

이번에는 Recommend 객체의 startSlide, stopSlide 함수에 상세 코드를 추가해보도록 하자.

```javascript
// 상품 자동 이동 실행을 위한 함수
Recommend.prototype.startSlide = function(obj) {
        obj.timer = setInterval(function() {obj.move(1);}, 2000);
}

// 상품 자동 이동 중지를 위한 함수
Recommend.prototype.stopSlide = function(obj) {
        clearInterval(obj.timer);
}
```

상품의 자동 이동 관련 기능은 자바스크립트의 setInterval, clearInterval을 이용하여 구현을 하는데 startSlide에서는 setInterval( )을 이용하여 2초마다 상품을 이동하도록 move(1) 함수를 호출하도록 하였고 stopSlide에서 clearInterval( )을 이용하기 위하여 timer에 setInterval( )을 저장하였다.

코드를 보면 obj를 파라미터로 받아서 사용을 하고 있는데 그 이유는 앞에서 설명한 것과 같이 this와 관련된 이슈 때문이라고 생각하면 된다.

CategoryDiv 객체의 경우 Recommend 객체와 거의 동일하게 화면에 카테고리 정보를 보여주고 이벤트, 마우스 관련 설정을 해주고 있기 때문에 따로 설명은 하지 않고 최종적으로 완성된 main.js 코드를 확인하고 추가 설명을 이어가도록 하겠다.

코드 16-1. 예제 main.js

```javascript
// main.html 로딩 완료 후 실행될 함수 정의
$(document).ready(function() {
        // 메인 페이지에서 사용할 데이터를 읽어온다.
```

```javascript
        // 모든 카테고리 정보
        DataMgr.loadAllCategory(completeCallback);
});


// 데이터 수신 완료 시 수행될 함수
var completeCallback = function(data) {
        // 메인 페이지 UI를 구성한다.
        // 카테고리 UI 구성
        var categoryDiv = new CategoryDiv(data);
        // 추천상품 UI 구성
        var recommend = new Recommend(data);
}


// 추천상품 UI를 위한 함수(객체) 설정
function Recommend(arrCategory) {
        // 추천상품을 저장할 array 변수 생성
        this.itemList = new Array();
        // 추천상품의 최대 인덱스를 변수에 저장
        this.maxIndex = arrCategory.length*3 - 1;
        // 화면에 보여주는 추천상품의 인덱스를 저장할 변수 생성
        this.showItemIndex = 0;
        // 추천상품의 자동 이동 컨트롤을 위한 타이머 변수 생성
        this.timer = null;


        // 추천상품 리스트 생성
        var tmpItemList = null;
        var tmpRank = null;
        // 카테고리별로 for문을 실행
        for (var i=0 ; i<arrCategory.length ; i++) {
                // 카테고리의 상품 리스트를 읽어온다
                tmpItemList = arrCategory[i].items;
                // 상품별 for문을 실행
                for (var j=0 ; j<tmpItemList.length ; j++) {
                        // 상품의 인기순위를 읽어온다.
```

```javascript
            tmpRank = tmpItemList[j].rank;
            // 상품의 인기순위가 1,2,3위인 경우
            if (1 == tmpRank || 2 == tmpRank || 3 ==
            tmpRank) {
                // 해당 상품을 추천상품 리스트에 저장
                this.itemList.push(tmpItemList[j]);
            }
        }
    }


// 화면에 추천상품 정보를 보여주기 위한 함수를 호출
this.showItems(this.showItemIndex);


// 이벤트 발생시 Recommend 객체 접근을 위하여 객체 저장
var thisObj = this;
// 좌측 버튼 클릭 시 상품을 좌측으로 이동하기 위한 함수 호출
$("#leftBt").on("click", function() {
        thisObj.move(-1);
});
// 우측 버튼 클릭 시 상품을 우측으로 이동하기 위한 함수 호출
$("#rightBt").on("click", function() {
        thisObj.move(1);
});


// 추천상품 div element의 경우 마우스 커서 모양을 손가락 모양으로 설정
$("#recommend > div").css("cursor", "pointer");
// 추천상품 div element에 마우스 포인터가 들어오는 경우
$("#recommend > div").on("mouseenter", function(){
        // focused class를 적용
        $(this).addClass("focused").siblings().
        removeClass("focused");
        // 상품 자동 이동 중지 함수를 실행
        thisObj.stopSlide(thisObj);
});
```

```javascript
// 추천상품 div element에서 마우스 포인터가 나가는 경우
$("#recommend > div").on("mouseleave", function(){
        // focused class를 제거
        $(this).removeClass("focused");
        // 상품 자동 이동 시작 함수를 실행
        thisObj.startSlide(thisObj);
});


// 추천상품을 클릭 시 상세 페이지로 이동
$("#recommend > div").on("click", function(event){
        var url = "detail.html?categoryID=" + $(this).
        attr("categoryID") + "&itemID=" + $(this).attr("itemID");
        $(location).attr("href",url);
});
// 추천상품 자동이동을 위한 함수 호출
this.startSlide(thisObj);
}


// 추천상품을 화면에 보여주기 위한 함수
Recommend.prototype.showItems = function(itemIndex) {
        var index = null;
        // 화면에 4개의 상품을 보여준다.
        for (var i=0 ; i<4 ; i++) {
                index = itemIndex+i;
                // 마지막 상품 다음에 첫 번째 상품을 다시 보여준다.
                if (index > this.maxIndex) {
                        index = index - (this.maxIndex+1);
                }
                // id(itemX) element의 text를 상품의 타이틀로 설정
                $("#item"+i).text(this.itemList[index].title);
                // id(itemX) element에 상품의 categoryID를 attribute로 추가
                $("#item"+i).attr("categoryID", this.itemList[index].
                categoryID);
                // id(itemX) element에 상품의 ID를 attribute로 추가
```

```javascript
                $("#item"+i).attr("itemID", this.itemList[index].id);
        }
}


// 추천상품 이동을 위한 함수
Recommend.prototype.move = function(direction) {
        // direction가 1인 경우 우측으로 이동
        if (1 == direction) {
                // 화면에 보여주는 상품의 인덱스를 1 증가
                this.showItemIndex++;
                // 상품의 인덱스가 아이템의 최대값보다 큰 경우
                // 상품의 인덱스를 0으로 설정
                if (this.showItemIndex > this.maxIndex) {
                        this.showItemIndex = 0;
                }
                // 화면에 추천상품 정보를 보여주기 위한 함수를 호출
                this.showItems(this.showItemIndex);
        // direction가 -1인 경우 좌측으로 이동
        } else if (-1 == direction) {
                // 화면에 보여주는 상품의 인덱스를 1 감소
                this.showItemIndex--;
                // 상품의 인덱스가 0보다 적은 경우
                // 상품의 인덱스를 아이템의 최대값으로 설정
                if (this.showItemIndex < 0) {
                        this.showItemIndex = this.maxIndex;
                }
                // 화면에 추천상품 정보를 보여주기 위한 함수를 호출
                this.showItems(this.showItemIndex);
        } else {
                console.log("ERROR : Direct is NOT Available : " +
                direction);
        }
}
```

```javascript
// 상품 자동 이동 실행을 위한 함수
Recommend.prototype.startSlide = function(obj) {
        obj.timer = setInterval(function() {obj.move(1);}, 2000);
}


// 상품 자동 이동 중지를 위한 함수
Recommend.prototype.stopSlide = function(obj) {
        clearInterval(obj.timer);
}


// 카테고리 UI를 위한 함수 (객체) 설정
function CategoryDiv(arrCategory) {
        // 카테고리별 for문을 실행
        for (var i=0 ; i<arrCategory.length ; i++) {
                // id(bottom) element에 div element를 추가하고
                // 카테고리 이름을 text에 추가
                $("<div class='category'></div>").appendTo("#bottom").
                text(arrCategory[i].name)
                // 카테고리 ID를 attribute로 추가
                .attr("id", arrCategory[i].id)
        }


        // 카테고리 div element의 width 크기를 설정
        var divSize = Math.ceil(750 / arrCategory.length);
        $("#bottom > div").outerWidth(divSize+"px");


        // 카테고리 div element의 경우 마우스 커서 모양을 손가락 모양으로 설정
        $("#bottom > div").css("cursor", "pointer");


        // 카테고리 div element에 마우스 포인터가 들어오는 경우
        $("#bottom > div").on("mouseenter", function(){
                // focused class를 적용
                $(this).addClass("focused").siblings().
                removeClass("focused");
```

```javascript
        });
        // 카테고리 div element에서 마우스 포인터가 나가는 경우
        $("#bottom > div").on("mouseleave", function(){
                // focused class를 제거
                $(this).removeClass("focused");
        });


        // 카테고리 클릭 시 리스트 페이지로 이동
        $("#bottom > div").on("click", function(){
                var url = "list.html?categoryID=" + $(this).attr("id");
                $(location).attr("href",url);
        });
}
```

먼저 CategoryDiv 객체의 거의 모든 코드가 Recommend 객체와 비슷한데 다음 코드는
Recommend 객체에서 볼 수 없기 때문에 확인을 하도록 하자.

```javascript
// 카테고리 div element의 width 크기를 설정
var divSize = Math.ceil(750 / arrCategory.length);
$("#bottom > div").outerWidth(divSize+"px");
```

추천상품 영역과 카테고리 영역의 큰 차이점이라고 한다면 추천상품은 고정된 개수(4개)
의 상품을 보여주도록 하였으나 카테고리 영역은 카테고리의 개수가 고정되어 있지 않
다는 점이라고 할 수 있다. 물론 카테고리 영역도 고정된 개수를 보여주게 할 수 있으나,
다양한 기능을 경험해보려는 의도에서 필자가 설정한 사양이라고 생각하면 된다.

따라서 카테고리 정보를 보여주는 div element의 경우 정해진 영역(750px)에 몇 개가 추
가 될지 모르기 때문에 Math.ceil(750 / arrCategory.length)을 이용하여 750을 카테고리

개수(arrCategory.length)로 나눈 값을 div element의 넓이로 설정을 하였다.

main.js의 처음 부분을 보면 다음과 같은 코드를 확인할 수 있는데 $(document).
ready(function() {……})을 이용하여 main.html의 로딩이 완료되는 시점에 메인 페이지
에서 필요한 데이터를 읽어오도록 DataMgr.loadAllCategory(completeCallback)을 호출
하였다.

- DataMgr.loadAllCategory(completeCallback) 함수는 모든 카테고리 정보를 읽어온 이
후 completeCallback 함수를 실행하도록 구현할 예정이다.

따라서 메인 페이지에서 필요한 데이터를 읽어오면 completeCallback( ) 함수가 실
행되어 카테고리 UI를 위한 CategoryDiv 객체의 인스턴스와 추천상품 UI를 위한
Recommend 객체의 인스턴스를 생성하도록 하였다. 따라서 객체의 선언부분의 코드가
수행되어 각 UI를 화면에 보여주고 필요한 동작이 실행된다.

```javascript
// main.html 로딩 완료 후 실행될 함수 정의
$(document).ready(function() {
        // 메인 페이지에서 사용할 데이터를 읽어온다.
        // 모든 카테고리 정보
        DataMgr.loadAllCategory(completeCallback);
});

// 데이터 수신 완료 시 수행될 함수
var completeCallback = function(data) {
        // 메인 페이지 UI를 구성한다.
        // 카테고리 UI 구성
        var categoryDiv = new CategoryDiv(data);
        // 추천상품 UI 구성
        var recommend = new Recommend(data);
}
```

이제 카테고리, 상품 데이터를 이용하여 메인 페이지를 구성하고 동작을 추가하는 코드는 완성이 되었다. 하지만, 메인 페이지에서 사용할 데이터를 읽어오는 코드가 추가되어야 실제로 해당 코드가 동작하는 것을 확인할 수 있다.

> - main.js 파일에서는 focused class를 사용하고 있기 때문에 main.css 파일에 다음과 같이 focused class 속성을 설정하도록 하자.

```css
.focused {
        background-color: #ffd7b3;
}
```

이번에는 데이터를 서버로부터 읽어오는 기능을 위한 DataMgr.js 코드를 확인해보자.

- `main.js` : 메인 페이지의 `UI` 구성과 동작을 구현한 파일
- **`DataMgr.js`** : **예제에서 필요한 데이터를 읽어오기 위한 기능을 구현한 파일**

- `Data.js` : 예제에서 사용할 `Data` 객체를 선언한 파일
- `SampleData.js` : 테스트 데이터를 만들고, `DataMgr`에서 요청한 데이터를 제공하는 기능을 구현한 파일

DataMgr.js 파일의 코드는 다음과 같다.

코드 16-2. 예제 DataMgr.js

```javascript
// 데이터를 서버로부터 읽어오는 기능을 제공하는 객체를 정의
var DataMgr = {
        // 데이터를 서버로부터 수신하면 수행될 함수를 저장할 변수 선언
        "callbackFunc" : null,
```

```javascript
// 모든 카테고리 정보를 읽어오는 기능을 제공하는 함수 선언
"loadAllCategory" : function(callbackFunc) {
        // 파라미터로 넘어온 callback 함수를 저장
        this.callbackFunc = callbackFunc;
        // 모든 카테고리 정보를 읽어온다.
        // (서버 API를 대신하는 임시 API를 호출)
        var data = _getAllCategory();
        // callback 함수 실행
        this.callbackFunc(data);
},
// 특정 카테고리 정보를 읽어오는 기능을 제공하는 함수 선언
"loadCategory" : function(id, callbackFunc) {
        // 파라미터로 넘어온 callback 함수를 저장
        this.callbackFunc = callbackFunc;
        // 특정 카테고리 정보를 읽어온다.
        // (서버 API를 대신하는 임시 API를 호출)
        var data = _getCategory(id);
        // callback 함수 실행
        this.callbackFunc(data);
},
// 특정 카테고리 이름을 읽어오는 기능을 제공하는 함수 선언
"loadCategoryName" : function(id, callbackFunc) {
        // 파라미터로 넘어온 callback 함수를 저장
        this.callbackFunc = callbackFunc;
        // 특정 카테고리 이름을 읽어온다.
        // (서버 API를 대신하는 임시 API를 호출)
        var data = _getCategoryName(id);
        // callback 함수 실행
        this.callbackFunc(data);
},
// 특정 상품 정보를 읽어오는 기능을 제공하는 함수 선언
"loadItem" : function(categoryID, itemID, callbackFunc) {
        // 파라미터로 넘어온 callback 함수를 저장
        this.callbackFunc = callbackFunc;
```

```javascript
        // 특정 상품 정보를 읽어온다.
        // (서버 API를 대신하는 임시 API를 호출)
        var data = _getItem(categoryID, itemID);
        // callback 함수 실행
        this.callbackFunc(data);
    }
};
```

위의 코드를 살펴보면 서버로부터 데이터를 읽어오는 기능을 제공하기 위하여 DataMgr 객체를 아래와 같이 선언을 하였다.

```javascript
// 데이터를 서버로부터 읽어오는 기능을 제공하는 객체를 정의
var DataMgr = {

    .........
}
```

그리고 메인 페이지, 리스트 페이지, 상세 페이지에서 사용할 수 있도록 다음과 같은 API를 추가하였다.

```javascript
// 데이터를 서버로부터 읽어오는 기능을 제공하는 객체를 정의
var DataMgr = {

    .........
    // 모든 카테고리 정보를 읽어오는 기능을 제공하는 함수 선언
    // (메인 페이지에서 사용될 API)
    "loadAllCategory" : function(callbackFunc) {

        .........
    },
    // 특정 카테고리 정보를 읽어오는 기능을 제공하는 함수 선언
```

```javascript
    // (리스트 페이지에서 사용될 API)
    "loadCategory" : function(id, callbackFunc) {

        .........
    },
    // 특정 카테고리 이름을 읽어오는 기능을 제공하는 함수 선언
    // (상세 페이지에서 사용될 API)
    "loadCategoryName" : function(id, callbackFunc) {

        .........
    },
    // 특정 상품 정보를 읽어오는 기능을 제공하는 함수 선언
    // (상세 페이지에서 사용될 API)
    "loadItem" : function(categoryID, itemID, callbackFunc) {

        .........
    }
};
```

각각 API 내부의 코드를 보면 다음과 같이 데이터를 읽어오는 부분에서 호출되는 함수
만 다르고 나머지 부분은 동일한 형태로 구현되어 있는 것을 확인할 수 있다.

```javascript
// 파라미터로 넘어온 callback 함수를 저장
this.callbackFunc = callbackFunc;
// 데이터를 읽어온다.
// (서버 api를 대신하는 임시 API를 호출)
var data = ........................ ..
// callback 함수 실행
this.callbackFunc(data);
```

코드를 보면 처음에 파라미터로 받은 callbackFunc을 객체의 callbackFunc에 저장(this.
callbackFunc = callbackFunc;)하였다가 데이터를 읽어오면 객체의 callbackFunc을 실행

(this.callbackFunc(data);)하도록 구현한 것을 볼 수 있다.

데이터를 읽어오는 임시 API들은 다음에 언급할 SampleData.js 파일에서 제공할 예정이다.

> - 위의 코드만 보면 callbackFunc를 굳이 객체에 저장할 필요는 없지만, 파트 뒷부분에 서버에서 데이터를 읽어오도록 코드를 수정할 때 Ajax 통신을 이용하여 데이터를 읽어오도록 수정을 할 예정이어서 async로 동작하는 Ajax 통신을 고려하여 객체에 저장하도록 한 것이다.

이제부터는 서버를 대신하여 데이터를 읽어올 수 있는 임시 API를 제공하기 위한 SampleData.js와 Data.js 파일에 대하여 알아보도록 하자.

이 2개의 파일은 파트 후반부에 서버 코드를 추가하면 삭제할 임시 파일이기 때문에 대략적인 흐름만 이해하고 넘어가도록 하겠다.

- `main.js` : 메인 페이지의 UI 구성과 동작을 구현한 파일
- `DataMgr.js` : 예제에서 필요한 데이터를 읽어오기 위한 기능을 구현한 파일
- -
- **`Data.js`** : 예제에서 사용할 **`Data`** 객체를 선언한 파일
- **`SampleData.js`** : 테스트 데이터를 만들고, **`DataMgr`**에서 요청한 데이터를 제공하는 기능을 구현한 파일

Data.js 파일에서는 SampleData.js 파일에서 데이터를 만들 때 사용할 Category 객체와 Item 객체를 다음과 같이 선언하였다.

코드 16-3. 예제 Data.js

```javascript
// 카테고리 정보를 저장할 객체 선언
function Category(id, name, items) {
        // 카테고리 ID 저장
        this.id = id;
        // 카테고리 이름 저장
```

```javascript
        this.name = name;
        // 카테고리의 상품리스트 저장
        this.items = items;
}


// 상품 정보를 저장할 객체 선언
function Item(categoryID, id, rank, title, info, reviews, qna) {
        // 상품의 카테고리 ID 저장
        this.categoryID = categoryID;
        // 상품 ID 저장
        this.id = id;
        // 상품의 인기순위 저장
        this.rank = rank;
        // 상품의 타이틀 저장
        this.title = title;
        // 상품의 정보 저장
        this.info = info;
        // 상품의 리뷰(array) 저장
        this.reviews = reviews;
        // 상품의 QnA 저장
        this.qna = qna;
}
```

Category, Item 객체의 경우는 데이터 지정을 위한 객체로 사용할 것이기 때문에 아무런 기능을 추가하지 않았다.

SampleData.js 파일에서는 데이터를 제공하는 임시 API(DataMgr.js에서 사용)와 임시 데이터를 만드는 코드가 다음과 같이 구현되어 있다.
임시 데이터를 손으로 직접 타이핑해도 되지만 타이핑을 하는 경우 번거롭기도 하고 실수할 수도 있기 때문에 코드를 추가하였다.

```javascript
// 예제에서 사용할 임시 데이터(모든 카테고리 정보)를 저장
var _data = new Array();


// 모든 카테고리 정보를 제공하는 API
var _getAllCategory = function() {
        // 저장된 모든 카테고리 정보를 반환
        return _data;
}


// 특정 카테고리 정보를 제공하는 API
var _getCategory = function(id) {
        // 반환 정보를 저장할 변수 선언
        var result = null;

        // 모든 카테고리별 반복문을 수행하여
        for(var i=0 ; i<_data.length ; i++) {
                // 카테고리 ID가 파라미터로 받은 id와 일치하는 경우
                if (id == _data[i].id) {
                        // 해당 카테고리를 result에 저장
                        result = _data[i];
                        break;
                }
        }

        // result 반환
        return result;
}


// 특정 카테고리 이름을 제공하는 API
var _getCategoryName = function(id) {
        // 반환 정보를 저장할 변수 선언
        var result = null;
```

```javascript
        // 모든 카테고리별 반복문을 수행하여
        for(var i=0 ; i<_data.length ; i++) {
                // 카테고리 ID가 파라미터로 받은 id와 일치하는 경우
                if (id == _data[i].id) {
                        // 해당 카테고리 이름을 result에 저장
                        result = _data[i].name;
                        break;
                }
        }


        // result 반환
        return result;
}


// 특정 상품 정보를 제공하는 API
var _getItem = function(categoryID, itemID) {
        // 반환 정보를 저장할 변수 선언
        var result = null;
        // 임시로 상품리스트를 저장할 변수 선언
        var tmpItems = null;


        // 모든 카테고리별 반복문을 수행하여
        for(var i=0 ; i<_data.length ; i++) {
                // 카테고리 ID가 파라미터로 받은 categoryID와 일치하는 경우
                if (categoryID == _data[i].id) {
                        // 해당 카테고리의 상품리스트를 tmpItems에 저장
                        tmpItems = _data[i].items;
                        break;
                }
        }


        // tmpItems의 모든 상품별 반복문을 수행하여
        for (var i=0 ; i<tmpItems.length ; i++) {
                // 상품 ID가 파라미터로 받은 itemID와 일치하는 경우
```

```javascript
            if (itemID == tmpItems[i].id) {
                // 해당 상품을 result에 저장
                result = tmpItems[i];
                break;
            }
        }


        // result 반환
        return result;
}


// 임시 데이터 생성을 위한 함수 선언
$(function() {
        var tmpCategory = null;
        var tmpItems = null;
        var tmpItem = null;
        var tmpReview = null;


        // 첫 번째 카테고리 정보 생성을 위한 코드
        tmpItems = new Array();
        tmpCategory = new Array();
        // 반복문을 9번 수행하여 9개의 상품을 생성
        for (var i = 1 ; i<10 ; i++) {
                // 상품별 2개의 리뷰를 생성
                tmpReview = new Array();
                tmpReview.push("First-Review-01");
                tmpReview.push("First-Review-02");
                // Item 객체의 인스턴스를 하나 생성하여
                tmpItem = new Item("cat1", "ITEM-0"+i, i, "First-Title-
                0"+i, "First-Info-0"+i, tmpReview, "First-QnA-0"+i);
                // 상품리스트에 추가
                tmpItems.push(tmpItem);
        }
        // Category 객체의 인스턴스를 하나 생성하여
```

```javascript
tmpCategory = new Category("cat1", "First Category", tmpItems);
// _data에 추가
_data.push(tmpCategory);


// 두 번째 카테고리 정보 생성을 위한 코드
tmpItems = new Array();
tmpCategory = new Array();
// 반복문을 9번 수행하여 9개의 상품을 생성
for (var i = 1 ; i<10 ; i++) {
        // 상품별 2개의 리뷰를 생성
        tmpReview = new Array();
        tmpReview.push("Second-Review-01");
        tmpReview.push("Second-Review-02");
        // Item 객체의 인스턴스를 하나 생성하여
        tmpItem = new Item("cat2", "ITEM-0"+i, i, "Second-Title
        -0"+i, "Second-Info-0"+i, tmpReview, "Second-QnA-0"+i);
        // 상품리스트에 추가
        tmpItems.push(tmpItem);
}
// Category 객체의 인스턴스를 하나 생성하여
tmpCategory = new Category("cat2", "Second Category",
tmpItems);
// _data에 추가
_data.push(tmpCategory);


// 세 번째 카테고리 정보 생성을 위한 코드
tmpItems = new Array();
tmpCategory = new Array();
// 반복문을 9번 수행하여 9개의 상품을 생성
for (var i = 1 ; i<10 ; i++) {
        // 상품별 2개의 리뷰를 생성
        tmpReview = new Array();
        tmpReview.push("Third-Review-01");
        tmpReview.push("Third-Review-02");
```

```
            // Item 객체의 인스턴스를 하나 생성하여
            tmpItem = new Item("cat3", "ITEM-0"+i, i, "Third-Title-
                0"+i, "Third-Info-0"+i, tmpReview, "Third-QnA-0"+i);
            // 상품리스트에 추가
            tmpItems.push(tmpItem);
        }
        // Category 객체의 인스턴스를 하나 생성하여
        tmpCategory = new Category("cat3", "Third Category", tmpItems);
        // _data에 추가
        _data.push(tmpCategory);
});
```

SampleData.js에서는 예제에서 사용할 모든 데이터(모든 카테고리 정보)를 저장하기 위한 _data 변수를 선언하였다.

```
// 예제에서 사용할 임시 데이터 (모든 카테고리 정보) 를 저장
var _data = new Array();
```

그리고 DataMgr.js 사용할 수 있도록 다음과 같이 총 4개의 API를 추가하였다.

```
// 모든 카테고리 정보를 제공하는 API
var _getAllCategory = function() {
    ........
}

// 특정 카테고리 정보를 제공하는 API
var _getCategory = function(id) {
    ........
```

```javascript
}

// 특정 카테고리 이름을 제공하는 API
var _getCategoryName = function(id) {

        ……….

}


// 특정 상품 정보를 제공하는 API
var _getItem = function(categoryID, itemID) {

        ……….

}
```

각 API의 내부 구현을 보면 _data에 저장된 데이터에서 필요로 하는 데이터를 파라미터로 받은 id로 찾아서 반환하도록 구현되어 있다.
대부분 비슷한 코드이기 때문에 특정 상품 정보를 제공하는 _getItem( ) API만 확인해보자.

```javascript
// 특정 아이템 정보를 제공하는 API
var _getItem = function(categoryID, itemID) {
        // 반환 정보를 저장할 변수 선언
        var result = null;
        // 임시로 상품리스트를 저장할 변수 선언
        var tmpItems = null;

        // 모든 카테고리별 반복문을 수행하여
        for(var i=0 ; i<_data.length ; i++) {
                // 카테고리 ID가 파라미터로 받은 categoryID와 일치하는 경우
                if (categoryID == _data[i].id) {
                        // 해당 카테고리의 상품리스트를 tmpItems에 저장
                        tmpItems = _data[i].items;
                        break;
```

```javascript
        }
    }

    // tmpItems의 모든 상품별 반복문을 수행하여
    for (var i=0 ; i<tmpItems.length ; i++) {
        // 상품 ID가 파라미터로 받은 itemID와 일치하는 경우
        if (itemID == tmpItems[i].id) {
            // 해당 상품을 result에 저장
            result = tmpItems[i];
            break;
        }
    }

    // result 반환
    return result;
}
```

API를 보면 categoryID와 itemID를 파라미터로 받는 것을 알 수 있는데 상품을 찾
으려면 해당 상품이 어떤 카테고리에 속한 상품인지를 먼저 알아야 하기 때문에 먼저
categoryID를 이용하여 해당 카테고리를 찾아서 상품 리스트를 가져오고

```javascript
// 모든 카테고리별 반복문을 수행하여
for(var i=0 ; i<_data.length ; i++) {
    // 카테고리 ID가 파라미터로 받은 categoryID와 일치하는 경우
    if (categoryID == _data[i].id) {
        // 해당 카테고리의 상품리스트를 tmpItems에 저장
        tmpItems = _data[i].items;
        break;
    }
}
```

itemID를 이용하여 가져온 상품 리스트에서 해당 상품을 찾아서 정보를 읽어오게 하였다.

```javascript
// tmpItems의 모든 상품별 반복문을 수행하여
for (var i=0 ; i<tmpItems.length ; i++) {
        // 상품 ID가 파라미터로 받은 itemID와 일치하는 경우
        if (itemID == tmpItems[i].id) {
                // 해당 상품을 result에 저장
                result = tmpItems[i];
                break;
        }
}
```

임시 데이터 생성을 위하여 다음과 같은 형태의 함수를 선언하였는데 이와 같은 형태의 함수를 '즉시 실행 함수'라고 하며 함수 선언과 동시에 바로 실행이 된다.
즉시 실행 함수는 한 번 수행하면 다시 호출할 수 없기 때문에 주로 최초 한 번의 실행만 필요한 경우에 사용을 하게 된다(예) 초기화 코드 등).

```javascript
// 임시 데이터 생성을 위한 함수 선언
$(function() {
    ........
});
```

해당 함수에서는 다음과 같이 데이터 생성하는 코드를 여러 번 반복하여 데이터를 추가하도록 하였다.

```javascript
// 첫 번째 카테고리 정보 생성을 위한 코드
tmpItems = new Array();

tmpCategory = new Array();
// 반복문을  9번 수행하여 9개의 상품을 생성
for (var i = 1 ; i<10 ; i++) {
        // 상품별  2개의 리뷰를 생성
        tmpReview = new Array();
        tmpReview.push("First-Review-01");
        tmpReview.push("First-Review-02");
        // Item 객체의 인스턴스를 하나 생성하여
        tmpItem = new Item("cat1", "ITEM-0"+i, i, "First-Title-0"+i,
        "First-Info-0"+i, tmpReview, "First-QnA-0"+i);
        // 상품리스트에 추가
        tmpItems.push(tmpItem);
}
// Category 객체의 인스턴스를 하나 생성하여
tmpCategory = new Category("cat1", "First Category", tmpItems);
// _data에 추가
_data.push(tmpCategory);
```

카테고리는 다수의 상품을 가지고 있기 때문에 반복문을 수행하여 9개의 상품을 생성하
도록 하였다. 그리고 각 상품의 경우 다수의 리뷰를 가질 수 있기 때문에 리뷰의 경우도
2개를 생성하여 Item 객체의 인스턴스를 생성하도록 하였다.

마지막으로 Category 객체의 인스턴스를 하나 생성하여 _data 변수에 추가를 하였다.

위의 코드를 그림으로 보면 다음과 같은 형태의 데이터가 하나 생성된다.

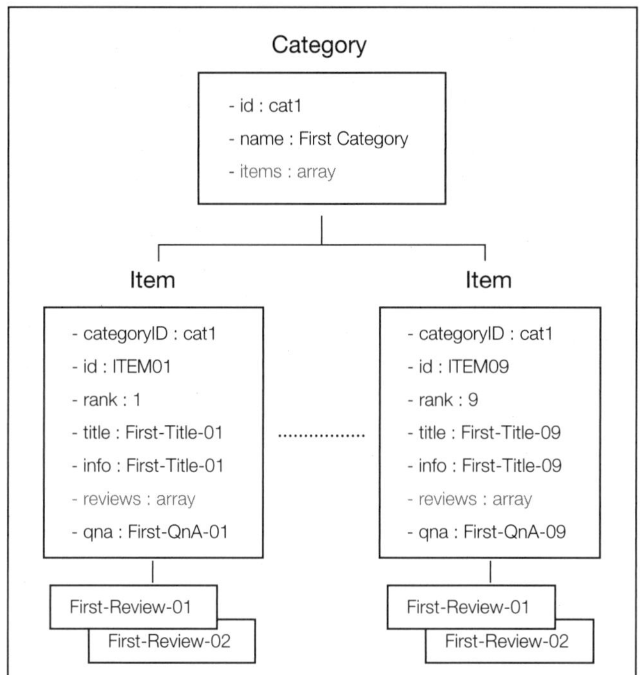

그림 16-2. 임시 데이터 생성

지금까지 메인 페이지 구현을 위하여 필요한 js 파일을 모두 만들어 보았다.

그러면 이제 js 파일을 main.html 파일에서 include 하도록 다음과 같이 main.html 파일의 head 부분을 수정하고 실행을 하면 동작을 확인할 수 있다.

```html
<head>
  <meta charset="utf-8">
  <title>Part 3</title>
  <link rel="stylesheet" href="css/main.css">
  <script src="lib/jquery-2.1.4.js"></script>

  <script src="js/Data.js"></script>
  <script src="js/DataMgr.js"></script>
  <script src="js/SampleData.js"></script>
  <script src="js/main.js"></script>
```

```
</head>
<body>
```

~~~~~~

3 리스트 페이지

앞에서 정의한 리스트 페이지의 사양은 다음과 같다.

- **Layout** :
　·상단에는 선택한 카테고리의 이름을 보여주도록 구성
　·하단에는 카테고리에 속한 상품 정보(인기순위, 타이틀)를 보여주도록 구성

- **동작** :
　·상품 정보를 선택하면 상세 페이지로 이동
　·마우스가 상품 정보에 올라가면 해당 영역의 색상 변경

리스트 페이지를 구현하기 위해서는 다음과 같이 총 2개의 js 파일이 필요하다.

　- list.js : 리스트 페이지의 UI 구성과 동작을 구현한 파일

　- Util.js : 쿼리스트링 파싱 기능을 구현한 파일

위 2개의 파일 중 Util.js는 리스트 페이지와 상세 페이지 모두 필요한 기능을 구현한 파일이다.

먼저 list.js 파일을 구현해 보도록 하자.
~~~~~~

list.js 파일은 아래 코드와 같이 구성되어 있다.

코드 16-5. 예제 list.js

```javascript
// list.html 로딩 완료 후 실행 될 함수 정의
$(document).ready(function() {
        // 쿼리스트링에서 categoryID 값을 읽어온다.
        var categoryID = Util.getQueryStringParams("categoryID");

        // 리스트 페이지에서 사용할 데이터를 읽어온다.
        // 특정 카테고리 정보
        DataMgr.loadCategory(categoryID, completeCallback);
});

// 데이터 수신 완료 시 수행될 함수
var completeCallback = function(data) {
        // 상품 정보 리스트 UI 구성
        var listObj = new List(data);
}

// 상품 정보 리스트 UI를 위한 함수(객체) 설정
function List(category) {
        // 상품리스트를 저장
        this.arrItemList = category.items;

        // 카테고리 이름을 보여준다.
        $("#categoryName").text("Category : " + category.name);

        // 상품별로 for문을 실행
        for (var i=0 ; i<this.arrItemList.length ; i++) {
```

```javascript
        // id(listDiv) element에 하위에 상품 정보를 보여주는 div element 생성
        // 상품 정보 : 인기순위, 타이틀
        $("<div class='itemList'></div>").appendTo("#listDiv").
        text("Rank : " + this.arrItemList[i].rank + ", Title :
        " + this.arrItemList[i].title)
        // 상품의 ID를 attribute로 추가
        .attr("itemID", this.arrItemList[i].id)
        // 상품의 categoryID를 attribute로 추가
        .attr("categoryID", category.id);
    }


// 상품 정보 div element의 경우 마우스 커서 모양을 손가락 모양으로 설정
$("#listDiv > div").css("cursor", "pointer");


var thisObj = this;


// 상품 정보 div element에 마우스 포인터가 들어오는 경우
$("#listDiv > div").on("mouseenter", function(){
        // focused class를 적용
        $(this).addClass("focused").siblings().
        removeClass("focused");
});
// 상품 정보 div element에서 마우스 포인터가 나가는 경우
$("#listDiv > div").on("mouseleave", function(){
        // focused class를 제거
        $(this).removeClass("focused");
});


// 상품 정보 클릭 시 상세 페이지로 이동
$("#listDiv > div").on("click", function(event){
        var url = "detail.html?categoryID=" + $(this).
        attr("categoryID") + "&itemID=" + $(this).
        attr("itemID"); $(location).attr("href",url);
});
```

```
}
```

list.js에서는 상품 정보 리스트 UI를 위한 객체로 다음과 같이 List 객체를 선언하고 있다.

```
// 상품 정보 리스트 UI를 위한 함수(객체) 설정
function List(category) {

    ……..

}
```

List 객체의 경우 인스턴스 생성시 특정 카테고리 정보를 파라미터로 받아서 UI 구성과 필요한 동작에 대한 정의를 모두 하고 있기 때문에 추가적인 함수를 구현하지는 않는다.

List 객체의 인스턴스 생성 시 id(categoryName) element에 카테고리 이름(category.name)을 화면에 보여주도록 하였으며

```
// 카테고리 이름을 보여준다.
$("#categoryName").text("Category : " + category.name);
```

상품 정보를 화면에 보여주기 위하여 카테고리의 상품별로 for문을 실행하고 for문에서는 appendTo( ) 함수를 호출하여 id(listDiv) element 하위에 상품 정보(인기순위, 타이틀)를 보여주는 div element를 추가하였다. 그리고 attr( ) 함수를 호출하여 상품ID와 상품의 카테고리 ID를 attribute로 추가하도록 하였다.

~~~~~~

```
// 상품리스트를 저장
this.arrItemList = category.items;

// 상품별로 for문을 실행
for (var i=0 ; i<this.arrItemList.length ; i++) {
        // id(listDiv) element에 하위에 상품 정보를 보여주는 div element 생성
        // 상품 정보 : 인기순위, 타이틀
        $("<div class='itemList'></div>").appendTo("#listDiv").
        text("Rank : " + this.arrItemList[i].rank + ", Title : " +
        this.arrItemList[i].title)
        // 상품의 ID를 attribute로 추가
        .attr("itemID", this.arrItemList[i].id)
        // 상품의 categoryID를 attribute로 추가
        .attr("categoryID", category.id);
}
```

~~~~~~

List 객체에서도 main.js에서 구현한 Recommend 객체와 마찬가지로 다음의 기능 구현
위하여 코드를 추가하였다. Recommend 객체의 코드와 거의 비슷하기 때문에 자세한
설명을 생략하도록 한다.

- 마우스 커서의 모양을 설정
- div element에 마우스가 들어오고 나갈 때 focused class를 추가/삭제
- 상품 정보 클릭 시 상세 페이지로 이동

~~~~~~

```
// 상품 정보 div element의 경우 마우스 커서 모양을 손가락 모양으로 설정
$("#listDiv > div").css("cursor", "pointer");

var thisObj = this;

// 상품 정보 div element에 마우스 포인터가 들어오는 경우
```
~~~~~~

```javascript
$("#listDiv > div").on("mouseenter", function(){
        // focused class를 적용
        $(this).addClass("focused").siblings().removeClass("focused");
});
// 상품 정보 div element에서 마우스 포인터가 나가는 경우
$("#listDiv > div").on("mouseleave", function(){
        // focused class를 제거
        $(this).removeClass("focused");
});


// 상품 정보 클릭 시 상세 페이지로 이동
$("#listDiv > div").on("click", function(event){
        var url = "detail.html?categoryID=" + $(this).
        attr("categoryID") + "&itemID=" + $(this).attr("itemID");
        $(location).attr("href",url);
});
```

list.js의 처음 부분을 보면 $(document).ready(function() {······})을 이용하여 list. html의 로딩이 완료되는 시점에 Util.getQueryStringParams("categoryID")을 호출하여 쿼리스트링에서 categoryID 값을 가져오고, DataMgr.loadCategory(categoryID, completeCallback)을 호출하여 특정 카테고리 정보를 읽어오도록 하였다.

따라서 리스트 페이지에서 필요한 데이터(특정 카테고리 정보)를 읽어오면 completeCallback( ) 함수가 실행되어 상품 정보 리스트 UI를 위한 List 객체의 인스턴스 가 생성되고, 객체의 선언부분의 코드가 수행되어 UI를 화면에 보여주고 필요한 동작이 실행되게 된다.


```javascript
// list.html 로딩 완료 후 실행 될 함수 정의
$(document).ready(function() {
        // 쿼리스트링에서 categoryID 값을 읽어온다.
        var categoryID = Util.getQueryStringParams("categoryID");
```

```javascript
    // 리스트 페이지에서 사용할 데이터를 읽어온다.

    // 특정 카테고리 정보

    DataMgr.loadCategory(categoryID, completeCallback);

});


// 데이터 수신 완료 시 수행될 함수

var completeCallback = function(data) {

    // 상품 정보 리스트 UI 구성

    var listObj = new List(data);

}
```

- list.js 파일에서는 focused class를 사용하고 있기 때문에 list.css 파일에 다음과 같이
  focused class 속성을 설정하도록 하자.

```css
.focused {

    background-color: #ffd7b3;

}
```

이번에는 Util.js 파일을 구현해보도록 하자.

- list.js : 리스트 페이지의 UI 구성과 동작을 구현한 파일
- **Util.js : 쿼리스트링 파싱 기능을 구현한 파일**

Util.js 파일은 다음 코드와 같이 구성되어 있다.

```javascript
// 리스트 페이지와 상세 페이지에서 사용할 Util 객체 정의
var Util = {
    // 쿼리스트링에서 특정 name의 value를 읽어오는 함수
    "getQueryStringParams" : function(sParam) {
        // url을 가져온다.
        var sPageURL = $(location).attr("href");
        // url에서 쿼리스트링을 가져오기 위하여 "?" 뒤의 문자열만 가져온다.
        sPageURL = sPageURL.slice(sPageURL.indexOf("?")+1);
        // 쿼리스트링 구분자(&)로 쿼리스트링을 나누어 값을 가져온다.
        var sURLVariables = sPageURL.split('&');

        // 분리하여 가져온 쿼리스트링의 문자열별 for문을 실행
        for (var i = 0; i < sURLVariables.length ; i++) {
        // 문자열을 '=' 로 구분하여 읽어온다.
            var sParameterName = sURLVariables[i].split('=');
            // name과 파라미터로 받은 sParam이 동일한 경우
            if (sParameterName[0] == sParam) {
            // value를 반환한다.
                return sParameterName[1];
            }
        }
    }
};
```

위의 코드에 사용된 slice( )와 split( ) 함수를 간단하게 살펴보자.

- slice(start, end) / slice(start)
: 배열에서 start 인덱스부터 end 인덱스 전까지 추출하여 반환한다.
(end 인덱스가 없는 경우 start 인덱스부터 끝까지 추출하여 반환)

> - split(separator)
>
> : 문자열을 separator 로 분리하여 문자열 배열로 반환 한다.

url 형태는 다음처럼 html 주소(detail.html) + "?" + 쿼리스트링(categoryID=cat1&item
ID=ITEM-03)으로 되어 있다. 상세 페이지의 url을 예로 어떻게 동작하는지 확인해보자.

```
- detail.html?categoryID=cat1&itemID=ITEM-03
```

먼저 $(location).attr("href") 호출하여 url을 가져오고,

```
// url을 가져온다.
var sPageURL = $(location).attr("href");
```

url에서 쿼리스트링을 추출하기 위하여 sPageURL.slice(sPageURL.indexOf("?")+1)을 호
출하여 "?" 인덱스 다음(+1) 인덱스부터 끝까지 추출하면,
(detail.html?categoryID=cat1&itemID=ITEM-03)

```
// url에서 쿼리스트링을 가져오기 위하여  "?"  뒤의 문자열만 가져온다.
sPageURL = sPageURL.slice(sPageURL.indexOf("?")+1);
```

sPageURL에는 쿼리스트링이 문자열로 저장이 된다.

- sPageURL = "categoryID=cat1&itemID=ITEM-03"

다음에는 split( ) 함수에 쿼리스트링의 구분자(&)를 이용하여 name=value를 문자열 배열로 추출한다.
(categoryID=cat1&itemID=ITEM−03)

```javascript
//  쿼리스트링 구분자 (&) 로 쿼리스트링을 나누어 값을 가져온다.
var sURLVariables = sPageURL.split('&');
```

sURLVariables은 아래와 같이 2개의 문자열을 가진 배열이 된다.

- sURLVariables = ["categoryID=cat1", "itemID=ITEM-03"]

이렇게 추출된 name=value 문자열별로 for문을 반복을 하면서, 구분자(=)를 이용하여 split( ) 함수를 호출하면 name과 value를 배열로 추출할 수가 있게 된다.
(categoryID=cat1)

```javascript
//  분리하여 가져온 쿼리스트링의 문자열별  for문을 실행
    for (var i = 0; i < sURLVariables.length ; i++) {
        // 문자열을  '='로 구분하여 읽어온다.
        var sParameterName = sURLVariables[i].split('=');
        // name과 파라미터로 받은 sParam이 동일한 경우
        if (sParameterName[0] == sParam) {
            // value를 반환한다.
```

```
        return sParameterName[1];
    }
}
```

그러면 sParameterName[0]에는 name이 저장되고 sParameterName[1]에는 value가 저장되어 sParameterName이 다음과 같은 문자열 배열을 가지게 된다.

```
- sParameterName = ["categoryID", "cat1"]
```

따라서 sParameterName[0]과 파라미터로 받은 sParam을 비교하여 일치하는 경우에 사용자가 찾는 쿼리스트링의 값으로 sParameterName[1] 을 반환해준다.

지금까지 리스트 페이지 구현을 위하여 필요한 js 파일을 모두 만들어 보았다. 그러면 이제 js 파일을 list.html 파일에서 include 하도록 다음과 같이 list.html 파일의 head 부분을 수정하고 실행을 하면 동작을 확인할 수 있다.

```
<head>
  <meta charset="utf-8">
  <title>Part 3</title>
  <link rel="stylesheet" href="css/list.css">
  <script src="lib/jquery-2.1.4.js"></script>

  <script src="js/Data.js"></script>
  <script src="js/DataMgr.js"></script>
  <script src="js/SampleData.js"></script>
  <script src="js/Util.js"></script>
  <script src="js/list.js"></script>
```

```
</head>
```

~~~~~~

4 상세 페이지

앞에서 정의한 상세 페이지의 사양은 다음과 같다.

- Layout :

· 상단에는 선택한 카테고리의 이름과 상품의 이름을 보여주도록 구성

· 하단에는 상품의 상세정보(정보, 리뷰, QnA)를 보여주도록 구성

· 리뷰 탭은 사용자가 리뷰를 추가할 수 있도록 input 창을 함께 보여주도록 구성

- 동작

· 리뷰 탭에서 input 창에 text 입력 후 엔터 입력 시 리뷰 추가

상세 페이지를 구현하기 위해서는 다음과 같이 1개의 js 파일이 필요하다.

> - detail.js : 상세 페이지의 UI 구성과 동작을 구현한 파일

detail.js 파일은 아래 코드와 같이 구성되어 있다.

코드 16-7. 예제 detail.js ~~~~~~

```javascript
// detail.js에서 사용할 정보를 저장하는 변수 선언
var Detail = {
        "categoryID" : null,
        "itemID" : null,
        "categoryName" : null
};

// detail.html 로딩 완료 후 실행될 함수 정의
```
~~~~~~

```javascript
$(document).ready(function() {
        // 쿼리스트링에서 categoryID 값을 읽어온다.
        Detail.categoryID = Util.getQueryStringParams("categoryID");
        // 쿼리스트링에서 itemID 값을 읽어온다.
        Detail.itemID = Util.getQueryStringParams("itemID");

        // 상세 페이지에서 사용할 데이터를 읽어온다.
        // 특정 카테고리 이름
        DataMgr.loadCategoryName(Detail.categoryID,
        completeCategoryName);
});


// 데이터 수신 완료 시 수행될 함수 - 특정 카테고리 이름
var completeCategoryName = function(data) {
        // 카테고리 이름을 저장
        Detail.categoryName = data;

        // 상세 페이지에서 사용할 데이터를 읽어온다.
        // 특정 상품 정보
        DataMgr.loadItem(Detail.categoryID, Detail.itemID,
        completeItem);
}


// 데이터 수신 완료 시 수행될 함수 - 특정 상품 정보
var completeItem = function(item) {
        // 카테고리 이름과 상품의 타이틀을 보여준다.
        $("#categoryName").text("Category : " + Detail.categoryName
        + ", Item : " + item.title);

        // 상품의 정보를 첫 번째 탭의 컨텐츠로 보여준다.
        $("#tabs-1").text(item.info);

        // 상품의 리뷰를 두 번째 탭의 컨텐츠로 보여준다.
        // 두 번째 탭에 리뷰 입력을 받기 위한 lable, input element를 추가
```

```javascript
$("<lable>Add Reivew : </lable>").appendTo("#tabs-2");
$("<input id='reviewAdd'></input>").appendTo("#tabs-2");
$("<br>").appendTo("#tabs-2");
$("<br>").appendTo("#tabs-2");
// 상품의 리뷰를 보여주기 위한 ul element 추가
$("<ul id='review'></ul>").appendTo("#tabs-2");
// 상품의 리뷰 개수만큼 li element 추가
for (var i=0 ; i<item.reviews.length ; i++) {
        $("<li></li>").appendTo("#review").text(item.
        reviews[i]);
}


// 상품의 QnA를 세 번째 탭의 컨텐츠로 보여준다.
$("#tabs-3").text(item.qna);


// 상품 리뷰 입력을 위한 input element에서 keyup 이벤트 발생시
$("#reviewAdd").keyup(function(event){
        // 엔터키 keyup 이벤트이고, input 창이 비어 있지 않은 경우
        if (13 == event.keyCode && "" != $(this).val().trim()) {
                // 추가되는 리뷰를 위한 li element 추가
                $("<li></li>").appendTo("#review").
                text($(this).val());
                // input element 입력창의 빈칸으로 설정
                $(this).val("");
        }
});


// id(tabs) element에 jQueryUI에서 제공하는 tabs UI를 적용
$("#tabs").tabs();
}
```

detail.js의 처음 부분을 보면 파일에서 사용할 정보(카테고리 ID, 아이템 ID, 카테고리 이름)를 저장할 변수를 선언하였다.

각 정보들을 함수 호출 시 파라미터로 넘겨줄 수도 있지만 지금처럼 선언하여 마치 전역 변수와 같은 형식으로 자유롭게 이용할 수도 있다.

```javascript
// detail.js에서 사용할 정보를 저장하는 변수 선언
var Detail = {
        "categoryID" : null,
        "itemID" : null,
        "categoryName" : null
};
```

detail.js의 처음 부분을 보면 $(document).ready(function( ) {……})을 이용하여 detail.html의 로딩이 완료되는 시점에 Util.getQueryStringParams( )을 호출하여 쿼리스트링에서 categoryID와 itemID 값을 가져오도록 하였다. 상세 페이지에서 가져와야 하는 정보는 특정 카테고리 이름과 특정 상품 정보 이렇게 두 가지이기 때문에 먼저 DataMgr.loadCategoryName( )을 호출하여 특정 카테고리의 이름을 읽어오도록 하였다. 그리고 특정 카테고리의 이름을 읽어오면 카테고리 이름을 앞에서 정의한 Detail.categoryName에 저장을 하고, DataMgr.loadItem( )을 호출하여 특정 상품 정보를 읽어오도록 하였다. 특정 상품 정보를 읽어오면 completeItem( ) 함수가 실행되어 UI를 화면에 보여주고 필요한 동작이 실행되게 하였다.

```javascript
// detail.html 로딩 완료 후 실행될 함수 정의
$(document).ready(function() {
        // 쿼리스트링에서 categoryID 값을 읽어온다.
        Detail.categoryID = Util.getQueryStringParams("categoryID");
        // 쿼리스트링에서 itemID 값을 읽어온다.
```

```javascript
    Detail.itemID = Util.getQueryStringParams("itemID");

    // 상세 페이지에서 사용할 데이터를 읽어온다.
    // 특정 카테고리 이름
    DataMgr.loadCategoryName(Detail.categoryID,
    completeCategoryName);
});

// 데이터 수신 완료 시 수행될 함수 - 특정 카테고리 이름
var completeCategoryName = function(data) {
    // 카테고리 이름을 저장
    Detail.categoryName = data;

    // 상세 페이지에서 사용할 데이터를 읽어온다.
    // 특정 상품 정보
    DataMgr.loadItem(Detail.categoryID, Detail.itemID,
    completeItem);
}

// 데이터 수신 완료 시 수행될 함수 - 특정 상품 정보
var completeItem = function(item) {
    ………
}
```

compleleItem( ) 함수를 보면 먼저 카테고리 이름과 상품의 타이틀을 화면에 보여주고 있으며,

```javascript
// 카테고리 이름과 상품의 타이틀을 보여준다.
$("#categoryName").text("Category : " + Detail.categoryName + ", Item
: " + item.title);
```

상품의 정보, 리뷰, QnA를 보여주기 위하여 id(tabs-1, tabs-2, tabs-3) element에 각각
의 정보를 보여주도록 하였다.

```
// 상품의 정보를 첫 번째 탭의 컨텐츠로 보여준다.
$("#tabs-1").text(item.info);


// 상품의 리뷰를 두 번째 탭의 컨텐츠로 보여준다.
// 두 번째 탭에 리뷰 입력을 받기 위한 lable, input element를 추가
$("<lable>Add Reivew : </lable>").appendTo("#tabs-2");
$("<input id='reviewAdd'></input>").appendTo("#tabs-2");
$("<br>").appendTo("#tabs-2");
$("<br>").appendTo("#tabs-2");
// 상품의 리뷰를 보여주기 위한 ul element 추가
$("<ul id='review'></ul>").appendTo("#tabs-2");
// 상품의 리뷰 개수 만큼 li element 추가
for (var i=0 ; i<item.reviews.length ; i++) {
        $("<li></li>").appendTo("#review").text(item.reviews[i]);
}


// 상품의 QnA를 세 번째 탭의 컨텐츠로 보여준다.
$("#tabs-3").text(item.qna);
```

상품의 정보와 QnA의 경우에는 단순히 정보를 보여주기만 하면 되기 때문에 text( ) 함
수를 호출하여 화면에 보여주도록 하였으나 리뷰의 경우에는 다음과 같이 2가지가 필요
하기 때문에

1. 리뷰를 입력 받을 수 있는 input element 필요
2. 다수의 리뷰를 보여줄 수 있는 ul, li element 필요

appendTo( ) 함수를 호출하여 필요한 element를 추가하도록 하였다.

사용자가 input 창에서 입력한 리뷰를 추가하기 위하여 $("#reviewAdd").
keyup(function(event){ })을 호출하여 input element에 keyup 이벤트가 발생하면 함수가
실행되도록 하였다.

```javascript
// 상품 리뷰 입력을 위한 input element에서 keyup 이벤트 발생시
$("#reviewAdd").keyup(function(event){
        // 엔터키 keyup 이벤트이고, input 창이 비어 있지 않은 경우
        if (13 == event.keyCode && "" != $(this).val().trim()) {
                // 추가되는 리뷰를 위한 li element 추가
                $("<li></li>").appendTo("#review").text($(this).val());
                // input element 입력창의 빈칸으로 설정
                $(this).val("");
        }
});
```

함수 내부에서는 keyup 이벤트가 발생한 keyCode를 체크하여 엔터키(keyCode : 13)인
경우에 $(this).val( ).trim( )을 이용하여 input 창이 비어 있는지 여부를 체크하고 비어 있
지 않은 경우에 리뷰를 위한 li element를 추가하여 화면에 보여주고, val(" ")을 호출하여
input 창을 빈칸으로 설정하도록 하였다.
그리고 마지막으로 $('#tabs').tabs( )을 호출하여 id(tabs) element에 tabs UI를 적용하도
록 히였다.

```javascript
// id(tabs) element에 jQueryUI에서 제공하는 tabs UI를 적용
$("#tabs").tabs();
```

지금까지 상세 페이지 구현을 위하여 필요한 js 파일을 모두 만들어 보았다.

그러면 이제 js 파일을 detail.html 파일에서 include하도록 다음과 같이 detail.html 파일의 head 부분을 수정하고 실행을 하면 동작을 확인할 수 있다.

```
<head>
  <meta charset="utf-8">
  <title>Part 3</title>
  <link rel="stylesheet" href="lib/jquery-ui/jquery-ui.css">
  <link rel="stylesheet" href="css/detail.css">
  <script src="lib/jquery-2.1.4.js"></script>
  <script src="lib/jquery-ui/jquery-ui.js"></script>

  <script src="js/Data.js"></script>
  <script src="js/DataMgr.js"></script>
  <script src="js/SampleData.js"></script>
  <script src="js/Util.js"></script>
  <script src="js/detail.js"></script>
</head>
<body>
```

Chapter

MEAN Stack 위에 동작하는 Sample Application

이번 챕터에서는 앞에서 만든 Sample Application을 MEAN Stack에 올려 웹 서버로 동작 시켜볼 예정이며 REST API도 함께 만들어 브라우저를 통해 API 호출을 통해 결과값도 받아보겠다. 여기서는 아주 기초적인 난이도에서만 진행될 예정이며 MEAN Stack에서 AngularJS를 사용하지 않을 예정이다. 그리고 우리의 목적은 자바스크립트와 JQuery를 활용하는데 있기 때문에 여기서는 간단하게 MEAN Stack 각 구성 요소에 대한 특징만을 알아보는 걸로 하겠다. 내용 중에 이해하기에 너무 어려운 부분이 있는데, 그런 부분은 일단 그냥 넘어가기 바란다. 모든 내용을 이 책에 담기에는 너무 많은 내용이기 때문에 간단하게 설명만 하는 걸로 넘어가겠다. 앞으로 개발을 하다 보면 많이 들어보게 될 개념들이니 관련 서적을 찾아서 좀 더 깊게 공부하기를 추천한다.

그럼 시작하기 전에 MEAN Stack에 대해 알아보는 것부터 시작하자.

1 MEAN Stack이란

MEAN Stack은 아래 그림과 같이 MongoDB, express, Node.js, AngularJS로 구성되어 있다.

그림 17-1. MEAN Stack 구성

(출처: http://adrianmejia.com/images/MEAN_jarroba.png)

1.1 MongoDB

데이터 객체들이 컬렉션 내부에서 독립된 문서로 저장되는 문서 모델을 기반으로 NoSQL 데이터베이스로 Node.js와 같이 Chrome V8의 해석기를 탑재하고 있어서 데이터 핸들링을 자바스크립트를 통해 가능하다.

주요 특징은 다음과 같다.

- 문서지향 데이터베이스 : 모든 데이터가 JSON 형태로 저장
- NO schema : Schema가 없어서 개발 과정이 단순하고 빨라짐
- Full Index Support : 다양한 인덱싱을 제공
- Replication & High Availability : 데이터 복제를 통해 가용성을 향상
- Auto-Sharding : Primary key를 기반으로 scale-out이 가능
- Querying : key 기반의 get, put 뿐만이 아니라 다양한 종류의 쿼리들을 제공
- Fast In-Place Updates : 고성능의 atomic operation을 지원
- Map/Reduce : MapReduce 지원
- GridFS : 별도 스토리지 엔진을 통해 파일을 저장 가능

주요 개념은 다음과 같다.

- Document : key/value로 이뤄진 한 쌍의 값들을 가지고 있는 오브젝트이다. JSON과 흡사하게 구성되면 Disk에 저장될 때는 BSON(Binary JSON Format)로 저장된다.

예) Document Format 예

```
/* Document Sample */
{
    name: "Tom",                     // key : value
    age: 20,
    groups: ["master", "developer"]
}
```

- Collection : 관계되어 있는 Document들의 묶음으로 반드시 모든 Document는 Collection에 속해 있어야 한다.
- Query : 특정 조건에 부합하는 Document들을 추출해 Collection으로 만들 수 있다. 쿼리의 구성은 조회 조건(Query Criteria)과 조회할 값(projection) 그리고 Collection과 커서(cursor)로 총 4가지를 통해 정의된다. 기존 RDB Query와 비교해서 이해를 해보겠다.

mongoDB Query	RDBMS Query

`db.getCollection('collection_name').find(`
`// collection : collection_name`
`{`
`  age: { $gt: 20} },    // 조회 조건: age > 20`
`  {name: 1, age: 1}  // 조회 컬럼`
`  : _id, name, age 값을 추출`
`).limit(10) // 조회 개수: 10개씩 가져오기`
	`select _id, name, age      // 조회 컬럼`
	`  from collection_name   // table`
	`where age > 20           // 조회 조건`
	`limit 10                 // 조회 개수`

쿼리의 처리 순서는 Collection 선택 후 조회 조건(Query Criteria) 수행하여 결과를 조회 개수(Cursor Modifier)에 맞게 처리하여 Collection이 추출된다.

위 샘플 쿼리에서 조회 컬럼(projection)인 {name: 1, age: 1 }에서 1은 추출한 Collection에서 해당 필드를 포함하라는 뜻이며 0은 제외하라는 뜻이다.

- Insert : db.collection_name.insert( ) 메소드는 Collection에 새로운 document를 추가한다.

mongoDB Insert Query	RDBMS Insert Query
| ```
db.collection_name.insert(
{
    name:"James",          // field1 : value
    age: 40                // field2 : value
    groups: ["writter"]  // field3 : value
}
)
``` | ```
insert into collection_name   -- table
( name , age,groups )          -- columns
values("James",40,"writter") -- values
``` |

■ Update : db.collection_name.update( ) 메소드는 Collection에 있는 문서를 수정한다.

mongoDB Update Query	RDBMS Update Query
| ```
db.collection_name.update(
{
    age: { $gt: 20 },       // update 조건
    { $set: { age :21 } },  // update action
    {multi:true,upsert:true}//update 옵션
)
``` | ```
update collection_name    -- table
set    age = 21       -- update action
where  age >= 20 -- update criteria
``` |
| ```
multi : true -> 추출된 모든 document
들을 업데이트
upsert : true -> Document가 없으면
insert
``` | |

■ Remove : db.collection_name.remove( ) 메소드는 Collection 내의 매칭된 document들을 삭제한다.

mongoDB Remove Query	RDBMS Remove Query
| ```
db.collection_name.remove(
{
    age: {$gt: 21}   // 삭제 조건
}
)
``` | ```
delete from collection_name    -- table
where age > 21              -- 삭제 조건
``` |
```

- Remove All Documents : 모든 document 삭제는 remove( ) 메소드를 이용한다.

```
db.collection_name.remove({ })
```

  Document 뿐만 아니라 index까지 삭제를 할 경우에는 drop( ) 메소드를 이용한다.

```
db.collection_name.drop( )
```

- 그 이외에도 다양한 메소드를 제공하고 있으니 좀 더 깊게 공부해보는걸 추천한다.

1.2 Express

Node.js의 핵심 모듈인 http와 Connect 컴포넌트를 기반으로 동작하며 MVC(Model-View-Control) 패턴의 적용을 쉽게 해주는 웹 애플리케이션 프레임워크이다.
주요 특징은 다음과 같다.

- 강력한 라우팅 : 클라이언트의 요청을 위한 URL 스키마를 라우팅
- Connect 모듈 내장 : Node.js의 Connect와의 의존성이 사라지면서 성능 향상
- 데이터 타입을 토대로 적절한 응답 헤더 결정
- HTTP 요청 본문 파싱 및 cookie 파싱
- MVC 형태의 구조를 지원

1.3 AngularJS

MVC(또는 MVW – Model View Whatever) 웹 프레임워크로 SPA(Single Page Application : 단일 페이지) 형태의 웹 애플리케이션 개발을 지원한다.
주요 특징은 다음과 같다.

- 템플릿 : 템플릿을 통하여 데이터가 어떻게 표현되는지 기술
- 양방향 데이터 바인딩 : 화면에 표출된 데이터를 변경하면 자동으로 메모리에 있는 데이터까지 변경
- MVC 구조

- 지시자(directive)를 이용한 HTML 확장

- 의존관계 주입(Dependency Injection)

- 단일 페이지 웹 애플리케이션을 위한 라우터

- $q를 이용한 자바스크립트 비동기 프로그래밍 지원

- 자바스크립트 테스팅 지원

1.3.1 템플릿

AngularJS는 템플릿을 통하여 데이터를 어떻게 표현할지 기술한다. 그리고 템플릿은 HTML 그 자체이다. 단지 AngularJS가 제공하는 별도의 지시자와 HTML Tag로 이루어진 HTML 문서를 작성하면 템플릿이 만들어진다. 다시 쉽게 말하면 index.html에 표현식과 ng-app과 같은 별도의 angularJS의 지시자를 넣으면 된다는 것이다. 아래 예제 템플릿을 통해 좀 더 자세히 알아보자.

코드 17-1. angularJS 샘플 예제(1-1.html)

```
<!doctype html>
<html ng-app>
<head>
<meta charset="utf-8">
<script src="//ajax.googleapis.com/ajax/libs/angularjs/1.0.8/angular.min.js"></script>
</head>
<body ng-init="person={name:'영희', hobbies:['수영','독서','개발']}">
        <h1>hello {{person.name}}</h1>
        <h2>취미 생활</h2>
        <ul ng-repeat="hobby in person.hobbies">
                <li>
                        <a href="#{{hobby}}">{{hobby}}</a>
                </li>
        </ul>
</body>
```

```
</html>
```

~~~~~~

위 예제에서 ng-repeat, ng-app는 Angular 지시자로서 기본 HTML을 확장하거나 새로
추가한 요소나 속성이다. 그리고 {{ }}과 같이 이중 괄호를 사용해서 템플릿에서 특정 위
치에 표현할 데이터를 지정할 수 있다.

1.3.2 양방향 데이터 바인딩

데이터 바인딩은 두 데이터 혹은 정보의 소스를 모두 일치시키는 기법으로 여기서는 화
면에 보이는 데이터와 브라우저 메모리에 있는 데이터를 일치시키는 기법을 의미한다.
아래 그림은 데이터 바인딩을 설명한 그림이다.

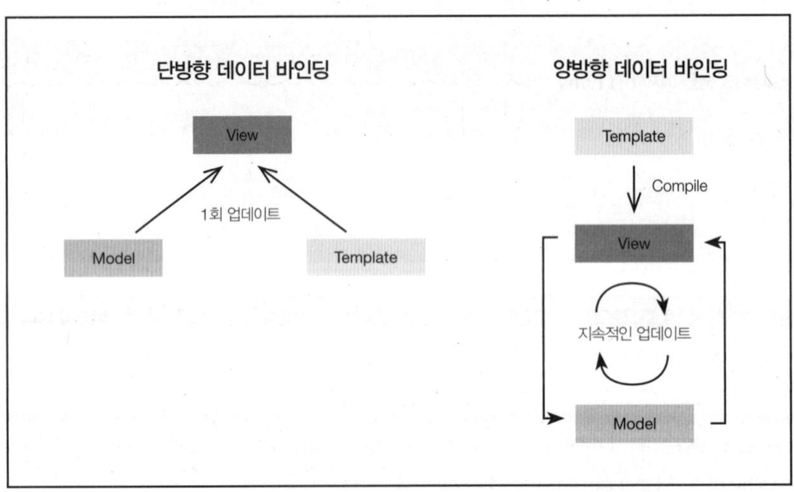

그림 17-2. 단방향/양방향 Data Binding 구조

Model이 변경되면 Template과 결합하여 화면이 자동으로 변경되고 화면의 데이터가 변
경되면 메모리상의 데이터도 변경되며 다시 템플릿과 결합하여 화면을 변경하게 된다.
~~~~~~

1.3.3 MVC 패턴

MVC 패턴은 애플리케이션을 개별적인 화면인 View와 데이터를 담고 있는 Model 그리고 Logic을 구현한 Controller 단위로 분리하는 패턴을 말한다. 이를 통해 각 컴포넌트간에 결합성을 낮추어 유지보수성 향상과 컴포넌트간 역할 및 책임을 명확히 할 수 있다. 다음 그림 17-3은 MVC 패턴의 동작 구조와 실제 애플리케이션 구성 요소와 Mapping 한 것이다.

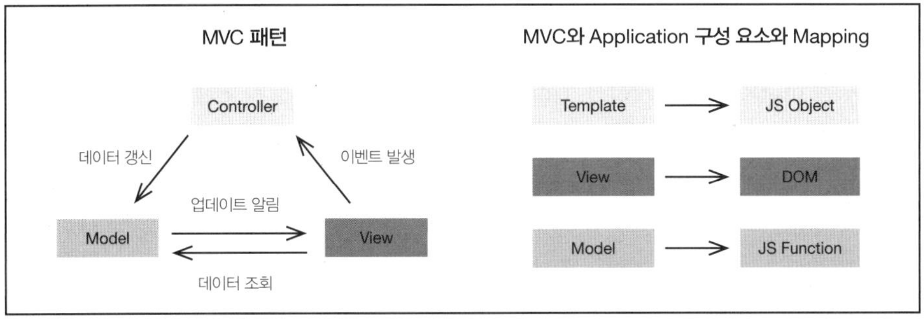

그림 17-3. MVC 패턴 구조 및 Mapping 관계

1.4 Node.js

이벤트 기반으로 네트워크 입출력을 비동기 처리하며 Chrome V8 엔진을 탑재하고 있어서 모든 코딩을 자바스크립트만으로 개발하여 사용할 수 있는 프레임워크이다. 주요 특징은 다음과 같다.

- 고성능 JavaScript V8 엔진
- 비동기 이벤트 방식
- 단일 스레드 모델
- Non-Blocking IO
- NPM 지원 : Node.js를 위한 패키지 관리자

1.4.1 JavaScript V8 엔진

JavaScript V8 엔진은 구글의 크롬에서 사용하는 엔진으로 JIT(Just In Time) 컴파일 방식과 인라인 캐싱 방식들을 지원하여 자바스크립트의 별도 인터프리터를 하지 않고 실행 즉시 기계어로 컴파일한 후 이를 바로 캐시에 보관하여 재사용 할 수 있게 한다. 이로 인해 가히 혁명적인 성능 향상 효과를 가질 수 있게 되었다.

1.4.2 비동기 이벤트 방식

Node.js는 하나의 애플리케이션 인스턴스당 하나의 스레드만 사용한다. 그렇기 때문에 대기 시간 동안 자원 낭비를 최소화 하기 위해서 외부 컴포넌트와 통신을 할 때 비동기 방식을 사용한다.

1.4.3 단일 스레드 모델

앞에서 언급했듯이 Node.js는 단일 스레드 모델이기 때문에 비동기 방식을 사용하고 있다. 그래서 자원을 접근할 때 동기화를 고려할 필요가 없어 개발 난이도가 낮아지며, 멀티 스레드 모델에서 고민해야 하는 문맥 교환(Context Switch) 작업을 하지 않아도 되어 비용이 감소된다.

1.4.4 Non-Block IO

blocking I/O(동기식 I/O)는 쓰기/읽기 이벤트가 발생하면 이벤트가 끝날 때까지 다른 모듈이 자원을 사용하지 못하도록 독점하고 있다. 하지만 non-blocking I/O(비동기식 I/O)의 경우 쓰기/읽기 이벤트가 시작하면 바로 자원을 다른 모듈에서 사용할 수 있도록 반환한다.

다음 예제 pseudo-code 소스를 통해 정확히 이해해 보자.

Blocking IO	Non-Blocking IO

`puts ("Input Your Name"); //문자열 출력`
 	
`var name=gets(); //입력 대기`
 	
`puts ("Your Name: "+name); //문자열 출력`
`puts("finish"); //문자열 출력`
	`puts ("Input Your Name"); //문자열 출력`
	
	`//Callback 함수 정의`
	`gets( function (name) {`
	`   puts ("Your Name : "+ name);`
	`});`
	`puts ("finish"); //문자열 출력`

`gets()` 함수 때문에 사용자가 입력을 할 때까지 기다리고 있다.	사용자 입력을 `Callback`으로 등록하고 바로 `puts("finish");` 을 실행해서 화면에 "finish"를 출력하고 사용자가 입력 이벤트를 발생시키면 `puts("Your Name: "+ name);`을 실행한다.

1.4.5 NPM

NPM은 Node Packaged Module의 약자로 Node.js로 만들어진 다양한 모듈을 인터넷으로 받아서 설치할 수 있게 해주는 패키지 매니저이다. NPM에 배포되는 패키지는 package.json을 통해 버전 관리 및 애플리케이션의 여러 가지 특징을 관리할 수 있다. 우리가 상상한 그 이상의 많은 패키지가 존재하고 있어 개발 생산성을 향상 시켜주고 있다.

2 MEAN Stack간 동작 구조

MEAN Stack간 동작 구조를 간단하게 그림으로 표현하면 아래와 같다.

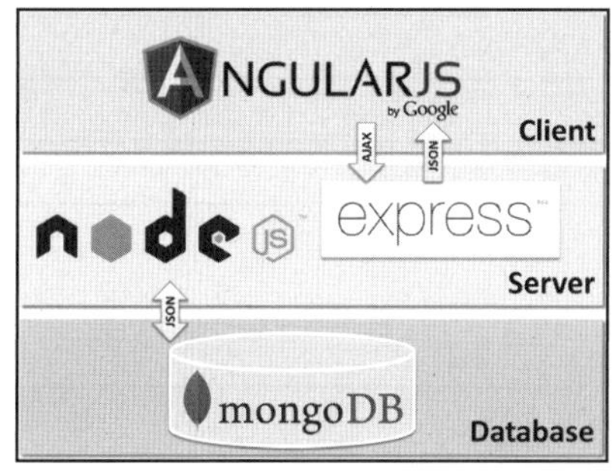

그림 17-4. MEAN Stack간 동작 구조
(출처: http://joaopsilva.github.io)

Client 화면에서 AJAX를 통해 요청을 express로 보내면 Node.js에서 비즈니스 로직을 처리한 후 mongoDB와 JSON 타입의 데이터를 주고 받아서 그 결과를 다시 Client의 Angular로 보내는 구조이다. 여기서 AngularJS를 제외하고, 위 구조가 어떻게 구현되는지 Sample Application을 적용해 보면서 이해해보자.

3 Sample Application 개발

3.1 Sample Application 개발 환경 구성

그 동안 배운 자바스크립트와 JQuery 그리고 MEAN Stack을 활용하여 앞에서 만들었던 Sample Application을 MEAN Stack에서 동작하도록 변경해 보자. 이 Sample Application을 통해 그 동안 배웠던 자바스크립트와 JQuery를 어떻게 활용하는지를 아는 게 최종 목표이니 직접 코드 하나하나 타이핑해 보고 에러가 발생하면 이유를 찾아서 해결해 보고, 추가로 기능도 넣어보길 바란다.

3.1.1 개발 환경

Sample Application이 동작하는 MEAN Stack 환경은 아래와 같다. 다른 운영체제에 개발 환경을 구성한다고 해서 크게 다른 건 없다. MEAN Stack 환경 설치와 에디터 설치만 조금 다를 뿐 대부분 비슷하다.

Sample Application 개발 환경	
운영체제	Windows 10
개발 에디터	Sublime Text2
개발 언어	JavaScript
Client Side	HTML, CSS, JavaScript, JQuery
Server Side	Node.js Express MongoDB

3.1.2 Node.js 설치

Sample Application이 동작할 Node.js를 먼저 설치하자. Node.js 설치는 공식 홈페이지에서 다운로드 받아서 진행하겠다. URL 주소는 아래와 같다.

⋯▸ https://nodejs.org/

그림 17-5. node.js 공식 홈페이지

위 화면에서 설치하려는 컴퓨터의 환경에 맞는 설치 파일을 다운로드 받는다. 현재 필자가 사용하는 컴퓨터는 64bit windows가 설치되어 있기 때문에 화면에 나온 다운로드 버튼을 클릭하여 다운로드 받겠다. Windows 64Bit용을 다운로드 받을 예정이다. 화면에서 다운로드 버튼이 제대로 동작이 안될 경우 버튼 아래에 있는 "Other Downloads"를 클릭하여 직접 다운로드 받으려는 파일을 선택하여 다운로드 받아도 된다.

윈도우 환경이기 때문에 "node-v4.x.x-x64.msi" 파일이 다운로드 되며, 해당 파일을 더블 클릭하여 설치를 시작한다. Node.js의 설치위치를 변경하거나 설치 옵션을 변경하지 않을 거라면 계속 "Next" 버튼을 클릭하여 설치를 완료하면 된다. 다음 그림들은 Node.js 설치 과정이다.

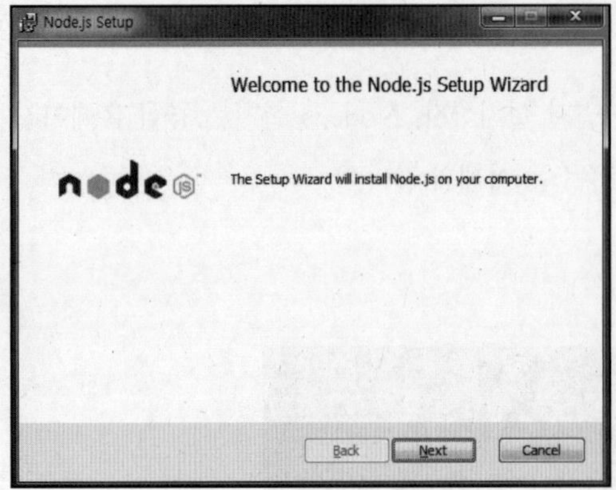

그림 17-6. Node.js 설치 과정 1

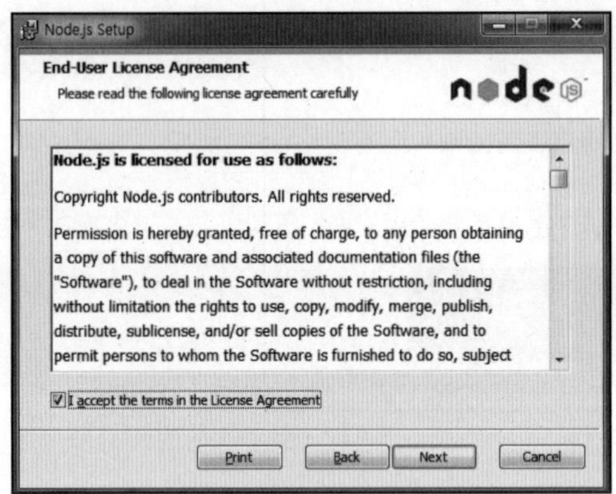

그림 17-7. Node.js 설치 과정 2

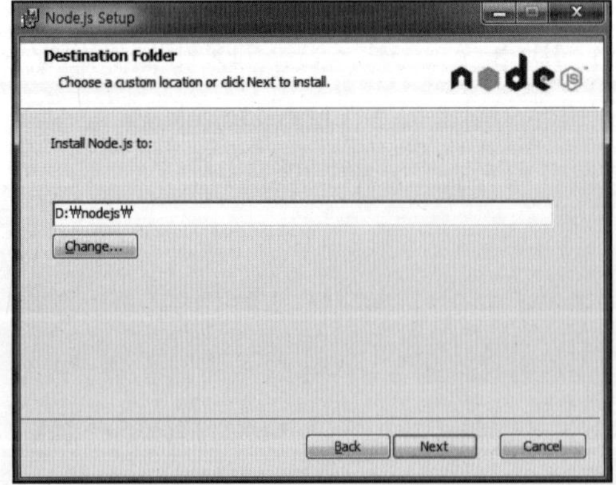

그림 17-8. Node.js 설치 과정 3

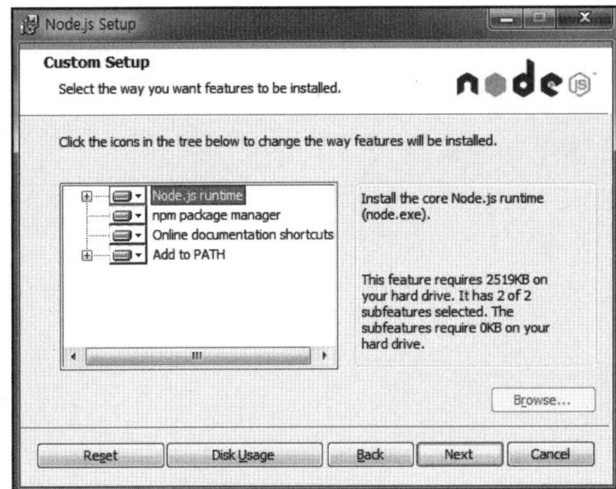

그림 17-9. Node.js 설치 과정 4

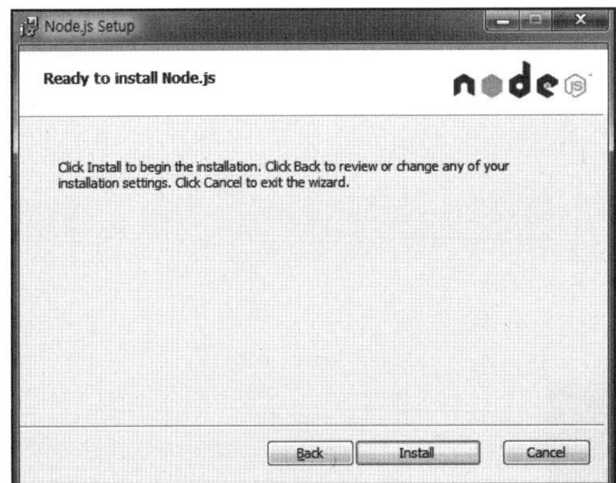

그림 17-10. Node.js 설치 과정 5

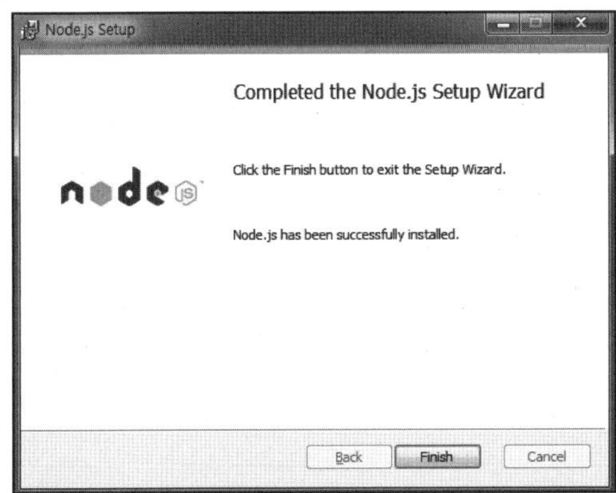

그림 17-11. Node.js 설치 과정 6

마지막 설치 화면에서 Finish 버튼을 누르면 설치가 완료된다. 정상적으로 설치가 됐는지 Node를 실행해 보자. 윈도우의 command 창을 실행하여 "node -v"를 실행해서 설치된 Node.js의 버전이 나오면 정상적으로 설치가 완료된 것이다.

그림 17-12. Node.js 버전 확인

터미널에서 인자 없이 node만 실행하면 REPL(Real-Eval-Print-Loop)가 실행이 되면서 화면에 '>'로 변경이 된다. 이 환경은 스크립트 언어의 interactive interpreter shell 환경으로 그 안에서 자바스크립트나 node 함수와 모듈을 실행하면 바로 결과를 볼 수 있다. 크롬의 console 모드와 비슷한 환경이다.

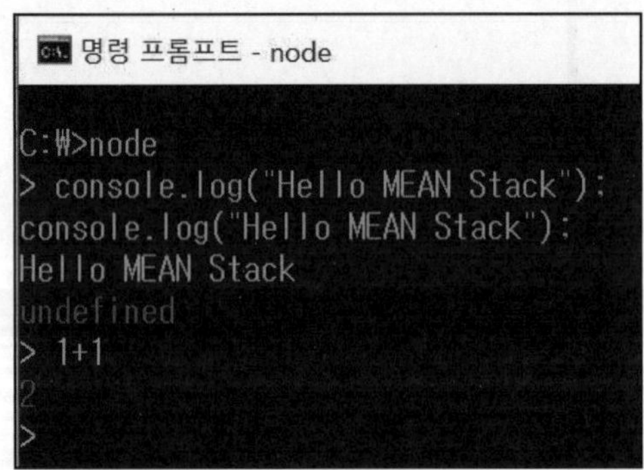

그림 17-13. REPL 환경

REPL 환경을 나오려면 Ctrl+C 키를 두 번 누르면 된다.

그럼 조금 더 깊게 들어가서 서버 프로그램을 작성해보자. 서버에 접속하면 화면에 "Hello MeanStack World!"를 보여주는 프로그램이다. 아래 예제를 작성해서 HelloMeanStack.js로 저장한 후 node HelloMeanStack.js라고 실행해 보자.

코드 17-2. HelloMeanStack 샘플 예제

```javascript
var http = require("http");
http.createServer(function(req, res) {
    res.writeHead(200, {"Content-Type": "text/plain"});
    res.write("Hello MeanStack World!\r\n");
    res.end();
}).listen(8090,'127.0.0.1');
```

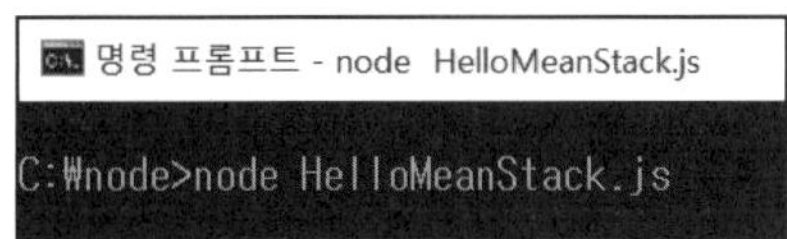

그림 17-14. Node.js 서버 동작

그림 17-15. HelloMeanStack 서비스 접속 화면

이렇게 간단하게 서버 사이드 프로그램을 완성해서 그 결과를 확인했다. 자바스크립트 코드 몇 줄을 작성한 것뿐인데 어엿한 서비스가 하나가 만들어졌다.

3.1.3 MongoDB 설치

그럼 이제 Sample Application에서 사용하는 데이터를 저장할 DB를 설치해보자 MongoDB도 설치 파일을 공식 홈페이지에서 다운받아서 설치하면 된다. 다음은 mongoDB 공식 홈페이지 URL이다.

···→ https://www.mongodb.org/

그림 17-16. mongoDB 홈페이지

홈페이지에서 Download MongoDB 버튼을 클릭해서 Download page로 이동한다.

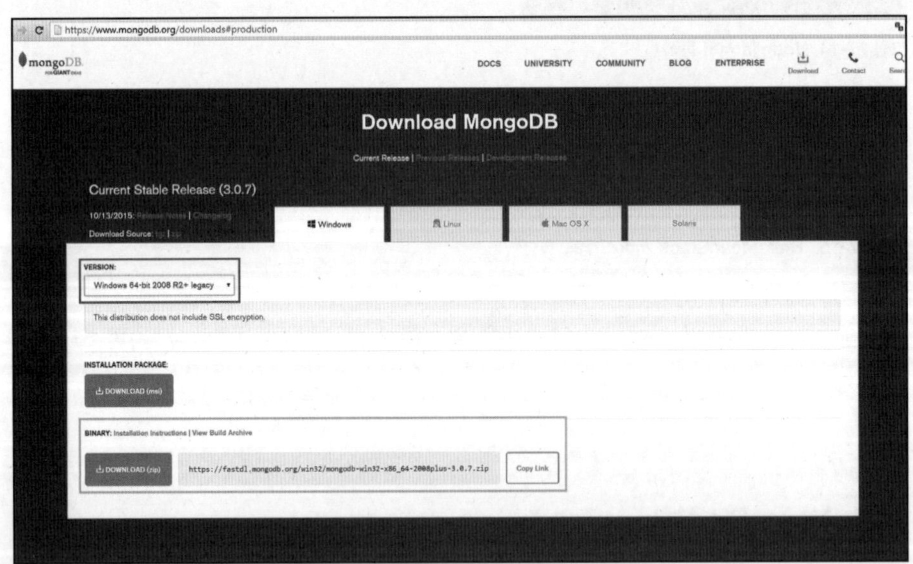

그림 17-17. mongoDB Download Page

Download Page에서 설치하려는 컴퓨터의 운영체제에 맞는 설치 파일을 다운로드 받는다. 설치하려는 컴퓨터가 64bit windows 10이기 때문에 Windows 64-bit 2008 R2+ legacy를 선택했다. 그 이유는 msi로 설치하지 않고 binary 파일을 압축해 놓은 zip 파일을 직접 다운로드 받아서 설치하기 위해서이다. mongoDB는 특별히 설치를 위해 작업이 필요하지 않고 다운로드 받은 압축파일을 풀면 설치가 완료된다.

DOWNLOAD(zip) 버튼을 클릭하여 설치 파일인 zip 파일(mongodb-win32-x86_64-2008plus-3.0.7)을 설치를 하고자 하는 폴더에 압축 해제한다. 이 책에서는 Mean Stack 예제 작성을 위해 폴더(C:₩node)를 생성했다. 그 폴더 아래에 해제하겠다.

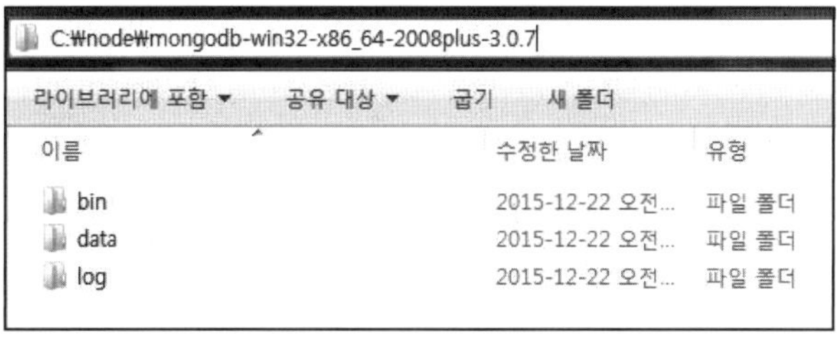

그림 17-18. mongoDB 설치 Path

그리고 mongoDB에서 Data 및 log 저장을 위해 사용한 폴더를 생성하자.

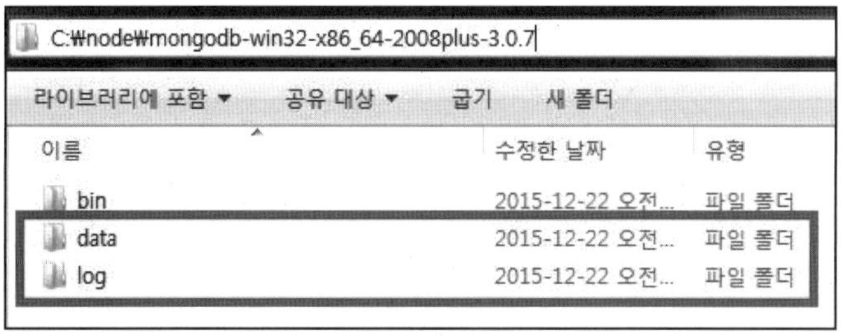

그림 17-19. mongoDB data 및 log 저장 폴더 생성

그리고 생성한 data 폴더와 log 폴더를 사용하도록 설정한 mongo.cfg의 설정 파일을 생성하자.

저장 위치는 mongoDB가 설치되어 있는 C:₩node₩mongodb-win32-x86_64-2008plus-3.0.7 아래에 하도록 하겠다. 다음 설정은 각 본인 컴퓨터의 환경에 맞게 변경하면 된다.

```
#DB 폴더
dbpath = C:\node\mongodb-win32-x86_64-2008plus-3.0.7\data
#mongdb 포트
port = 27017
#Log 파일
logpath = C:\node\mongodb-win32-x86_64-2008plus-3.0.7\log\mongo.log
#웹 관리 사용
rest = true
```

이제 모든 준비가 됐으니 mongoDB가 동작시켜서 접속해 보자. 시작은 아래와 같이 하면 된다.

```
c:\node\mongodb-win32-x86_64-2008plus-3.0.7\bin\mongod.exe -f c:\node\mongodb-win32-x86_64-2008plus-3.0.7\mongod.cfg
```

```
C:\node\mongodb-win32-x86_64-2008plus-3.0.7>c:\node\mongodb-win32-x86_64-2008plus-3.0.7\bin\mongod.exe -f c:\node\mongodb-win32-x86_64-2008plus-3.0.7\mongod.cfg
2015-12-22T09:33:38.679+0900 I CONTROL  ** WARNING: --rest is specified without --httpinterface,
2015-12-22T09:33:38.680+0900 I CONTROL  **              enabling http interface
2015-12-22T09:33:38.681+0900 I CONTROL
2015-12-22T09:33:38.685+0900 W CONTROL  32-bit servers don't have journaling enabled by default. Please use --journal if you want durability.
2015-12-22T09:33:38.688+0900 I CONTROL
2015-12-22T09:33:38.695+0900 I CONTROL  log file "C:\node\mongodb-win32-x86_64-2008plus-3.0.7\log\mongo.log" exists; moved to "C:\node\mongodb-win32-x86_64-2008plus-3.0.7\log\mongo.log.2015-12-22T00-33-38".
```

그림 17-20. mongoDB 시작

mongoDB가 시작됐으니 mongoDB 웹 관리 툴에 접속해 보자. 접속은 아래 URL을 통해 접속하면 된다. 설치된 컴퓨터가 다른 곳이라면 해당 컴퓨터의 IP로 변경한 후 접근하면 된다.

···▶ http://127.0.0.1:28017/

그림 17-21. mongoDB 웹 관리 툴 화면

그리고 Windows Command 창을 통해 설치된 mongoDB에 접속해보자.

c:\node\mongodb-win32-x86_64-2008plus-3.0.7\bin\mongo.exe

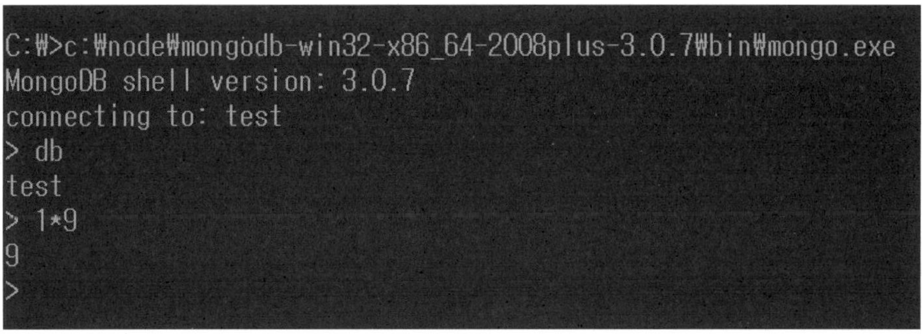

그림 17-22. mongoDB 접속

이제 마지막으로 DB는 항상 동작해야 하기 때문에 Window 서비스로 등록해 놓자. 아래 명령어를 실행하면 서비스로 등록이 된다. 그런데 윈도우에서 서비스로 등록하기 위해서는 Command 창을 반드시 관리자 모드로 열어야 한다.

c:\node\mongodb-win32-x86_64-2008plus-3.0.7\bin\mongod.exe -f c:\node\mongodb-win32-x86_64-2008plus-3.0.7\mongod.cfg --install

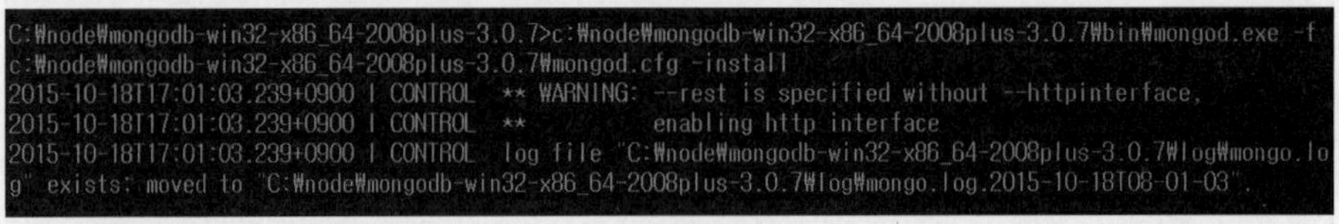

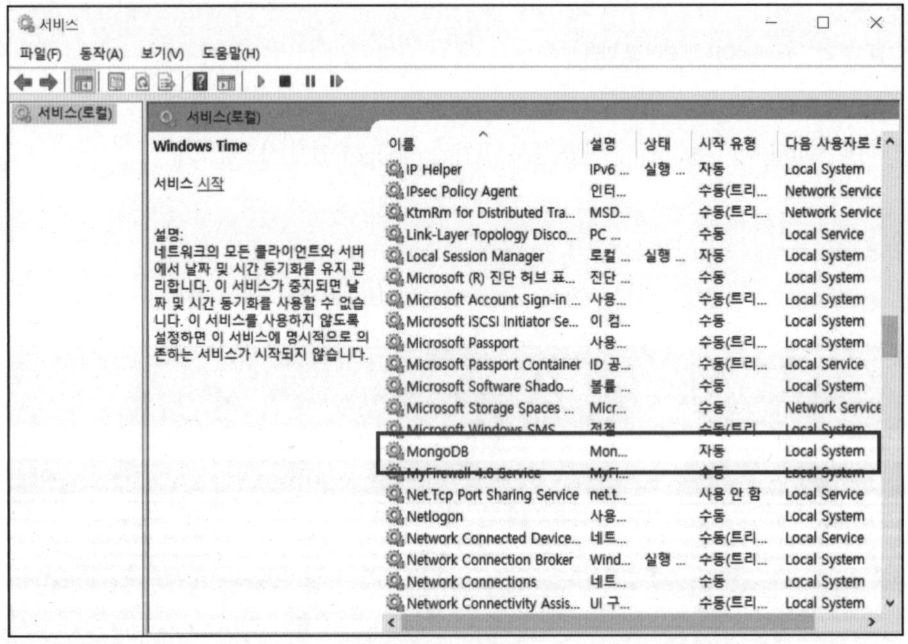

그림 17-23. mongoDB 서비스 등록

서비스로 잘 등록되어 있는지 서비스 관리 화면에서 확인해보자.

그림 17-24. mongoDB 서비스 등록 확인

지금까지 Sample Application를 만들기 위해 필요한 환경을 구성을 다했다. 여기서 빠진 Express는 개발을 하면서 설치하겠다.

3.1.4 Robomongo 설치

MongoDB에 접근해서 데이터에 대한 CRUD를 편하게 하기위해 사용하기 위한 GUI Clinet인 Robomongo를 설치할 것이다. Robomongo도 설치 파일을 공식 홈페이지에서 다운받아서 설치하면 된다. 아래는 Robomongo 공식 홈페이지 URL이다.

⋯▶ http://robomongo.org/

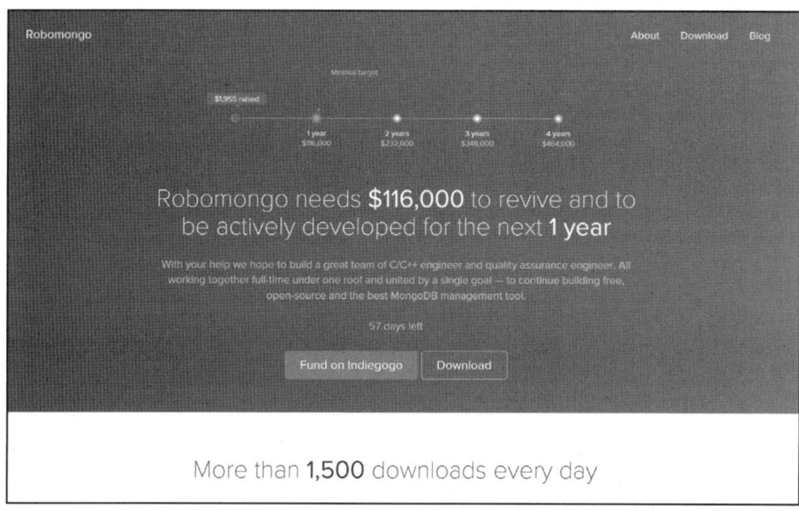

그림 17-25. Robomongo 홈페이지

홈페이지에서 Download 버튼을 클릭해서 Download page로 이동한다.

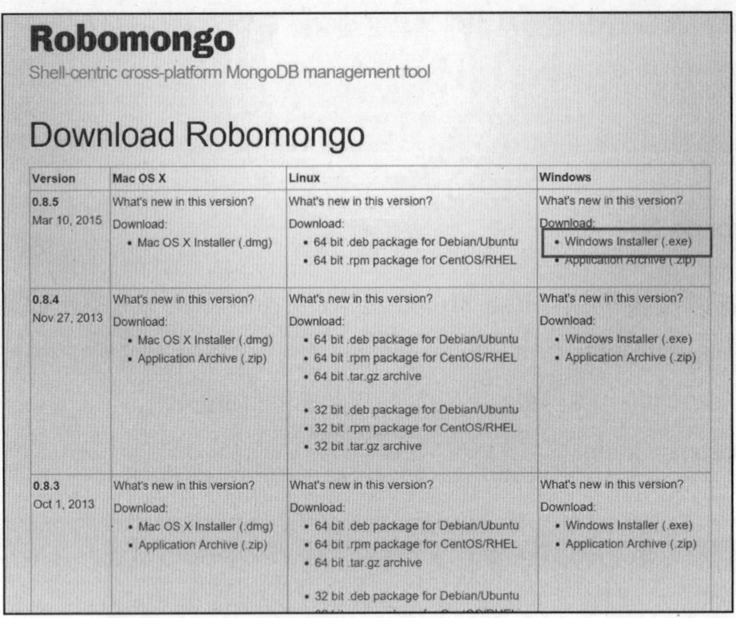

그림 17-26. Robomongo Download Page

Download Page에서 설치하려는 컴퓨터의 운영체제에 맞는 설치 파일을 다운로드 받는
다. 설치하려는 컴퓨터가 64bit windows 10이기 때문에 Windows Installer(.exe)를 선택
에 다운로드 받았다. 다운로드 받은 설치 파일을 실행한다. 그리고 아래와 같은 화면 순
서로 설치를 하면 된다.

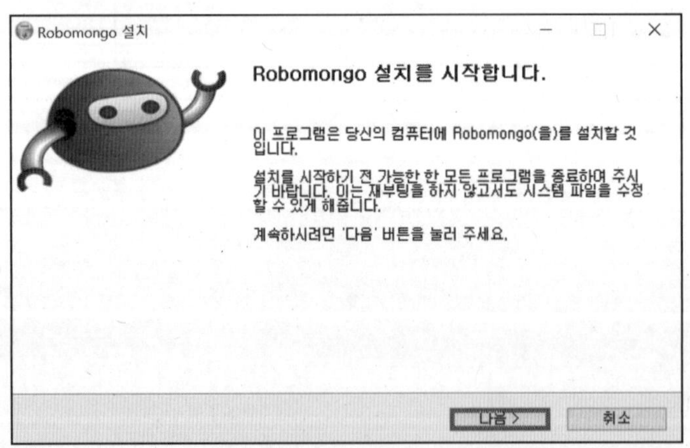

그림 17-27. Robomongo 설치 과정 1

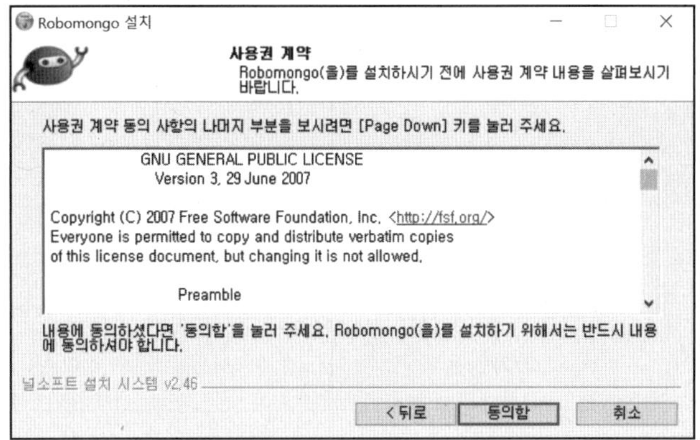

그림 17-28. Robomongo 설치 과정 2

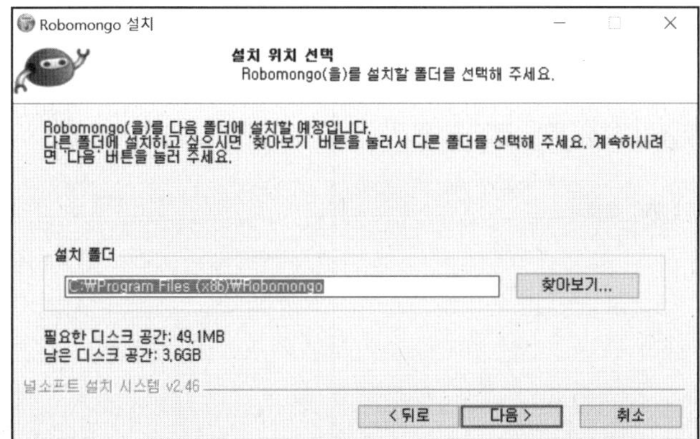

그림 17-29. Robomongo 설치 과정 3

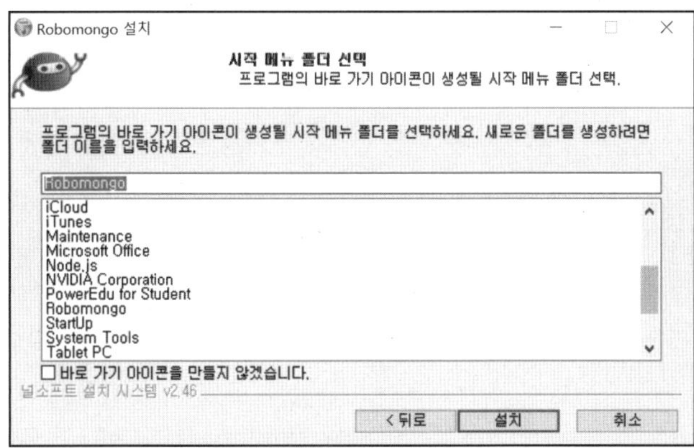

그림 17-30. Robomongo 설치 과정 4

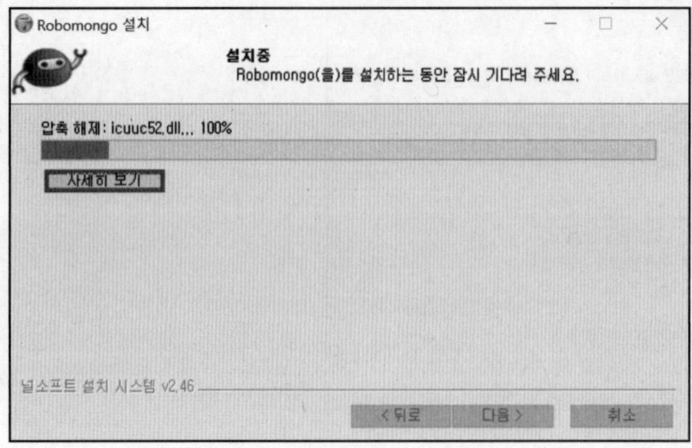

그림 17-31. Robomongo 설치 과정 5

그림 17-32. Robomongo 설치 과정 6

설치가 완료되고 "마침" 버튼을 클릭한 후 Robomongo를 실행하면 mongoDB 접속정보
를 생성하는 화면이 나온다.

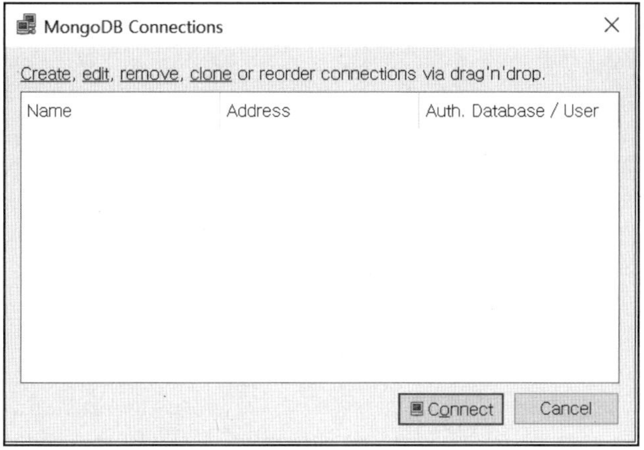

그림 17-33. mongoDB 접속 정보 생성 화면

"Create" 버튼을 눌러 화면에 나타나는 Connection Settings 팝업에서 Address와 Port 정보를 입력한다. 우리는 Local 컴퓨터에 기본 옵션으로 mongoDB를 설치했기 때문에 Address에는 localhost, Port에는 27017을 입력하고 "Save" 버튼을 클릭한다.

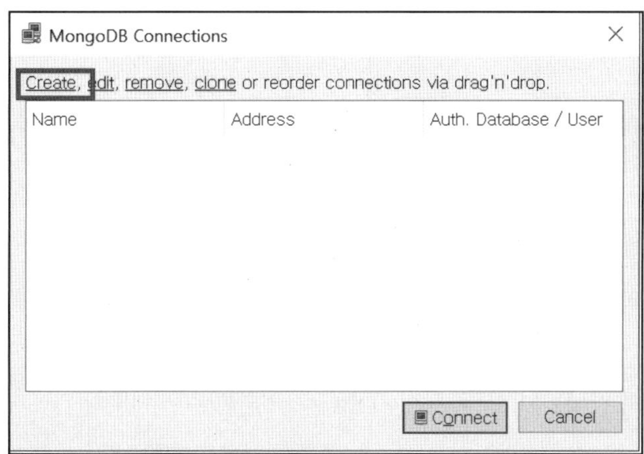

그림 17-34. mongoDB 접속 정보 입력 화면 1

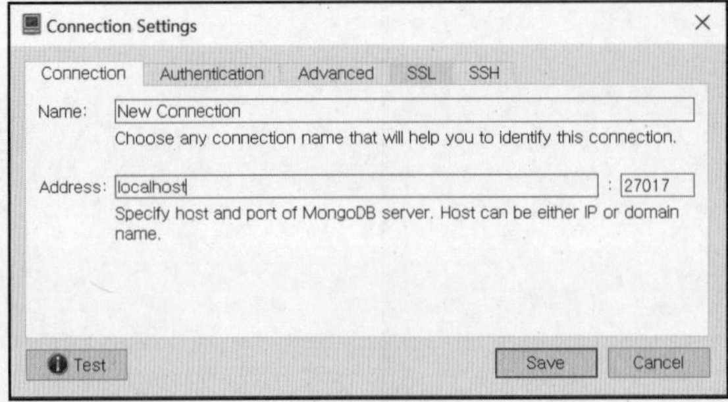

그림 17-35. mongoDB 접속 정보 입력 화면 2

mongoDB Connection 정보를 모두 입력하고 저장하면 아래와 같이 접속한 mongoDB 선택화면이 나온다. 접속할 DB를 선택한 후 "Connect" 버튼을 클릭해 mongoDB에 접속한다.

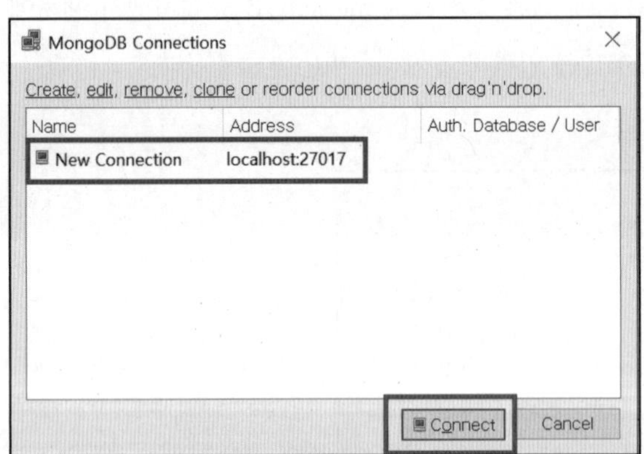

그림 17-36. mongoDB 접속 선택 화면

mongoDB에 접속하면 다음과 같이 비어있는 mongoDB에 접속된 화면이 나온다.

그림 17-37. mongoDB 접속된 화면

3.2 Sample Application 기본 구성

그럼 이제 Sample Application을 변환하기 전에 MEAN Stack에서 동작하기 위해 필요한 파일 구성과 DB 연결 등 가장 기본이 되는 설정과 소스를 개발한 후 동작을 확인해 볼 것이다. 이 후에 조금씩 Sample Application을 변경해 나갈 예정이다. 그럼 먼저 Application 골격이 되는 디렉토리 구조부터 만들어 보자.

3.2.1 디렉토리 구조

처음에는 간단하게 디렉토리를 구성할 것이다. 디렉토리 구조는 아래와 같은 구조로 만들 것이다.

3.2.2 설치 모듈 설정

Node.js에는 NPM이라는 패키지 관리 시스템이 있다. 이를 통해 필요한 의존모듈을 자동으로 다운로드 받아 설치할 수 있다. npm은 프로젝트에 대한 설정을 package.json으로 관리한다.

Sample Application의 주요 설정과 의존 모듈 설정은 아래와 같이한다.

코드 17-3. package.json

```
{
        "name"          : "Sample",
        "version"       : "1.0.0",
        "description"   : " Sample Application.",
        "main"          : "app.js",
        "dependencies" : {
                "express"    : "~4.13.3",
                "mongoose"   : "~4.1.11",
                "body-parser": "~1.14.1",
                "method-override": "~2.3.5"
        }
}
```

위 package.json의 설정 내용에 대해 하나씩 살펴보자. 먼저 의존 모듈을 설정하는 부분
부터 보자.

- Name : 필수 입력 필드로 모듈명을 말한다. "npm install 모듈명"을 통해 모듈을 설치할 때 사
  용하는 값으로 npm 관리 시스템에 올려서 공개할게 아니면 고유 값을 꼭 쓸 필요는 없다.
- Version : 필수 입력 필드로 package version으로 주번호.부번호.패치로 표현한다(예: 1.0.0).
- name과 version 필드의 조합을 통해 모듈을 구분하기 위한 유일한 값으로 특별히 npm 사이트
  에 올려서 공개하지 않을 거면 신경 쓰지 않아도 된다.
- main : Application의 Main 시작 포인트를 지정한다.
- dependencies : 의존 모듈은 dependencies 부분에 설정한다. 의존성 표시 형식은 아래와 같
  다.

      - 설치 모듈 : 버전 정보
      - 버전 정보 표시 형식은 아래와 같다.

1. version : 완전히 일치하는 버전

2. =version : 완전히 일치하는 버전

3. >version : 큰 버전

4. >=version : 크거나 같은 버전

5. <version : 작은 버전

6. <=version : 작거나 같은 버전

7. ~version : 버전범위(~0.0.1: >=0.0.1 <0.1.0, ~0.1.1 : >=0.1.1 <0.2.0, ~0 : >=0.0 <1.0)

8. 3.3.x: x 표기도 가능

모듈 설치는 프로젝트 루트 경로에 package.json 파일을 생성해 주고 루트 폴더에서 "npm install"을 하면 packge.json 파일을 보고 필요한 의존 모듈을 모두 설치한다. 설치된 모듈은 node_modules 폴더에서 확인 가능하다. 그리고 업데이트도 가능하다. "npm update"를 실행하면 된다. 하지만 package.json에 명시된 버전에 따라서만 업데이트가 되기 때문에 특정 버전을 명시한 모듈의 경우는 최신 버전이 있다고 하더라도 업데이트 되지 않는다.

package.json에 대해 좀 더 자세히 알고 싶으면 아래 URL에 가서 확인하길 바란다.

⋯▸ https://docs.npmjs.com/files/package.json

이제 프로젝트 폴더로 가서 의존 모듈을 설치해보자. package.json 파일이 있는 루트 디렉토리로 가서 "npm install"을 실행하자.

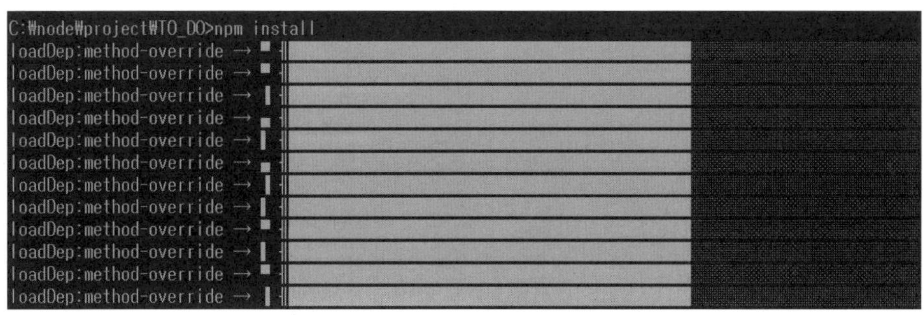

그림 17-38. 의존 모듈 설치

의존 모듈이 제대로 설치 되었는지 node_modules 디렉토리에 가서 확인한다. package.
json에 설정한 내용보다 더 많은 모듈이 설치된걸 확인할 수 있다. 그 이유는 모듈간
Dependency를 고려해서 npm이 알아서 설치했기 때문이다.

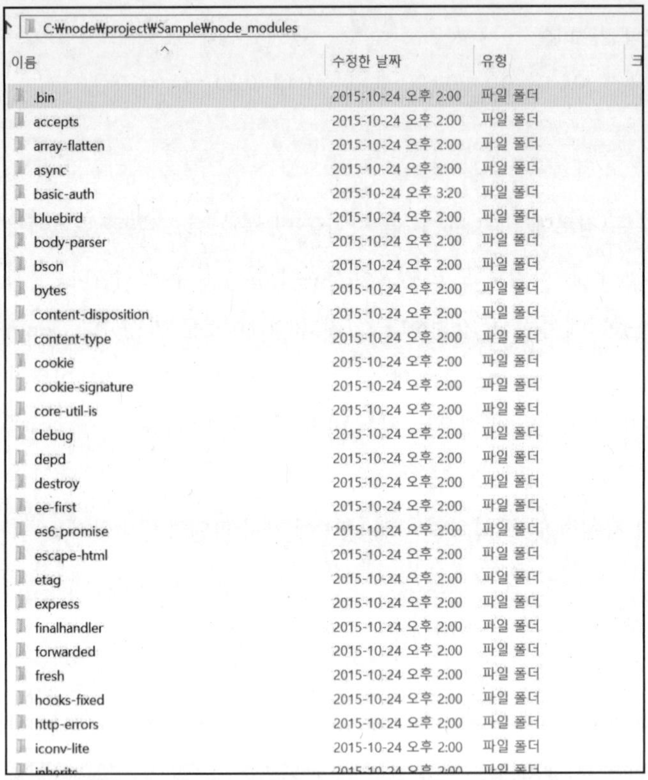

그림 17-39. node_modules에 설치된 모듈

집에서 테스트할 경우는 문제가 발생하지 않겠지만 회사나 제한된 네트워크 환경에
서는 방화벽 문제가 발생할 수 있다. 다음 해결 방법을 참조하기 바란다.

〈npm install에서 방화벽으로 설치 에러 시〉

1) proxy 서버 주소확인
   - 인터넷 옵션 〉 연결 탭 〉 LAN 설정 버튼 클릭 〉 "자동 구성 스크립트 사용" 부분

의 주소 값 확인

- cmd 실행 후, netstat –ban 명령어 입력

- proxy server 주소 확인

2) 아래의 명령어를 실행하면 npm 명령어를 정상적으로 실행할 수 있다.

npm config set proxy http://xx.xx.xx.xx:8080

npm config set https–proxy http://xx.xx.xx.xx:8080

npm config set strict–ssl false

3.2.3 app.js 개발

package.json 파일에서 main 필드에 app.js를 설정했다. 지금은 app.js 파일에 아래와 같은 내용을 개발할 것이다.

1. Application 설정
2. Mongo DB 연결
3. REST API Route 정의
4. Listen Port 설정

그럼 위의 설정할 내용을 토대로 app.js로 작성해보자.

코드 17-4 app.js

```
// Sample Application에서 사용할 모듈 설정
var express  = require('express');                    //express 모듈 반환
var bodyParser = require('body-parser');              //body-parser 모듈 반환
var mongoose = require('mongoose');                   //mongoose 모듈 반환
var database = require('./config/database');     //mongoDB 접속 정보 객체 반환
var app      = express();                             //express 객체 생성
```

```javascript
var port        = process.env.PORT || 8080;              //8080 port 설정

mongoose.connect(database.url);
//mongoose를 통해 mongoDB 연결
app.use(express.static(__dirname + '/public'));
//public 폴더 아래를 application의 static 파일 위치로 설정
app.use(bodyParser.json());
require('./app/routes')(app);
//app 폴더 아래의 routes.js 파일을 application의 라우팅 역할 목적으로 객체 반환

app.listen(port);
//app의 Listen Port로 8080 설정
console.log("App listening on port " + port);
```

app.js 소스를 다시 한 줄씩 무슨 내용인지 자세히 알아보자.

3.2.3.1 require( ) 함수

require( ) 함수는 Node.js에서 제공하는 전용 함수로 인자로 입력된 자바스크립트 파일을 실행한다. 그리고 특정 모듈의 이름을 입력하면(참고: package.json에서 name에 해당하는 값) 해당 모듈이 제공하는 함수와 값이 담긴 객체를 반환한다. 위 app.js를 예로 설명하면 아래와 같다.

```javascript
var express  = require('express');                 //express 모듈 반환
var bodyParser = require('body-parser');           //body-parser모듈 반환
var mongoose = require('mongoose');                //mongoose 모듈 반환
var database = require('./config/database');       //mongoDB 접속 정보 객체 반환
```

require( ) 함수를 통해 Sample Application에서 필요한 모듈인 express, mongoose, body-parser 객체를 전달받아 자바스크립트 변수에 할당하고 있다. 즉 require( ) 함수는 모듈 찾아서 해당 자바스크립트 실행하여 객체로 반환해준다. 그렇기 때문에 개발자가 별도로 개발한 모듈도 해당 위치를 입력하면 호출이 가능하다.

```
var devModule = require('./path/dev_module');
```

3.2.3.2 mongoDB 연결

Application에서 데이터를 저장하기 위해 사용하는 mongoDB와 연결해보자. mongoDB에 연결하기 전에 먼저 사용할 계정과 데이터베이스를 생성해야 한다. 여기서는 특별히 계정을 만들지는 않고 데이터베이스만 생성할 것이다.

mongoDB에 접근은 mongoDB client shell 또는 Robomongo를 통해 가능하다. 여기서는 mongoDB client shell을 통해 Database를 생성해보겠다. 그리고 Sample Data는 Robomongo를 통해 입력하겠다. mongoDB client shell을 실행하기 위해서는 command 창에서 mongoDB가 설치되어 있는 디렉토리로 이동해서 bin 아래에서 client를 실행한 후 아래 명령어를 실행해서 데이터베이스를 생성하면 된다.

```
mongo               // mongoDB client shell 실행
use sample          // 생성할 DB로 변경
show dbs            // 생성된 DB 확인
```

```
C:\node\mongodb-win32-x86_64-2008plus-3.0.7\bin>mongo.exe
MongoDB shell version: 3.0.7
connecting to: test
> use sample
switched to db sample
> show dbs
admin  0.078GB
local  0.078GB
>
```

그림 17-40. mongoDB 계정 생성 및 데이터베이스 생성

이제 준비된 mongoDB의 sample 데이터베이스와 접속하기 위해서 mongoose 모듈을
사용할 것이다. mongoose는 mongoDB와 연동하기 위한 업계 표준 모듈로써 사용하기
쉽고 많이 사용하고 있다. app.js 파일에서도 mongoose를 사용했다.

```
// mongDB 연결
var database = require('./config/database');     //mongoDB 접속 정보 객체 반환
mongoose.connect(database.url);                  //mongoose를 통해 mongoDB 연결
```

app.js에서 mongoDB와 연결하기 위해서 mongoose 모듈의 connect( ) 함수를 사용했
다. 그리고 접속 정보는 config 폴더에 있는 database.js 파일에 저장되어있다.

```
module.exports = {
        url : 'mongodb://localhost:27017/sample'
};
```

접속 정보는 local 컴퓨터에 default로 mongoDB를 설치했기 때문에 host와 Port 정보는
localhost:27107이다. 그리고 Sample Application을 위해 별도로 데이터베이스를 sample

로 생성했기 때문에 sample에 접속하도록 했다.

그럼 connect( ) 함수 정의를 알아보고 정확히 어떻게 사용하는지 알아보자. connect( ) 함수 정의는 아래와 같다.

함수 정의	`mongoose.connect(uri);` `mongoose.connect(uri, options);`

URI Spec	`mongodb://[username:password@]host1[:port1][,host2[:port2],...[,hostN[:portN]]][/[database][?options]]`
	
	- `mongodb://` : mongoDB와 연결하기 위한 표준 `prefix` 포맷
	- `username:password@` : Optional. 특정 계정으로 로그인해서 사용하기 위한 ID/PASSWORD
	- `host1` : 접속할 mongoDB Host URI 또는 IP
	- `:port1` : Optional. 접속할 mongoDB Port(default : 27017)
	- `hostX` : Optional.여러 개의 mongoDB에 접근할 때 사용할 mongDB Host URI 또는 IP
	- `:portX` : Optional. . mongoDB Port(default : 27017)
	- `/database` : Optional. 접근하려는 mongoDB의 database 이름
	- `?options` : 연결 시 사용한 특별한 옵션
	
	예)
	`mongod hosts:`
	`db1.example.net on port 27017, db2.example.net on port 2500.`
	연결 옵션: replica set명이 test
	`mongodb://db1.example.net,db2.example.net:2500/?replicaSet=test`

3.2.3.3 __filename과 __dirname

Node.js는 파일 위치를 파악할 수 있는 __filename과 __dirname 변수를 제공하고 있다. 두 변수를 이용해서 파일의 절대 경로를 문자열 형태로 제공해준다.

__filename	실행되는 파일명을 포함한 절대 경로
__dirname	실행되는 파일의 절대 경로

아래 예제를 통해 어떤 결과가 나오는지 확인해 보자.

코드 17-5. filepath.js

```
console.log("Current File with Path : "+ _ _filename);
console.log("Current File Path : " + _ _dirname);
```

위 예제를 node를 통해 실행한 결과는 아래와 같다.

```
C:\node>node filepath.js
Current File with Path : C:\node\filepath.js
Current File Path : C:\node
```

그림 17-41. filepath.js 실행 결과

app.js 파일에서도 express에서 static 파일을 사용하기 위해 위치를 알려주고 있다.

```
app.use(express.static(_ _dirname + '/public'));
//public 폴더 아래를 application의 static 파일 위치로 설정
```

3.2.3.4 app.use( ) 함수

app.use([path], function)은 Application에서 다른 모듈의 함수를 로드할 때 사용하는 함수이다.

path를 지정할 수 있으며 default 값은 /이다. 여기서 path는 함수와 아무런 관계가 없다. 즉 경로를 바꾸어도 함수의 코드의 수정은 필요치 않다. app.js에서

```
app.use(express.static(_ _dirname + '/public'));
//public 폴더 아래를 application의 static 파일 위치로 설정
```

위 예제 부분은 express.static( ) 함수를 사용하여 application이 현재 실행되는 app.js 파일 위치를 기준으로 하위 public 폴더 안의 파일들을 제공하는 기능을 작성한 것이다. 여기서 path의 용도에 대한 예를 들면 정적 파일 접근 시 "/static"을 접두어로 사용하고 싶다면 아래와 같이 설정할 수 있다.

```
app.use('/static',express.static(_ _dirname + '/public'));
 //public 폴더 아래를 application의 static 파일 위치로 설정
```

이 함수의 동작은 req.url에 "/static"을 포함하고 있지 않으면 호출 되지 않는다. app.use( )을 사용하여 정의 된 함수의 순서는 함수의 호출 우선순위를 정하기 때문에 매우 중요하며 함수는 이 순서대로 호출된다. 예를 들어, 대체로 로깅 함수는 다른 함수보다 가장 상단에 설정한다.

그림 이제 Sample Application의 라우팅를 하는 routes.js에 대해 알아보자.

코드 17-6. routes.js

```
var Data = require('./models/dataModel');     //데이터 모델 객체 반환
var mongoose = require('mongoose');            //mongoose 객체 반환
var path = require('path');                    //파일 경로 다루는 util 객체 반환

module.exports = function(app) {
    app.get('*', function(req, res) {
        //모든 Request 응답으로 public/main.html 파일 전달
        res.sendFile(path.resolve('public/main.html'));
    });
```

```
};
```

위 소스에서는 처음 보는 app.get( ) 함수에 먼저 알아보자.

함수 정의	`app.get("URI/:{parameter name}",callbackfunction…);`

설명	예를 들어 설명하면
	`app.get('/sample/:name',function(req,res){`
	`        console.log(req.params.name);`
	`    });`
	의 코드는 /sample/{경로}로 들어오는 HTTP GET 요청에 대해서 {경로} 부분을 변수 처리할 수 있다. 즉 /sample/test라고 하면, req.params.name으로 해서 "test"라는 값을 받을 수 있다. 그리고 해당 요청이 오면 두 번째 인자로 설정된 callbackfunction이 호출된다.

위 routes.js 파일에서는 app.get( ) 함수가 아래와 같이 사용되었다.

```
app.get('*', function(req, res) {
        //모든 Request 응답으로 public/main.html 파일 전달
        res.sendFile(path.resolve('public/main.html'));
});
```

URI 부분에 *가 설정되어 있기 때문에 모든 요청의 대해서 응답하게 된다. 그리고 callbackfunction으로 res.sendFile(path.resolve('public/main.html'));이 설정되어 있기 때문에 호출하는 쪽에 main.html 파일을 전달하게 된다. 지금 이 단계에서 main.html에는 아래와 같이 특별한게 없다. 화면에 "Sample MEAN Application"을 출력해주는 게 전부이다.

코드 17-7. main.html

```html
<!doctype html>
<html lang="en">
<head>
    <meta charset="utf-8">

    <title>Sample MEAN Application</title>

</head>
<body>
Sample MEAN Application
</body>
</html>
```

이제 마지막으로 dataModel에 대해 알아보자. 지금 예제에는 필요 없지만 Sample Application에서 사용할 예정이기 때문에 미리 Model를 정의해보았다. App/models/dataModel.js 파일은 아래와 같다.

코드 17-8. dataModel.js

```javascript
var mongoose = require('mongoose');                 //mongoose 객체 반환
var Schema = mongoose.Schema;        // mongoose.Schema를 Schema라는 변수에 저장
//스키마 선언
var CategorySchema = new Schema({
//Schema는 new Schema로 선언해 CategorySchema 변수에 저장
    id : {type : String, default: ''},          //type이 String인 id 선언
    name : {type : String, default: ''},         //type이 String인 name 선언
    items : {type : Array, default: ''}        //type이 Array인 items 선언
}, {collection : 'category'});
//mongoDB의 category collectoion와 매핑


var ItemsSchema = new Schema({
//Schema는 new Schema로 선언해 ItemsSchema 변수에 저장
    categoryID : {type : String, default: ''},
    //type이 String인 categoryID 선언
```

```javascript
    id : {type : String, default: ''},          //type이 String인 id 선언
    rank : {type : String, default: ''},        //type이 String인 rank 선언
    title : {type : String, default: ''},       //type이 String인 title 선언
    info : {type : String, default: ''},        //type이 String인 info 선언
    reviews : {type : Array, default: ''},      //type이 Array인 reviews 선언
    qna : {type : String, default: ''}          //type이 String인 qna 선언
}, {collection : 'category'});
//mongoDB의 category collectoion와 매핑


//모델 변환
mongoose.model('Category', CategorySchema);
//CategorySchema 스키마를   Category라는 모델로 변환
mongoose.model('Items', ItemsSchema);
//ItemsSchema 스키마를   Items라는 모델로 변환
```

3.2.3.5 Schema

스키마는 mongoDB 문서나 컬렉션을 매핑하여 모델을 생성하기 위해서 사용되는 규칙과 명령의 집합을 말한다. 기존 RDB의 table 정의와 유사하지만 key-value 쌍의 자바스크립트의 객체와도 비슷하다. 여기서 key는 속성 이름이며 value는 schema type이다. schema type에는 String, Number, Date, Buffer, Boolean, Mixed, ObjectId, Array 등이 있다.

Schema 생성 예

```javascript
var Schema = mongoose.Schema;
var schema = new Schema({
  name:     String,
  living:   Boolean,
  age:      { type: Number, required: true }
    mixed:    Schema.Types.Mixed,
```

```
    _userId: Schema.Types.ObjectId,
    array:         [],
})
```

~~~~~~

Sample Application의 Schema 선언은 아래와 같이 했다.

~~~~~~

```
//스키마 선언
var CategorySchema = new Schema({
    //Schema는 new Schema로 선언해 CategorySchema 변수에 저장
    id : {type : String, default: ''},          //type이 String인 id 선언
    name : {type : String, default: ''},        //type이 String인 name 선언
    items : {type : Array, default: ''}         //type이 Array인 items 선언
}, {collection : 'category'});
//mongoDB의 category collectoion와 매핑


var ItemsSchema = new Schema({
    //Schema는 new Schema로 선언해 ItemsSchema 변수에 저장
    categoryID : {type : String, default: ''},
    //type이 String인 categoryID 선언
    id : {type : String, default: ''},          //type이 String인 id 선언
    rank : {type : String, default: ''},        //type이 String인 rank 선언
    title : {type : String, default: ''},       //type이 String인 title 선언
    info : {type : String, default: ''},        //type이 String인 info 선언
    reviews : {type : Array, default: ''},      //type이 Array인 reviews 선언
    qna : {type : String, default: ''}          //type이 String인 qna 선언
}, {collection : 'category'});
//mongoDB의 category collectoion와 매핑
```

~~~~~~
~~~~~~

3.2.3.6 Model

그럼 이제 Model에 대해 알아보자. Model은 mongoDB에서 문서를 표현하는 것이다. mongoose를 통해 Query를 던지면 그 결과를 Model로 반환해 준다. 그리고 Model 통해 mongoDB의 데이터를 생성, 갱신, 질의, 갱신 등을 할 수 있다. mongoose를 통해 Model를 생성하기 위해서는 model( ) 함수를 사용하면 된다. model( ) 함수 정의는 아래와 같다.

```
mongoose.model('model_name',model_schema);
```

Sample application에서는 아래와 같이 사용했다.

```
//모델 변환
mongoose.model('Category', CategorySchema);
//CategorySchema 스키마를   Category라는 모델로 변환
mongoose.model('Items', ItemsSchema);
//ItemsSchema 스키마를  Items라는 모델로 변환
```

mongoose에서 model을 생성할 때 schema가 필요로 하다. model을 통해 할 수 있는 기능들을 좀 더 알아보자.

▪ 문서 질의

mongoDB에 저장되어 이는 문서들에서 조회 조건에 맞는 문서를 검색한다. 관련 대표 함수로는 하나의 결과만을 반환해 주는 findOne( )와 조건에 맞는 모든 결과는 반환하는 find( )가 있다. 위 함수 정의는 다음과 같다.

함수 정의	find(query,callback_function) findOne(query, callback_function)
query	검색 조건
callback_function	조회가 끝나고 호출되는 함수

Model 질의 예

```
Data.find({}, {__v:0}, function(err, todos) {
    if (err) {
        console.log("ERROR : " + err);
        res.json({success : false, message : err});
    } else {
        console.log("SUCCESS : " + todos);
        res.json({success : true, data : todos});
    }
});
```

■ Model 생성

mongoDB에 저장할 문서를 생성한다. 관련 대표 함수로는 create( )가 있다. 위 함수 정의는 아래와 같다.

함수 정의	create(document, callback_function)
document	저장할 Document
callback_function	생성이 끝나고 호출되는 함수

Model 생성 예

```
Data.create({text : req.body.text, done : false}, function(err, todos)
{
    if (err) {
        console.log("ERROR : " + err);
        res.json({success : false, message : err});
```

```
    } else {
        console.log("SUCCESS : " + todos);
        res.json({success : true, data : todos});
    }
});
```

▪ Model 삭제

mongoDB에 저장되어 이는 문서들에서 조회 조건에 맞는 문서를 삭제한다. 관련 대표
함수로는 findByIdAndRemove( )가 있다. 위 함수 정의는 아래와 같다.

함수 정의	findByIdAndRemove(query, callback_function)
query	검색 조건
callback_function	삭제가 끝나고 호출되는 함수

Model 삭제 예

```
Data.findByIdAndRemove(req.params.id, function(err, todos) {
    if (err) {
        console.log("ERROR : " + err);
        res.json({success : false, message : err});
    } else {
        console.log("SUCCESS : " + todos);
        res.json({success : true, data : todos});
    }
});
```

지금까지 mongoose에서 제공하는 Model을 통해 mongoDB의 데이터를 제어하는 방법
을 알아보았다. 자세한 내용은 mongoDB 관련 서적을 통해 공부해 보길 추천한다.

이제 Sample Application을 만드는데 필요한 가장 기본이 되는 부분이 완료되었다.

Node.js를 통해 서버를 동작시켜보자. 프로젝트의 루트 폴더로 이동해서 서버를 동작시켜보자.

```
C:\node\project\Sample>node app.js
App listening on port 8080
```

그림 17-42. Sample Application 실행

정상적으로 서버가 동작했으면 웹을 통해 접속해보자.

⋯▸ http://localhost:8080

아래와 같은 화면이 브라우저에 나타날 것이다.

그림 17-43. Sample Application 실행 화면

조금씩 살을 붙여 가보자.

> **참고**
>
> **파일 변경 시 Node.js 자동 재구동**
> - 소스 파일이 변경이 되면 자동으로 node가 제구동하도록 하기 위해 nodemon 을 설치해서 Application을 동작시켜보자.
> - 먼저 npm install -g nodemon을 통해 설치 후 nodemon app.js를 통해 서버 를 시작하면 된다.

> **npm 모듈 global/local 설치**
>
> npm 모듈을 global/local로 구분해서 설치할 수 있다. 위에서 –g 옵션을 사용했
> 는데 이 옵션은 node 사용하는 모든 서비스에서 사용할 수 있도록 global로 설
> 치하는 옵션이다. local 설치는 현재 설치하려는 서비스에서만 사용할 수 있도록
> 현재 프로젝트에 있는 node_moduels 폴더에 설치하는 것을 말한다. default가
> local 설치이다.

3.3 Sample Application을 node.js로 변환

이제부터 앞장에서 배운 Sample Application을 node.js에 올려서 동작시켜 보자. Sample Application을 node.js에 올리면서 약간 부자연스러운 코드가 존재한다. 그 부분은 직접 찾아보고 수정해 보기 바란다.

3.3.1 Sample Data 입력

그럼 먼저 Sample Application에서 사용할 데이터를 mongoDB에 입력해보자. 여기서는 Robomongo를 이용할 것이다. Robomogo를 실행해서 mongoDB에 접속하자.

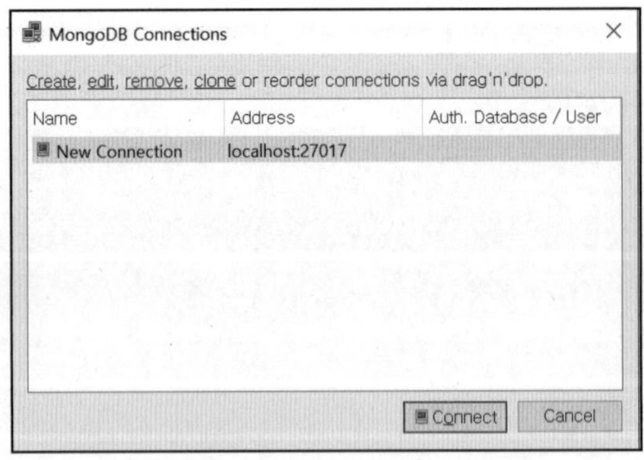

그림 17-44. mongoDB 접속 요청 화면

위 접속 요청 화면에서 mongoDB에 접속하면 아래와 같이 아무것도 없는 mongoDB가
나올 것이다. 앞장에서 mongoDB client shell로 database를 생성했다면 화면이 다를 수
도 있다.

그림 17-45. mongoDB 접속 요청 화면

여기서는 아무것도 없다는 가정하에서 진행하겠다. 다음 그림과 같이 왼쪽에 나오는
"New Connection(2)"에서 마우스 오른쪽 버튼을 클릭한 후 "create Database"를 선택한
다.

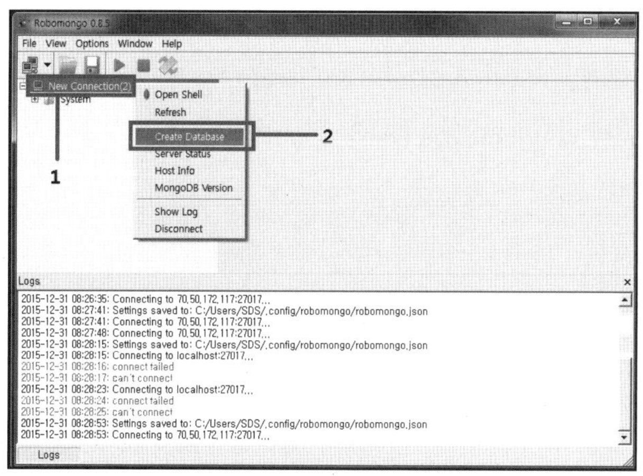

그림 17-46. mongoDB에 신규 database 생성

Create Database 화면에서 Dababase Name에 sample을 입력하고 Create한다.

그림 17-47. sample database 생성

Sample Database 생성이 성공하면 아래와 같이 sample이 생성되는걸 확인할 수 있다.

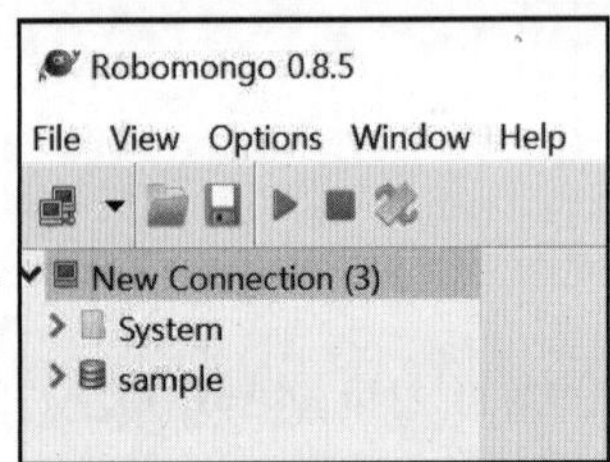

그림 17-48. sample database

Sample database가 생성되었으면 이제 category collection을 생성하겠다. 어렵지 않다. 그림 17-49와 같이 생성된 sample을 마우스로 클릭하면 sample 아래로 Collections 가 나타난다. Collections을 선택하고 마우스 오른쪽 버튼을 눌러 나온 화면에서 Create Collection을 선택한 후 category를 입력하고 Collection을 생성한다.

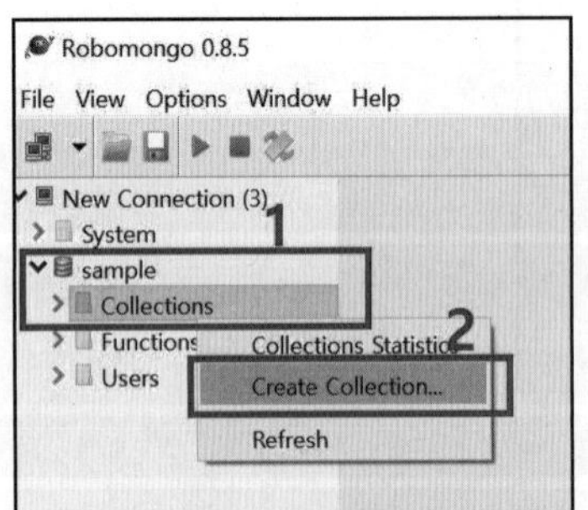

그림 17-49. mongoDB에 신규 Collection 생성

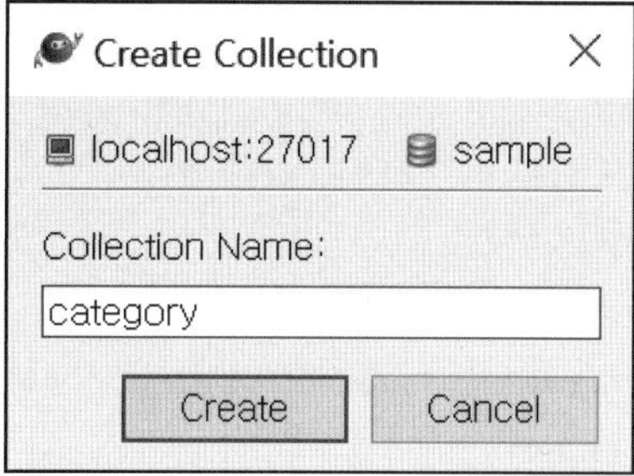

그림 17-50. category Collection 생성

생성한 category에 아래 sample data를 입력하자.

코드 17-9. sample.data

```
{ "id":"cat1", "name":"First Category","items":[
{"categoryID":"cat1", "id":"ITEM-01", "rank":"1", "title":"First-
    Title-01", "info":"First-Info-01", "reviews":["First-Review-
    01","First-Review-01"], "qna":"First-QnA-01"},
{"categoryID":"cat1", "id":"ITEM-02", "rank":"2", "title":"First-
    Title-02", "info":"First-Info-02", "reviews":["First-Review-
    01","First-Review-01"], "qna":"First-QnA-02"},
{"categoryID":"cat1", "id":"ITEM-03", "rank":"3", "title":"First-
    Title-03", "info":"First-Info-03", "reviews":["First-Review-
    01","First-Review-01"], "qna":"First-QnA-03"},
{"categoryID":"cat1", "id":"ITEM-04", "rank":"4", "title":"First-
    Title-04", "info":"First-Info-04", "reviews":["First-Review-
    01","First-Review-01"], "qna":"First-QnA-04"},
{"categoryID":"cat1", "id":"ITEM-05", "rank":"5", "title":"First-
    Title-05", "info":"First-Info-05", "reviews":["First-Review-
    01","First-Review-01"], "qna":"First-QnA-05"},
{"categoryID":"cat1", "id":"ITEM-06", "rank":"6", "title":"First-
    Title-06", "info":"First-Info-06", "reviews":["First-Review-
    01","First-Review-01"], "qna":"First-QnA-06"},
{"categoryID":"cat1", "id":"ITEM-07", "rank":"7", "title":"First-
    Title-07", "info":"First-Info-07", "reviews":["First-Review-
```

01","First-Review-01"], "qna":"First-QnA-07"},
{"categoryID":"cat1", "id":"ITEM-08", "rank":"8", "title":"First-
    Title-08", "info":"First-Info-08", "reviews":["First-Review-
    01","First-Review-01"], "qna":"First-QnA-08"},
{"categoryID":"cat1", "id":"ITEM-09", "rank":"9", "title":"First-
    Title-09", "info":"First-Info-09", "reviews":["First-Review-
    01","First-Review-01"], "qna":"First-QnA-09"},
{"categoryID":"cat1", "id":"ITEM-10", "rank":"10", "title":"First-
    Title-10", "info":"First-Info-10", "reviews":["First-Review-
    01","First-Review-01"], "qna":"First-QnA-10"}]}
{ "id":"cat2", "name":"Second Category","items":[
{"categoryID":"cat2", "id":"ITEM-01", "rank":"1", "title":"Second-
    Title-01", "info":"Second-Info-01", "reviews":["Second-Review-
    01","Second-Review-01"], "qna":"Second-QnA-01"},
{"categoryID":"cat2", "id":"ITEM-02", "rank":"2", "title":"Second-
    Title-02", "info":"Second-Info-02", "reviews":["Second-Review-
    01","Second-Review-01"], "qna":"Second-QnA-02"},
{"categoryID":"cat2", "id":"ITEM-03", "rank":"3", "title":"Second-
    Title-03", "info":"Second-Info-03", "reviews":["Second-Review-
    01","Second-Review-01"], "qna":"Second-QnA-03"},
{"categoryID":"cat2", "id":"ITEM-04", "rank":"4", "title":"Second-
    Title-04", "info":"Second-Info-04", "reviews":["Second-Review-
    01","Second-Review-01"], "qna":"Second-QnA-04"},
{"categoryID":"cat2", "id":"ITEM-05", "rank":"5", "title":"Second-
    Title-05", "info":"Second-Info-05", "reviews":["Second-Review-
    01","Second-Review-01"], "qna":"Second-QnA-05"},
{"categoryID":"cat2", "id":"ITEM-06", "rank":"6", "title":"Second-
    Title-06", "info":"Second-Info-06", "reviews":["Second-Review-
    01","Second-Review-01"], "qna":"Second-QnA-06"},
{"categoryID":"cat2", "id":"ITEM-07", "rank":"7", "title":"Second-
    Title-07", "info":"Second-Info-07", "reviews":["Second-Review-
    01","Second-Review-01"], "qna":"Second-QnA-07"},
{"categoryID":"cat2", "id":"ITEM-08", "rank":"8", "title":"Second-
    Title-08", "info":"Second-Info-08", "reviews":["Second-Review-

01","Second-Review-01"], "qna":"Second-QnA-08"},
{"categoryID":"cat2", "id":"ITEM-09", "rank":"9", "title":"Second-
    Title-09", "info":"Second-Info-09", "reviews":["Second-Review-
    01","Second-Review-01"], "qna":"Second-QnA-09"},
{"categoryID":"cat2", "id":"ITEM-10", "rank":"10", "title":"Second-
    Title-10", "info":"Second-Info-10", "reviews":["Second-Review-
    01","Second-Review-01"], "qna":"Second-QnA-10"}]}
{ "id":"cat3", "name":"Third Category","items":[
{"categoryID":"cat3", "id":"ITEM-01", "rank":"1", "title":"Third-
    Title-01", "info":"Third-Info-01", "reviews":["Third-Review-
    01","Third-Review-01"], "qna":"Third-QnA-01"},
{"categoryID":"cat3", "id":"ITEM-02", "rank":"2", "title":"Third-
    Title-02", "info":"Third-Info-02", "reviews":["Third-Review-
    01","Third-Review-01"], "qna":"Third-QnA-02"},
{"categoryID":"cat3", "id":"ITEM-03", "rank":"3", "title":"Third-
    Title-03", "info":"Third-Info-03", "reviews":["Third-Review-
    01","Third-Review-01"], "qna":"Third-QnA-03"},
{"categoryID":"cat3", "id":"ITEM-04", "rank":"4", "title":"Third-
    Title-04", "info":"Third-Info-04", "reviews":["Third-Review-
    01","Third-Review-01"], "qna":"Third-QnA-04"},
{"categoryID":"cat3", "id":"ITEM-05", "rank":"5", "title":"Third-
    Title-05", "info":"Third-Info-05", "reviews":["Third-Review-
    01","Third-Review-01"], "qna":"Third-QnA-05"},
{"categoryID":"cat3", "id":"ITEM-06", "rank":"6", "title":"Third-
    Title-06", "info":"Third-Info-06", "reviews":["Third-Review-
    01","Third-Review-01"], "qna":"Third-QnA-06"},
{"categoryID":"cat3", "id":"ITEM-07", "rank":"7", "title":"Third-
    Title-07", "info":"Third-Info-07", "reviews":["Third-Review-
    01","Third-Review-01"], "qna":"Third-QnA-07"},
{"categoryID":"cat3", "id":"ITEM-08", "rank":"8", "title":"Third-
    Title-08", "info":"Third-Info-08", "reviews":["Third-Review-
    01","Third-Review-01"], "qna":"Third-QnA-08"},
{"categoryID":"cat3", "id":"ITEM-09", "rank":"9", "title":"Third-
    Title-09", "info":"Third-Info-09", "reviews":["Third-Review-

```
01","Third-Review-01"], "qna":"Third-QnA-09"},
{"categoryID":"cat3", "id":"ITEM-10", "rank":"10", "title":"Third-
    Title-10", "info":"Third-Info-10", "reviews":["Third-Review-
    01","Third-Review-01"], "qna":"Third-QnA-10"}]}
```

생성한 category를 선택해서 마우스 오른쪽 버튼을 눌러 나온 화면에서 "Insert Document"를 선택한다.

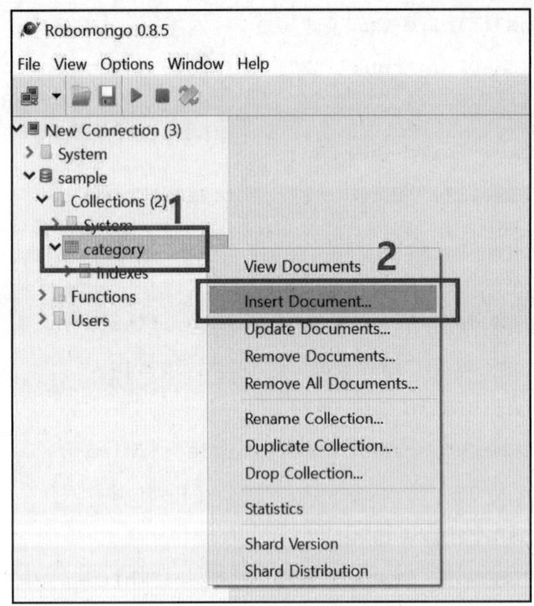

그림 17-51. Category Collection에 Document insert

Insert Document 입력 화면에서 위 sample.data 내용을 입력한 후 Save 버튼을 누르면 sample data가 입력이 완료된다.

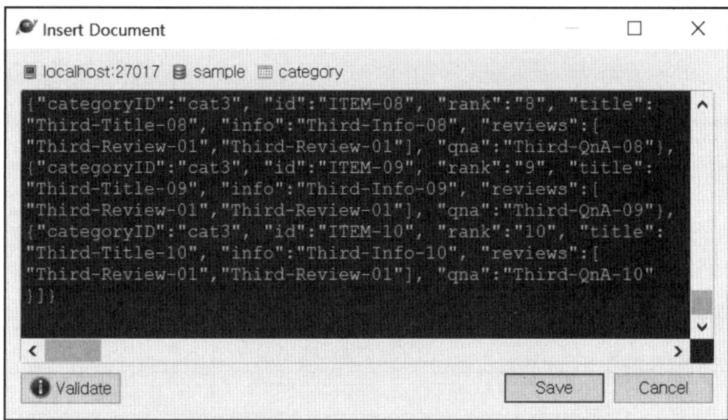

그림 17-52. Document insert 화면

Sample Data가 입력이 완료된 후 다시 category를 클릭하면 아래 화면과 같이 Data가 입력되어 있는걸 확인할 수 있을 것이다.

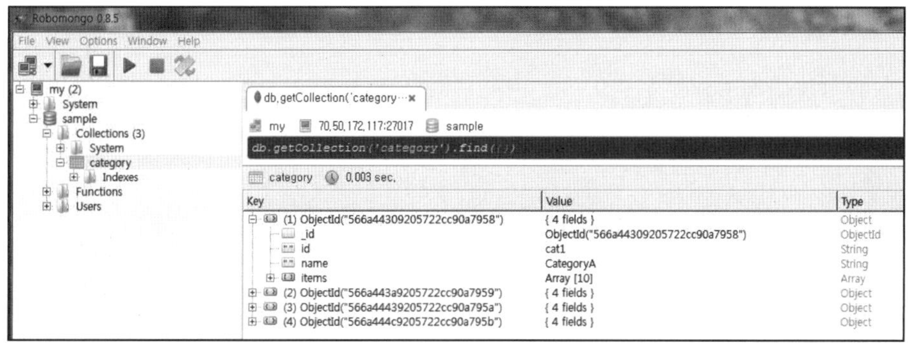

그림 17-53. sample data 입력이 완료된 화면

이제 sample Application에서 필요한 데이터도 입력 됐으니 본격적으로 개발을 진행해보도록 하자.

3.3.2 RESTful API Route

웹 서버의 중요한 핵심 기능은 Routing 기능이다. Client가 요청을 하면 서버는 요청에 맞는 자원을 찾아서 응답해주는 것이다. Node.js의 핵심 모듈인 http에는 해당 기능이 없어서 *if else* 조건문을 통해 처리를 해야 하는 불편함이 있다. Express에서는 이런 라우팅 기능을 쉽게 사용 할 수 있도록 제공해주고 있다. 그럼 Express에서 Route 기능을 어떻게 사용하는지 알아보자.

Route의 구성은 HTTP Method와 Path로 구성된다. HTTP Method는 아래와 같고, Path는 자원에 대한 URI이다.

Method	용도	데이터 전달 방식	함수명
GET	서버로 정보 요청	URI 또는 Query-String	get()
POST	서버로 데이터 전송	Payload 또는 Body에 데이터 전송	post()
DELETE	서버의 정보 삭제	URI 또는 Query-String	delete()
PUT	서버의 기존 데이터 갱신	Payload에 데이터 전송	put()

표 17-1. HTTP 메소드 종류

그럼 Express에서 Route를 어떻게 사용하는지 예제를 통해 알아보자.

코드 17-10. Express Route

```javascript
// Method: GET, Path: /api/todos, 조회
app.get('/api/todos', function(req, res) {
    // Callback Function
});
// Method: PUT, Path: /api/todos, todo documnet UPDATE
app.put('/api/todos', function(req, res) {        // Callback Function
});

// Method: POST, Path: /api/todos, todo documnet 생성        app.post('/
api/todos', function(req, res) {        // Callback Function
});
// Method: DELETE, Path: /api/todos/:todo_id, _id에 해당하는 todo 삭제
 app.delete('/api/todos/:todo_id', function(req, res) {
// Callback Function
});
```

위 예제를 보면 알 수 있듯이 직관적으로 함수명을 통해 어떤 메소드를 처리하고, 어떤 Resource(URI)에 접근하는지 알 수 있다. 위 예제의 route 내용을 좀 알기 쉽게 정리하면 아래와 같다.

Method	URL	설명
GET	/api/todos	TO-DO List 조회
PUT	/api/todos	TO-DO 변경
POST	/api/todo	TO-DO 생성
DELETE	/api/todos/:todo_id	TO-DO 삭제

표 17-2. 코드 17-10의 RestFul API 총정리

그럼 다시 Sample Application으로 돌아와서 앞장에서 만든 예제와 다르게 RESTful API를 가진 서비스가 동작하게 만들 것이다. 브라우저를 통해 http://localhost:8080/api/category를 호출하면 모든 Category List를 JSON 형태로 응답으로 받을 수 있을 것이다. 다시 한 번 강조 하지만 Route를 설정할 때 등록 순서를 주의해야 한다. 요청이 들어오면 라우팅 테이블에서 처음으로 일치한 곳의 코드가 수행되기 때문에 다음 순서에 일치하는 코드가 실행되지 않는다. 꼭 잊지 않기 바란다.

앞에서 만들었던 base 소스를 기반으로 Sample Application에 필요한 routes.js를 만들었다. 처음에는 무조건 main.html를 전달하도록 만들었지만, 지금은 다음과 같이 총 4가지의 라우팅을 하도록 개발했다. 라우팅 내용은 기존 Data.js, DataMgr.js, SampleData.js 파일에서 했던 내용이 담겨저 있다. 그래서 이제 더 이상 Data.js, SampleData.js 파일은 필요 없어져서 삭제 했으며 DataMgr.js는 REST API를 호출하도록 변경했다. 어렵지 않으니 직접 확인해 보길 바란다.

코드 17-11. routes.js

```
var Data = require('./models/dataModel');    //데이터 모델 객체 반환
var mongoose = require('mongoose');           //mongoose 객체 반환
var path = require('path');                   //파일 경로 다루는 util 객체 반환
```

```javascript
module.exports = function(app) {
    app.get('/api/category/:id/name', function(req, res) {
        // /api/category/id로 요청이 오면 mongoDB에서 조회 조건 id랑 일치한 Category의
        // name만 반환
        var Category = mongoose.model('Category');
        Category.find({"id":req.params.id},{"name":1}, function(err,
        categoryList){
            // 파라미터로 넘어온 id와 동일한 값을 가진 Document들의 name만 조회
            if(!err && categoryList){
                res.json(categoryList);
                // categoryList를 json 형태로 반환
            }
            else {
                console.error(err);           // console에 error 표시
            }
        });
    });
    app.get('/api/category/:id', function(req, res) {
        // /api/category/id로 요청이 오면 mongoDB에서 조회 조건 id랑 일치한 Category
        // List만 조회해서 반환
        var Category = mongoose.model('Category');
        Category.find({"id":req.params.id}, function(err,
        categoryList){
        // 파라미터로 넘어온 id와 동일한 값을 가진 Document들을 조회
            if(!err && categoryList){
                res.json(categoryList);
                // categoryList를 json 형태로 반환
            }
            else {
                console.error(err);           // console에 error 표시
            }
        });
    });
```

```
app.get('/api/category', function(req, res) {
    // /api/category로 요청이 오면 mongoDB에서 모든 Category List를 조회해서 반환
    var Category = mongoose.model('Category');
    Category.find({}, function(err, categoryAllList){
    // mongoDB의 category Collection에 있는 모든 데이터 조회
        if(!err && categoryAllList){
            res.json(categoryAllList);
            // categoryAllList json 형태로 반환
        }
        else {
            console.error(err);          // console에 error 표시
        }
    });
});
    app.get('*', function(req, res) {
            //모든 Request 응답으로 public/main.html 파일 전달
            res.sendFile(path.resolve('public/main.html'));
    });
};
```

routes.js 파일은 node.js 위에서 동작하는 파일이다. 즉, Sever에서 동작하는 소스이다. 지금까지 만들어진 상황에서 정상 동작하는지 확인해 보자. nodejs를 실행해 보자.

```
C:\node\project\Sample>node app.js
App listening on port 8080
```

그림 17-54. nodejs에서 sample application 실행

그리고 브라우저에서 http://localhost:8080/api/category를 입력해보면 아래와 같이 JSON 형태로 mongoDB에서 조회한 category Collection에 있는 모든 데이터가 출력이 될 것이다.

```
← → C   localhost:8080/api/category
앱   Creating RESTful AP...

[{"_id":"566a44309205722cc90a7958","items":[{"qna":"QnA-A001","reviews":["Review-A001"],"in
A002","reviews":["Review-A002"],"info":"Info-A002","title":"Title-A002","rank":2,"id":"ID-A
A003","title":"Title-A003","rank":3,"id":"ID-A003","categoryID":"cat1"},{"qna":"QnA-A004","
A004","categoryID":"cat1"},{"qna":"QnA-A005","reviews":["Review-A005"],"info":"Info-A005","
["Review-A006"],"info":"Info-A006","title":"Title-A006","rank":6,"id":"ID-A006","categoryID
A007","rank":7,"id":"ID-A007","categoryID":"cat1"},{"qna":"QnA-A008","reviews":["Review-A00
{"qna":"QnA-A009","reviews":["Review-A009"],"info":"Info-A009","title":"Title-A009","rank":
A010","title":"Title-A010","rank":10,"id":"ID-A010","categoryID":"cat1"}],"name":"CategoryA
```

그림 17-55. http://localhost:8080/api/category 호출 결과

3.3.3 REST API 호출하는 Sample Applicartion 개발

이제부터 nodejs에서 동작하는 REST API를 호출해서 동작하는 Sample Application을
만들어보자. 기존 소스에서 DataMgt.js 파일만 수정하면 된다. 자바스크립트 함수를 호
출해서 로컬에 있는 배열을 처리해서 화면에 데이터를 나타내지 않고 서버에 REST API
를 호출하여 전달받은 결과값을 가지고 화면에 데이터를 나타나도록 했다.

코드 17-12. DataMgr.js

```javascript
var DataMgr = {
        "callbackFunc" : null,
        "loadAllCategory" : function(callbackFunc) {
                this.callbackFunc = callbackFunc;
                this.data = new Array();
                var thisObj = this;
                var jqxhr = $.ajax({
                //JQuery의 ajax 함수 사용하여 REST API 호출
                  type: "GET",
                        //HTTP METHOD :GET(조회)
                  url: "http://localhost:8080/api/category",
                  //REQUEST URL
                  contentType: "application/json; charset=utf-8",
                  // CONTENTS TYPE 설정 : JSON, UTF-8
                  dataType: "json",
                  // datatype 설정: JSON
```

```javascript
        success: function (data, status, jqXHR) {

            $.each(data, function(key, val) {
                        console.log(key +", " + val);

                        thisObj.data.push(val);
                        // 조회 결과 값을 data(Array)에 push
                });

                thisObj.callbackFunc(data);
                // callback 함수의 인자로 data(Array) 전달
        },
        error: function (jqXHR, status) {
            console.log("ERROR");
        }
    });
},
"loadCategory" : function(id, callbackFunc) {
        this.callbackFunc = callbackFunc;
        this.data = new Array();
        var thisObj = this;

        var jqxhr = $.ajax({
        //JQuery의 ajax 함수 사용하여 REST API 호출
          type: "GET",
                //HTTP METHOD :GET(조회)
          url: "http://localhost:8080/api/category/"+id,

          //REQUEST URL과 조회 조건인 id를 파라미터로 전달
          contentType: "application/json; charset=utf-8",
          // CONTENTS TYPE 설정 : JSON, UTF-8
          dataType: "json",
                    // datatype 설정: JSON
          success: function (data, status, jqXHR) {
```

```javascript
                $.each(data, function(key, val) {
                        thisObj.data.push(val);
                        // 조회 결과 값을 data(Array)에 push
                });
                thisObj.callbackFunc(data[0]);
                // callback 함수의 인자로 data(Array)의 0 index
                // 의 값만 전달
        },
        error: function (jqXHR, status) {
            console.log("ERROR");
        }
    });
},
"loadCategoryName" : function(id, callbackFunc) {
        this.callbackFunc = callbackFunc;
        this.data = new Array();
        var thisObj = this;

        var jqxhr = $.ajax({
        //JQuery의 ajax 함수 사용하여 REST API 호출
          type: "GET",
          //HTTP METHOD :GET(조회)
          url: "http://localhost:8080/api/category/"+id+"/
          name",
          //REQUEST URL과 조회 조건인 id를 파라미터로 전달
          contentType: "application/json; charset=utf-8",

          // CONTENTS TYPE 설정 : JSON, UTF-8
          dataType: "json",
                // datatype 설정: JSON
          success: function (data, status, jqXHR) {
            $.each(data, function(key, val) {
                        thisObj.data.push(val);
                        // 조회 결과 값을 data(Array)에 push
```

```javascript
                });
                thisObj.callbackFunc(data[0].name);
                // callback 함수의 인자로 data(Array)의
                // 0 index의 name 값만 전달
            },
            error: function (jqXHR, status) {
                console.log("ERROR");
            }
        });
    },
    "loadItem" : function(categoryID, itemID, callbackFunc) {
        this.callbackFunc = callbackFunc;
        this.data = new Array();
        var thisObj = this;
        var jqxhr = $.ajax({
        //JQuery의 ajax 함수 사용하여 REST API 호출
          type: "GET",
          //HTTP METHOD :GET(조회)
          url: "http://localhost:8080/api/
          category/"+categoryID,
          //REQUEST URL과 조회 조건인 id를 파라미터로 전달
          contentType: "application/json; charset=utf-8",

          // CONTENTS TYPE 설정 : JSON, UTF-8
          dataType: "json",
          // datatype 설정: JSON
          success: function (data, status, jqXHR) {
            $.each(data, function(key, val) {

                    thisObj.data.push(val);
                    // 조회 결과 값을 data(Array)에 push
                });
                for (var i=0 ; i<thisObj.data[0].items.
                length ; i++) {
```

```javascript
                                        if (itemID == thisObj.data[0].
                                        items[i].id) {
                                                thisObj.callbackFunc
                                                (thisObj.data[0].
                                                items[i]);
                                                // data내에서 itemID와 일치하는
                                                // Item만 callback 함수의
                                                // 인자로 전달
                                                break;
                                        }
                                }
                        },
                        error: function (jqXHR, status) {
                                console.log("ERROR");
                        }
                });
        }
};
```

기존 DataMgr.js과 다른 점은 데이터를 가져올 때 아래와 같이 AJAX 기술을 활용하여 REST API 호출 응답값을 가지고 처리한다는 것이다.

```javascript
var jqxhr = $.ajax({            //JQuery의 ajax 함수 사용하여 REST API 호출
        type: "GET",
                //HTTP METHOD :GET(조회)
        url: "http://localhost:8080/api/category",
        //REQUEST URL
        contentType: "application/json; charset=utf-8",
        // CONTENTS TYPE 설정 : JSON, UTF-8
        dataType: "json",
                // datatype 설정: JSON
```

```
        success: function (data, status, jqXHR) {

            $.each(data, function(key, val) {
                    console.log(key +", " + val);

                    thisObj.data.push(val);
                    // 조회 결과 값을 data(Array)에 push
            });

                    thisObj.callbackFunc(data);
                    // callback 함수의 인자로 data(Array) 전달
        },
        error: function (jqXHR, status) {
            console.log("ERROR");
        }
    });
```

DataMgr.js에서 사용하는 API는 routes.js 파일에 미리 만들어 놓은 REST API를 호출
하고 있다. DataMgr.js에 좀 더 다양한 기능을 사용하고 싶다면 routes.js 파일에 필요한
기능을 하는 REST API를 개발하면 된다. 잘 만들어 놓은 API는 외부에 공개해서 사용
할 수 있게 할 수도 있다.

이제 거의 끝났다. 기존에 만들었던 Sample Application의 파일들을 모두 public 폴더 밑
으로 복사한다. 그리고 더 이상 필요없는 Data.js, SampleData.js은 삭제하고, 다른 소스
중에 위 두 파일을 Import 하고 있는 부분은 모두 삭제한다. 마지막으로 DataMgr.js는
위 소스로 변경하면 끝이다.

이제 모두 끝났다. Nodejs 위에서 Sample Application을 실행한 후 접속해 보자. 기존과
동일하게 동작하는지 기능도 테스트 해보길 바란다.

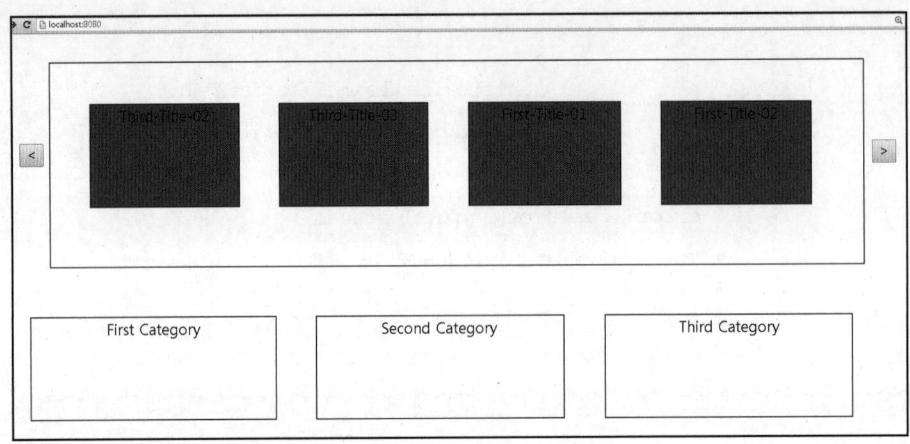

그림 17-56. Sample Application 실행

http://localhost:8080/로 접속해보자. 그럼 아래와 같은 첫 화면이 나올 것이다.

그림 17-57. Sample Application 화면

지금까지 자바스크립트와 jQuery의 이론을 배우고 실제로 어떻게 사용할 수 있는지 간단한 프로그램을 개발해봤고, 이를 다시 MEAN Stack이라는 것에 적용까지 해보았다. 이제 프로그래밍 세계에 한 발짝 다가온 것뿐이다. 하루라도 개발에 손을 때면 금방 잊어 버리니 꾸준히 코딩하고 공부하길 당부한다.